NomosKommentar

Sascha Borowski | Peter Röthemeyer |
Jörn Steike

VSBG

Verbraucherstreitbeilegungsgesetz

Einführung | Kommentierung | Muster

Handkommentar

Rechtsanwalt **Sascha Borowski,** Fachanwalt für Bank- und Kapitalmarktrecht, München | Leitender Ministerialrat **Peter Röthemeyer,** Hannover | Rechtsanwalt **Prof. Dr. Jörn Steike,** Inning am Ammersee

Nomos

Die Deutsche Nationalbibliothek verzeichnet diese Publikation in der Deutschen Nationalbibliografie; detaillierte bibliografische Daten sind im Internet über http://dnb.d-nb.de abrufbar.

ISBN 978-3-8487-2609-7

1. Auflage 2016

Vorwort

Das Verbraucherstreitbeilegungsgesetz (VSBG) ist zum 1.4.2016 in Kraft getreten. Das Gesetz gibt Verbraucherinnen und Verbrauchern ein neues Verfahren zur Lösung von Streitigkeiten mit Unternehmen an die Hand und stellt eine Alternative zur staatlichen Justiz dar. Das Verbraucherstreitbeilegungsverfahren ist grundsätzlich freiwilligt. So wird beispielsweise die Verfahrensgestaltung den (privatorganisierten) Verbraucherschlichtungsstellen überlassen, die ihrerseits einen weiten Gestaltungsspielraum im Rahmen der Aufstellung von Verfahrensregeln haben. Punktuelle Schnittpunkte zum Mediationsgesetz sowie zu anderen alternativen Streitbeilegungsverfahren bestehen, ohne dass diese sich gegenseitig ausschließen.

Dieses neue Streitbeilegungsverfahren stellt sowohl Unternehmer sowie Verbraucher, als auch die Rechtsberater und nicht zuletzt auch die (Verbraucher-)Schlichtungsstellen und Gerichte vor neue Herausforderungen.

Unternehmen müssen entscheiden, ob sie sich auf dieses Verfahren einlassen; dabei wird eine schnelle Streitlösung sowie Aspekte der Kundenbindung und der Reputation einerseits und strategische sowie Kostenfragen andererseits abzuwägen sein. Unabhängig von der Teilnahme an solchen Verfahren bestehen für eine Vielzahl von Unternehmen weitreichende Implikationen.

Die konsensuale Streitbeilegung in Verbrauchersachen eröffnet der Mediation ein neues Arbeitsfeld und das Berufsbild des Streitmittlers entsteht. Verbraucherschlichtungsstellen müssen zwischen Verfahren wie Schlichtung und Mediation entscheiden, komplexe Verfahrensordnungen entwickeln, über die Einsetzung von Beiräten befinden, die Qualifikation sowie Unabhängigkeit der Streitmittler sicherstellen und schließlich ein staatliches Anerkennungsverfahren durchlaufen.

Von besonderer Bedeutung ist das Verhältnis zur Justiz. Hat die VSBG-ADR die Kraft, die staatliche Gerichtsbarkeit in diesem Bereich zu verdrängen? Stellt sie einen „Rechtsschutz zweiter Klasse“ dar, wie manche meinen? Entwickelt sich eine sinnvolle Ergänzung des staatlichen, justiziellen Angebots im Sinne eines ganzheitlichen Angebots zur Lösung verbraucherrechtlicher Streitigkeiten?

Dieses Buch kommentiert nicht nur das nationale Umsetzungsgesetz, sondern führt im *I. Teil* in dieses Gesetz ein. Im *II. Teil* schließt sich die Kommentierung des VSBG und im *III. Teil* die Kommentierung ausgewählter Artikel, insbesondere solcher, die für das Verfahren sowie die Informationspflichten der Unternehmer von besonderer Bedeutung sind, an. Im *IV. Teil* werden Mustertexte, eine beispielhafte Verfahrensordnung sowie ein Muster für den verfahrenseinleitenden Antrag und eine Erwiderung auf diesen, an die Hand gegeben. Im *V. Teil* finden Sie u.a. die Texte der ADR-Richtlinie, ODR-VO und die VSBG-InfoV.

Das Buch führt umfassend in die neue, aber unvollständig geregelte Welt der Verbraucherschlichtungsstellen, auch unter Berücksichtigung europarechtlicher und -politischer Bezüge ein. Neben den Erläuterungen des VSBG werden Bezüge zu Normen etwa des Bürgerlichen Gesetzbuches und des Mediationsgesetzes hergestellt, wobei die praktischen Fragen im Vordergrund stehen.

Dieses junge, mitunter auch streitbare, Gesetz gilt es nun durch die Rechtsanwendung zu gestalten. Bitte teilen Sie uns Ihre Erfahrungen mit dem Gesetz sowie dem Gebrauch dieses Buches mit, wobei wir sowohl Lob als auch Kritik sowie Ihre Anregungen für künftige Auflagen gern entgegennehmen. Diese können Sie gerne per E-Mail an borowski@mattil.de richten.

München, Hannover, Inning am Ammersee, im April 2016

Sascha Borowski, Peter Röthemeyer und Prof. Dr. Jörn Steike

Bearbeiterverzeichnis

Rechtsanwalt *Sascha Borowski*, Fachanwalt für Bank- und Kapitalmarktrecht, München (§§ 10-17, 20, 21, 41; Art. 6 VSBGEG [§ 204 BGB] gemeinsam mit *Steike*; Muster Verfahrensordnung [gemeinsam mit *Röthemeyer* und *Steike*] Muster verfahrenseinleitender Antrag, Muster Erwiderung auf den verfahrenseinleitenden Antrag)

Leitender Ministerialrat *Peter Röthemeyer*, Hannover (Einführung, §§ 1, 6-8, 18, 19, 22, 24-31, 42; Art. 4 VSBGEG [§ 15 a EGZPO], Art. 6 VSBGEG [§ 309 BGB]; Muster Verfahrensordnung [gemeinsam mit *Borowski* und *Steike*])

Rechtsanwalt *Prof. Dr. Jörn Steike*, Inning am Ammersee (§§ 2-5, 9, 23, 32-40, 43; Art. 6 VSBGEG [§ 204 BGB] gemeinsam mit *Borowski*; Muster Verfahrensordnung [gemeinsam mit *Borowski* und *Röthemeyer*])

Zitiervorschlag:

HK-VSBG/*Bearbeiter*, § ... Rn ...

Inhaltsverzeichnis

Abschnitt 4: Anerkennung privater Verbraucherschlichtungsstellen

Abschnitt 5: Behördliche Verbraucherschlichtungsstellen

Abschnitt 6: Universalschlichtungsstellen der Länder

Abschnitt 7: Zentrale Anlaufstelle für Verbraucherschlichtung, Liste der Verbraucherschlichtungsstellen und Berichtspflichten

Abschnitt 8: Informationspflichten des Unternehmers

Abschnitt 9: Grenzübergreifende Zusammenarbeit

Abschnitt 10: Schlussvorschriften

Teil III
Weitere Kommentierungen ausgewählter Artikel

Gesetz zur Umsetzung der Richtlinie über alternative Streitbeilegung in Verbraucherangelegenheiten und zur Durchführung der Verordnung über Online-Streitbeilegung in Verbraucherangelegenheiten (VSBGEG)

Art. 4: Änderung des Gesetzes betreffend die Einführung der Zivilprozessordnung (EGZPO)

Art. 6: Änderung des Bürgerlichen Gesetzbuchs

Teil IV
Mustertexte

Teil V
Anhänge

Abkürzungsverzeichnis

aA	anderer Ansicht/Auffassung
aaO	am angegebenen Ort
Abb.	Abbildung
abgedr.	abgedruckt
Abh.	Abhandlungen
Abk.	Abkommen
ABl.	Amtsblatt
abl.	ablehnend
Abs.	Absatz
abschl.	abschließend
Abschn.	Abschnitt
Abt.	Abteilung
abw.	abweichend
abzgl.	abzüglich
AdR	Ausschuss der Regionen
aE	am Ende
aF	alte Fassung
AktR	Aktienrecht
allg.	allgemein
allgA	allgemeine Ansicht
allgM	allgemeine Meinung
Alt.	Alternative
aM	andere Meinung
amtl.	amtlich
Änd.	Änderung
ÄndG	Änderungsgesetz
Anh.	Anhang
Anl.	Anlage
Anm.	Anmerkung
ArbR	Arbeitsrecht
Arch.	Archiv
Arg.	Argumentation
Art.	Artikel
AsylR	Asylrecht
AT	Allgemeiner Teil
Auff.	Auffassung
aufgeh.	aufgehoben
Aufl.	Auflage
Aufs.	Aufsatz
ausdr.	ausdrücklich
ausf.	ausführlich
ausl.	ausländisch
AuslR	Ausländerrecht
ausschl.	ausschließlich
Az.	Aktenzeichen

BAnz.	Bundesanzeiger
Bad.	Baden
bad.	badisch
BArbBl.	Bundesarbeitsblatt
BankR	Bankrecht
BauR	Baurecht
Bay.	Bayern
bay.	bayerisch
Bbg.	Brandenburg
bbg.	brandenburgisch
Bd.	Band
Bde.	Bände
Bearb.	Bearbeiter
bearb.	bearbeitet
Begr.	Begründung
begr.	begründet
Beil.	Beilage
Bek.	Bekanntmachung
Bem.	Bemerkung
Ber.	Berichtigung
ber.	berichtigt
BerufsR	Berufsrecht
bes.	besonders
Beschl.	Beschluss
beschr.	beschränkt
Bespr.	Besprechung
bespr.	besprochen
bestr.	bestritten
Betr.	Betreff
betr.	betrifft, betreffend
BGBl.	Bundesgesetzblatt
Bl.	Blatt
Bln.	Berlin
bln.	berlinerisch
BilanzR	Bilanzrecht
BR	Bundesrat
BR-Drs.	Bundesrats-Drucksache
BR-Prot.	Bundesrats-Protokoll
BRD	Bundesrepublik Deutschland
Brem.	Bremen
brem.	bremisch
brit.	britisch
Bsp.	Beispiel
bspw.	beispielsweise
BStBl.	Bundessteuerblatt
BT	Bundestag; Besonderer Teil
BT-Drs.	Bundestags-Drucksache
BT-Prot.	Bundestags-Protokoll
Buchst.	Buchstabe

BürgerlR	Bürgerliches Recht
BW	Baden-Württemberg
bw.	baden-württembergisch
bzgl.	bezüglich
bzw.	beziehungsweise
ca.	circa
d.	der, des, durch
Darst.	Darstellung
DDR	Deutsche Demokratische Republik
ders.	derselbe
dgl.	dergleichen, desgleichen
dh	das heißt
dies.	dieselbe
diesbzgl.	diesbezüglich
diff.	differenziert, differenzierend
Dig.	Digesten
Diss.	Dissertation
div.	diverse
Dok.	Dokument
Drs.	Drucksache
dt.	deutsch
E	Entwurf
ebd.	ebenda
Ed.	Edition
ehem.	ehemalig
Einf.	Einführung
einf.	einführend
eing.	eingehend
Einl.	Einleitung
einschl.	einschließlich
EL	Ergänzungslieferung
Empf.	Empfehlung
endg.	endgültig
engl.	englisch
Entsch.	Entscheidung
Entschl.	Entschluss
entspr.	entspricht, entsprechend
EP	Europäisches Parlament
ER	Europäischer Rat
ErbR	Erbrecht
Erg.	Ergebnis, Ergänzung
erg.	ergänzend
Ergbd.	Ergänzungsband
Erkl.	Erklärung
Erl.	Erlass, Erläuterung
EStR	Einkommensteuerrecht, Einkommensteuerrichtlinie
etc	et cetera (und so weiter)

europ.	europäisch
EuropaR	Europarecht
ev.	evangelisch
eV	eingetragener Verein
evtl.	eventuell
EZB	Europäische Zentralbank
f., ff.	folgende Seite bzw. Seiten
FamR	Familienrecht
Fn.	Fußnote
FG	Festgabe; Finanzgericht
frz.	französisch
FS	Festschrift
G	Gesetz
GBl.	Gesetzblatt
GE	Gesetzesentwurf
geänd.	geändert
geb.	geboren
gem.	gemäß
ges.	gesetzlich
GesR	Gesellschaftsrecht
GesundhR	Gesundheitsrecht
gewöhnl.	gewöhnlich
GewR	Gewerberecht
GewRS	Gewerblicher Rechtsschutz
ggf.	gegebenenfalls
ggü.	gegenüber
glA	gleicher Ansicht
GLE	Gleichlautendende Ländererlasse
GMBl.	Gemeinsames Ministerialblatt
Grdl.	Grundlage
grdl.	grundlegend
grds.	grundsätzlich
GS	Gedenkschrift, Gedächtnisschrift
GVBl.	Gesetz- und Verordnungsblatt
GVOBl.	Gesetz- und Verordnungsblatt
hA	herrschende Ansicht/Auffassung
Halbbd.	Halbband
HandelsR	Handelsrecht
Hmb.	Hamburg
hmb.	hamburgisch
HdB	Handbuch
Hess.	Hessen
hess.	hessisch
hins.	hinsichtlich
hL	herrschende Lehre
hM	herrschende Meinung
Hrsg.	Herausgeber

hrsg.	herausgegeben
Hs.	Halbsatz
ic	in concreto/in casu
idF	in der Fassung
idR	in der Regel
idS	in diesem Sinne
iE	im Einzelnen
iErg	im Ergebnis
ieS	im engeren Sinne
iHd	in Höhe des/der
iHv	in Höhe von
iJ	im Jahre
Inf.	Information
insbes.	insbesondere
InsR	Insolvenzrecht
int.	international
IPR	Internationales Privatrecht
iRd	im Rahmen des/der
iS	im Sinne
iSd	im Sinne des/der
iSv	im Sinne von
it.	italienisch
iÜ	im Übrigen
iVm	in Verbindung mit
iW	im Wesentlichen
iwS	im weiteren Sinne
iZw	im Zweifel
Jg.	Jahrgang
Jge.	Jahrgänge
Jh.	Jahrhundert
JMBl.	Justizministerialblatt
jur.	juristisch
Kap.	Kapitel
KapMarktR	Kapitalmarktrecht
KapMarktStrafR	Kapitalmarktstrafrecht
KartellR	Kartellrecht
kath.	katholisch
Kfz	Kraftfahrzeug
Kj.	Kalenderjahr
Kl.	Kläger
kl.	klagend
Kom.	Komitee, Kommission
Komm.	Kommentar
KommunalR	Kommunalrecht
KonzernR	Konzernrecht
krit.	kritisch

Ld.	Land
LebensmittelR	Lebensmittelrecht
lfd.	laufend
Lfg.	Lieferung
Lit.	Literatur
lit.	litera
Lkw	Lastkraftwagen
Ls.	Leitsatz
LSA	Sachsen-Anhalt
LStR	Lohnsteuerrecht
lt.	laut
LT-Drs.	Landtags-Drucksache
mÄnd	mit Änderungen
mAnm	mit Anmerkung
MarkenR	Markenrecht
maW	mit anderen Worten
Mat.	Materialien
max.	maximal
MBl.	Ministerialblatt
mE	meines Erachtens
MedienR	Medienrecht
MedR	Medizinrecht
MietR	Mietrecht
mind.	mindestens
Mio.	Million(en)
Mitt.	Mitteilung(en)
mN	mit Nachweisen
Mot.	Motive
Mrd.	Milliarde(n)
mspätÄnd	mit späteren Änderungen
mtl.	monatlich
MultimediaR	Multimediarecht
MV	Mecklenburg-Vorpommern
mv.	mecklenburg-vorpommerisch
mwH	mit weiteren Hinweisen
mwN	mit weiteren Nachweisen
mWv	mit Wirkung vom
nachf.	nachfolgend
Nachw.	Nachweise
Nds.	Niedersachsen
nds.	niedersächsisch
nF	neue Fassung
Nr.	Nummer
nrkr	nicht rechtskräftig
NRW	Nordrhein-Westfalen
nrw.	nordrhein-westfälisch
nv	nicht veröffentlicht

o.	oben, oder
oÄ	oder Ähnliche/s
OEuR	Osteuroparecht
ÖffBauR	Öffentliches Baurecht
öffentl.	öffentlich
ÖffR	Öffentliches Recht
ÖffTarifR	Öffentliches Tarifrecht
Öst.	Österreich
öst.	österreichisch
og	oben genannte(r, s)
oV	ohne Verfasser
PatentR	Patentrecht
PersGesR	Personengesellschaftsrecht
PharmaR	Pharmarecht
Pkw	Personenkraftwagen
POR	Polizei- und Ordnungsrecht
Preuß.	Preußen
preuß.	preußisch
PrivBauR	Privates Baurecht
PrivVersR	Privatversicherungsrecht
Prot.	Protokoll
RAnz.	Reichsanzeiger
rd.	rund
RdErl.	Runderlass
RdSchr.	Rundschreiben
RegE	Regierungsentwurf
RGBl.	Reichsgesetzblatt
RhPf.	Rheinland-Pfalz
rhpf.	rheinland-pfälzisch
rkr.	rechtskräftig
RL	Richtlinie
Rn.	Randnummer
Rs.	Rechtssache
Rspr.	Rechtsprechung
RVO	Rechtsverordnung; Reichsversicherungsordnung (SozR)
S.	Seite(n), Satz
s.	siehe
sa	siehe auch
Saarl.	Saarland
saarl.	saarländisch
SachenR	Sachenrecht
Sachs.	Sachsen
sächs.	sächsisch
sachsanh.	sachsen-anhaltinisch
SchlH	Schleswig-Holstein
schlh.	schleswig-holsteinisch

Schr.	Schrifttum, Schreiben
SchuldR	Schuldrecht
schweiz.	schweizerisch
Sen.	Senat
Slg.	Sammlung
s. o.	siehe oben
sog	so genannt
SozR	Sozialrecht
Sp.	Spalte
st.	ständig
StaatsR	Staatsrecht
Stellungn.	Stellungnahme
SteuerR	Steuerrecht
Stichw.	Stichwort
str.	streitig, strittig
StrafProzR	Strafprozessrecht
StrafR	Strafrecht
StrafVerfR	Strafverfahrensrecht
stRspr	ständige Rechtsprechung
StVR	Straßenverkehrsrecht
s. u.	siehe unten
Suppl.	Supplement
teilw.	teilweise
Thür.	Thüringen
thür.	thüringisch
Tz.	Textziffer
u.	und
ua	und andere, unter anderem
uÄ	und Ähnliches
uÄm	und Ähnliches mehr
UAbs.	Unterabsatz
UAbschn.	Unterabschnitt
uam	und anderes mehr
überarb.	überarbeitet
Überbl.	Überblick
überw.	überwiegend
Übk.	Übereinkommen
uE	unseres Erachtens
Umf.	Umfang
umfangr.	umfangreich
umstr.	umstritten
UmwR	Umweltrecht
unstr.	unstreitig
unv.	unverändert, unveränderte Auflage
unveröff.	unveröffentlicht
unzutr.	unzutreffend
UrhR	Urheberrecht

Urt.	Urteil
usw	und so weiter
uU	unter Umständen
uvam	und vieles anderes mehr
uvm	und viele mehr
v.	vom, von
va	vor allem
vAw	von Amts wegen
Var.	Variante
Verf.	Verfasser, Verfassung
VerfassungsR	Verfassungsrecht
VergR	Vergaberecht
Verh.	Verhandlung
VerkehrsR	Verkehrsrecht
Veröff.	Veröffentlichung
Vers.	Versicherung
VersR	Versicherungsrecht
VertrR	Vertragsrecht
Verw.	Verwaltung
VerwProzR	Verwaltungsprozessrecht
VerwR	Verwaltungsrecht
VerwVerfR	Verwaltungsverfahrensrecht
Vfg.	Verfügung
vgl.	vergleiche
vH	von Hundert
VO	Verordnung
VölkerR	Völkerrecht
Vol., vol.	volume (Band)
Voraufl.	Vorauflage
Vorb.	Vorbemerkung
vorl.	vorläufig
Vorschr.	Vorschrift
VorstandsR	Vorstandsrecht
vs.	versus
WEigR	Wohnungseigentumsrecht
WettbR	Wettbewerbsrecht
WirtschaftsR	Wirtschaftsrecht
Wiss.	Wissenschaft
wiss.	wissenschaftlich
Wj.	Wirtschaftsjahr
Württ.	Württemberg
württ.	württembergisch
zahlr.	zahlreich
zB	zum Beispiel
Ziff.	Ziffer
zit.	zitiert
ZivilProzR	Zivilprozessrecht

ZivilR	Zivilrecht
zT	zum Teil
zul.	zuletzt
zusf.	zusammenfassend
zust.	zustimmend
zutr.	zutreffend
zVb	zur Veröffentlichung bestimmt
ZVR	Zwangsvollstreckungsrecht
zw.	zweifelhaft
zzgl.	zuzüglich
zzt.	zurzeit

Literaturverzeichnis

Althammer Christoph (Hrsg.), Verbraucherstreitbeilegung: Aktuelle Perspektiven für die Umsetzung der ADR-Richtlinie, 2015

Baumbach, Adolf/Lauterbach, Wolfgang/Albers, Jan/Hartmann, Peter, Kommentar zur Zivilprozessordnung, 74. Aufl. 2016

Berlin, Christof, Verbraucher-ADR: Freiwilligkeit der Teilnahme und Verbindlichkeit des Ergebnisses im Lichte der AS-Richtlinie, ZKM 2013, 108

Berlin, Christof, Referentenentwurf zur Verbraucherschlichtung – Ergänzungen aus der Praxis, ZKM, 2015, 26

Berlin, Christof, Alternative Streitbeilegung in Verbraucherkonflikten – Qualitätskriterien, Interessen, Best Practice, Diss. Frankfurt (Oder), 2014

Berlin, Christof/Creutzfeldt-Banda, Naomi, Verbraucher-ADR in Europa wird gestärkt, ZKM 2012, 57

Berlin, Christof/Braun, Felix, Impulse für Verbraucher-ADR aus der Praxis, ZKM 2014, 149

Braun, Felix/Klinder, Andrea, Die neue ODR-Verordnung, ZKM 1/2016, S. 17.

Conen, Claudia/Gramlich, Ludwig, Das geplante Gesetz zur außergerichtlichen Beilegung von Verbraucherstreitigkeiten - Die Umsetzung der ADR-Richtlinie 2013/11/EU: Meilenstein oder Bevormundung für deutsche Verbraucher?

Deckenbroch, Christian/Henssler, Martin, Kommentar zum Rechtsdienstleistungsgesetz, 4. Aufl. 2015

Engel, Martin, Außergerichtliche Streitbeilegung in Verbraucherangelegenheiten – Mehr Zugang zu weniger Recht, NJW 2015, 1633

Eidenmüller, Horst, Obligatorische außergerichtliche Streitbeilegung: Eine contradicto in adiecto?, JZ 2015, 539.

Eidenmüller, Horst/Engel, Martin, Die Schlichtungsfalle: Verbraucherrechtsdurchsetzung nach der ADR-Richtlinie und der ODR-Verordnung der EU, ZIP 2013, 1704

Eidenmüller, Horst/Engel, Martin, Schlichtungszwang in Verbraucherstreitigkeiten, ZZP 128 (2015), 149

Fritz, Roland/Pielsticker, Dietrich, Mediationsgesetz, 2013

Gössl, Susanne L., Das Gesetz über die alternative Streitbeilegung – Chancen und Risiken, in: NJW 2016, 838 ff

Greger, Reinhard, Die von der Landesjustizverwaltung anerkannten Gütestellen: Alter Zopf mit Zukunftschancen, NJW 2011, 1478

Greger, Reinhard, Infrastruktur der künftigen Verbraucherstreitbeilegung: Zugang und Organisation, ZZP 128 (2015), 137

Greger, Reinhard, Alternative Streitschlichtung: Die Umsetzung der ADR-Richtlinie in Deutschland, VuR 2015, 216

Greger, Reinhard, Zur Vereinbarkeit von Mediation und Richteramt in Gedächtnisschrift für Hannes Unberath, 2015, S. 111

Greger, Reinhard/Unberath, Hannes, Mediationsgesetz, Recht der alternativen Konfliktlösung, 2012

Grupp, Michael, Auf dem Weg zu einer Privatjustiz: Eine neue europäische Streitkultur? AnwBl 2015, 186

Gsell, Beate Die Umsetzung der Richtlinie über alternative Streitbeilegung – Juristisches Fachwissen der streitbeilegenden Personen und Rechtstreue des Verfahrensergebnisses, ZZP 128 (2015) 189

Hayungs, Jochen, ADR-Richtlinie und ODR-Verordnung – Was haben der Rat und das Europäische Parlament an den Entwürfen der Kommission geändert? ZKM 2013, 86

Heidel, Thomas/Pauly, Stephen/Amend, Angelika, AnwaltFormulare, 8. Aufl. 2015

Hirsch, Günter, Außergerichtliche Beilegung von Verbraucherstreitigkeiten – ein alternativer Zugang zum Recht entsteht, NJW 2013, 2088

Hirsch, Günter, Streit um die außergerichtliche Streitbeilegung: neuer Zugang zum Recht oder Schlichterfalle, in: Festschrift für Egon Lorenz, 2014, 159

Hirsch, Günter, Alternative Streitbeilegung – Risiko oder Chance? – Ein Zwischenruf, ZKM 2015, 141

Hubig, Stefanie, Alternative Konfliktlösung – Aktuelle Entwicklungen in der Rechtspolitik, ZKM 2014, 167

Kleinschmidt, Jens, Das Verhältnis der ADR-Richtlinie zu Mediation und Schiedsgerichtsbarkeit, ZZP 128 (2015) 215

Klowait/Gläßer, Kommentar zum Mediationsgesetz, 1. Aufl. 2014

Kopp, Ferdinand/Ramsauer, Ulrich, Verwaltungsverfahrensgesetz, Kommentar, 15. Aufl. 2014

Kopp, Ferdinand/Schenke, Wolf-Rüdiger, Verwaltungsgerichtsordnung, Kommentar, 21. Aufl. 2015

Korte, Stefan, Die behördliche Anerkennung privater Schlichtungsstellen, DVBl. 2015, 1157

Lemmel, Ulrike, Der Referentenentwurf des BMJV zur Umsetzung der ADR-Richtlinie, ZKM 2015,12

Limperg, Bettina, Kann denn Schlichten Sünde sein?, NJW-Editorial Heft 15/2015.

May, Andreas/Moeser, Martin, Anerkannte Gütestellen in der anwaltlichen Praxis, NJW 2015, 1637

May, Andreas/Röder, Daniel, Anmerkung zu BGH, NJW 2016, 233 ff, NJW 2016, 235 f

Meller-Hannich, Caroline/Höland, Armin/Krausbeck, Elisabeth, „ADR" und „ODR": Kreationen der europäischen Rechtspolitik. Eine Kritische Würdigung, ZEuP 2014, 8, 12.

Münchner Kommentar zum BGB, Band 3, 6. Aufl. 2012; Band 5, 6. Aufl. 2013

Münchner Kommentar zur ZPO, Band 1, 4. Aufl. 2013; Band 1, 4. Aufl. 2013

Micklitz, Hans-W., Verhandlungen des 69. Deutschen Juristentages, Gutachten A.

Niewisch-Lennartz, Antje, ADR-RL und Verbraucherstreitbeilegungsgesetz – alternative Therapie ohne Diagnose? ZKM 2015, 136

Palandt, Kommentar zum Bürgerlichen Gesetzbuch, 75. Aufl. 2016

Pelzer, Nils, Verbraucherschutz durch Schlichtung? „Berücksichtigung des geltenden Rechts" nach dem geplanten Verbraucherstreitbeilegungsgesetz, ZKM 2015, 43

Prütting, Hanns, Das neue Verbraucherstreitbeilegungsgesetz: Was sich ändert – und was bleiben wird, AnwBl 3/2016, S. 190 ff

Rebehn, Sven, EU treibt zweigleisigen Verbraucherschutz voran, DRiZ 2015, 12

Röthemeyer, Peter, Mediation, Grundlagen|Recht|Markt, 2015

Röthemeyer, Peter, Die Schlichtung – ein Stiefkind der Gesetzgebung, ZKM 2013, 47

Röthemeyer, Peter, ADR-Richtlinie und ODR-Verordnung – zur Umsetzung in Deutschland, Die Wirtschaftsmediation 2015, 48

Röthemeyer, Peter, Verfahren nach VSBG und ZPO im Vergleich, VuR Sonderheft 2016, 8

Roth, Herbert, Bedeutungsverluste der Zivilgerichtsbarkeit durch Verbrauchermediation JZ 2013, 637

Roth, Herbert, Etabliert EU Verbraucherschutz zweiter Klasse? DRiZ 2015, 24

Rühl, Giesela, Die Richtlinie über alternative Streitbeilegung: Handlungsperspektiven und Handlungsoptionen, ZZP 127 (2014) 61

Schlichtungsstelle der Rechtsanwaltschaft, Tätigkeitsbericht 2014

Schmidt-Kessel (Hrsg.), Alternative Streitschlichtung – Die Umsetzung der ADR-Richtlinie in Deutschland, 2015

Stadler, Astrid, Unabhängigkeit und Unparteilichkeit der streitbeilegenden Personen sowie Ausgestaltung des Schlichtungsverfahrens, ZZP 128 (2015) 165

Steike, Jörn, Verjährungshemmung im Freiwilligen Güteverfahren, Mitteilungen der Rechtsanwaltskammer München 04/2014, 12 f

Steike, Jörn, Unabhängigkeit von Streitbeilegungsstellen trotz Finanzierung durch die Anbieterseite, VuR Sonderheft 2016, 42 ff

Stürner, Rolf, Die Rolle des dogmatischen Denkens im Zivilprozessrechts, ZZP 127 (2014), 271

Thomas/Putzo, Kommentar zur Zivilprozessordnung, 36. Aufl. 2015

Tonner, Klaus, Der RegE eines Verbraucherstreitbeilegungsgesetzes aus verbraucherrechtlicher und -politischer Sicht, ZKM 2015, 132

Wagner, Gerhard, Die Richtlinie über Alternative Streitbeilegung – Law Enforcement statt mediative Konfliktlösung, ZKM 2013, 104

Zöller, Richard, Zivilprozessordnung, Kommentar, 31. Aufl. 2016

Zöllner, Wolfgang/Loritz, Karl-Georg/Hergenröder, Curt Wolfgang, Arbeitsrecht, 7. Aufl. 2015

I. Teil
Einführung

I. Europäischer Hintergrund

Das Verbraucherstreitbeilegungsgesetz ist das Stammgesetz des Gesetzes „zur Umsetzung der Richtlinie über alternative Streitbeilegung in Verbraucherangelegenheiten und zur Durchführung der Verordnung über Online-Streitbeilegung in Verbraucherangelegenheiten“. 1

1. Veranlassende Rechtsakte der EU

Das Gesetz bezieht sich also auf zwei – im Mai 2013 verabschiedete – europäische Rechtsakte: 2

- Richtlinie über alternative Streitbeilegung in Verbraucherangelegenheiten[1] (künftig: ADR[2]-Richtlinie),
- Verordnung über die Online-Streitbeilegung in Verbraucherangelegenheiten[3] (künftig: OS-Verordnung).

Die Europäischen Rechtsakte haben ein **flächendeckendes Netz von außergerichtlichen Streitlösungsstellen** zum Ziel. Wenn schon in der Überschrift der ADR-Richtlinie von „alternativ“ die Rede ist, ist damit die Abgrenzung zum staatlichen Gericht gemeint. Es geht der Richtlinie also nicht um die Verbesserung des gerichtlichen Rechtsschutzes, sondern um die Schaffung eines **neuen Systems zur Lösung von Verbraucherstreitigkeiten**, das neben dem Gerichtssystem steht.[4] 3

2. Europäische Entwicklungslinien

Zum Verständnis und zur Einordnung müssen auf Europäischer Ebene **drei Entwicklungslinien** betrachtet werden: 4

- das materielle Verbraucherschutzrecht,
- Regelungen zur Rechtsdurchsetzung vor Gericht und
- die alternative Streitbeilegung.

Im Vordergrund dieser Bestrebungen stand und steht für die EU die **Entwicklung des Binnenmarkts**, für die die EU in 114 AEUV kompetenzrechtlich berufen ist. Zur Verfolgung dieses Ziels sollen die Rechtsakte denkbaren Hemmnissen entgegenwirken, wozu insbesondere Unsicherheiten über das anzuwendende Recht und die betreffenden Schutzstandards gehören. Dabei ist für Unternehmen zur Vermeidung von Kosten für Vertragsgestaltung und -abwicklung (Transaktionskosten) die Einheitlichkeit wichtig, für Verbraucher ein hoher und verlässlicher Schutzstandard und ein einfacher 5

---

1 Richtlinie 2013/11/EU des Europäischen Parlaments und des Rates vom 21.5.2013 über die alternative Beilegung verbraucherrechtlicher Streitigkeiten und zur Änderung der Verordnung (EG) Nr. 2006/2004 und der Richtlinie 2009/22 EG, ABl. L 165 vom 18.6.2013, S. 63.

2 ADR bedeutet Alternative Dispute Resolution.

3 Verordnung (EU) Nr. 524/2013 des Europäischen Parlaments und des Rates vom 21.5.2013 über die Online-Beilegung verbraucherrechtlicher Streitigkeiten und zur Änderung der Verordnung (EG) Nr. 2006/2004 und der Richtlinie 2009/22 EG, ABl. L 165 vom 18.6.2013, S. 1.

4 Vgl. *Niewisch-Lennartz* ZKM 2015, 136 ff.

Zugang zum Recht oder besser zur Lösung potenzieller Streitigkeiten. Denn Verbraucher scheinen denkbare Probleme bei der Abwicklung von Streit bei der Entscheidung zu antizipieren, ob sie insbesondere über das Internet im EU-Ausland bestellen.[5] Und dass die Probleme im Umgang mit einem ausländischen Unternehmen komplexer werden, liegt auf der Hand: Zu der ohnehin schon großen Neigung, in der gerichtlichen Auseinandersetzung wenn auch (potenziell) teuren Rechtsrat in Anspruch zu nehmen, kommen noch Sprachbarrieren, die Fremdheit des Rechtssystems und unter Umständen die große Entfernung zum Gericht.[6]

a) Materielles Verbraucherrecht

6 Als eine der drei Entwicklungslinien zur Lösung dieses Problems lässt sich das **materielle Verbraucherschutzrecht** ausmachen. Hier hat die EU mit zahlreichen Richtlinien sukzessive einen hohen EU-einheitlichen Standard geschaffen. Erwähnt seien hier nur die Richtlinien über Haustürwiderruf von 1985,[7] über Verbrauchsgüterkauf von 1999[8] sowie über Verbraucherrechte von 2011.[9]

b) Der Vollzug der Verbraucherrechte

7 Die EU hat sich schon früh mit einem so identifizierten Rechtsdurchsetzungsdefizit befasst und zur Behebung Mitte der 1970er Jahre neben gerichtlichen auch außergerichtliche Maßnahmen diskutiert. So hat die Kommission 1975 ein Kolloquium zum gerichtlichen und außergerichtlichen Verbraucherrechtsschutz durchgeführt, 1977 schlug das Europäische Parlament eine Richtlinie über Schieds- und Schlichtungsmechanismen vor.[10] Im Jahre 1984 hat die Kommission in einem (wieder) methodenoffenerem Memorandum verschiedene Ansätze für die Lösung des Problems erwogen: von der Effektuierung der individuellen gerichtlichen Durchsetzung über die kollektive Rechtsdurchsetzung und Schieds- und Schlichtungsverfahren bis hin zu Beratungsstellen.[11] 12 Jahre später kam es dann zum „Aktionsplan für den Zugang der Verbraucher zum Recht und die Beilegung von Rechtsstreitigkeiten der Verbraucher um Binnenmarkt" vom 14.2.1996,[12] mit dem die Kommission Initiativen auf den Feldern außergerichtlicher Verfahren, des vereinfachten Zugangs zum Gericht und des kollektiven Rechtsschutzes wieder ins Gespräch brachte.

5 So *Eidenmüller/Engel* ZIP 2013, 1704, 1706.
6 Vgl. *Hess* ZZP 118 (2005), 427, 438 f.
7 Richtlinie 85/577/EWG des Rates vom 20.12.1985 betreffend den Verbraucherschutz im Falle von außerhalb von Geschäftsräumen geschlossenen Verträgen, ABl. L 372 vom 31.12.1985, S. 31.
8 Richtlinie 94/44/EG des Europäischen Parlaments und des Rates vom 25.5.999 zu bestimmten Aspekten des Verbrauchsgüterkaufs und der Garantien für Verbrauchsgüter, ABl. L 171 vom 7.7.1999, S. 12.
9 Richtlinie 2011/83/EU des Europäischen Parlaments und des Rates vom 25.10.2011 über die Rechte der Verbraucher und zur Änderung bzw. Aufhebung anderer RL, ABl. L 304 vom 22.11.2011, S. 64.
10 Vgl. *Roth* in Dethloff/Hess/Kals/Ennuschat/Kerner/Roth, S. 25.
11 Mitteilung KOM(84) 692 endg.; vgl. *Meller-Hannich/Höland/Krausbeck*, ZEuP, 2014, 8, 12.
12 KOM(96) 13 endg.

aa) Instrumente individueller Rechtsdurchsetzung im gerichtlichen Verfahren

Auf dem Felde gerichtlicher Verfahren hat die Europäische Union sich zuerst und primär unter dem Aspekt grenzübergreifend geschlossener Verträge befasst. Im Jahre 2006 wurde das europäische Mahnverfahren eingeführt,[13] das es nicht nur, aber eben auch Verbrauchern gestattet, in einem einfachen Verfahren (vermeintlich) klare Forderungen durchzusetzen. Seit 2007 gibt es das Verfahren zur Durchsetzung geringfügiger Forderungen[14] (sog. Small Claims), das eine einfache Geltendmachung und Vollstreckung von Ansprüchen erlaubt. Beide Verfahren sind niedrigschwellig, insbesondere ohne Anwaltszwang und kostengünstig. Trotz dieser unbestreitbaren Vorteile haben sich diese Verfahren bislang nicht durchgesetzt.[15] Die Kommission will deshalb die Small-Claim-Verordnung beleben, insbesondere den Anwendungsbereich erheblich ausdehnen; nach umfangreichen Verhandlungen ist gegen die Stimme Deutschlands eine Reform mit folgenden wesentlichen Änderungen beschlossen worden: Der Anwendungsbereich wird von bislang 2.000 EUR auf 5.000 EUR angehoben, Video- und Telekonferenzmöglichkeiten gefördert, Beweismöglichkeiten erweitert und die Erhebung beschleunigt, Gerichtsgebühren begrenzt und Informationspflichten ausgedehnt. Eine mögliche weitere Anhebung des Grenzstreitwerts, der ursprünglich auf 10.000 EUR hatte angehoben werden sollen, soll innerhalb von fünf Jahren überprüft werden. Die neue Verordnung wird am 12.7.2017 in Kraft treten. 8

So wenig bislang die Überwindung typischer Nachteile der grenzüberschreitenden Streitlösung zu gelingen scheint, so wenig sind damit die Grundprobleme der **individuellen Rechtsdurchsetzung** überhaupt nur angesprochen: Der Verbraucher hat erhebliche Kosten bzw. Kostenrisiken, Zeit und Nerven zu investieren, um seine (vermeintlichen) Rechte geltend zu machen. Die EU hat auf dieser Ebene freilich keine Rechtsetzungsbefugnisse. 81 AEUV verlangt einen grenzüberschreitenden Bezug, verwehrt der Europäischen Union also Eingriffe in die Prozessrechte der Mitgliedstaaten, soweit es um rein nationale Sachverhalte geht. 9

bb) Kollektiver Rechtsschutz

Auch deshalb wird schon seit längerem ein weiterer wichtiger rechtspolitischer Ansatz auf Verfahrensebene verfolgt: der **kollektive gerichtlicher Rechtsschutz.** Hierzu lassen sich vergröbert folgende Typen identifizieren: 10

- Verbandsklage: Verband repräsentiert die kollektiven Interessen, zumeist mittels des Instruments der Unterlassungsklage,
- Musterklage: Ergebnis einer Individualklage gilt qua Vereinbarung (Musterprozessabrede) oder Gesetz zwischen allen oder einer Vielzahl Betroffener,

13 Verordnung (EG) Nr. 1896/2006 des Europäischen Parlaments und des Rats vom 12.12.2006 zur Einführung eines Europäischen Mahnverfahrens, ABl. L 399 vom 30.12.2006, S. 1.

14 Verordnung (EG) Nr. 851/2007 des Europäischen Parlaments und des Rats vom 11.7.2007 zur Einführung eines europäischen Verfahrens für geringfügige Forderungen, ABl. L 199 vom 31.7.2007, S. 1.

15 *Eidenmüller/Engel* ZIP 2013, 1705 mwN.

- Gruppenklage: Bündelung der Klage verschiedener autonom agierender Anspruchsteller,
- Sammelklage: Dritter fasst die Individualansprüche für eine betroffene Gruppe zusammen (Unterfälle: opt-in[16] oder opt-out),[17]

11 Die Einführung kollektiver Rechtsschutzinstrumente wird seit Jahren kontrovers erörtert. Die Kommission hatte schon im Jahre 1993 im Grünbuch „über den Zugang der Verbraucher zum Recht und Beilegung von Rechtsstreitigkeiten der Verbraucher im Binnenmarkt“[18] anknüpfend an die Auswertung der verschiedenen mitgliedstaatlichen Systeme die Prüfung gemeinschaftsrechtlich verankerter Verbandsklagen angekündigt. Nach der Richtlinie über Unterlassungsklagen zum Schutz der Verbraucherinteressen aus dem Jahre 1998[19] müssen die Mitgliedstaaten für unabhängige öffentliche Stellen oder Verbraucherverbände die Möglichkeit vorsehen, gegen bestimmte Handelspraktiken Unterlassungsklagen zu erheben. Mit dem Grünbuch „über kollektive Rechtsdurchsetzungsverfahren für Verbraucher“ aus dem Jahr 2008[20] hat die Kommission dann als eine unter freilich mehreren Optionen zur Verbesserung der Durchsetzung von Verbraucherrechten verbindliche oder nichtverbindliche EU-Maßnahmen ins Gespräch gebracht, mit denen sicherstellt werden sollte, dass in allen Mitgliedstaaten ein **kollektives Gerichtsverfahren** existiert. Viele Mitgliedstaaten hatten sich vor allem mit Blick auf US-amerikanische Sammelklagen (class-action), aber auch zum Schutz nationaler Verfahrensrechte ablehnend geäußert.

12 Ein Entwurf zur Implementierung kollektiver Rechtsschutzinstrumente wurde 2009 zurückgezogen. Nach weiteren offensiveren Ansätzen hat die Kommission im Juni 2013 neben einer Mitteilung über den Sachstand eine bloße Empfehlung „Gemeinsame Grundsätze für kollektive Unterlassungs- und Schadensersatzverfahren in den Mitgliedstaaten bei Verletzung von durch Unionsrecht garantierten Rechten“[21] veröffentlicht. Die Empfehlung ist nicht bindend. Die Mitgliedstaaten werden aufgefordert („sollen“), innerhalb von zwei Jahren „innerstaatliche kollektive Rechtsschutzverfahren für Unterlassungs- und Schadensersatzklagen“ einzuführen, die „fair, gerecht, zügig und nicht übermäßig teuer sind“. Die Verfahren sollen auf dem **Opt-In-Grundsatz** beruhen, es soll also die ausdrückliche Zustimmung des Klägers erforderlich sein. Ferner sollen in weiterer Abgrenzung zu US-amerikanischem Recht Erfolgshonorare unzulässig und Strafschadensersatz ausgeschlossen sein. Zum Ablauf dieser Frist am 11.6.2015 hat die Kommission die Entscheidung angekündigt, ob verbindliche Maßnahmen erforderlich sind. Dies wird in der Literatur zutreffend als „Rückschritt“ hinter offensivere Ansätze der „langen Vorgeschichte der kollektiven Rechtschutzes“ und „kleinster gemeinsamer Nenner“[22] bezeichnet.

16 Option, sich der Sammelklage anzuschließen.
17 Grundsätzliche Geltung der Sammelklage für den gesamten relevanten Personenkreis verbunden mit der für jeden geltenden Option, „auszutreten“.
18 KOM(93) 576.
19 Richtlinie 98/27/EG vom 19.5.1998, ABl. L 166 vom 11.6.1998, S. 51.
20 KOM(2008) 794 endg.
21 2013/396/EU.
22 *Meller-Hannich* in Althammer (Hrsg.), S. 19, 41.

Auch und gerade den dem VSBG zugrundeliegenden Rechtsakten der Europäischen Union wird attestiert, dass ADR und ODR statt eines weiteren Ausbaus des kollektiven Rechtsschutzes installiert werde.[23]

Diese Einschätzung wird bestätigt durch den vorerst letzten legislativen Akt auf diesem Gebiet: Die Richtlinie 2014/104/EU über bestimmte Vorschriften für Schadensersatzklagen nach nationalem Recht wegen Zuwiderhandlungen gegen wettbewerbsrechtliche Bestimmungen der Mitgliedstaaten und der Europäischen Union vom 26.11.2014,[24] die bis zum 27.12.2016 umzusetzen ist, will die Durchsetzung von Ansprüchen aus Kartellrechtsverstößen erleichtern, verzichtet aber auch (sogar) in diesem Sektor auf das Instrument der Sammelklage. 13

c) Konsensuale Streitlösung

Die dritte Entwicklungslinie betrifft **konsensuale Verfahren zur Streitlösung.** 14

Schon Mitte der 1980er Jahre begann die EU über Mechanismen der außergerichtlichen Rechtsdurchsetzung nachzudenken.[25] Mit dem bereits erwähnten Grünbuch aus dem Jahre 1993 „über den Zugang der Verbraucher zum Recht und Beilegung von Rechtsstreitigkeiten der Verbraucher im Binnenmarkt“[26] hat die Kommission in den Mitgliedstaaten Ombudsmann- und Schlichter-Systeme untersucht und Verbesserungen zu Funktion und Transparenz eingefordert. Der schon erwähnte Aktionsplan der Kommission vom 14.2.1996[27] konkretisierte diese Überlegungen. Die aktuelle Entwicklung geht auf die Empfehlung der Kommission 98/257/EG vom 30.3.1998 betreffend die Grundsätze für Einrichtungen, die für die außergerichtliche Beilegung von Verbraucherrechtsstreitigkeiten zuständig sind,[28] und die Empfehlung der Kommission 2001/310/EG vom 4.4.2001 über die Grundsätze für an der einvernehmlichen Beilegung von Verbraucherrechtsstreitigkeiten beteiligte außergerichtliche Einrichtungen[29] zurück. Mit diesen Empfehlungen, die keine unmittelbaren Auswirkungen haben,[30] hat die Kommission die Eignung alternativer Lösungsansätze für Verbraucherkonflikte postuliert, die Sicherung gewisser Qualitätsstandards wie Neutralität, Unabhängigkeit und Transparenz gefordert, und auch bereits Ideen zur Formalisierung, zum Online-Gedanken und zu einer europäischen Koordinierung entwickelt.[31] Die Leistungsfähigkeit dieses neben dem Gericht stehenden Systems freilich hat die Kommission weder evaluiert noch theoretisch zu begründen versucht. Hier deutet sich bereits an, dass **nicht die Überzeugung von der Methodik Motiv für die Förderung von ADR ist, sondern der Glaube an die Qualität von ADR eher der Not** 15

23 *Meller-Hannich/Höland/Krausbeck* ZEuP 2014, 8, 34.
24 ABl. L 349 vom 5.12.2014, S. 1.
25 Mitteilung KOM (84) 692 endg.; vgl. *Meller-Hannich/Höland/Krausbeck,* ZEuP 2014, 8, 12.
26 KOM(93) 576.
27 KOM(96) 13 endg.
28 ABl. L 115 vom 17.4.1998, S. 31.
29 ABl. L 109 vom 19.4.2001, S. 56.
30 *Tonner* ZKM 2015, 132: „zahnlos“.
31 Vgl. *Meller-Hannich* in Althammer (Hrsg.), S. 19, 22.

geschuldet ist, mangels Gesetzgebungskompetenz nicht auf die nationalen Prozessordnungen zugreifen zu können.

16 Bevor die Kommission sich der weiteren Konkretisierung in Form der ADR-Richtlinie und OS-Verordnung widmete, kam es zur Mediations-Richtlinie,[32] die in Deutschland durch das Mediationsgesetz vom 26.7.2012[33] umgesetzt wurde. Die Mediations-Richtlinie befasst sich einerseits eng nur mit der Mediation als einer ausgewählten alternativen Streitlösungsmethode, betrifft andererseits nicht nur Verbraucherkonflikte, sondern alle denkbaren Konfliktbereiche. Die Mediations-Richtlinie leistet eine gewisse europäische Vereinheitlichung und Standardisierung im Sinne eines gemeinsamen Verständnisses des Verfahrens, von Maximen und rechtlichen Schnittstellen. Das postulierte Ziel, Mediation zu fördern, begründet die Mediations-Richtlinie freilich nicht. Damit bleibt auch im Dunkeln, wie ggf. auch nur konstellationsbezogen oder bereichsweise eine Vorzugswürdigkeit der Mediation gegenüber der gerichtlichen Streitlösung begründet werden kann. Aber nicht nur der Bezugspunkt des gerichtlichen Verfahrens wird von der Mediations-Richtlinie nicht aufgearbeitet, sondern auch nicht die Abgrenzung zu anderen konsensualen Verfahren wie etwa das der Schlichtung.

d) Konvergenz der drei Entwicklungslinien

17 ADR-Richtlinie und OS-Verordnung nun kann man als aktuellen[34] Schnitt- oder Knotenpunkt der drei Entwicklungslinien zum materiellen Verbraucherschutzrecht, zur Rechtsdurchsetzung vor Gericht und der alternativen Streitbeilegung betrachten. Nach Entwicklung eines hohen materiellen Schutzstandards soll nun nach gewisser Resignation der Kommission im Felde des kollektiven Rechtsschutzes[35] vorrangig ein System zur alternativen Rechtsdurchsetzung, also außerhalb des staatlichen Gerichtssystems, aufgebaut werden. Dabei greift das aktuelle Gesetzgebungspaket sektorielle Vorläufer in den Richtlinien zum Erdgas- und Elektrizitätsbinnenmarkt aus dem Jahre 2003 sowie in verschiedenen Richtlinien zum Verkehrsrecht sowie in der Verbraucherkreditrichtlinie auf, die bereits Regelungen über Verbraucherbeschwerden enthielten.[36]

18 Mit der naheliegenden Frage, ob dem – freilich ebenfalls nur unterstellten – Vollzugsdefizit nicht genauso gut oder gar besser durch Verbesserungen des gerichtlichen Verfahrens entgegengewirkt werden könnte, setzt sich die Kommission nicht auseinander. In der Literatur ist von einer Akzentverschiebung vom Zugang zum Recht zum vereinfachten Zugang zum Bin-

---

32 Richtlinie 2008/52/EG des Europäischen Parlaments und des Rates vom 21.5.2008 über bestimmte Aspekte der Mediation in Zivil- und Handelssachen, ABl. L 136 vom 24.5.2008 S. 3.

33 Gesetz zur Förderung der Mediation und anderer Verfahren der außergerichtlichen Konfliktbeilegung, BGBl. I 2012, 1577.

34 Vgl. auch bereits den Aktionsplan der Kommission von 1996 KOM(96) 13 endg., der die verschiedenen Ansätze bereits ansprach.

35 Vgl. *Meller-Hannich* in Althammer (Hrsg.), S. 19, 41.

36 *Schmidt-Kessel* in Schmidt-Kessel (Hrsg.), S. 16

nenmarkt die Rede.[37] Aus anderer Perspektive wird hervorgehoben, dass der Unionsgesetzgeber anders als im materiellen Verbraucherrecht das Vollharmonisierungsprinzip hier nicht anwendet.[38]

3. Rechtsetzungskompetenz der EU zur ADR-Richtlinie

Dies hat einen **kompetenzrechtlichen Hintergrund**, denn Art. 81 AEUV verwehrt der Europäischen Union also Eingriffe in die Prozessrechte der Mitgliedstaaten, soweit es um nationale Sachverhalte geht. Würde also eine genauere Analyse Handlungsbedarf bei den oder bei einigen nationalen Prozessordnungen ergeben, könnte die EU diese nicht selbst erfüllen. Möglicherweise ist die Kommission den Defiziten der Gerichtsverfahren und den Abhilfemöglichkeiten gerade deshalb nicht weiter nachgegangen, weil solche Befunde die Überzeugungskraft des stattdessen gewählten ADR-Weges – auch juristisch – hätten schwächen können. Bemerkenswert ist jedenfalls, dass die Kommission die Leistungsfähigkeit der ADR in diesem Bereich nicht weiter begründet, nicht für sich und schon gar nicht im Vergleich zum gerichtlichen Verfahren. Mit der Methodenwahl ADR statt Gericht ist die EU freilich nicht auf kompetenzrechtlich sicherem Boden. Denn Art. 81 AEUV, der Kompetenztitel für die justizielle Zusammenarbeit, umfasst ausdrücklich auch „die Entwicklung von alternativen Methoden für die Beilegung von Streitigkeiten" (Abs. 2 lit. g). Bei Gebrauchmachen von dieser Kompetenznorm aber hätte die Kommission sich auf grenzübergreifende Verfahren beschränken müssen, außerdem wären Dänemark, das Vereinigte Königreich und Irland jedenfalls nicht ohne weiteres erfasst worden.[39] Beide Probleme stellen sich nicht bei dem Kompetenztitel des **Binnenmarktes nach Art. 114 AEUV**, weshalb die Richtlinie hierauf gestützt ist. Zur Begründung stellen die Erwägungsgründe als wesentliche Voraussetzung eines reibungslos funktionierenden Binnenmarktes die Gewährleistung eines **einfachen, effizienten, schnellen und kostengünstigen Zugangs zur Streitbeilegung** (Erwägungsgründe 3, 4) heraus. Eben diese Voraussetzungen erfülle die alternative Streitbeilegung (Erwägungsgrund 6). Dieser Zusammenhang wird allerdings nicht nur nicht empirisch oder argumentativ belegt,[40] sondern hier fehlt jede Auseinandersetzung mit dem Funktionieren der für die Gewährung des Rechtsschutzes insoweit primär zuständigen Justiz. 19

37 *Meller-Hannich/Höland/Krausbeck* ZEuP 2014, 8, 33,35; vgl. auch den provokanten Titel des Aufsatzes von *Engel* „Außergerichtliche Streitbeilegung in Verbraucherangelegenheiten – Mehr Zugang zu weniger Recht", NJW 2015, 1633.

38 *Tonner* ZKM 2015, 132 .

39 Nach dem Protokoll Nr. 22 über die Position Dänemarks (ABl. C 115 vom 9.5.2008, S. 299 Art. 1 Abs. 1 des Protokolls) beteiligt sich Dänemark grundsätzlich nicht an Maßnahmen, die den Raum der Freiheit, der Sicherheit und des Rechts betreffen, damit auch nicht an Maßnahmen betreffend die justizielle Zusammenarbeit in Zivilsachen. Davon erfasst wäre mithin auch bei Wahl des Art. 81 AEUV als Kompetenzgrundlage. Dänemark kann allerdings nach Art. 7 und 8 des Protokolls zum Lissaboner Vertrag eine Teilnahme erklären. Auch das Vereinigte Königreich und Irland haben sich eine entsprechende Möglichkeit einer Teilnahmeerklärung vorbehalten (Protokoll Nr. 21 Art. 3 und 4 über die Position des Vereinigten Königreichs und Irlands hinsichtlich des Raums der Freiheit, der Sicherheit und des Rechts, Amtsblatt C 115 vom 9.5. 2008, S. 295).

40 Vgl. *Engel* NJW 2015, 1633, 1634 sowie *Niewisch-Lennartz* ZKM 2015, 136 f.

20 Stattdessen wird die Alternative ADR schlicht gesetzt und die Erwägungsgründe beklagen *insoweit* bestehende Defizite. Die alternative Streitbeilegung sei in Europa unzureichend entwickelt, teilweise nicht „ordnungsgemäß“ aufgebaut, von sehr unterschiedlicher Qualität, es werde unzureichend informiert und teilweise bestehe Ineffektivität (Erwägungsgrund 5). Apodiktisch wird in den Binnenunterschieden der alternativen Streitbeilegung der Grund ausgemacht, weshalb viele Verbraucher nicht über die Grenzen hinweg einkauften und Unternehmen mit unzureichender ADR-Struktur Standortnachteile hätten (Erwägungsgrund 6). Ihrem ohne tragfähige Begründung gewählten Ansatz, nur ein einheitliches europäisches System alternativer Streitbeilegung vermöge die Ziele eines hohen Verbraucherschutzniveaus zu erreichen, bleibt die Richtlinie selbst allerdings nicht treu. In den weiteren Erwägungsgründen wird ausführlich dargestellt, dass die jeweiligen innerstaatlichen Rechtstraditionen gewahrt bleiben sollen (Erwägungsgrund 15), dass eine breite Palette vorzufindender Verfahren bis hin zu Entscheidungsverfahren auch weiterhin so durchgeführt werden können sollen (Erwägungsgrund 21) und dass bei aller Betonung der notwendigen Unabhängigkeit der Streitmittler selbst solche Streitbeilegungsstellen beibehalten werden können sollen, die ausschließlich von einem Unternehmer betrieben werden (Erwägungsgrund 22).

21 Juristisch ungeklärt freilich ist das Verhältnis zwischen den Kompetenztiteln der justiziellen Zusammenarbeit nach Art. 81 AEUV und dem des Binnenmarktes nach Art. 114 AEUV. Sieht man Art. 81 AEUV mit Blick auf die Regelung auch alternativer Streitbeilegung als lex specialis,[41] wäre die Anwendbarkeit von Art. 114 AEUV ausgeschlossen.[42]

22 Ein weiterer kompetenzrechtlicher Zweifel bezieht sich auf die **Subsidiarität.** So hat etwa[43] die Europakammer des Bundesrats im Rahmen der Stellungnahme zu dem Richtlinienentwurf im Jahre 2012 bezweifelt, dass zur Beflügelung des grenzübergreifenden Einzelhandels innerstaatliche Streitfälle mit erfasst werden müssen; der Aufbau einer auf grenzübergreifende Konflikte spezialisierten Struktur reiche ersichtlich aus.[44] Liest man vor dem Hintergrund dieser Kritik die (endgültige) Richtlinie kritisch, stößt man auf argumentatives Bemühen mit freilich beschränkter Überzeugungskraft: Es seien die *Unterschiede* der in den Mitgliedstaaten bestehenden Schlichtungsangebote in Bezug auf Flächendeckung, Qualität und Bekanntheit, die die Entwicklung des Binnenmarktes hemmten (Erwägungsgrund 6). Läge es an den Unterschieden,[45] hätte als Nachweis freilich die Schilderung eines im Sinne der Richtlinie funktionierenden Beispiels aus wenigstens einen Mitgliedstaat nahegelegen, einschließlich eines belegten korrelierenden hohen Anteils grenzübergreifender Einkäufe der Verbrau-

41 So zum allgemeinen Verhältnis *Leible* in Streinz (Hrsg.) EUV/AEUV, 2. Aufl. 2012, Rn. 52 zu Art. 81 AEUV ; in concreto *Engel* NJW 2015, 1633, 1634 mwN.
42 An der Rechtsetzungskompetenz aus Art. 114 AEUV zweifeln aus inhaltlichen Gründen auch *Meller-Hannich/Höland/Krausbeck*, ZEuP 2014, 8, 16; vgl. *Meller-Hannich* auch in Althammer (Hrsg.), S. 19, 25.
43 Ähnlich auch die erste Kammer des Niederländischen Parlaments; vgl. *Meller-Hannich/Höland/Krausbeck* ZEuP 2014, 8, 15.
44 BR-Drs. 772/11 (Beschluss).
45 *Meller-Hannich* in Althammer (Hrsg.) S. 19, 24 f. bestreitet das („keinesfalls“).

cher jenes Mitgliedstaats. Dann hätte die Kommission auch nicht auf die wenig überzeugende Beseitigung von Unterschieden hinweisen müssen, sondern hätte sich an diesen positiven Beispielen orientieren können. An einem solchen Beispiel fehlt es aber offensichtlich. Weiter heißt es, nur wenn ADR für grenzübergreifende *und inländische* Streitigkeiten zur Verfügung stünde, würden Verbraucher die Möglichkeiten des Binnenmarktes voll nutzen können (Erwägungsgrund 7). Etwas geschärft, lautet das Argument also: Der aus Sorge vor nicht zweckdienlich zu lösendem Streit unterlassene Einkauf *über die Grenze hinweg* wird durch ein effizientes Streitlösungsverfahren wahrscheinlicher, wenn die Verbraucher hieran durch eine *innerstaatlich* wirkende Struktur gewöhnt sind und ihr vertrauen. Auch dieses Argument mutet recht gegriffen und zweckdienlich an.

Die kompetenzrechtlichen Zweifel sind allerdings bislang juristisch nicht **23** geltend gemacht. Weder die Bundesregierung ist in der Entwurfsbegründung darauf eingegangen noch der Bundesrat in seiner Stellungnahme. Allerdings kann ein Mitgliedstaat eine für rechtswidrig gehaltene Richtlinie nicht einfach ignorieren, sondern müsste Nichtigkeitsklage nach Art. 263 AEUV vor dem Europäischen Gerichtshof erheben. Dies ist aber in der deutschen Diskussion um die Umsetzung nicht einmal erwogen worden; auch aus anderen Mitgliedstaaten sind betreffende Überlegungen nicht bekannt. Realistischerweise wird es zur Überprüfung der Kompetenz allenfalls in einem Vertragsverletzungsverfahren im Rahmen einer Inzidentprüfung kommen.

4. Systematische Einordnung der ADR-Lösung

Unabhängig von kompetenzrechtlichen und -taktischen Erwägungen stellt **24** sich die Frage nach dem systematischen Ansatz, nach der treibenden Idee der Richtlinie.

a) Idee der Privatisierung?

Sucht man nach einem **systematischen Aufhänger** für die Wahl der ADR **25** als europaeinheitliches Verbraucherschutzverfahren, wird man zunächst **nicht** bei dem **Gedanken der Staatsferne** fündig. Zwar wird im Richtlinientext (Art. 2 Abs. 1 S. 1 und Abs. 3 S. 1, Art. 3 Abs. 1 und Abs. 3) und in den Erwägungsgründen (5, 12, 16, 20, 25) deutlich, dass es sich bei dem ADR-Verfahren um eines außerhalb des Gerichts handeln muss. Umgekehrt bedeutet das freilich nicht, dass die Richtlinie ADR im Gericht verhindern will. Wenn ein Gericht innerhalb des Gerichtsverfahrens eine gütliche Einigung versucht herbeizuführen, handelt es sich (nur) nicht um eine solche im Sinne der Richtlinie (Erwägungsgrund 23), m.a.W. kann ein Mitgliedstaat den Anforderungen der ADR-Richtlinie nicht mit einem Konzept einer in das Gerichtsverfahren integrierten ADR nachkommen. Muss die Verbraucherstreitschlichtung also – zumindest zusätzlich – außerhalb des Gerichts stattfinden, bedeutet dies aber nicht zugleich, dass sie privat organisiert sein muss. Die Richtlinie selbst macht außer im Kontext mit der Unabhängigkeit der Streitmittler keine Vorgaben zur Organisationsstruktur der Streitbeilegungsstellen. Nach dem Erwägungsgrund 24 ist ausdrücklich die Möglichkeit eröffnet, dass die Mitgliedstaaten „staatliche Bedienstete" mit der alternativen Streitbeilegung betrauen. Es handelt sich bei der ADR-Richtlinie also nicht um ein justizpolitisches Privatisierungsprojekt.[46]

b) Idee der konsensualen Streitlösung?

26 Wenn es also nicht um die Staatsferne geht, mögen es Aspekte wie Rechtsorientierung und Entscheidungsgewalt sein. Hierbei handelt es sich um die für eine Justizaufarbeitung eines Streits tragenden Elemente. In Abgrenzung dazu mögen der ADR-Richtlinie Verfahren vorschweben, die weniger das Recht als Lösungsmaßstab nehmen als vielmehr die Bedürfnisse und Interessen der Parteien und diesen gleichzeitig die Steuerung im Verfahren überlassen. Damit könnte die **Mediation** Leitbild der Richtlinie sein. Schon ein oberflächlicher Blick in die Richtlinie enttäuscht diese Erwartungen. Zwar ist die Mediation in Art. 3 Abs. 2 ADR-Richtlinie mittelbar angesprochen, es wird aber nur der Mediations-Richtlinie Vorrang gegeben und auch der Erwägungsgrund 19 beschränkt sich auf die Erläuterung dieses Zusammenhangs. Allerdings zählt Art. 2 zu den in Betracht kommenden Verfahren ua auch, Parteien mit dem Ziel zusammenzubringen, sie zu einer gütlichen Einigung zu veranlassen. Gleichrangig daneben und in der sprachlichen Reihung sogar vorrangig werden aber Verfahren erwähnt, mit denen Lösungen vorgeschlagen und *auferlegt* werden. Die Richtlinie lässt also neben konsensualen auch Entscheidungsverfahren zu, nach deutschem Recht also Schiedsgerichtsverfahren nach §§ 1025 ff. ZPO. Für diese ist in Art. 11 ADR-Richtlinie eine Rechtsorientierung in dem Sinne vorgegeben, dass die auferlegte Lösung nicht vom zwingenden Verbraucherrecht abweichen darf. Auch wenn die Richtlinie ein Vorhalten eines Entscheidungsverfahrens nicht verlangt, ist doch dessen Zulassung Beweis dafür, dass systematischer Grund für die ADR-Vorgabe **nicht der Gedanke konsensualer Streitlösung** ist. Bestärkt wird dies noch durch die Wahl bestimmter Begriffe aus dem Gerichtskontext wie „Rechtsbehelfsverfahren“ (Art. 2 Abs. 3, Art. 3 ADR-Richtlinie und Erwägungsgrund 5) oder „Rechtsschutz“ (Erwägungsgründe 8, 10, 27).

c) Fazit: Alternative ohne Prüfung der Alternative zur Alternative

27 Der ADR-Richtlinie geht es um einen verbesserten Zugang des Verbrauchers zur Streitlösung, die ohne Analyse und überhaupt ohne Abgleich mit den Möglichkeiten der Justiz in einem hiervon abgesetzten, eben alternativen Verfahren gesucht wird. Das Verfahren muss nicht ein konsensuales, darf sogar ein Entscheidungsverfahren sein. Tätig werden muss nicht ein privater Rechtsträger, sondern kann auch eine staatliche Stelle. Dass die Justiz in ihrer Kernaufgabe dabei nicht selbst in den Blick genommen ist, ist inhaltlich nicht begründet und nicht begründbar; dieser Umstand ist allein kompetenztaktischen Erwägungen geschuldet.

5. Tragende Vorgaben der ADR-Richtlinie

a) Merkmale in Konkurrenz zum Justizsystem

28 Im Kern geht es um vier Aspekte, die in den Erwägungsgründen in wechselnder Kombination genannt werden und die überwiegend den Zugang zu

46 *Niewisch-Lennartz* ZKM 2015, 136.

Möglichkeiten der Streitbeilegung betreffen. Die zugänglichen Möglichkeiten sollen sich wie folgt auszeichnen:

- **einfach** (Erwägungsgründe 4, 5, 6, 8, 10)
- **effizient** (Erwägungsgründe 4, 46, 55),
- **schnell** (Erwägungsgründe 4, 6, 10) und
- **kostengünstig** (Erwägungsgründe 4, 5, 6, 8, 10, 41).

Daneben erheben die Erwägungsgründe ohne klare begriffliche Abgren- 29
zung zur Effizienz Anspruch auf

- **Effektivität** (Erwägungsgründe 5, 25, 27).

Diese fünf Aspekte kommen im Richtlinientext in unterschiedlicher Inten- 30
sität zum Ausdruck: Die **Einfachheit** spiegelt sich lediglich in Art. 5 Abs. 2, der Wert auf einfachen Informationszugang (lit. a) legt und den Online- wie Offline-Zugang (lit. a und c) sichert. Die **Effizienz** erwähnt Art. 20 Abs. 6 lit. c nur in Bezug auf das Funktionieren der Streitbeilegungsstellen. Die **Effektivität** taucht im Richtlinientext zunächst programmatisch auf (Art. 1, 2 Abs. 3), in Art. 5 Abs. 4 lit. f. und in Art. 20 Abs. 6 lit. c[47] als Anspruch zum Funktionieren der Streitbeilegungsstelle und schließlich in Art. 19 Abs. 3 lit. h in Bezug auf die angebotenen Streitbeilegungsverfahren. Zur Effektivität zählt Art. 8 ferner auch die konkreten Vorgaben zur **Schnelligkeit** in lit. e[48] (Frist von in der Regel 90 Tagen ab „Eingang der vollständigen Beschwerdeakte“) und zur **Kostengünstigkeit** in lit. c (kostenlos; allenfalls Schutzgebühr).

Diese Aspekte kennzeichnen in gewisser Weise die Nachteile oder Mängel, 31
die die ADR-Richtlinie der Justiz unterstellt und die sie mit der ADR-Vorgabe auszugleichen oder abzustellen sucht. Freilich muss man kritisch anmerken, dass die ADR-Richtlinie selbst wegen des kompromissbedingten Nebeneinanders europäischer und nationaler Verfahrensregeln ein durchaus kompliziertes Verfahren vorgibt, worunter gerade dessen Effektivität leidet.[49] Zur Kritik am gerichtlichen Verfahren der Mitgliedstaaten findet sich im Richtlinientext nichts und in den Erwägungsgründen lediglich ein Hinweis, der sich freilich auf den Aspekt der Verfahrensdauer beschränkt: Die Verbreitung alternativer Streitbeilegung könne für jene Mitgliedstaaten von Bedeutung sein, in denen es einen beträchtlichen Rückstand an anhängigen Gerichtsverfahren gebe, wodurch Unionsbürgern das Recht auf einen fairen Prozess innerhalb einer angemessenen Frist vorenthalten werde (Erwägungsgrund 15).

Auch um das Verhältnis zur Justiz im Blick zu halten, soll im Folgenden 32
versucht werden, die Vorgaben der ADR-Richtlinie mit den Maximen zivilgerichtlicher Verfahren in Bezug zu setzen.

47 Hier ist zusätzlich auch von Effizienz die Rede.

48 Als Programmsatz auch in Art. 1.

49 So *Meller-Hannich/Höland/Krausbeck* ZEuP 2014, 8, 37: „Die … gerichtliche Verfahren fast noch übertreffende Kompliziertheit des Verfahrens“.

b) Justizparallele Vorgaben

aa) Unabhängigkeit und Unparteilichkeit

33 Die Richtlinie sichert die Unabhängigkeit und Unparteilichkeit der Streitmittler durch konkrete Regelungen in Art. 6 Abs. 1 lit. b bis e zur Zeitdauer der Beschäftigung, zu Einschränkung der Abberufungsmöglichkeiten, zur Weisungsunabhängigkeit, zur Erfolgsunabhängigkeit der Vergütung und zu entsprechenden Offenbarungspflichten. Ferner enthält Art. 6 Abs. 2 detaillierte Vorgaben zu dem im Falle von Bedenken gegen die Unabhängigkeit geltenden Verfahren und in Art. 6 Abs. 3 noch peniblere Regelungen zu Schlichtungsstellen, die nur von einem Unternehmen getragen oder bezahlt werden. Ferner finden sich in Art. 6 Abs. 4 Vorgaben zu getrennten Haushalten im Falle einer verbandsgetragenen Streitbeilegungsstelle. Die Bedeutung der Unabhängigkeit als Garant für Integrität und Vertrauen und damit auch für die Qualität wird in den Erwägungsgründen ausführlich dargestellt (22, 32 bis 34, 51).

34 Damit orientiert[50] die Richtlinie sich an den Vorgaben für den staatlichen Zivilprozess, für den die Unabhängigkeit und die Unparteilichkeit der Richter als Bestandteil der Garantien von Art. 6 Europäische Menschenrechtskonvention und der Europäischen Grundrechtecharta Essentialia darstellen.[51]

bb) Rechtliches Gehör

35 Art. 9 Abs. 1 lit. a ADR-Richtlinie schafft unter der Überschrift „Fairness" ein umfassendes Vortrags- und Stellungnahmerecht nach Vorbild es für staatliche Prozesse allgemein geltenden Prinzips des rechtlichen Gehörs, das ebenfalls zu den Garantien des 6 Europäische Menschenrechtskonvention zählt.

cc) Transparenz

36 Die ADR-Richtlinie enthält in Art. 7 eine Reihe von Informationsvorgaben etwa zur Zuständigkeit, zur Zulässigkeit, zu den Verfahrensregeln, zur Sprache, zu den Maßstäben der Lösungsfindung, zu Beendigungsmöglichkeiten, zu den Kosten, die im staatlichen Prozess typischerweise gesetzlich geregelt sind.

dd) Rechtmäßigkeit

37 Die Einhaltung zwingenden Verbraucherrechts gewährleistet – ebenfalls justiznah – Art. 11 ADR-Richtlinie, wenn auch nur für Verfahren, die eine Lösung auferlegen.

ee) Verjährungsneutralität

38 Wie im gerichtlichen Verfahren sollen Ansprüche nicht im Laufe des ADR-Verfahren verjähren; Art. 12 ADR-Richtlinie.

50 So auch *Stadler* ZZP 2015, 165,167.
51 *Stadler* ZZP 2015, 165, 168.

ff) Befugnis, sich vertreten zu lassen

Nach Art. 9 Abs. 1 lit. b ADR-Richtlinie kann sich jede Partei von unabhängiger Seite beraten, unterstützen und auch vertreten lassen. Die Vertretung insbesondere durch Rechtsanwälte gehört ebenfalls zu den allgemein anerkannten elementaren Grundlagen westlicher staatlicher Prozesse. 39

c) Vorgaben ohne Justizbezug

aa) Informationspflichten

Ein wesentliches Gewicht legt die Richtlinie darauf, dass Verbraucher umfassend, rechtzeitig und fair informiert werden. Neben typischen Verfahrensregelungen (vgl. hierzu → Rn. 33 ff.) geht es in Art. 7 unter dem Stichwort „Transparenz" um weitere Informationen seitens der Streitbeilegungsstellen etwa zur (durchschnittlichen) Verfahrensdauer und statistischen Daten, in Art. 13 um Informationspflichten der Unternehmen und Art. 15 enthält diesbezügliche Pflichten und Anregungen gegenüber den Mitgliedstaaten. 40

bb) Kooperation

Die ADR-Richtlinie beschreibt in Art. 13 bis 20 recht detailliert die Zusammenarbeit der Mitgliedstaaten samt den national zuständigen Behörden, der Streitbeilegungsstellen, der Kommission und weiterer europäischer und supranationaler Einrichtungen mit dem Ziel der Information und Unterstützung der Verbraucher, aber auch zur Qualitätssicherung der ADR-Verfahren sowie auch rückkoppelnd zur Verbesserung von fraglichen Geschäftspraktiken. Im Vordergrund stehen hier die grenzübergreifenden Konstellationen. 41

d) Internationale Zuständigkeit

Für die Verpflichtung, Streitbeilegungsstellen zu schaffen, knüpft Art. 5 ADR-Richtlinie an die **Niederlassung des Unternehmens** an. Die Mitgliedstaaten müssen also für alle europäischen Verbraucher im Konflikt mit einem inländischen Unternehmen Zugang zu einer inländischen Stelle schaffen. Damit findet der Verbraucher im Streit mit einem Unternehmen in einem anderen Mitgliedstaat zwingend nur in diesem anderen Mitgliedstaat eine Streitbeilegungsstelle vor, die auch nicht verpflichtet ist, als Verfahrenssprache eine andere als die eigene anzubieten. Ein deutscher Verbraucher muss sich also in französischer Sprache an eine französische Streitschlichtungsstelle wenden, wenn er seine Rechte gegenüber einem französischen Unternehmen geltend machen will. Damit verfolgt die ADR-Richtlinie eine im Verhältnis zu den Regeln über den Verbrauchergerichtsstand gegenläufige Tendenz: Nach Art. 17 Abs. 1 lit. c EuGVVO[52] gilt für den staatlichen Gerichtsprozess der Klägergerichtsstand immer (bereits) dann, wenn das Unternehmen die berufliche oder gewerbliche Tätigkeit im 42

52 Verordnung (EU) Nr. 1215/2012 des europäischen Parlaments und des Rates vom 12.12.2012 über die gerichtliche Zuständigkeit und die Anerkennung und Vollstreckung von Entscheidungen in Zivil- und Handelssachen; ABl. L 351 vom 20.12.2012, S. 1.

Mitgliedstaat des Verbrauchers ausübt oder „auf irgend einem Wege auf diesen Mitgliedstaat ... ausrichtet".

6. Verhältnis zur Justiz

a) Änderungen im Justizsystem reichen nicht zur Umsetzung

43 Auch wenn die Analyse der ADR-Richtlinie keine Gründe dafür liefert, warum ihre Ziele nicht durch die primär für den Zugang zum Recht zuständigen Gerichte sollten erfüllt werden können, kann ein Mitgliedsstaat, der über seine Justiz den einfachen und kostengünstigen Zugang zu effizienter und schneller Streitbeilegung bietet, hiermit allein die Vorgaben der ADR-Richtlinie nicht umsetzen. Zwar ist nach Art. 288 Abs. 3 AEUV eine Richtlinie nur zum Ziel verbindlich und überlässt den Mitgliedstaaten die Wahl der Form und Mittel. In der ADR-Richtlinie verwischen allerdings Ziel und Maßnahmen. Nicht der Zugang zu einfachen, effizienten, schnellen und kostengünstigen Möglichkeiten – wie es an sich angemessen wäre – *des Rechtsschutzes* ist das Ziel, sondern die Richtlinie konkretisiert den **Zugang** auf den **zu alternativer Streitbeilegung**, neben den Justizgewährleistungsanspruch[53] wird für die Verbraucher ein **ADR-Gewährleistungsanspruch**[54] gestellt.

b) Kein Gegenentwurf zum gerichtlichen Verfahren

44 Andererseits wendet die Richtlinie sich nicht gegen das Justizsystem. Im Gegenteil betont sie die Bedeutung der Gerichte, indem sie den **jederzeitigen Zugang der Streitparteien zu staatlichen Gerichten** sichert (Art. 9 Abs. 2 lit. b, 10 Abs. 1, Erwägungsgrund 45). Dies folgt der Einsicht, dass bei divergierender Verhandlungsmacht die jederzeitige Möglichkeit zu klagen den Schwächeren schützt. Eine Machtdysbalance ist gerade Kennzeichen des Verbraucherstreits, das Unternehmen ist strukturell überlegen.[55] Gewiss kann es auch dem Streitmittlers gelingen, die Ungleichgewichte auszugleichen, zur Flankierung dieser schwierigen Aufgabe scheint indes die vom Unternehmer stets mitbedachte Möglichkeit, der Verbraucher könne das Verfahren abbrechen und klagen, von einiger Bedeutung zu sein.[56]

45 Ferner lässt die Richtlinie potenzielle Vorteile der Justiz anklingen, indem sie die Mitgliedstaaten befugt, den Verbraucherstreitbeilegungsstellen zu erlauben, die Befassung mit solchen Streitigkeiten abzulehnen, die etwa wegen ihrer Komplexität „besser vor Gericht gelöst werden sollte" (Erwägungsgrund 25). Auch wenn der Richtlinientext selbst insoweit nur auf die Beeinträchtigung des effektiven Betriebs der Streitbeilegungsstelle abhebt (Art. 5 Abs. 4 lit. f), dürften[57] hier zwei wesentliche Vorteile der staatlichen

53 In Deutschland aus Art. 19 Abs. 4 GG .

54 *Meller-Hannich* in Althammer (Hrsg.), S. 19, 20.

55 Vgl. *Hirsch* ZKM 2015, 141, 142: „Strukturelle Asymmetrie" und *Meller-Hannich/Höland/Krausbeck*, ZEuP 2014, 8, 31: „struktureller Nachteil".

56 *Röthemeyer*, Mediation Rn. 507.

57 *Althammer* in Althammer (Hrsg.), S. 7, 15 Fn. 34 meint freilich, die ADR-Richtlinie habe die Klärung wichtiger Grundsatzfragen deshalb nicht im Blick, weil die Bedeutung der Rechtsfortbildung nicht überall in Europa den Stellenwert wie in Deutschland habe.

Justiz angesprochen sein. Zum einen kann die **Rechtsfortbildung** grundsätzlich nur im staatlichen System geleistet werden. Unsicherheiten zur Rechtslage können durch Grundsatzentscheidungen hoher oder höchster Gerichte gelöst werden. Dies geschieht oft unter kritischer Beteiligung der Rechts- teilweise auch anderer Wissenschaften, die freien Zugang zu den Entscheidungen der Instanz- und Obergerichte haben. Im ADR-Verfahren sind in aller Regel die Sachverhalte, ggf. die Schlichtungsvorschläge und auch die Lösungen nicht zugänglich. Zwar verlangt nicht der Richtlinientext selbst die Wahrung von Vertraulichkeit, Erwägungsgrund 29 fordert die Mitgliedstaaten hierzu aber auf, ausdrücklich auch mit Blick für ein nachfolgendes Gerichtsverfahren. Mit der Vertraulichkeit vereinbar wäre zwar die Veröffentlichung des Ergebnisses in anonymisierter Form, auch hierzu enthält die Richtlinie aber keine Vorgaben; nach Art. 7 Abs. 2 lit. b ADR-Richtlinie haben die Streitbeilegungsstellen zwar „systematische oder signifikante Problemstellungen, die häufig zu Streitigkeiten ... führen", in den Tätigkeitsbericht aufzunehmen. Ziel ist es aber lediglich, „die Standards der Unternehmer zu erhöhen" und den Informationsfluss zu verbessern. Rechtsfortbildung ist hiermit weder beabsichtigt noch erreichbar. Eine Rechtsfortbildung wäre, jedenfalls außerhalb der Schiedsgerichtsbarkeit, auch systemwidrig, weil ADR gerade ein nicht (strikt) rechtsbezogenes Verfahren darstellt.

Zum anderen geht es um die **Aufklärung des Sachverhalts.** Zwar schließt die Richtlinie nicht aus, dass die Streitbeilegungsstellen Beweise erheben und sichert auch das rechtliche Gehör für den Fall vorgelegter Beweise (Art. 9 Abs. 1 lit. a), wobei hier korrekter von Beweis*mitteln* gesprochen werden müsste. Es sieht aber weder einen Anspruch auf Beweisantritt vor noch spricht es die Beweisaufnahme als Verfahrensbestandteil an. Diese Zurückhaltung hat gute Gründe: Zur Effektivität einer Beweisaufnahme bedürfte es der Befugnis, Beweiserhebungen notfalls auch unter Zwang durchzuführen, also etwa unwillige Zeugen zur Aussage zu zwingen. Ohne dieses potenzielle Zwangselement bestünde das Risiko der Einseitigkeit, wäre doch die Streitbeilegungsstelle dem guten Willen von Zeugen und Sachverständigen ausgeliefert und auf die durch die Parteien – auf welchem Wege auch immer – beigebrachten Beweismittel angewiesen. Zwangsmittel aber sind hoheitlicher Natur und können privat getragenen Stellen nur durch Übertragung solcher öffentlich-rechtlicher Befugnisse, im deutschen Recht etwa durch Beleihung, zur Verfügung gestellt werden. Dass die EU vor einem solchen Schritt zurückgeschreckt, ist nachvollziehbar, zumal hiermit der Vorwurf, eine Paralleljustiz aufzubauen, an Berechtigung gewonnen hätte. Die Befugnis zur **Sachverhaltsklärung durch Beweiserhebungen** ist und bleibt also Privileg der staatlichen Gerichte. 46

c) Schnittstellen zur Justiz

Wie erwähnt (→ Rn. 42) sichert die Richtlinie den jederzeitigen Zugang der Streitparteien zu staatlichen Gerichten (Art. 9 Abs. 2 lit. b, 10 Abs. 1, Erwägungsgrund 45). Umgekehrt erlaubt sie den Mitgliedstaaten, mithilfe der ADR Zugangshürden zum Gericht zu bauen, ohne dies freilich vorzugeben. Schließlich klärt Art. 2 Abs. 2 lit. f ADR-Richtlinie das Verhältnis von ADR und konsensualen Elementen im Gerichtsverfahren: Die Richtli- 47 nie gilt danach nicht für Bemühungen von Richtern um die gütliche Beilegung eines Rechtsstreits.

7. Umsetzungsspielräume

48 Die ADR-Richtlinie leistet keine Vollharmonisierung, sondern wählt den Ansatz der Mindestharmonisierung, indem sie den Mitgliedstaaten ausdrücklich Regelungen zugesteht, die über die Richtlinie hinausgehen, „um ein höheres Maß an Verbraucherschutz zu gewährleisten“ (Art. 2 Abs. 3 S. 2). Die Spielräume, die die Richtlinie den Mitgliedstaaten zur Umsetzung lässt, sind von durchaus unterschiedlicher Intensität. Einerseits finden sich Details wie zB die den Streitbeilegungsstellen aufzugebende Pflicht, ihre Namen, Kontaktangaben und Website-Adresse der zuständigen Behörde mitzuteilen (Art. 19 Abs. 1 Buchst a ADR-Richtlinie), andererseits haben die komplizierte Kompetenzlage (→ Rn. 18 ff.), die Rücksichtnahme auf bestehende Strukturen und gewiss auch die richtlinientypischen Verhandlungsdynamiken[58] zu weitreichenden Spielräumen in durchaus wesentlichen Fragen geführt.

a) Verfahren

49 Die Richtlinie beschreibt, wie sich aus Art. 2 und dem Erwägungsgrund 21 ablesen lässt, drei Verfahrens**typen**:

- Veranlassung einer gütlichen Einigung,
- Lösungsvorschlag,
- Auferlegung einer Lösung.

50 Diese eher funktional beschreibende Einteilung ist weder mit einer trennscharfen Definition verbunden, noch sind die Mitgliedstaaten auf die Etablierung aller genannten Verfahrensarten verpflichtet, insbesondere ist die Konzentration auf nur ein Instrument möglich,[59] ebenso Kombinationsmodelle oder Hybride, wobei die Entscheidung über die Spannbreite der Verfahren vom Mitgliedstaat verbindlich getroffen oder den Streitbeilegungsstellen überlassen werden kann.

b) Betroffene Streitigkeiten

51 Als Sachgebiete sind Kauf- und Dienstleistungsverträge festgelegt (Art. 2 Abs. 1 ADR-Richtlinie), was die Einbeziehung weiterer Materien nicht ausschließt. In persönlicher Hinsicht verlangt die Richtlinie einen Zugang des Verbrauchers zu ADR (c2b), die Mitgliedstaaten können[60] dem Unternehmen für Streit mit dem Verbraucher (b2c) und auch für Konflikte mit anderen Unternehmen (c2c) ADR zur Verfügung stellen, müssen es aber nicht. Ferner ist die Richtlinie auf individuelle Streitlösungsverfahren fokussiert, schließt aber die Einbeziehung kollektiver ADR nicht aus.[61]

58 Vgl. hierzu *Meller-Hannich* in Althammer (Hrsg.), S. 19, 24 („kompromissbedingte Ungereimtheiten“).
59 So auch *Conen/Gramlich* NJ 2014, 494, 496.
60 *Meller-Hannich* in Althammer (Hrsg.), S. 19, 22 leitet aus Art. 5 Abs. 2 lit. e ADR-Richtlinie auch die Pflicht der Mitgliedstaaten zur Einbeziehung von Unternehmerbeschwerden ein, soweit sie in den Anwendungsbereich der ODR-Verordnung fallen.
61 Vgl. *Meller-Hannich* in Althammer (Hrsg.), S. 19, 29.

c) AS-Stellen

52 Die Richtlinie schreibt nicht vor, wer Träger der AS-Stellen ist, wie sie sich finanzieren und welche Rolle der Staat einnimmt. Die Richtlinie verlangt einerseits nicht und verbietet andererseits nicht den Aufbau neuer Stellen, sondern lässt die Nutzung der bisherigen Strukturen zu, freilich unter Beachtung der Anforderungen der Richtlinie (Erwägungsgrund 15).

d) Bedeutung des Rechts

53 Verlangt wird die Gewähr von „Rechtmäßigkeit" im Falle auferlegter Lösungen (Art. 11), hingegen fehlt eine Aussage zur Rolle des Rechts im Rahmen der weiteren Verfahrensarten, was Konkretisierungen der Mitgliedstaaten weder erfordert noch verbietet. Als weiches Kriterium zur Steuerung der Rechtsorientierung können die Regelungen zur Qualifikation der handelnden Personen herangezogen werden: Unabhängig von dem angewendeten Verfahren wird – nur und immerhin – allgemeines Rechtsverständnis der mit AS betrauten Personen verlangt (Art. 6 Abs. 1 lit. a), eine Qualifikation als Jurist gerade nicht (Erwägungsgrund 36), was die Mitgliedstaaten nicht hindert, eine höhere juristische Qualifikation zu verlangen und hierbei auch nach Verfahrensarten zu differenzieren.

e) Verbindlichkeit

54 Die Richtlinie sieht weder eine Verpflichtung für Verbraucher noch für Unternehmen vor, sich an AS-Verfahren zu beteiligen. Art. 1 S. 2 ADR-Richtlinie überlässt es allerdings nationalem Recht, zur Teilnahme zu verpflichten, womit die Richtlinie allerdings in erster Linie die Unternehmen im Auge hat (Erwägungsgrund 49). Der Schlichtungsvorschlag kann für beide Seiten unverbindlich sein, kann aber auch Unternehmen auch einseitig binden.[62]

f) Regulierungsmechanismen

55 Die ADR-Richtlinie verlangt Qualitätseinhaltung und Kontrolle nur hinsichtlich jener Streitbeilegungsstellen, die nach Entscheidung der Mitgliedstaaten gelistet werden.[63] Sie verlangt auch nicht, dass Stellen, die die Anforderungen der Richtlinie erfüllen, gelistet werden müssen. Ferner gibt die Richtlinie weder vor, nicht gelisteten Stellen zu verbieten, Verbraucherstreitbeilegung durchzuführen, noch mitgliedstaatliche Qualitätskontrollen insoweit. Demgegenüber hatte die Kommission in ihrem Entwurf[64] noch Regelungen für jede Stelle schaffen wollen, „die unabhängig von einer Bezeichnung auf Dauer angelegt ist und die Beilegung einer Streitigkeit in einem AS-Verfahren anbietet" (Art. 4 lit. f des Entwurfs), also alle Stellen erfassen wollen, die materiell Verbraucherschlichtung anbieten.[65] Dieser regulatorische Ansatz hat sich nicht durchgesetzt; andererseits untersagt die Richtlinie all dieses den Mitgliedstaaten auch nicht.

62 Im Falle der Verbindlichkeit auch für den Verbraucher, was auch statthaft ist, handelt es sich um die Verfahrensart „auferlegter" Lösungen (→ Rn. 49).
63 *Meller-Hannich* in Althammer (Hrsg.), S. 19, 30 f. spricht von zirkulärem Anwendungsbereich.
64 KOM(2011) 793 endg. v. 29.11.2011.
65 Vgl. *Hayungs* ZKM 2013, 66,68; *Korte* DVBl. 2015, 1157, 1158.

8. ODR-Verordnung im Überblick

56 Entgegen ihrer irreführenden Bezeichnung leistet die ODR-Verordnung nicht direkt eine (Online-)Streitlösung und liefert auch keine Verfahrensregeln zur Online-ADR. Die ODR-Plattform hat primär Lotsenfunktion. Verbraucher und Unternehmen werden in Kontakt gebracht, die „zuständige“ bzw. eine geeignete Konfliktlösungsstelle ermittelt und ein für alle Beteiligten optionales elektronisches Fallbearbeitungsinstrument zur Verfügung gestellt. Dabei geht es sowohl um grenzübergreifende wie auch rein nationale Verträge; allerdings nur um solche, die online geschlossen wurden.

II. Das Verbraucherstreitbeilegungsgesetz

1. Einführung

57 Die Umsetzung in Deutschland war von Anfang an vom 1:1-Gedanken geprägt. Der Europäische Auftrag wurde nicht etwa als Gelegenheit gesehen, auf der Basis der Analyse bestehender Problemlagen und Schwachstellen Handlungsoptionen zu entwickeln und unter rechts- und/oder verbraucherschutzpolitischer Akzentsetzung Verbesserungen des Bestehenden herbeizuführen.

58 Insgesamt folgt die Umsetzung dem freilich nicht ausgesprochenen Leitbild, Bestehendes möglichst unberührt zu lassen, nur im gerade nötigen Umfang zu handeln und Weiterentwicklungsmöglichkeiten nicht zu nutzen. Ein solches Konzeptkann sachgerecht und angemessen sein, wenn die bestehenden Strukturen funktionieren, die Minimal-Umsetzung zu einer bruchlosen Einfügung in das bestehende System führt und Weiterentwicklungsmöglichkeiten nicht bestehen. Ob dies allerdings der Fall ist, verdient nähere Betrachtung.

2. Vorgefundene Strukturen

a) Das Gerichtssystem

59 Das deutsche Gerichtswesen kann am Maßstab der von der ADR-Richtlinie formulierten Ziele (→ Rn. 28 f.) wie folgt analysiert werden.

aa) Einfachheit

60 Der klassische Weg zum Gericht ist offline. Es bedarf im Allgemeinen der Klage, die nach den Vorgaben der Zivilprozessordnung zu erheben ist und damit gewissen Formalien genügen muss; § 253 Zivilprozessordnung (ZPO). Einen einfachen Zugang zu relevanten Informationen gibt es kaum, stellt sich das Rechtssystem doch vor allem in Gesetzen dar, die sowohl zum Verfahren wie zum materiellen Recht traditionell und wohl auch kaum vermeidbar anderen Maximen als dem der Verständlichkeit und der Einfachheit folgen. Für die justizförmliche Bearbeitung auch des Verbraucherkonflikts ist somit im Allgemeinen der Jurist gefragt, der Verbraucher also auf kostenpflichtige, zumindest auf Kostenrisiken schaffende, anwaltliche Beratung und Vertretung angewiesen. Insoweit bestehen gewiss auch psychologische Hemmnisse bei Betreten einer fremden Welt und die damit verbundenen Unsicherheiten spielen der Anwaltschaft in gewisser Weise in die Hände; jedenfalls lässt sich nicht unbedingt immer eine konsequent ver-

trauensorientierte Informationspolitik der Anwaltschaft, aber auch der anderen beteiligten Berufe ausmachen, der viel zitierte Schlüsselsatz lautet vielmehr „Vor Gericht und auf hoher See ist man in Gottes Hand“.

Als Ermutigung, ohne anwaltliche Unterstützung vor Gericht zu ziehen, 61
kann man allerdings das Mahnverfahren nach §§ 688 ff. ZPO einordnen. Es ist online zugänglich und der Nutzer wird durch ein IT-Programm geleitet. Freilich erspart es nicht juristische Vorüberlegungen und stellt kein geschlossenes System dar, vielmehr wird das Mahnverfahren in das allgemeine Klageverfahren überführt, sobald der Gegner sich gegen den geltend gemachten Anspruch (fristgerecht) verteidigt.

Zur Einfachheit gehört freilich auch ein gewisser Komfort bei der Anwen- 62
dung von IT-Programmen. Damit sind zum einen nutzerfreundliche Programmführungen, insbesondere die „intuitive“ Steuerung gemeint. Zum anderen kann es insbesondere für den Verbraucher hilfreich sein, wenn das Programm von sich aus die relevanten Informationen abfragt. Das alles leistet das Mahnprogramm nur begrenzt, im Klageverfahren gibt es, jedenfalls staatlicherseits, keine solche Unterstützung. Im Bereich der ADR sind demgegenüber solche Tools durchaus schon verbreitet, etwa beim „online-Schlichter“, der mittels spezifischer, auf die verschiedenen Konstellationen (zB Widerruf, Sachmängel) bezogener Formulare unbemerkt auf eine „juristische Reise“ mitgenommen wird.[66] Solchen Komfort leistet die Justiz bislang nicht.

bb) Effizienz und Effektivität

Von einem Funktionieren im Sinne des Art. 20 Abs. 6 lit. c ADR-Richtlinie 63
kann wohl in Bezug auf das deutsche Gerichtssystem sehr wohl die Rede sein. Mit 646 Amtsgerichten ist in Deutschland ein ortsnahes und zuverlässig arbeitendes System etabliert.

Zählt man zur Effektivität die Flexibilität des Verfahrens[67] hinzu, könnte 64
man die ZPO als ein zumindest für Nichtjuristen nur schwer durchschaubares System darstellten, muss aber andererseits berücksichtigen, dass das Amtsgericht bis zu einem Streitwert von EUR 600, also in den typischen Verbrauchersachen, das Verfahren nach billigem Ermessen bestimmen kann (§ 495 a ZPO).[68] Diese Flexibilität freilich geht zu Lasten der Transparenz. Anders als mittels einer gut gemachten und gut kommunizierten Verfahrensordnung gewinnt der Verbraucher als Kläger kaum Einsicht in den Verfahrensablauf.

Neben der Flexibilität im Verfahren auf dem Weg zu einem Urteil (§ 495 a 65
ZPO) ist die ZPO allerdings auch methodenflexibel. Die ZPO ist eben nicht nur der Trichter, der die Parteien auf eine Entscheidung zubewegt,[69]

66 *Braun* ZKM 2013, 162, 163.
67 So *Niewisch-Lennartz* ZKM 2015, 136, 137.
68 Vgl. *Niewisch-Lennartz* ZKM 2015, 136, 137.
69 So die Sicht einer soziologischen Schule; vgl. *Luhmann*, S. 115.

sondern sie gibt den Richtern schon seit ihren Anfängen[70] auch die „einvernehmliche Streitlösung“ an die Hand, heute heißt es in § 278 Abs. 1 ZPO: „Das Gericht soll in jeder Lage des Verfahrens auf eine gütliche Beilegung des Rechtsstreits … bedacht sein.“ In diesem Rahmen haben Richter nach § 278 Abs. 2 S. 2 ZPO in der Güteverhandlung den Sach- und Streitstand „unter freier Würdigung aller Umstände“ zu erörtern, wozu neben rechtlichen zB auch wirtschaftliche und psychologische Aspekte gehören.[71] In den letzten zehn Jahren ist die konsensuale Streitbeilegung in die Gerichte eingezogen. Nach verschiedenen Pilotvorhaben zur Gerichtsmediation ist im Zuge des Mediationsgesetzes vom 26.7.2012[72] das Güterichterverfahren in § 278 Abs. 5 ZPO[73] gesetzlich eingeführt, in dem Richter konsensuale Methoden der Konfliktbeilegung einschließlich Mediation anwenden.[74] Gerichte bieten also ein flexibles System der Streitbearbeitung an, von rechtsbasierter Streitentscheidung über Vergleichsgespräche im Rahmen einer Prozessrisikoanalyse[75] bis hin zum Interessenausgleich auf der Beziehungsebene. Wenn der Regierungsentwurf hervorhebt, den Verbraucherstreitbeilegungsstellen seien auch Kombination von Verfahren mit Schlichtungs- und Mediationselementen möglich,[76] kann man für die Gerichte nur sagen, dass solche Strukturen dort längst gelebte Normalität sind.

cc) Schnelligkeit

66 Art. 8 ADR-Richtlinie zählt zur Effektivität auch eine rasche Erledigung. Die Frist von in der Regel 90 Tagen ab „Eingang der vollständigen Beschwerdeakte“. Damit wird die Vorlauphase nicht erfasst, was den Vergleich mit den Gerichten erschwert, denn die amtlichen Statistiken rechnen bereits ab Eingang der Klage. Bei den Amtsgerichten, die die allermeisten Verbraucherstreitigkeiten bearbeiten,[77] wird knapp die Hälfte der Verfahren innerhalb von drei Monaten erledigt, die durchschnittliche Dauer betrug 2013 bundesweit 4,8 Monate, in Niedersachsen in den Jahren 2013 und 2014 je 4,7 Monate. Daten für Verbraucherangelegenheiten im engen Sinne gibt es zwar nicht, in den Sachgebieten mit Überschneidungen zu Verbrauchersachen zeigen sich allerdings sogar noch bessere Werte: Im Jahre 2013 betrug die durchschnittliche Verfahrensdauer in Kaufsachen 4,1, in Reisevertragssachen 3,9 und in Kredit-/Leasingsachen 3,7 Monate.[78] Die Justiz steht also zur Verfahrensdauer durchaus gut da.[79] Diese Daten umfassen allerdings alle Erledigungsarten, stellt man nur auf die

70 Nach der CPO von 1877 kann der Richter „in jeder Lage des Rechtsstreits die gütliche Beilegung … versuchen“; vgl. im Einzelnen *Greger*, Gedächtnisschrift für Unberath, S. 111 f., der konsensuale Spuren schon im altgermanischen und mittelalterlichen Zivilprozess nachweist.
71 Vgl. nur Baumbach/Lauterbach/Hartmann ZPO § 278 Rn. 22.
72 Mediationsgesetz vom 21.7.2012 (BGBl. I, 1577).
73 Die Vorschrift gilt mittels Verweisen auch für die anderen Prozessordnungen.
74 Grundlegend *Röthemeyer*, Mediation, Rn. 332 ff.
75 Vgl. *Röthemeyer*, Mediation, Rn. 424 f.
76 BT-Drs. 258/15, 59.
77 Zuständig für Streitwerte bis 5.000 EUR.
78 Statistisches Bundesamt, Fachserie 10, Reihe 2.1, 2013 S. 34.
79 *Niewisch-Lennartz* ZKM 2015, 136, 137 f.

durch Urteil erledigten Verfahren ab, ergibt sich für die amtsgerichtlichen Verfahren in Niedersachsen eine Durchschnittsdauer von ca. 7 Monaten, in Kaufsachen von ca. 6 Monaten.

dd) Kosten

Vorgerichtlich steht Verbrauchern mit geringen Einkünften Beratungshilfe nach den Beratungshilfegesetz zur Verfügung. In der Regel kann auf diese Weise eine Prüfung durch einen Rechtsanwalt erreicht werden. 67

Die Gerichtsgebühren hängen vom Streitwert ab, ebenso die Anwaltskosten. Bei einem Streitwert von bis zu 500 EUR, dem für Verbrauchersachen typischen Bereich, fallen bei Beendigung durch Urteil Gerichtsgebühren von 105 EURan. Der Vertretung durch einen Rechtsanwalt bedarf es rechtlich nicht, wird aber zumeist in Anspruch genommen. Die Kosten betragen bei einem Streitwert von bis zu 500 EUR etwa 158 EUR je beteiligtem Anwalt. Die gesamten Kosten trägt der Verlierer, der Gewinner wird nicht belastet; bei Teilerfolg werden die Kosten den Gewinn- / Verlustanteilen entsprechend verteilt. Das Kostenrisiko für jeden Beteiligten beträgt im Falle beidseitiger Anwaltsvertretung also bis zu 421 EUR. Einigen sich die Parteien im Laufe des Verfahrens, fällt eine Gerichtsgebühr von nur 35 EUR an, die Anwaltskosten steigen allerdings auf rund 211 EUR je Seite. 68

Eine Partei, die nach ihren persönlichen und wirtschaftlichen Verhältnissen die Kosten der Prozessführung nicht, nur zum Teil oder nur in Raten aufbringen kann, erhält Prozesskostenhilfe nach den Regeln der §§ 114 ff. ZPO, wird allerdings im Falle ihrer Niederlage mit den Kosten des gegnerischen Anwalts belastet. Da Prozesskostenhilfe nur gewährt wird, wenn die Klage bzw. die Verteidigung Aussicht auf Erfolg hat, kann der finanziell im obigen Sinne „bedürftige“ Verbraucher eine kostenlose gerichtliche Überprüfung der Rechtslage erreichen. 69

Ein Weg, die mit dem Gerichtsverfahren verbundenen Kosten unabhängig vom Ausgang zu vermeiden, bieten Rechtsschutzversicherungen. Deutschland verfügt über eine im europäischen Vergleich sehr hohe Abdeckung mit Rechtsschutzversicherungen;[80] sie gewähren Rechtsberatung und die Risikoübernahme im Falle des Gerichtsprozesses. 70

b) Alternative Streitbeilegung

Die Zivilprozessordnung enthält seit langer Zeit in §§ 1025 ff. Regelungen zum **schiedsrichterlichen Verfahren**. Es geht um die Verfahrensregeln eines von den Parteien zur Entscheidung berufenen privaten Gerichts und einer (zurückhaltenden) Absicherung durch staatliche Gerichte. 71

Das Mediationsgesetz vom 26.7.2012[81] definiert die **Mediation**, begründet gewisse Verfahrensmaximen und schafft Rechte und Pflichten der Mediatoren.[82] 72

80 Nach der Studie „Der Rechtsschutzversicherungsmarkt in Europa“ aus dem Oktober 2013 (abrufbar unter http://riad-online.eu, letzter Aufruf am 8.4.2016) verfügt Deutschland über etwa 45 % des europäischen Gesamtmarktes.

81 Mediationsgesetz vom 21.7.2012 (BGBl. I, 1577).

82 Vgl. zB *Röthemeyer*, Mediation, Teil II.

73 Weitere **allgemeine Regelungen** zu anderen alternativen Streitbeilegungsverfahren finden sich in Deutschland nicht. Zwar setzt insbesondere das Mediationsgesetz die Existenz solcher weiterer Verfahren voraus und hält sie auch für förderungswürdig, es fehlt allerdings bereits die Definition selbst naheliegender Verfahren wie das der Schlichtung.

74 Allerdings sind in Deutschland[83] sektorspezifisch zahlreiche **Schlichtungsstellen durch Rechtsakt** eingerichtet oder ist für solche eine gesetzliche Grundlage geschaffen. Als Beispiele seien hier nur die Schlichtungsstelle der Bundesnetzagentur nach § 47a Abs. 4 Telekommunikationsgesetz, die Schlichtungsstelle Energie e.V. nach § 111d Abs. 4 Energiewirtschaftsgesetz und der Versicherungsombudsmann nach § 214 Versicherungsvertragsgesetz genannt. Diese Schlichtungsstellen sind oft von sektorspezifischen Regelungen der Europäischen Union angestoßen, etwa im Bereich Finanzdienstleistungen, Versicherungen, Verkehr, Energie und Telekommunikation.[84] In diesen und den zahlreichen weiteren Gesetzen, die sich mit Schlichtung befassen, liegt ein durchaus unterschiedliches Begriffsverständnis zugrunde. So soll etwa nach § 47a Abs. 2 S. 2 des Telekommunikationsgesetzes im Rahmen der dort geregelten Schlichtung die Bundesnetzagentur „auf eine gütliche Einigung ... hinwirken", was nach allgemeinen Verständnis Mediation, Schlichtung und andere Nichteinigungsverfahren einschließt. In anderer Richtung abweichend sprechen etwa § 17c Abs. 4 KHG„[85] § 16i Abs. 1 TierSchG[86] und § 25 Abs. 1 TierZG[87] von „Schlichtung" bzw. „schlichten" im Zusammenhang mit Entscheidungsverfahren, ebenso § 7 EGKTestV.[88]

75 In 12 Bundesländern gibt es kraft Landesrecht (zumeist) **kommunale** Schiedsämter.[89] Die historischen Wurzeln reichen in die erste Hälfte des 19. Jahrhunderts zurück. Die Aufgabe der ehrenamtlich tätigen Schiedsmänner und Schiedsfrauen bestand und besteht im Zivilrecht im Wesentlichen darin, in zumeist eher einfach gelagerten Fällen, mit Schwerpunkt im Nachbarschafts- und Ehrschutzrecht, zu schlichten. Die Landesgesetze bestimmen nichts oder wenig zur Methodik. Zumeist wird Schlichtung durchgeführt, die Schiedspersonen unterbreiten einen Einigungsvorschlag, wobei dies gerade im Nachbarrecht oft auf Basis rechtlicher Überlegungen geschieht. Die Bedeutung des Schiedswesens wird in zahlreichen Bundesländern dadurch gestärkt, dass die Schiedsämter Gütestellen im Sinne von § 15a EGZPO sind und so die Befugnis haben, einen Vollstreckungstitel zu schaffen.

76 Neben diesen durch oder aufgrund Gesetzes eingerichteten **Schlichtungsstellen** existieren solche **ohne spezifischen gesetzlichen Anstoß**. Als Beispiel

83 Einen europäischen Überblick geben *Meller-Hannich/Höland/Krausbeck*, ZEuP 2014, 8, 21 ff.
84 Begründung Regierungsentwurf BR-Drs. 258/15, 42.
85 Gesetz zur wirtschaftlichen Sicherung der Krankenhäuser und zur Regelung der Krankenhauspflegesätze.
86 Tierschutzgesetz.
87 Tierzuchtgesetz.
88 Verordnung über Testmaßnahmen für die Einführung der elektronischen Gesundheitskarte.
89 Vgl. *Röthemeyer*, Mediation, Rn. 186.

seien hier nur die Gutachterkommissionen und Schlichtungsstellen bei den Ärztekammern genannt, die schon seit 40 Jahren Konflikte zwischen Arzt und Patient zu klären helfen.[90]

c) Schnittstellen zwischen Gericht und ADR

77 **Zugangshürde**: Eine Schnittstelle zu Beginn des gerichtlichen Verfahrens wird mit verschiedenen Regelungen zu den **durch die Landesjustizverwaltung eingerichteten oder anerkannten** Gütestellen gekennzeichnet. Historischer Hintergrund war die Überlastung der Amtsgerichte in der Weltwirtschaftskrise Mitte der 20er Jahre des vorherigen Jahrhunderts. Bis heute gibt § 15 a des Einführungsgesetzes zur Zivilprozessordnung den Ländern die Befugnis, die Erhebung einer Klage in bestimmten Sachgebieten des Nachbar-, Gewährschutz- und des Gleichbehandlungsrechts sowie im allgemeinen Zivilrecht bis 750 EUR Streitwert von dem **Versuch einer außergerichtlichen Einigung abhängig** zu machen. Primär zuständig sind die „von der Landesjustizverwaltung eingerichteten oder anerkannten Gütestellen", die ergänzend zur Schaffung eines Vollstreckungstitels befugt sind (§ 794 Abs. 1 Nr. 1 ZPO) und gewisse verjährungshemmende (§ 204 Abs. 1 Nr. 4 BGB) und kostenrechtliche Privilegien haben (§ 91 Abs. 3 ZPO, § 17 Nr. 7 lit. a RVG). (näheres→ Art. 4 (§ 15 a EGZPO) Rn. 4).

78 **ADR parallel zum Gerichtsverfahren**: Eine weitere Schnittstelle zwischen Gericht und außergerichtlicher Streitbeilegung stellt § 278 a ZPO (iVm anderen Verfahrensordnungen) dar, der die Möglichkeiten zur Durchführung einer außergerichtlichen Konfliktbeilegung bei bereits rechtshängiger Klage regelt.

d) Instrumente kollektiven Rechtsschutzes

79 In Deutschland können folgende Instrumente des kollektiven Rechtsschutzes identifiziert und klassifiziert werden:

- Verbandsklagen im Recht der Allgemeinen Geschäftsbedingungen (Unterlassungsklagengesetz – UKlaG) und im Gesetz gegen den unlauteren Wettbewerb (UWG),
- Gewinnabschöpfung nach dem UKlaG und dem UWG,
- allgemeine Regeln der ZPO über Bündelung von Ansprüchen: subjektive Klagehäufung/Inkassozession,
- Vertretungsbefugnis für Verbraucherzentralen bei der Einziehung von Forderungen von Verbrauchern nach § 79 Abs. 2 S. 2 Nr. 3 ZPO,
- Kapitalanleger-Musterverfahrensgesetz (KapMuG): Bündelung individueller Ansprüche beschränkt auf den Bereich des Kapitalmarktrechts.

80 Auf die Empfehlung der Kommission liegt nach der Frist am 11.06.2015 in Deutschland lediglich der Entwurf eines Gesetzes über die Einführung von Gruppenverfahren (BT-Drs. 18/1464) der Fraktion Bündnis 90/Die Grünen vor, mit dem ein Verfahren zur Bündelung gleichgelagerter, nicht notwendig verbraucherschutzrechtlicher individueller Ansprüche in die ZPO eingeführt werden soll. Der Antrag wurde mit den Erwägungen der Regie-

---

90 Näheres unter http://www.bundesaerztekammer.de/patienten/gutachterkommissionen-schlichtungsstellen (letzter Abruf am 8. 4. 2016).

rungsfraktionen, er sei nicht zielführend (CDU/CSU), bzw. nicht ausgereift (SPD), abgelehnt.[91] Die Bundesregierung kündigte einen Gesetzentwurf für das Jahr 2016 an.[92]

3. Wissenschaftliche und politische Diskussionslinien

a) Ergänzende Rechtsschutzmöglichkeit vs. Verbraucherschutz zweiter Klasse

81 Die Diskussion um Chancen und Risiken der Verbraucher-ADR ist im Laufe der Zeit zunehmend heftig geführt worden. Zu Beginn der Diskussion sind vor allem[93] die Vorteile der ADR ganz im Sinne der ohnehin vorhandenen Trends zur konsensualen Streitbeilegung betont worden.[94] Schon bald aber wurden Stimmen laut, die mit für rechtswissenschaftliche Auseinandersetzungen teilweise ungewöhnlich „starken“ Worten Szenarien von „rough justice“ und „law enforcement light“,[95] eines „Verbraucherschutz zweiter Klasse“[96] einer „Schlichtungsfalle“,[97] Anreizen für Unternehmen zum „kalkulierten Rechtsbruch“[98] entwarfen oder unter das Motto „Mehr Zugang zu weniger Recht“[99] stellten. Die Kritiker haben hier überwiegend das konkrete Gesetzesvorhaben bei grundsätzlicher Sympathie für konsensualer Streitbeilegung vor Augen, einige fügen es allerdings ein in die Gesamtkritik des „Siegeszugs“ von Schlichtung und Mediation, von „wild wuchernden“ Verfahren mit der Perspektive, ein „volles zweites Verfahrenssystem abgeschwächter Rechtsbindung aufzubauen“.[100] *Gläßer*[101] stellt insoweit den Zusammenhang zu der besonders in den Vereinigten Staaten geführten Grundsatzdiskussion zur Mediation her. Gegen die grundsätzliche Kritik ist gerade aus dem Bereich von Schlichtungspraktikern ebenso pointiert Stellung genommen worden.[102]

82 Bei dieser Diskussion fällt auf, dass die Kritiker überwiegend unter worst case-Szenarien argumentieren und die Chancen der ADR eher gering gewichten, während gerade die Praktiker unter den Befürwortern tendenziell ihre (gewiss gute) Praxis verteidigen und damit die Möglichkeit des Missbrauchs tendenziell unterbewerten. Ferner steht bei den Kritikern eher das Abdrängen von justizförmiger Streitlösung im Vordergrund, während die Befürworter eher vom Defizit der Inanspruchnahme des Gerichts her argu-

---

91 Vgl. Beschlussempfehlung und Bericht des 6. Ausschusses BT-Drs. 18/6422, 4.

92 BT-Drs. 18/6422, 5; jetzt zeichnet sich die Einführung einer „Musterfeststellungsklage“ ab

93 Eine Ausnahme stellt *Hess* in Dethloff/Hess/Kals/Ennuschat/Kerner/Roth S. 25 ff. dar; er hatte schon vor Erlass der ADR-Richtlinie auf grundsätzliche Fragestellungen aufmerksam gemacht.

94 Vgl. etwa *Berlin/Creutzfeld-Banda* ZKM 2012, 57 ff. und *Hirsch* NJW 2013, 2088 ff.

95 *Wagner* ZKM 2013, S. 104 ff.

96 *Roth* DRiZ 2015, S. 24 ff.; *Meller-Hannich/Höland/Krausbeck,* ZEuP 2014, 8, 38: „Zwei-Klassen-Justiz“.

97 *Eidenmüller/Engel* ZIP 2013, S. 1704 ff.

98 *Eidenmüller/Engel* ZIP 2013, S. 1709.

99 *Engel* NJW 2015, 1633 ff.

100 Stürner ZZP, 127 (2014), 271, 316 f. (gilt auch für die beiden vorherigen Zitatstellen); vgl. .auch *Meller-Hannich/Höland/Krausbeck* ZEuP 2014, 8, 34.

101 In Althammer (Hrsg.) S. 85, 87 ff.

102 *Hirsch* FS Egon Lorenz, S. 159, 165 sowie in ZKM 2015, 141 ff.

mentieren, also das „rationale Desinteresse“,[103] auch „rationale Apathie“[104] genannt, überwinden wollen.

Dieser Diskurs hat in den parlamentarischen Beratungen letztlich keine Rolle gespielt hat, die Politik ist vielmehr fraktionsübergreifend bei der unkritisch positiven Grundbewertung der Schlichtung geblieben.[105] Dennoch oder gerade deshalb wird der Diskurs mit dem Inkrafttreten des Gesetzes nicht enden. Vor dem skizierten Hintergrund kann erwartet werden, dass die Positionen, soweit sie nicht im dogmatisch Grundsätzlichen verhaftet sind, unter dem Eindruck gewonnener Erfahrungen einander annähern werden. Schon jetzt gewinnen die Stimmen derer Gewicht, die Vor- und Nachteile der ADR kritisch aber chancenorientiert abwägen.[106] 83

b) Verbraucher-ADR und Justiz

aa) Justiz als Benchmark und Konkurrenz

Ein wesentlicher Teilaspekt des unter a) beschriebenen Diskurses ist die Rolle der Justiz insofern, als sie den Kritikern oft als Idealbild der rechtsförmlichen Streitbeilegung gilt. Dieser Abgleich ist indessen komplex, weil in der richterlichen Arbeit längst auch konsensuale Elemente eingeflossen sind: Wie schon erwähnt (→ Rn. 65), haben Richter schon seitjeher den Auftrag, auf eine gütliche Beilegung des Rechtsstreits“ hinzuwirken und seit Inkrafttreten des Mediationsgesetzes im Jahre 2012 ist Methoden der Konfliktbeilegung einschließlich der Mediation auch ausdrücklich Teil richterlicher Arbeit. Vor diesem Hintergrund könnte man die Verbraucher-ADR als konsequenten Schritt in der Entwicklung interessenorientierter Streitbearbeitung in Selbstverantwortung als Alternative zur Rechtsorientierung der Lösungsfindung einordnen. Kritiker der allgemeinen ADR-Entwicklung sehen freilich in Verbindung mit der Verbraucher-ADR eine aus ihrer Sicht problematische Verschiebung des richterlichen Aufgabenverständnisses: Einerseits werde über die Mediation Rechtsferne zum Prinzip erhoben, andererseits werde die Justiz durch „Privatisierung“ des Verbraucherprozesses von ihren Aufgaben entleert.[107] Der der Ziviljustiz angekündigte Bedeutungsverlust[108] wird auch in Zusammenhang mit der Abwanderung von Fällen in die Schiedsgerichtsbarkeit[109] gebracht. Der befürchtete Bedeutungsverlust hat mehrere Dimensionen. Zum einen geht es um den unabhängig von der Verbraucher-ADR schon seit Jahren signifikanten Rückgang von Verfahren gerade in der Zivilgerichtsbarkeit („Der Zivilpro- 84

103 *Berlin* Alternative Streitbeilegung in Verbraucherkonflikten, S. 53 und *Lemmel* ZKM 2015, 22,26, jew. mwN; diesen Begriff verwendet auch die Begründung des Gesetzantrages der Fraktion Bündnis 90/Die Grünen über die Einführung von Gruppenverfahren, (BT-Drs. 18/1464, 12) und der Entschließungsantrag derselben Fraktion zum VSBG (BT-Drs. 18/6921, 2).

104 *Althammer* in Althammer (Hrsg.), S. 9, 16.

105 Vgl. das Plenarprotokoll der zweiten und dritten Lesung 18/143 S. 14063 f., 14079 ff.

106 Vgl. etwa *Greger* ZZP 128 (2015) 137 ff., *Meller-Hannich* in Althammer (Hrsg.), S. 19 ff., *Conen/Gramlich*, NJ 2014, 494 ff., *Rühl* ZZP 127 (2014) 61 ff., *Zekoll/Elser* in Althammer (Hrsg.), S. 55 ff.

107 Vgl. *Roth* JZ 2013, 637, 640 f.

108 *Roth* JZ 2013, 637 ff.

109 *Meller-Hannich* in Althammer (Hrsg.), S. 19, 41 f.

zess vor dem Aus?",[110] der die jahrzehntelang geführte Diskussion um die Überlastung in der öffentlichen Wahrnehmung freilich nur langsam verblassen lässt.[111] Weiter ist auch kritisch gefragt worden, ob der Aufbau einer so betrachteten „Paralleljustiz" auch aus Kostensicht sinnvoll ist.[112] Zum anderen geht es um dogmatische Fragen wie die (des Erhalts) notwendiger Rechtsfortbildung,[113] des Öffentlichkeitsprinzips[114] und Fragen der Funktion der Rechtsprechung auch in soziologischer Sicht.

85 Andere bestreiten eine Konkurrenz zur Justiz und betrachten die Verbraucher-ADR als Ergänzung justizieller Angebote.[115]

bb) Ideen zur Fortentwicklung des gerichtlichen Verfahrens

86 Auch wenn die ADR-Richtlinie eine zum Gericht alternative Strategie verlangt (→ Rn. 43), hat sie schon seit längerem bestehende Überlegungen zur Änderung der ZPO für Verbrauchersachen neuen Schwung verliehen. Ausgangspunkt des Diskurses ist der Befund einer strukturellen Unterlegenheit des Verbrauchers gegenüber dem Unternehmen. Um trotz dieses unausgewogenen Kräfteverhältnisses einen angemessenen Interessenausgleich zu erreichen, genüge nicht allein materielles Recht, vielmehr bedürfe es auch prozessrechtlicher Normen insbesondere zur Unterstützung der Bereitschaft der Verbraucher, überhaupt einen Prozess zu führen. Formale Gleichheit vor Gericht reiche nicht aus, vielmehr müsse die systematische Trennung zwischen materiellem Anspruch und prozessualer Durchsetzung zugunsten einer „Materialisierung des Prozessrechts" durchbrochen werden.[116]

87 Entsprechend befasste sich der 69. Deutsche Juristentag 2012 mit der Idee eines besonderen Verfahrensrechts für Verbrauchersachen,[117] in einem Gutachten für den 70. Deutsche Juristentag 2014 wurde die Idee eines summarischen, nur über eine Instanz zu führenden und „unbürokratischen" Schnellverfahrens entwickelt.[118] Dieses Verfahren soll dem Verbraucher zur Verfügung stehen, gleich ob er Kläger oder Beklagter ist. Er soll aber auch das allgemeine Verfahren wählen dürfen, während das Unternehmen keinen Einfluss auf die Verfahrensart hat, womit die strukturelle Unterlegenheit des Verbrauchers kompensiert werden soll. Unter Bezug

110 Vgl. *Graf-Schlicker* , AnwBl. 2014, 573 ff.
111 Selbst in den parlamentarischen Beratungen des VSBG wurde noch die Entlastung der Gerichte positiv vermerkt: Plenarprotokoll 18/143 S. 14081.
112 *Limperg* NJW 2014, Editorial zu Heft 15.
113 Vgl. nur *Roth* JZ 2013, 637, 644; *Gläßer* in Althammer (Hrsg.) S. 85, 92 hält immerhin eine systematische Sichtung und „Vorlage" (an eine Aufsichtsbehörde?) von Konfliktfällen von grundsätzlicher Bedeutung für möglich, hält dies aber für aufwändig und im Zielkonflikt zur Effizienz.
114 *Meller-Hannich/Höland/Krausbeck* ZEuP 2014, 8, 34.
115 Aus dem politischen Raum vgl. *Hubig* ZKM 2014, 167, 169 und *Lemmel* ZKM 2015, 22, 25; aus dem praktischen Bereich *Hirsch* FS Egon Lorenz, 2014, S. 159, 165, *ders.* ZKM 2015, 141, 142; aus der Wissenschaft *Greger* ZZP 128 (2015) , 137, 138 f. sowie *Tonner* ZKM 2015, 132, 133.
116 *Micklitz* Verhandlungen des 69. Deutschen Juristentages, Gutachten A 89; *Mankowski* JZ 2003, 1122.
117 *Micklitz,* Verhandlungen des 69. Deutschen Juristentages, Gutachten A 89; dagegen etwa *Roth* JZ 2013, 637, 643.
118 *Callies,* Verhandlungen des 70. Deutschen Juristentages, Gutachten A 98.

hierauf diskutieren jetzt die Präsidentinnen und Präsidenten der Oberlandesgerichte, des Kammergerichts und des Bundesgerichtshofs unter dem Stichwort „Vereinfachtes Erkenntnisverfahren (Fast Track) im Verbraucherrecht - effektiver staatlicher Rechtsschutz statt Schlichtung“ Gedanken über Verbesserungen des Gerichtsverfahrens, unter ausdrücklicher Beschränkung auf den Verbraucherprozess und unter ausdrücklicher Bezugnahme auf die offenbar als Konkurrenz empfundene Schlichtung.

Diesen Zielrichtungen entsprechend wollen die Präsidenten einerseits zum verbesserten Zugang und zur Beschleunigung 88

- eine Konzentration der Verbraucherprozesse bei den Amtsgerichten,
- einen Ausschluss des schriftlichen Vorverfahrens,
- ein vereinfachtes Beweisverfahren,

andererseits zur Wahrung und zum Ausbau der Überlegenheit gegenüber der Verbraucher-ADR 89

- einen einheitlichen Gerichtsstand am Wohnsitz des Verbrauchers,[119]
- die mündliche Verhandlung und die Öffentlichkeit bewahren,
- den Instanzenzug beibehalten.

Die Justizministerkonferenz hat im November 2015 eine Arbeitsgruppe unter Vorsitz Niedersachsens mit der Prüfung beauftragt, ob ein spezifischer Verbraucherprozess erforderlich ist. 90

c) Freiwilligkeit oder Zwang

Nach wohl überwiegender Auffassung soll die Teilnahme für beide Seiten freiwillig sein. Dafür treten nicht nur Kritiker ein, sondern auch Befürworter des ADR-Ansatzes unter Verweis auf das die konsensualen Streitlösung prägende Freiwilligkeitsprinzip.[120] So ist die Obligatorik im Sinne einer Hürde zum Gericht (→ Art. 4 – § 15 a EGZPO) nicht einmal diskutiert worden und der Verbraucher als Folge der kritischen Diskussion über Missbrauchsgefahren vor einer Bindung über Allgemeine Geschäftsbedingungen bewahrt worden (→ Art. 6 Nr. 2 – § 309 BGB). Die Teilnahmepflicht für Unternehmen wird überwiegend abgelehnt. Allerdings sprach sich der Verbraucherzentrale Bundesverband (vzbv) dafür aus, zumindest im Rahmen der Auffangschlichtung oder bei höheren Streitwerten Unternehmen zur Teilnahme an behördlicher Schlichtung zu verpflichten,[121] ähnlich votierte auch die Verbraucherschutzministerkonferenz.[122] Der Bundesrat mahnte eine Prüfung an, ob die für gewisse Branchen bestehende Teilnahmepflicht auf weitere ausgedehnt werden sollte,[123] die Bundesregie- 91

119 Vgl. *Mankowski* schon in JZ 2003, 1122 (einheitlicher Verbrauchergerichtsstand).

120 Vgl. hierzu *Röthemeyer*, Mediation, Rn. 27; kritisch gegenüber dem „unreflektiert(en)“ Postulat als „wesenstypisches Grundprinzip“ der Mediation jetzt *Eidenmüller* JZ 2015, 539 ff.

121 Stellungnahme zum Referentenentwurf S. 16 f., abrufbar unter http://www.vzbv.de/dokument/schlichtungskultur-foerdern-potenzial-fuer-verbraucher-und-unternehmer-nutzen-0 (letzter Abruf am 8.4.2016).

122 Konferenz vom 8.5.2015, Beschluss zu TOP 59; abrufbar unter https://www.verbraucherschutzministerkonferenz.de (letzter Abruf: 8.4.2016).

123 BR-Drs. 258/15 (Beschluss), 35 ff. (Nr. 39).

rung verwies demgegenüber darauf, das lasse sich in der Kürze der Umsetzungszeit nicht verlässlich beurteilen, die weitere Entwicklung solle abgewartet werden.[124] Im Gegensatz hierzu hat etwa der Deutsche Industrie- und Handelskammertag bereits mittelbare Zwänge, wie sie sich etwa aus der Informationspflicht über die Teilnahmebereitschaft ergäben, beanstandet.[125] In den parlamentarischen Beratungen sind die Fraktion Bündnis 90/Die Grünen[126] und die Fraktion Die Linke[127] für eine flächendeckende Obligatorik eingetreten.

d) Maß der Rechtsorientierung

92 Die unter a) dargestellte Grundsatzkritik macht sich zu Umsetzungsfragen am Maß der juristischen Qualifikation (→ § 5) und der Rechtsorientierung des Schlichtungsvorschlags fest (→ § 19). Kritiker der Verbraucher-ADR fordern die volljuristische Qualifikation der Streitmittler[128] und eine stärker dem Recht entsprechende Lösungsfindung.[129] Im anderen „Lager" gibt es sowohl Stimmen für eine in diesem Sinne stärkere Rechtsorientierung[130] wie unter Betonung der konsensualen Spezifika solche, die zumindest die volljuristische Qualifikation für verzichtbar halten[131] oder eine Differenzierung nach der gewählten Verfahrensart vorschlagen. Verbraucherpolitisch wurde tendenziell für eine stärkere juristische Qualifikation und eine stärkere Rechtsbindung des Schlichtungsvorschlags votiert.[132] Interessant bei dieser Diskussion ist, dass die überwiegend geforderte Rechtsorientierung dem Vorwurf der „Schattenjustiz"[133] gerade in die Hände gespielt, würde sie doch im Ergebnis zu einer ADR führen, die stärker an das Recht gebunden ist als das Gericht. Dagegen wird dann auch eingewandt, es sei rechtspolitisch widersinnig, wenn im Verbraucherbereich die rechtsorientierte Lösungsfindung primär privaten Stellen überlassen würde.[134]

e) Umsetzungszuständigkeit auf Bundes- oder Landesebene

93 Die Bundesregierung hatte von Anfang an den Bundesländern die Zuständigkeit für die Anerkennung der Streitbeilegungsstellen und für die Auffangschlichtung geben wollen, die Länder mit breiter Unterstützung die Wahrnehmung dieser Aufgaben in Bundeskompetenz gefordert. Es ging nicht nur um die Frage, wer die Kosten trägt, sondern darum, wie die Entwicklung der Verbraucher-ADR am wirkungsvollsten zu begleiten ist. Im Ergebnis ist die Zuständigkeit für die Anerkennung dem Bundesamt für Justiz übertragen worden. Die Auffangschlichtung („Universalschlich-

---

124 Gegenäußerung BT-Drs. 18/5760, 30 (zu Nr. 39).
125 Stellungnahme zu Referentenentwurf S. 4 f.; abrufbar unter http://www.schlichtungs-forum.de/dateien/2015/01/Deutscher-Industrie-und-Handelskammertag.pdf (letzter Abruf am 8.4.2016).
126 BT-Plenarprotokoll 18/143 S. 14081 f.
127 BT-Plenarprotokoll 18/143 S. 14082 f. und Entschließungsantrag BT-Drs. 18/6921.
128 Vgl. nur *Eidenmüller/Engel,* ZIP 2013, 1704, 1710.
129 Vgl. nur *Engel,* NJW 2015, 1633, 1635 f.
130 *Tonner* ZKM 2015, 132, 133 ff.
131 *Hirsch* in FS für Egon Lorenz, S. 159, 173
132 Stellungnahme der vzbv Fn. 124 S. 12 f, 21 f.
133 Vgl. *Limperg* Editorial NJW 15/2015.
134 *Niewisch-Lennartz* ZKM 2015, 136, 140.

tung“) wird faktisch für zunächst vier Jahre im Rahmen eines Forschungsvorhabens ebenfalls dem Bund wahrgenommen, aber ab dem Jahre 2020 von den Ländern.

f) Kostendiskussion

Ein tragendes Element der europäischen Idee einer Verbraucher-ADR besteht darin, dass die Schlichtung mit dem Ziel eines niedrigschwelligen Zugangs für den Verbraucher kostengünstig ist. Konkret gibt Art. 8 lit. c ADR-Richtlinie vor, dass vom Verbraucher allenfalls eine Missbrauchsgebühr erhoben werden darf. Damit stellt sich die von der Richtlinie offen gelassene Frage, wer die Kosten der Verbraucherschlichtung trägt. Grundsätzlich kommen jedenfalls in Deutschland, wenn man die Verbraucherorganisationen beiseitelässt, nur zwei Kostenträger in Betracht: die Wirtschaft oder der Staat. 94

Der Regierungsentwurf setzt in konsequenter Fortführung der für die bereits bestehenden Einrichtungen geltenden Regelungen grundsätzlich auf eine **Finanzierung seitens der Wirtschaft.** Hiergeben hat der Deutscher Industrie- und Handelskammertag grundlegende Bedenken erhoben: Es bestünden „erhebliche Zweifel, ob eine solche Finanzlast für eine Sondergruppe angemessen und zulässig ist, wenn die Aufgabe selbst im Interesse einer anderen Sondergruppe – hier der „Verbraucher“ – steht.“[135] Mit diesen Formulierungen bezieht sich der DIHT auf seine Interpretation der ADR-Richtlinie, sie verfolge (ausschließlich) Verbraucherinteressen, er sieht zwar mögliche **Vorteile auch für Unternehmen hinsichtlich Vertrauensbildung und Akzeptanz**, bemängelt als grundlegendes Hindernis, das auch eigenem Engagements entgegenstehe, neben der fehlenden Möglichkeit des Unternehmens, selbst die Streitschlichtung einzuleiten, insbesondere die geplante Unternehmensfinanzierung.[136] 95

Als (ggf. ergänzende) Alternative zur Wirtschaft kommt die **Finanzierung durch den Staat** in Betracht. Neben den ohnehin für die administrativen Aufgaben wie Anerkennung und Aufsicht anfallenden Aufwänden sind dies die Kosten für die Schlichtungsstellen, also für das Kerngeschäft des Gesamtvorhabens, jedenfalls die für die Auffangschlichtung. Der Gedanke ist, obwohl es sich um eine außerhalb staatlicher Strukturen wahrgenommene Aufgabe handelt, nicht von vornherein abwegig. Denn wenn der Gesetzgeber die betreffenden Aufgaben für derart wichtig hält, dass er sich auf die freiwillige Entwicklung privater Strukturen und die Schaffung von Anreizen nicht verlassen mag, liegt es nicht fern, das somit „offensichtlich“ im allgemeinen Interesse befindliche Vorhaben auch zu Lasten der Allgemeinheit zu finanzieren. Dagegen spricht allerdings eine andere ebenfalls grundsätzliche Überlegung. Der Staat ist als Träger des Gewaltmonopols zur *Entscheidung* von Streitigkeiten berufen, im Zivilrecht auf Initiative (Antrag; Klage) mindestens eines der Streitbeteiligten, wobei längst auch konsensuale Elemente Eingang in den „Werkzeugkasten“ der Gerichte gefunden haben (→ Rn. 64 f.). Diesen gesellschaftlichen und verfassungsrechtlichen Auftrag erfüllt der Staat mittels des aufwändigen und hochsub- 96

135 Stellungnahme zum Referentenentwurf Fn. 128S. 4.
136 Stellungnahme zum Referentenentwurf Fn. 128S. 3.

ventionierten[137] Gerichtssystems. Vor diesem Hintergrund fällt (den Ländern) die Einsicht schwer, neben dieses im Großen und Ganzen funktionierende System ein zweites zu stellen bzw. ein alternatives, privat organisiertes System zu finanzieren.[138]

97 Bei dieser Diskussion spielt freilich eine **Friktion mit Kostentragungsprinzipien des deutschen Gerichtsprozesses** ebenfalls eine Rolle. Während im Zivilprozess nach § 91 ZPO grundsätzlich der Verlierer die Verfahrenskosten (und auch die des Gegners) trägt, bestünde die Kostenlast der Unternehmen bei der Verbraucher-ADR unabhängig vom Ausgang der Schlichtung. Das Unternehmen trägt also, falls es nicht über eine Beteiligung an einer branchenspezifischen Struktur von einem Teil der Kosten von vornherein befreit ist, bei Kostenschonung von Verbraucher und Staat die vollen Kosten auch dann, wenn das Verfahren (ganz) in seinem Sinne endet. Vor Gericht müsste das Unternehmen hingegen nicht nur keine Gebühren zahlen, sondern könnte auch die eigenen Kosten gegenüber dem Verbraucher geltend machen. Und mehr noch: In der Gebührenkalkulation jedenfalls für die Auffangschlichtung stecken auch Kosten, die dadurch entstehen, das andere Unternehmen sich der Verbraucher-ADR versagt haben (→ § 23). Anders gewendet: Bei der Entscheidung, ob er es auf einen Gerichtsprozess ankommen lässt oder sich auf Verbraucher-ADR einlässt, spricht für den zumindest mäßig optimistischen Unternehmer (die Pessimisten werden ohnehin tendenziell nachgeben) aus ökonomischer Sicht deutlich mehr gegen als für eine Teilnahme an der Verbraucher-ADR. Damit stellt sich im Interesse des Erfolgs der Verbraucheschlichtung aus verbraucherpolitischer Sicht die Frage, ob der Staat zumindest die Kosten übernimmt, die durch Anträge entstehen, die mangels Teilnahmebereitschaft von Unternehmen erfolglos bleiben und weiter, ob der Staat Unternehmen, die im Rahmen der Verbraucher-ADR obsiegen, von den Kosten (oder einem Teil) entlastet. Diese Überlegungen gelten prinzipiell für alle Arten von Verbraucherstreitverfahren, sind aber besonders im Bereich der Auffangschlichtung von Bedeutung.

98 Diese Fragen haben im Gesetzgebungsverfahren nur am Rande eine Rolle gespielt.

4. Gesetzgebungsverfahren

99 Die sehr knappe Umsetzungsfrist von zwei Jahren hat die Bundesregierung stark unter Druck gesetzt und von vornherein eine umfassende Aufarbeitung des im Entstehen begriffenen Rechtsgebiets der ADR unmöglich gemacht. Als Ressort innerhalb der Bundesregierung war und ist das Justizministerium zuständig, das auch bereits bei den Verhandlungen der ADR-Richtlinie die Feder führte. Die damit erfolgte Einordnung als justizpolitisches Thema kann durchaus zweifelhaft sein, geht es doch primär um Verbraucherschutz und gerade um eine Alternative zur Justiz. Diese Ambivalenz, die auf Länderebene zu lange währenden Abstimmungen und im Ergebnis zu differenzierten Ressortzuständigkeiten führte, wurde im Laufe

137 Der Finanzierungsanteil über Gerichtsgebühren beträgt nicht einmal 50 %.

138 In diesem Sinne kritisch auch *Eidenmüller/Engel ZIP* 2013, 1704, 1710 und *Stadler* ZZP 128 (2015) 165, 171.

des Gesetzgebungsverfahrens auf Bundesebene dadurch aufgelöst, dass das Bundesjustizministerium nach der letzten Regierungsbildung auch die Zuständigkeit für die Verbraucherpolitik[139] übertragen wurde, weshalb das Ministerium seither als **Bundesministerium der Justiz und für Verbraucherschutz** (BMJV) firmiert. Innerhalb des BMJV blieb die Federführung freilich in der Abteilung Rechtspflege.

Am 10.11.2014 legte das BMJV den Referentenentwurf des Umsetzungsge- **100**
setzes vor. Auf Basis durchaus zahlreicher und diskursiver Stellungnahmen[140] beschloss **die Bundesregierung am 27.5.2015 das Gesetz zur Umsetzung der EU-Richtlinie über alternative Streitbeilegung**, das im Wesentlichen dem Referentenentwurf entsprach. Der **Bundesrat** hat zu diesem Entwurf am 10.7.2015, also am Tag nach Ablauf der Umsetzungsfrist, außergewöhnlich umfangreich Stellung genommen (BR-Drs. 258/15 (Beschluss)). Mit der Gegenäußerung der Bundesregierung (BT-Drs. 18/5760) gelangten Entwurf und Stellungnahme in die parlamentarischen Beratungen des Bundestages.

Dort freilich war der **Entwurf von den Regierungsfraktionen** wortgleich **101**
bereits am 9.6.2015 eingebracht worden (BT-Drs. 18/5296). Diese so genannte Paralleleinbringung diente vor allem der Beschleunigung: Mit Blick auf den bevorstehenden Ablauf der Umsetzungsfrist sollte eine schnelle erste Lesung ermöglicht werden, die dann auch bereits am 11.6.2015 geschah;[141] so konnte der federführende **Ausschuss für Recht und Verbraucherschutz** (6. Ausschuss) alsbald eine öffentliche Anhörung planen, die dann am 30.9.2015 durchgeführt wurde.

Nach umfangreichen Abstimmungen innerhalb der Bundesregierung, mit **102**
den Ländern und den Berichterstattern der Regierungsfraktionen empfahl der 6. Ausschuss am 2.12.2015 die Annahme des Fraktionsentwurfs mit einigen Änderungen (BT-Drs. 18/6904). Die wichtigsten Änderungen bestanden in der faktischen Übertragung der Auffangschlichtung auf den Bund für vier Jahre, in der Erhöhung des Qualifikationsniveaus der Streitmittler und Nachbesserungen zur Verjährungshemmung. Der **Deutsche Bundestag** beschloss das Gesetz am **3.12.2015** in Umsetzung der Vorschläge des 6. Ausschusses mit den Stimmen der Regierungsfraktionen bei Enthaltung der Opposition.[142] Ein Entschließungsantrag der Fraktion Bündnis90/Die Grünen,[143] der eine umfassende Obligatorik, die dauerhafte Wahrnehmung der Auffangschlichtung durch den Bund und eine Evaluation des Gesetzes verlangte, wurde mit denselben Mehrheitsverhältnissen abgelehnt. In technischer Hinsicht setzte das Parlament den Fraktionsentwurf (BT-Drs. 18/5089) um und erklärte den wortgleichen Regierungsentwurf (BT-Drs. 18/5295) für erledigt.[144] Der Umstand, dass von dieser Erledigung formal auch die Unterrichtung der Bundesregierung über die Stellungnahme des

139 Organisationserlass der Bundeskanzlerin vom 17.12.2013.
140 Vgl. Zusammenstellung der Stellungnahmen unter http://www.schlichtungs-forum.de/grundlagen/verbraucherstreitbeilegungsgesetz (ohne Stellungnahmen der Länder, letzter Abruf am 8.4.2016).
141 BT-Plenarprotokoll 18/109, S. 10524A – 10524B.
142 BT-Plenarprotokoll 18/143 S. 14063 f.
143 BT-Drs. 18/6921.
144 BT-Plenarprotokoll 18/143 S. 14063 f.

Bundesrates und Gegenäußerung der Bundesregierung (BT-Drs. 18/5760) erfasst wurde, hindert nicht die Berücksichtigung dieser Materialien bei der Gesetzesauslegung. Denn diese Dokumente sind in den Ausschussberatungen auch in formaler Hinsicht stets mitberaten worden. Dafür, dass die ja auch wortgleichen Entwürfe in der Sache nicht getrennt beraten worden sind, spricht auch, dass selbst der Berichterstatter einer der Regierungsfraktionen sich in der abschließenden parlamentarischen Beratung auf den „Regierungsentwurf" bezog.[145]

103 Der Bundesrat hat das Gesetz am 29.1.2016 passieren lassen, also den Vermittlungsausschuss nicht angerufen.[146] Der Kompromiss zwischen Bund und Ländern zur Auffangschlichtung wurde in einer Erklärung der Bundesregierung zu Protokoll des Bundesrats festgehalten.[147]

5. Nutzung der Umsetzungsspielräum

104 Die wichtigsten Freiheiten, die die ADR-Richtlinie lässt, hat das VSBG wie folgt genutzt.

105 a) **Verfahren:** Ausgeschlossen ist die „auferlegte" Lösung (§ 5 Abs. 2), also das Schiedsgerichtsverfahren. Mittelbar erwähnt ist die Schlichtung (v.a. in § 18), ohne freilich definiert zu werden, ausdrücklich angesprochen die Mediation (§ 19). Andere Verfahren sind nicht angesprochen, aber auch nicht ausgeschlossen.

106 b) **Betroffene Streitigkeiten:** Mit der Bezugnahme auf § 310 BGB sind freilich vor allem aus gesetzestechnischen Gründen über die vorgegebenen Kauf- und Dienstleistungsverträge weitere Materien einbezogen worden (§ 4). In persönlicher Hinsicht sind Unternehmeranträge (b2c-Streitigkeiten) fakultativ einbezogen (§ 2 Abs. 3). Kollektive ADR ist im Gesetzgebungsverfahren nicht einmal diskutiert worden.

107 c) **AS-Stellen:** Das Trägerkonzept hat sich im Laufe des Gesetzgebungsverfahrens entwickelt; im Ergebnis folgt das Gesetz dem in der bestehenden Praxis geläufigen Vereinsträgermodell (§ 3).

108 d) **Bedeutung des Rechts:** Im Ergebnis ist zur Qualifikation des Streitmittlers Alternativität zwischen volljuristischer und qualifiziert mediativer Kompetenz geschaffen worden. Die Rechtsbindung des Schlichtungsspruchs ist vage geblieben.

109 e) **Verbindlichkeit:** Das Gesetz belässt es bei den vorgefundenen Regelungen in den Fachgesetzen und nutzt die Spielräume zur Erweiterung der Teilnahmepflichten von Unternehmen letztlich unreflektiert nicht.

110 f) **Regulierungsmechanismen:** Die Möglichkeiten, Verbraucher-ADR, die außerhalb des VSBG angeboten wird, einer Qualitätskontrolle zu unterziehen, werden nicht genutzt.[148] Damit entsteht eine relative Schieflage insoweit, als Träger von ADR-Angeboten, die die Erfüllung der Voraussetzungen des VSBG etwa aus Kostengründen vermeiden wollen, den Pflichten

145 BT-Plenarprotokoll 18/143 S. 14081.
146 BR-Drs. 3/16 (Beschluss).
147 Plenarprotokoll 941, S. 37 f.
148 Kritisch dazu *Hess* JZ 2015, 548, 552.

und der Aufsicht nicht unterliegen. Der Gesetzgeber setzt stattdessen auf Marktmechanismen: Die Bezeichnung als Streitbeilegungsstelle wird den gelisteten Stellen vorbehalten (§ 2 Abs. 2 VSBG), die Verletzung des Bezeichnungsverbots ist bußgeldbewehrt (§ 41 VSBG). Damit geht die Erwartung einher, dass alternative Angebote außerhalb der VSBG-Listung und -Begrifflichkeiten am Markt ohnehin kaum eine Chance hat. Auch wenn es vor Inkrafttreten des VSBG kaum nennenswerte Kritik an konkreten Leistungen der Schlichtungsstellen gegeben hat, kann man zweifeln, ob es richtig ist, auf die Regulierung von Verbraucher-ADR außerhalb des VSBG zu verzichten. Auf die Bekämpfung möglichen Missbrauchs, für den es schon erste Hinweise gibt, ist Deutschland jedenfalls nicht vorbereitet.

6. Architektur des Umsetzungsgesetzes

Es handelt sich bei dem „Gesetz zur Umsetzung der Richtlinie über alternative Streitbeilegung in Verbraucherangelegenheiten und zur Durchführung der Verordnung über Online-Streitbeilegung in Verbraucherangelegenheiten" um ein **Artikelgesetz.** Im Mittelpunkt steht in Art. 1 das „Gesetz über die alternative Streitbeilegung in Verbrauchersachen", vom Gesetzgeber kurz **Verbraucherstreitbeilegungsgesetz** (VSBG) genannt. Das VSBG versteht sich nicht als allgemeines Streitbeilegungsgesetz,[149] sondern ist eng am Umsetzungsauftrag orientiert und nimmt weder allgemeine Regelungen zur alternativen Streitbeilegung noch zur Verbraucher-ADR außerhalb der durch das Gesetz geschaffenen Strukturen in den Blick. 111

Das VSGB ist wie folgt gegliedert: Nach Allgemeine Vorschriften in Abschn. 1 (§§ 1 bis 2) folgen Regelungen zu Privaten Verbraucherschlichtungsstellen (Abschn. 2 – §§ 3 bis 10), zu (deren) Streitbeilegungsverfahren (Abschn. 3 – §§ 11bis 23) und zur Anerkennung privater Verbraucherschlichtungsverfahren (Abschn. 4 – §§ 24 bis 27). Abschn. 5 ist in einem Paragrafen (§ 28) der behördlichen Verbraucherschlichtung gewidmet, Abschn. 6 befasst sich mit der Universalschlichtung (§§ 29 bis 31), in Abschn. 7 (§§ 32 bis 35) sind Regelungen zur zentralen Anlaufstelle, zur Liste der Verbraucherschlichtungsstellen und zu Berichtspflichten zusammengefasst. Es folgen Vorschriften zu Informationspflichten der Unternehmen (Abschn. 8 – §§ 36 bis 37), zur grenzübergreifenden Zusammenarbeit (Abschn. 9 – §§ 38 bis 40) und Schlussvorschriften (Abschn. 10 – §§ 41 bis 43) zur Bewehrung mit Ordnungswidrigkeiten, zu zwei Verordnungsermächtigungen und zu einer Projektförderung. 112

Der Großteil der folgenden Art. (3, 7 und 9 bis 22) betrifft Gesetze, in denen **schon bisher Streitbeilegung im Verbraucherbereich** vorgesehen war und passt die Regelungen an das VSBG an, wobei bei grundsätzlicher Anwendbarkeit des VSBG Besonderheiten der einzelnen Streitbeilegungsstellen Rechnung getragen wird, die allerdings von eher untergeordneter Bedeutung sind. 113

Art. 2 begründet besondere Informationspflichten bei der Wohnraumüberlassung mit Pflege- und Betreuungsleistungen, Art. 4 enthält eine Anpassung zur obligatorischen Streitschlichtung als Zugangshürde zum Gericht 114

149 Regierungsentwurf BR-Drs. 258/15, 58.

und Art. 5 eine Änderung zu den Gebühren bei der behördlichen Luftfahrtschlichtung. Art. 6 regelt wichtige **Auswirkungen auf das Bürgerliche Gesetzbuch (BGB)** zur Verjährung und zum Recht der Allgemeinen Geschäftsbedingungen (AGB). In Art. 8 ist eine technische Anpassung vorgenommen.

115 Am Ende folgen noch Überleitungsvorschriften (Art. 23) und Regelungen zum In- und Außerkrafttreten (Art. 24).

7. Begrifflichkeiten des VSBG

116 Das Gesetz verwendet den Begriff der „Schlichtung" für verschiedene Zusammenhänge. Zum einen dient „Schlichtung" als Obergriff für sämtliche Konflikt- oder Streitbeilegungsverfahren wie zum Beispiel bei dem zentralen Begriff der „Verbraucherschlichtungsstelle" und weiter bei „Schlichtungsangebot" in § 29 Abs. 2 und § 34 Abs. 5. Zum anderen ist mit Schlichtung das wichtigste der in Betracht kommenden Verfahren gemeint; es wird in der Begründung des Regierungsentwurfs als „Schlichtung im engeren Sinne"[150] bezeichnet. Den Gebrauch desselben Begriffs in unterschiedlichen Kontexten hat der Bundesrat zutreffend als misslich bezeichnet.[151] Zur Verwirrung trägt zusätzlich bei, dass das Gesetz neben der Schlichtung (im weiteren Sinne) auch andere, letztlich synonyme Oberbegriffe des „Konfliktbeilegungsverfahren" (§§ 1, 5) oder „Streitbeilegungsverfahren" (§§ 6, 7, 10 bis 16, 19, 21 bis 23, 29 bis 31, 34, 36, 37) verwendet,[152] letztere auch im Zusammenhang mit der Universalschlichtung (§§ 29–31), obwohl hier wegen der eingeschränkten Methodik „Streitschlichtung" gerade zutreffend wäre. Auch das hat der Bundesrat kritisiert: Der Gesetzestext benutze drei verschiedene Begriffe synonym, von denen zudem einer noch eine zweite Bedeutung hat.[153]

117 Als Ergänzung zu dem neuen Begriff „Streitmittler" (§ 6) hätte sich als Oberbegriff für das Verfahren das der „Streitmittlung" angeboten und entsprechend hätte von „Streitmittlungsstellen" oder „Streitbeilegungsstellen"[154] die Rede sein können.

118 Folge des Begriffspaars „Schlichtung" und „Streitmittler" ist auch, dass der Begriff „Schlichter" vom VSBG nicht besetzt ist.

119 Unglücklich ist ferner das Begriffspaar „Allgemeine Verbraucherschlichtungsstelle" (§ 4) und „Universalschlichtungsstelle" (§ 29). Bei unbefangener Betrachtung scheint letzterer der weitere zu sein, tatsächlich verhält es

---

150 BR-Drs. 258/15, 76.
151 BR-Drs. 258/15 (Beschluss), 6 f.
152 Diese Differenzierung will die Bundesregierung wohl damit begründen, „Konfliktbeilegungsverfahren" meine die abstrakt möglichen Verfahrenstypen, „Streitbeilegungsverfahren" die von der Stelle konkret angebotenen Verfahren (Gegenäußerung BT-Drs. 18/5760, 25 zu Nr. 5).
153 BR-Drs. 258/15 (Beschluss), 7.
154 Die Bundesregierung hat diesen Begriff mit „Rücksicht gegenüber der bestehenden Praxis" abgelehnt und hat sich aus Zeitgründen nicht in der Lage gesehen, die Konsolidierung der Sprachpraxis im gesamten Rechtsgebiet der außergerichtlichen Konfliktbeilegung zu leisten (Gegenäußerung BT-Drs. 18/5760, 25 – zu Nr. 5).

sich genau umgekehrt. Der Auffangcharakter der Universalschlichtung kommt semantisch nicht zum Ausdruck.

8. Inkrafttreten des VSBG

Das VSBG ist nach Art. 24 Abs. 1 S. 3 des Artikelgesetzes grundsätzlich am 120
ersten Tag des zweiten auf die Verkündung folgenden Monats in Kraft getreten, also am **1.4.2016.** Die Verordnungsermächtigung aus § 42 und Beleihungsbefugnisse des Bundesamts für Justiz im Zusammenhang mit der Verbraucherunterstützung und der Aufgabe als Kontaktstelle (§ 40) ist bereits am Tag nach der Verkündung in Kraft getreten, also am 26.2.2016 (Art. 24 Abs. 1 S. 1).Hingegen beginnen nach Art. 24 Abs. 1 S. 2 in Abweichung von dem Regierungsentwurf die Informationspflichten der Unternehmen (§§ 36, 37) erst am ersten Tag des zwölften auf die Verkündung folgenden Monats, also am 1.2.2017.

Teil II
Gesetz über die alternative Streitbeilegung in Verbrauchersachen (Verbraucherstreitbeilegungsgesetz – VSBG)[1]

Vom 19. Februar 2016 (BGBl. I S. 254)
(FNA 302-8)

Abschnitt 1 Allgemeine Vorschriften

§ 1 Anwendungsbereich

(1) [1]Dieses Gesetz gilt für die außergerichtliche Beilegung von Streitigkeiten durch eine nach diesem Gesetz anerkannte private Verbraucherschlichtungsstelle oder durch eine nach diesem Gesetz eingerichtete behördliche Verbraucherschlichtungsstelle unabhängig von dem angewendeten Konfliktbeilegungsverfahren. [2]Dieses Gesetz gilt auch für Verbraucherschlichtungsstellen, die auf Grund anderer Rechtsvorschriften anerkannt, beauftragt oder eingerichtet wurden, soweit diese anderen Rechtsvorschriften keine abweichende Regelung treffen; von den §§ 2 und 41 darf nicht abgewichen werden.

(2) Dieses Gesetz ist nicht anwendbar auf Kundenbeschwerdestellen oder auf sonstige Einrichtungen zur Beilegung von Streitigkeiten, die nur von einem einzigen Unternehmer oder von mit ihm verbundenen Unternehmen getragen oder finanziert werden oder die nur im Auftrag eines solchen Unternehmers oder von mit ihm verbundenen Unternehmen tätig werden.

I. Übersicht

1 Zu Beginn der allgemeinen Vorschriften klärt § 1 den **Anwendungsbereich** des VSBG, Abs. 1 in positiver, Abs. 2 in negativer Hinsicht. In Abs. 1 wird in zwei Ebenen differenziert: Das Gesetz unterscheidet zwischen privaten und behördlichen Verbraucherschlichtungsstellen einerseits und andererseits danach, ob die Stellen im VSBG selbst oder in anderen Rechtsvorschriften geregelt sind.

1 Dieses Gesetz dient der Umsetzung der Richtlinie 2013/11/EU des Europäischen Parlaments und des Rates vom 21. Mai 2013 über die alternative Beilegung verbraucherrechtlicher Streitigkeiten und zur Änderung der Verordnung (EG) Nr. 2006/2004 und der Richtlinie 2009/22/EG (Richtlinie über alternative Streitbeilegung in Verbraucherangelegenheiten) (ABl. L 165 vom 18.6.2013, S. 63).

II. Verbraucherschlichtungsstellen aufgrund Gesetzes

1. VSBG und andere Rechtsvorschriften

Abs. 1 unterscheidet zunächst nach Verbraucherschlichtungsstellen, die nach diesem Gesetz, also dem VSBG, eingerichtet werden (Satz 1) und solchen, die aufgrund anderer Rechtsvorschriften anerkannt, beauftragt oder eingerichtet wurden (Satz 2). 2

In Abs. 1 S. 2 ist die Geltung des VSBG auch für **Schlichtungsstellen nach anderen Gesetzen** angeordnet, denen zugleich ein Anwendungsvorrang eingeräumt wird. Nach der Rückausnahme im zweiten Halbsatz darf das Spezialgesetz nicht von den §§ 2 und 41 abweichen. Dabei geht es um die offenbar als essentiell angesehene Definition der Verbraucherschlichtungsstelle samt wettbewerblichem und bußgeldbewehrtem Bezeichnungsschutz. Andere Normengeber sind also auf die **Definition der „Verbraucherschlichtungsstelle" in § 2 Abs. 1 Nr. 1 festgelegt.** Zu allen anderen Vorgaben des VSBG hingegen sind die Normgeber frei, wie schon der Gegenschluss aus Abs. 1 S. 2. Hs. 2 ergibt. Soweit es dazu in der Begründung des Gesetzentwurfs[1] einschränkend heißt, es dürfe (nur) über die Standards des VSBG *hinaus*gegangen werden, kommt dies im Gesetzestext nicht zum Ausdruck. Wenn also etwa durch Landesgesetz[2] eine private „Verbraucherstreitschlichtungsstelle" anerkannt wird, die den Vorschriften des 2. Abschnitts nicht entspricht, dürfte dies nicht gegen das VSBG verstoßen. 3

2. Private und behördliche Stellen

Wie schon angesprochen, differenziert Abs. 1 – weiter – zwischen privaten und behördlichen Verbraucherschlichtungsstellen. Diese Unterscheidung gilt sowohl für Stellen nach dem VSBG wie für solche aus anderen Rechtsvorschriften. Im Ergebnis gilt das VSBG (ergänzend) also auch für private Stellen, die auf anderen Rechtsvorschriften gründen. Für die privaten Stellen gelten die Abschnitte 2–4 des VSBG (§§ 3–27), für die behördlichen § 28 (Abschnitt 5), der seinerseits umfangreich auf §§ 3–27 verweist. Den hier erstmals verwendeten Begriff der anerkannte(n) private(n) Verbraucherschlichtungsstelle nimmt das Gesetz teilweise in § 2 Abs. 1 wieder auf: Dort wird der Begriff Verbraucherschlichtungsstelle definiert (→ § 2 Rn. 1 ff.). Mit dem Wort „privat" wird abgegrenzt nur gegen behördliche Verbraucherschlichtungsstellen; weitere Kategorien gibt es nicht. Das Gesetz gilt ausdrücklich nur für jene behördlichen Verbraucherschlichtungsstellen, die „nach diesem Gesetz" eingerichtet werden. Das setzt voraus, dass das Gesetz oder der anderweitige Gründungsakt sich **auf das VSBG beziehen.** In dem Artikelgesetz kommt dies dadurch zum Ausdruck, dass die behördlichen Schlichtungsstellen, die auf Bundesebene bisher existieren, ausdrücklich zu „Verbraucherschlichtungsstellen nach dem Verbraucherstreitbeilegungsgesetz" erklärt (§ 191 f Abs. 4 S. 1 BRAO – Art. 3; § 57 4

1 BR-Drs. 258/15, 59.

2 Etwaige Abweichungen durch Bundesgesetze wären ohnehin uneingeschränkt möglich; der Bundesgesetzgeber ist nur durch das Grundgesetz (und europäische Normen) gebunden und nicht durch ein VSBG, selbst wenn dieses sich als allgemeines Streitbeilegungsgesetz verstünde, was nicht einmal der Fall sein soll (BR-Drs. 258/15, 58).

Abs. 7 des LuftVG – Art. 21 Nr. 2e), als „Verbraucherschlichtungsstelle" (§ 47a Abs. 3 S. 2 TKG – Art. 17 Nr. 2 lit. d) bezeichnet, den „Anforderungen des Verbraucherstreitbeilegungsgesetz" unterworfen (§ 47a Abs. 3 S. 2 TKG – Art. 17 Nr. 2 lit. d; § 18 Abs. 2 S. 4 PostG – Art. 16) oder zumindest unter Übernahme der Begrifflichkeit des VSBG als „behördliche Verbraucherschlichtungsstellen" bezeichnet werden (§ 14 Abs. 1 Unterlassungsklagengesetz (UKlaG) – Art. 7 Nr. 3).

3. Verfahrensoffenheit und -freiheit

5 Eher beiläufig erklärt sich Abs. 1 zu dem **anwendbaren Verfahren**, indem die Geltung des VSBG „unabhängig von dem angewendeten Konfliktbeilegungsverfahren" bestimmt wird. Im Gesetzestext werden als verschieden vorausgesetzte Verfahren auch in anderen Paragrafen nicht aufgeführt. Allerdings wird durch die Regelung des § 18 deutlich, dass **Mediation** eines der in Betracht kommenden Verfahren darstellt. Durch seine Stellung und auch durch seinen Inhalt der Anordnung der ergänzenden Anwendung eines anderen Gesetzes (Mediationsgesetz) lässt § 18 erkennen, dass der Gesetzgeber primär ein anderes Verfahren vor Augen hatte. Dabei handelt es sich zweifellos um die **Schlichtung**. Dieser Begriff wird zwar im Gesetz nicht definiert, das Verfahren selbst aber zumindest in §§ 19 ff. vorausgesetzt. Der dort erwähnte „Schlichtungsvorschlag" kann zwar Ergebnis oder potenzielle Begleiterscheinung (auch) anderer Verfahrens sein, das Gesetz knüpft also in §§ 19 ff. nicht an ein spezifisches Verfahren, sondern an ein verfahrensunabhängiges Ereignis an → § 19 Rn. 7). Das ändert aber nichts daran, dass der Schlichtungsvorschlag Wesenselement der Schlichtung ist und damit ein Verfahren neben der Mediation identifiziert ist. Auch die Begründung des Regierungsentwurfs erwähnt das Schlichtungsverfahren ausdrücklich neben der Mediation.[3] In der Begründung zu § 19 wird ferner als „Schlichtung im engeren Sinne" in Abgrenzung zum Oberbegriff[4] die Unterbreitung eines Vorschlags zur gütlichen Beilegung der Streitigkeit bezeichnet. Damit ist ersichtlich nicht ein ad hoc unterbreiteter Lösungsvorschlag gemeint, wie er auch in anderen Verfahren vorkommen mag. Vielmehr wird durch die Bezugnahme auf die für notwendig erachtete Verankerung in der Verfahrensordnung deutlich, dass es dem Gesetzgeber um ein definiertes und abgegrenztes Verfahren handelt. Diese Definition leistet das Gesetz freilich nicht selbst.

6 Fragt man nach anderen in Betracht gezogenen Verfahren, wird man vom Gesetzestext im Stich gelassen und auch die Begründung hilft kaum weiter. Dort werden Mediation und Schlichtung als mögliche Verfahren erwähnt; weiter heißt es, es sei „auch eine Kombination von Verfahren mit Schlichtungs- und Mediationselementen möglich."[5] Die Begründung bezieht sich dabei ausdrücklich auf eine freilich eher phänomenologisch angelegte begriffliche Unterscheidung in der ADR-Richtlinie, die in Art. 2 Abs. 1 eine Dreiteilung mit Blick auf die Lösungsfindung vornimmt. Die Richtlinie bezieht in ihren Anwendungsbereich Verfahren ein, in denen (erstens) die AS-

3 BR-Drs. 258/15, 59.
4 BR-Drs. 258/15, 76.
5 BR-Drs. 258/15, 59.

Stelle eine Lösung „vorschlägt", zweitens solche, in denen sie eine Lösung „auferlegt" und drittens solche, in denen die AS-Stelle „die Parteien mit dem Ziel zusammenbringt, sie zu einer gütlichen Einigung zu veranlassen." (→ Einf. 49 f.). Auch die Richtlinie verzichtet auf eine Legaldefinition, obwohl sie ebenso wie das deutsche Recht mit der Mediations-Richtlinie bzw. mit dem Mediationsgesetz die Definition immerhin eines der Verfahren vorfand. So bleibt auf europäischer wie deutscher Ebene der Begriff der Schlichtung ebenso unklar wie auch der der weiteren in Betracht zu ziehenden Verfahren.

Versteht man Schlichtung als ein Verfahren, das systemisch einen Schlichtungsvorschlag generiert, ihn also in der Verfahrensordnung vorsieht mit der Folge, dass die Parteien ihr Agieren hierauf ausrichten,[6] kommt gleichsam zwischen Schlichtung und Mediation (zumindest) ein weiteres Verfahren in Betracht, die **Konfliktmoderation** (→ § 19 Rn. 5, 8). Im Unterschied zur Schlichtung ist der Streitmittler hier weniger lösungsaktiv. Während der Schlichter selbst eine Lösung vorschlägt und den Parteien nur die Wahl zwischen Annahme und Ablehnung des Vorschlags lässt und jedenfalls primär auch nur lassen kann (→ 19 Rn. 72 f.), agiert der Moderator zurückhaltender und flexibler. **Er schlägt nicht vor, sondern fragt** nach Lösungsmöglichkeiten bzw. -räumen oder -spektren und versucht eine Annäherung der Positionen. Konkret schlägt er nicht eine bestimmte Zahlung vor, sondern fragt das Unternehmen, ob es sich eine solche Zahlung vorstellen kann, um eine an der Antwort des Unternehmens ausgerichtete Frage an den Verbraucher zu richten.[7] Der Konfliktmoderator versucht die Lösung also zwischen den Parteien auszupendeln. Damit ist er (allerdings) lösungsaktiver[8] als der Mediator, der sich auf die Steuerung des zwischen den Parteien stattfindenden Austausch- und Lösungsfindungsprozesses beschränkt und sich selbst allenfalls durch Entwicklung von Optionen aktiv beteiligt. 7

Festzuhalten bleibt, dass das VSBG **verfahrensunabhängig anwendbar** ist. Die Stellen sind bei der Auswahl des Verfahrens frei, wenn man von der untersagten Auferlegung einer Lösung, soweit sie den Verbraucher bindet, absieht (→ § 5 Rn 14 f.). Die Stellen sind mangels gesetzlicher Definition auch in der Bezeichnung des Verfahrens frei mit Ausnahme der Mediation, an deren Definition in § 1 Abs. 1 MediationsG sie gebunden sind. Für den Anwendungsbereich des VSBG kommt es letztlich nur auf „die außergerichtliche Streitbeilegung" an, womit freilich eher eine Rahmenbedingung als ein Verfahren bezeichnet ist. 8

III. Ausgeschlossene Einrichtungen

1. VSBG-unabhängige Stellen

Der Gegenschluss aus Abs. 1 ergibt zunächst, dass das VSBG solche Streitbeilegungsstellen nicht erfasst, die außerhalb des VSBG und unabhängig auch von anderen Rechtsvorschriften etabliert werden. Das **VSBG** lässt es 9

6 Vgl. zur Abgrenzung zwischen Schlichtung und Mediation *Röthemeyer* ZKM 2013, 47 ff.
7 Selbstverständlich kann er auch in umgekehrter Reihenfolge vorgehen.
8 Vgl. zur Lösungsaktivität als Gradmesser zur Abgrenzung zwischen Schlichtung und Mediation *Röthemeyer* ZKM 2013, 47 ff.

also zu, dass **Verbraucherstreitbeilegung auch außerhalb seiner Regelungen** stattfindet.[9] Es kann also auch nach Inkrafttreten des VSBG Streitbeilegung stattfinden, ohne dass die Vorgaben und Einschränkungen des VSBG eingehalten werden müssten. Die betreffenden Stellen dürfen sich allerdings nicht „Verbraucherschlichtungsstelle" nennen, wie sich aus § 2 Abs. 2 S. 1 ergibt (→ 2 Rn. 8 ff.). Hier hätte man sich auch ein anderes, stärker verbraucherschutzorientiertes Regelungskonzept vorstellen können; es hätte ausgehend von einer legaldefinierten „Verbraucherstreitbeilegung" jede der so beschriebenen Tätigkeiten an die gesetzlichen Vorgaben binden und damit ua auch einer behördlichen Aufsicht unterstellen können. Das Gesetz setzt demgegenüber auf ein liberales oder autonomieorientiertes Konzept, hält Transparenz für ausreichend, Kontrolle für entbehrlich.

10 Dieses zumindest theoretisch mögliche Nebeneinander privater Schlichtungsangebote nach dem VSBG und solchen außerhalb des VSBG kann es auch im **behördlichen Bereich** geben. Soweit nicht der Gesetzesvorbehalt gilt, bedarf es nicht unbedingt Gesetze oder Verordnungen, um behördliche Aufgabenwahrnehmung zu rechtfertigen. Allerdings sind untergesetzliche Streitlösungsverfahren durch staatliche Stellen bisher kaum bekannt. Soweit der Gesetzgeber oder die Behörde zwar der Sache nach Verbraucherschlichtung betreiben, den Bezug zum VSBG aber nicht herstellen, sind die betreffenden Stellen auch nicht an das VSBG gebunden. Diese aus dem Wortlaut von Abs. 1 S. 1 („nach diesem Gesetz eingerichtete behördliche Verbraucherschlichtungsstelle") zu entnehmende Interpretation stimmt mit dem Gesamtkonzept eines **Nebeneinanders zwischen regulierter und nicht regulierter Schlichtung** überein. Die Schwelle zum regulierten Bereich wird unter Aufgreifen des Rechtsgedankens aus § 2 Abs. 2 S. 1, 2 dann überschritten, wenn Gesetz oder Behörde die Stelle als „Verbraucherschlichtungsstelle" bezeichnen. Die Auffassung, dass die materielle Tätigkeit der Schlichtung auch für den Behördenbereich nicht allein zur Anwendbarkeit des VSBG führt, wird mittelbar durch die Begründung des Regierungsentwurfs bestätigt. Dort werden behördliche Verbraucherschlichtungsstellen als „von einer staatlichen Stelle als Verbraucherschlichtungsstelle eingerichtet" beschrieben[10] und in der Abschätzung des Erfüllungsaufwandes werden neben den sechs bestehenden behördlichen Schlichtungsstellen des Bundes für die Länderebene nur „die" 16 neuen behördlichen Universalschlichtungsstellen (→ § 29 12 f.) angesprochen,[11] also die Möglichkeit gerade nicht einbezogen, dass (bestehende) Schlichtungsstellen „automatisch" dem VSBG unterfallen.

2. Kundenbeschwerdestellen

11 In Abs. 2 schließt das Gesetz von seinem Anwendungsbereich zunächst Kundenbeschwerden, also unternehmensinterne Verfahren, aus. Das leuchtet unmittelbar ein. Weiter werden Stellen ausgeschlossen, die faktisch nur einem Unternehmen zuzurechnen sind. Mit diesem Ausschluss entscheidet das Gesetz sich gegen die in Art. 2 Abs. 3 lit. a der ADR-Richtlinie vorgese-

9 So ausdrücklich auch die Begründung BR-Drs. 258/15, 58.
10 BR-Drs. 258/15, 58.
11 BR-Drs. 258/15, 50.

hene Möglichkeit, solche unternehmensgebundenen Stellen unter freilich engen Voraussetzungen (Art. 6 Abs. 3 und Art. 7 Abs. 1 lit. d und abs. 2 lit. d der ADR-Richtlinie) zu „gestatten". Die Ausnahme, die die ADR-Richtlinie zulässt, geht auf eine entsprechende Praxis in Frankreich (médiateurs d'entreprise) zurück, deren Fehlen in Deutschland die Begründung zu Recht festhält.[12] Richtig ist auch, dass Bedenken hinsichtlich Neutralität und Unabhängigkeit unternehmensgebundener Stellen bestehen. Allerdings muss Richtlinie und deutscher Gesetzesbegründung kritisch entgegengehalten werden, dass mit der Entscheidung gegen die Einbeziehung solcher unternehmensgebundenen Stellen keineswegs ein Verbot solcher Einrichtungen verbunden ist. Es geht vielmehr nur darum, dass solche Stellen keine Streitbeilegung im Sinne der betreffenden Normen betreiben, was einerseits bedeutet, dass Verbrauchern andere Stellen zusätzlich zur Verfügung stehen müssen, andererseits aber auch, dass unternehmensgebundene Stellen nicht einmal der Aufsicht des VSBG unterliegen.

3. Gerichtliche Streitbeilegung

Dass die gerichtliche Hauptaufgabe der Entscheidung nicht dem VSBG unterliegt, versteht sich von selbst. Aber auch soweit Richter sich im anhängigen Prozess in Verbrauchersachen um einvernehmliche Streitbeilegung bemühen (§ 278 Abs. 2 ZPO) oder gar im Rahmen des Güterichterverfahrens konsensuale Streitlösung bis hin zur Mediation anwenden (§ 278 Abs. 5 ZPO), ist das VSBG nicht anwendbar. Dies ist durch die Wendung „außergerichtlich" Beilegung in Abs. 1 S. 1 klargestellt. 12

Damit ist allerdings nicht gesagt, dass die Mitgliedstaaten Gerichten in ihrer *Funktion als Behörde* Aufgaben nach der ADR-Richtlinie nicht geben dürften. Art. 2 Abs. 2 lit. f. der ADR-Richtlinie schließt von ihrem Anwendungsbereich nur Bemühungen von Richtern um die gütliche Einigung eines *anhängigen* Rechtsstreits aus. Deshalb müsste lediglich für eine organisatorische und personelle Trennung der beiden Aufgabenbereiche gesorgt werden, um etwa die Auffangschlichtung bei Gerichten stattfinden zu lassen. (→ § 29 Rn. 13). 13

§ 2 Verbraucherschlichtungsstelle

(1) Verbraucherschlichtungsstelle ist eine Einrichtung, die

1. Verfahren zur außergerichtlichen Beilegung zivilrechtlicher Streitigkeiten durchführt, an denen Verbraucher oder Unternehmer als Antragsteller oder Antragsgegner beteiligt sind, und

2. nach diesem Gesetz oder auf Grund anderer Rechtsvorschriften als Verbraucherschlichtungsstelle anerkannt, beauftragt oder eingerichtet worden ist.

(2) [1]Eine Einrichtung, die nicht nach diesem Gesetz oder auf Grund anderer Rechtsvorschriften als Verbraucherschlichtungsstelle anerkannt, beauftragt oder eingerichtet ist, darf sich nicht als Verbraucherschlichtungsstelle

12 BR-Drs. 258/15, 62.

bezeichnen. [2]Sie darf von ihrem Träger nicht als Verbraucherschlichtungsstelle bezeichnet werden. [3]Das Verbot in den Sätzen 1 und 2 gilt nicht, wenn die Einrichtung in einem anderen Vertragsstaat des Abkommens über den Europäischen Wirtschaftsraum nach der Richtlinie 2013/11/EU des Europäischen Parlaments und des Rates vom 21. Mai 2013 über die alternative Beilegung verbraucherrechtlicher Streitigkeiten und zur Änderung der Verordnung (EG) Nr. 2006/2004 und der Richtlinie 2009/22/EG (ABl. L 165 vom 18. 6. 2013, S. 63) anerkannt und in die von der Europäischen Kommission geführte Liste aller im Europäischen Wirtschaftsraum anerkannten Streitbeilegungsstellen aufgenommen worden ist.

I. Legaldefinition Verbrauchschlichtungsstelle

1 Der Gesetzgeber definiert eine Verbraucherschlichtungsstelle als Einrichtung, die zwei Voraussetzungen erfüllen muss. Die erste Voraussetzung ist verfahrensbezogen, die zweite Voraussetzung ist einrichtungsbezogen.

2 Voraussetzung einer Verbraucherschlichtungsstelle ist nicht, dass sie über eine eigene Rechtspersönlichkeit verfügt, gemäß § 3 S. 2 bedarf sie unter Umständen aber eines eigenen Haushaltes.

1. Verfahrensbezogene Voraussetzung

3 Die Einrichtung, die als Verbraucherschlichtungsstelle gelten will, muss Verfahren zur außergerichtlichen Beilegung zivilrechtlicher Streitigkeiten durchführen, an denen Verbraucher oder Unternehmer als Antragsteller oder Antragsgegner beteiligt sind. Da nur außergerichtliche Streitbeilegungen erfasst werden, kommen Güterichter in dieser Funktion als Verbraucherschlichtungsstelle nicht in Betracht. Um Verbraucherschlichtungsstelle zu sein, müssen Verfahren durchgeführt werden, die Einrichtung muss mithin „aktiv" sein.[1] Reine Titularverbraucherschlichtungsstellen sind daher nicht zulässig. Dies unterscheidet die Verbraucherschlichtungsstelle vom Mediator, der – jedenfalls als „einfacher", mithin nicht zertifizierter Mediator gemäß § 5 MediationsG – seine Bezeichnung als Mediator auch dann nicht verliert, wenn er nicht tätig ist. Zum Titelerhalt beim „einfachen" Mediator genügt gemäß § 5 Abs. 1 MediationsG die regelmäßige Fortbildung. Beim zertifizierten Mediator wird dagegen – soweit der Verordnungsentwurf zu § 6 MediationsG entsprechend dem Bearbeitungsstand 31.1.2014 in Kraft gesetzt werden wird – eine praktische Tätigkeit vorausgesetzt werden. Innerhalb von zwei Jahren müssen mindestens vier Mediationsverfahren durchgeführt werden.[2] Weiteres Definitionsmerkmal der Verbraucherschlichtungsstelle ist die Beilegung zivilrechtlicher Streitigkei-

1 Vgl. BT-Drs. 18/5295, 63 (Regierungsentwurf).
2 Vgl. § 5 Abs. 1 des Entwurfes der ZMediatAusbV, Bearbeitungsstand 31.1.2014.

ten. Mithin bleiben öffentlich-rechtliche und strafrechtliche Streitigkeiten außer Betracht. Die Gütestellen, die auf diesen Gebieten ausschließlich tätig sind, können keine Verbraucherschlichtungsstellen sein.

An den Streitigkeiten müssen als Antragsteller[3] oder Antragsgegner Verbraucher oder Unternehmer beteiligt sein. Verbraucher ist nach § 13 BGB eine „natürliche Person, die ein Rechtsgeschäft zu Zwecken abschließen, die überwiegend weder ihrer gewerblichen noch ihrer selbstständigen beruflichen Tätigkeit zugerechnet werden können." Unternehmer ist gemäß § 14 BGB „eine natürliche oder juristische Person oder eine rechtsfähige Personengesellschaften, die bei Abschluss des Rechtsgeschäfts in Ausübung ihrer gewerblichen oder selbstständigen beruflichen Tätigkeit handelt." Diese Definitionen werden auch im Bereich des VSBG anwendbar sein.[4] Nach Auffassung des Regierungsentwurfes[5] soll auch die Durchführung von außergerichtlichen Streitbeilegungsverfahren zwischen Unternehmern oder zwischen Verbrauchern die Voraussetzung für eine Verbraucherschlichtungsstelle erfüllen, jedoch könne die Zuständigkeit nicht auch beispielsweise auf erbrechtliche oder familienrechtliche Streitigkeiten erweitert werden; in diesen Streitfällen seien die Parteien nicht in ihrer „Eigenschaft als Verbraucher oder Unternehmer" beteiligt.[6] Man mag Streitigkeiten zwischen Verbrauchern dem Wortsinn nach als Verbraucherstreitigkeit verstehen können, Streitigkeiten, an denen nur Unternehmer beteiligt sind, werden dagegen schwerlich unter den Begriff Verbraucherstreitigkeit zu subsumieren sein. Weshalb allerdings Parteien an erbrechtlichen oder familienrechtlichen Streitigkeiten nicht „in ihrer Eigenschaft als Verbraucher" beteiligt sein können, ist nicht ersichtlich. Weder im Erbrecht noch im Familienrecht werden Rechtsgeschäfte überwiegend der gewerblichen noch der selbstständigen beruflichen Tätigkeit zugerechnet werden können, weshalb an dieser Stelle die Differenzierung im Regierungsentwurf unverständlich ist. Richtig verortet wäre diese Differenzierung in der Zuständigkeitsregelung des § 4 Abs. 1, der auf den Abschluss von Verbraucherverträgen gemäß § 310 Abs. 3 BGB abhebt. Verbraucherverträge sind allerdings kraft Legaldefinition gemäß § 310 Abs. 3 BGB Verträge zwischen einem Unternehmer und einem Verbraucher. Die Zuständigkeit für solche Verträge prägt eine Verbraucherschlichtungsstelle.[7] Nur wenn sie solche Streitigkeiten bearbeitet, kann sie als „Verbraucherschlichtungsstelle" bezeichnet werden. Unabhängig davon kann sie ihre Zuständigkeit gemäß § 4 Abs. 3 erweitern auf sonstige zivilrechtliche Streitigkeiten mit Ausnahme arbeitsvertraglicher Streitigkeiten, an denen Verbraucher oder Unternehmer als Antragsteller oder Antragsgegner beteiligt sind, mithin auch auf Streitigkeiten zwischen Verbrauchern oder Streitigkeiten zwischen Unternehmern. Eine alleinige Durchführung solcher Streitigkeiten, ohne sich für die Streitigkeiten aus Verbraucherverträgen zuständig zu erklären, ist für die Füh- 4

3 Eine Verbraucherschlichtungsstelle muss in jedem Fall Schlichtungsverfahren auf Antrag eines Verbrauchers durchführen (§ 4 Abs. 1), kann ihre Zuständigkeit aber erstrecken auf Verfahren, in denen ein Unternehmer Antragsteller ist (§ 4 Abs. 3.).
4 Zum Verbraucherbegriff: Vgl. *Prütting* AnwBl 3/2016, 190 (192).
5 Vgl. BT-Drs. 18/5295, 63 (Regierungsentwurf).
6 BT-Drs. 18/5295, 63 (Regierungsentwurf).
7 Vgl. BT-Drs. 18/5295, 63 (Regierungsentwurf).

rung der Bezeichnung „Verbraucherschlichtungsstelle“ jedoch nicht ausreichend.

2. Einrichtungsbezogene Voraussetzung

5 Weitere Voraussetzung dafür, dass sich eine Einrichtung „Verbraucherschlichtungsstelle“ nennen darf, ist dass sie entweder aufgrund des Verbraucherstreitbelegungsgesetzes als Verbraucherschlichtungsstelle anerkannt, beauftragt oder eingerichtet worden ist, oder dass sie aufgrund anderer Rechtsvorschriften eine Anerkennung, Beauftragung oder Einrichtung als Verbraucherschlichtungsstelle erlangt hat. Die Anerkennung privater Verbraucherschlichtungsstellen richtet sich nach §§ 24 ff. Die behördlichen Verbraucherschlichtungsstellen sind in § 28 geregelt, die Einrichtung der Universalschlichtungsstellen der Länder regelt sich nach den §§ 29 ff.

6 Spezialgesetzlich anerkannt als Verbraucherschlichtungsstelle ist gemäß § 191 f Abs. 4, S. 1 BRAO die Schlichtungsstelle der Rechtsanwaltschaft. Aufgrund § 14 UKlaG, § 111 b Abs. 4 und 5 EnWG, § 214 VVG, § 18 Abs. 2 PostG, § 47 Abs. 3 TKG, § 6 EU-Fahrgastrechte-Kraftomnibusgesetz, § 37 EVO, § 6 EU-Fahrgastrecht-Schifffahrtgesetz, §§ 57–57 d LuftVG mit der LuftSchlichtV können weitere Stellen als Verbraucherschlichtungsstelle anerkannt, beauftragt oder eingerichtet werden. Gütestellen, die zwar aufgrund Gesetzes betrieben werden, wie zB die Gütestellen gemäß Art. 5 BaySchlG aber nicht „als Verbraucherschlichtungsstelle“ anerkannt, beauftragt oder eingerichtet worden sind, dürfen die Bezeichnung „Verbraucherschlichtungsstelle“ nicht führen.

3. Eintragung

7 Die im Referentenentwurf noch vorgesehene weitere Tatbestandsvoraussetzung für die Verbraucherschlichtungsstelle, nämlich die Eintragung in die Liste der Verbraucherschlichtungsstellen,[8] findet sich im Regierungsentwurf nicht mehr. Dies bedeutet, dass die Eintragung einer deutschen Einrichtung als „Verbraucherschlichtungsstelle“ in die Liste der Verbraucherschlichtungsstellen gemäß § 33 nur deklaratorisch ist. Die im Referentenentwurf vorgesehene konstitutive Wirkung der Eintragung ist entfallen.

II. Bezeichnungsverbot

8 Einrichtungen, die nicht als Verbraucherschlichtungsstelle durch das VSBG oder aufgrund anderer Rechtsvorschriften anerkannt, beauftragt oder eingerichtet worden ist, dürfen sich selbst nicht als Verbraucherschlichtungsstelle bezeichnen, sie dürfen auch von ihrem Träger (§ 3) nicht als Verbraucherschlichtungsstelle bezeichnet werden.

9 Hiermit soll sichergestellt werden, dass keine Täuschung im Rechtsverkehr stattfindet. Verstöße gegen dieses Verbot sind Ordnungswidrigkeiten gemäß § 41 und mit einem Bußgeld von bis zu 50.000 EUR bewehrt.

10 Den nach deutschem Recht anerkannten, beauftragten oder eingerichteten Verbraucherschlichtungsstellen werden aufgrund des im Gesetzgebungsver-

8 Vgl. § 2 Abs. 1 Nr. 3 VSBG-ReferentenE, Bearbeitungsstand 10.11.2014.

fahren eingefügten[9] Satz 3 des Abs. 2 die als richtlinienkonform in einem anderen EU- bzw. EWR-Mitgliedstaat anerkannten Streitbeilegungsstellen gleichgestellt. Auch diese dürfen sich als Verbraucherschlichtungsstellen bezeichnen oder von ihrem Träger als solche bezeichnet werden.[10]

III. Logo

Die vom Bundesrat in die Diskussion gebrachte Verwendung eines bundesweit einheitlichen Logos[11] ist in der Gegenäußerung der Bundesregierung mit dem Argument abgelehnt worden, dass der Schutz der Bezeichnung „Verbraucherschlichtungsstelle" ausreichend sei und es im Übrigen vorzugswürdig wäre, wenn ein europaweit einheitliches Kennzeichen durch die Europäische Union geregelten werden würde.[12] Ein bundesweit einheitliches Logo ist daher im Gesetz nicht vorgesehen. 11

Abschnitt 2 Private Verbraucherschlichtungsstellen

§ 3 Träger der Verbraucherschlichtungsstelle

[1]Träger der Verbraucherschlichtungsstelle muss ein eingetragener Verein sein. [2]Nimmt der Träger Unternehmerinteressen oder Verbraucherinteressen wahr, oder wird der Träger von einem Verband, der Unternehmerinteressen oder Verbraucherinteressen wahrnimmt, finanziert, so muss für den Betrieb der Verbraucherschlichtungsstelle ein vom Haushalt des Trägers getrennter, zweckgebundener und ausreichender Haushalt zur Verfügung stehen.

I. Von der Verbands- zur Vereinsträgerschaft

Die im Referentenentwurf noch nicht vorgesehene Regelung im Hinblick auf den Träger der Verbraucherschlichtungsstelle schloss durch den im Regierungsentwurf zunächst benutzten Begriff „Verband" lediglich aus, dass einzelne juristische oder natürliche Personen Träger einer Verbraucherschlichtungsstelle sein können. Insoweit unterschieden sich ursprünglich die Verbraucherschlichtungsstellen von Gütestellen beispielsweise nach Art. 5 BaySchlG, bei denen im Regelfall von natürlichen Personen als Träger ausgegangen wird. Ein „Verband", der ursprünglich als ausschließlicher Träger einer Verbraucherschlichtungsstelle in Betracht kam, besteht jedenfalls aus mehr als einer natürlichen oder juristischen Person. Der Regierungsentwurf ging in seiner Begründung lediglich als Regelbeispiel von 1

9 Vgl. BT-Drs. 18/5089, Synopse des 6. Ausschusses des DBT vom 27.11.2015, S. 3.
10 Vgl. BT-Drs. 18/5089, Synopse des 6. Ausschusses des DBT vom 27.11.2015, S. 69.
11 Vgl. BT-Drs. 18/5760, 5.
12 Vgl. BT-Drs. 18/5760, 25.

einem eingetragenen Verein als Träger aus.[1] Auf Hinweis des Bundesrates[2] räumte die Bundesregierung jedoch ein, dass neben eingetragenen Vereinen auch andere juristische Personen als Träger von Verbraucherschlichtungsstellen in Betracht kämen.[3] Der ursprüngliche Text des Regierungsentwurfes ließ es allerdings auch zu, dass nicht rechtsfähige Vereinigungen juristischer und/oder natürlicher Personen Träger von Verbraucherschlichtungsstellen gewesen wären. Nachdem ein Verband eine verfestigte Struktur voraussetzt, dürften jedoch sich ad hoc bildende Formen des Zusammenwirkens nicht unter den Verbandsbegriff fallen, sich also bereits in der Fassung des Regierungsentwurfes nicht als Träger einer Verbraucherschlichtungsstelle geeignet haben.

2 Im Laufe des Gesetzgebungsverfahrens wurde der Begriff „Verband" als Träger durch den Begriff „eingetragener Verein" ersetzt,[4] so dass nunmehr der ursprünglich als Regelbeispiel gemeinte eingetragene Verein die einzig zulässige Trägerrechtsform ist. Die Rechtsform des eingetragenen Vereines soll zu einer dauerhaften und qualitätsvollen Tätigkeit der Verbraucherschlichtungsstellen beitragen.[5] Der Begriff des „Verbandes" spielt nur noch auf der nächstübergeordneten Ebene eine Rolle; der Finanzier des Trägers der Schlichtungsstelle kann weiterhin ein Verband sein. Der Träger der Schlichtungsstelle muss dagegen zwingend ein eingetragener Verein sein.

II. Kollision

3 Damit ergibt sich eine Kollision zwischen § 3 und § 9, da bei der Gestaltung der Beteiligungsrechte von Unternehmer- und Verbraucherverbänden die Verbandsträgerschaft nach wie vor ausdrücklich erwähnt ist. Dieses Problem wird man durch eine berichtigende Auslegung des § 9 beheben können, da es sich insoweit um ein redaktionelles Versehen handeln dürfte.

III. Haushalt

4 Sofern der Träger der Verbraucherschlichtungsstelle ein eingetragener Verein ist, der Unternehmerinteressen oder Verbraucherinteressen wahrnimmt oder durch einen Unternehmer- oder Verbraucherverband finanziert wird, muss ein vom Haushalt des Trägers getrennter, zweckgebundener und ausreichender Haushalt für den Betrieb der Verbraucherschlichtungsstelle zur Verfügung stehen. Entgegen der Gesetzesbegründung[6] bezieht sich diese Haushaltsvorschrift nicht auf alle Verbraucherschlichtungsstellen, sondern ausdrücklich nur auf diejenigen, deren Träger ein eingetragener Verein ist, der Unternehmer- oder Verbraucherinteressen wahrnimmt oder von einem Unternehmer- oder Verbraucherverband finanziert wird. Nur für diese Verbraucherschlichtungsstellen muss ein eigener Haushalt bestehen.

5 Der Haushalt muss getrennt vom Haushalt des Trägers geführt werden und zweckgebunden für die Verbraucherschlichtungsstelle dieser zur Verfü-

1 Vgl. BT-Drs. 18/5295, 64 (Regierungsentwurf).
2 Vgl. BT-Drs. 18/5760, 6.
3 Vgl. BT-Drs. 18/5760, 25.
4 Vgl. BT-Drs. 18/5089, Synopse des 6. Ausschusses des DBT vom 27.11.2015, S. 4.
5 Vgl. BT-Drs. 18/5089, Synopse des 6. Ausschusses des DBT vom 27.11.2015, S. 69.
6 Vgl. BT-Drs. 18/5295, 64 (Regierungsentwurf).

gung stehen. Dies bedeutet, dass der Schlichtungsstelle zu Beginn einer jeden Haushaltsperiode diejenigen Mittel zur alleinigen Verfügung zum Zwecke des Betriebes der Schlichtungsstelle gestellt werden müssen, die für den Betrieb erforderlich sind. Nicht möglich sind damit Einzelzuweisungen von Mitteln für die jeweiligen, konkret anfallenden Ausgaben im Zeitpunkt, in dem sie anfallen. Der Haushalt muss im Übrigen ausreichend sein. Den Begriff des „ausreichenden" Haushaltes definiert die Gesetzbegründung nicht. Um ausreichend zu sein, muss der Haushalt zumindest die Differenz zwischen den Gesamtkosten der Schlichtungsstelle und den von der Schlichtungsstelle zu erhebenden Entgelten (§ 23) decken.[7] Sofern der Trägerverein der Schlichtungsstelle einen Haushalt zur Verfügung stellt, der alle Kosten der Schlichtungsstelle abdeckt, liegt ein ausreichender Haushalt auch dann vor, wenn die Schlichtungsstelle erhobene Entgelte an den Trägerverein abführt oder überhaupt keine Entgelte erhebt.

IV. Keine weiteren Vorgaben

Weitere Vorgaben zum Verhältnis zwischen dem Träger, dem ihn finanzierenden Verband und der Schlichtungsstelle sind § 3 nicht zu entnehmen; die Gestaltung der Rechtsbeziehungen zwischen ihnen obliegt mithin dem Träger, dem finanzierenden Verband und der Schlichtungsstelle selbst. Als Modell kann die Satzung der Schlichtungsstelle der Rechtsanwaltschaft dienen, da diese gemäß § 191 f Abs. 4 S. 1 BRAO kraft Gesetzes Verbraucherschlichtungsstelle ist. Im Hinblick auf Träger, die als eingetragene Vereine Verbraucher- oder Unternehmerinteressen wahrnehmen, oder von Verbraucher- oder Unternehmerverbänden finanziert werden sind die wechselseitigen Beteiligungsrechte gemäß § 9 zu beachten. 6

§ 4 Zuständigkeit von Verbraucherschlichtungsstellen

(1) Die Verbraucherschlichtungsstelle führt auf Antrag eines Verbrauchers Verfahren zur außergerichtlichen Beilegung von Streitigkeiten aus einem Verbrauchervertrag nach § 310 Absatz 3 des Bürgerlichen Gesetzbuchs oder über das Bestehen eines solchen Vertragsverhältnisses durch; arbeitsvertragliche Streitigkeiten sind ausgenommen.

(2) [1]Die Verbraucherschlichtungsstelle kann ihre Zuständigkeit auf bestimmte Wirtschaftsbereiche, Vertragstypen oder Unternehmer beschränken. [2]Hat die Verbraucherschlichtungsstelle keine einschränkende Zuständigkeitsregelung getroffen, führt sie die Bezeichnung „Allgemeine Verbraucherschlichtungsstelle" und ist für Anträge nach Absatz 1 zuständig, mit Ausnahme von

1. Streitigkeiten aus Verträgen über
   a) nichtwirtschaftliche Dienstleistungen von allgemeinem Interesse,
   b) Gesundheitsdienstleistungen,
   c) Weiter- und Hochschulbildung durch staatliche Einrichtungen,

7 Zu den Prognoserisiken vgl. die Kommentierung zum Parallelproblem der tragfähig erscheinenden Finanzierung als Anerkennungsvoraussetzung in → § 24.

2. Streitigkeiten, für deren Beilegung Verbraucherschlichtungsstellen nach anderen Rechtsvorschriften anerkannt, beauftragt oder eingerichtet werden.

[3]Die Allgemeine Verbraucherschlichtungsstelle kann ihre Zuständigkeit auf in einem Land niedergelassene Unternehmer beschränken; in diesem Fall führt sie die Bezeichnung „Allgemeine Verbraucherschlichtungsstelle" mit einem Zusatz, der das Land angibt, für das sie zuständig ist. [4]Eine solche Zuständigkeitsbeschränkung kann sich auch auf mehrere Länder beziehen und muss dann dementsprechend angegeben werden.

(3) Die Verbraucherschlichtungsstelle kann ihre Tätigkeit auf die Beilegung sonstiger zivilrechtlicher Streitigkeiten, an denen Verbraucher oder Unternehmer als Antragsteller oder Antragsgegner beteiligt sind, erstrecken; arbeitsvertragliche Streitigkeiten sind ausgenommen.

(4) Die Verbraucherschlichtungsstelle kann ihre Zuständigkeit ausschließen für Verbraucher, die ihren Wohnsitz oder gewöhnlichen Aufenthalt nicht in einem Mitgliedstaat der Europäischen Union oder in einem anderen Vertragsstaat des Abkommens über den Europäischen Wirtschaftsraum haben, oder für Unternehmer, die nicht im Inland niedergelassen sind.

I. Allgemein

1 § 4 enthält eine Reihe von Zuständigkeitsvorschriften für Verbraucherschlichtungsstellen. Die Grundzuständigkeit für die Beilegung von Streitigkeiten aus Verbraucherverträgen nach § 310 Abs. 3 BGB auf Antrag eines Verbrauchers (§ 4 Abs. 1) ist zwingend für die Anerkennung als Verbraucherschlichtungsstelle.[1] Ohne weitere Zuständigkeitsregelungen führt eine solche Verbraucherschlichtungsstelle die Bezeichnung „Allgemeine Verbraucherschlichtungsstelle" (§ 4 Abs. 2 S. 2). In jedem Fall nicht der Zuständigkeit von Verbraucherschlichtungsstellen unterfallen arbeitsvertragliche Streitigkeiten (§ 4 Abs. 1 am Ende; § 4 Abs. 3 am Ende). Ebenfalls nicht in die Zuständigkeit der Verbraucherschlichtungsstellen gehören Verträge über die Daseinsversorge, über Gesundheitsdienstleistungen sowie die Weiter- und Hochschulbildung durch staatliche Einrichtungen (§ 4 Abs. 2 S. 2 Nr. 1). Darüber hinaus stellt § 4 Abs. 2 S. 2 Nr. 2 klar, dass die Rolle der Allgemeinen Verbraucherschlichtungsstellen lediglich eine subsidiäre ist; Verbraucherschlichtungsstellen, die nach anderen Rechtsvorschriften anerkannt, beauftragt oder eingerichtet wurden, schließen die Zuständigkeit der Allgemeinen Verbraucherschlichtungsstelle regelmäßig aus, wenn und soweit diese anderen Rechtsvorschriften Streitfälle der spezialisierten Streitbeilegungsstelle zuweisen.

1 Vgl. BT-Drs. 18/5295, 64 (Regierungsentwurf).

2 Die Verbraucherschlichtungsstellen können ihre Zuständigkeit sowohl beschränken als auch erweitern. Eine Beschränkung kann auf bestimmte Wirtschaftsbereiche, Vertragstypen oder Unternehmer erfolgen (§ 4 Abs. 2 S. 1). Sie ist in diesem Fall jedoch keine „Allgemeine" Verbraucherschlichtungsstelle. Eine Allgemeine Verbraucherschlichtungsstelle kann ihre Zuständigkeit auf ein Bundesland oder – als länderübergreifende Schlichtungsstelle – auch auf mehrere Bundesländer beschränken. Diese Zuständigkeitsbeschränkung ist in der Bezeichnung anzugeben (Allgemeine Verbraucherschlichtungsstelle plus Land oder plus mehrere Länder), vgl. § 4 Abs. 2 S. 3 und 4. Ausschließen kann die Verbraucherschlichtungsstelle ihre Zuständigkeit für Verbraucher, die ihren Wohnsitz oder gewöhnlichen Aufenthalt außerhalb der Mitgliedstaaten der Europäischen Union zuzüglich Island, Norwegen und Liechtenstein haben. Ebenfalls kann die Verbraucherschlichtungsstelle ihre Zuständigkeit für Unternehmer ausschließen, die nicht im Inland niedergelassen sind (vgl. § 4 Abs. 4). Die Verbraucherschlichtungsstelle trägt in diesen Fällen jedoch weiterhin die Bezeichnung „Allgemeine Verbraucherschlichtungsstelle.[2] Die Verbraucherschlichtungsstelle kann ihre Zuständigkeit nicht nur einschränken, sie kann sie auch erweitern und sich für die Beilegung von zivilrechtlichen Streitigkeiten außerhalb des § 310 Abs. 3 BGB für zuständig erklären, sofern an diesen sonstigen zivilrechtlichen Streitigkeiten Verbraucher oder Unternehmer als Antragsteller oder Antragsgegner beteiligt sind. Für arbeitsvertragliche Streitigkeiten kann sich die Verbraucherschlichtungsstelle aber auch insoweit nicht zuständig erklären (§ 4 Abs. 3).

II. Grundzuständigkeit

1. Verbraucherverträge

3 Die Verbraucherschlichtungsstelle wird auf Antrag eines Verbrauchers bei Streitigkeiten aus einem Verbrauchervertrag nach § 310 Abs. 3 BGB oder über das Bestehen eines solchen Vertragsverhältnisses tätig. Dieser Zuständigkeitsbereich ist der Mindestzuständigkeitsbereich und für die Anerkennung als Verbraucherschlichtungsstelle zwingend.[3]

4 Der Verbraucherbegriff entspricht dem des BGB.[4] Verbraucher ist mithin eine „natürliche Person, die Rechtsgeschäfte zu Zwecken abschließt, die überwiegend weder ihrer gewerblichen noch ihrer selbstständigen beruflichen Tätigkeit zugerechnet werden können" (§ 13 BGB). Zwingend ist die Durchführung von Schlichtungsverfahren auf Antrag eines Verbrauchers. Mithin könnte eine Einrichtung nicht als Verbraucherschlichtungsstelle anerkannt werden, die nur auf Antrag von Unternehmern tätig wird.[5]

5 Zwischen dem antragstellenden Verbraucher und dem Unternehmer muss eine Streitigkeit vorliegen. Die Konsequenzen aus diesem Tatbestandsmerkmal sind freilich begrenzt.

2 Vgl. BT-Drs. 18/5295, 67 (Regierungsentwurf).
3 Vgl. BT-Drs. 18/5295, 64 (Regierungsentwurf).
4 Vgl. *Prütting* AnwBl 3/2016, 190 (192).
5 Vgl. BT-Drs. 18/5295, 64 (Regierungsentwurf).

6 Da Verbraucherschlichtungsstellen nur „sonstige Gütestellen" im Sinne des § 15 a Abs. 3 EGZPO sind,[6] kann selbst bei erfolgreichem Abschluss der Verbraucherschlichtung kein Vollstreckungstitel gemäß § 794 Abs. 1 Nr. 1 ZPO entstehen, da die Verbraucherschlichtungsstelle keine durch die Landesjustizverwaltung eingerichtete oder anerkannte Gütestelle ist (§ 794 Abs. 1 Nr. 1 ZPO, § 15 a Abs. 1 S. 1 EGZPO) und einer solchen auch nicht gleichgestellt ist, wie es gemäß § 15 a Abs. 6 S. 2 EGZPO die durch Landesrecht anerkannten Gütestellen sind. Die Verbraucherschlichtungsstelle kann sich allerdings darum bemühen, auch als Gütestelle von der Landesjustizverwaltung anerkannt zu werden.[7] Sofern dies erfolgt, könnten auch die Verbraucherschlichtungsstellen zur vereinfachten und insbesondere kostengünstigen Titelerwirkung, die ohne zugrundeliegende Streitigkeit rechtsmissbräuchlich sein könnte, genutzt werden. Lediglich in diesen Fällen kommt es auf das Vorliegen einer Streitigkeit tatsächlich an.

7 Bei der Verjährungshemmung kommt es auf die Zuständigkeit der in Anspruch genommenen Streitbeilegungsstelle nicht an;[8] somit kann die Verjährungshemmung eintreten, ohne dass es eine Rolle spielen würde, dass Verbraucherschlichtungsstellen nur dann zuständig sind, wenn tatsächlich eine Streitigkeit vorliegt.

8 Die Streitigkeit muss aus einem Verbrauchervertrag oder über das Bestehen eines Verbrauchervertrages bestehen. Ein Verbrauchervertrag gemäß § 310 Abs. 3 BGB ist ein solcher, der zwischen einem Unternehmer und einem Verbraucher geschlossen worden ist. Im Hinblick auf die Verbraucher-[9] und die Unternehmereigenschaft gelten die Regelungen des BGB. Verbraucher ist demnach eine „natürliche Person, die ein Rechtsgeschäft zu Zwecken abschließt, die überwiegend weder ihrer gewerblichen noch ihrer selbstständigen beruflichen Tätigkeit zugerechnet werden können" (§ 13 BGB). Ein „Unternehmer ist eine natürliche oder juristische Person oder eine rechtsfähige Personengesellschaft, die bei Abschluss eines Rechtsgeschäfts in Ausübung ihrer gewerblichen oder selbstständigen beruflichen Tätigkeit handelt" (§ 14 Abs. 1 BGB). Nachdem Arbeitsverträge unter § 310 Abs. 3 BGB fallen,[10] sie jedoch nicht der Zuständigkeit der Verbraucherschlichtungsstellen unterfallen sollen, wurden arbeitsvertragliche Streitigkeiten in § 4 Abs. 1 am Ende ausdrücklich ausgeschlossen. Auch fallen Mietverträge zwischen privaten Mietern und gewerblichen Vermietern unter § 310 Abs. 3 BGB,[11] nicht jedoch Streitigkeiten über die Gültigkeit von Beschlüssen in Wohnungseigentümergemeinschaften,[12] da es sich hierbei nicht um Verträge zwischen Verbrauchern und Unternehmern handelt, mithin keine Verbraucherverträge gemäß § 310 Abs. 3 BGB vorliegen.[13] Bei gemischten Verträgen, die teilweise unternehmerischen und teilweise priva-

6 Vgl. § 21 Abs. 2 sowie BT-Drs. 18/5295, 81 (Regierungsentwurf).
7 Hierzu → Art. 4.
8 Vgl. Palandt/*Ellenberger* BGB § 204 Rn. 19.
9 Vgl. *Prütting* AnwBl 3/2016, 190 (192).
10 Vgl. Palandt/*Grüneberg* BGB § 310 Rn. 11.
11 Vgl. Palandt/*Grüneberg* BGB § 310 Rn. 11.
12 Vgl. BT-Drs. 18/5295, 64 (Regierungsentwurf), anders *Prütting* AnwBl 3/2016, 190 (192) unter Verweis auf die Rechtsprechung des BGH.
13 Vgl. BT-Drs. 18/5295, 64 (Regierungsentwurf).

ten Zwecken dienen, bestimmt sich die Verbrauchereigenschaft danach, welcher Leistungsteil überwiegt.[14]

2. Bezeichnung

9 Verbraucherschlichtungsstellen, die Streitigkeiten über Verbraucherverträge nach § 310 Abs. 3 BGB beizulegen versuchen, werden als „Allgemeine Verbraucherschlichtungsstelle" bezeichnet (§ 4 Abs. 2 S. 2).

3. Beschränkung

10 Nicht zur Grundzuständigkeit von (Allgemeinen) Verbraucherschlichtungsstellen zählen einerseits Streitigkeiten aus Verträgen über nicht wirtschaftliche Dienstleistungen von allgemeinem Interesse, Gesundheitsdienstleistungen und die Weiter- und Hochschulbildung durch staatliche Einrichtungen sowie andererseits solche Streitigkeiten für deren Beilegung Verbraucherschlichtungsstellen nach anderen Rechtsvorschriften anerkannt, beauftragt oder eingerichtet worden sind.

11 Der erste Ausnahmekomplex beinhaltet staatliche oder namens des Staates erbrachte Dienstleistungen, die zwar auf vertraglicher Grundlage aber ohne eine wirtschaftliche Gegenleistung des Leistungsempfängers erfolgen. Hierzu zählen Leistungen in Ausübung öffentlich-rechtlicher Befugnisse oder Tätigkeiten im Bereich der sozialen Sicherheit, der Gesundheitsfürsorge und des Bildungswesens.

12 Entscheidendes Abgrenzungskriterium ist das Bestehen bzw. Nichtbestehen eines Marktes für die genannten Dienstleistungen sowie die Gegenleistungslosigkeit. Besteht kein Markt und erfolgt die Dienstleistungserbringung durch den Staat oder im Namen des Staates gegenleistungslos, so liegt eine Streitigkeit gemäß § 4 Abs. 2 S. 2 Nr. 1 a vor.[15]

13 Gesundheitsdienstleistungen gemäß § 4 Abs. 2 S. 2 Nr. 1 b sind solche, die „von Angehörigen der Gesundheitsberufe gegenüber Patienten erbracht werden, um deren Gesundheitszustand zu beurteilen, zu erhalten oder wieder herzustellen, einschließlich der Verschreibung, Abgabe und Bereitstellung von Arzneimitteln und Medizinprodukten".[16] Aufgrund der intensiven Verbindung von Wohnraumüberlassung mit Pflege- und Betreuungsleistungen im Rahmen des Wohn- und Betreuungsvertragsgesetzes findet unter dem Aspekt des Verbraucherschutzes der Zuständigkeitsausschluss gemäß § 4 Abs. 2 S. 2 Nr. 1 b dagegen nicht statt.[17] Soweit Streitigkeiten auf die Schiedsstellen gemäß § 76 SGB XI übertragen sind,[18] fallen sie ebenso wenig unter § 4 Abs. 2 S. 2 Nr. 1 b wie Verträge nach dem 10. Kapitel SGB XII.[19] Diese Streitigkeiten finden unter institutionellen Parteien statt, so dass sich die Inanspruchnahme einer Verbraucherschlichtungsstelle ohnehin nicht aufdrängt.

---

14 Vgl. BT-Drs. 18/5295, 65 (Regierungsentwurf).
15 Vgl. BT-Drs. 18/5295, 65 (Regierungsentwurf).
16 Richtlinie 2013/11/EU, Erwägungsgrund 14.
17 Vgl. BT-Drs. 18/5295, 66 (Regierungsentwurf).
18 §§ 75 Abs. 4, 81 Abs. 2, 82 a Abs. 4, 85 Abs. 5, 87 und 89 Abs. 3 SGB IX.
19 Vgl. BT-Drs. 18/5295, 66 (Regierungsentwurf).

14 Ferner sind die allgemeinen Verbraucherschlichtungsstellen nicht zuständig für Streitigkeiten aus Verträgen über die Weiter- und Hochschulbildung durch staatliche Einrichtungen. Die Ausnahme setzt mithin eine Einrichtung in staatlicher Trägerschaft voraus, die auf vertraglicher Grundlage Weiterbildung und Hochschulbildung anbietet. Hierzu zählen ohne Weiteres Musik- oder Volkshochschulen oder ähnliche Bildungseinrichtungen.[20] Staatliche Universitäten sind hiervon allerdings nur am Rande betroffen, da sie regelmäßig ihre konsekutive Hochschulausbildung nicht auf vertraglicher Grundlage mit den Studenten durchführen. Zugrunde liegt kein privatrechtliches, sondern ein öffentlich-rechtliches Rechtsverhältnis.[21] Ausnahmen bilden lediglich die nichtkonsekutiven Weiterbildungsangebote staatlicher Universitäten auf privatrechtlicher Basis. Noch viel weniger fallen staatliche oder kommunale Schulen unter die Bereichsausnahme des § 4 Abs. 2 S. 2 Nr. 1 c, weil sie zum einen keine Weiterbildung anbieten, sondern die (Erst-)Ausbildung. Zum anderen werden staatliche oder kommunale Schulen nicht auf Basis von Verträgen mit ihren Schülern bzw. deren Eltern tätig, sondern aufgrund öffentlich-rechtlicher Rechtsverhältnisse.[22] Nachdem im Übrigen weder staatliche noch kommunale Schulen gewerblich oder selbstständig beruflich im Sinne des § 14 BGB tätig werden, mithin keine Unternehmer sind, fallen diese Bildungsträger ohnehin nicht unter das Verbraucherstreitbeilegungsgesetz.

15 § 4 Abs. 2 S. 2 Nr. 2 belässt den spezialisierten Verbraucherschlichtungsstellen, die nach anderen Rechtsvorschriften anerkannt, beauftragt oder eingerichtet worden sind, den Vorrang vor den Allgemeinen Verbraucherschlichtungsstellen um ihre vorrangige Inanspruchnahme aufgrund ihrer Spezialisierung sicherzustellen.[23] Dies betrifft beispielsweise die Schlichtungsstelle der Anwaltschaft, die Schlichtungsstellen nach dem Überlassungsklagegesetz, nach dem Energiewirtschaftsgesetz, nach dem Versicherungsvertragsgesetz, nach dem Postgesetz, nach dem Telekommunikationsgesetz, nach dem EU-Fahrgastrechte-Kraftomnibus-Gesetz, der Eisenbahnverkehrsordnung, dem EU-Fahrgastrecht des Schifffahrtsgesetz sowie dem Luftverkehrsgesetz mit der Luftverkehrsschlichtungsverordnung.

16 Für die Verbraucherschlichtungsstellen besteht keine Verpflichtung, Schlichtungen im Bereich der nichtwirtschaftlichen Dienstleistungen im allgemeinen Interessen, der Gesundheits- und der Bildungsdienstleistungen anzubieten; ein Verbot, Schlichtungen in diesen Bereichen anzubieten, besteht jedoch auch nicht,[24] weshalb die Verbraucherschlichtungsstellen ihre Zuständigkeit im Rahmen des § 4 Abs. 3 auf diese Streitigkeiten ausdehnen könnten, sofern sie denn überhaupt unter das Verbraucherstreitbeilegungsgesetz fallen.

---

20 Vgl. BT-Drs. 18/5295, 66 (Regierungsentwurf).
21 Anders aber BT-Drs. 18/5295, 66 (Regierungsentwurf).
22 Anders aber BT-Drs. 18/5295, 66 (Regierungsentwurf).
23 Vgl. BT-Drs. 18/5295, 66 (Regierungsentwurf).
24 Vgl. BT-Drs. 18/5295, 65 (Regierungsentwurf).

III. Einschränkung der sachlichen Zuständigkeit

17 Gemäß § 4 Abs. 2 S. 1 können Verbraucherschlichtungsstellen ihre Zuständigkeiten auf bestimmte Wirtschaftsbereiche, Vertragstypen oder Unternehmer beschränken. Diese Schlichtungsstellen mit sachlich eingeschränkter Zuständigkeit dürfen nicht die Bezeichnung „Allgemeine Verbraucherschlichtungsstelle" führen. Die Beschränkung der Zuständigkeit auf bestimmte Wirtschaftsbereiche, Vertragstypen oder Unternehmer führt allerdings nicht dazu, dass sich die Schlichtungsstelle nicht mehr als „Verbraucherschlichtungsstelle" im Sinne des § 2 bezeichnen dürfte.[25] Die Zuständigkeitsbeschränkung entspricht nach Auffassung des Regierungsentwurfes der Praxis bei bestehenden Schlichtungsstellen im Verbraucherbereich.[26] Die branchen- oder vertragstypbasierte Zuständigkeitsbeschränkung der Verbraucherschlichtungsstelle dürfte im Übrigen auch zu höherer Spezialisierung und damit zu einer höheren Qualität der Tätigkeit der jeweiligen Verbraucherschlichtungsstelle führen. Die unternehmerbasierte Zuständigkeitseinschränkung resultiert regelmäßig daraus, dass die Schlichtung nur für solche Unternehmen durchgeführt wird, die Mitglieder des Trägervereins der betreffenden Schlichtungsstelle sind.[27]

IV. Örtliche Zuständigkeitsbeschränkungen

18 § 4 Abs. 2 S. 3 und 4 enthalten örtliche Zuständigkeitsbeschränkungsmöglichkeiten für Allgemeine Verbraucherschlichtungsstellen, für alle Verbraucherschlichtungsstellen enthält § 4 Abs. 4 eine örtliche Zuständigkeitsbeschränkungsmöglichkeit.

1. Allgemeine Verbraucherschlichtungsstellen

19 Eine Allgemeine Verbraucherschlichtungsstelle kann – ohne den Rang einer „Allgemeinen" Verbraucherschlichtungsstelle zu verlieren, ihre Zuständigkeit auf die in einem Land niedergelassenen Unternehmer beschränken. Sie hat dann die Bezeichnung Allgemeine Verbraucherschlichtungsstelle mit dem Zusatz ihres Zuständigkeitslandes zu führen. Unter dem Begriff „Land" sind die Länder der Bundesrepublik Deutschland zu verstehen. Die Bestimmung der Zuständigkeit kann nur nach der Niederlassung des Unternehmers erfolgen, wobei unter **Niederlassung** des Unternehmers im Sinne des VSBG sowohl sein Sitz, seine Niederlassung als auch seine unselbstständige Zweigstelle zu verstehen ist.[28] Auf Vorschlag des Bundesrates[29] sollte bei der Zuständigkeitseinschränkung im Rahmen des § 4 Abs. 2 S. 3 nicht nur an den Sitz des Unternehmers, sondern auch an den Sitz des Verbrauchers angeknüpft werden können, weil der Begriff der „Niederlassung" unscharf und interpretationsbedürftig sei. Die Bundesregierung lehnt in ihrer Gegenäußerung[30] diesen Vorschlag ab, weil er nicht richtlinienkonform sei. Nach Art. 5 Abs. 2 lit. e der Richtlinie 213/11/EU sei die

25 Vgl. BT-Drs. 18/5295, 65 (Regierungsentwurf).
26 Vgl. BT-Drs. 18/5295, 65 (Regierungsentwurf).
27 Vgl. BT-Drs. 18/5295, 65 (Regierungsentwurf).
28 Vgl. zum Parallelproblem in Abs. 4: BT-Drs. 18/5295, 67 (Regierungsentwurf).
29 Vgl. BT-Drs. 18/5760, 6.
30 Vgl. BT-Drs. 18/5760, 25.

Einschränkung der Zuständigkeit einer Verbraucherschlichtungsstelle auf inländische Verbraucher bzw. – und darauf liefe der Vorschlag des Bundesrates hinaus – auf Verbraucher aus einem bestimmten Bundesland unzulässig. Der Vorschlag des Bundesrates löst auch das Problem nicht, zu dessen Lösung er dienen soll. Der Unschärfe und Interpretationsbedürftigkeit des Begriffes der Niederlassung des Unternehmers kann nicht dadurch abgeholfen werden, dass daneben ein anderer Anknüpfungstatbestand, nämlich der des Verbrauchers, eingeführt wird. Im Übrigen sind Rechtsbegriffe regelmäßig unscharf und interpretationsbedürftig, was auch für den Verbraucherbegriff gilt. Der vom VSBG verwendete Niederlassungsbegriff geht jedenfalls weiter als der Niederlassungsbegriff des § 21 ZPO, da es nicht auf die Selbstständigkeit der Niederlassung ankommt. Es muss also keine Stelle vorliegen, die zum Abschluss eines Geschäftes aufgrund eigener Entscheidung berechtigt wäre[31], oder nach außen dieser Anschein erweckt werden.[32]

20 Die unternehmerbezogene Zuständigkeitseinschränkung kann sowohl auf ein Bundesland als auch auf mehrere Bundesländer bezogen sein. Die Allgemeine Verbraucherschlichtungsstelle bleibt auch bei dieser örtlichen Zuständigkeitsbegrenzung eine Allgemeine Verbraucherschlichtungsstelle; mithin bleibt sie auch eine Verbraucherschlichtungsstelle gemäß § 2. Sie hat allerdings in einem Zusatz zu ihrer Benennung anzugeben, für welches Land oder für welche Länder der Bundesrepublik sie zuständig ist.

2. Alle Verbraucherschlichtungsstellen

21 Alle Verbraucherschlichtungsstellen, also auch die Allgemeinen Verbraucherschlichtungsstellen, können ihre Zuständigkeit für Verbraucher ausschließen, die ihren Wohnsitz bzw. ihren gewöhnlichen Aufenthaltsort nicht in einem Mitgliedstaat der Europäischen Union oder in Island, Norwegen oder Liechtenstein (weitere Staaten des Europäischen Wirtschaftsraumes) haben. Da die Richtlinie 2013/11/EU (ADR-RL) in den Anwendungsbereich des Abkommens über den Europäischen Wirtschaftsraum übernommen worden ist, gilt sie neben den EU-Mitgliedstaaten auch in Island, Norwegen und Liechtenstein.[33]

22 Die Verbraucherschlichtungsstelle kann darüber hinaus ihre Zuständigkeit für Unternehmer ausschließen, die nicht im Inland, also der Bundesrepublik Deutschland, niedergelassen sind. Unter Niederlassung ist der Geschäftssitz, die Niederlassung im Rechtssinne oder auch eine unselbstständige Zweigstelle im Inland zu verstehen.[34]

23 Auch der örtliche Zuständigkeitsausschuss gemäß § 4 Abs. 4 führt nicht dazu, dass die Schlichtungsstelle die Bezeichnung Allgemeine Verbraucherschlichtungsstelle oder Verbraucherschlichtungsstelle verliert.[35]

31 So aber die Niederlassung im Sinne des § 21 ZPO, vgl. BGH, NJW 1987, 3081 (3082).
32 Vgl. BGH, NJW 2011, 2056 (2057).
33 Vgl. BT-Drs. 18/5295, 67 (Regierungsentwurf).
34 Vgl. BT-Drs. 18/5295, 67 (Regierungsentwurf); zum Begriff der Niederlassung vgl. die Kommentierung zu Absatz 3.
35 Vgl. BT-Drs. 18/5295, 67 (Regierungsentwurf).

IV. Zuständigkeitserweiterungen

24 Verbraucherschlichtungsstellen können ihre Zuständigkeit gemäß § 4 Abs. 3 auch erweitern, und zwar auf die Beilegung sonstiger zivilrechtlicher Streitigkeiten, an denen Verbraucher oder Unternehmer als Antragsteller oder Antragsgegner beteiligt sind. Dies bedeutet, dass sie zum einen auch über die in § 310 Abs. 3 BGB geregelten Verträge zwischen Unternehmer und Verbraucher hinaus tätig werden können, mithin auch Streitigkeiten aus Verträgen, an denen nur Verbraucher beteiligt sind, einem Schlichtungsversuch unterziehen können. Zum anderen können sie auch über das Verbraucherantragserfordernis des § 4 Abs. 1 hinausgehen und sich für Anträge auch von Unternehmern gegen Verbraucher zuständig erklären. Selbst für Streitigkeiten mit Dritten, die nicht selbst Vertragspartner sind, die aber in die Vertragsabwicklung eingeschaltet sind, können sie sich für zuständig erklären.[36] Nachdem die Einschränkungen des § 4 Abs. 2 S. 2 Nr. 1 ebenfalls nur fakultativ sind, können sich Verbraucherschlichtungsstellen auch hierfür für zuständig erklären. Bei der Erweiterung der Zuständigkeit der Verbraucherschlichtungsstelle muss die Verbraucherschlichtungsstelle darauf achten, dass sie – trotz der Erweiterung – nach wie vor in erheblichem Umfang auf dem Gebiet des § 4 Abs. 1 (Beilegung von Verbraucherstreitigkeiten auf Antrag des Verbrauchers) tätig bleibt, da diese Tätigkeit zwingendes Haupttätigkeitsfeld von Verbraucherschlichtungsstellen im Sinne des § 2 ist.[37]

25 Prinzipiell wäre es möglich, die Zuständigkeit der Verbraucherschlichtungsstelle auf reine Streitigkeiten zwischen zwei Unternehmern zu erweitern. Dies würde allerdings einerseits mit der Verbraucherrechtsorientierung der Verbraucherschlichtungsstellen kollidieren, andererseits dürfte in der Praxis wenig Nachfrage nach Schlichtungsangeboten von Verbraucherschlichtungsstellen für Unternehmensstreitigkeiten herrschen, da die Qualifikation des Streitmittlers (er muss über Rechtskenntnisse insbesondere im Verbraucherrecht verfügen, § 6 Abs. 2) für Unternehmensstreitigkeiten nicht hinreichend sein dürfte. Selbst die – volljuristisch besetzte – Schlichtungsstelle der Rechtsanwaltschaft gemäß § 191 f BRAO ist nur für Streitigkeiten zwischen Kammermitgliedern und ihren Mandanten zuständig, nicht jedoch für Streitigkeiten von Kammermitgliedern untereinander. Aufgrund der Komplexität dieser Streitfälle sind hierfür ausschließlich die Vorstände der Rechtsanwaltskammern gemäß § 73 Abs. 2 Nr. 2 BRAO zuständig, wobei in größeren Anwaltskammern regelmäßig für diese Streitigkeiten spezialisierte Vorstandsmitglieder oder Vorstandsabteilungen als Vermittler eingesetzt werden.

§ 5 Verfahrensordnung

(1) [1]Die Verbraucherschlichtungsstelle muss eine Verfahrensordnung haben. [2]Die Verfahrensordnung bestimmt das Konfliktbeilegungsverfahren und regelt die Einzelheiten seiner Durchführung.

36 Vgl. BT-Drs. 18/5295, 66 (Regierungsentwurf).
37 Vgl. BT-Drs. 18/5295, 64 und 66 (Regierungsentwurf).

(2) Die Verbraucherschlichtungsstelle darf keine Konfliktbeilegungsverfahren durchführen, die dem Verbraucher eine verbindliche Lösung auferlegen oder die das Recht des Verbrauchers ausschließen, die Gerichte anzurufen.

I. Notwendigkeit der Verfahrensordnung

1 Gemäß § 5 Abs. 1 S. 1 muss eine Verbraucherschlichtungsstelle eine Verfahrensordnung haben.[1] Hierin unterscheidet sich die Verbraucherschlichtungsstelle beispielsweise von den Mediatoren. Das Vorliegen einer Verfahrensordnung ist für die Tätigkeit von Mediatoren nicht erforderlich.

II. Rechtscharakter

2 Die Vereinbarung über die Konfliktbeilegung ist ein Vertrag[2] zwischen den Konfliktparteien und der Streitbeilegungsstelle. Der Ablauf der Konfliktbeilegung richtet sich nach dem VSBG und der Verfahrensordnung der Streitbeilegungsstelle. Die Verfahrensordnung wird von der Streitbeilegungsstelle für eine Vielzahl von Fällen vorformuliert und gestellt, weshalb es sich um Allgemeine Geschäftsbedingungen im Sinne des § 305 BGB handelt. Dass die Verfahrensordnung und eventuelle Änderungen inzident durch die Anerkennungsbehörde überprüft werden, lässt die Anwendbarkeit des AGB-Rechts nicht entfallen, da selbst auf behördlich genehmigte AGB die §§ 305 ff. BGB anwendbar sind.[3] Durch die Überprüfung der Verfahrensordnung durch die Anerkennungsbehörde ist eine Verhandelbarkeit der Verfahrensordnung zwischen der Streitbeilegungsstelle als Verwender und den Konfliktparteien ausgeschlossen. Das Einverständnis der Konfliktparteien mit der Geltung der Verfahrensordnung wird durch ihre Beteiligung am Streitbeilegungsverfahren fingiert, worüber die Parteien gemäß § 16 Abs. 1 Nr. 2 von der Streitbeilegungsstelle zu informieren sind.

III. Inhalt

3 Die Verfahrensordnungen für die Verbraucherschlichtungsstellen müssen den Vorgaben des VSBG entsprechen. Ihr Vorliegen ist Anerkennungsvoraussetzung im Sinne des § 24.[4] Entspricht ihnen die Verfahrensordnung nicht oder nach einer Änderung, von der die Anerkennungsbehörde ebenfalls zu unterrichten ist (§ 25 Abs. 2) nicht mehr, kann die Anerkennung verweigert (§ 24) oder widerrufen (§ 26) werden. Dass sich Streitbeilegungsstellen Verfahrensordnungen geben, entspricht im Übrigen der bisherigen Praxis deutscher Verbraucherschlichtungsstellen.[5]

---

1 Ein Entwurf einer solchen befindet sich im → Anh.
2 Vgl. *Gössl* NJW 2016, 838 (841).
3 Vgl. Palandt/*Grünberg* BGB § 305 Rn. 2.
4 Vgl. BT-Drs. 18/5295, 67 (Regierungsentwurf), die Vorlagepflicht ergibt sich aus § 25 Abs. 1 Nr. 1.
5 Vgl. BT-Drs. 18/5295, 68 (Regierungsentwurf).

Die Verfahrensordnung bestimmt das Konfliktbeilegungsverfahren und regelt die Einzelheiten seiner Durchführung. Auf der Grundlage der Verfahrensordnung kann die Anerkennungsbehörde im Sinne des § 24 prüfen, ob das niedergelegte Verfahren den Anforderungen des Gesetzes entspricht.[6] Allerdings begrenzt der Gesetzgeber das von der Verbraucherschlichtungsstelle anzuwendende Verfahren nur insoweit, als dass einerseits dem Verbraucher keine verbindliche Lösung auferlegt werden darf und andererseits der Verbraucher nicht daran gehindert werden darf, ein Gericht anzurufen. 4

Innerhalb dieser Grenzen ist die Verbraucherschlichtungsstelle frei, in ihrer Verfahrensordnung ein oder mehrere Konfliktbeilegungsverfahren zur Anwendung gelangen zu lassen und – soweit erforderlich und sinnvoll – die Einzelheiten der Verfahrensdurchführung zu regeln. Möglich ist die Festlegung in der Verfahrensordnung, dass der Streitmittler eine Mediation durchzuführen hat (§ 18). Sofern dies in der Verfahrensordnung niedergelegt wird, gelten die Vorschriften des Mediationsgesetzes im Wesentlichen ergänzend. Die Verfahrensordnung kann auch vorsehen, dass anstelle der Mediation beispielsweise eine Schlichtung durchgeführt wird.[7] 5

In jedem Fall kann sich die Verfahrensordnung nicht nur auf die schlagwortartige Bestimmung des Konfliktbeilegungsverfahrens zurückziehen, sie muss vielmehr die Einzelheiten der Durchführung des Konfliktbeilegungsverfahrens regeln (§ 5 Abs. 1 S. 2). Hinsichtlich der Durchführung des Streitbeilegungsverfahrens sind die Vorgaben des 3. Abschnitts (§§ 11 ff.) zu beachten. 6

Sofern neben Deutsch eine weitere Verfahrenssprache vorgesehen ist, muss dies in der Verfahrensordnung verankert sein (§ 12 Abs. 2). Wenn die Ablehnungsgründe des § 14 Abs. 2 angewendet werden sollen, ist dies ebenfalls in der Verfahrensordnung niederzulegen. Die Parteien werden über den Inhalt und die Verfügbarkeit der Verfahrensordnung informiert (§ 16 Abs. 1 Nr. 1). Die Teilnahme der Parteien am Streitbeilegungsverfahren führt zu einer Zustimmungsfiktion in Bezug auf die Verfahrensordnung (§ 16 Abs. 1 Nr. 2). 7

Im Hinblick auf die Nichtteilnahme- und die Nichtfortsetzungserklärung des Antragsgegners verweist § 15 Abs. 2 unter anderem auf Satzungen. Die entsprechende Regelung kann in der Vereinssatzung des Trägers der Schlichtungsstelle enthalten sein.[8] Gründe, die ausschließen, dass diese Regelung auch in den Organisationsnormen der Schlichtungsstelle selbst, beispielsweise in der Satzung der Schlichtungsstelle oder in ihrer Verfahrensordnung, enthalten sein kann, sind nicht ersichtlich. Keinesfalls kann die Abgabe einer Nichtteilnahme- oder Nichtfortsetzungserklärung normativ unterbunden werden, wenn ein erheblicher Verfahrensmangel vorliegt (§ 15 Abs. 3). 8

Gemäß § 9 Abs. 1 S. 3 sollen die Regelungen über eine wechselseitige Beteiligung von Unternehmerverbänden und Verbraucherverbänden in den Regeln über die Organisation der Verbraucherschlichtungsstelle enthalten 9

6 Vgl. BT-Drs. 18/5295, 68 (Regierungsentwurf).
7 Zur Abgrenzung vgl. → § 18, zum Schlichtungsvorschlag vgl. → § 19.
8 Vgl. BT-Drs. 18/5295, 77 (Regierungsentwurf).

sein. Dies kann in einer gesonderten Norm erfolgen, die dann auch gesondert vorlagepflichtig bei der Stellung des Anerkennungsantrages gemäß § 25 Abs. 1 Nr. 2 ist. Die Regeln können aber auch in die Verfahrensordnung integriert werden. Die Verfahrensordnung ist ihrerseits vorlagepflichtig gemäß § 25 Abs. 1 Nr. 1. Durch die Integration in die Verfahrensordnung wird erreicht, dass die Regeln über die wechselseitige Beteiligung ihrerseits beteiligungspflichtig werden, weil die (gesamte) Verfahrensordnung zwingend der wechselseitigen Beteiligung unterliegt (§ 9 Abs. 1 S. 1).

10 § 23 überlässt der Schlichtungsstelle die Regelung der Entgelterhebung. Auch dies kann in einer gesonderten Norm erfolgen, die dann wiederum gesondert vorlagepflichtig bei der Stellung des Anerkennungsantrages ist (§ 25 Abs. 1 Nr. 2). Die Entgeltregeln können aber auch in die Verfahrensordnung integriert werden. Die Verfahrensordnung ist ihrerseits vorlagepflichtig (§ 25 Abs. 1 Nr. 1). Durch die Integration der Entgeltregeln in die Verfahrensordnung wird erreicht, dass die Regeln der Entgelterhebung wechselseitig beteiligungspflichtig werden, weil die (gesamte) Verfahrensordnung zwingend der wechselseitigen Beteiligung unterliegt (§ 9 Abs. 1 S. 1).

11 In die Verfahrensordnung können auch weitere Regelungsgegenstände aufgenommen werden, beispielsweise Name und Sitz der Verbraucherschlichtungsstelle. Derart umfassende Regelungen könnten auch als Satzung bezeichnet werden, was aber nichts an ihrer Beteiligungspflichtigkeit gemäß § 9 Abs. 1 S. 1 und an ihrer Vorlagepflichtigkeit gemäß § 25 Abs. 1 Nr. 1 ändert.

IV. Ausschlüsse

12 Die Verbraucherschlichtungsstelle darf dem Verbraucher keine verbindliche Lösung auferlegen. Sein Recht, ordentliche Gerichte anzurufen, darf ebenfalls nicht ausgeschlossen werden. Der Verbraucher muss bei der Anrufung einer Verbraucherschlichtungsstelle davon ausgehen können, dass er selbst das Letztentscheidungsrecht hat, ob er den Lösungsvorschlag der Verbraucherschlichtungsstelle akzeptiert oder nicht, die Anrufung einer Verbraucherschlichtungsstelle aufgezwungen werden kann einem Verbraucher auch nicht.[9] Die Freiwilligkeit der Anrufung der Verbraucherschlichtungsstelle durch den Verbraucher kann auch nicht durch eine Klageverzichtsklausel in Allgemeinen Geschäftsbedingungen unterlaufen werden (§ 309 Nr. 14 BGB (neu).

13 Dagegen kann die Verfahrensordnung ohne Weiteres vorsehen, dass dem beteiligten Unternehmer eine für ihn verbindliche Lösung auferlegt wird; insbesondere kann sich der Unternehmer im Vorhinein dem ihm zu diesem Zeitpunkt noch nicht bekannten Entscheidungsvorschlag des Schlichters unterwerfen, was sich aus § 19 Abs. 4 entnehmen lässt. Dies erfolgt in der Praxis bisher schon insoweit, als sich die beteiligten Unternehmen Schlich-

9 Entgegen *Prütting* AnwBl 3/2016, S. 190 (191) bezieht sich § 5 Abs. 2 nicht auf die Anrufung ordentlicher Gerichte durch den Verbraucher, **nachdem** er dem Schlichtungsvorschlag zugestimmt hat. Insoweit gelten die allgemeinen Regeln.

tungsvorschlägen der Schlichtungsstelle bis zu einer vorher definierten Maximalhöhe unterwerfen.

§ 5 Abs. 2 bedeutet, dass Schiedsgerichts- oder Schiedsgutachtenverfahren, die Bindungswirkung (auch) zulasten des beteiligten Verbrauchers entfalten, in der Verfahrensordnung der Verbraucherschlichtungsstelle gemäß § 5 nicht vorgesehen werden können.[10] Nach Auffassung der Bundesregierung ist auch eine Adjudikation[11] ausgeschlossen, da mit ihr eine vorläufige Bindung des Verbrauchers an die vorgeschlagene Lösung eintritt, falls keine Partei innerhalb der vereinbarten Frist gegen den Vorschlag den Gerichtsweg beschreitet.[12] 14

Ferner unzulässig ist eine Regelung in der Verfahrensordnung, die dem Verbraucher das Recht abschneiden würde, seinen Anspruch auch gerichtlich geltend zu machen. Insbesondere bei Schiedsgerichtsverfahren ist eine Geltendmachung des Anspruchs parallel oder nachfolgend vor einem staatlichen Gericht ausgeschlossen (vgl. § 1032 ZPO). Auch ein temporärer Ausschluss der Anrufung staatlicher Gerichte im Sinne einer „Friedenspflicht" für die Zeit des Schlichtungsverfahrens ist mit § 5 Abs. 2 nicht zu vereinbaren, weil das gesetzliche Verbot nicht zwischen endgültigem und temporärem Ausschluss unterscheidet, mithin jeder Ausschluss – und sei er auch nur zeitlich befristet – verboten ist. 15

V. Transparenz

Die Bestimmung des Konfliktbeilegungsverfahrens und die Regelung der Einzelheiten der Durchführung des Verfahrens gemäß § 5 Abs. 1 S. 2 dienen nicht nur der Überprüfung der Anerkennungsbehörde gemäß § 24, sondern auch der Transparenz des Verfahrens für die Parteien (§ 16 Abs. 1 Nr. 1). 16

§ 6 Streitmittler

(1) ¹Die Verbraucherschlichtungsstelle ist mit mindestens einer Person zu besetzen, die mit der außergerichtlichen Streitbeilegung betraut und für die unparteiische und faire Verfahrensführung verantwortlich ist (Streitmittler). ²Ist nur ein Streitmittler bestellt, muss er einen Vertreter haben; auf den Vertreter des Streitmittlers sind Satz 1, die Absätze 2 und 3 sowie die §§ 7 bis 9 entsprechend anzuwenden.

(2) ¹Der Streitmittler muss über die Rechtskenntnisse, insbesondere im Verbraucherrecht, das Fachwissen und die Fähigkeiten verfügen, die für die Beilegung von Streitigkeiten in der Zuständigkeit der Verbraucherschlichtungsstelle erforderlich sind. ²Der Streitmittler muss die Befähigung zum Richteramt besitzen oder zertifizierter Mediator sein.

(3) ¹Der Streitmittler darf in den letzten drei Jahren vor seiner Bestellung nicht tätig gewesen sein

10 Vgl. BT-Drs. 18/5295, 68 (Regierungsentwurf).
11 Vgl. zur Adjudikation, *Röthemeyer*, Mediation, Rn. 168.
12 Vgl. BT-Drs. 18/5295, 68 (Regierungsentwurf).

1. für einen Unternehmer, der sich zur Teilnahme an Streitbeilegungsverfahren der Verbraucherschlichtungsstelle verpflichtet hat oder auf Grund von Rechtsvorschriften zur Teilnahme verpflichtet ist,
2. für ein mit einem Unternehmer nach Nummer 1 verbundenes Unternehmen,
3. für einen Verband, dem ein Unternehmer nach Nummer 1 angehört und der Unternehmerinteressen in dem Wirtschaftsbereich wahrnimmt, für den die Verbraucherschlichtungsstelle zuständig ist,
4. für einen Verband, der Verbraucherinteressen in dem Wirtschaftsbereich wahrnimmt, für den die Verbraucherschlichtungsstelle zuständig ist.

[2]Die Tätigkeit als Streitmittler für einen Verband nach Satz 1 Nummer 3 oder 4 steht einer erneuten Bestellung als Streitmittler nicht entgegen.

I. Überblick

Der **Streitmittler** ist die für das **Kerngeschäft der Streitbeilegung** zentral zuständige Person. Das Gesetz wendet sich in § 6 zunächst an den Träger bzw. die Streitschlichtungsstelle, während Normadressaten der weiter den Streitmittler betreffenden §§ 7 und 8 zwar primär auch die Stellenträger sind, aber auch unmittelbare Pflichten des Streitmittlers auslösen. 1

II. Begrifflichkeiten

Mit dem **Begriff des Streitmittlers** trennt das Gesetz sich von dem Vokabular der ADR-Richtlinie, die in Art. 6 wenig griffig von „mit AS betrauten natürlichen Personen" spricht. AS bedeutet hierbei „Alternative Streitbeilegung", also die deutsche Übersetzung des Begriffs Alternative Dispute Resolution (ADR). Auch nach deutschem Recht muss es sich um natürliche Personen handeln. Wenn „Person" in Abs. 1 S. 1 im Sinne allgemeinen Rechtsverständnisses begriffstheoretisch auch eine juristische sein können mag, wird schon aus Abs. 2 deutlich, dass diese nicht mit umfasst ist: Eine juristische Person kann kaum über „Rechtskenntnisse", „Fachwissen" oder „Fähigkeiten" verfügen. Der Begriff des Streitmittlers löst sich bewusst von den vorgefundenen Begriffen, von denen die Begründung des Regierungsentwurfs „Mediator", „Schlichter", „Ombudsperson" und „Vermittler" ausdrücklich anspricht.[1] Die genannten Bezeichnungen fasst das Gesetz also unter dem **neuen Oberbegriff des Streitmittlers** zusammen, ohne dessen Verwendung zu verlangen. Der Begriff ist nicht abgestimmt auf die Bezeichnung des Verfahrens selbst. Sprachlogisch wären die Begriffspaare Streit(ver)mittlung/Streitmittler oder Streitbeilegung/Streitbeileger. Letztgenannter Begriff ist freilich schief, die Verwendung von Streitmittlung als Ergänzung zu Streitmittler hätte dagegen durchaus naheliegen können (→ Einf. Rn 116 ff.). 2

Da die Verbraucherschlichtungsstellen zur Verwendung des Begriffs „Streitmittler" nicht verpflichtet sind, steht es ihnen frei, sie entsprechend des angebotenen Verfahrens, also etwa als „Schlichter", „Mediator" oder „Konfliktmoderator", zu bezeichnen. Die Pflichten, die VSBG und ggf. Verfahrensordnung den Streitmittlern geben, gelten aber natürlich auch insoweit. Personen, die nicht mit der Funktion des Streitmittlers betraut sind, dürfen weder als Streitmittler noch mit einem Begriff bezeichnet werden, der diese Funktion nahelegt, also zB nicht als „Schlichter". 3

III. Streitmittler und Vertreter (Abs. 1)

1. Abgrenzung zu anderen Mitarbeitern, Streitmittlervorbehalt

a) Gesetzliche Ausgangslage

In Abs. 1 S. 1 wird der Streitmittler als die Person definiert, die mit der Streitbeilegung betraut und die für die unparteiische und faire Verfahrensführung verantwortlich ist. Dies scheint auf den ersten Blick eine Vermischung von Definition und Rechtsfolgen (zum Pflichtenkreis) zu sein. Die konkreten Pflichten von Träger und Streitmittler in Bezug auf die Stellung 4

1 BR-Drs. 258/15, 65.

des Streitmittlers werden in §§ 7 f., die des Streitmittlers in Bezug auf das Verfahren im 3. Abschnitt (§§ 11 ff.) geregelt. Dass die Stellung und die Verantwortlichkeit schon in der Definition angesprochen werden, hat vor allem den Sinn, **gegenüber den weiteren Personen abzugrenzen**, die bei der Verbraucherstreitbeilegungsstelle arbeiten. Diese anderen Mitarbeiter sind nicht Streitmittler im Sinne der §§ 6 ff. Die Verantwortlichkeit nach außen trifft allein den Streitmittler, was die Begründung beispielhaft konkretisiert: Verfahrensführung, Entscheidungen und Lösungsvorschläge.[2]

5 Was unter Verfahrensführung zu verstehen ist, ergibt sich aus den Vorschriften des VSBG selbst, ferner geht es um die in der Verfahrensordnung nach § 5 niedergelegten Einzelheiten der Durchführung des Streitbeilegungsverfahrens. Allerdings sind nicht sämtliche Handlungen in diesem Zusammenhang zwingend Aufgabe des Streitmittlers. Auch eine Abgrenzung dahin, dass immer dann, wenn die Streitbeilegungsstelle mit den Parteien in Kontakt tritt, der Streitmittler handeln müsse, trifft nicht zu. Vielmehr stellt § 6 zusätzlich auf die **Verantwortlichkeit** ab. Verantwortung ist gefragt, wo **Handlungsspielräume** bestehen und/oder **Rechtsanwendungen** erforderlich sind. Deshalb ordnet das Gesetz den Schlichtungsvorschlag nach § 19 ausdrücklich dem Streitmittler zu und behält auch die Ablehnung der Durchführung des Verfahrens, die zumindest teilweise die Anwendung unbestimmter Rechtsbegriffe erfordert, dem Streitmittler vor (§ 14 Abs. 1 und 2). Auch die Beendigung nach § 15 Abs. 2 kann die Anwendung von Normen oder die Auslegung von Willenserklärungen erfordern. Handlungsspielräume bestehen ferner bei der Vereinbarung einer Fremdsprache (§ 12 Abs. 2) und der Entscheidung, ob mündlich erörtert wird (§ 17 Abs. 2).

6 Aufgaben **ohne Handlungsspielräume** zum Verfahren ordnet das Gesetz hingegen der Verbraucherschlichtungsstelle zu und lässt damit die handelnde Person offen. Das gilt für die Erfüllung von Informationspflichten (§ 10), die Entgegennahme von Mitteilungen (§ 11), die Unterrichtung der Parteien und Mitteilungen (§§ 16, 14 Abs. 3, 19, 20, 21 Abs. 1).

7 Allerdings überlässt das Gesetz auch einige Entscheidungen den Streitschlichtungsstellen, wie das Bestimmen und Setzen von Stellungnahmefristen (§ 17 Abs. 1 S. 2, 3) und der Frist zur Annahme des Schlichtungsvorschlags sowie auch die Verlängerung der Verfahrensdauer (§ 20 Abs. 3), und verlangt damit nicht zwingend ein Handeln des Streitmittlers. Das erscheint nicht sonderlich konsequent, betrifft doch gerade die Angemessenheit von Fristen die Fairness des Verfahrens, für das § 6 den Streitmittler ausdrücklich für verantwortlich erklärt.

8 Da das Gesetz somit teilweise sogar Entscheidungen im Außenverhältnis nicht zwingend dem Streitmittler vorbehält, können erst recht rein interne Vorgänge wie das Anlegen einer Akte, die Archivierung und die Statistik anderen Mitarbeitern übertragen werden. Auch bloße Vorbereitungen wie das Entwerfen des Schlichtungsvorschlags nach § 19 oder von Entscheidungen aller Art fallen nicht in den **Verantwortungsvorbehalt.**

2 BR-Drs. 258/15, 66.

Der **Streitmittlervorbehalt** gilt im Übrigen ausschließlich in Bezug auf die Parteien, bei allen sonstigen Kontakten etwa gegenüber dem Träger, der Anerkennungsstelle, der Presse oder sonstigen Dritten können Mitarbeiter oder auch Angehörige des Trägers handeln. Neutralität und Fairness des Streitmittlers sind nur mit Blick auf die konkrete Streitbearbeitung relevant, nicht auch für die Rahmen- und Randbereiche der Streitbeilegungsstelle. 9

b) Gestaltungsspielräume

Der Streitmittler-Vorbehalt lässt freilich zu, dass dem Streitmittler auch Aufgaben übertragen werden, die nicht unter den Vorbehalt fallen. Daraus ergeben sich für die praktische Umsetzung erhebliche Gestaltungsspielräume. 10

Möglich ist in Anlehnung an die **Arbeitsweise der Gerichte** eine weitgehende Zuordnung der Aufgaben an den Streitmittler, der somit alle vorbereitenden Schritte wie Antragsprüfung, Mitteilungen und Fristsetzungen, den Verfahrenskern (Schlichtungsvorschlag, Mediation etc) und auch den Abschluss des Verfahrens wahrnimmt. Anders als zumeist im Gericht kann selbst die Aktenführung und Abrechnung den Streitmittlern überlassen bleiben. Der Streitmittler hat hier volle Verantwortung für das ihm zugeordnete Verfahren, hingegen keine für die weiteren Aufgaben der Verbraucherschlichtungsstelle. 11

Das Gegenmodell, das häufig bei **Ombudssystemen** anzutreffen ist, sieht nur einen Streitmittler an der Spitze selbst einer größeren Organisation vor. Dabei sind sämtliche Aufgaben als Vorbereitungsschritte der dem Streitmittler vorbehaltenen Handlungen auf andere Mitarbeiter delegiert. Der Streitmittler übernimmt in diesem System typischerweise die Verantwortung für den gesamten verfahrensbezogenen Prozess. Für die Qualifikation der Mitarbeiter und die Qualität ihrer Arbeit gilt das insoweit, als der Streitmittler die Arbeitsergebnisse mit seiner Unterschrift verantwortet. In diesem Modell ist der Streitmittler zumeist auch Leiter der Schlichtungsstelle insgesamt, wobei häufig zur Steuerung der Abläufe ein Geschäftsführer eingesetzt ist. 12

Abhängig vom gewählten Modell ergeben sich unterschiedliche Anforderungen an die Qualifikation und Fähigkeiten der sonstigen Mitarbeiter. Hierzu enthält das VSBG allerdings keine Regelungen; § 6 betrifft allein den Streitmittler. 13

2. Zahl und Vertretung

Abs. 1 S. 1 lässt die **Besetzung** mit nur einem Streitmittler genügen (Satz 1), verlangt aber für diesen Fall einen Vertreter (Satz 2). Mit Besetzung meint das Gesetz die abstrakte Bestellung; dagegen abzugrenzen ist die Zahl der im konkreten Verfahren handelnden Streitmittler. Die Besetzung im konkreten Fall ist nicht hier, sondern indirekt und partiell in § 7 Abs. 5 S. 1 geregelt. Dort sind für den Fall, dass die Streitvermittlung einem Gremium mit Vertretern von Verbraucher- sowie Unternehmerinteressen übertragen wird, Parität vorgegeben (→ § 7 Rn 51 f.) sowie eine Ausnahme zu Vortätigkeitseinschränkungen niedergelegt (→ § 7 Rn 54). Damit ist zugleich ge- 14 sagt, dass die Träger in der Bestimmung der Zahl und Zusammensetzung der in casu handelnden Streitmittler frei sind; diese Entscheidungen können in der Verfahrensordnung niedergelegtwerden. Aus dem Gesamtzusammenhang der Normen und auch der Begründung wird freilich deutlich, dass der Gesetzgeber die Gremienstreitmittlung als Ausnahme betrachtet.

15 Mit Satz 2 geht das Gesetz über den insoweit kritisierten Referentenentwurf hinaus, der den **Vertretungsfall** nicht regeln wollte. Denn durch Urlaub, Krankheit und Verhinderung etwa im Falle des Ausschlusses nach § 7 Abs. 4 oder infolge einer Mitteilung nach § 7 Abs. 3 kann eine Reihe von Konstellationen auftreten, in denen der einzige Streitmittler vorübergehend oder auf Dauer ausgeschlossen ist. Die Anordnung der Vertretungsabdeckung bedeutet nicht, dass damit entgegen dem Wortlaut des Satzes 1 doch die „Besetzung" mit mindestens zwei Streitmittlern erforderlich wäre. Vielmehr kann die Vertretung auch außerhalb einer „Besetzung" organisiert werden. Die Stelle kann sich eines Streitmittlers bedienen, der bei einer anderen Stelle beschäftigt, ohne Stellenanbindung freiberuflich oder derzeit gar nicht anderweitig tätig ist. Wesentlich ist lediglich, dass die Vertretungsperson die Anforderungen der §§ 7–9 erfüllt, wie Abs. 1 S. 2 es ausdrücklich anordnet. Hinsichtlich Abs. 2 und 3 scheint diese Vorgabe klar, im Übrigen bedarf es der näheren Betrachtung (→ § 7 Rn 11 ff.).

IV. Fachliche Voraussetzungen

1. Einführung

16 Abs. 2 stellt die zentrale Vorschrift über die **fachlichen Mindestvoraussetzungen** des Streitmittlers dar. Sie wurden im Gesetzgebungsverfahren intensiv und diskursiv diskutiert. Die Qualifikation des Streitmittlers ist gleichsam der Brennpunkt verschiedener Grundausrichtungen des Verbraucherstreitbeilegungsverfahrens: In welchem Maß soll sie rechtsorientiert sein? Inwieweit wird nach der Art der Streitbeilegungsmethode differenziert? Wie soll der Schutz des Verbrauchers vor der Übermacht des Unternehmens mit einer auch im Verbraucherinteresse liegenden Flexibilität austariert werden? Wie grenzt sich die Arbeit des Streitmittlers von der des Richters ab? Schließlich geht es auch um Kostenfragen: hohe Qualifikation schlägt sich in teuren Honoraren bzw. Gehältern nieder.

2. Europarechtlicher Hintergrund

17 **Art. 6 Abs. 1 lit. a ADR-Richtlinie** verlangt von den Mitgliedstaaten sicherzustellen, dass Streitmittler „über das Wissen und die Fähigkeiten verfügen, die für die Arbeit im Bereich der AS oder der gerichtlichen Beilegung verbraucherrechtlicher Streitigkeiten erforderlich sind, sowie ein allgemeines Rechtsverständnis besitzen".

18 Die Vorgaben[3] zu den **allgemeinen Kenntnissen** erscheinen vage. Dass man die Kenntnisse und Fähigkeiten haben sollte, die man für die jeweilige Aufgabe braucht, scheint selbstverständlich. Weniger diese Banalität scheint

3 In der Gesetzesbegründung des VSBG wird diese Wendung wörtlich zitiert (BR-Drs. 258/15, 66) und im Gesetzestext – ohne inhaltliche Änderung – verkürzt und unter Verwendung desselben zirkulären Ansatzes wiedergegeben.

regelungsbedürftig als vielmehr die Frage, um welches Wissen und um welche Fähigkeiten (genau) es sich dabei handelt. Dass die Richtlinie hierzu schweigt, ist allerdings nachvollziehbar. Das Streitmittlungsverfahren wird nicht näher eingegrenzt und die Methodenvielfalt gewahrt. Mit dem Respekt vor der Freiheit der Streitmittlungsstelle wäre zwar eine genauere Beschreibung der Anforderungen an den Streitmittler vereinbar gewesen, dazu hätten aber die in Betracht kommenden Verfahren festgelegt und definiert werden müssen. Diesen Aufwand und die damit verbundenen Risiken hat die Richtlinie gescheut und damit auch die Innovativität der Marktteilnehmer respektiert.

Zur Frage, welche **Anforderung an die juristische Qualifikation** zu stellen sind, wie also der gleichfalls schwammig erscheinende Begriff „allgemeines Rechtsverständnis" zu verstehen ist, könnte die Bezugnahme im Richtlinientext auf die für die „gerichtliche(n) Beilegung verbraucherrechtlicher Streitigkeiten" erforderlichen Kenntnisse und Fähigkeiten Bedeutung haben. Auf den ersten Blick könnte man meinen, dass der EU-Gesetzgeber auch Gerichtsverfahren selbst im Auge hat. Indessen ist in Art. 2 Abs. 2 lit. f ADR-Richtlinie klargestellt, dass die Richtlinie gerade nicht für „Bemühungen von Richtern um die gütliche Einigung eines Rechtsstreits im Rahmen eines Gerichtsverfahrens, das diesen Rechtsstreit betrifft", gilt. Wenn also Art. 6 Abs. 1 lit. a ADR-Richtlinie nicht auf ein Gerichtsverfahren als Teil ihres Regelungsbereichs reflektiert, könnte sie dann die Rechtskenntnisse und weiteren Qualifikationen des staatlichen Richters als Richtschnur für die Anforderungen an den Streitmittler meinen? Dagegen spricht, dass im weiteren vom Streitmittler (nur) ein „allgemeines Rechtsverständnis" verlangt wird, andererseits auch mit Blick auf alle Mitgliedstaaten kaum die Vorstellung des Richtliniengebers bestanden haben wird, dass auch nur ein Richter in einem Mitgliedstaat nicht über allgemeines Rechtsverständnis verfügt. Im Gegenteil wird im Erwägungsgrund 36 ausdrücklich geklärt, dass es „nicht erforderlich sein sollte, dass sie für den Berufsstand der Juristen qualifiziert sind". Ferner steht die Bezugnahme auf die gerichtliche Beilegung im Verhältnis der Alternativität („oder") zu der „Arbeit im Bereich der AS". Wenn die betreffende Wendung überhaupt Bedeutung für die Umsetzung hat, dann am ehesten die, dass jedenfalls die für die gerichtliche Beilegung von verbraucherrechtlichen Streitigkeiten erforderliche Qualifikation für die Zwecke der Richtlinie genügt. 19

Damit ist aber zugleich ein Anhaltspunkt dafür gegeben, die zitierte Wendung im Erwägungsgrund 36 **nicht** als an die Mitgliedstaaten gerichtetes **Verbot der Vorgabe einer (voll-)juristischen Qualifikation** zu verstehen.[4] Die Richtlinie hat insgesamt als Ziel weniger den Schutz von Berufsfreiheit als vielmehr die Gewährleistung eines qualifizierten Verfahrens vor Augen, von dem teilweise, wenn auch durchaus im Widerspruch zu anderen Passagen, immerhin ausdrücklich die Gewährung von „Rechtsschutz" verlangt wird (Erwägungsgründe 8, 10). Da die Richtlinie den Mitgliedstaaten sogar freistellt, ein Verfahren, mit dem eine Lösung „auferlegt" wird, zu installieren (Art. 2 Abs. 1) und hierfür eine enge Rechtsbindung verlangt 20

4 So auch *Eidenmüller/Engel* ZIP 201, 1704 (1709) Fn. 53.

(Art. 11), kann kaum unterstellt werden, sie verbiete den Mitgliedstaaten die Vorgabe juristischer Qualifikation. Hinzukommt, dass Art. 2 Abs. 3 Satz 2 der ADR-Richtlinie die Mitgliedstaaten ausdrücklich befugt, ein „höheres Maß an Verbraucherschutz zu gewährleisten"; Erwägungsgrund 38[5] bringt diese Befugnis ausdrücklich in Zusammenhang mit „Qualitätsanforderungen für AS-Stellen". Nun mag man einwenden, juristische Kompetenz erhöhe nicht automatisch das Niveau des Verbraucherschutzes und die Qualität der Schlichtungsstelle, die Richtlinie bietet aber andererseits keinen Anhaltspunkt für die Einschätzung, gerade fehlende juristische Kompetenz sei niveau- und qualitätshebend. Damit überlässt die Richtlinie dem nationalen Gesetzgeber die gegenteilige Einschätzung.

21 **Fazit:** Die Richtlinie verlangt nicht eine (voll-)juristische Ausbildung der Streitmittler, sie hindert die Mitgliedstaaten aber auch nicht, eine solche zu verlangen.

3. Die Regelung in Abs. 2

a) Einleitung

22 Der Regierungsentwurf hatte sich noch auf die Vorgabe von Rechtskenntnissen, Fachwissen und spezifischer Fähigkeiten beschränkt und dies mit der Heterogenität der Verfahrensarten und damit verbundener Unterschiedlichkeit der Anforderungen an den Streitmittler begründet. Dagegen gab es umfangreiche Kritik gerade derer, die die Gefahr des Rechtschutzes „zweiter Klasse" heraufbeschworen. Der Bundesrat hatte in seiner Stellungnahme zum Regierungsentwurf um Prüfung gebeten, ob der Streitmittler oder im Falle eines Gremiums wenigstens ein Streitmittler die Befähigung zum Richteramt besitzen sollte. Begründet hat der Bundesrat dies mit Aspekten der Qualität und Akzeptanz.[6] Unter dem Druck im Gesetzgebungsverfahren ist Satz 2 hinzugekommen, der jetzt neben den schon im Regierungsentwurf vorgesehenen Voraussetzungen zusätzlich die Befähigung zum Richteramt oder die Qualifikation als zertifizierter Mediator verlangt. Damit hat das Gesetz den Diskurs elegant aber nicht ganz widerspruchsfrei gelöst. Einerseits ist der Grundsatzkritik Rechnung getragen, andererseits ein „closed shop" von Juristen vermieden. Man könnte vordergründig auch von einer Hebung des Qualifikationsniveaus sprechen, ohne dass die Breite des Verfahrensspektrums aus dem Blick geraten wäre. Allerdings fehlt die Verknüpfung zwischen Qualifikationsniveau und Verfahrensart.

b) Rechtskenntnisse insbesondere im Verbraucherrecht (Satz 1)

23 Erforderlich sind Kenntnisse des materiellen Verbraucherrechts sowie der Rechtsgrundlagen der Verbraucher-ADR, insbesondere des VSBG. Auch Grundsätze des Vergleichsabschlusses und der Schnittstelle zur Justiz einschließlich beweisrechtlicher Fragen sind erforderlich, insbesondere um eine sachgerechte Prozessrisikoanalyse vornehmen zu können.

5 Auf diese Richtlinienquellen stützen sich auch *Eidenmüller/Engel* 201, 1704 (1709).
6 BR-Drs. 258/15 (Beschluss), 10 f.

Die verlangten **Rechtskenntnisse liegen vor, wenn der Streitmittler Volljurist** ist. Der Gesetzestext lässt diese Frage zwar offen. Die Begründung zum Regierungsentwurf hatte indessen postuliert, Personen mit der Befähigung zum Richteramt erfüllten die Voraussetzungen ua ausreichender Rechtskenntnis „ohne Weiteres".[7] In der Begründung des später Gesetz gewordenen Beschlussvorschlags des 6. Ausschusses ist davon die Rede, dass Satz 2 als „Nachweis" der nach Satz 1 erforderlichen Kompetenz diene und „zusätzliche" Anforderungen stelle.[8] Damit wird die Vorstellung in der Gesetzesbegründung bestärkt, dass die volljuristische Kompetenz die verbraucherrechtsspezifische immer einschließt. Dem mag man entgegenhalten, dass bei realistischer, praxisnaher Betrachtung die ja sehr breit gefächerten Prüfungen ohne solide Kenntnisse des Verbraucherrechts bestanden werden können. Andererseits muss bedacht werden, dass die juristische Kompetenz stark auf der Fähigkeit zum Transfer aufbaut und die Ausbildung entsprechend darauf zielt, dass der Jurist sich schnell in unbekannte Rechtsgebiete einarbeiten kann. 24

c) Fachwissen und Fähigkeiten (Satz 1)

Gesetzestext und Begründung lassen offen, was hiermit genau gemeint ist. 25
Klar ist, dass es hier nicht um juristische Kompetenz geht, weil diese speziell geregelt ist. Das Gesetz setzt Fachwissen und Fähigkeiten in Bezug zu „der Zuständigkeit" der Verbraucherschlichtungsstelle voraus, lässt also Spielraum für Spezifika der betroffenen Branche(n) und auch des angebotenen Verfahrens.

Zum **Branchenwissen**: Es mag sich anbieten, dass eine branchenspezifische 26
Schlichtungsstelle Brancheninsider als Streitmittler bestellt. Gesetzlich vorgegeben ist das allerdings nicht. Denn nach § 4 ist die „Allgemeine Streitschlichtungsstelle" für nahezu alle Branchen zuständig, ohne gezwungen zu sein, mehr als einen Streitmittler zu beschäftigen. Die Anforderungen an das spezifische Fachwissen sind also niedrigschwellig.

Bezogen auf das **Verfahren** dürften die Anforderungen strenger sein. Bei 27
der Mediation ergibt sich dies schon aus dem gem. § 18 anwendbaren MediationsG. Die anderen in Betracht zu ziehenden Verfahren wie Schlichtung oder Moderation sind gesetzlich nicht definiert, weshalb die Anforderungen an den Streitmittler schwieriger zu fassen sind. Es bietet sich allerdings auch insoweit an, sich an den Anforderungen an den Mediator zu orientieren. Erforderlich sind zum einen Kenntnisse über den Ablauf und die Rahmenbedingungen des oder der angewendeten Verfahren; vgl. § 5 Abs. 1 S. 2 Nr. 1 MediationsG. Die in § 5 Abs. 1 S. 2 Nr. 2 MediationsG angesprochene Verhandlungs- und Kommunikationstechniken sind für mündliche Erörterungen elementar wichtig, gehören aber auch zum Handwerkszeug des nur schriftlich und telefonisch agierenden Streitmittlers. Ferner sollten Kenntnisse zur Konfliktentstehung und -dynamik bestehen; vgl. § 5 Abs. 1 S. 2 Nr. 3 MediationsG. Kenntnisse über das Recht in der Streitlösung und die Rolle des Rechts in dem Streitlösungsverfahren (vgl§ 5 S. 2 Nr. 4 MediationsG) sollten bereits über die allgemein verlangten Rechts-

7 BR-Drs. 258/15, 66.
8 BR-Drs. 258/15, 81.

kenntnisse abgedeckt sein. Soweit § 5 Abs. 1 S. 2 Nr. 5 MediationsG „praktische Übungen, Rollenspiele und Supervision" zum Ausbildungsgegenstand erhebt, ist die Einübung der Praxis gewiss erforderlich, Rollenspiele und Supervision werden eher bei Verfahren mit mündlicher Verhandlung als im rein schriftlichen Verfahren bedeutsam sein.

28 Soweit die Verbraucherschlichtungsstelle verschiedene Verfahren der Streitlösung anbietet und mehrere Streitmittler beschäftigt, müssen die Streitmittler über Kompetenzen nur zu den Verfahren verfügen, die sie auch durchführen.

29 Es ist anzunehmen, dass sich mit der Zeit Ausbildungen für Streitmittler etablieren. Erste Anzeichen sind bereits zu beobachten. Wenn sich auf diese Weise ein Standard ergibt, wird dies möglicherweise Rückwirkungen auf die von Abs. 2 S. 1 verlangten Anforderungen haben.

30 **Der Mediator erfüllt die verfahrensbezogenen Anforderungen ohne Weiteres.** Insoweit gelten die Überlegungen zum Verhältnis juristischer Kompetenz nach Satz 1 und der Befähigung zum Richteramt nach Satz 2 (→ Rn 24) entsprechend. Das mag auch gelten, wenn der Mediator nicht über eine Zertifizierung verfügt, da sich die verfahrensbezogenen Anforderungen des Abs. 2 mit denen aus § 5 MediationsG abdecken lassen, die weitergehenden Anforderungen der Zertifizierung hier also nicht relevant sein dürften. Die Ausbildung zum Mediator genügt für die verfahrensbezogenen Anforderungen auch, soweit der Streitmittler andere Verfahren als Mediation anbietet. Denn Bestandteil seiner Ausbildung ist auch die Einordnung der Mediation in das Gesamtspektrum konsensualer Streitlösung. Der Mediator weiß seine Tätigkeit von der des Schlichters und anderer Verfahren abzugrenzen. Das damit angeeignete Wissen reicht angesichts der gesetzlichen Zurückhaltung zur Regelung der Verfahren für deren Anwendung aus.

d) Zusätzliche Anforderungen (Satz 2)

31 Satz 2 verlangt zusätzlich zu Satz 1 die **Befähigung zum Richteramt** oder den Status des **zertifizierten Mediators**. Wenn eine dieser beiden Voraussetzungen oder beide erfüllt sind, kann der Streitmittler grundsätzlich[9] für **alle Verfahren der Streitmittlung** eingesetzt werden. Zwar sind die Anforderungen des Satzes 1 auf die konkreten Verhältnisse der Verbraucherschlichtungsstelle orientiert, wozu neben Spezifika der Branche auch das angebotene Verfahren gehört.[10] Satz 2 hingegen enthält einen Bezug zur Stelle und zu dem oder den angebotenen Verfahren nicht. Eine solche Bezugnahme lässt sich auch nicht aus Satz 1 in dem Sinne übertragen, dass für die Mediation zusätzlich zu den Voraussetzungen nach Satz 1 die Zertifizierung und für die Schlichtung die Befähigung zum Richteramt erforderlich wäre. Es fehlt für eine solche Interpretation nicht nur die Anknüpfung im Gesetzestext, sondern dagegen streiten auch systematische Gründe. Die Verfahren sind nicht auf Schlichtung und Mediation beschränkt. Die Begründung des

9 Ausnahme nur: § 5 Abs. 1 MediationsG für die Verbrauchermediation; → § 18 Rn. 14.

10 So ausdrücklich die Begründung des Regierungsentwurfs BR-Drs. 258/15, 67.

Regierungsentwurfs nennt diese Verfahren stets als Beispiele[11] und hält auch eine Kombination von Schlichtungs- und Mediationselementen ausdrücklich für zulässig.[12] Gibt es mithin weder einen numerus clausus der in Betracht kommenden Verfahren noch – abgesehen von der Mediation (→ § 18) – deren gesetzliche Konturierung, würde eine verfahrensspezifische Interpretation des Satzes 2 zu erheblichen Anwendungsproblemen in allen Fällen führen, die nicht eindeutig als Mediation oder Schlichtung einzuordnen sind. Es darf davon ausgegangen werden, dass das Gesetz oder die Begründung für diesen Ambivalenzbereich Anwendungsregelungen vorgesehen hätte, wenn der Verfahrensbezug des Satzes 1 auch insoweit hätte gelten sollen.

Somit fehlt die Verschaltung zwischen dem durch Satz 2 gehobenen Quali- 32
fikationsniveau und der Verfahrensart: Der Mediator ohne volljuristische Qualifikation darf juristisch komplexe Streitigkeiten schlichten, wenn er nur ein Zertifikat als Mediator hat, durch dessen Erwerb auf reine Mediationsexpertise aufbaut. Und umgekehrt darf der nicht zertifizierte Mediator Verbraucher-Mediation anbieten, wenn er Volljurist ist und zusätzlich die über § 18 geltenden Voraussetzungen eines (einfachen, nicht zertifizierten) Mediators nach § 5 MediationsG erfüllt.

e) Befähigung zum Richteramt (Satz 2)

Die Befähigung zum Richteramt setzt nach § 5 Deutsches Richtergesetz 33
(DRiG) voraus, dass ein rechtswissenschaftliches Studium an einer Universität mit der **ersten Staatsprüfung**[13] und ein anschließender Vorbereitungsdienst mit der **zweiten Staatsprüfung** abgeschlossen werden. Damit wird nicht nur Zugang zum Richterberuf geschaffen, vielmehr ist die volljuristische Qualifikation gesetzliche Voraussetzung zum Beispiel auch für den Beruf des Staatsanwalts, anderer Berufe des staatlichen höheren Dienstes und für den Zugang zur Rechtsanwaltschaft. Hier reiht sich der Streitmittler mit der Besonderheit ein, dass der Zugang alternativ über das Mediationszertifikat möglich ist.

Erforderlich ist die oben geschilderte sogenannte **volljuristische Qualifikati-** 34
on. Es genügt nach dem Wortlaut weder die erste Staatsprüfung noch der Abschluss eines anderen rechtsorientierten Studiums wie etwa das zum Wirtschaftsjuristen oder das Rechtspflegestudium; zu einer möglichen Entwicklung vgl. → Rn 39.

Absolventen einer **juristischen Ausbildung** in einem **anderen EWR-Staat** 35
können gem. § 112 a DRiG über eine Gleichwertigkeitsprüfung Zugang zum deutschen Vorbereitungsdienst finden und so die Befähigung zum Richteramt erwerben.

f) Zertifizierter Mediator (Satz 2)

Mit diesem Begriff nimmt das Gesetz Bezug auf §§ 5, 6 MediationsG. § 5 36
Abs. 1 MediationsG regelt die Voraussetzungen für die Ausübung der Me-

11 BR-Drs. 258/15, 59, 67.
12 BR-Drs. 258/15, 59.
13 Zu einigen Ausnahmen vgl. *Schmidt-Räntsch*, Kommentar zum Deutschen Richtergesetz, 6. Aufl. 2009, § 5 Rn. 4.

diation, §§ 5 Abs. 2, 6 MediationsG stellen Anforderungen an eine höherwertige Ausbildung als Grundlage einer Zertifizierung. Entgegen dem Wortlaut von Satz 2 und dem allgemeinen Begriffsverständnis handelt es sich bei der „Zertifizierung" nach dem Konzept des Mediationsgesetzes aber nicht um eine staatliche oder staatlich abgeleitete Gewähr einer bestimmter Qualifikation des „Zertifizierten". Das Mediationsgesetz sieht kein Zertifizierungsverfahren, kein Zertifikat und auch keine Zertifizierungsstelle vor.[14] Es schafft lediglich die Befugnis des Mediators, sich im Sinne von „Selbstmarketing"[15] als zertifiziert zu bezeichnen. Dieses „Selbstzertifikat"[16] wird als Widerspruch in sich bezeichnet,[17] die Gesamtkonstruktion als „Zertifizierungsfiktion".[18]

37 Noch allerdings kann legal[19] von der Selbstzertifizierungsbefugnis kein Gebrauch gemacht werden. Von der – bloßen (!) – Ermächtigung, die Voraussetzungen zu konkretisieren, hat das Bundesministerium der Justiz und für Verbraucherschutz bis zum Inkrafttreten des VSBG keinen Gebrauch gemacht. Zwar legte das BMJV Anfang 2014 einen Entwurf vor, verfolgte diesen aber zunächst nicht weiter, was mit der grundlegenden Kritik schon an der gesetzlichen Grundlage zu tun (gehabt) haben mag. Jetzt unter dem Einfluss des Gesetzgebungsverfahrens zum VSBG wird es wohl kurzfristig zur Verabschiedung der Zertifizierungs-Verordnung kommen.[20]

g) Fazit: Vorläufig geltende Anforderung an den Streitmittler

38 Solange die Zertifizierungs-Verordnung nicht in Kraft getreten ist, darf die Tätigkeit als Streitmittler nach VSBG nur von Volljuristen wahrgenommen werden. Mediation nach dem VSBG darf nur durchführen, wer Volljurist ist und zusätzlich (nur) die Anforderungen des § 5 Abs. 1 MediationsG erfüllt. Bliebe es im Übrigen bei dem in der Begründung zum Mediationsgesetz angelegten und im Verordnungs-Entwurf vorgesehenen Inkrafttreten erst ein Jahr nach Verkündung der Verordnung, entstünde allerdings ohnehin ein Zeitraum, in dem der Zutritt zum Streitmittlergeschäft nicht über das (Selbst-)Zertifikat erfolgen kann.

h) Ausländische Qualifikationsnachweise

39 Eine im EWR-Ausland Qualifikation als Streitmittler kann nach §§ 9 ff. des Berufsqualifikationsfeststellungsgesetzes (BQFG) als gleichwertig im Sinne von § 6 anerkannt werden. Ob wesentliche Unterschiede im Sinne von § 9 Nr. 3 BQFG vorliegen, ist durch Vergleich zwischen § 6 und der im Ausland erworbenen Qualifikation zu ermitteln. Dabei werden die beiden Zugangswege nach Satz 2 alsVergleichsgrundlage heranzuziehen sein. Der Zugang über die (Selbst-)Zertifizierung als Mediator wird voraussichtlich in

14 *Röthemeyer* ZKM 2014, 65.
15 *Klowait* ZKM 2015, 194.
16 *Greger* ZKM 2012, 36 (37).
17 Greger/Unberath/*Greger* MediationsG § 5 Rn. 11.
18 *Röthemeyer* ZKM 2014, 65 ff.
19 Zu Abmahnungen gegen Mediatoren, die sich schon jetzt als zertifiziert bezeichnen, vgl. *Klowait* ZKM 2015, 194 ff.
20 Die Bundesregierung hat dem 6. Ausschuss am 4.4.2016 mitgeteilt, die Verordnung sei in der Schlussabstimmung, mit dem Erlass sei zeitnah zu rechnen.

der Verordnung nach § 6 MediationsG konkretisiert werden; § 8 des Entwurfs der ZMediatAusbV sah dieses jedenfalls vor. Hinsichtlich des Zugangs über die Befähigung zum Richteramt dürfte im Allgemeinen der Nachweis des Zugangs zu einem reglementierten Beruf wie Richter oder Rechtsanwalt im EWR-Ausland genügen.[21] Denn angesichts der weitgehenden Harmonisierung des materiellen Verbraucherrechts dürften diesen Qualifikationen keine wesentlichen Unterschiede im Sinne von § 9 Nr. 3 BQFG zu attestieren sein. Für die Gleichwertigkeit könnten aber auch andere im EWR-Ausland erworbene juristische Qualifikationen ausreichen. Insoweit muss bedacht werden, dass das VSBG den Sinn der Anknüpfung an die Befähigung zum Richteramt nicht recht erkennen lässt. In der Begründung des 6. Ausschusses heißt es lediglich, dass „die Anforderungen an die besondere Qualifikation des Streitmittlers ... verstärkt"[22] werden sollen. Weshalb eine juristische Ausbildung, die zwar nicht reglementierten Zugang zu juristischen Berufen im deutschen Sinne schafft, aber umfassende Kenntnisse des Verbraucherrechts garantiert, nicht gleichwertig im erläuterten Sinne sein sollte, dürfte nur schwer zu begründen sein. Insbesondere die von § 5 a Abs. 2 DRiG verlangten Kenntnisse zB des Strafrechts und des Öffentlichen Rechts sowie die entsprechenden im Vorbereitungsdienst zu absolvierenden Stationen bei der Staatsanwaltschaft und der Verwaltungsbehörde sind ohne ersichtlichen Bezug zur Arbeit des Streitmittlers. Wenn es über den europarechtlichen Kontext[23] zur Aufweichung der Vorgaben des Satzes 2 in diesem Sinne kommt, könnte dies mittelbar auch Auswirkungen für Streitmittler mit einer in Deutschland erworbenen niederschwelligeren juristischen Ausbildung haben. Mit Blick auf Art. 12 GG könnte eine verfassungskonforme Auslegung dazu führen, dass berufsqualifizierende Hochschulausbildungen ausreichen, sofern mit ihnen qualifizierte Kenntnisse im Verbraucherschutzrecht nebst Kenntnissen des Zivilprozessrechts (→ Rn. 23) nachgewiesen werden.

V. Vorbefassungseinschränkungen (Abs. 3)

Das Gesetz will die institutionelle Unabhängigkeit und Neutralität des Streitmittlers absichern und damit Vertrauen schaffen.[24] Das Gesetz arbeitet hierfür mit einer **dreijährigen Karenzzeit**, die vor der Bestellung seit der Tätigkeit für streitmittlungsbetroffene Unternehmen oder Verbände vergangen sein muss. 40

Die Regelung ist in überschießender Umsetzung der Richtlinie bestehenden deutschen Regelungen wie § 4 Abs. 3 Luftverkehrsschlichtungsverordnung (LuftSchlichtV) und § 11 Abs. 2 Kapitalanlageschlichtungsverordnung (KASchlichtV) nachgebaut, sie wird indes wegen ihrer weitgehenden Vorgaben als für die allgemeine Schlichtung verfehlt eingeschätzt.[25] 41

---

21 Zur Klarstellung: Damit ist kein Zugang zum Richteramt oder zu anderen Berufen verbunden, die die Befähigung zum Richteramt verlangen wie die des Rechtsanwalts (§ 4 BRAO) oder Notars (§ 5 BNotO).
22 BT-Drs. 18/6904, 81.
23 Das BQFG dient der Umsetzung einer Richtlinie (2005/36/EG über die Anerkennung von Berufsqualifikationen).
24 BR-Drs. 258/15, 66.
25 *Stadler* ZZP 128 (2015) S. 165 (175).

42 Die Karenzzeit von drei Jahren erscheint gerade im Abgleich mit den in Bezug auf politische Ämter geführten Diskussionen vergleichsweise lang bemessen. Mit der Länge der Karenzzeit und der Einbeziehung verbundener Unternehmen ist das Risiko geschaffen, dass der „Markt" in Betracht kommender qualifizierter Streitmittler recht klein, im Qualitätsinteresse vielleicht zu klein wird.

43 Nach ihrem Wortlaut scheint sich die Regelung an den Streitmittler zu wenden. Diesem wäre indes die Befolgung eines auf die Vergangenheit gerichteten Verbots, bei bestimmten Unternehmen nicht beschäftigt gewesen zu sein, nicht möglich. Die Vorschrift richtet sich vielmehr primär **an den Träger,** der bei der Bestellung die Einhaltung der Karenzregeln sicherzustellen hat und unter den geregelten Voraussetzungen einem **Bestellungsverbot** unterliegt. Daneben lässt sich auch ein an den Streitmittler gerichtetes Verbot diskutieren, sich bei gegebenen Hinderungsgründen bestellen zu lassen. (→ Rn. 65)

1. Betroffene Unternehmer und Verbände

a) Zur Teilnahme verpflichtete Unternehmen (Nr. 1)

44 Nr. 1 nimmt Unternehmer in den Blick, die zur Teilnahme an Streitbeilegungsverfahren gesetzlich oder privatautonom **verpflichtet** sind.

45 Zum einen sind **Unternehmen** erfasst, die sich zur Teilnahme **selbst verpflichtet** haben. Damit ist nicht die Teilnahme im Einzelfall gemeint, sondern eine allgemeine Verpflichtung. Diese kann sich etwa aus einem Vertrag mit dem Träger der Stelle, aus der Satzung eines Vereins, dem der Unternehmer angehört, oder aus Regelungen eines Verbandes ergeben, dem er (freiwillig)[26] angehört. Eine Verpflichtung Verbrauchern gegenüber kommt hingegen nur ausnahmsweise in Betracht. Ausscheiden muss jedenfalls eine ad hoc anlassbezogen begründete Verpflichtung, denn deren Eingehen träfe ja nur zufällig mit der Bestellungsentscheidung zusammen, bei der sachgerecht nur eine **allgemeine Teilnahmeverpflichtung von gewissem Umfang und gewisser Dauer** berücksichtigt werden kann. Das ist dann der Fall, wenn der Unternehmer sich etwa über seine Allgemeinen Geschäftsbedingungen zur Teilnahme an dem Angebot der betroffenen Stelle verpflichtet, also nicht bereits dann, wenn das Unternehmen die Teilnahme bloß in Aussicht stellt oder sich zwar verbindlich verpflichtet, aber die Streitbeilegungsstelle offenlässt. Eine Verknüpfung zum Verhalten im konkreten Verfahren besteht hingegen nicht; auch ein Unternehmen, dass trotz Regelung in den Allgemeinen Geschäftsbedingungen die Schlichtung im Einzelfall regelmäßig verweigert oder alsbald beendet, ist von der Regelung der Nr. 1 erfasst.

46 Ist das Unternehmen in den vorgenannten Fällen nicht zur Teilnahme verpflichtet, nimmt es aber im konkreten Fall teil, kann Abs. 3 auch keine entsprechende Anwendung finden. Hier kommt allerdings die Anwendung von § 7 Abs. 3 und 4 in Betracht.

26 Im Falle der Zwangsmitgliedschaft gölte die Alternative „aufgrund von Rechtsvorschriften"; vgl. hierzu sogleich.

Eine **Verpflichtung aufgrund von Rechtsvorschriften** kann sich aus Gesetz oder aus Rechtsverordnung ergeben. Einziges relevantes Bespiel ist derzeit die Teilnahmepflicht aus § 111 b EnWG. Da das Energiewirtschaftsgesetz keine speziellen Regelungen enthält, gilt Nr. 1 für dessen Anwendungsbereich. Entgegen der Einschätzung mancher ergibt sich hingegen aus §§ 57 ff. LuftVGeine solche Verpflichtung nicht. Dort ist die Teilnahme an privaten Strukturen zwar nahegelegt, aber nicht im rechtlichen Sinne verpflichtend. Auch die Teilnahme an der behördlichen Schlichtung beim Bundesamt für Justiz ist für die Luftfahrtunternehmen keine verpflichtende im Sinne der Nr. 1, denn das Gesetz selbst begründet lediglich eine Befugnis des Verbrauchers, die Schlichtungsstelle anzurufen (§ 57 a Abs. 1 LuftVG), schweigt aber über die Teilnahme des Unternehmers. § 13 Abs. 2 LuftSchlichtV gibt der Schlichtungsstelle auch ohne Stellungnahme des Unternehmers die Befugnis, einen Schlichtungsvorschlag zu unterbreiten; damit ist aber gerade keine Teilnahmepflicht begründet, sondern nur eine wenn auch kostenpflichtige Pflicht zur Entgegennahme einer Dienstleistung. Allerdings ergeben sich die Rechtsfolgen des der Nr. 1 für die Luftfahrtschlichtung ohnehin aus den (ohnehin) speziellen Vorschriften, nämlich aus § 4 Abs. 3 S. 3 LuftSchlichtV. 47

b) Verbundene Unternehmen (Nr. 2)

Das Gesetz nimmt mit dem Begriff „**verbundenes Unternehmen**" wie auch schon in § 1 Bezug auf § 15 des AktG.[27] 48

c) Unternehmensverbände (Nr. 3)

In die Karenzrelevanz sind ferner **Unternehmensverbände** (→ § 9) einbezogen. Der Unternehmer muss dem Verband angehören und die Verbraucherschlichtungsstelle muss für den Wirtschaftsbereich zuständig sein, in dem der Verband als Interessenvertreter tätig ist. Dem Wortlaut nach kann hier auch ein Verein nach § 3 gemeint sein, der (nur) als Träger der Verbraucherschlichtungsstelle fungiert. Denn ein solcher Verein nimmt (ua) Unternehmensinteressen wahr. Allerdings werden die sich hier stellenden praktischen Fragen der Wiederbestellung des Streitmittlers durch Satz 2 geklärt. (→ Rn. 51 ff.) 49

d) Verbraucherverbände (Nr. 4)

Konsequent hat die Bundesregierung, anders als es noch im Referentenentwurf vorgesehen war, in Nummer 4 auch die Tätigkeit für **Verbraucherverbände** einbezogen. Die weiteren Ausführungen unter c) gelten entsprechend. 50

e) Ausnahme: erneute Bestellung (Satz 2)

Eine Einschränkung des auf Verbände bezogenen Bestellungsverbots enthält Satz 2. Mit der Herausnahme der Streitmittlertätigkeit aus der Karenzrelevanz ist klargestellt, dass Verbände Streitmittler mehrfach bestellen können. Praktisch relevant ist die Vorschrift wohl nur für die Konstellation, dass der Verband als Trägerverein nach § 3 fungiert. Denn die Tätig- 51

27 BR-Drs. 258/15, 60, 67.

keit als „Streitmittler“ im Sinne des VSBG ist für einen anderen Verband nicht denkbar: Wenn ein Verband außerhalb der Struktur des VSBG Verbraucher-ADR anbietet, handelt es sich nicht um eine in § 2 gesetzlich bestimmte „Verbraucherschlichtungsstelle“ und kommt auch der Einsatz eines in § 5 definierten „Streitmittlers“ nicht in Betracht. Bietet ein Verband also **Verbraucher-ADR außerhalb des VSBG** an, ist die Bestellung der insoweit eingesetzten Personen als Streitmittler in der VSBG-Schlichtung an die **Einhaltung der Karenzzeit** gebunden.

52 Die Ausnahme des Satzes 2 gilt auch, wenn der Streitmittler **neben dieser noch andere Aufgaben innerhalb der Streitschlichtungsstelle** wahrgenommen hat. Zwar heißt es in der Begründung, die Karenzzeit gelte nicht, wenn der Streitmittler zwar für einen Verband tätig war, jedoch „allein“ in der Eigenschaft als Streitmittler. Diese enge Auslegung ginge jedoch ersichtlich am Sinn der Vorschrift vorbei. Diese ist Ausdruck der gesetzgeberischen Einschätzung, dass die Arbeit für die Verbraucherschlichtungsstelle keine Bindungen an die verbundenen Unternehmen schafft, die eine Einschränkung der Neutralität befürchten lassen. Es ist kein systemischer Grund ersichtlich, dass der Streitmittler, der neben dieser Tätigkeit auch Verwaltungs- oder Managementaufgaben für die Verbraucherschlichtungsstelle wahrnimmt, ein bedenklicheres Maß an kritischer Bindung aufbaut. Wenn die Parallelbeschäftigung statthaft, insbesondere mit §§ 7 f. vereinbar war, können auch gegen eine erneute Bestellung keine Bedenken bestehen.

53 Freilich schlagen diese Erwägungen nicht für die Konstellation durch, dass **ein ausschließlich mit anderen Aufgaben** in der Verbraucherschlichtungsstelle Beschäftigter zum Streitmittler bei derselben Stelle werden soll. Zwar lässt sich auch insoweit die Gefahr eines (abstrakten) Neutralitätsmangels bezweifeln, der Gesetzeswortlaut lässt hingegen wegen seiner Eindeutigkeit („Tätigkeit als Streitmittler“, „erneute Bestellung“) keine einschränkende Auslegung zu.

f) Keine Anwendung auf Streitmittlergremien

54 Eine Ausnahme zu allen Konstellationen des Abs. 3 findet sich in § 7 Abs. 5 S. 2. Im dortigen Regelungszusammenhang geht es um Streitmittlungsgremien, die paritätisch aus Vertretern von Unternehmens- sowie Verbraucherschutzinteressen zusammengesetzt sind (→ § 7 Rn. 50 ff.). Für diesen Fall verzichtet das Gesetz auf die Einhaltung der Karenzzeit. Dahinter steht offenbar die Vorstellung, dass die Interessengegensätze innerhalb des Gremiums ausgeglichen werden, die (mögliche) Befangenheit unternehmens- oder verbraucherverbandsgebundener Streitmittler also durch ein hinreichendes Gegengewicht aus der Gruppe der Vertreter der gegenteiligen Interessen ausgeglichen werden. Dem mag man entgegenhalten, es mache einen Unterschied, ob ein Streitmittler lediglich wegen seiner allgemeinen Sozialisierung etwa im Verbraucherschutzbereich berufen ist oder ob noch eine konkrete Nähebeziehung etwa zu einem Unternehmen besteht. Andererseits muss bedacht werden, dass das Amt des Streitmittlers erheblich weniger Macht verleiht als das eines Richters oder eines Schiedsrichters.

Der Streitmittler versucht nur eine Streitlösung zu vermitteln, unterbreitet allenfalls einen Lösungsvorschlag, trifft aber keine Entscheidung.

2. Teilnahmeverpflichtung gerade bei der betroffenen Stelle

Es geht nur um die Streitmittler, die gerade bei der Verbraucherschlichtungsstelle, deren Angebot der Unternehmer zu nutzen verpflichtet ist, bestellt werden sollen. Mit anderen Worten kann eine Person, die noch vor kurzem bei einem Unternehmen angestellt war oder sogar noch angestellt ist, sehr wohl zum Streitmittler bestellt werden, wenn die betreffende Streitschlichtungsstelle für das Unternehmen nicht zuständig ist. 55

3. Tätigkeit im Karenzzeitraum

Die Karenzzeit ist entgegen dem auf die Vergangenheit beschränkt erscheinenden Wortlaut („tätig gewesen") auch dann betroffen, wenn die **Beschäftigung noch besteht** bzw. fortbestehen soll, etwa im Rahmen einer Nebentätigkeit. Dies ergibt sich aus dem Schutzzweck, mit dem eine parallele Beschäftigung bei dem Unternehmen noch weniger vereinbar ist als eine vorherige. Mit dem Wortlaut der Vorschrift ist diese Auslegung deshalb vereinbar, weil der Streitmittler im Wortsinn, wenn auch grammatikalisch vielleicht zweifelhaft, auch dann innerhalb des Karenzzeitraums „tätig gewesen ist", wenn die Tätigkeit fortbesteht. 56

Das Verbot in Abs. 3 greift nur im Falle einer **Tätigkeit** des Streitmittlers **im Karenzzeitraum**. Ausgeschlossen sind nicht nur Entwicklungen nach der Bestellung, sondern auch vor der Bestellung eingegangene gefahrengeneigte Bindungen zu dem Unternehmen. Wenn der Streitmittler – um einen Extremfall zu konstruieren – eine Zusage auf Einstellung im Falle unternehmensfreundlicher Schlichtungsvorschläge von dem betreffenden Unternehmen erhalten hat, wäre dies nicht nach Abs. 3 relevant. Allerdings lägen in diesem Fall die Voraussetzungen des § 7 Abs. 3 und 4 vor, wonach die Streitmittlung in casu verhindert werden kann, und überdies ein Grund nach § 8 Abs. 2 Nr. 1, wonach der Streitmittler abberufen werden könnte (→ § 8 Rn. 12). 57

4. Keine Geltung für nachträgliche Verbindungen

Schließlich betrifft Abs. 3 auch nicht den Fall, dass die brisante Verbindung zu dem Unternehmen erst **nach der Bestellung entsteht.** Dies kann auf zweierlei Weise geschehen: Zum einen betrifft es den Fall der Aufnahme einer (Neben-)Tätigkeit bei einem betroffenen Unternehmen. Zum anderen kann die Befangenheitssituation dadurch auftreten, dass die rechtsgeschäftliche Teilnahmeverpflichtung erst nach der Bestellung des betroffenen Streitmittlers begründet wird, zB dann, wenn das Unternehmen dem Trägerverein, dessen Satzung die Teilnahmeverpflichtung begründet, in einem Zeitpunkt beitritt, zu dem der Streitmittler bereits bestellt ist. 58

Obwohl diese Konstellationen den in Abs. 3 geregelten von der Schutzrichtung und der Gefährdungssituation her sehr ähnlich sind, greift die Regelung nicht ein, weil sie ausdrücklich auf die Zeit „vor" der Bestellung beschränkt ist. Auch eine Analogie dürfte ausscheiden, weil es an einer planwidrigen Lücke fehlt. Dem Gesetzgeber standen diese Konstellationen zu- 59 mindest teilweise sehr wohl vor Augen, so dass er die Gelegenheit zu entsprechenden Regelungen hatte. So bestimmt § 4 Abs. 3 S. 4 LuftSchlichtV in Bezug auf eine dem Abs. 3 entsprechende Konstellation: „Während der Dauer der Bestellung darf der Schlichter eine Beschäftigung nach Satz 3 nicht aufnehmen.“ Diese Regelung war dem Gesetzgeber auch bewusst: In der Begründung des Regierungsentwurfs[28] wird die zitierte Regelung der Luftverkehrsschlichtungsverordnung ausdrücklich als eine der Regelungen bezeichnet, deren Vorbild man gefolgt sei.

5. Abstrakte Gefahr

60 Es genügt die mit den gesetzlichen Voraussetzungen (automatisch) verbundene abstrakte Gefahr fehlender Unabhängigkeit. Konkrete Interessenwidersprüche sind weder erforderlich noch – umgekehrt – ausreichend. Die nachwirkende Verbindung zum Unternehmen mag die Unabhängigkeit des Streitmittlers faktisch in keiner Weise in Frage stellen, er mag sich im Gegenteil auch emotional und von der Haltung gegenüber Verbraucherbeschwerden her vielleicht sogar ganz von der Unternehmenspolitik abgewandt haben. Für die Berücksichtigung solcher konkreter Umstände lässt das Gesetz keinen Spielraum, es stellt für das Bestellungsverbot ausschließlich auf die **abstrakte Gefahr der Befangenheit** ab.

6. Rechtsfolgen

a) Erstmalige und Folgebestellungen

61 Das Tätigkeitsverbot gilt für den Fall der erstmaligen Bestellung als Streitmittler, unabhängig davon, ob der Streitmittler zuvor bereits für andere Streitbeilegungsstellen tätig war. Ferner findet Abs. 3 auch dann Anwendung, wenn der Streitmittler nach Ablauf einer oder mehrerer Amtsperioden ein weiteres Mal bestellt wird, was nach § 8 Abs. 1 S. 3 unbeschränkt möglich ist (→ § 8 Rn. 9). Praktische Auswirkungen hat dies aber kaum, da die Mindestamtszeit gem. § 8 Abs. 1 S. 2 grundsätzlich drei Jahre beträgt, die Karenzzeit des Abs. 3 also im Falle einer Wiederbestellung ohnehin abgelaufen ist.

b) Relatives Bestellungsverbot

62 Abs. 3 ist dahin einengend auszulegen, dass das Bestellungsverbot dann nicht gilt, wenn sichergestellt ist, dass der betroffene Streitmittler Fälle des betroffenen Unternehmers nicht bearbeitet. So ist bei einer großen in verschiedenen Branchen arbeitenden Streitbeilegungsstelle durchaus eine Abgrenzung der Bereiche mit dem Ergebnis denkbar, dass in das Arbeitsfeld des betroffenen Streitmittlers Fälle unter Beteiligung des betroffenen Unternehmens (oder des Verbandes) nicht fallen. Wenn dies durch organisatorische und vertragliche Maßnahmen sichergestellt ist, kommt eine entsprechend einengende Auslegung des Gesetzes in Betracht. Hierfür spricht zum einen, dass die wesentlich weniger konkrete Vorgabe in Art. 6 Abs. 1 lit. b der ADR-Richtlinie, wonach der Berufungszeitraum der Streitmittler ausreichend lang sein muss, „um die Unabhängigkeit ihres Handelns zu ge-

28 BR-Drs. 258/15, 67.

währleisten", Spielräume für ergänzende Maßnahmen lässt. Eine einengende Auslegung des deutschen Umsetzungsgesetzes wäre also nicht nur richtlinenkonform, sondern würde auch dem „Geist" europäischen Rechts entsprechen. Zum anderen wird aus der Begründung des Regierungsentwurfs deutlich, dass der Gesetzgeber den Fall einer großen branchenmultipel arbeitenden Stelle nicht vor Augen hatte: Dort[29] werden die Regelungen zur Schlichtung im Luftverkehrs-, Unterlassungsklagen- und Kapitalanlagebereich als Vorbild bezeichnet, allesamt also sektorspezifische Regelungen.

c) Maßgeblicher Zeitpunkt

Die Stelle muss sicherstellen, dass zum Zeitpunkt der Bestellung zum Streitmittler die Karenzzeit abgelaufen ist. Daraus folgt, dass schon während der Karenzzeit Verträge geschlossen werden dürfen, wenn sie auf eine **Bestellung nach Ablauf der Karenzzeit** gerichtet sind. 63

d) Folge eines Verstoßes gegen das Bestellungsverbot

Bestellt der Träger einen Streitmittler trotz des Verbots nach Abs. 3, ist die Bestellung gem. § 134 BGB **nichtig**, wobei es nur um die Bestellung zum Streitmittler geht, nicht auch um mögliche weitere Tätigkeiten (→ § 8 Rn. 64). 64

Die Nichtigkeitsfolge ergibt sich zwar nicht aus dem Wortlaut, weil die Formulierung „darf nicht" für die Auslegung unergiebig ist,[30] wohl aber aus Sinn und Zweck des Verbots. Es ist nicht nur in der Sphäre der Streitschlichtungsstelle angesiedelt, woraus sich im Regelfall die Gültigkeit des Geschäfts ergäbe.[31] Vielmehr dürfte sich das Verbot auch gegen den Streitmittler richten(→ Rn. 43). Aus der Nichtigkeit der Bestellung folgt, dass der „Streitmittler" unter Verletzung (zumindest) solcher Aufgaben handelte, die dem Streitmittler vorbehalten sind. 65

Wenn die Bestellung innerhalb der Karenzzeit erfolgt, könnte man an eine **Teilwirksamkeit** in dem Sinne denken, dass die Wirksamkeit mit Ablauf der Karenzzeit eintritt. Dies wird aber mit Blick auf das Innenverhältnis zwischen Träger und Streitmittler nur dann in Betracht kommen, wenn der Ablauf der Karenzzeit unmittelbar bevorsteht. 66

Ein unter Mitwirkung eines solchen „Streitmittlers" geschlossener **Vergleich ist gleichwohl wirksam**, weil dieser nur zwischen den Parteien gilt. Allerdings kann der Verbraucher den Vergleich unter Umständen nach § 123 BGB wegen **arglistiger Täuschung** anfechten. Der Verbraucher wird in den einschlägigen Fällen über den Umstand getäuscht, dass der „Streitmittler" eine gegen § 6 verstoßende Nähebeziehung zu dem am Streit beteiligten Unternehmen hatte. Zwar wird im Regelfall kaum ausdrücklich über die Voraussetzungen des Abs. 3 gesprochen werden, den „Streitmittler" trifft aber eine Aufklärungspflicht, so dass es sich um rechtlich relevante Täuschung durch Verschweigen handelt.[32] Der „Streitmittler" handelt arglistig im Sinne von § 134 BGB, wenn ihm die betreffenden Umstände be- 67

29 BR-Drs. 258/15, 67.
30 Vgl. BGH NJW 1992, 2021 (2022).
31 Palandt/*Ellenberger* BGB § 134 Rn. 9.
32 Palandt/*Ellenberger* BGB § 123.

kannt sind. Dem Unternehmen ist die arglistige Täuschung nach § 123 Abs. 2 S. 1 BGB zuzurechnen, wenn er die Täuschung kannte oder kennen musste. Ob freilich das Verschweigen des Neutralitätszweifels ursächlich für die anzufechtende Willenserklärung ist, hängt vom Einzelfall ab. Ursächlichkeit kann insbesondere dann vorliegen, wenn der „Streitmittler" aktiv und vielleicht sogar einseitig zulasten des Verbrauchers interveniert hat.

§ 7 Unabhängigkeit und Unparteilichkeit des Streitmittlers

(1) [1]Der Streitmittler ist unabhängig und an Weisungen nicht gebunden. [2]Er muss Gewähr für eine unparteiische Streitbeilegung bieten.

(2) [1]Der Streitmittler darf nicht nur von einem Unternehmer oder von nur mit einem Unternehmer verbundenen Unternehmen vergütet oder beschäftigt werden. [2]Die Vergütung des Streitmittlers darf nicht mit dem Ergebnis von Streitbeilegungsverfahren in Zusammenhang stehen.

(3) Der Streitmittler ist verpflichtet, Umstände, die seine Unabhängigkeit oder Unparteilichkeit beeinträchtigen können, dem Träger der Verbraucherschlichtungsstelle unverzüglich offenzulegen.

(4) [1]Der Streitmittler hat den Parteien alle Umstände offenzulegen, die seine Unabhängigkeit oder Unparteilichkeit beeinträchtigen können. [2]Der Streitmittler darf bei Vorliegen solcher Umstände nur dann tätig werden, wenn die Parteien seiner Tätigkeit als Streitmittler ausdrücklich zustimmen.

(5) [1]Ist die Aufgabe des Streitmittlers einem Gremium übertragen worden, dem sowohl Vertreter von Verbraucherinteressen als auch von Unternehmerinteressen angehören, so müssen beide Seiten in gleicher Anzahl vertreten sein. [2]§ 6 Absatz 3 ist auf Mitglieder des Gremiums, die Unternehmerinteressen oder Verbraucherinteressen vertreten, nicht anzuwenden.

I. Einleitung

1 Mit diesem Paragrafen setzt das Gesetz erklärtermaßen Art. 6 der ADR-Richtlinie um. Nach der Begründung des Regierungsentwurfs soll sichergestellt werden, dass der Streitmittler nicht in einem Abhängigkeitsverhältnis zu den Parteien steht und von deren Weisungen frei ist.[1] Dieses Ziel wird durch eine explizite Regelung in Abs. 1 und implizite Vorschriften in Abs. 2, Abs. 5 und auch in § 8 verfolgt. Die Absätze 3 und 4 enthalten Verfahrensregelungen zur Sicherung des Ziels. Die in der wiedergegebenen Begründungspassage angesprochene Orientierung auf die Parteien, in Praxis also auf das beteiligte Unternehmen, kommt im Normentext des § 7 selbst nur in Abs. 2 zum Ausdruck. Die übrigen Absätze sind hinsichtlich dieser Frage neutral formuliert. Demgegenüber zielt § 8 mit der Vorgabe einer Mindestbestellung und Einschränkungen zur Abberufung auf das Verhältnis zwischen Streitmittler und Verbraucherschlichtungsstelle.

II. Allgemeine Vorgaben zur Neutralität

1. Unabhängigkeit und Weisungsfreiheit (Abs. 1 S. 1)

2 Die Regelung postuliert Unabhängigkeit und Weisungsfreiheit, als würde sie über einen anderweitig herbeigeführten Umstand nur berichten („ist“). Unabhängigkeit kann kaum schlicht angeordnet werden, sondern sie bedarf konkretisierender Bestimmungen, wie sie in den folgenden Absätzen und auch in § 6 Abs. 3 enthalten sind.

a) Verhältnis zwischen Streitmittler und Parteien

3 Die Weisungsfreiheit scheint im Verhältnis Streitmittler und Parteien für den Kernbereich der Streitbeilegung kaum regelungsbedürftig, wäre doch ein Weisungsrecht ein unmittelbarer Widerspruch zu den Aufgaben der Streitmittler. Eine wie auch immer motivierte Rechtskonstruktion etwa, wonach eine Partei dem Streitmittler soll Weisungen zum Inhalt des Schlichtungsvorschlags geben darf, würde wohl auch ohne die Regelung in Abs. 1 als rechtswidrig und nichtig nach § 134 BGB einzuordnen sein.

4 Auch wenn sich somit im Verhältnis von Streitmittler und Parteien im Kernbereich der Streitmittlung ein rechter Anwendungsbereich der Vorschrift nicht erschließt, ist diese nicht so auszulegen, dass auch Weisungen

1 BR-Drs. 258/15, 67.

außerhalb dieses Kernbereichs erfasst sind. Zu denken wäre etwa an eine Weisungsfreiheit auch den Randbereich der Tätigkeit zum Beispiel zu rein **organisatorischen Fragen.** Danach könnte etwa eine Regelung in der Verfahrensordnung unzulässig sein, wonach die Parteien (übereinstimmend) einen Termin zur mündlichen Erörterung im Sinne des § 17 Abs. 2 verlangen können oder jede der Parteien einen bereits anberaumten Termin mit der Folge absagen kann, dass ein neuer zu bestimmen ist. Eine solche Interpretation ginge aber zu weit: Die Verfahrensordnung im generellen und der Streitmittler im speziellen dürfen sich zur Durchführung jederzeit von einer **gemeinsamen Entscheidung der Parteien** leiten lassen, weil die Gemeinsamkeit der Entscheidung einen Neutralitätsverstoß bereits ausschließt. Weiter darf die Verfahrensordnung ohne Verstoß gegen Abs. 1 den Parteien Verfahrensrechte auch zur einseitigen Ausübung einräumen. Die Verortung in der Verfahrensordnung und die damit verbundene Transparenz dürften in aller Regel keinen Neutralitätszweifel zulassen. Lediglich wenn der Streitmittler ohne Regelung in der Verfahrensordnung einseitig Verfahrensrechte einräumt, steht seine Neutralität in Frage. Rechtsfolge aus Abs. 1 S. 1 wäre, dass der Streitmittler, der einer Partei außerhalb der Verfahrensordnung zum Beispiel einräumt, eine Fristverlängerung in Anspruch zu nehmen, dem entsprechend gestellten Antrag nicht Folge leisten müsste, dies allerdings jedenfalls dann dürfte, wenn die Verfahrensordnung nicht entgegensteht. Der anderen Partei stünde es überdies frei, nach Abs. 4 die Ablösung des Streitmittlers zu betreiben.

b) Verhältnis zwischen Streitmittler und Verbraucherschlichtungsstelle

5 Wenn nach dem Vorstehenden Abs. 1 S. 1 in Bezug auf die Parteien nur begrenzt sinnvoll erscheint, muss umso mehr das **Verhältnis zwischen Streitmittler und Verbraucherschlichtungsstelle** selbst einbezogen werden.[2] Nach der Begründung ist dies zwar nicht die primäre Ausrichtung des § 7, sie widerspricht ihr andererseits aber auch nicht. Überdies heißt es in der Begründung zu Abs. 1, die Weisungsunabhängigkeit beziehe „sich ihrem Sinn und Zweck nach auf Fragen, die die Stellung des Streitmittlers bei der Durchführung des Verfahrens und seinen Einfluss auf das Verfahrensergebnis berühren."[3] Wenn man diesen Satz auf die Parteien bezöge, bliebe unklar, welche Fragen es sein sollten, die in Weisungsgebundenheit geregelt werden können. Der Kontakt Streitmittler/Partei ist auf die Durchführung des Verfahrens beschränkt. Demgegenüber ist die (Rechts-)Beziehung zwischen Streitmittler und Streitbeilegungsstelle wesentlich komplexer. Handelt es sich um einen Arbeitsvertrag (zu den Möglichkeiten der Rechtsbeziehungen → § 8 Rn. 27), ist hier das gesamte Direktionsrecht des Arbeitgebers in den Blick zu nehmen: Der Arbeitgeber darf Inhalt, Ort, Durchführung, Zeit und Dauer der Arbeitsleistung nach billigem Ermessen näher bestimmen.[4] Auch in diese Weisungsbefugnis greift Abs. 1 nach Sinn und Zweck des Gesetzes ein. Auch die Stelle oder ihr Träger darf als Arbeitgeber keinen Einfluss auf das Ergebnis und auf wesentliche Verfahrensschrit-

2 Ähnlich *Stadler* ZZP 128 (2015), 165, 175
3 BR-Drs. 258/15, 67.
4 Vgl. *Waltermann* Rn. 55.

te nehmen. Sonst liefe § 6 Abs. 1 und 2 leer, der das Kerngeschäft Streitmittlern anvertraut und spezifische Anforderungen an sie stellt, solches aber nicht für den Träger der Schlichtungsstelle vorsieht. Würde also der Vorstand des Trägervereins, der über keinerlei Rechts- und Fachkenntnisse verfügen muss, Weisungen zum Schlichtungsvorschlag erteilen, wären Wortlaut und Geist von § 6 unterlaufen. Die Weisungsunabhängigkeit gegenüber der Verbraucherschlichtungsstelle und dem Träger geht andererseits nicht über diesen Kernbereich hinaus. So kann der Träger als Arbeitgeber **Vorgaben zu Arbeitszeit und -ort** machen und zum Beispiel bei mehreren Streitmittlern auch die Fälle unter diesen verteilen.

Die Abgrenzung zwischen weisungsfreiem Streitmittlerkerngeschäft und 6
weisungsbetroffenem Rand- oder Rahmenbereich ist im Einzelfall schwierig. So kann man etwa die Vorgabe, ein bestimmtes Software-Programm zu nutzen, als rein organisatorische Maßnahme bewerten, da damit Verfahrenssteuerung verbunden sein kann, andererseits aber auch als Eingriff in das Kerngeschäft sehen. Letztlich kommt es darauf an, dass der Streitmittler **hinreichende Spielräume zur Verfahrensgestaltung** bleiben. So muss das Programm zum Beispiel erlauben, dass der Streitmittler zu jedem ihm richtig erscheinenden Zeitpunkt Kontakt mit den Parteien aufnimmt. Auch zur Art der Kontaktaufnahme muss der Streitmittler frei von Steuerung durch Computerprogramme und anderweitig erteilten Weisungen sein. So darf der Träger ihm nicht untersagen, mit den Parteien zu telefonieren oder eine mündliche Erörterung nach § 17 Abs. 2 verbieten. Die Satzung des Trägers und die Verfahrensordnung nach § 5 müssen den Anforderungen an die Weisungsfreiheit der Streitmittler entsprechen.[5]

Insgesamt weist das Verhältnis Träger zu Streitmittlern einige Parallelen zu 7
dem Verhältnis Justiz zu Richtern auf. Richter und Streitmittler haben Weisungsfreiheit im Kernbereich ihrer Arbeit, sie finden aber einen Rahmen vor, an den sie gebunden ist. Dieser Rahmen wird durch abstrakte Verfahrensregelungen (Gesetz bzw. Verfahrensordnung) einerseits und durch administrative Vorgaben (zB Arbeitszimmer, Arbeitsmittel) andererseits geprägt. Allerdings wird den Streitmittlern nicht dasselbe Maß an Unabhängigkeit eingeräumt wie den staatlichen Richtern durch Art. 97 des Grundgesetzes. Der Unterschied besteht vor allem darin, dass Richter anders als Streitmittler auch Entscheidungen treffen, der Schutz vor Einflussnahme also bei Richtern wesentlich wichtiger ist als bei Streitmittlern, die lediglich (allenfalls) einen Vorschlag unterbreiten. Der Unterschied kommt auch auf der Ebene der Normtexte zum Ausdruck: Nach Art. 97 Abs. 1 Grundgesetz ist der Richter „unabhängig und nur dem Gesetze unterworfen", diese Regelung geht also anders als das VSBG über Neutralität und Unabhängigkeit noch hinaus.

Ist der Streitmittler Auftragnehmer des Trägers im Rahmen einer freiberuf- 8
lichen Beschäftigung, gilt auch für dieses Vertragsverhältnis die oben angesprochene Abgrenzung zwischen weisungsfreiem Kerngeschäft der Streitvermittlung und weisungsunterlegenem Rand- oder Rahmenbereich. Allerdings ist der freiberuflich tätige Streitmittler aus dienstvertragsrechtlichen

5 So auch die Begründung des Regierungsentwurfs BR-Drs. 258/15, 67.

Gründen ohnehin sehr viel weniger in den Betriebsablauf eingebunden als ein angestellter Streitmittler. Das Direktionsrecht gilt im Rahmen der freiberuflichen Tätigkeit in einem sehr viel geringeren Maß als im Arbeitsrecht. Wird diese Grenze überschritten, liegt juristisch keine freie Mitarbeit mehr vor, sondern handelt es sich um einen Arbeitsvertrag. Diese Abgrenzung ist in der Praxis von großer Bedeutung, sie hat aber nichts mit der Unabhängigkeit des Streitmittlers im Sinne des § 7 zu tun.

2. Unparteilichkeit (Abs. 1 S. 2)

9 Während Unabhängigkeit primär das Grundverhältnis zwischen Streitmittler und Träger betrifft, bezieht sich die Neutralität auf das konkrete Verfahren und verbietet dem Streitmittler, fallbezogen eine Partei zu bevorzugen oder zu benachteiligen.[6]

10 Anders als bei Richtern ist der Schwerpunkt dieser Vorgabe freilich nicht auf das Ergebnis bezogen, eben weil der Streitmittleer ja keine verfahrensabschließende Entscheidung trifft. Das Unparteilichkeitsgebot verpflichtet den Streitmittler aber ebenso wie den Richter auch, die Parteien zu äußeren Dingen wie Fristen und ihre Verlängerung oder Redeanteile bei der mündlichen Erörterung nach § 17 Abs. 2 gleich zu behandeln. Diese Vorgaben sind auf Außenwirkung orientiert. Sie können mit der inneren Haltung des Streitmittlers korrespondieren, müssen dies aber nicht. Wenn der Streitmittler (deutlich) unterschiedliche Sympathien für die Parteien und/oder deren Anliegen hegt, kann er sich nach außen durchaus neutral und unparteilich verhalten. Er wird im Bewusstsein der Dysbalance vielleicht besonders penibel darauf achten, dass seine Handlungen uns Äußerungen als neutral wahrgenommen. Er kann aber die innere Unparteilichkeit auch äußern und sollte dies in gravierenden Fällen auch, indem er sich nach Abs. 4 offenbart.

III. Regelungen zu Vergütung und Beschäftigung (Abs. 2)

11 Nach den allgemeinen Regelungen in Absatz 1, der eher Programmsätze enthält, will Abs. 2 die Neutralität durch konkrete Regelungen zu Vergütung und Beschäftigung konkret sichern.

1. Beschäftigung- und Vergütungsverbot (Abs. 2 S. 1)

12 Abs. 2 S. 1 verbietet die Beschäftigung bei und die Vergütung eines Streitmittlers durch **nur ein Unternehmen**. Damit scheint vorausgesetzt, dass Streitmittler grundsätzlich überhaupt von Unternehmen beschäftigt werden können. Demgegenüber bestimmt bereits § 3, dass eine Verbraucherschlichtungsstelle von einem Verein getragen sein muss, womit bereits geklärt ist, dass ein Unternehmen nicht selbst Träger sein kann. Ferner enthält bereits § 1 Abs. 2 denselben Kerngedanken: Für von nur einem Unternehmen getragene Einrichtungen ist das VSBG schon gar nicht anwendbar.

13 Mithin steht nach § 1 Abs. 2, § 3 bereits fest, dass Unternehmen nicht selbst Träger von Verbraucherschlichtungsstellen sein können und auch, dass der zwischenzuschaltende Verein nicht von einen einzelnen Unterneh-

6 So für Richter *Stadler* ZZP 128 (2015), S. 165, 169 mwN.

men begründet werden kann. Deshalb kann es zu der in Abs. 2 S. 1 vorausgesetzten Konstellation an sich nur kommen, wenn man die Möglichkeit einbezieht, dass die Verbraucherschlichtungsstelle zwar (hinreichend) unternehmensfern getragen wird, der Streitmittler aber nicht von diesem Träger beschäftigt und/oder vergütet wird, sondern von Unternehmen. Der Sinn einer Konstruktion, wonach die Tätigkeit des Streitmittlers aus der Schlichtungsstelle ausgegliedert und einem Unternehmen oder Unternehmensverbund zugeordnet ist, erschließt sich indessen nicht. Vielmehr scheint das Gesetz an anderen Stellen im Gegenteil von einer Konstruktion auszugehen, nach der dem Träger der Schlichtungsstelle die Streitmittlung insgesamt, also organisatorisch und inhaltlich zugeordnet ist. Sonst hätte die einschränkenden Regelung der §§ 1, 3 keinen Sinn, könnten sie doch allzu leicht unterlaufen werden. Für diese Interpretation spricht auch die Begründung zu § 3[7], die sich auf Art. 6 Abs. 4 S. 1 der ADR-RL bezieht, der seinerseits ausdrücklich auf die Beschäftigung oder Vergütung der Streitmittler abstellt. Daraus wird deutlich, dass der Gesetzgeber in § 3 voraussetzt, dass der Streitmittler vom Träger und eben nicht von Unternehmen beschäftigt oder beauftragt wird. Dass der Gesetzgeber in § 7 Abs. 2 S. 1 ein hiervon abweichendes Verständnis offenbaren will, scheint unwahrscheinlich, zumal es ggf. nahe gelegen hätte, dieses alternative Verständnis zu den Grundbeziehungen im Dreieck Schlichtungsstelle–Streitmittler–Unternehmer bereits in der organisatorisch ausgerichteten Regelung in § 3 niederzulegen. Auch kann kaum angenommen werden, dass der Gesetzgeber in § 7 eine Hintertür zur Umgehung der Einschränkungen in §§ 1, 3 schaffen wollte. Die Begründung der Bundesregierung zu § 7 bezieht sich im Übrigen ausschließlich auf den (bedingten) Anwendungsausschluss in Art. 2 Abs. 2 lit. a ADR-Richtlinie, so dass sich als unmittelbares Interpretationsergebnis ergibt: **§ 7 Abs. 1 S. 1 ergänzt § 1 Abs. 2 in dem Sinne, dass unabhängig von der rechtlichen Konstruktion die Vergütung des Streitmittlers durch nur ein Unternehmen ausgeschlossen ist.** Damit ist nicht die Erlaubnis verbunden, dass eine Mehrzahl von Unternehmen unmittelbar Streitmittler beschäftigen oder vergüten; vielmehr wäre eine solche Konstruktion an § 3 zu messen und regelmäßig ausgeschlossen.

2. Kein Zusammenhang zwischen Vergütung und Ergebnis

a) Weite Auslegung des Begriffs „Ergebnis"

Die Regelung in S. 2 verbietet einen **Zusammenhang zwischen Vergütung und Verfahrensergebnis (Kontextverbot).** Sie folgt einer entsprechenden Vorgabe in Art. 6 Abs. 1 lit. d ADR-Richtlinie. Die Richtlinie reflektiert auch hier auf die Unabhängigkeit des Streitmittlers, will insbesondere ausschließen, dass der Träger bestimmte Ergebnisse oder Ergebnisrichtungen honoriert. Dass schließt auch aus, dass der Schlichter eine Prämie für einen bestimmten **Schlichtungsvorschlag** im Sinne von § 19 oder dessen Grundorientierung (versprochen) erhält. Allerdings ist der Schlichtungsvorschlag im strengen Sinne nicht das Ergebnis, sondern bereitet dieses erst vor. Erst der angenommene Schlichtungsvorschlag bzw. das Scheitern der Schlichtung nach Ablehnung des Vorschlags – so könnte man argumentieren – 14

7 BR-Drs. 258/15, 61.

stellt das Ergebnis des Streitbeilegungsverfahrens dar. Dieses Verständnis des Begriffs „Ergebnis" ist in den anderen Bestimmungen des VSBG niedergelegt: in § 16 Abs. 1 Nr. 3, § 19 Abs. 3 und besonders klar in § 21. Gegen eine derart enge Interpretation im hier betrachteten Zusammenhang spricht aber entscheidend der erwähnte Sinn, die Unabhängigkeit und Unparteilichkeit des Streitmittlers zu schützen. In der Begründung des Regierungsentwurfs[8] kommt diese Zielrichtung zwar nicht zum Tragen, das dort gewählte Beispiel eines Erfolgshonorars weist eher in eine andere Richtung, sie wird aber hinreichend durch die Bezugnahme auf die entsprechend zielorientierte Richtlinie deutlich und – wichtiger noch – im Gesetz selbst durch die verwendete Überschrift („Unabhängigkeit und Unparteilichkeit des Streitmittlers"). **Im Ergebnis ist jede Art der Honorierung eines bestimmten Schlichtungsvorschlags oder einer grundsätzlichen Ausrichtung der Schlichtungsvorschläge untersagt.**

b) Erfolgsprämien nur ausnahmsweise statthaft

15 Der von der Begründung angesprochene **Ausschluss einer Erfolgsprämie** hingegen ist nach Sinn und Zweck der Richtlinienvorgabe nicht zwingend.[9] Der Ausschluss bedeutet, dass der Träger den Streitmittlern keine Prämie oder anderweitige Vergünstigung für ihr Bemühen um eine Einigung gewährten darf. Dies mag man bedauern, ist doch das Bemühen um eine gütliche Lösung gleichsam das Kerngeschäft des Streitmittlers. Eine hohe Einigungsquote kann durchaus ein Anhaltspunkt dafür sein, dass der Streitmittler diese Kernaufgabe gut erledigt, sei es durch eine besonders gründliche Begründung, durch einen kreativen und gut auf die Interessenlagen abgestimmten Schlichtungsvorschlag, durch engagiertes (telefonisches) Begleiten des Verfahrensablaufs oder durch eine tiefgehende und zeitintensive Mediation. Es liegt durchaus nicht fern, dass die Streitbeilegungsstelle ein besonders Engagement des Streitmittlers belohnen will, auch als Anreiz unter verschiedenen Streitmittlern und auch mit Blick auf den möglichen Wettbewerb mit konkurrierenden Stellen.

16 Fraglich ist, ob die angesprochenen **Prämierungen** im Sinne des Gesetzes „mit dem Ergebnis von Streitbeilegungsverfahren in Zusammenhang stehen", also untersagt sind. Dafür spricht, dass auch die Erfolgsquote ein Ergebnis darstellt, wenn auch nicht das eines einzelnen Verfahrens, sondern das aggregierte Ergebnis einer Vielzahl von Verfahren. Dafür, dass letztere mit einbezogen sind, spricht der Wortlaut, der den Plural verwendet, also eben nicht auf das einzelne Verfahren abstellt. Gegen diese enge Interpretation sprechen der Sinn und Zweck der Regelung. Eine hohe Einigungsquote ist kein Anzeichen dafür, dass auf die äußere Unabhängigkeit des Streitmittlers im Sinne einer Bevorzugung bestimmter Interessen oder Interessentengruppen Einfluss genommen wurde. Es geht eher um eine Steuerung in dem Sinne, in welchem Umfang das Interesse des Streitmittlers an der Einigung handlungsleitend ist bzw. sein soll. Der Streitmittler, dem das „Ob" der Einigung nicht wichtig ist, wird sich bei der Entwicklung des Lösungsvorschlags eher (ganz) auf die Rechtslage oder den ggf. abweichenden

8 Vgl. BR-Drs. 258/15 S. 68.
9 So aber wohl *Stadler* ZZP 128 (2015), 165, 175.

Maßstab orientieren (→ § 19 Rn. 27 ff.). Der Streitmittler, dessen Honorar an der Erfolgsquote hängt, wird bei der Entwicklung des Vorschlags sich eher auf die antizipierte Akzeptabilität konzentrieren als auf rechtliche oder anders beurteilte Richtigkeit. Im Falle der Mediation wird der Streitmittler eine sich abzeichnende Lösung eher weniger auf ihre Nachhaltigkeit abklopfen als dies vielleicht angezeigt ist[10], um den erfolgreichen Abschluss nicht zu gefährden. Hier zeigt sich, dass die Honorierung der Höhe der Erfolgsquote nicht nur Auswirkungen auf das Engagement des Streitmittlers haben, sondern auch Fehlanreize im Sinne einer von Richtlinie und Gesetz unerwünschten Oberflächlichkeit der Aufgabenerledigung setzen kann. Entlang dieser Abgrenzungslinie vollzieht sich auch die rechtliche Bewertung: **Anreize im Sinne einer ausgewogenen Orientierung auf die Interessen der Parteien sind statthaft, Anreize für ein die Nachhaltigkeit gefährdendes Hinwirken auf „faule" Kompromisse untersagt.**

Rechtsfolge eines Verstoßes gegen das Kontextverbot ist nach § 134 BGB 17 die Nichtigkeit der betreffenden Regelung, da das Verbot nach seinem Sinn und Zweck Verbraucherschlichtungsstelle und Streitmittler beide trifft und drittschützende Wirkung hat. Die Unwirksamkeit beschränkt sich auf den betroffenen ergebnisbezogenen Teil dann, wenn es sich um eine reine Zusatzprämie handelt und anzunehmen ist, dass der Vertrag mit der Grundvergütung auch ohne die Prämie zustande gekommen wäre (§ 139 BGB). Ist das nicht der Fall, weil etwa der (potenzielle) Prämienanteil sehr hoch liegt, ist der gesamte Vertrag unwirksam. Er kann freilich wieder verhandelt und unter Streichung des Prämienanteils neu geschlossen werden.

IV. Informationspflichten gegenüber dem Träger (Abs. 3)

Die Verpflichtung, den Träger über Umstände zu informieren, die die Un- 18
abhängigkeit oder Unparteilichkeit beeinträchtigen können, ist Art. 6 Abs. 1 lit. e ADR-Richtlinie entnommen. Sinn der Verpflichtung ist es, den Träger in die Lage zu versetzen, auf die (mögliche) Beeinträchtigung zu reagieren (zu Reaktionsmöglichkeiten → Rn. 39 ff.).

1. Bereiche möglicher Befangenheit

a) Allgemeine Umstände

Die Mitteilungspflicht bezieht sich zum einen auf allgemeine Umstände, die 19
sich etwa aus einer besonderen Nähe zu einem regelmäßig an Verfahren der betreffenden Schlichtungsstelle teilnehmendem Unternehmen ergeben.

Zu denken ist etwa an den Fall, dass der Streitmittler die Aufnahme einer 20
Tätigkeit bei einem solchen Unternehmen neben seiner Streitmittleraufgabe beabsichtigt oder vereinbart hat, nach Beendigung der Streitmittlertätigkeit bei einem solchen Unternehmen zu arbeiten. Diese Konstellationen sind von der Regelung in § 6 Abs. 3 nicht erfasst, weisen aber parallele Problemlagen auf. Die Gefahr, dass der Streitmittler von den Interessen eines solchen Unternehmens leiten lässt, erscheint mit Blick auf eine bevorstehende Tätigkeit sogar noch höher als im Falle zurückliegender Verpflichtungen. Deshalb dürfte der Träger in diesen Fällen zum Handeln nicht nur

10 Vgl. *Röthemeyer*, Mediation, Rn. 104, 149.

berechtigt, sondern auch verpflichtet sein. Eine angestrebte Nebentätigkeit in diesem Kontext sollte ausgeschlossen werden, sei es im Arbeits- oder Dienstvertrag (→ § 8 Rn. 27), sei es in der konkreten Situation. Eine Ausnahme mag gelten, wenn der Streitmittler nur noch in Verfahren eingesetzt wird, in denen das betroffene Unternehmen nicht involviert ist, eine Einschränkung, die auch im Falle der gesetzlichen Regelung in § 6 Abs. 3 zur Verfügung steht (→ § 6 Rn. 62). Bei einer beabsichtigten Beschäftigung bei einem betroffenen Unternehmen liegt es nahe, die Aufgabe als Streitmittler sogleich zu beenden. Dies sollte bereits im Arbeits- oder Dienstvertrag niedergelegt sein und ist auch in Ansehung von § 8 wirksam. Beide Vorschriften, also § 7 und § 8, verfolgen dasselbe Ziel des Unabhängigkeitsschutzes. In der beschrieben Konstellation würde eine Weiterbeschäftigung diesem Ziel aber gerade widersprechen. Sollte die Möglichkeit der Abberufung im Vertrag nicht geregelt sein, ergibt sich die juristische Lösung aus § 8 Abs. 2 Nr. 1: Die (beabsichtigte) Beschäftigung bei einem Unternehmen mit der beschriebenen Nähe zu der betroffenen Streitschlichtung stellt einen wichtigen Grund zur Abberufung vor. Eine Ausnahme gilt auch insoweit, wenn eine Weiterbeschäftigung mit Fällen ohne Beteiligung des fraglichen Unternehmens sinnvoll möglich ist.

b) Fallbezogene Umstände

21 Zum anderen geht es um Umstände aus der **konkreten Fallkonstellation.** In Betracht zu ziehende Befangenheitsgründe können sich grob in folgende Kategorien einteilen lassen:

- Persönliche Nähe,
- Interessenkonflikte,
- Vorbefassung.

22 Sucht man nach Beispielen liegt es zunächst nahe, sich an § 41 ZPO zu orientieren,[11] jener Vorschrift, die die Gründe nennt, aus denen Richter von ihrem Amt ausgeschlossen sind. Gegen die Heranziehung dieses Maßstabs könnte zwar sprechen, dass Richter eine sehr viel stärke Position haben als Streitmittler. Letztere versuchen nur eine gütliche Einigung zu vermitteln, während Richter Entscheidungsgewalt haben. Der Richter hat also eine viel stärkere („bessere“) Möglichkeit, etwaige eigene Interessen zum Nachteil einer der Parteien zur Wirkung zu bringen als Streitmittler. Das könnte dafür sprechen, die Ausschlussregeln für Richter nicht oder jedenfalls nicht starr auf den Streitmittler zu übertragen. Andererseits darf nicht unterschätzt werden, dass Streitmittler eine psychologisch durchaus starke Stellung haben (können). Außerdem wirkt § 41 ZPO absolut, der Richter ist ohne Prüfung und Abwägung im Einzelfall ausgeschlossen, während bei der Übertragung auf den Streitmittler die „Feinsteuerung“ möglich ist. Im Ergebnis spricht manches dafür, sich an Fallkonstellationen des § 41 ZPO, soweit sie überhaupt passen, zu orientieren, aber eine Abwägung im Einzelfall vorzunehmen.

11 Das empfiehlt auch *Stadler* ZZP 128 (2015), 165, 176.

aa) Fallgruppe persönlicher Nähe

§ 41 ZPO nennt hier die Beteiligung des Ehegatten oder Lebenspartner, auch wenn die Ehe oder Lebenspartnerschaft nicht mehr besteht (Nr. 2, 2 a), die Beteiligung einer Person, mit der der Richter „in gerader Linie verwandt oder verschwägert, in der Seitenlinie bis zum dritten Grad verwandt oder bis zum zweiten Grad verschwägert ist oder war" (Nr. 3). Gerade die feinen Unterscheidungen zur Verwandtschaft in der Seitenlinie sollten durch eine konkrete Prüfung ersetzt werden: Eine weit(er) entfernte Verwandte kann dem Streitmittler persönlich sehr viel näher stehen als der Cousin oder die Schwägerin 2. Grades. 23

bb) Fallgruppe Interessenkonflikte

§ 41 ZPO schließt den Richter aus in Sachen, in denen der Richter „selbst Partei ist oder bei denen er zu einer Partei in dem Verhältnis eines Mitberechtigten, Mitverpflichteten oder Regresspflichtigen steht" (Nr. 1), ferner in Sachen, „in denen er als Prozessbevollmächtigter oder Beistand einer Partei bestellt oder als gesetzlicher Vertreter einer Partei aufzutreten berechtigt ist oder gewesen ist" (Nr. 4). Dies ist auf den Streitmittler ohne weiteres zu übertragen. 24

cc) Fallgruppe Vorbefassung

Hier geht es der ZPO um Sachen, bei denen der Richter als Zeuge oder Sachverständiger vernommen worden ist (Nr. 5) oder in denen er in einer vorherigen Instanz mitgewirkt hat (Nr. 6). Übertragen auf das VSBG könnte man an Konstellationen denken, in denen der Streitmittler in einem anderen konsensualen Streitlösungsverfahren mitgewirkt hat, etwa als Mediator oder als Streitmittler einer anderen Streitschlichtungsstelle. Interessanterweise sieht § 41 Nr. 8 ZPO den Ausschluss in Sachen vor, in denen er an einem Mediationsverfahren oder einem anderen Verfahren der außergerichtlichen Konfliktbeilegung mitgewirkt hat. So sehr es überzeugen mag, dass der Richter nicht Kenntnisse aus der vertraulichen Mediation in der Richterrolle verfügbar haben darf, so unterschiedlich dürften die entsprechenden Konstellationen bei der Streitmittlung sein: Ob in diesen Fällen tatsächlich die Neutralität in Frage steht, kann nur im Einzelfall entschieden werden. Als Tendenz kann vielleicht gelten, dass die Neutralität des Streitmittlers nach vorheriger Mediation eher zweifelhaft ist als nach vorheriger Schlichtung. Allerdings sind die Parteien über diese Vorbefassung ja in aller Regel ohnehin bereits informiert, so dass das Verfahren nach Abs. 4 ausreichen dürfte und wenig Anlass besteht, hierüber zusätzlich auch den Träger noch zu unterrichten. 25

Gedacht werden kann schließlich an die im Verhältnis zu § 41 Nr. 8 ZPO reziproke Situation: Der Streitmittler mag in einer früheren Rolle als Richter an der Bearbeitung des Streits mitgewirkt haben. Das dürfte praktisch kaum vorkommen: Richter dürften eher selten den Beruf Richtung Streitmittler wechseln oder Streitmittlung nebenberuflich betreiben und ein Streit, der schon mal bei Gericht anhängig war, dürfte selten in die Streitmittlung kommen. Wenn ein solcher Fall auftritt, gilt das zuvor gesagte: Es bedarf der Abwägung im Einzelfall mit Blick auf das Verfahren zu Abs. 4, eine Unterrichtung des Trägers dürfte in aller Regel entbehrlich sein. 26

dd) Weitere Fälle

27 Neben den genannten, aus der ZPO hergeleiteten, Fällen sind selbstredend weitere vorstellbar, in denen Neutralitätszweifeln nachzugehen ist. Ein Beispiel kann etwa der Begründung zum Mediationsgesetz entnommen werden: Der Mediator hat selbst Interesse an dem Gegenstand, um den die Parteien streiten.[12] Weiter können persönliche Lebensumstände des Streitmittlers oder Äußerungen außerhalb oder innerhalb der Streitmittlung relevant sein, wenn sie an der Unvoreingenommenheit des Streitmittlers zweifeln lassen können. Hierzu muss aber bedacht werden, dass selbst im Richterablehnungsrecht allgemeine Umstände und Einstellungen wie Geschlecht, Religion, politische Auffassungen, Sympathie oder Antipathie sogar bei fallbezogener Relevanz jedenfalls für sich allein keine Befangenheit begründen.[13] Deshalb werden solche Umstände im Fall der Verbraucherschlichtung nur in extremen Fällen eine Rolle spielen können.

c) Beurteilungsperspektive

28 Es sind zunächst Umstände mitzuteilen, aufgrund derer der Streitmittler sich selbst für befangen hält (zur Folge → Rn. 35). Betroffen sind aber auch Umstände, die (nur) den Eindruck erwecken könnten, der Streitmittler sei nicht (mehr) neutral. Dies ergibt sich aus Art. 6 Abs. 1 lit. e ADR-Richtlinie. Ferner entspricht dies einer allgemeinen, auch für den staatlichen Prozess geltenden Regel.[14] Auch wenn der Richter/Streitmittler sich unbefangen fühlt, hat er zu prüfen, wie mögliche kritische Umstände sich aus der Sicht der Parteien darstellen. Wenn der Streitmittler den Verbraucher zum Beispiel aus dem Sportverein kennt, mag er es selbst so einschätzen, dass seine Unvoreingenommenheit nicht beeinträchtigt ist, etwa weil die Bekanntschaft eine eher entfernte ist oder weil der Fall ihm ohnehin keinen Spielraum lässt. Aus der Sicht des Unternehmers mag sich das aber anders darstellen. Dabei hat der Streitmittler nicht auf einen objektivierten Maßstab abzustellen, sondern auf die antizipierte Sicht der Partei. Dazu bleibt dem Streitmittler nichts anderes als zunächst selbst zu überlegen, wie er als Partei die Angelegenheit einschätzen würde, er wird aber parteienspezifische Umstände mit einbeziehen wie etwa Anzeichen besonderer Sensibilität oder ausgeprägter Einforderung von Fairness[15], sei es aus dem konkreten Verfahren oder aus Vorerfahrungen mit derselben Partei.

29 Die Schlichtungsstelle mag neben der antizipierten Sicht der Parteien weitere Informationssinteressen haben, etwa um ein Frühwarnsystem zu installieren oder aus statistischen Gründen. Aus Abs. 3 besteht eine Unterrichtungspflicht zu solchen Umständen nicht, sie kann aber im Vertrag zwischen Träger und Streitmittler begründet werden.

d) Differenzierung nach Verfahren?

30 Das VSBG unterscheidet auch zur Offenlegung nicht danach, ob Schlichtung, Mediation, Moderation oder ein anderes Streitbeilegungsverfahren

12 BR-Drs. 17/5335, 14.
13 Baumbach/Lauterbach/*Hartmann* ZPO § 42 Rn. 14 ff.
14 Vgl. Thomas/Putzo/*Hüßtege* Rn. 9 zu § 41 ZPO: „böser Schein" genügt.
15 Vgl. *Röthemeyer*, Mediation, Rn. 254 zur Mediation.

(→ § 1 Rn. 5 Anwendung findet. Eine solche Differenzierung mag sich allerdings im Einzelfall ergeben. Die Mediation wird im Allgemeinen im persönlichen Kontakt stattfinden (→ § 18 Rn. 18). Aus dieser Nähe ergeben sich nicht nur weitergehende Befangenheitsmomente aus dem persönlichen Auftreten des Streitmittlers und vielleicht einseitigen Äußerungen. Es mag auch derselbe Umstand, der bei der Schlichtung als irrelevant erscheint, im Rahmen einer breiter angelegten, persönlicher gestalteten Mediation (→ § 18 Rn. 22 ff.) (potenziell) bedeutsam erscheinen.

e) Relevante Zeitpunkte

Die Unterrichtungspflicht besteht nicht nur bei Übernahme des Falls, sondern sie entsteht auch dann, wenn die die Befangenheit möglicherweise begründenden Umstände erst im Verlaufe des Verfahrens entstehen. Diese Sichtweise mag nach dem Wortlaut der Regelung nicht zwingend erscheinen, ergibt sich aber aus ihrem Sinn und findet Unterstützung in der ADR-Richtlinie, die in Art. 6 Abs. 1 lit. e S. 2 ausdrücklich sagt: „Die Verpflichtung zur Offenbarung solcher Umstände gilt ununterbrochen während des gesamten AS-Verfahrens.“ 31

Wenn Umstände mit Befangenheitslatenz auftreten, hat der Streitmittler den Träger nach dem Wortlaut des Gesetzes „unverzüglich“ zu unterrichten, was nach der Definition von § 121 Bürgerliches Gesetzbuch „ohne schuldhaftes Verzögern“ bedeutet. Damit wird erreicht, dass der Träger ausreichend Zeit zur Reaktion hat, insbesondere ein gegenüber den Parteien abgestimmtes und uU gestuftes Verfahren wählen kann (→ Rn. 39 ff.). 32

f) Verhältnis zur Offenlegungspflicht gegenüber den Parteien

Man könnte meinen, der Streitmittler habe die Stelle über alles und nur über das zu unterrichten, was er auch den Parteien offenbaren muss. Bei näherer Betrachtung treffen aber beide Annahmen nicht zu. Insoweit muss den unterschiedlichen Zielrichtungen der Abs. 3 und 4 Rechnung getragen werden. Abs. 3 soll der Streitlösungsstelle Reaktionsmöglichkeiten letztlich unabhängig vom Willen der Parteien eröffnen, Abs. 4 die Entscheidung über die Ausübung oder Fortführung der Tätigkeit vom Willen der Parteien abhängig machen. 33

Daraus folgt, dass der Träger nicht sämtliche Informationen benötigt. Umstände wie etwa eine lose Bekanntschaft zum Verbraucher oder eine Beschäftigung des Streitmittlers bei dem Unternehmen vor langer Zeit können ersichtlich der Autonomie der Parteien überlassen bleiben. Immer dann also, wenn der Streitmittler davon ausgehen kann, dass die den Parteien zu offenbarenden Umstände den Träger nicht zu einer Reaktion veranlass, sondern dieser die Entscheidung den Parteien überlassen wird, besteht keine Unterrichtungspflicht. Im Gesetz kommt das darin zum Ausdruck, dass Abs. 4 die Offenbarungspflicht gegenüber den Parteien auf „alle Umstände“ mit Befangenheitstendenz bezieht, Abs. 3 hingegen nur auf „Umstände“. Der Vertrag zwischen Träger und Streitmittler freilich kann eine umfassende Unterrichtungspflicht vorsehen. 34

Hingegen ist es bei evidenter Befangenheit wie etwa der Ehe zwischen Streitmittlerin und Verbraucher klar, dass bereits der Träger eingreift. Auch 35 in Fällen, in denen der Streitmittler sich selbst nicht in der Lage zu einer neutralen Verhandlungsführung sieht, besteht eine Offenbarungspflicht gegenüber dem Träger. Damit kann hier ein Widerspruch zwischen Streitmittler- und Parteiensicht anders als in der allgemeinen Mediation nicht entstehen. Anders als in der allgemeinen Mediation bedarf es der Selbstablehnung des Mediators[16] nicht, vielmehr ist die Entscheidung dem Träger überlassen, der freilich an die Selbsteinschätzung bestehender Befangenheit gebunden ist, solange er nicht einen Missbrauch feststellt. Das gilt auch, wenn als Streitbeilegungsverfahren die Mediation durchgeführt wird. Wenn der Träger auf Basis solcher Informationen eingreift (→ Rn. 39 ff.), kommt es möglicherweise gar nicht zur Unterrichtung der Parteien.

36 Ein Mehr an Information des Trägers im Vergleich zu den Parteien kann sich weiter auch aus einem Klärungs- oder Absicherungsbedarf des Streitmittlers ergeben. Ist er sich unsicher, ob die Umstände zur Unterrichtung der Parteien ausreichen, liegt es nahe, den Träger einzubeziehen. Dieser hat dann im Falle mehrerer Streitmittler auch die Möglichkeit, einheitliche Maßstäbe zur Geltung zu bringen. Hierbei wird er auch berücksichtigen, die Parteien nicht allzu kleinlich mit ersichtlich nebensächlichen Umständen zu behelligen. Im Gesetz findet ein solches gestuftes Vorgehen Anklang insofern, als die Offenlegung nach Abs. 3 „unverzüglich“ erfolgen muss, während Abs. 4 dieses Gebot nicht enthält (→ vgl. zu den praktischen Konsequenzen → Rn. 40).

37 Insgesamt liegt es nicht fern, das gewählte und intern vereinbarte Zusammenspiel zwischen Trägerunterrichtung und Parteieninformation auch in der Verfahrensordnung niederzulegen; zwingend ist dies freilich nicht.

g) Keine Ausnahme bei nur einem Streitmittler

38 Nach Art. 6 Abs. 1 lit. e Unterabs. 3 ADR-Richtlinie gilt die Offenbarungspflicht nicht, wenn die Streitbeilegungsstelle „aus nur einer natürlichen Person“ besteht. Für diesen Fall sieht die Richtlinie vor, dass der Streitmittler auf die Durchführung des Verfahrens „verzichtet“ und gemäß einem hierfür vorzusehendem Verfahren den Parteien entweder eine andere Stelle vorgeschlagen wird oder die Parteien die Fortsetzung des Verfahrens in Kenntnis der betreffenden Umstände wünschen (Art. 6 Abs. 2 Unterabs. 3 iVm Unterabs. 1 lit. b und c). Das deutsche Gesetz geht hier einen einfacheren Weg, indem es auch in der Ein-Streitmittler-Konstellation die Offenlegung gegenüber dem Träger anordnet. Wie dann weiter zu verfahren ist, klärt das deutsche Gesetz nur eingeschränkt (s. → Rn. 39 ff.).

h) Reaktionsmöglichkeiten des Trägers

39 Die Reaktion des Trägers auf die ihm gegebenen Informationen regelt das VSBG abgesehen von der Möglichkeit der Abberufung aus dem Amt in § 8 Abs. 2 Nr. 1 nicht. Zu unterscheiden ist zwischen dem Verhältnis zu den Parteien einerseits und dem Innenverhältnis zum Streitmittler andererseits.

40 Die ADR-Richtlinie spricht als **Reaktionsmöglichkeiten im Verhältnis zu den Parteien** die Ersetzung des betroffenen durch einen anderen Streitmitt-

16 Vgl. hierzu Klowait/Gläßer/*Goltermann*, § 3 Rn. 15.

ler, den Verweis auf eine andere Streitbeilegungsstelle oder die Information der Parteien an (Art. 6 Abs. 2). Die ersten beiden Möglichkeiten können in der Verfahrensordnung geregelt werden[17]. Die Information der Parteien nimmt das VSBG in Abs. 4 auf, indem es den Streitmittler zur Offenlegung verpflichtet (→ Rn. 44 ff.). Das schließt freilich nicht aus, dass der Träger selbst die Unterrichtung vornimmt. Das könnte sogar als Regelfall angezeigt sein: Bei der Entscheidung der Parteien nach Abs. 4, ob sie trotz kritischer Umstände der (weiteren) Tätigkeit des betroffenen Streitmittlers zustimmen, wird regelmäßig auch die Frage eine Rolle spielen, welche Bedeutung der versagten Zustimmung zukommt. Da diese Reaktionsmöglichkeiten beim Träger und nicht beim Streitmittler liegen, liegt es nahe, dass der Träger die Aufgabe der Parteienunterrichtung insgesamt an sich zieht, was in der Verfahrensordnung zum Ausdruck kommen kann.

Selbstverständlich ist es auch denkbar, dass der Träger auf die ihm vom Streitmittler gegebenen Informationen nichts veranlasst. Das wird dann der Fall sein, wenn er die Befangenheitslatenz für sehr gering hält, etwa in den Fällen, in denen der Streitmittler sich unsicher ist und sinnvollerweise den Träger zur Objektivierung einbezieht. Weiter ist der Träger dann nicht selbst zum Eingreifen verpflichtet, wenn die Entscheidung den Parteien überlassen werden kann, wobei er die Unterrichtung an sich ziehen kann (→ Rn. 44). 41

Aus dem zuletzt Gesagten ergibt sich eine **Reaktionsmöglichkeiten im Verhältnis zum Streitmittler**. Wenn der Träger die Befangenheitslatenz so einschätzt, dass er sich einerseits nicht in der Handlungspflicht sieht, andererseits eine Unterrichtung der Parteien für erforderlich hält und diese nicht an sich zieht, überantwortet er diese dem Streitmittler. Es liegt nahe, hierfür abstrakte Regelungen im Streitmittler-Vertrag (→ § 8 Rn. 27 ff.), möglicherweise auch in der Verfahrensordnung vorzusehen und im konkreten Fall dem Streitmittler entsprechende Anweisungen zu erteilen. Rechtlich zulässig freilich ist auch, dem Streitmittler lediglich das Ergebnis der Prüfung auf die Unterrichtung nach Abs. 3 mitzuteilen und ihm das Weitere zu überlassen; auch dies sollte im Streitmittler-Vertrag und kann auch in der Verfahrensordnung niedergelegt sein. 42

Daneben oder unabhängig davon sind Reaktionsmöglichkeiten des Trägers mit Blick auf das Rechtsverhältnis zum Streitmittler denkbar. Wenn etwa die mitgeteilten Umstände Pflichtverletzungen des Streitmittlers offenbaren, können arbeits- oder auftragsrechtliche Maßnahmen bis hin zur Kündigung des Vertrages in Betracht kommen. In § 8 Abs. 2 Nr. 1 ist ausdrücklich ein Abberufungsgrund bei Besorgnis des allgemeinen Neutralitätsverlustes vorgesehen (→ § 8 Rn. 11 ff.). 43

V. Offenlegung gegenüber den Parteien (Abs. 4)

Die Vorschrift ist nach der Entwurfsbegründung[18] der Regelung des § 6 Abs. 1 Mediationsgesetz nachgebildet. Allerdings findet das Mediationsge- 44

17 So für den Ersetzungsfall auch die Begründung des Regierungsentwurfs BR-Drs. 258/15, 68.

18 BR-Drs. 258/15, 68.

setz zumindest als Regelfall eine bilaterale Beziehung Mediator/Mediandan vor, während bei der Verbraucherschlichtung die Rolle des Trägers hinzutritt. Dessen Unterrichtung ist in Abs. 3 zwar vorgesehen, seine Reaktionsmöglichkeiten aber nicht geregelt und auch nicht mit der Pflicht des Streitmittlers aus Abs. 4 abgestimmt. Diese Abstimmung muss folglich in den vertraglichen Regelungen zwischen Träger und Streitmittler sowie zwischen Träger und Parteien erfolgen. Hierzu bietet es sich an, dass der Träger aufgrund seiner größeren Handlungsflexibilität die Offenbarungspflicht des Streitmittlers übernimmt oder aber anderweitig eindeutig gestaltet. Wenn der Träger die Offenbarung übernimmt, ist der Streitmittler von der betreffenden Pflicht befreit.

45 Zum Inhalt der **Offenbarungspflicht** kann auf die Erläuterungen zu Abs. 3 (→ Rn. 19 ff.) Bezug genommen werden. Die Offenbarungspflicht ist anders als die nach Abs. 3 nicht „unverzüglich“ zu erfüllen. Das lässt Zeit für ein gestuftes Vorgehen unter Einbeziehung des Trägers (→ Rn. 40). Eine faktische zeitliche Begrenzung ergibt sich im Übrigen aus der Verbindung mit dem Tätigkeitsverbot nach Satz 2: Solange die dort geregelte Zustimmung der Parteien nicht vornimmt, darf der Streitmittler in dieser Rolle nicht tätig werden bzw. seine Tätigkeit fortsetzen.

46 Das **Tätigkeitsverbot** nach Satz 2 trifft den Streitmittler persönlich. Wenn bei einem gestuften Vorgehen (→ Rn. 40) der Träger sich gegen die Offenbarung entscheidet, ist der Streitmittler also hieran weder gebunden noch hierdurch von eigener Haftung entlastet. Es liegt allerdings nahe, dass der Träger den Streitmittler für die Folgen seiner möglichen Fehlentscheidung intern freistellt.

47 Das Tätigkeitsverbot tritt ein, sobald die offenbarungspflichtigen Umstände vorliegen, was freilich voraussetzt, dass der Streitmittler sie kennt. Das Tätigkeitsverbot endet, sobald die Parteien der Aufnahme oder Fortsetzung der Tätigkeit als Streitmittler ausdrücklich zustimmen. Damit ist eine stillschweigende Zustimmung ausgeschlossen.[19] Wenn zum Beispiel der Streitmittler im selben Streit derselben Parteien bereits in anderer Funktion, zB als Mediator tätig war , darf aus der widerspruchslosen Teilnahme am Verbraucherstreitmittlungsverfahren nicht geschlossen werden, die über die Personenidentität ja unterrichteten Parteien seien einverstanden. Auch muss die Zustimmung spezifisch unter Bezug auf die fraglichen Umstände erklärt sein, sodass eine allgemeine Erklärung nicht genügt.[20]

48 Der Streitmittler bedarf der **Zustimmung beider Parteien.** Wenn etwa eine persönliche Nähe über Nachbarschaft, Arbeitsverhältnis oder Sportverein zum Verbraucher besteht, das Unternehmen der (weiteren) Tätigkeit des Streitmittlers zustimmt, so reicht dies ohne Zustimmung des Verbrauchers nicht aus. Dies folgt schon aus der Ambivalenz des Näheverhältnisses, das

19 So auch Klowait/Gläßer/*Goltermann* § 3 Rn. 19. für die parallele Regelung des Mediationsgesetzes unter Bezugnahme auf Literatur zu der vergleichbaren Regelung in § 3 Abs. 1 der Berufsordnung für Rechtsanwälte (BORA); großzügiger in: Greger/Unberath/*Greger* Rn. 29 zu § 3 MediationsG, der eine Anknüpfung an ein freilich unmissverständliches „Verhalten“ ausreichen lässt.

20 So auch Klowait/Gläßer/*Goltermann* § 3 Rn. 19 für die parallele Regelung des Mediationsgesetzes.

keineswegs immer auf Sympathie deuten muss, sondern schon nach allgemeiner Lebenserfahrung konfliktbeladen sein kann. Auf eine Ambivalenz in diesem Sinne kommt es freilich nicht an, denn der eindeutige Wortlaut („die Parteien") lässt keinen Zweifel, dass stets die Zustimmung beider Parteien erforderlich ist.

An die Zustimmung ist der Streitmittler gebunden, er muss also nach Maß- 49
gabe seiner Rechtsverpflichtungen weiterhin tätig werden. Für den Fall, dass der Streitmittler sich selbst für befangen hält, hat der Träger Steuerungsmöglichkeit und -verantwortung. In aller Regel wird der Träger sich an das Votum des Streitmittlers binden und im Falle der „Selbstablehnung" den Streitmittler entbinden, ohne dass die Gründe den Parteien gegenüber offenbart werden müssen.

VI. Streitmittlergremium (Abs. 5)

1. Systematik und Richtlinienbezug

Soweit das Gesetz von „Streitmittler" spricht, insbesondere in §§ 6 bis 8, 50
vermittelt es den Eindruck, von nur *einer* natürlichen Person auszugehen. Dass dieses Verständnis erweitert werden muss, zeigt sich hier. Allerdings ist Regelungsgegenstand nicht etwa die Zulassung eines Streitmittlergremiums, sondern nur die Rechtsfolge für die Zusammensetzung des Gremiums nebst Folgewirkung. Diese Regelungstechnik folgt der der ADR-Richtlinie, die in Art. 6 Abs. 5 Vorgaben zur Gremienzusammensetzung ebenfalls im Zusammenhang mit dem Gebot von Unabhängigkeit und Unparteilichkeit macht. So eindeutig die Richtlinie Parität zwischen den betreffenden Interessen vorgibt, so wenig war der Umsetzungsgesetzgeber gezwungen, überhaupt Gremien zuzulassen. Auch aus der Begründung des Gesetzes wird nicht deutlich, warum Gremien sinnvoll sein sollten. Wenn man einen solchen Sinn etwa in der Komplexität des Falles ausmachte oder in der Grundsätzlichkeit der relevanten Rechtsfragen, so hätte das Gesetz auch – schlicht – eine Mehrzahl von Streitmittlern zulassen können, ohne eine Verbandsaffinität zuzulassen. Art. 6 Abs. 5 ADR-Richtlinie will ersichtlich nicht Verbandsinteressen vorgeben unter Absicherung durch Neutralitätsmechanismen, sondern will schlicht die Unabhängigkeit von Verbraucher- und Unternehmensinteressen, die durch Parität oder aber – schlicht – dadurch gesichert werden könnte, dass Verbandsinteressen nicht durchschlagen dürfen. Mit anderen Worten hatte der Gesetzgeber die Option, die Neutralitätsvorgaben der §§ 6 bis 8 für jeden einzelnen Streitmittler eines Gremiums gelten zu lassen oder Gremien insgesamt auszuschließen. Wenn letzteres auch nachvollziehbar mit Blick auf die Autonomie der Streitmittlungsstellen unterblieben sein mag, fehlt jede nachvollziehbare Begründung dafür, warum eine Interessengebundenheit der Streitmittler überhaupt zugelassen worden ist. Hier zeigt sich ein unnötiges Richtlinienumsetzungssicherheitsdenken.

2. Paritätsvorgabe

51 Das Gesetz verlangt eine **gleiche Anzahl** von Vertretern von Verbraucherinteressen einerseits und Unternehmensinteressen andererseits. Damit ist die Ergänzung um neutrale Streitmittler nicht ausgeschlossen.[21]

52 Das Gesetz bezieht sich auf Gremien, denen sowohl Vertreter von Verbraucherinteressen als auch solche von Unternehmensinteressen angehören. Dem Wortlaut nach könnten Gremien zulässig sein, die von Vertretern zum Beispiel nur von Unternehmensinteressen getragen sind. Eine solche Auslegung freilich wäre zu eng. Wenn eine 2:1-Besetzung zugunsten von Unternehmensinteressen untersagt ist, muss dies erst recht für eine 2:0-Besetzung gelten. Dies ergibt sich im Übrigen auch aus Art. 6 Abs. 5 ADR-Richtlinie, die präziser als das VSBG die Parität an die bloße Gremieneinrichtung knüpft. Diese Richtlinien-Formulierung erweist sich – andererseits – als zu eng. Denn ein Gremium ohne jede Interessensbindung ist ersichtlich keinen Befangenheitsbedenken ausgesetzt. Anders gewendet ist in Übereinstimmung mit dem Wortlaut des VSBG der Einsatz eines Gremiums auch dann unbedenklich, wenn die Streitmittler in dem Sinne neutral sind, als sie keinerlei Unternehmens- oder Verbraucherinteressen einseitig verbunden sind.

3. Keine spezifisches Verfahrensrecht für Streitmittlergremien

53 Infolge der systematischen Anlehnung an den Neutralitätsgedanken verzichten Richtlinie und VSBG auf Regelungen zur **Arbeitsteilung von Streitmittlergremien und zum Umgang mit Dissens**. Im Falle der Mediation scheint die Kooperation unschwer möglich, etwa nach den vielfach beschriebenen Regeln Co-mediation.[22] Im Rahmen der Schlichtung allerdings ist die Frage weitreichender, nach welchen Regeln etwaige Meinungsverschiedenheiten unter den Streitmittlern zu Verfahrensfragen und vor allem zum Schlichtungsvorschlag gelöst werden. Insoweit liegt ein Rückgriff auf das Mehrheitsprinzip nahe, was allerdings bei einer paritätischen Besetzung naheliegende Probleme aufwirft. So liegt die Frage nach dem Sinn einer paritätischen Besetzung des Gremiums auf der Hand, wenn es der Verfahrensordnung überlassen wäre, etwa dem Vertreter der Unternehmensinteressen bei Dissens mit dem Verbraucherinteressenvertreter doppeltes Stimmrecht oder ein Stichentscheidungsrecht einzuräumen. Deshalb entspricht es der ratio legis, auch für den Fall von Dissens für Parität zu sorgen. Das geht etwa über den vielleicht auch deshalb in der Begründung[23] vorgezeichneten Weg der Ergänzung um ein neutrales Gremiumsmitglied, was auch ad hoc für den Fall des Dissenses erfolgen kann. Eine andere richtlinienkonforme Möglichkeit könnte darin bestehen, bei Stimmengleichheit beide Vorschläge nebeneinander stehen zu lassen. Bei Verfahrensfragen würden dann die Parteien die Wahl zwischen unterschiedlichen Verfahrensvorschlägen haben, zum Ergebnis würden zwei verschiedenen Schlichtungsvorschläge zur Auswahl stehen. Nur bei übereinstimmender Entscheidung der Parteien würde das Verfahren fortgesetzt bzw. der

21 So ausdrücklich die Begründung BR-Drs. 258/15, 68.
22 Vgl. etwa Greger/Unberath/*Unberath* Rn. 273 ff. zu § 2.
23 BR-Drs. 258/15, 68.

Vorschlag angenommen. Bei Uneinigkeit der Parteien wäre die Schlichtung – so oder so – gescheitert. Diese Fragen bedürfen insgesamt der Regelung in der Verfahrensordnung, wenn diese überhaupt ein Streitmittlergremium vorsieht.

4. Keine Karenzzeit für Gremienmitglieder

Satz 2 befreit paritätisch zusammengesetzte Gremien von der Vorgabe der Verbandskarenz aus § 6 Abs. 3. Dies ist konsequent: Wenn das Gesetz schon die Verpflichtung des Mitglieds eines Gremiums auf Verbandsinteressen zulässt (was es nicht müsste → Rn. 36), kann sich diese Verpflichtung des Streitmittlers auch in einer zeitnahen oder sogar noch aktuellen Verbands- oder (sogar) Unternehmenszugehörigkeit ausdrücken. Die notwendige Neutralität wird allein durch die Paritätsvorgabe gesichert. **54**

§ 8 Amtsdauer und Abberufung des Streitmittlers

(1) [1]Der Streitmittler muss für eine angemessene Dauer bestellt werden. [2]Die Amtsdauer soll drei Jahre nicht unterschreiten. [3]Wiederbestellung ist zulässig.

(2) Der Streitmittler kann nur abberufen werden, wenn
1. Tatsachen vorliegen, die eine unabhängige und unparteiische Ausübung der Tätigkeit als Streitmittler nicht mehr erwarten lassen,
2. er nicht nur vorübergehend an der Ausübung der Tätigkeit als Streitmittler gehindert ist oder
3. ein anderer wichtiger Grund vorliegt.

I. Zweck und Richtlinienbezug

1 Die Mindestzeit der „Amtsdauer“ des Streitmittlers wie auch die Beschränkungen für die „Abberufung“ dienen erklärtermaßen[1] der Umsetzung von Art. 6 Abs. 1 lit. b ADR-Richtlinie und damit – ausweislich Überschrift und Text der Richtlinie – der Sicherung der **Unabhängigkeit (des Handelns) des Streitmittlers.** Dieser soll nicht befürchten müssen, dem Träger nicht genehme Handlungen, womit insbesondere Schlichtungsvorschläge gemeint sind, gefährdeten seine Weiterbeschäftigung, würden also zu einer frühzeitigen Beendigung des Vertrages mit dem Träger oder zu dessen Nichtverlängerung führen können. Diese Absicherung weist gewisse Parallelen zur richterlichen Unabhängigkeit auf (→ Einf. Rn. 33), ohne freilich in die Strukturen des Rechtsverhältnisses zwischen Träger und Streitmittler explizit einzugreifen. Umso wichtiger erscheint es, die impliziten Folgen auf dieses Rechtsverhältnis, das arbeits- oder allgemeiner dienstrechtlicher Natur sein kann (→ Rn. 27 ff.), zu beleuchten.

2 Der von Richtlinie und VSBG unterstellte Zusammenhang zwischen der relativen Statussicherheit und der Unabhängigkeit des Streitmittlers ist allerdings nur für das Verhältnis zur Streitmittlungsstelle überzeugend. **Anderen möglichen Abhängigkeiten** wie zu Unternehmen und Verbänden wird damit nicht vorgebeugt; im Gegenteil könnte der Streitmittler sich sogar gerade wegen der relativen Statussicherheit (eher) bereitfinden, einseitig zB Unternehmensinteressen zu berücksichtigen. Insoweit ist der Gesetzgeber hier in einem (nicht dargelegten) Zielkonflikt, den er löst, indem er die Unabhängigkeit gegenüber Verbänden etc durch andere Maßnahmen schützt (vgl. §§ 6, 7). Im Übrigen kommt in Fällen krasser Unabhängigkeitszweifel auch eine vorzeitige Abberufung nach Abs. 2 Nr. 1 in Betracht.

II. Regelungsinhalte

1. Mindestzeit der Amtsdauer (Abs. 1)

a) Angemessene Dauer

3 Das deutsche Gesetz verlangt, dass der Streitmittler für eine **angemessene Dauer** bestellt wird (Satz 1), wobei die Amtsdauer drei Jahre nicht unterschreiten soll (Satz 2). Anders als der Wortlaut es vermuten lassen könnte, hat die Angemessenheit nach Satz 1 als Bezugspunkt lediglich die Mindestamtsdauer nach Satz 2, die wiederum ausschließlich dem **Interesse der Sicherung der Unabhängigkeit** dient. Es geht also weder darum, unangemessen *lange* Bestellungen auszuschließen noch darum, bei der Angemessenheitsprüfung *weitere Gesichtspunkte* wie soziale Belange des Streitmittlers oder den Vergleich mit anderen Beschäftigungsverhältnissen einzubeziehen.

b) Regelmindestdauer drei Jahre

aa) Grundsatz

4 Zur Begründung des **Zeitmaßes von drei Jahren** bezieht sich der Regierungsentwurf auf eine spezielle, für die Umsetzung in Deutschland nicht relevante Regelung in der ADR-Richtlinie.[2] Diese befugt die Mitgliedstaaten,

---

1 Vgl. BR-Drs. 258/15, 69.
2 BR-Drs. 258/15, 69.

Streitbeilegungsstellen zuzulassen, „bei denen die mit der Streitbeilegung betrauten natürlichen Personen ausschließlich von einem einzelnen Unternehmer beschäftigt oder bezahlt werden" (Art. 2 Abs. 2 lit. a), soweit neben anderen Voraussetzungen die Amtszeit der betreffenden Streitmittler mindestens drei Jahre beträgt, „damit die Unabhängigkeit ihres Handelns gewährleistet ist" (Art. 6 Abs. 3 lit. b). Der Rekurs des deutschen Gesetzgebers, der solche firmengebundenen Angebote nicht zulässt (§ 1 Abs. 2), auf solche Strukturen erfolgt nach dem Vorsichtsprinzip: Wenn der Richtlinie drei Jahre bei diesen ersichtlich stärker manipulationsanfälligen Strukturen reichen, genügt dies „erst recht"[3] bei der vom VSBG geforderten Trennungsprinzip (→ § 3 Rn. 5). Hieraus könnte sich ein Anhaltspunkt für eine eher großzügige Anwendung der Abweichungsbefugnis nach Satz 2 (→ Rn. 5) ergeben.

bb) Ausnahmen

Durch die **„Soll"-Regelung** in Satz 2 ist die Möglichkeit eröffnet, im Ein- 5
zelfall auch eine geringere Bestelldauer zuzulassen. Womit eine solche Unterschreitung gerechtfertigt werden kann, lässt sich dem Gesetzestext ebenso wenig wie der Begründung oder anderen Gesetzgebungsmaterialien entnehmen. Auch wenn der europarechtliche Hintergrund Anhaltspunkte für eine eher weite Auslegung der Ausnahmen geben mag (→ Rn. 4), sollte von einer Unterschreitung der Mindestzeit eher zurückhaltend Gebrauch gemacht werden. Zu denken ist etwa an Fälle, in denen die **Unabhängigkeit anderweitig gesichert** ist. Dazu genügen allerdings nicht Regelungen bzw. Vergünstigungen, zu denen der Träger nach §§ 6 f. ohnehin verpflichtet ist. In Betracht könnte aber bei einer größeren Streitbeilegungsstelle mit zahlreichen Streitmittlern eine Anonymisierung in dem Sinne kommen, dass der Träger keinen Zugriff auf Informationen darüber hat, welcher Streitmittler welchen Fall bearbeitet. Es mag als Kompensation für die Unterschreitung der Soll-Mindestbestellung ferner genügen, wenn für den Fall einer vorherigen Vertragsauflösung eine Ausgleichszahlung vereinbart wird, die den finanziellen Nachteil kompensiert oder minimiert. Neben diesen auf den Streitmittler bezogenen Regelungen mögen auch stellenbezogene Aspekte heranzuziehen sein: So mag zB zur Überbrückung einer Elternzeit von (wenig) weniger als drei Jahren eine entsprechend gekürzte Amtsdauer gerechtfertigt sein; wegen der auch dem Streitmittler nachvollziehbaren anders gerichteten Motivation des Träger dürfte die innere Unabhängigkeit kaum wesentlich gefährdet sein.

Dagegen kann eine kürzere Bestellungsdauer nicht damit begründet wer- 6
den, die Stelle solle nur für eine kürzere Zeit oder gar nur ad hoc eingerichtet werden; denn nach § 24 S. 1 muss die Einrichtung auf Dauer angelegt sein (→ § 24 Rn. 15).

c) Normadressat

Normadressat ist nach dem Sinn der Regelung allein der Träger. Er soll da- 7
ran gehindert werden, den Streitmittler durch eine von diesem auch nur für möglich gehaltene kurzfristige Abberufung von einer unabhängigen Wahr-

3 So wörtlich in der Begründung des Regierungsentwurfs BR-Drs. 258/15, 69.

nehmung der Aufgabe abzuhalten. Mit diesem Schutzzweck ist es ohne Weiteres vereinbar, wenn der **Streitmittler** selbst die Möglichkeit hat, seine **Amtsdauer vor Ablauf der Drei-Jahres-Frist zu beenden.**

d) Rechtsfolgen

8 Die Regelung hat Konsequenzen für die Vertragsgestaltung (→ Rn. 28 ff.). Verstößt der Vertrag gegen Abs. 1, indem er ohne Vorliegen der Voraussetzungen für eine Ausnahme für kürzere Zeit als drei Jahre geschlossen wird, hat dies Auswirkungen im Rechtsverhältnis Streitschlichtungsstelle/Streitmittler (→ Rn. 27 ff.). Nichtigkeit nach § 134 BGB kommt nicht in Betracht. Die Interessen der Parteien werden nur mittelbar geschützt. Schadensersatzansprüche sind kaum vorstellbar.

e) Wiederbestellung (Satz 3)

9 Satz 3 bestimmt, dass eine **Wiederbestellung** zulässig ist, dies im Übrigen auch wiederholt, wie in der Begründung klargestellt ist.[4] Damit sagt das Gesetz etwas Selbstverständliches, zumal dem Regelungszusammenhang ein irgendwie geartetes Interesse an einer zeitlichen Beschränkung nach oben gerade nicht zu entnehmen ist.

2. Abberufungsgrenzen (Abs. 2)

10 Die Mindestamtszeit des Abs. 1 wird durch die Begrenzung der Abberufungsmöglichkeiten nach Abs. 2 flankiert. Die Regelung konkretisiert die Vorgabe aus Art. 6 Abs. 1 lit. b ADR-Richtlinie, wonach die Mitgliedstaaten sicherzustellen haben, dass Streitmittler „nicht ohne triftigen Grund ihres Amtes enthoben werden können". Das Gesetz zählt hierzu die verfügbaren Abberufungsgründe abschließend auf, wobei Nr. 1 und 2 spezifische auf das Amt bezogene Abberufungsgründe nennen und Nr. 3 einen allgemeinen.

a) Störung der Unabhängigkeit und Unparteilichkeit (Nr. 1)

aa) Sinn und Ziel

11 Die Regelung dient gleichsam als Gegenwicht zur Langzeitbindung dem Grundgedanken der Sicherung der Unparteilichkeit, dem die gesamten Vorschriften und im Übrigen auch die §§ 6 f. dienen, und wird damit der **Ambivalenz der durch die ADR-Richtlinie geschaffenen Rechtslage** gerecht. Denn es ist durchaus nicht fernliegend, dass gerade die Statussicherheit den Streitmittler anfällig machen kann, seine Neutralitätspflichten zu vernachlässigen.

bb) Erforderliche Tatsachen

12 Es müssen **Tatsachen** vorliegen, ein allgemeiner Verdacht der Neutralitätseinbuße genügt also nicht. Die Tatsachen können zum einen an **persönliches Verhalten** des Streitmittlers anknüpfen insbesondere im Rahmen seiner Streitmittlertätigkeit oder auch in anderen Bereichen, soweit sie Bezug zu seinem Amt haben. So könnte zB eine einseitige, interessenorientierte Vortragstätigkeit Anhaltspunkte für einen Neutralitätsverlust bieten. Zum

4 BR-Drs. 258/15, 69.

anderen kann die Aufnahme einer Nebentätigkeit für ein Unternehmen oder einen Verband oder aber eine Anschlussbeschäftigung bei einem mit der Streitbeilegungsstelle verknüpften Unternehmen (→ § 6 Rn. 57) einen Abberufungsgrund darstellen.

Neben Tatsachen mit persönlichem Einschlag kommen auch **trägerbezogene Gründe** in Betracht. So kann durch Veränderung der Geschäftspolitik des Trägers ein Unternehmer sich neu zur Teilnahme an der Schlichtung des betreffenden Trägers verpflichten, sei es innerhalb der vom Träger bislang abgedeckten Branche oder infolge der Erschließung einer neuen Branche. Wenn der oder einer der Streitmittler bei diesem Unternehmer oder einem einschlägigen Verband in den drei Jahren zuvor tätig war, tritt nicht gleichsam rückwirkend ein (Weiter-)Bestellungsverbot nach § 6 Abs. 3 ein (→ § 6 Rn. 56), wohl aber die Möglichkeit der Abberufung nach Nr. 1. Allerdings kann der Träger das Problem auch durch organisatorische und vertragliche Maßnahmen lösen, indem er im Falle mehrerer Streitmittler sicherstellt, dass der betroffene Streitmittler keine Fälle des betroffenen Unternehmers oder Verbandes bearbeitet. Statthaft sind solche alternativen Maßnahmen in diesem Bereich schon deshalb, weil sie sogar im unmittelbaren Anwendungsbereich des § 6 in Betracht kommen (→ § 6 Rn. 62). Hat der Träger solche alternativen Lösungsmöglichkeiten nicht, etwa weil es nur einen Streitmittler beschäftigt, wird nichts anderes übrig bleiben, als den Streitmittler abzuberufen. Die Abberufung ist allerdings nicht zwingend mit der Beendigung des Gesamtvertrages verbunden, weil dem Streitmittler neben dieser auch andere Aufgaben in der Verbraucherschlichtungsstelle übertragen werden können (→ § 7 Rn. 9). 13

cc) Bezug zum Grundverhältnis

Es genügt nicht eine Neutralitätsstörung, die sich auf einen **Einzelfall** beschränkt. Dies ergibt sich zum einen daraus, dass § 7 Abs. 4 für den Einzelfall spezielle Regelungen vorsieht, die den Parteien die Steuerung überlassen. Zum anderen spricht Nr. 1 von „der Tätigkeit als Streitmittler", zielt also auf das vom Einzelfall zu lösende **Grundverhältnis**. Andererseits kann ein Pflichtverstoß oder eine sonstige Störung ein derart großes Gewicht haben, dass über den Einzelfall hinaus eine neutrale Amtsführung nicht mehr zu erwarten ist. 14

dd) Kein Verschulden erforderlich

Ein **schuldhaftes** oder gar **vorsätzliches Verhalten** des Streitmittlers ist, wie die zuletzt dargestellten Beispiele zeigen, nicht zwingende Voraussetzung, wenn auch der Regelfall. Das Maß des Verschuldens kann aber Bedeutung haben für die anzustellende Prognose und ggf. Maßnahmenwahl (→ Rn. 16). 15

ee) Negativprognose

Die **neutrale Amtsführung** darf nicht mehr zu **erwarten** sein. Es ist also eine **Prognose des Trägers** erforderlich. Dabei wird er eine Gesamtwürdigung vornehmen, also nicht die Anlasstatsache allein berücksichtigen, sondern die vorherige Amtsführung und ebenso auch Handlungsmöglichkeiten einbeziehen, die Neutralitätsgewähr wieder herzustellen. Hierzu können je 16 nach Sachlage etwa Gespräche, Fortbildungen oder auch Abmahnungen in Betracht kommen. Systematisch könnte man diese **alternativen Lösungsmöglichkeiten** auch auf der Rechtsfolgenseite ansiedeln in der Weise, dass bei negativer Prognose statt der Abberufung im Rahmen einer vom Gesetz angeregten Ermessensabwägung („kann") die Prognose verbessert wird. Zwar handelt der Träger nicht als oder wie eine Behörde, eine Anlehnung an die Grundsätze der Ermessensausübung im Verwaltungsverfahren ist aber durchaus angezeigt.

b) Dauerhafte Hinderung (Nr. 2)

17 Nr. 2 erlaubt die Abberufung dann, wenn der Streitmittler nicht nur vorübergehend an der Tätigkeitsausübung gehindert ist.

18 Schutzrichtung dieser Ausnahme sind anders als die der Nr. 1 nicht, jedenfalls nicht primär, die Interessen der Streitparteien, sondern die des Trägers.

19 **Nicht nur vorübergehend** ist das Hindernis, wenn die Hinderung unumkehrbar ist. Zu denken ist etwa an eine schwere Erkrankung, die nicht notwendig zum Tod führen muss, aber doch die Amtsausübung als Streitmittler dauerhaft unmöglich macht. Abzustellen ist dabei auf die konkreten Rahmen- und Arbeitsbedingungen der betroffenen Stelle, nicht auf eine generalisierte Sicht. So kann die dauerhafte Unmöglichkeit, einen Computer zu bedienen, bei einer online ausgerichteten Streitbeilegungsstelle ein dauerhaftes Hindernis begründen, während dies bei einer Stelle, die mit Angeboten wie Mediation den Einsatz moderner Technologie nicht erfordert, nicht der Fall ist.

20 Es kommt auf ein Hindernis gerade bei der Ausübung der **Tätigkeit als Streitmittler** an. Nimmt der Streitmittler noch weitere Funktionen bei der Streitbeilegungsstelle wahr, so begründet ein dauerhaftes Hindernis zur Ausübung jener anderen Tätigkeit nicht auch das Recht zur Abberufung als Streitmittler. Möglicherweise liegt dann aber ein anderer wichtiger Grund im Sinne der Nr. 3 vor.

c) Anderer wichtiger Grund (Nr. 3)

21 Weitere Gründe müssen nach allgemeinen Auslegungsregeln ein ähnliches Gewicht haben wie die beiden gesetzlich konkreter geregelten nicht mehr zu erwartender Neutralität (Nr. 1) und dauerhaftes Hindernis der Amtsausübung (Nr. 2). Auch die Schutzrichtung muss der in Nr. 1 oder Nr. 2 entsprechen, es müssen also wichtige Belange der Parteien oder solche des Trägers betroffen sein.

22 Die **Interessen der Parteien** sind mit der Regelung in Nr. 1 und den recht strengen Vorgaben zur Unabhängigkeit in § 6 Abs. 1 (→ § 6 Rn. 4 ff.), Abs. 3 (→ § 6 Rn. 40 ff.) und in § 7 schon weitgehend abgedeckt. Weitere Gründe aus diesem Interessenaspekt sind nur schwer vorstellbar. Zu einer Beispielskonstellation vgl. → § 7 Rn. 20.

23 Anders stellt sich das aus **Sicht des Trägers** dar. In Betracht kommen schwerwiegende Vertragsverletzungen, unabhängig davon, ob sie das Verhältnis zu den Parteien unmittelbar berühren oder nicht. Auch die Zerrüt-

tung des Vertrauensverhältnisses zwischen dem Träger und dem Streitmittler zählen hierzu. Letztlich kommt eine Anwendung der allgemeinen Grundsätze in Betracht, die für die fristlose Kündigung des Auftrags- sowie des Arbeitsvertrages gelten.[5]

d) Rechtsfolgen

Die Vorschrift begrenzt in ihrer primären Ausrichtung das Abberufungsrecht auf die ausdrücklich geregelten Fallgruppen, **untersagt dem Träger also die Abberufung in anderen Fällen.** Dies hat Auswirkungen auf den Vertrag mit dem Streitmittler (→ Rn. 27 ff.) ebenso wie im **konkreten Anlassfall.** Beruft der Träger den Streitmittler im Anlassfall außerhalb der geregelten Ausnahmen ab, ist das Tätigkeitsverbot rechtswidrig und der Streitmittler hat einen gerichtlich durchsetzbaren **Anspruch auf Fortführung der Tätigkeit**, die Abberufung ist aber in dem Sinne wirksam, dass der Streitmittler seine Tätigkeit nicht ohne Weiteres fortführen kann. Die **rechtswidrige Abberufung** ist also **nicht nichtig.** 24

Abs. 2 betrifft nur die **Tätigkeit als Streitmittler.** Übt der Betroffene noch weitere Tätigkeiten aus (→ § 7 Rn. 9), ist er insoweit nach dem VSBG nicht geschützt. Nur in Extremfällen, wenn etwa auf der Hand liegt, dass der Träger dem Streitmittler andere Funktionen nur deshalb nimmt, um ihn in der Tätigkeit als Streitmittler im Sinne einer Einschränkung der Unabhängigkeit „gefügig" zu machen, kommt die entsprechende Anwendung von Abs. 2 in Betracht. Liegt eine solche Ausnahme nicht vor, verbleiben andererseits natürlich Schutzrechte aus anderen Rechtsmaterien insbesondere des Dienstvertrags- oder Arbeitsrechts (zur Unterscheidung → Rn. 27). 25

Die Abberufung bedeutet nicht zwangsläufig die Beendigung der gesamten Rechtsbeziehung. Wird der Streitmittler (rechtmäßig) aus dieser Funktion abberufen, ist der Träger nicht zwangsläufig zur Kündigung des Vertrages insgesamt berechtigt oder gar gezwungen. 26

III. Folgen für den Vertrag zwischen Träger und Streitmittler

Nach deutschem Zivilrecht kommt ein **Arbeitsvertrag** oder ein (allgemeiner) Dienstvertrag nach §§ 611 ff. BGB in Betracht. Ob es sich um ein Arbeitsverhältnis oder um eine **freie Mitarbeit im Rahmen eines allgemeinen Dienstvertrages** handelt, ist nicht durch die Bezeichnung des Vertrages zu steuern. Vielmehr kommt es zur Abgrenzung auf die konkrete Ausgestaltung des Vertragsverhältnisses an. Je stärker das **Weisungsrecht** des Leistungsempfängers (hier: der Streitschlichtungsstelle) ausgeprägt ist und je stärker der Leistungsverpflichtete (hier: der Streitmittler) in die **Betriebsstruktur eingegliedert ist**, desto mehr spricht für ein Arbeitsverhältnis. Je **unabhängiger der Streitmittler** bei der Erfüllung seiner Aufgabe ist, desto mehr spricht für einen allgemeinen Dienstvertrag. Letztlich ist eine **Gesamtwürdigung der Umstände des Einzelfalls** erforderlich.[6] Der Streitmittlervertrag ist gesetzlich nach §§ 7, 8 durch ein besonderes Maß an Unab- 27

5 Vgl. etwa *Waltermann*, Rn. 340 ff.
6 Vgl. im Einzelnen *Waltermann*, Rn. 44 ff., insbes. Rn. 58.

hängigkeit geprägt. Das allein begründet zwar nicht die (Regel-)Annahme einer freien Mitarbeit, lässt diese indessen bei entsprechender Gestaltung der äußeren Umstände der Leistungserbringung eher vorliegen als in anderen Bereichen.

1. Arbeitsvertrag

a) Lösung durch Befristung

28 Für den Fall eines Arbeitsvertrages kann den Vorgaben des § 8 dadurch entsprochen werden, dass der Vertrag als **befristeter Vertrag** über (in der Regel; → Rn. 4 ff.) mindestens drei Jahre geschlossen wird. Ob die Befristung statthaft und wirksam ist, richtet sich nach den allgemeinen Regeln in § 14 des Gesetzes über Teilzeitarbeit und befristete Arbeitsverträge (TzBfG). Von praktischer Bedeutung dürfte § 14 Abs. 2 a TzBfG sein, der Unternehmen in den ersten vier Jahren nach ihrer Gründung die Befristung bis zu einer Dauer von vier Jahren auch ohne sachlichen Grund erlaubt. Für Unternehmen außerhalb der Gründungsphase gilt eine Begrenzung auf zwei Jahre. Eine längere Befristung kann dann erfolgen, wenn ein sachlicher Grund nach § 14 Abs. 1 TzBfG vorliegt. Dieser allgemeingültige Katalog[7] weist keine Regelungen auf, aus denen sich Spezifika für den Arbeitsvertrag mit dem Streitmittler ergäben. Ein sachlicher Grund dürfte insbesondere nicht in der Mindestamtsdauer nach Abs. 1 zu finden sein. Denn dem Träger steht ja alternativ ein unbefristeter Vertrag zur Verfügung und das TzBfG hat nur diesen Abgleich vor Augen. Besondere auf das TzBfG durchschlagende Gründe aus der Tätigkeit des Streitmittlers sind hingegen nicht erkennbar: Abs. 1 wendet sich im Interesse der Unabhängigkeit gegen eine (zu) kurze Amtsdauer, was der Tendenz des TzBfG entspricht, und schafft die nötige Ausbalancierung über Abs. 2.

29 Der Streitmittlervertrag darf **keine anderen Abberufungsgründe** als die des Abs. 2 enthalten; anderenfalls ist die betreffende Passage gem. § 134 BGB nichtig.

30 Sieht der unbefristete Vertrag keine Regelung zur ordentlichen Kündigung vor, gelten die **Kündigungsfristen des § 622 Abs. 2 S. 1 BGB** in den ersten drei Jahren **nicht**, weil das VSBG als das speziellere Gesetz Anwendungsvorrang hat. Die Karenzzeit beträgt trotz der nur relativen Vorgabe („soll") drei Jahre, weil die erforderlichen Anhaltspunkte für eine Unterschreitung gerade fehlen. Bei bzw. nach Ablauf der drei Jahre gilt dann die allgemeine Regel des § 622 Abs. 2 S. 1 Nr. 1 BGB, der Arbeitsvertrag ist also mit einmonatiger Frist erstmals zum 36. Kalendermonat kündbar. Für länger andauernde Arbeitsverträge gilt die Fristenstaffel nach § 622 Abs. 2 S. 1 Nr. 2–7 BGB.

31 Enthält der unbefristete Vertrag ordentliche Kündigungsrechte des Arbeitgebers in den ersten drei Jahren, ist die Regelung gemäß § 134 BGB wegen Verstoßes gegen Abs. 1 nichtig. Anders als im Regelfall ist nicht das gesamte Rechtsgeschäft nichtig, wie sich aus Sinn und Zweck der Bestimmung[8] evident ergibt, die ja gerade eine Statussicherheit vermitteln will.

---

7 Vgl. hierzu etwa *Zöllner/Loritz/Hergenröder* § 24 Rn. 6.
8 Vgl. Palandt/*Ellenberger* BGB § 134 Rn. 13.

b) Ordentliche Kündigung des unbefristeten Vertrages

Im Falle eines **unbefristeten Arbeitsverhältnisses** sollte die ordentliche Kündigung (zur fristlosen Kündigung vgl. → Rn. 34) zumindest für die ersten drei Jahre ausgeschlossen werden. Der Arbeitsvertrag sollte hierüber eine ausdrückliche Regelung enthalten. Ohne eine solche Regelung tritt der zeitweise Ausschluss des ordentlichen Kündigungsrechts nicht kraft Gesetzes ein. Denn Abs. 1 ist nicht als arbeitsrechtliche Spezialregelung zu verstehen. 32

c) Weitere Fragen

Sowohl im Falle befristeter als auch unbefristeter Arbeitsverhältnisse stellen sich Fragen im Zusammenhang mit außerordentlicher Kündigung, Probezeit, Aufhebungsvertrag und Teilkündigung. 33

aa) Außerordentliche Kündigung

Für die **außerordentliche**, also fristlose, **Kündigung** sowohl des unbefristeten als auch des befristeten wie im Übrigen auch des allgemeinen Dienstvertrages gelten die allgemeinen Regeln des § 626 BGB.[9] Danach sind das Vorliegen eines **wichtigen Grundes** und eine **Gesamtabwägung** der Interessen beider Vertragsteile erforderlich. Ferner bedarf es vor der außerordentlichen Kündigung in der Regel einer **Abmahnung**. Abs. 2 Nr. 1 und Nr. 2 stellen Gründe dar, die bei Anwendung des § 622 BGB „wichtige Gründe" sind. Das ergibt sich aus dem Wortlaut, der in den genannten Normen identisch „wichtiger Grund" lautet, und aus Sinn und Zweck der Regelung im VSBG. Der dauerhafte Verlust der erforderlichen Neutralität (Nr. 1) lässt eine für das Streitbeilegungsverfahren elementar wichtige Bedingung entfallen, was eine auch nur vorübergehende Weiterbeschäftigung als Streitmittler und damit in aller Regel die Fortsetzung des Arbeitsverhältnisses auch nach der gebotenen Gesamtabwägung nicht zumutbar erscheinen lässt. Im Falle dauerhafter Hinderung (Nr. 2) werden die hier mehr im Vordergrund stehenden Interessen des Trägers in gewissem Umfang ebenfalls von Anliegen des VSBG gestützt: Die Vorgaben zur Verfahrenskürze in § 20 sind bei dauerhafter Verhinderung eines Streitmittlers, der nicht rasch kostenneutral ersetzt werden kann, nur schwer einzuhalten. 34

bb) Probezeit

Fraglich ist, was die Regelung für die Frage der **Probezeit** bedeutet. Nach § 622 Abs. 3 BGB kann vertraglich eine Probezeit von bis zu sechs Monaten mit der Folge vereinbart werden, dass das Arbeitsverhältnis in dieser Zeit mit einer Frist von zwei Wochen gekündigt werden kann. Mit dieser Regelung soll erreicht werden, dass der Arbeitgeber die Leistungsfähigkeit des Arbeitnehmers ohne übergroße Bindung erproben kann und zugleich die Bereitschaft des Arbeitgebers, einzustellen, gefördert wird.[10] Auch darf die Vereinbarung einer Probezeit als allgemeiner Standard betrachtet werden. Diese Zwecke sind gewiss auch für das Arbeitsverhältnis zwischen Träger und Streitmittler bedeutsam. Wegen der gegenläufigen Interessen 35

9 Vgl. hierzu etwa *Zöllner/Loritz/Hergenröder* § 25 Rn. 30 ff.
10 Vgl. Palandt/*Weidenkaff* BGB § 622 Rn. 17.

des Unabhängigkeitsschutzes einerseits und der gegenseitigen Erprobung andererseits kann es sich vielleicht anbieten, das Kündigungsrecht des Arbeitgebers anders als im allgemeinen Arbeitsrecht und anders als das des Streitmittlers an einen bestimmten Katalog von Gründen zu binden. Wenn der Vertrag allerdings die übliche Probezeitregelung enthält, ist die Vereinbarung trotz der damit verbundenen latenten Möglichkeit, Abs. 1 zu unterlaufen, wirksam. Auch insoweit fehlt es an dem feststellbaren Willen des Gesetzgebers, eine arbeitsrechtliche Sonderregelung zu schaffen.

cc) Teilkündigung

36 § 8 betrifft grundsätzlich **nur das Amt als Streitmittler**. Hierin können sich die übertragenen Aufgaben erschöpfen; dies wird auch der Regelfall sein, vor allem im Falle einer freiberuflichen Tätigkeit. Allerdings kommt es gerade bei einem Arbeitsvertrag auch vor, dass der Streitmittler im Rahmen desselben Beschäftigungsverhältnisses noch andere Aufgaben wahrnimmt wie etwa die organisatorische Leitung der gesamten Einrichtung oder einer Abteilung, Querschnittsfunktionen wie juristische (Justiziariat) oder technische Dienste (IT), die Öffentlichkeitsarbeit und vieles mehr. Für diese Bereiche gilt § 8 nicht (→ Rn. 13). Deshalb können im Vertrag unterschiedliche Regelungen zu den Tätigkeitsbereichen vorgesehen werden, solange § 8 hinsichtlich der Aufgabe als Streitmittler beachtet wird. So könnte daran zu denken sein, die hälftige Tätigkeit als Streitmittler im Rahmen eines unbefristeten oder eines auf drei Jahre befristeten Arbeitsverhältnisses unter Ausschluss der außerordentlichen Kündigung zu regeln und für die ebenfalls hälftige Aufgabe des Justiziar eine kürzere Frist oder keine Befristung bei Geltung allgemeiner Kündigungsrechte vorzusehen. Dabei wird es darauf ankommen, die Folgen einer **gespaltenen Kündigung** im Äquivalenzgefüge zu halten. Unter solchen Umständen kann eine solche, gesetzlich nicht vorgesehene Teilkündigung wirksam sein.[11]

2. Auftrag/freie Mitarbeit

37 Handelt es sich um eine freie Mitarbeit im Rahmen eines (allgemeinen) Dienstvertrages, kann den Vorgaben des § 8 dadurch Rechnung getragen werden, dass eine Vertragslaufzeit von mindestens drei Jahren vereinbart und damit eine ordentliche Kündigung seitens der Verbraucherschlichtungsstelle während dieses Zeitraums ausgeschlossen wird. Zwar gibt § 621 BGB deutlich kürzere Kündigungsfristen vor, von dieser Bestimmung kann aber schon im Allgemeinen abgewichen werden,[12] was vor dem Hintergrund des § 8 erst recht gilt.

38 Enthält der Vertrag keine Regelungen zur Vertragsdauer, ist er also auf unbestimmte Zeit (unbefristet) geschlossen, wird § 621 Nr. 5 BGB, der an sich jederzeitige Kündbarkeit bzw. eine Kündigungsfrist von zwei Wochen bei Vollzeittätigkeit vorsieht, von der Spezialvorschrift des § 8 verdrängt.

11 Zum Ganzen vgl. etwa *Zöllner/Loritz/Hergenröder* § 25 Rn. 5 ff. unter Hinweis auf die grundlegende Entscheidung des Bundesarbeitsgerichts BAG AP Nr. 3 zu § 611.

12 Vgl. Palandt/*Weidenkaff* BGB § 621 Rn. 2.

Regelungen in dem Vertrag über die freie Mitarbeit bedarf es insoweit nicht.

§ 9 Beteiligung von Verbraucherverbänden und Unternehmerverbänden

(1) [1]Ist der Träger der Verbraucherschlichtungsstelle ein Verband, der Unternehmerinteressen wahrnimmt, oder wird der Träger der Verbraucherschlichtungsstelle von einem solchen Verband finanziert, so bedürfen die Festlegung und die Änderung der Zuständigkeit der Verbraucherschlichtungsstelle, die Verfahrensordnung und die Bestellung oder Abberufung eines Streitmittlers der Beteiligung eines Verbands, der die Interessen von Verbrauchern wahrnimmt (Verbraucherverband). [2]Der Verbraucherverband muss eine qualifizierte Einrichtung nach § 3 Absatz 1 Satz 1 Nummer 1 des Unterlassungsklagengesetzes sein und sich für die Vertretung von Verbraucherinteressen im Zuständigkeitsbereich der Verbraucherschlichtungsstelle fachlich eignen. [3]Die Beteiligung ist in den Regeln über die Organisation der Verbraucherschlichtungsstelle vorzusehen.

(2) [1]Ist der Träger der Verbraucherschlichtungsstelle ein Verbraucherverband oder wird der Träger der Verbraucherschlichtungsstelle von einem Verbraucherverband finanziert, so gilt Absatz 1 Satz 1 und 3 entsprechend für die Beteiligung eines Verbands, der Unternehmerinteressen wahrnimmt (Unternehmerverband). [2]Der Unternehmerverband muss sich für die Vertretung von Unternehmerinteressen im Zuständigkeitsbereich der Verbraucherschlichtungsstelle fachlich eignen.

I. Allgemein

1 Die wechselseitige Beteiligung von Verbraucher- und Unternehmerverbänden an wesentlichen Entscheidungen über die Struktur und Arbeitsweise der Verbraucherschlichtungsstelle geht über die Anforderungen der Richtlinie 2013/11/EU (ADR-RL) hinaus.[1] Durch die Verbandsbeteiligung im Sinne des § 9 soll die interne Selbstkontrolle der Verbraucherschlichtungsstelle verbessert werden. Im Übrigen erhöhe die Verbandsbeteiligung auch das Vertrauen in die Neutralität der Verbraucherschlichtungsstelle.[2] Die Ergebnisse der wechselseitigen Beteiligung sind gemäß § 25 Abs. 3, S. 1 dem Anerkennungsantrag und eventuellen Änderungsmittelungen beizufügen. Verstöße gegen die wechselseitige Beteiligung können daher zur Nichtanerken-

1 Vgl. BT-Drs. 18/5295, 72 (Regierungsentwurf).
2 Vgl. BT-Drs. 18/5295, 73 (Regierungsentwurf); zum Neutralsein und dem Neutalerscheinen der Verbraucherschlichtungsstellen vgl. auch: *Steike* VuR Sonderheft 2016, 42.

nung als Verbraucherschlichtungsstelle (§§ 24, 25) oder zum Widerruf der Anerkennung (§ 26) führen.

II. Beteiligung von Verbraucherverbänden

2 Die Beteiligung an wesentlichen Entscheidungen über die Struktur und Arbeitsweise einer Verbraucherschlichtungsstelle durch einen Verbraucherverband soll dann erforderlich sein, wenn Träger der Verbraucherschlichtungsstelle ein Verband ist, der Unternehmerinteressen wahrnimmt oder von einem solchen Verband finanziert wird. Die erste Alternative kollidiert allerdings mit § 3, nach dem Träger einer Verbraucherschlichtungsstelle gerade kein „Verband" mehr sein kann, sondern ein eingetragener Verein sein muss. Es handelt sich um ein Redaktionsversehen, da § 9 nicht an die im Laufe des Gesetzgebungsverfahrens erfolgte Änderung des § 3 angepasst worden ist.[3] Man wird die Einleitung des § 9 Abs. 1, S. 1 wie folgt zu lesen haben:

„Nimmt der Träger der Verbraucherschlichtungsstelle Unternehmerinteressen wahr, oder wird der Träger von einem Verband, der Unternehmerinteressen wahrnimmt, finanziert, so bedürfen ..."

Dies entspricht der jetzigen Fassung des § 3 S. 2.

3 Mitwirkungsberechtigt ist in den vorbenannten Fällen ein Verband, der die Interessen von Verbrauchern wahrnimmt, also ein Verbraucherverband. Dieser muss „qualifizierte Einrichtung" gemäß § 3 Abs. 1 S. 1 Nr. 1 UKlaG sein. Er muss also entweder in einer Liste qualifizierter Einrichtungen gemäß § 4 UKlaG oder im Verzeichnis der EU-Kommission entsprechend Art. 4 der Richtlinie 98/27/EG eingetragen sein.

4 Eintragungsfähig nach § 4 Abs. 2 UKlaG sind rechtsfähige Verbände, zu deren satzungsmäßigen Aufgaben es gehört, Verbraucheraufklärung und Beratung im Interesse der Verbraucher durchzuführen. Hierbei muss es sich zwar nicht um die einzige Aufgabe des Verbandes handeln, es darf aber auch keine untergeordnete Aufgabe sein. Der Verband kann sich auf die Vertretung von Interessen bestimmter Personengruppen (beispielsweise Mieter oder Kreditnehmer) beschränken oder sein Tätigkeitsgebiet räumlich eingrenzen.[4] Die Aufgabenerfüllung entsprechend der Satzung des Verbandes muss tatsächlich und dauerhaft sowie sachgerecht erfolgen.[5] Die Aufgabenerfüllung darf nicht nur vorübergehend und auch nicht gewerbsmäßig erfolgen. Die Beratung und Aufklärung im Interesse der Verbraucher muss daher eine satzungsmäßig dauerhafte Aufgabe sein, die jedoch nicht auf die Erzielung dauernder Einnahmen durch Aufklärung oder Beratung oder die Anspruchsgeltendmachung gerichtet sein darf. Mithin sind bloße Abmahnvereine keine qualifizierten Einrichtungen im Sinne des § 4 Abs. 2 UKlaG.[6] Der Verband muss sich vielmehr aus eigenen Mitteln (Mitgliedsbeiträge) oder aus Zuwendungen von Dritten (Spenden oder Förder-

---

3 Vgl. BT-Drs. 18/5089, Synopse des 6. Ausschusses des DBT vom 27.11.2015, S. 4 (§ 5) und S. 8 (§ 9).
4 Vgl. Palandt/*Bassenge* BGB § 4 UKlaG, Rn. 6.
5 Vgl. Palandt/*Bassenge* BGB § 4 UKlaG, Rn. 6.
6 Vgl. Palandt/*Bassenge* BGB § 4 UKlaG, Rn. 6.

mittel) finanzieren. Mitglieder können gemäß § 4 Abs. 2 S. 1 UKlaG entweder Verbraucherverbände (mithin mindestens zwei) oder mindestens 75 natürliche Personen sein. Im Übrigen muss der Verband, wenn er als qualifizierte Einrichtung in die Liste gemäß § 4 Abs. 1 S. 1 UKlaG eingetragen werden will, mindestens ein Jahr bestehen und aufgrund seiner bisherigen Tätigkeit die Gewähr für eine sachgerechte Aufgabenerfüllung bieten (§ 4 Abs. 2 S. 1 UKlaG). Es besteht allerdings eine unwiderlegliche gesetzliche Vermutung, dass die Voraussetzungen für die Eintragung als qualifizierte Einrichtung in die Liste gemäß § 4 Abs. 1 S. 1 UKlaG vorliegen, wenn und solange eine Verbraucherzentrale oder ein anderer Verbraucherverband mit öffentlichen Mitteln gefördert wird.

Nach § 3 Abs. 1 S. 1 Nr. 1 UKlaG kommen neben den qualifizierten Einrichtungen gemäß § 4 UKlaG auch solche Einrichtungen in Betracht, die in das Verzeichnis der EU-Kommission nach Art. 4 der Richtlinie 98/27/EG aufgenommen sind. Mithin können auch Verbraucherverbände aus den Mitgliedstaaten der EU qualifizierte Einrichtungen im Sinne des § 9 Abs. 1 S. 2 sein. Für die Klageberechtigung nach § 3 UKlaG ist insoweit ein grenzüberschreitender Verstoß nicht erforderlich.[7] Nachdem allerdings die Beteiligungsvorschrift des § 9 Abs. 1 S. 2 darauf abhebt, dass sich der zu beteiligende Verbraucherverband für die Vertretung von Verbraucherinteressen im Zuständigkeitsbereich der Verbraucherschlichtungsstelle fachlich eignen muss, dürfte ein nur außerhalb des Zuständigkeitsbereiches der Verbraucherschlichtungsstelle tätiger Verband nicht beteiligungsfähig sein. Europaweit – und damit auch innerhalb des Zuständigkeitsbereiches der Verbraucherschlichtungsstelle – tätige Verbraucherverbände dürften dagegen beteiligungsgeeignet sein. In jedem Fall müssen sich die zu beteiligenden Verbraucherverbände auch fachlich für die Beteiligung eignen, sie sollten mithin ein gewisses Grundverständnis für die von der Verbraucherschlichtungsstelle zu lösenden Konflikte mitbringen. Bei branchenspezifischen Verbraucherstreitbeilegungsstellen dürfte die Kenntnis der branchenspezifischen Konflikte erforderlich sein. Bei allgemeinen Schlichtungsstellen ist zumindest zu erwarten, dass die zu beteiligenden Verbraucherverbände hinreichende Kenntnisse von dem geltenden Verbraucherrecht haben. 5

Beteiligungsbedürftig gemäß § 9 Abs. 1 S. 1 sind die Festlegung und die Änderung der Zuständigkeit der Verbraucherschlichtungsstelle (§ 4). Ebenfalls beteiligungspflichtig ist die Verfahrensordnung (§ 5) und die Bestellung und Abberufung eines Streitmittlers (§ 8), einschließlich der Überprüfung der Voraussetzungen, ob der in Aussicht genommene Streitmittler berufungsfähig ist (§ 6) und der Überprüfung, ob Abberufungsgründe im Sinne des § 8 Abs. 2 vorliegen. Die Aufzählung der beteiligungsbedürftigen Sachverhalte ist nicht abschließend, Andere Sachverhalte können der wechselseitigen Beteiligung ebenfalls unterstellt werden wie beispielsweise die Haushaltsaufstellung oder der Jahresabschluss. Die Beteiligung des Verbraucherverbandes ist im internen Recht der Verbraucherstreitbeilegungsstelle (Satzung, Verfahrensordnung oder ähnliches) festzulegen (§ 9 Abs. 1 S. 3). Die Ausgestaltung der Verbandsbeteiligung wird vom Gesetz nicht 6

7 Vgl. Palandt/*Bassenge* BGB § 3 UKlaG, Rn. 5.

vorgegeben. Der Regierungsentwurf geht davon aus, dass sowohl paritätisch besetzte Beiräte als auch weniger formelle Ausgestaltungen möglich sind.[8] In der Praxis hätten die bisher in Deutschland tätigen Verbraucherschlichtungsstellen vielfach einen paritätisch besetzten Beirat.[9]

7 Dies trifft beispielsweise auf die Schlichtungsstelle der Rechtsanwaltschaft zu. Ausweislich § 191 f Abs. 3 BRAO ist für sie ein Beirat zu bilden, dem neben Vertretern von Verbraucherverbänden auch Vertreter der Rechtsanwaltskammern und den Anwaltsverbänden angehören, wobei lediglich die Hälfte der Mitglieder des Beirates Rechtsanwälte sein dürfen. In der Praxis gehören dem 9-köpfigen Beirat Vertreter der Bundesrechtsanwaltskammer, des Deutschen Anwaltverbandes, der Versicherungswirtschaft, der Verbraucherorganisationen und Mitglieder des Rechtsausschusses des Deutschen Bundestages an.[10]

8 Beteiligung bedeutet, dass den Verbänden bei beteiligungsbedürftigen Sachverhalten vor der Entscheidung die Gelegenheit zur Stellungnahme gegeben werden muss und ihnen ein Initiativrecht eingeräumt werden kann.[11] Ein Vetorecht gegen beabsichtigte Entscheidungen in beteiligungsbedürftigen Sachverhalten besteht jedoch nicht.[12] Allerdings besteht gemäß § 25 Abs. 3 eine Begründungspflicht bei Abweichungen von Stellungnahmen der zu beteiligenden Verbände, es sei denn, diese Verbände würden in einem paritätisch besetzten Beirat mitwirken.

III. Beteiligung von Unternehmerverbänden

9 Sofern der Träger der Verbraucherschlichtungsstelle Verbraucherinteressen wahrnimmt[13] oder von einem Verbraucherverband finanziert wird, ist die Beteiligung eines Verbandes, der Unternehmerinteressen wahrnimmt, erforderlich (§ 9 Abs. 2). Die Beteiligungsfähigkeit kann jedoch – anders als bei den Verbraucherverbänden – nicht gemäß § 3 Abs. 1 S. 1 Nr. 1 iVm § 4 UKlaG festgestellt werden, da sich diese Regelungen nur auf Verbraucherverbände beziehen. Allerdings muss auch auf der Unternehmerseite ein Verband agieren, weshalb Einzelpersonen nicht beteiligungsfähig sind. Im Übrigen muss sich der Unternehmerverband sowohl im Hinblick auf den Zuständigkeitsbereich als auch fachlich für die Vertretung von Unternehmerinteressen in der Verbraucherschlichtungsstelle eignen.

10 Im Hinblick auf die Gegenstände, die beteiligungspflichtig sind und die Beteiligungsformen besteht kein Unterschied zu der Beteiligung von Verbraucherverbänden.

8 Vgl. BT-Drs. 18/5295, 72 (Regierungsentwurf).
9 Vgl. BT-Drs. 18/5295, 73 (Regierungsentwurf).
10 Vgl. Schlichtungsstelle der Rechtsanwaltschaft, Tätigkeitsbericht 2014, S. 11.
11 So ausdrücklich in § 191 f Abs. 3, S. 4 und 5 BRAO für die Schlichtungsstelle der Rechtsanwaltschaft geregelt.
12 § 25 Abs. 3, S. 2 spricht konsequenterweise von „Empfehlungen" der Verbände.
13 Auch der Text des § 9 Abs. 2, S. 1 ist nicht an die Neufassung des § 3, S. 2 angepasst worden, weshalb eine berichtigende Auslegung wie in § 9 Abs. 1, S. 1 erforderlich ist.

IV. Streitbeilegung im Anwaltsbereich

11 Im Hinblick auf Verbraucherstreitigkeiten im anwaltlichen Bereich (Mandanten-Anwalts-Konflikte) ist zu beachten, dass die Schlichtungsstelle der Rechtsanwaltschaft gemäß Art. 3 des Gesetzes zur Umsetzung der Richtlinie über alternative Streitbeilegung in Verbraucherangelegenheiten und zur Durchführung der Verordnung über Online-Streitbeilegung in Verbraucherangelegenheiten, der § 191 f Abs. 4 und 5 BRAO neu fasst, eine Verbraucherschlichtungsstelle kraft Gesetzes ist (§ 191 f Abs. 4 BRAO). Dagegen können die Vermittler oder Vermittlungsabteilungen des Kammervorstandes, die ebenfalls Streitigkeiten zwischen Mitgliedern der Kammer und ihren Auftraggebern schlichten (§ 73 Abs. 2 Nr. 3 BRAO) keine Verbraucherschlichtungsstellen sein. Dies resultiert daraus, dass die Vorstandsmitglieder – und somit auch die Vermittler bzw. die Mitglieder der Vermittlungsabteilungen – von der Kammerversammlung gewählt werden (§ 64 Abs. 1 BRAO). Weder bei der Wahl der Vorstandsmitglieder noch bei der Abteilungsbildung gemäß § 77 BRAO ist die Beteiligung von Verbraucherverbänden zulässig. Dies bedeutet jedoch nicht, dass die Vermittler oder Vermittlungsabteilungen der Kammervorstände ihre Aufgaben gemäß § 73 Abs. 2 Nr. 3 BRAO nicht mehr erfüllen könnten, sie sind nur eben keine Verbraucherschlichtungsstellen. Dem Verbraucher, der als Auftraggeber eines Rechtsanwaltes mit diesem einen Konflikt hat und zwingend eine Verbraucherschlichtungsstelle einschalten will, steht die Inanspruchnahme der Schlichtungsstelle der Rechtsanwaltschaft gemäß § 191 f BRAO in den Grenzen ihrer Zuständigkeit frei.

§ 10 Informationspflichten der Verbraucherschlichtungsstelle

(1) Die Verbraucherschlichtungsstelle unterhält eine Webseite, auf der die Verfahrensordnung und klare und verständliche Informationen zur Erreichbarkeit und zur Zuständigkeit der Verbraucherschlichtungsstelle sowie zu den Streitmittlern, zur Anerkennung als Verbraucherschlichtungsstelle sowie zum Ablauf und zu den Kosten des Streitbeilegungsverfahrens veröffentlicht sind.

(2) Auf Anfrage werden die Informationen nach Absatz 1 in Textform übermittelt.

I. Einleitung

1 Die Art. 5 Abs. 2 lit. a und 7 Abs. 1 der ADR-Richtlinie werden mit dieser Vorschrift umgesetzt. Während die Art. 5 Abs. 2 lit. a und Art. 7 Abs. 1 der ADR-Richtlinie die Erfordernisse der Website detailliert aufzeigen, beschränkt sich der nationale Gesetzgeber auf eine zusammenfassende Auflistung des wesentlichen Inhalts. Das Bundesministerium der Justiz und für

Verbraucherschutz wird ermächtigt, im Einvernehmen mit dem Bundesministerium für Wirtschaft und Energie durch Rechtsverordnung, die der Zustimmung des Bundesrates bedarf, zu regeln, welche Informationen die Verbraucherschlichtungsstelle auf ihrer Website bereit zu stellen hat, § 42 Abs. 1 Nr. 3. Zur Verordnungsermächtigung sowie zur geänderten Zuständigkeit im Laufe des Gesetzgebungsverfahrens → § 42 Rn 1 ff.

2 In § 3 der Verbraucherstreitbeilegung-Informationspflichtenverordnung (kurz: VSBInfoV) werden die Vorgaben des europäischen Art. 7 Abs. 1 der ADR-Richtlinie sowie die Vorgaben des nationalen Umsetzungsgesetzes § 10 Abs. 2 VSBG konkretisiert. Den Verbraucherschlichtungsstellen bleibt es unbenommen, weitere Angaben aufnehmen. Der in § 3 VSBInfoV enthaltene Pflichtenkatalog legt die Mindestanforderungen fest und ist mithin nicht abschließend.

3 Weitere Mitteilungen, wie beispielsweise die Pflichtangaben nach § 5 TMG, sowie Erklärungen zu Haftungsausschlüssen, zu Google-Analytics etc sind ebenfalls zu berücksichtigen.

II. Informationspflichten

1. Anforderungen an die Unabhängigkeit der Website

4 Die Träger der Verbraucherschlichtungsstellen sind regelmäßig Verbraucher- oder Unternehmensverbände. Um die Unabhängigkeit und Unparteilichkeit der Schlichtungsstelle sowie des Streitmittlers zu ermöglichen, ist auch die Website von der Verbraucherschlichtungsstelle in Eigenregie – ohne Einflussnahme des Trägers – zu erstellen. Die Inanspruchnahme der Dienstleistung sowie die Beauftragung weiterer Personen ist möglich; entscheidend ist, dass der Inhalt, einschließlich des Aufbaus der Website, von der Verbraucherschlichtungsstelle stammt. Der Träger darf somit auf den Inhalt und die Gestaltung der Website keinen Einfluss nehmen; bestehende Strukturen des Trägers können – soweit dies der Verbraucherschlichtungsstelle nützlich und möglich erscheint, ohne dass der Eindruck ihrer fehlenden Unabhängigkeit und Unparteilichkeit entsteht – übernommen werden.

5 Die Verbraucherstreitbeilegungsstellen sollen den Rahmen für eine einfache, schnelle und kostengünstige Beilegung von Streitigkeiten zwischen einem Verbraucher und einem Unternehmer schaffen, um Differenzen zwischen beiden beizulegen.[1] Dies bedingt eine über jeden Zweifel erhabene Unparteilichkeit sowie Unabhängigkeit der Schlichtungsstelle, die bereits mit dem Auftritt beginnt und dem Schlichtungsvorschlag endet.

6 Allein die Verbraucherschlichtungsstelle ist für die Website sowie deren Inhalt verantwortlich; dies ergibt sich aus ihrer Unabhängigkeit vom Träger. Der Träger sollte nicht nur auf die Verbraucherschlichtungsstelle hinweisen, sondern darüber hinaus auch auf deren Website verweisen, was durch eine Verlinkung möglich ist.

1 Erwägungsgrund 5 der ADR-Richtlinie.

2. Notwendiger Inhalt der Website

7 Die Erreichbarkeit sowie die Zuständigkeit der Verbraucherschlichtungsstelle sind auf der Website mitzuteilen. Ebenso sind die Anerkennung als Verbraucherschlichtungsstelle sowie der Ablauf und die Kosten des Streitbeilegungsverfahrens zu veröffentlichen. Durch die Einrichtung einer Website soll es den Verbrauchern ermöglicht werden, die Beschwerde sowie die hierfür erforderlichen Dokumente bei der Verbraucherschlichtungsstelle online einzureichen (Art. 5 Abs. 2 lit. a der ADR-Richtlinie). Darüber hinaus soll es den Parteien möglich sein, Beschwerden „offline" einzureichen (Art. 5 Abs. 2 lit. c der ADR-Richtlinie). Die Beschwerde sowie die weiteren zwischen den Parteien und der Schlichtungsstelle auszutauschenden Informationen können auf elektronischem oder auf dem postalischen Weg erfolgen.

8 Der Verordnungsgeber hat sowohl den postalischen Weg als auch den elektronischen Weg zum Austausch der Informationen vorgesehen. Weder der Verbraucher, noch der Unternehmer können durch die Verfahrensordnung auf den postalischen oder aber auf den elektronischen Weg verwiesen werden (→ § 11).

9 § 3 VSBInfoV enthält weitere Angaben, die auf der Website in einfacher und leicht verständlicher Weise mitzuteilen sind. Der nationale Verordnungsgeber hat in § 3 VSBInfoV die in Art. 7 der ADR-Richtlinie genannten Angaben im Wesentlichen übernommen und damit die Mindestinformationen, welche auf der Website der Verbraucherschlichtungsstelle klar verständlich und an pointierter Stelle mitzuteilen sind, festgelegt; die Nichteinhaltung ist nicht bußgeldbewährt.

III. Übermittlung in Textform

10 Auf Anfrage sind die Informationen nach Abs. 1 bzw. aufgrund der nach § 42 Abs. 1 Nr. 3 verabschiedeten VSBInfoV (vgl. hierzu § 3 VSBInfoV) in Textform, § 126 b BGB, zur Verfügung zu stellen.

11 Die Informationen sind von der Verbraucherschlichtungsstelle auf einem dauerhaften Datenträger abzugeben. Ein solcher Datenträger ist jedes Medium, das *„es dem Empfänger ermöglicht, eine auf dem Datenträger befindliche, an ihn persönlich gerichtete Erklärung so aufzubewahren oder zu speichern, dass sie ihm während eines für ihren Zweck angemessenen Zeitraums zugänglich ist, und geeignet ist, die Erklärung unverändert wiederzugeben"* (§ 126 b BGB). Diesen Anforderungen entspricht die Verkörperung der Erklärung auf Papier, Diskette, CD-ROM, E-Mail, Speicherkarten, Festplatten, USB-Stick oder ein Computerfax. Werden die Informationen – wie bei einer Website üblich – nicht übermittelt, sind die Anforderungen des § 126 b BGB nur dann gewahrt, wenn der Download abgespeichert und ausgedruckt werden kann.[2] Als erklärende Stelle ist die Verbraucherschlichtungsstelle anzugeben.

2 Palandt/*Ellenberger* BGB § 126 b Rn. 3; BGH NJW 2010, 3566 und EuGH EuZW 2012, 638.

Abschnitt 3 Streitbeilegungsverfahren

§ 11 Form von Mitteilungen

Der Antrag auf Durchführung eines Streitbeilegungsverfahrens, Stellungnahmen, Belege und sonstige Mitteilungen können der Verbraucherschlichtungsstelle in Textform übermittelt werden.

I. Einleitung

1 Die Vorschrift setzt Art. 5 Abs. 2 lit. a, c und d sowie Art. 8 lit. a der ADR-Richtlinie um. Das Verfahren soll effektiv sein, weshalb der Zugang zur Verbraucherschlichtungsstelle für die Parteien möglichst leicht handhabbar sein muss. An die Form der Mitteilungen sind keine zu hohen Anforderungen zu stellen, weshalb der Austausch mit der Verbraucherschlichtungsstelle sowohl online als auch offline möglich sein muss, so Art. 5 Abs. 2 lit. c und d sowie Art. 8 a der ADR-Richtlinie.

2 Der Gesetzgeber setzt die europarechtlichen Vorgaben mit dieser Vorschrift um, indem er festlegt, dass die Schlichtungsstelle grundsätzlich alle Unterlagen (Antrag auf Durchführung des Streitbeilegungsverfahrens, Stellungnahmen, Belege und sonstige Mitteilungen) akzeptieren muss, die der Textform entsprechen, ohne zugleich die Textform als Mindestvoraussetzung festzulegen.[1] Das Gesetz selbst definiert die Textform nicht weiter, so dass auf die bereits existierende Vorschrift im BGB, § 126 b, zurückzugreifen ist (→ Rn. 3).

II. Textform, § 126 b BGB

3 Die Textform wird in diesem Gesetz nicht definiert, so dass auf § 126 b BGB[2] zurückzugreifen ist. Der mit Wirkung zum 13.6.2014 durch das Gesetz zur Umsetzung der Verbraucherrechterichtlinien zur Änderung des Gesetzes zur Regelung der Wohnungsvermittlung geänderte § 126 b BGB fordert, dass die Erklärung lesbar auf einem dauerhaften Datenträger enthalten und wiedergebbar ist.

4 Die Voraussetzungen des § 126 b BGB erfüllen derzeit die Erklärungen auf Papier, gespeicherte Dokumente auf einem USB-Stick, einer CD-ROM-

1 Vgl. Regierungsentwurf, S. 73 f.

2 § 126 b BGB Textform
Ist durch Gesetz Textform vorgeschrieben, so muss eine lesbare Erklärung, in der die Person des Erklärenden genannt ist, auf einem dauerhaften Datenträger abgegeben werden. Ein dauerhafter Datenträge ist jedes Medium, das
1. es dem Empfänger ermöglicht, eine auf dem Datenträger befindliche, an ihn persönlich gerichtete Erklärung so aufzubewahren oder zu speichern, dass sie ihm während eines für ihren Zweck angemessenen Zeitraums zugänglich ist, und
2. geeignet ist, die Erklärung unverändert wiederzugeben.

Speicherkarte und Festplatten sowie die Erklärungen, die in E-Mails enthalten sind. Ebenso wie § 126 b BGB aF fordert auch die Neufassung, dass die erklärende Person genannt ist. Dem Gesetzeswortlaut nach ist der Abschluss der Erklärung nicht mehr erkennbar zu machen. Da die bisherige Rechtslage durch die Änderungen des § 126 b BGB nicht geändert werden sollte,[3] dürfte der Abschluss bzw. das Ende der Erklärung weiterhin gefordert werden.[4]

III. Vom Gesetz vorgeschriebenes Textformerfordernis sowie zugelassene Abweichungen vom Formerfordernis

Der Verbraucherschlichtungsstelle bleibt es unbenommen, die Anforderungen an die Form der Eingaben in der Verfahrensordnung näher zu bestimmen. Das Gesetz gibt der Verbraucherschlichtungsstelle jedoch vor, dass sie Eingaben, die der Textform entsprechen, zulassen muss. Zudem muss die Verbraucherschlichtungsstelle auch elektronisch (§ 126 a BGB) eingereichte Anträge, Stellungnahmen sowie weitere Mitteilungen entgegennehmen.[5] 5

Inwieweit die Verbraucherschlichtungsstelle weitere Formen für den Antrag auf Durchführung des Streitbeilegungsverfahrens, Stellungnahmen, Belege und sonstige Mitteilungen ausschließt, bleibt ihr überlassen. Enthält die Verfahrensordnung keine dahin gehenden Regelungen/Ausschlüsse, gilt zunächst, dass jede Form der Mitteilung zugelassen ist. Denkbar ist, dass die Verbraucherschlichtungsstelle in ihrer Verfahrensordnung telefonische Eingaben, die „Protokollierung“ durch die Verbraucherschlichtungsstelle o.ä. ausschließt. 6

Vereinbarungen zwischen den Parteien sowie den Parteien und der Verbraucherschlichtungsstellen, wonach die Textform (§ 126 b BGB) sowie die elektronische Form (§ 126 a BGB) für die in § 11 genannten Mitteilungen ausgeschlossen wird, verstoßen gegen das Gesetz und sind unwirksam. Ebenso sind abweichende Statuten in der Verfahrensordnung der Verbraucherschlichtungsstelle unwirksam. 7

Verlangt das Gesetz selbst die Textform, so zB in § 10 Abs. 2, § 14 Abs. 3, § 16 Abs. 1 Nr. 1, § 19 Abs. 2, § 21 Abs. 1, ist dies dahin gehend zu verstehen, dass die Textform dort die „Mindestform“ darstellt, so dass die Verbraucherschlichtungsstelle beispielsweise die Verfahrensordnung auch schriftlich im Sinne des § 126 BGB übermitteln kann. 8

Von der Verbraucherschlichtungsstelle ist, soweit sie mit den Parteien kommuniziert, stets zu berücksichtigen, ob es den Parteien jeweils möglich ist, die überlassenen Unterlagen in der gewählten Form zur Kenntnis zu nehmen. Um es einer möglichst großen Anzahl schlichtungssuchender Parteien zu ermöglichen, das Angebot der jeweiligen Verbraucherschlichtungsstelle in Anspruch zu nehmen, sollte die Schriftform (§ 126 BGB) als mögliche Form nicht ausgeschlossen werden. 9

Verbraucherschlichtungsstellen, die Übermittlungswege für in dieser Vorschrift genannte Mitteilungen beschränken wollen, können und sollten im 10

3 BT-Drs. 17/12637, S. 44.
4 Palandt/*Ellenberger* BGB § 126 b Rn. 7.
5 BR-Drs. 258/15, S. 70.

Hinblick auf die größtmögliche Transparenz in die Verfahrensordnung aufnehmen, welche Formen nicht akzeptiert werden.

11 Für Fristverlängerungsanträge, die auf § 17 Abs. 1 zurückzuführen sind, gilt – soweit die Verfahrensordnung keine anderslautenden Anforderungen stellt – die Textform nicht. Fristverlängerungsanträge könnten, sofern die Verfahrensordnung nichts Gegenteiliges fordert, telefonisch gestellt werden. Um eine größtmögliche Transparenz zu ermöglichen, sollte sowohl der Fristverlängerungsantrag, als auch die darüber befindende Entscheidung der Textform entsprechen und den Parteien in dieser Form auch zugehen.

IV. Abweichungen von der gesetzlich vorgeschriebenen Textform und deren Rechtsfolgen

12 Soweit das Gesetz für eine Mitteilung die Textform fordert, ist diese für die Verfahrensbeteiligten, also die Parteien und die Verbraucherschlichtungsstelle, insoweit (halb-)zwingend, als dass wenigstens die von Gesetzes wegen geforderte Form zuzulassen ist und strengere Anforderungen an die Mitteilungsform nicht gestellt werden können. Eine Verschärfung der Mitteilungsform würde sowohl gegen das Gesetz als auch gegen das Ziel der ADR-Richtlinie und dieses Gesetzes verstoßen. Ziel ist es gerade, einen möglichst effektiven und zugleich leichten Zugang zu den Verbraucherschlichtungsstellen zu ermöglichen.

13 Erfüllt die Mitteilung an die Verbraucherschlichtungsstelle nicht die von der Verfahrensordnung vorgeschriebene Form, so erfüllt sie die Anforderungen nicht. Ob diese Mitteilung zu berücksichtigen ist, kann in Frage gestellt werden. Sind sich die Parteien sowie die Verbraucherschlichtungsstelle bzw. der Streitmittler einig, dass eine nicht der Form entsprechende Mitteilung zu berücksichtigen ist, spricht dagegen nichts. Ein zu großer Formalismus im Hinblick darauf, dass das Gesetz den Beteiligten in diesem Verfahren einen weiten Gestaltungsspielraum lässt, wäre abträglich. Zudem ist es den Parteien jederzeit möglich, den „Formmangel" zu heilen, indem die Mitteilung der Form entsprechend eingereicht wird; soll mit der Mitteilung eine Frist gewahrt werden, scheint die nachträgliche Heilung jedoch fraglich. Eine Hinweispflicht der Verbraucherschlichtungsstelle/des Streitmittlers besteht nach dem Gesetz nicht, was jedoch nicht bedeutet, dass ein solcher Hinweis nicht erteilt werden kann.

14 Erklärungen, die der Textform (§ 126 b BGB) genügen sind von der Verbraucherschlichtungsstelle und dem Streitmittler stets zu beachten. Eine davon abweichende Regelung in der Verfahrensordnung stellt einen Verstoß gegen diese Vorschrift dar. Selbiges gilt – im Hinblick auf die Gesetzesbegründung – auch für Mitteilungen, die in elektronischer Form (§ 126 a BGB) bei der Verbraucherschlichtungsstelle eingehen. Die Gesetzesbegründung stellt insoweit klar, dass die Verbraucherschlichtungsstelle die Einreichung von Mitteilungen auch in elektronischer Form ermöglichen muss.[6]

6 BR-Drs. 258/15, S. 70.

§ 12 Verfahrenssprache

(1) Verfahrenssprache ist Deutsch.

(2) [1]Die Verfahrensordnung kann weitere Sprachen vorsehen, in denen ein Streitbeilegungsverfahren durchgeführt werden kann, wenn eine Partei dies beantragt und die andere Partei sich darauf einlässt. [2]Der Streitmittler kann mit den Parteien durch Individualabrede auch eine nicht in der Verfahrensordnung vorgesehene Verfahrenssprache vereinbaren.

I. Einleitung

1 Die ADR-Richtlinie gibt lediglich vor, dass die von der Verbraucherschlichtungsstelle angebotenen Verfahrenssprachen mitgeteilt werden, um so die größtmögliche Transparenz nach Art. 7 Abs. 1 lit. h zu erreichen. Der nationale Gesetzgeber postuliert zudem die notwendigen Voraussetzungen für die Vereinbarung einer abweichenden Verfahrenssprache. Die Vereinbarung von alternativen Verfahrenssprachen, sei dies für das gesamte Verfahren oder partiell, soll gerade bei grenzüberschreitenden Streitigkeiten eine Erleichterung verschaffen. Eine solche wird regelmäßig nur dann erreicht werden, wenn die am Verfahren Beteiligten (Parteien und Streitmittler) die vereinbarte Verfahrenssprache verhandlungssicher beherrschen.

II. Verfahrenssprache nach dem VSBG, Abs. 1

2 Abs. 1 stellt klar, dass Deutsch die Verfahrenssprache für die in Deutschland anerkannten Verbraucherschlichtungsstellen ist.

III. Wahl einer anderen Verfahrenssprache, Abs. 2

3 Eine von Abs. 1 abweichende, zusätzliche Verfahrenssprache ist in die Verfahrensordnung aufzunehmen. Die Aufnahme weiterer Verfahrenssprachen obliegt grundsätzlich der Verbraucherschlichtungsstelle, die nicht – auch nicht von den Parteien – dazu verpflichtet werden kann, das Verfahren abweichend von der in Abs. 1 festgelegten Verfahrenssprache durchzuführen.

1. Wahl einer in der Verfahrensordnung angegebenen alternativen Verfahrenssprache

4 Eine in der Verfahrensordnung der Verbraucherschlichtungsstelle angegebene weitere Verfahrenssprache kann von den Parteien als Alternative zur deutschen Verfahrenssprache gewählt werden. Voraussetzung ist, dass alle

Beteiligten des Verfahrens die alternative Verfahrenssprache akzeptieren. Mit der Aufnahme alternativer Verfahrenssprachen in die Verfahrensordnung legt die Verbraucherschlichtungsstelle die möglichen und von ihr akzeptierten Verfahrenssprachen fest, so dass eine alternativ angegebene Verfahrenssprache von ihr und ihren Streitmittlern nicht abgelehnt werden kann. Die Verbraucherschlichtungsstelle akzeptiert mit der Aufnahme alternativer Verfahrenssprachen diese. Der Ausschluss einer in die Verfahrensordnung aufgenommenen Verfahrenssprache ist nur durch eine Änderung der Verfahrensordnung möglich.

5 Wird eine alternativ zu Abs. 1 gewählte Verfahrenssprache von einer am Verfahren beteiligten Partei nicht akzeptiert und im Übrigen auch keine weitere Vereinbarung mit der Schlichtungsstelle in Bezug auf die Verfahrenssprache und den am Verfahren beteiligten Parteien geschlossen, verbleibt es dabei, dass die Verfahrenssprache Deutsch ist.

6 Der Antragsteller kann in seinem das Verfahren einleitenden Schriftsatz/ Antrag eine alternative Verfahrenssprache bereits durch Abfassung des Schriftsatzes in dieser wählen. Stimmt eine am Verfahren beteiligte Partei der Wahl nicht ausdrücklich oder konkludent durch Abfassung ihrer Stellungnahme in der gewählten Verfahrenssprache zu, verbleibt es bei der deutschen Verfahrenssprache. Ebenso ist es den am Verfahren ebenfalls beteiligten – das Verfahren aber nicht einleitenden – Parteien möglich, eine alternativ in der Verfahrensordnung angegebene Verfahrenssprache zu wählen. Hierzu bedarf es entweder eines ausdrücklichen Antrages oder aber eines konkludenten Verhaltens.

2. Vereinbarung einer nicht in der Verfahrensordnung angegebenen Verfahrenssprache

7 Die Parteien können mit der Verbraucherschlichtungsstelle eine in der Verfahrensordnung nicht angegebene Verfahrenssprache für ein konkretes Verfahren vereinbaren. Dies setzt voraus, dass alle Verfahrensbeteiligten, also die Verbraucherschlichtungsstelle sowie sämtliche Parteien, sich übereinstimmend auf eine Verfahrenssprache einigen.

8 Die Vereinbarung ist mit dem bei der Verbraucherschlichtungsstelle für das konkrete Verfahren zuständigen Streitmittler und den Parteien zu schließen. Die geschlossene Vereinbarung über die abweichende Verfahrenssprache wirkt nur für die Parteien, die zu dem Zeitpunkt an dem Verfahren beteiligt sind. Später eintretende Parteien müssen die von Abs. 1 abweichende Verfahrenssprache nicht akzeptieren. Eine später in das Verfahren einbezogene Partei kann grundsätzlich verlangen, dass alle bisherigen Schriftsätze, Mitteilungen etc übersetzt werden und das Verfahren ab ihrer Beteiligung in der deutschen Sprache fortgeführt wird. Die übersetzten Schriftsätze sind der neu am Verfahren beteiligten Partei schnellstmöglich und auf Kosten der jeweils verfassenden Partei zur Verfügung zu stellen. Sowohl für die Übersetzung, als auch für die Kosten der Übersetzung haben die vor dem Beitritt der neuen Partei bereits beteiligten Parteien jeweils einzustehen, da von der deutschen Verfahrenssprache nur im Einvernehmen aller Beteiligte abgewichen und keine Partei zur Führung eines fremdsprachigen Verfahrens gezwungen werden kann.

Weder den europäischen, noch den nationalen Gesetzgebungsmaterialien ist zu entnehmen, ob den Schriftsätzen beigefügte fremdsprachige Dokumente (wie bspw. Gebrauchsanweisungen, Prospekte, Werbematerialien etc) übersetzt werden müssen. Fremdsprachig verfasste Dokumente, die der Verbraucher von dem Unternehmern erhalten hat, muss der Verbraucher wohl nicht übersetzen, da der Unternehmer diese bereits verwendete. 9

3. Ausscheiden des Streitmittlers

Scheidet der bei der Verbraucherschlichtungsstelle mit dem Verfahren befasste Streitmittler aus, so stellt sich die Frage, ob die bisher eingereichten Schriftsätze, die nicht in der deutschen Sprache verfasst und eingereicht wurden, von den Parteien übersetzt werden müssen. 10

Zu unterscheiden ist insoweit zwischen der individuell vereinbarten Verfahrenssprache und der von den Verbraucherschlichtungsstellen in der Verfahrensordnung aufgenommenen Verfahrenssprache. 11

Soweit die Verbraucherschlichtungsstelle weitere Verfahrenssprachen anbietet, ist das Verfahren in der von den Parteien gewählten Verfahrenssprache fortzuführen. 12

Wurde von den Verfahrensbeteiligten (Parteien und Streitmittler) eine in der Schlichtungsordnung nicht vorgesehene Verfahrenssprache vereinbart, so kann dies die Verbraucherschlichtungsstelle im Falle des Ausscheidens des Streitmittlers im laufenden Verfahren vor Probleme stellen, wenn kein weiterer Streitmittler die vereinbarte Sprache beherrscht. 13

Wurde eine Verfahrenssprache gewählt, die kein anderer außer dem ausgeschiedenen Streitmittler spricht, so müsste das gesamte Verfahren sowie die darin enthaltenen Schriftsätze wiederholt werden. Im Hinblick auf die in der Richtlinie geforderte Effektivität und die geforderte zügige Verfahrensdurchführung sollten nur solche Verfahrenssprachen in die Verfahrensordnung aufgenommen werden, die von einem Großteil der bei der Verbraucherschlichtungsstelle tätigen Streitmittler gesprochen werden; ebenso sollten individuell vereinbarte Verfahrenssprachen von mehreren Streitmittlern beherrscht werden, um die geforderte Effektivität des Schlichtungsverfahrens auch im Falle des Ausscheidens eines Streitmittlers nicht zu gefährden. 14

4. Vereinbarung einer abweichenden Verfahrenssprache bspw. für einzelne Mitteilungen

Für einzelne Parteien und/oder Schriftsätze, Dokumente, etc kann individuell und/oder partiell eine andere Verfahrenssprache vereinbart werden; dies setzt allerdings voraus, dass alle Parteien des Schlichtungsverfahrens mit der partiellen Individualvereinbarung einer anderen Verfahrenssprache einverstanden sind und auch der Streitmittler dem zustimmt. 15

§ 13 Vertretung

(1) Die Parteien können sich im Streitbeilegungsverfahren durch einen Rechtsanwalt oder durch eine andere Person, soweit diese zur Erbringung außergerichtlicher Rechtsdienstleistungen befugt ist, vertreten lassen.

(2) Die Parteien dürfen nicht verpflichtet werden, sich im Streitbeilegungsverfahren vertreten zu lassen.

I. Einleitung

1 Die Vorschrift hat klarstellende Funktion, ist keine Sondervorschrift zum Rechtsdienstleistungsgetz (RDG) und setzt in Abs. 2 Art. 8 lit. b der ADR-Richtlinie um.

II. Vertretung der Parteien, Abs. 1

2 Abs. 1 stellt klar, dass sich die Parteien des Verfahrens grundsätzlich vertreten lassen können und dass die Vertretung einer Partei vor einer Verbraucherstreitbeilegungsstelle eine außergerichtliche Rechtsdienstleistung im Sinne des RDG ist. Die Vertretung nach Maßgabe des RDG soll die Qualität der rechtlich geprägten Vertretung nach diesem Gesetz gewährleisten und sichern.[1]

3 Vertretungsberechtigt sind somit Rechtsanwälte (§ 3 RDG, § 3 Abs. 1 BRAO) sowie Personen, die zur Erbringung außergerichtlicher Rechtsdienstleistungen befugt sind; welche dies sind, regelt das RDG.

4 Gemäß § 6 Abs. 1 RDG ist die Erbringung von unentgeltlicher Rechtsdienstleistung in sogenannten Näheverhältnissen erlaubt. Hierzu zählen familiäre, nachbarschaftliche oder ähnlich enge persönliche Beziehungen. Eine ähnlich enge Beziehung kann – sofern eine tatsächliche zwischenmenschliche Beziehung existiert – auch zu Arbeitskollegen und Vereinsmitgliedern bestehen.[2] Existiert ein solches Näheverhältnis nicht, ist eine unentgeltliche Vertretung im Streitbeilegungsverfahren nach § 6 Abs. 2 RDG auch möglich, wenn die Vertretung durch eine Person mit der Befähigung zum Richteramt oder unter Anleitung einer solchen Person erfolgt.

5 § 7 RDG erlaubt es Berufs- und Interessenvereinigungen sowie Genossenschaften, für ihre Mitglieder Rechtsdienstleistungen zu erbringen. Hierzu zählen beispielsweise Gewerkschaften, Arbeitgeberverbände und die Berufsverbände der freien Berufe.[3] Inzwischen ist es auch den Automobilclubs, wie beispielsweise dem ADAC, möglich, für ihre Mitglieder Rechtsdienstleistungen zu erbringen.[4]

6 Auch den Verbraucherzentralen sowie anderen mit öffentlichen Mitteln geförderten Verbraucherverbänden, § 8 Abs. 1 Nr. 4 RDG, ist die Erbringung von außergerichtlichen Rechtsdienstleistungen erlaubt. Gerichtlich oder behördlich bestellten Personen iSd § 8 Abs. 1 Nr. 1 RDG ist es möglich, Rechtsdienstleistungen zu erbringen; hierzu zählen bspw. Insolvenzverwal-

1 BR-Drs. 258/15, 71.
2 BT-Drs. 16/3655, 58.
3 Deckenbrock/Henssler/*Dux* § 7 RDG, Rn. 1.
4 Deckenbrock/Henssler/*Dux* § 7 RDG, Rn. 4.

ter, Nachlasspfleger, Zwangsverwalter sowie Vormünder für Minderjährige, Pfleger für Minderjährige.

Verträge, die eine unerlaubte Rechtsdienstleistung zum Gegenstand haben, sind nichtig.[5] Mit Dritten geschlossene Rechtsgeschäfte sind schwebend unwirksam, § 177 BGB.[6] Die Erklärungen des Vertreters kann der Vertretene aber genehmigen und so den schwebend unwirksam angenommenen Schlichtungsspruch für und gegen sich billigen. 7

III. Keine Pflicht zur Vertretung, Abs. 2

Abs. 2 stellt, der Vorgabe des Art. 8 lit. b der ADR-Richtlinie folgend, klar, dass die Parteien sich nicht vertreten lassen müssen, es mithin keinen Zwang zur Vertretung gibt, und die Verfahrensordnung einer Verbraucherschlichtungsstelle die Pflicht zur Vertretung nicht postulieren kann. Ein dahin gehender Verstoß in der Verfahrensordnung einer Verbraucherschlichtungsstelle wäre unbeachtlich, weshalb der Streitmittler auch Erklärungen der (nicht vertretenen) Parteien zu berücksichtigen hat. 8

§ 14 Ablehnungsgründe

(1) Der Streitmittler lehnt die Durchführung eines Streitbeilegungsverfahrens ab, wenn

1. **die Streitigkeit nicht in die Zuständigkeit der Verbraucherschlichtungsstelle fällt,**
2. **der streitige Anspruch nicht zuvor gegenüber dem Antragsgegner geltend gemacht worden ist oder**
3. **der Antrag offensichtlich ohne Aussicht auf Erfolg ist oder mutwillig erscheint, insbesondere weil**
   a) **der streitige Anspruch bei Antragstellung bereits verjährt war und der Unternehmer sich auf die Verjährung beruft,**
   b) **die Streitigkeit bereits beigelegt ist,**
   c) **zu der Streitigkeit ein Antrag auf Prozesskostenhilfe bereits mit der Begründung zurückgewiesen worden ist, dass die beabsichtigte Rechtsverfolgung keine hinreichende Aussicht auf Erfolg bietet oder mutwillig erscheint.**

(2) [1]Die Verfahrensordnung kann vorsehen, dass der Streitmittler die Durchführung eines von einem Verbraucher eingeleiteten Streitbeilegungsverfahrens nach § 4 Absatz 1 in folgenden Fällen ablehnt:

1. **eine Verbraucherschlichtungsstelle hat bereits ein Verfahren zur Beilegung der Streitigkeit durchgeführt oder die Streitigkeit ist bei einer anderen Verbraucherschlichtungsstelle anhängig,**
2. **ein Gericht hat zu der Streitigkeit bereits eine Sachentscheidung getroffen oder die Streitigkeit ist bei einem Gericht anhängig, es sei denn, das Gericht ordnet nach § 278 a Absatz 2 der Zivilprozessordnung im Hin-**

5 Deckenbrock/Henssler/*Seichter* § 3 RDG, Rn. 33.
6 Deckenbrock/Henssler/*Seichter* § 3 RDG, Rn. 46.

blick auf das Verfahren vor der Verbraucherschlichtungsstelle das Ruhen des Verfahrens an,
3. der Streitwert überschreitet oder unterschreitet eine bestimmte Höhe,
4. die Behandlung der Streitigkeit würde den effektiven Betrieb der Verbraucherschlichtungsstelle ernsthaft beeinträchtigen, insbesondere weil
   a) die Verbraucherschlichtungsstelle den Sachverhalt oder rechtliche Fragen nur mit einem unangemessenen Aufwand klären kann,
   b) eine grundsätzliche Rechtsfrage, die für die Bewertung der Streitigkeit erheblich ist, nicht geklärt ist.

[2]Die Ablehnungsgründe dürfen den Zugang von Verbrauchern zu dem Streitbeilegungsverfahren nicht erheblich beeinträchtigen. [3]Für Anträge nach § 4 Absatz 3 gelten die in den Sätzen 1 und 2 vorgesehenen Beschränkungen der zulässigen Ablehnungsgründe nicht.

(3) [1]Die Verbraucherschlichtungsstelle teilt dem Antragsteller und, sofern der Antrag bereits an den Antragsgegner übermittelt worden ist, auch dem Antragsgegner die Ablehnung in Textform und unter Angabe der Gründe mit. [2]Sie übermittelt die Ablehnungsentscheidung innerhalb von drei Wochen nach Eingang des Antrags.

(4) [1]Der Streitmittler kann die weitere Durchführung eines Streitbeilegungsverfahrens aus den in den Absätzen 1 und 2 aufgeführten Gründen ablehnen, wenn der Ablehnungsgrund erst während des Verfahrens eintritt oder bekannt wird. [2]Der Ablehnungsgrund nach Absatz 1 Nummer 2 greift nicht, wenn der Antragsgegner in die Durchführung des Streitbeilegungsverfahrens einwilligt oder Erklärungen zur Sache abgibt. [3]Absatz 3 Satz 1 ist anzuwenden.

(5) [1]Der Streitmittler setzt das Streitbeilegungsverfahren aus, wenn der Antragsgegner geltend macht, dass seit der Geltendmachung des streitigen Anspruchs durch den Antragsteller gegenüber dem Antragsgegner nicht mehr als zwei Monate vergangen sind, und der Antragsgegner den streitigen Anspruch in dieser Zeit weder anerkannt noch abgelehnt hat. [2]Der Streitmittler lehnt die weitere Durchführung des Streitbeilegungsverfahrens ab, wenn der Antragsgegner den streitigen Anspruch innerhalb von zwei Monaten seit dessen Geltendmachung vollständig anerkennt; Absatz 3 Satz 1 ist anzuwenden. [3]Erkennt der Antragsgegner den streitigen Anspruch nicht innerhalb von zwei Monaten seit dessen Geltendmachung vollständig an, so setzt der Streitmittler das Verfahren nach Ablauf von zwei Monaten ab Geltendmachung des streitigen Anspruchs fort.

I. Einleitung

1. Änderungen während des Gesetzgebungsverfahrens

1 Die Vorschrift setzt Art. 5 Abs. 4 der ADR-Richtlinie um. Im Rahmen des Gesetzgebungserfahrens wurden mehrere Änderungen vorgenommen. So war zunächst die nunmehrige Nr. 3 des Abs. 1 im Regierungsentwurf noch unter Abs. 2 (dort als Nr. 1) verortet. Zudem wurde die Vorschrift um Abs. 5 ergänzt. Durch die Einfügung des Abs. 5 soll sichergestellt werden, dass antragstellerseits ein die Verjährung hemmendes Streitbeilegungsverfahren auch dann eingeleitet werden kann, wenn seit der Geltendmachung des Anspruchs gegenüber dem Unternehmern nicht mehr als zwei Monate vergangen sind. Sowohl der Referentenentwurf, als auch der Regierungs-

entwurf formulierten in Abs. 1 Nr. 3 einen Ablehnungsgrund für Streitigkeiten, wenn seit der Geltendmachung des Anspruchs des Antragstellers gegenüber dem Antragsgegner nicht mehr als zwei Monate vergangen waren.

2 Obwohl der Verbraucher seinen Anspruch nicht zwei Monate vor der Einleitung des Verbraucherstreitbeilegungsverfahrens gegenüber dem Unternehmer geltend gemacht hat, kann er dennoch das Verfahren einleiten. Im Gegenzug ist es dem Unternehmer/Unternehmen möglich, das bereits eingeleitete Verfahren aussetzen zu lassen. Wird das Verfahren infolge des Einwandes des Unternehmers ausgesetzt, so hemmt das Verfahren die Verjährung.

2. Überblick über die Vorschrift

3 Während der Gesetzgeber in Abs. 1 Ablehnungsgründe für alle Verbraucherstreitbeilegungsstellen und zwar unabhängig von der Verfahrensordnung festlegt, werden in Abs. 2 mögliche Ablehnungsgründe aufgezeigt. Soweit es Abs. 2 betrifft, obliegt es der Entscheidung der Verbraucherstreitbeilegungsstelle, diese in die Verfahrensordnung aufzunehmen; eine Verpflichtung zur Aufnahme besteht nicht. Die Aufnahme von Ablehnungsgründen wird wohl die Zahl der Verfahrenseingaben bei der Verbraucherstreitbeilegungsstelle verringern, nicht aber die Verfolgung dieser Ansprüche, da diese weiterhin auch alternativ bei sonstigen Güte-/Schlichtungsstellen, die nicht Verbraucherstreitbeilegungsstellen sind, anhängig gemacht werden können. Abs. 3 regelt ua die Form der Ablehnungsmitteilung. Abs. 4 befasst sich mit erst im Laufe des Verfahrens auftretenden oder bekanntwerdenden Ablehnungsgründen und Abs. 5 partiell mit der Konstellation, dass der Verbraucher vor der Einleitung des Verfahrens den Unternehmer nicht in Anspruch genommen hat.

3. Die Annahme eines Ablehnungsgrundes und dessen Folgen

4 Die Annahme eins Ablehnungsgrundes kann weitreichende Folgen haben. Stellt der Streitmittler unmittelbar nach Eingang des Schlichtungsantrages einen Ablehnungsgrund fest, kann er die Durchführung des Schlichtungsverfahrens ablehnen.

a) Gebundene- oder Ermessensentscheidung des Streitmittlers im Falle der Annahme eines Ablehnungsgrundes?

5 In den Abs. 1 und 2 hat der Gesetzgeber Ablehnungsgründe formuliert. Während die in Abs. 1 normierten Ablehnungsgründe für alle Verbraucherstreitbeilegungsstellen gelten, bedarf es für die Anwendung der in Abs. 2 genannten Ablehnungsgründe einer Aufnahme in die Verfahrensordnung der jeweiligen Verbraucherstreitbeilegungsstelle.

6 Vom Wortlaut des Abs. 1 S. 1 ausgehend ist im Falle der Annahme eines dort aufgeführten Ablehnungsgrundes der Streitmittler gehindert das Streitbeilegungsverfahren durchzuführen („*lehnt … ab, wenn …*“). Der eindeutige Wortlaut steht jedoch im Widerspruch zur Begründung des Gesetzentwurfes der Bundesregierung. In der Gesetzesbegründung ist gerade nicht die Rede davon, dass der Streitmittler im Falle des Vorliegens eines

Ablehnungsgrundes verpflichtet ist, die Durchführung des Verfahrens sowie die Bekanntgabe des Antrages zu unterlassen. Der Gesetzesbegründung folgend, ist es dem Streitmittler nur möglich, von der Durchführung des Verfahrens Abstand zu nehmen. So heißt es in der Bundesrat-Drucksache 258/15, dass die Vorschrift regelt, wann der Streitmittler die Durchführung eines Verfahrens von Anfang an ablehnen kann.[1]

aa) Wortlautargument

Wird auf den Wortlaut des Gesetzes abgestellt, ist im Falle der Annahme eines Ablehnungsgrundes durch den Streitmittler die Durchführung des Verfahrens abzulehnen. 7

bb) Sinn und Zweck der Vorschrift

Die Vorschrift soll es den Verbraucherschlichtungsstellen/Streitmittlern ermöglichen, Anträge auf Durchführung des Verbraucherstreitbeilegungsverfahrens abzulehnen, um sich so vor Anträgen, die mutwillig, schikanös oder offensichtlich ohne Aussicht auf Erfolg sind, zu schützen. Zugleich sollen die Ablehnungsgründe aber den Zugang der Verbraucher zu den Verbraucherschlichtungsstellen nicht erheblich beeinträchtigen. Dieser auf Art. 5 Abs. 3, S. 3 der ADR-Richtlinie zurückzuführende Rechtsgedanke wird von dem nationalen Gesetzgeber in Abs. 2 S. 2 übernommen und gilt aufgrund seiner Stellung für die in Abs. 2 genannten Ablehnungsgründe. Fraglich ist, ob Abs. 2 S. 2 auch auf die in Abs. 1 genannten Ablehnungsgründe anwendbar ist. Gegen die Anwendbarkeit spricht die Stellung in Abs. 2. Die Richtlinie unterscheidet nicht – wie das nationale Umsetzungsgesetz – zwischen Ablehnungsgründen, die für alle Verbraucherschlichtungsstelle gelten (Abs. 1) und solchen, die in den Verfahrensordnungen aufgenommen werden können (Abs. 2). Daraus folgt, dass der Gedanke – der Zugang zu den Verbraucherschlichtungsstellen darf nicht erheblich beeinträchtigt werden – für alle Verfahrensregeln und damit auch für die Ablehnungsgründe der gesamten Richtlinie gilt. Zudem ist kein Grund erkennbar, warum die Ablehnungsgründe des Abs. 2 den Zugang zu den Verbraucherschlichtungsstellen nicht erheblich beeinträchtigen sollen, die in Abs. 1 genannten Gründe hingegen schon. Dass einzelne Ablehnungsgründe (zB Abs. 1 Nr. 1) auch den Unternehmer schützen, steht einer restriktiven Handhabung nicht entgegen, da sie in erster Linie die Verbraucherschlichtungsstelle und den Streitmittler schützen sollen. Die Entscheidung des Streitmittlers ist weder angreifbar noch beschwerdefähig. 8

cc) Ergebnis

Der Wortlaut des Gesetzes ist eindeutig, doch kann unter Berücksichtigung der Begründung der Bundesregierung, die ebenso wie der in Abs. 1 und Abs. 2 umgesetzte Art. 5 Abs. 4 der ADR-Richtlinie offen formuliert ist, die Verfahrensordnung die Anwendung relativieren. Den Verbraucherschlichtungsstellen ist es möglich in ihre Verfahrensordnung eine Regelung dahin gehend aufzunehmen, dass sie bzw. der Streitmittler das Verfahren auch dann durchführen kann, wenn ein Ablehnungsgrund vorliegt. Dies gilt im 9

1 BR-Drs. 258/15, 72.

Übrigen auch für die in Abs. 2 genannten und von der Verbraucherschlichtungsstelle in die Verfahrensordnung aufgenommenen Ablehnungsgründe. Eine restriktive Handhabung der Ablehnungsgründe ist auch geboten, weil im Falle der Annahme und/oder des Vorliegens eines Ablehnungsgrundes die Entscheidung über die Durchführung des Verfahrens allein von dem Streitmittler abhängt. Zudem ist auch nur schwer vorhersehbar und abschätzbar, ob das Verfahren durchgeführt wird oder nicht. Die Aufnahme zahlreicher unbestimmter Rechtsbegriffe sowie die enumerative Aufzählung von Ablehnungsgründen, vergleiche hierzu Abs. 1 Nr. 3, stellt eine Rechtsunsicherheit für den verfahrenseinleitenden Antragsteller dar. Für den Antragsteller ist es nur schwer abschätzbar, ob der ein oder andere Ablehnungsgrund vorliegt und ob dieser sodann auch den Streitmittler dazu veranlasst, von der Durchführung des Verfahrens oder der weiteren Durchführung des Verfahrens Abstand zu nehmen. Auch dies gebietet eine zurückhaltende Handhabung der Feststellung von Ablehnungsgründen, um den Zugang zu den Verbraucherschlichtungsstellen nicht zu gefährden.

b) Pflicht zur Mitteilung der Ablehnungsentscheidung

10 Gem. Abs. 3 S. 1 iVm S. 2 ist dem Antragssteller die Ablehnungsentscheidung mitzuteilen. Ob der Antragsgegner über diese Entscheidung ebenfalls zu informieren ist, ist fraglich, da dieser nach Abs. 3, S. 1 nur dann über die Ablehnungsentscheidung zu informieren ist, wenn ihm zuvor der verfahrenseinleitende Antrag bekannt gegeben wurde. Unterbleibt die Bekanntgabe, muss der Antragsgegner weder über die Einleitung des Schlichtungsverfahrens, noch über die Annahme des Ablehnungsgrundes informiert werden. Dies entspricht der Klagerücknahme vor der Zustellung der Klageschrift an die beklagte Partei und mithin vor der Rechtshängigkeit der Klage.

11 Die Kosten der Verbraucherschlichtungsstelle sind, es sei denn dass es sich um eine verbraucherrechtliche Streitigkeit zweier Verbraucher handelt, von dem Verbraucher nicht zu zahlen. Im Falle der missbräuchlichen Antragstellung bleibt es der Verbraucherschlichtungsstelle jedoch unbenommen, ein Entgelt in Höhe von bis zu 30 EUR zu verlangen (vgl. hierzu § 23).

c) Hemmung der Verjährung auch im Falle der Nichtdurchführung des Verfahrens?

12 Der sowohl vom Gesetz, als auch den von der Verbraucherschlichtungsstelle geforderten Anforderungen entsprechende Antrag auf Durchführung des Streitbeilegungsverfahrens hemmt die Verjährung, § 204 Abs. 1, Abs. 2 BGB, wenn er dem Antragsgegner rechtzeitig („demnächst") bekannt gegeben wird (→ Art. 6, § 204 BGB).

13 Zu beachten ist, dass das Gesetz den Streitmittler nicht verpflichtet, den Antrag dem Antragsgegner bekanntzugeben – aber nur durch die Bekanntgabe bzw. die Bekanntgabe demnächst die Verjährungshemmung erreicht wird. Eine Verpflichtung des Streitmittlers oder der Verbraucherschlichtungsstelle, den Antrag im Falle der Annahme eines Ablehnungsgrundes bekanntzugeben, besteht grundsätzlich nicht, es sei denn, die Verfahrens-

ordnung bestimmt etwas anderes. Für die Verjährungshemmung ist grundsätzlich entscheidend, dass der Antrag rechtzeitig bekannt gegeben wird.

Ob der seitens des Antragstellers dem Antragsgegner selbst bekannt gegebene Antrag die Verjährung hemmt, ist bislang nicht geklärt. § 204 Abs. 1 Nr. 4 BGB ist nicht zu entnehmen, dass die dort genannten Stellen verpflichtet sind, die bei ihnen eingereichten Anträge bekanntzugeben. Eine Hemmung der Verjährung durch die Überlassung des Antrages seitens des Antragstellers an den Antragsgegner scheint nicht ausgeschlossen. 14

Ob die Voraussetzungen für die Annahme eines Ablehnungsgrundes und damit die Entscheidung des Streitmittlers zutreffend war, ist inzident von einem später mit dem Rechtsfall befassten Gericht zu prüfen. Nimmt auch das später mit dem Rechtsfall befasste Gericht – in Übereinstimmung mit dem Streitmittler – einen Ablehnungsgrund an, kommt es auf die Bekanntgabe des Antrages nicht weiter an. Anders ist es hingegen, wenn der Streitmittler einen Ablehnungsgrund annimmt, deshalb den Antrag dem Antragsgegner nicht bekannt gibt und das später mit dem Rechtsfall befasste Gericht den Ablehnungsgrund negiert. Infolge der unterbliebenen Bekanntgabe des Antrages konnte dieser die Verjährung nicht hemmen. Das Gericht wird in einem solchen Falle, wenn es auf die Verjährungshemmung ankommen und die Antragsgegnerseite die Einrede der Verjährung erheben sollte, ohne weitere Prüfung des Anspruches die Verjährung feststellen und somit den im Klagewege geltend gemachten Anspruch als verjährt abweisen. 15

Sollte der Streitmittler die Durchführung des Verfahrens infolge der Annahme einer in Abs. 1 oder einer in der Verfahrensordnung aufgenommenen Ablehnungsgründe (Abs. 2) ablehnen, sind folgende Konstellationen denkbar: 16

Die Ablehnungsentscheidung erfolgt nach der Bekanntgabe des Antrages auf Durchführung des Verfahrens (aa). Die Ablehnungsentscheidung trifft der Streitmittler bevor der Antrag auf Durchführung des Verfahrens dem Antragsgegner bekannt gegeben wird (bb). Dem Antragsgegner wird zusammen mit der Ablehnungsentscheidung der Antrag des Antragstellers auf Durchführung des Verbraucherstreitbeilegungsverfahrens bekannt gegeben (cc). 17

aa) Ablehnungsentscheidung nach Bekanntgabe des Durchführungsantrages

Erfolgt die Bekanntgabe des Antrages des Antragstellers vor der Ablehnungsentscheidung des Streitmittlers, so wird ein ordnungsgemäßer und den Anforderungen der Schlichtungsstelle einhaltender Antrag (→ Art. 6, § 204 BGB) sowohl die Verjährung hemmen, § 204 Abs. 1 Nr. 4 BGB, als auch die Anschlusshemmung des § 204 Abs. 2 BGB auslösen. 18

bb) Ablehnungsentscheidung vor der Bekanntgabe des Durchführungsantrages

Wird der Antrag auf Durchführung des Streitbeilegungsverfahrens dem Antragsgegner bis zur Ablehnungsentscheidung nicht und danach auch nicht bekannt gegeben, so stellt sich die Frage, ob der Antrag die Verjäh- 19 rung überhaupt hemmt. Nach § 204 Abs. 1 Nr. 4 BGB hemmt die Veranlassung der Bekanntgabe des Antrages die Verjährung. Soll der Antrag aber bereits mit der Einreichung des Antrages die Verjährung hemmen, muss der Antrag sogar demnächst bekannt gegeben werden; die Veranlassung der Bekanntgabe reicht folglich nicht mehr aus.

20 Gegen die Hemmung eines nicht bekanntgegebenen Durchführungsantrages spricht der Wortlaut des Gesetzes, wonach der Antrag demnächst bekannt gegeben werden muss, um die Verjährungshemmung herbeizuführen. Wird der Antrag auf Durchführung des Verbraucherstreitbeilegungsverfahrens gar nicht erst bekannt gegeben, da der Streitmittler einen Ablehnungsgrund annimmt, wird dieser die Verjährung nicht hemmen. Weder die Verbraucherschlichtungsstelle, noch der Streitmittler sind verpflichtet den Durchführungsantrag des Antragstellers an den Antragsgegner weiterzuleiten und somit Letzterem bekannt zu geben.

21 Unterbleibt die Bekanntgabe, so bleibt es aber auch dem Antragsgegner verwehrt, sich zu dem Vorwurf der Antragstellerseite zu äußern. Nicht ausgeschlossen werden kann, dass der Antragsgegner sich gegen den ihm gegenüber vorgebrachten Vorwurf verteidigen oder Missverständnisse beseitigen will. Vor diesem Hintergrund ist nicht auszuschließen, dass auch der Antragsgegner gewillt ist, das Verfahren durchzuführen.

22 Die Konstellation, dass die Hemmung allein von der Entscheidung der angerufenen Stelle abhängt, ist im deutschen Privat-und Zivilprozessrecht neu. Zwar sieht auch die zivilrechtliche Klage als Voraussetzung für die Zustellung jener die Einzahlung des Kostenvorschusses vor, doch ist auch diese Situation nicht mit der neu vom Gesetzgeber geschaffenen vergleichbar. Der Streitmittler hat es einzig und allein in der Hand, einen Ablehnungsgrund anzunehmen und damit eine Bekanntgabe – die zwingende Voraussetzung für die Verjährungshemmung ist – zu verhindern. Während im Falle der unterbliebenen Einzahlung des Kostenvorschusses im Zivilprozess der klagende Kostenschuldner die verspätete oder gar unterbliebene Zustellung der Klage zu vertreten hat, ist dies in diesem Verfahren anders, da allein der Streitmittler entscheidet, ob er den Antrag bekannt gibt oder nicht. Unterbleibt die Bekanntgabe infolge der Annahme eines Ablehnungsgrundes durch den Streitmittler und wird der Anspruch später von Antragstellerseite gerichtlich geltend gemacht, bleibt dem Gericht – sofern die Gegenseite die Einrede der Verjährung erhebt – ohne Prüfung des Anspruches nur noch die Möglichkeit, den Anspruch als verjährt abzuweisen. Stellt sich die Annahme eines Ablehnungsgrundes seitens des Streitmittlers als fehlerhaft heraus und der Anspruch ist verjährt, sieht sich die Verbraucherschlichtungsstelle möglichen haftungsrechtlichen Inanspruchnahmen ausgesetzt.

23 Ob der Gesetzgeber bei der Fassung dieses Gesetzes sowie der Änderung des § 204 Abs. 1 Nr. 4 BGB die unterbliebene Bekanntgabe infolge der Annahme eines Ablehnungsgrundes durch den Streitmittler im Blick hatte, ist zweifelhaft. Sowohl der Richtliniengeber als auch der nationale Gesetzgeber verfolgen das Ziel einer Verbesserung des Verbraucherschutzes. Die Einleitung von Verbraucherstreitbeilegungsverfahren sollen die Ansprüche des Antragstellers gerade nicht gefährden. Deutlich wird die verbraucher-

schützende Motivation des Gesetzgebers mit der Aufnahme des Abs. 5. Diese Vorschrift zeigt, dass die Parteien an einer alternativen gütlichen Streitbeilegung nicht gehindert werden sollen, sondern diese vielmehr gefördert werden soll. Die Verhinderung der drohenden Verjährung eines Anspruches infolge einer verfrühten Anrufung der Verbraucherschlichtungsstelle hat der Gesetzgeber mit der Aufnahme des Abs. 5 verfolgt.

Grundsätzlich bleibt es der Verbraucherstreitbeilegungsstelle unbenommen, in ihrer Verfahrensordnung klarzustellen, dass sie zunächst alle eingehenden Anträge auf Durchführung eines Streitbeilegungsverfahrens bekannt gibt bzw. die Bekanntgabe veranlasst. Eine dahin gehende Regelung widerspricht nicht der Richtlinie. Der Richtliniengeber ging davon aus, dass jeder verfahrenseinleitende Antrag, also auch der sodann von der Verbraucherschlichtungsstelle (AS-Stelle) infolge der Annahme eines Ablehnungsgrundes zurückgewiesene Antrag, dem Antragsgegner bekannt gegeben wird. Eine dahin gehende Regelung ist im Hinblick auf die sonst bestehenden Unsicherheiten empfehlens- und wünschenswert. 24

cc) Ablehnungsentscheidung mit Bekanntgabe des Durchführungsantrages

Denkbar ist auch, dass dem Antragsgegner der Antrag zusammen mit der Ablehnungsentscheidung bekannt gegeben wird. Erfolgt die Bekanntgabe des Antrages zusammen mit der Ablehnungsentscheidung, wird dies – auch bei einer Bekanntgabe demnächst – wohl noch die Verjährungshemmung des § 204 Abs. 1 Nr. 4 BGB sowie die Anschlusshemmung gem. § 204 Abs. 2 BGB auslösen. Dies setzt allerdings voraus, dass eine Bekanntgabe des verfahrenseinleitenden, aber schon abgelehnten Antrages, überhaupt noch die Verjährung hemmen kann; dies ist grundsätzlich zu bejahen. § 204 Abs. 1 Nr. 4 BGB knüpft die Rechtsfolge der Verjährungshemmung allein an die Veranlassung der Bekanntgabe bzw. die Bekanntgabe demnächst und nicht an weitere Voraussetzungen, wie etwa die Nichtannahme eines Ablehnungsgrundes. 25

dd) Verjährungshemmung auch in Kenntnis eines Ablehnungsgrundes

Ob sich der Antragsteller, dem der Ablehnungsgrund von Anfang an bekannt war, auf die Hemmung der Verjährung des Antrags berufen kann, ist im Einzelfall festzustellen. Der BGH hat beispielsweise die Berufung auf die Bekanntgabe des Güteantrages als rechtsmissbräuchlich angesehen, wenn dem Antragsteller zum Zeitpunkt der Einreichung des Güteantrages und somit auch zum Zeitpunkt der Bekanntgabe des Güteantrages gegenüber dem Antragsgegner bekannt war, dass Letzterer an dem Güteverfahren nicht teilnehmen wird.[2] 26

Auch der Antragsteller eines Verbraucherstreitbeilegungsverfahrens, dem zum Zeitpunkt der Einleitung des Verfahrens ein Ablehnungsgrund bekannt ist, sieht sich ggf. dem Einwand der unzulässigen Berufung auf die Bekanntgabe des Antrages ausgesetzt, § 242 BGB. 27

2 BGH, Urteil vom 28.10.2015 – IV ZR 526/14, WM 2015, 2292, BB 2015, 2881.

d) Aufnahme einer Bekanntgaberegelung in die Verfahrensordnung

28 Die Aufnahme einer klarstellenden Regelung in die Verfahrensordnung, wonach sich die Verbraucherschlichtungsstelle verpflichtet, zunächst alle Anträge auf Durchführung des Verfahrens dem Antragsgegner bekanntzugeben, ohne vorab zu prüfen, ob ein Ablehnungsgrund vorliegt, ist unbedenklich.[3]

29 Die Verbraucherschlichtungsstelle wird auch selbst ein Interesse an einer klarstellenden Regelung in der Verfahrensordnung haben. Gerade zum Jahresende werden Verbraucherschlichtungsstellen in besonders hohem Maße frequentiert werden, sofern mit der Einleitung des Verfahrens auch die kurz bevorstehende Verjährung gehemmt werden soll. Aufgrund des hohen Arbeitsaufkommens wird die Verbraucherschlichtungsstelle entscheiden müssen, ob sie den Antrag bekannt gibt oder nicht. Gibt sie diesen nicht, wie es § 204 Abs. 1 Nr. 4 BGB fordert („demnächst") bekannt, und ist auch kein Ablehnungsgrund feststellbar, muss sie sich ggf. selbst haftungsrechtlich verantworten. Die Verbraucherschlichtungsstelle und mit ihr auch der Streitmittler stehen zudem vor dem Problem, zwei unterschiedliche Zeiträume zu organisieren. Einerseits muss der Antrag, damit er die Verjährung noch hemmt, (demnächst)[4] bekannt gegeben werden; andererseits hat die Verbraucherschlichtungsstelle die Möglichkeit, innerhalb von drei Wochen seit Eingang des Antrages einen Ablehnungsgrund mitzuteilen (Abs. 3). Dieses Spannungsverhältnis könnte gelöst werden, indem die Verfahrensordnung die unmittelbare Bekanntgabe regelt, zugleich aber klarstellt, dass eine Ablehnung der Durchführung des Verfahrens nach Abs. 3 dieser Vorschrift noch möglich ist und mit der Weiterleitung/Bekanntgabe darüber noch nicht entschieden ist.

II. Für alle Verbraucherschlichtungsstellen geltende Ablehnungsgründe des Abs. 1

30 Die in Abs. 1 – nicht abschließend – genannten Ablehnungsgründe werden den verfahrenseinleitenden Antragsteller sowie etwaige Bevollmächtigte, aber auch die Verbraucherschlichtungsstelle und ihren Streitmittler, vor zahlreiche Fragen stellen.

31 Während eine Ablehnung, gestützt auf die fehlende Zuständigkeit der Verbraucherstreitbeilegungsstelle (Abs. 1 Nr. 1), infolge der unterbliebenen Geltendmachung des Anspruchs vor Einleitung des Streitbeilegungsverfahrens (Abs. 1 Nr. 2.) aufgrund der Beilegung des Streits und wegen der Zurückweisung eines Prozesskostenhilfeantrages (Abs. 1 Nr. 3 lit. c Alt. 1) auch für den Verbraucher nachvollziehbar ist, können andere Ablehnungsgründe, wie bspw. dass der Streitigkeit keine hinreichende Aussicht auf Erfolg zugesprochen wird (Abs. 1 Nr. 3 lit. c Alt. 1) oder die Durchführung des Streitbeilegungsverfahrens mutwillig erscheint (Abs. 1 Nr. 3 lit.c Alt. 2), nur schwer bis gar nicht ein- und abgeschätzt werden.

---

3 Vgl. hierzu: 4.2 der Verfahrensordnung für die Schlichtung von Kundenbeschwerden im deutschen Bankgewebe (Bankenombudsmann der privaten Banken e.V.).
4 Wohl innerhalb von 2 Wochen seit Eingang bei der Verbraucherschlichtungsstelle.

1. Unzuständigkeit der Verbraucherschlichtungsstelle, Abs. 1 Nr. 1

32 Die Einrichtung und Anerkennung verschiedener Verbraucherschlichtungsstellen mit unterschiedlichen Zuständigkeiten (→ § 4), stellt den Antragsteller vor die Herausforderung, die im konkreten Fall zuständige Verbraucherschlichtungsstelle zu finden. Die zentrale Anlaufstelle für Verbraucherschlichtungsstellen führt eine Liste, in der alle Verbraucherschlichtungsstellen (§ 33) aufgeführt sind. Ist keine der dort aufgeführten Verbraucherschlichtungsstellen zuständig, ist es dem Verbraucher möglich, die Universalschlichtungsstelle anzurufen (vgl. § 29). Die Universalschlichtungsstellen werden zunächst nicht eingerichtet, so dass bis zum 31.12.2018 ausschließlich private Verbraucherschlichtungsstellen angerufen werden können (→ § 43).

33 Die mit der Beschränkung einhergehende Spezialisierung einzelner Verbraucherschlichtungsstellen hat zwangsläufig den Ausschluss von Rechtsstreitigkeiten zur Folge, weshalb nicht jede Verbraucherschlichtungsstelle für jede Unstimmigkeit zwischen einem Verbraucher und einem Unternehmer angerufen werden kann. Hat die Verbraucherschlichtungsstelle von der Begrenzung ihrer Zuständigkeit Gebrauch gemacht, so ist es ihr aufgrund dieser möglich, Streitigkeiten, die nicht in den Zuständigkeitsbereich fallen, abzulehnen.

34 Zwar wird die zentrale Anlaufstelle für Verbraucherschlichtung eine Liste der Verbraucherschlichtungsstellen vorhalten und auch die Verbraucherschlichtungsstellen werden in ihren Verfahrensordnungen ihre Zuständigkeit beschreiben, dennoch ist damit zu rechnen, dass Verbraucher Anträge bei einer unzuständigen Verbraucherschlichtungsstelle stellen werden. Abs. 1 Nr. 1 ermöglicht es dem Streitmittler, die Durchführung des begehrten Streitbeilegungsverfahrens abzulehnen. Der Ausschluss von Streitigkeiten kann, je nach Formulierung des Ausschlusses, zu Abgrenzungsschwierigkeiten im Einzelfall führen. Auch wird sich die Verbraucherstreitbeilegungsstelle überlegen müssen, wie sie mit Eingaben umgehen wird, die zum Teil in ihren Zuständigkeitsbereich fallen, in denen aber auch Ansprüche geltend gemacht werden, die in die Zuständigkeit keiner oder aber einer anderen Verbraucherstreitbeilegungsstelle fallen. Unter dem Gesichtspunkt, den Zugang der Verbraucher zur Verbraucherschlichtungsstelle nicht zu erschweren, wäre eine großzügige Handhabung denkbar. Aus Antragstellersicht wäre im Falle einer Anspruchshäufung von Ansprüchen, die nur zum Teil in die Zuständigkeit der angerufenen Verbraucherschlichtungsstelle fallen, zu überlegen, unterschiedliche Verbraucherschlichtungsstellen anzurufen oder aber eine andere Güte-/Schlichtungsstelle.

35 Wie die Verbraucherstreitbeilegungsstelle mit solchen Grenzfällen umgeht, könnte in die Verfahrensordnung der Verbraucherschlichtungsstelle aufgenommen werden; erforderlich ist die Aufnahme einer solchen Regelung nicht, sie würde allerdings zur größtmöglichen – anzustrebenden – Transparenz beitragen.

36 Die Richtlinie sah die Abgabe eines bei einer unzuständigen Verbraucherschlichtungsstelle eingereichten Antrages nicht vor. Auch der Gesetzgeber hat es versäumt, eine dahin gehende Regelung aufzunehmen. Bereits in der Vergangenheit hat der Gesetzgeber dahin gehende Verordnungsermächti-

gungen bzw. Verordnungen auch im Bereich der alternativen Streitbeilegung vorgesehen, so zB die Verordnung über die Schlichtungsstelle nach § 14 des Unterlassungsklagengesetzes und ihr Verfahren (sogenannte Schlichtungsstellenverfahrensverordnung). Gemäß § 8 SchlichtVerfV sind die Schlichtungsstellen (Ombudsmann der privaten Banken etc) verpflichtet, im Falle ihrer Unzuständigkeit unter Benachrichtigung des Antragstellers den Antrag an die zuständige Schlichtungsstelle weiterzuleiten. Mit der Aufnahme einer vergleichbaren Regelung, beispielsweise durch die Aufnahme einer Verpflichtung im Falle der Unzuständigkeit das Verfahren an die Auffangschlichtungsstelle abzugeben, hätte ein Ablehnungsgrund entfallen und zugleich gewährleistet werden können, dass jeder, auch der bei einer unzuständigen Verbraucherstreitbeilegungsstelle eingereichte, Antrag, einem geordneten, alternativen Streitbeilegungsverfahren zugeführt wird.

2. Keine vorherige Geltendmachung des Anspruchs, Abs. 1 Nr. 2

37 Grundsätzlich ist vor Einleitung des Verbraucherstreitbeilegungsverfahren der vom Antragsteller behauptete Anspruch gegenüber dem Antragsgegner geltend zu machen. Erfolgt eine solche Geltendmachung nicht, ist der Ablehnungsgrund des Abs. 1 Nr. 1 erfüllt. Ziel der Vorschrift ist es, dem Unternehmer die Möglichkeit zu geben, sich mit dem Anspruch vor Einleitung eines solchen Verfahrens auseinanderzusetzen, um entscheiden zu können, ob er diesen anerkennt, anderweitig reguliert oder ablehnt. Diese Möglichkeit wird dem Unternehmer genommen, wenn das Verbraucherstreitbeilegungsverfahren ohne vorherige Geltendmachung des Anspruchs von dem Verbraucher eingeleitet wird.

38 Im Rahmen des Gesetzgebungsverfahrens hat der Gesetzgeber erkannt, dass der Verbraucher von der Durchführung des Verbraucherstreitbeilegungsverfahrens abgehalten wird, wenn er die Ansprüche mehr als zwei Monate vor Einleitung des Verfahrens geltend machen muss, um die Annahme dieses Ablehnungsgrundes zu vermeiden. Die ursprünglich vorgesehene Vorschrift hatte – so der Gesetzgeber – jedoch für den Verbraucher den Nachteil, dass die kurz vor Eintritt der Verjährung geltend gemachten Ansprüche zu verjähren drohen, wenn er diese gegenüber dem Unternehmer vor Einleitung des Verfahrens geltend machen muss.[5]

a) Ausnahme von Abs. 1. Nr. 2 im Falle des Abs. 4 S. 2

39 Gemäß Abs. 4 S. 2 ist, obwohl der Ablehnungsgrund des Abs. 1 Nr. 2 vorliegt, das Verfahren weiter durchzuführen, wenn der Antragsgegner in die Durchführung des Streitbeilegungsverfahren einwilligt oder aber eine Erklärung zur Sache abgibt.

b) Ausnahme von Abs. 1. Nr. 2 im Falle des Abs. 5 S. 1?

40 Gemäß Abs. 5 S. 1 wird das Streitbeilegungsverfahren vom Streitmittler ausgesetzt, wenn der Antragsgegner geltend macht, dass der Antragsteller die anhängigen Ansprüche nicht bereits zwei Monate vor Einleitung des Verfahrens ihm gegenüber geltend gemacht hat. Dies setzt aber voraus,

5 BT-Drs. 18/6904, 81.

dass der Antragsteller den Antragsgegner zuvor in Anspruch genommen hat. Es könnte erwogen werden, dass der verfahrenseinleitende Antrag zugleich die erforderliche Inanspruchnahme des Antragsgegners darstellt. Gegen diese Annahme spricht, dass Abs. 5 S. 1 eine vorherige Inanspruchnahme voraussetzt und zudem der Ablehnungsgrund des Abs. 1 Nr. 2 (fehlende Inanspruchnahme durch den Antragsteller) selbst. Hat der Antragsteller den Antragsgegner zuvor in Anspruch genommen – denkbar wäre eine E-Mail oder ein Fax an den Antragsgegner vor Einreichung des verfahrenseinleitenden Antrages – kann der Antragsgegner sodann erreichen, dass das Verfahren für zwei Monate ausgesetzt wird, damit er sich mit dem ihm gegenüber geltend gemachten Anspruch auseinandersetzen kann. Wird der Anspruch von dem Antragsgegner anerkannt, so hat sich das Verfahren erledigt. Im letztgenannten Fall lehnt der Streitmittler die weitere Durchführung des Verfahrens ab (Abs. 5 S. 2).

Erkennt der Antragsgegner den ihm gegenüber geltend gemachten Anspruch innerhalb von zwei Monaten seit Aussetzung des Verfahrens nicht an, wird das Verfahren vom Streitmittler weiter fortgesetzt, Abs. 5 S. 3. 41

c) Kosten

Das Gesetz regelt bislang nicht, wer das bei der Verbraucherstreitbeilegungsstelle anfallende Entgelt zu zahlen hat, wenn der Antragsgegner den Anspruch innerhalb von zwei Monaten anerkennt. Nach der Begründung zur Änderung des § 14 steht lediglich fest, dass der Unternehmer dieses Entgelt nicht zu zahlen hat, da das Verfahren auch nicht durchgeführt wurde.[6] 42

3. Offensichtliche Unbegründetheit oder Mutwilligkeit des Antrages, Abs. 1 Nr. 3

Der Ablehnungsgrund der offensichtlichen Aussichtslosigkeit oder Mutwilligkeit des Antrages wurde von der Bundesregierung zunächst nur als fakultativ von der Verbraucherstreitbeilegungsstelle aufzunehmender Ablehnungsgrund vorgesehen, indem die nunmehr in Abs. 1 Nr. 3 enumerativ aufgezählten Gründe in Abs. 2 S. 1 Nr. 1 verortet waren. Während die in Abs. 2 genannten Ablehnungsgründe von dem Streitmittler nur dann zu berücksichtigen sind, wenn diese in der Verfahrensordnung aufgenommen sind, sind die in Abs. 1 genannten Ablehnungsgründe vom Streitmittler auch ohne Aufnahme in die Verfahrensordnung zu berücksichtigen. Die Aufnahme des ehemaligen Abs. 2 S. 1 Nr. 1 als nunmehrigen Abs. 1 Nr. 3 wurde als sachgerechter bezeichnet, eine weitere Auseinandersetzung oder Erklärung erfolgte im Gesetzgebungsverfahren nicht. Eine Ergänzung erfolgte auch in § 30 Abs. 1 Nr. 6, so dass Ablehnungsgründe wegen offensichtlicher Unbegründetheit oder Mutwilligkeit des Antrages auch von der Universalschlichtungsstelle zu berücksichtigen sind. 43

Ein Antrag ist ua offensichtlich ohne Aussicht auf Erfolg oder mutwillig, wenn eines der in Nr. 3 lit. a bis c nicht abschließend genannten Regelbeispiele erfüllt ist. Die vom nationalen Gesetzgeber aufgenommenen Regel- 44

6 BR-Drs. 18/5089, 85.

beispiele finden sich in der Richtlinie nicht wieder. Die Richtlinie lässt zu, dass die Mitgliedstaaten den AS-Stellen erlauben, die Bearbeitung von Beschwerden dann abzulehnen, wenn die Streitigkeit mutwillig oder schikanös ist, Art. 5 Abs. 4 lit. b der ADR-Richtlinie. Der nationale Gesetzgeber hat dies zum Anlass genommen, die in Nr. 3 lit. a bis c aufgeführten Regelbeispiele zu normieren.

45 Der Antrag auf Durchführung des Streitbeilegungsverfahrens muss entweder (1) offensichtlich ohne Aussicht auf Erfolg sein oder (2) mutwillig erscheinen. Die Einleitung eines Streitbeilegungsverfahrens ist zumindest dann mutwillig oder schikanös, wenn eines der drei sodann genannten Regelbeispiele erfüllt ist. Darüber hinausgehende Fälle der offensichtlichen Aussichtslosigkeit auf Erfolg oder Mutwilligkeit, also einer schikanösen Anrufung der Verbraucherstreitbeilegungsstelle, sind denkbar. Fallgestaltungen hierzu wurden bislang weder vom Gesetzgeber, noch von Gerichten und Verbraucherstreitbeilegungsstelle selbst festgestellt.

46 Die Feststellung eines der Regelbeispiele sowie die Feststellung einer offensichtlich erfolglosen oder mutwilligen Antragstellung zur Durchführung des Streitbeilegungsverfahren hat restriktiv zu erfolgen, da der Zugang der Verbraucher zu den Verbraucherstreitbeilegungsstellen durch die Verfahrensregeln nicht erheblich beeinträchtigt werden darf (Art. 5 Abs. 4 S. 3 2013/11/EU). Ebenso wenig, wie die Verfahrensregeln den Verbrauchern den Zugang zu diesen alternativen Streitbeilegungsverfahren erschweren dürfen, darf das Verfahren und seine Durchführung infolge einer extensiven Handhabung der in Abs. 1 Nr. 3 lit. a bis c genannten Ablehnungsgründe seitens des Streitmittlers/der Verbraucherschlichtungsstelle verhindert werden.

a) Verjährte Ansprüche

47 Verjährte Ansprüche, bei denen der Antragsgegner sich auf die Verjährung beruft, stellen einen Ablehnungsgrund im Sinne des Abs. 1 Nr. 3 lit. a dar. Nach diesem Regelbeispiel muss der Anspruch bereits zum Zeitpunkt der Einleitung des Verfahrens verjährt sein. Ob der Anspruch bereits verjährt ist oder nicht, ist nach den jeweils zur Anwendung gelangenden Verjährungsvorschriften zu ermitteln. Hemmungstatbestände, wie beispielsweise Verhandlungen im Sinne des § 203 BGB oder des § 204 Abs. 1 BGB, mit Ausnahme der Nr. 4, sind im Rahmen der Prüfung, ob der Anspruch verjährt ist oder nicht, zu berücksichtigen. Zudem muss der Antragsgegner die Einrede der Verjährung erhoben haben. Allein die Feststellung der Verbraucherstreitbeilegungsstelle/des Streitmittlers, dass der Anspruch verjährt ist, reicht für die Annahme eines Ablehnungsgrundes im Sinne des Abs. 1 Nr. 3 lit. a nicht aus.

b) Beigelegte Streitigkeit

48 Ansprüche die zwischen den Parteien in Streit standen, bedürfen keiner weiteren Streitbeilegung, wenn der Streit bereits beigelegt wurde. Hierunter fallen Streitigkeiten über Ansprüche, die bereits im Rahmen eines Vergleichs beigelegt wurden. Betrifft die Streitigkeit hingegen den Inhalt, die Reichweite des Vergleichs oder aber die Frage, ob ein Vergleich wirksam

geschlossen wurde, ist Streitgegenstand nicht der dem Vergleich zugrundeliegende Anspruch/Streitgegenstand, sondern der Vergleich selbst als eigener Streitgegenstand. Ist zwischen den Parteien beispielsweise streitig, ob der Vergleich wirksam widerrufen, angefochten oÄ wurde, kann dies wiederum Gegenstand eines Streitbeilegungsverfahrens sein. Wird ein gerichtlicher Vergleich widerrufen, angefochten oÄ und dadurch der Vergleich beseitigt, worauf sich eine Partei beruft, so ist fraglich, ob der wirksame Abschluss eines solchen gerichtlichen Vergleiches sowie die Feststellung der Gegenstandslosigkeit dieses Vergleiches Gegenstand eines Verbraucherstreitbeilegungsverfahren sein können. Liegen die Voraussetzungen für die Unwirksamkeit eines Vergleiches vor, so ist regelmäßig der alte Rechtsstreit fortzusetzen.[7]

c) Zurückweisung eines Prozesskostenhilfeantrages

Hat der Antragsteller bereits einen Prozesskostenhilfeantrag gestellt und wurde dieser mit der Begründung zurückgewiesen, dass die beabsichtigte Rechtsverfolgung keine hinreichende Aussicht auf Erfolg hat oder mutwillig erscheint, so ist ein Ablehnungsgrund des dritten Regelbeispiels, Abs. 1 Nr. 3, gegeben. Der zurückgewiesene Prozesskostenhilfeantrag indiziert den Ablehnungsgrund, allerdings nur, wenn die Entscheidung rechtskräftig ist. Ein aus anderen Gründen zurückgewiesener Prozesskostenhilfeantrag, beispielsweise weil der Antragsteller leistungsfähig ist, stellt keinen Ablehnungsgrund dar. 49

Nach dem Wortlaut des Gesetzes bedarf es keiner weiteren Prüfung seitens des Streitmittlers dahin gehend, ob der Prozesskostenhilfeantrag zu Recht zurückgewiesen wurde. Dem Streitmittler bleibt es allerdings (erst recht wenn neue Aspekte vorgetragen werden, die im PKH-Verfahren nicht vorgetragen wurden) unbenommen, sich über die Entscheidung des über die Prozesskostenhilfe entscheidenden Gerichts hinwegzusetzen und das Verfahren durchzuführen, da auch die in Abs. 1 genannten Ablehnungsgründe allein die Verbraucherstreitbeilegungsstelle bzw. den Streitmittler vor einer schikanösen und mutwilligen Anrufung schützen sollen, nicht aber den Antragsgegner (→ Rn. 44). 50

III. Ablehnungsgründe des Abs. 2

Abs. 2 setzt die Regelung des Art. 5 Abs. 4 der ADR-Richtlinie um. Den Verbraucherschlichtungsstellen soll es durch die Aufnahme von Ausschlussgründen in die Verfahrensordnung möglich sein, Beschwerden eines Verbrauchers im Sinne des § 4 Abs. 1 abzulehnen. Anders als bei den in Abs. 1 genannten Ablehnungsgründen, bedürfen die in Abs. 2 genannten Ablehnungsgründe einer Aufnahme in die Verfahrensordnung. Im Rahmen der Aufnahme sowie der Ausgestaltung einzelner in Abs. 2 genannten Ablehnungsgründe ist zu berücksichtigen, dass die aufzunehmenden Ablehnungsgründe die Effizienz der Schlichtungsstelle absichern sollen, indem 51

7 BGHZ 28, 171 = NJW 1958, 1970 = WM 1958, 1394; BGHZ 51, 141 = NJW 1969, 925 = WM 1969, 473; BGHZ 142, 253 = NJW 1999, 2903 = WM 1999, 1993; vgl. auch Zöller/*Stöber* ZPO § 794 Rn. 15 a; Thomas/Putzo/*Seiler* ZPO § 794 Rn. 36.

die Verbraucherschlichtungsstelle Streitigkeiten ablehnen können muss, die sich für das Verfahren der Verbraucherstreitbeilegungsstelle nicht eignen.[8] Die Verbraucherschlichtungsstelle hat im Rahmen der Aufnahme sowie der Ausgestaltung der in Abs. 2 genannten Ablehnungsgründe darauf zu achten, dass weder die Aufnahme, noch die Ausgestaltung der Ablehnungsgründe den Zugang der Verbraucher zur Schlichtungsstelle beeinträchtigen darf.[9] Die zuständige Behörde (Bundesamt für Justiz) hat dies im Rahmen des Genehmigungsverfahrens zu prüfen.

52 Die spätere Änderung der Verfahrensordnung infolge der Aufnahme oder Streichung eines in Abs. 2 genannten Ablehnungsgrundes entfaltet keine Rückwirkung, dies würde ua der geforderten Transparenz zuwiderlaufen. Somit gilt die zum Zeitpunkt der Einleitung des Verbraucherstreitbeilegungsverfahren geltende Verfahrensordnung der Verbraucherschlichtungsstelle; nachträgliche Änderungen der Verfahrensordnung sind regelmäßig nicht zu berücksichtigen.

1. Befassung einer anderen Verbraucherschlichtungsstelle, Nr. 1

53 Die Befassung mehrerer Verbraucherschlichtungsstellen mit ein und derselben Angelegenheit soll durch Nr. 1 verhindert werden. Anträge die bereits bei einer anderen Verbraucherschlichtungsstelle eingereicht wurden, sollten nach den Verfahrensregeln abgelehnt werden. Eine Befassung mehrerer Streitbeilegungsstellen mit einer Rechtssache ist aufgrund der Überschneidungen von Zuständigkeiten nicht ausgeschlossen. Die Regelung soll es ermöglichen, die bereits vor einer anderen Verbraucherschlichtungsstelle anhängige Streitigkeit abzulehnen. Ebenso wie im Zivilprozess ist es wenig sinnvoll, dass im Rahmen der alternativen Streitbeilegung mehrere Streitmittler mit ein und demselben Streitgegenstand/Anspruch befasst sind.

2. Befassung eines Gerichts mit dem im Antrag geltend gemachten Anspruch, Nr. 2

54 Nr. 2 enthält zwei Fallkonstellationen. Abs. 2 Nr. 2, Alt. 1 regelt die Fallkonstellation, dass ein Gericht bereits über den Anspruch entschieden hat. Hiervon nicht erfasst sind Entscheidungen über die Zulässigkeit der Klage. Nach Abs. 2 Nr. 2, Alt. 2 kann der Streitmittler, sofern die Verfahrensordnung diesen Ablehnungsgrund aufgenommen hat, die Durchführung des Verfahrens ablehnen, wenn der Streitgegenstand/Anspruch bereits bei Gericht anhängig ist. Die Annahme eines Ablehnungsgrundes seitens des Streitmittlers/der Verbraucherschlichtungsstelle hat nicht zu erfolgen, wenn die Parteien dem Vorschlag des Gerichts folgen und ein Verfahren nach diesem Gesetz einleiten und daraufhin das Gericht nach § 278 Abs. 2 ZPO das Ruhen des Verfahrens anordnet. Stellt das Gericht das Ruhen des Verfahrens fest, können die Parteien versuchen, den Streitgegenstand/Anspruch gütlich im Rahmen des Verfahrens vor der Verbraucherschlichtungsstelle beizulegen. Sollte der Streitgegenstand/Anspruch nicht nur bei Gericht, sondern auch bei einer Verbraucherschlichtungsstelle anhängig

8 BR-Drs. 258/15, 72.
9 Vgl. Hierzu: BT-Drs. 258/15, S. 72 unter Hinweis auf Art. 5 Abs. 4 S. 3 der ADR-Richtlinie.

sein, dann ist es den Gerichten ebenfalls möglich, das gerichtliche Verfahren ruhend zu stellen, um die außergerichtliche, gütliche Streitbeilegung zu fördern. Dies ermöglicht nicht nur eine einvernehmliche Streitbeilegung sondern zugleich eine Entlastung der Gerichte, die zu jedem Zeitpunkt des Verfahrens auf die gütliche Beilegung des Rechtsstreits hinzuwirken haben (§ 278 Abs. 1 ZPO).

3. Ablehnung infolge des Überschreitens oder Unterschreitens einer festgelegten Streitwerthöhe, Nr. 3

In Übereinstimmung mit Art. 5 Abs. 4 d der ADR-Richtlinie, ist es den 55
Streitbeilegungsstellen durch die Aufnahme von Streitwertgrenzen in die Verfahrensordnung möglich, ihre Zuständigkeit zu begrenzen. Hierdurch können sowohl Bagatellsachen als auch Streitigkeiten, denen besonders hohe Streitwerte zugrunde liegen, von der Verbraucherschlichtungsstelle ausgenommen werden. Im Rahmen der Anerkennung der Schlichtungsstelle ist von der zuständigen Behörde zu prüfen, dass die Aufnahme von Streitwertober- und -untergrenzen den Zugang zur alternativen Streitbeilegung nicht erschwert.[10] Der Gesetzgeber hat die Konkretisierung von solchen Mindest- und Höchststreitwertgrenzen nicht normiert, sondern überlässt die Festlegung solcher Grenzen den Verbraucherschlichtungsstellen. Die zuständige Behörde ist gehalten, die Grenzen im Lichte des Zuständigkeitsbereichs der Verbraucherschlichtungsstelle zu überprüfen. Bei branchenspezifischen Schlichtungsstellen, deren Streitwerte sich beispielsweise regelmäßig zwischen 100 und 500 EUR belaufen wird die Festlegung einer Streitwertuntergrenze iHv 500 EUR regelmäßig nicht zulässig sein, sondern den Zugang der Verbraucher zu solchen Schlichtungsstellen erheblich erschweren.[11] Im Rahmen der Festlegung der Streitwertober- und -untergrenzen ist ebenfalls zu berücksichtigen, dass die Streitwerte in den unterschiedlichen Mitgliedstaaten unterschiedlich sein können und die Festlegung solcher Streitwertgrenzen den Zugang von Verbrauchern aus anderen Mitgliedstaaten beeinträchtigen kann.[12] Sowohl die Verbraucherschlichtungsstelle als auch die zuständige Behörde sind gehalten, nicht nur die nationalen Streitwerte, sondern auch die Streitwerte der übrigen Mitgliedstaaten, die ebenfalls Zugang zur Verbraucherschlichtungsstelle haben, zu berücksichtigen. Die in der Verfahrensordnung aufgenommenen Streitwertgrenzen müssen nicht nur einer nationalen, sondern einer europäischen Prüfung standhalten.

4. Ablehnungsgründe infolge der Beeinträchtigung des effektiven Betriebs der Verbraucherschlichtungsstelle, Nr. 4

Die Verfahrensordnung der Verbraucherschlichtungsstelle kann in Überein- 56
stimmung mit den Erwägungsgründen in Nr. 25 der ADR-Richtlinie Ablehnungsgründe aufnehmen, die es ihr ermöglichen die Durchführung des Verfahrens abzulehnen, wenn dieses Verfahren den effektiven Betrieb der

10 BR-Drs. 258/15, 73.
11 BR-Drs. 258/15, 73.
12 Erwägungsgrund 25 des europäischen Parlaments und des Rats zur ADR-Richtlinie.

Schlichtungsstelle ernsthaft beeinträchtigen würde. Die Verbraucherschlichtungsstellen sollen einfach gelagerte, häufig wiederkehrende Streitigkeiten zwischen den jeweiligen Parteien alternativ zu einem Gerichtsverfahren beilegen. Rechtsstreitigkeiten zwischen den Parteien, die eine „komplexe Tatsachenfeststellung"[13] erfordern oder die Fortentwicklung des Rechts zum Gegenstand haben, sind zur alternativen Streitbeilegung – so wohl der Gesetzgeber – nicht geeignet.[14] Dies überzeugt nicht, da – beispielsweise im Bankrecht – Rechtsfragen, die für eine Vielzahl von Verträgen Bedeutung haben, einer höchstrichterlichen Klärung nicht zugeführt werden oder aber deren Klärung aktiv verhindert wird. Streitigkeiten, die nicht höchstrichterlich geklärte Rechtsfragen zum Gegenstand haben und deren höchstrichterliche Klärung seitens der Unternehmerschaft auch nicht gewollt ist, können im Rahmen der alternativen Streitbeilegung einer Entscheidung, von denen die Öffentlichkeit nicht erfahren muss, geklärt werden. Die Anrufung von Verbraucherschlichtungsstellen ermöglicht die Beilegung einer Streitigkeit ohne die Schaffung einer Präzedenzentscheidung.

57 Sowohl im Rahmen der Aufnahme als auch im Rahmen der Anwendung dieser Art von Ausschlussgründen ist zu berücksichtigen, dass die Ablehnungsgründe ausschließlich dem Schutze der Verbraucherschlichtungsstelle sowie dem Streitmittler dienen und dabei nicht den Zugang der Verbraucher zu alternativer Streitbeilegung verhindern bzw. einschränken dürfen. Dies hat die zuständige Behörde im Rahmen der Prüfung der Anerkennung ebenso zu beachten, wie der Streitmittler im Rahmen der Feststellung/Annahme eines Ablehnungsgrundes. Die in lit. a und b beispielhaft genannten Ablehnungsgründe sind nicht abschließend. Der nationale Gesetzgeber hat im Rahmen seiner Begründung als weiteren möglichen Ablehnungsgrund die Insolvenz des Antragsgegners genannt.

58 Nimmt die Verbraucherschlichtungsstelle den Ablehnungsgrund des Abs. 2 Nr. 4 lit. a oder/und b in ihre Verfahrensordnung auf, ist es ihr möglich, die Durchführung des Streitbeilegungsverfahren abzulehnen, wenn die Ermittlung des Sachverhalts oder die Klärung der rechtlichen Frage, die zwischen den Parteien in Streit steht, den effektiven Betrieb der Verbraucherschlichtungsstelle ernsthaft beeinträchtigen würde. Abzustellen ist jeweils auf den Einzelfall, dh, der Einzelfall muss den effektiven Betrieb der Verbraucherschlichtungsstelle ernsthaft beeinträchtigen, nicht hingegen die hundertfache oder tausendfache Anrufung der Verbraucherschlichtungsstelle in gleichgelagerten Fällen. Die Verbraucherschlichtungsstelle hat im Rahmen ihrer Zuständigkeit zu gewährleisten, dass sie auch eine hohe Anzahl von Verfahren durchführen kann, somit obliegt es der Verbraucherschlichtungsstelle die erforderliche Anzahl von Sachbearbeitern, Streitmittlern und sonstigem Personal vorzuhalten. Die unzureichende Ausstattung der Verbraucherschlichtungsstelle darf für die Parteien nicht nachteilig sein.

59 Nach Abs. 2 S. 3 gelten die Ablehnungsgründe des Abs. 2 S. 1 sowie Abs. 2 S. 2 nicht für Anträge, die sonstige Streitigkeiten zum Gegenstand haben, die also nicht die Tätigkeit der Verbraucherschlichtungsstelle als Verbrau-

13 BR-Drs. 258/15, 74.
14 BR-Drs. 258/15, 74.

cherschlichtungsstelle betreffen, sondern als Schlichtungsstelle. § 4 Abs. 3 ermöglicht es den Verbraucherschlichtungsstellen, ihren Zuständigkeitsbereich dahin gehend zu erweitern, dass sie sonstige zivilrechtliche Streitigkeiten, an denen Verbraucher oder Unternehmer als Antragsteller oder Antragsgegner beteiligt sind, ebenfalls schlichten. S. 3 stellt klar, dass bei sonstigen Verfahren, die auf Antrag eines Unternehmers eingeleitet werden oder Verfahren, an denen ausschließlich Verbraucher beteiligt sind, die Verfahrensdurchführung auch aus sonstigen Gründen abgelehnt werden kann.[15] Dies ist auch konsequent, da sonstige Schlichtungsverfahrens, die nicht dem VSBG unterliegen, auch nicht den Regeln dieses Gesetzes zu folgen haben.

Die Verbraucherschlichtungsstelle kann alle, aber auch nur einzelne in Abs. 2 genannte Ablehnungsgründe in die Verfahrensordnung aufnehmen. Die in Abs. 2 genannten Ablehnungsgründe sind abschließend. Die in Abs. 2 Nr. 4 genannten Regelbeispiele sind nicht abschließend, insoweit ist eine Erweiterung möglich.[16] Als weiteres mögliches Regelbeispiel nennt die Gesetzesbegründung die Insolvenz des Antragsgegners.[17] Die Insolvenz des Antragsgegners stellt keinen durchgreifenden Ablehnungsgrund dar. Die alternative Streitbeilegung kann für den Insolvenzverwalter der kostengünstigste Weg sein, um eine Streitigkeit beizulegen und sich selbst abzusichern. 60

IV. Mitteilung der Ablehnungsentscheidung, Abs. 3

Ablehnungsgründe, die der Streitmittler zu Beginn des Verfahrens feststellt, sind dem Antragsteller unter Angabe der Ablehnungsgründe innerhalb von drei Wochen nach Eingang des verfahrenseinleitenden Antrages mitzuteilen. Die Mitteilung bedarf der Textform. Nach Abs. 3 S. 1 ist dem Antragsgegner die Ablehnung unter Angabe der Gründe und in Textform nur mitzuteilen, sofern der Antrag bereits an diesen übermittelt worden ist. Insoweit weicht die nationale Umsetzung von der Richtlinie ab. Art. 5 Abs. 4 S. 2 unterscheidet nicht danach, ob der Antrag dem Antragsgegner bekannt gegeben worden ist oder nicht. Vielmehr gibt die Richtlinie vor, dass den Parteien, also sowohl dem Antragsteller als auch dem Antragsgegner, die ablehnende Entscheidung mitzuteilen ist. Dies spricht dafür, dass der europäische Richtliniengeber immer von einer Mitteilung des verfahrenseinleitenden Antrages, spätestens zusammen mit der ablehnenden Entscheidung der AS-Stelle, ausging. 61

Die Ablehnungsentscheidung ist nicht mit einem Rechtsmittel angreifbar. 62

V. Im Laufe des Verfahrens eintretende oder bekannt werdende Ablehnungsgründe, Abs. 4

Nach Abs. 4 ist es dem Streitmittler während der Durchführung des Streitbeilegungsverfahrens möglich, die Durchführung des bereits begonnenen Verfahrens abzulehnen, wenn ein Ablehnungsgrund des Abs. 1 oder ein in die Verfahrensordnung aufgenommener Ablehnungsgrund (Abs. 2) wäh- 63

15 BR-Drs. 258/15, 72 f.
16 BR-Drs. 258/15, 74.
17 BR-Drs. 258/15, 74.

rend des Verfahrens eintritt oder offenkundig wird. Die Entscheidung der Streitmittler ist beiden Parteien unter Angabe der Gründe in Textform mitzuteilen. Eine Frist, innerhalb derer der Streitmittler seit Bekanntwerden oder Eintreten eines Ablehnungsgrundes eine Entscheidung treffen muss, existiert nicht. Sollte es der Antragsteller versäumt haben, den Anspruch zuvor gegenüber dem Antragsgegner geltend zu machen (Ablehnungsgrund des Abs. 1 Nr. 2) und der Antragsgegner sich mit der Durchführung des Verfahrens einverstanden erklärt haben, kann der Streitmittler die weitere Durchführung des Verfahrens aus dem in Abs. 1 Nr. 2 genannten Ablehnungsgrund nicht ablehnen. Die Parteien des Verbraucherstreitbeilegungsverfahrens sind die „Herren des Verfahrens", was in Abs. 4 S. 2 zum Ausdruck kommt.

VI. Aussetzung des Verbraucherstreitbeilegungsverfahren; Modifikation des Ablehnungsgrund Abs. 1 Nr. 2; Abs. 5?

64 Der ursprüngliche Regierungsentwurf sah zunächst einen Ablehnungsgrund in Abs. 1 vor, wonach der Streitmittler die Durchführung des Verfahrens hätte ablehnen können, wenn der Antragsgegner den vom Antragsteller geltend gemachten Anspruch vor Einleitung des Verbraucherstreitbeilegungsverfahrens weder anerkannt noch abgelehnt hat und seit der Geltendmachung des Anspruches keine zwei Monate vergangen waren (§ 14 Abs. 1 Nr. 3 E-VSBG).

65 Der im Gesetzesentwurf der Bundesregierung enthaltene Ablehnungsgrund hätte, was der Gesetzgeber im Rahmen des Gesetzgebungsverfahrens feststellte, den Verbraucher von der Einleitung eines Verbraucherstreitbeilegungsverfahrens abgehalten.[18] Der Verbraucher hätte sich der Gefahr ausgesetzt gesehen, dass der von ihm eingereichte Antrag die Verjährung nicht hemmt, da es dem Streitmittler im Hinblick auf den in Abs. 1 zunächst vorgesehenen Ablehnungsgrund möglich gewesen wäre, die Durchführung des Verfahrens abzulehnen, da der Verbraucher den Unternehmer nicht zwei Monate vor Einleitung des Verfahrens in Anspruch nahm. Die Konsequenz wäre gewesen, der Streitmittler hätte den Ablehnungsgrund angenommen, der Antrag wäre dem Antragsgegner nicht bekannt gegeben worden und der fristgerechte Antrag auf Durchführung des Verbraucherstreitbeilegungsverfahrens hätte die Verjährung nicht gehemmt.

66 Abs. 5 modifiziert nicht den Ablehnungsgrund des Abs. 1 Nr. 2, was sich bereits daraus ergibt, dass Abs. 5 eine vorherige Inanspruchnahme des Antragsgegners voraussetzt, wohingegen Abs. 1 Nr. 2 gerade einen Ablehnungsgrund aufgrund der fehlenden vorherigen Geltendmachung des Anspruchs formuliert.

67 Abs. 5 regelt die Fallkonstellation, dass vor Einleitung des Verfahrens der Antragsgegner vom Antragsteller in Anspruch genommen wurde, die Inanspruchnahme aber nicht mehr als zwei Monate vor Einleitung des Streitbeilegungsverfahrens erfolgte. Liegt also eine vorherige Inanspruchnahme des Antragsgegners nicht mehr als zwei Monate vor Einleitung des Verfahrens zurück, ist es dem Antragsgegner möglich, sich auf die „verspätete"

18 BT-Drs. 18/6904, 81.

Inanspruchnahme zu berufen. Dies setzt eine Inanspruchnahme des Antragsgegners vor Einleitung des Verfahrens seitens des Antragstellers, die nicht mindestens zwei Monate zurückliegt, voraus. Zweite Voraussetzung ist, dass der Antragsgegner sich auf unzureichende Reaktionszeit von weniger als zwei Monaten beruft. Sind die Voraussetzungen des Abs. 5 S. 1 erfüllt, setzt der Streitmittler das Verfahren für zwei Monate aus. Wird der Anspruch vom Antragsgegner innerhalb von zwei Monaten anerkannt, teilt die Verbraucherschlichtungsstelle beiden Parteien mit, dass sie die weitere Durchführung des Verfahrens ablehnt (Abs. 3 S. 1). Die Mitteilung bedarf der Textform. Erkennt der Antragsgegner den Anspruch nicht innerhalb von zwei Monaten seit der Geltendmachung vollständig an, so setzt der Streitmittler das Verbraucherstreitbeilegungsverfahren weiter fort, Abs. 5 S. 3.

§ 15 Beendigung des Verfahrens auf Wunsch der Parteien

(1) Das Streitbeilegungsverfahren endet, wenn der Antragsteller seinen Antrag zurücknimmt oder der weiteren Durchführung des Verfahrens widerspricht.

(2) Erklärt der Antragsgegner, an dem Streitbeilegungsverfahren nicht teilnehmen oder es nicht fortsetzen zu wollen, so beendet der Streitmittler das Verfahren, es sei denn, Rechtsvorschriften, Satzungen oder vertragliche Abreden bestimmen etwas anderes.

(3) Das Recht einer Partei, das Streitbeilegungsverfahren bei Vorliegen eines erheblichen Verfahrensmangels zu beenden, darf nicht beschränkt werden.

I. Einleitung

Die Vorschrift setzt Art. 7 Abs. 1 lit. k sowie Art. 9 Abs. 2 lit. a der ADR-Richtlinie um. Grundsätzlich sollen die Parteien auf die Beendigung des Verfahrens hinwirken können, ohne dass es der Zustimmung der jeweils anderen Partei oder der Verbraucherschlichtungsstelle bedarf. 1

Vereinbarungen zwischen den Parteien, welche die alternative Beilegung von Streitigkeiten betreffen, zB Mediations- oder Schlichtungsklauseln, waren nach dem ursprünglichen Gesetzentwurf der Bundesregierung grundsätzlich zulässig und sollten den Vorschriften der Verfahrensordnung der Verbraucherschlichtungsstelle vorgehen. Im Gesetzgebungsverfahren wurde sodann § 309 BGB um Ziffer 14 ergänzt. Danach sind nunmehr AGB-Klauseln und mithin auch Vereinbarungen unwirksam, die vor der gerichtlichen Geltendmachung des Anspruchs gegen den Verwender den Versuch einer außergerichtlichen Streitbeilegung verlangen. Der antragstellende 2

Verbraucher kann somit nicht dazu bestimmt werden, dem gerichtlichen Verfahren ein Verfahren nach diesem Gesetz vorzuschalten.[1]

3 Führt die Verbraucherschlichtungsstelle das Streitbeilegungsverfahren als Mediationsverfahren durch, ist § 2 Abs. 5 MediationsG anzuwenden; sowohl die Parteien, als auch der Mediator können das Verfahren dann beenden, sobald feststeht, dass eine Einigung nicht möglich ist.

4 Wird das Streitbeilegungsverfahren in Form der Mediation geführt, stellt der Beendigungswunsch einer Partei eine fristlose Kündigung des Mediationsvertrages dar, § 627 Abs. 1 BGB. Die Kündigung als empfangsbedürftige rechtsgestaltende Willenserklärung ist grundsätzlich formlos möglich.[2] Ob die Kündigung des Mediationsvertrages, neben dem Mediator, auch den weiteren Parteien des Mediationsverfahrens zu erklären ist, hängt von der Ausgestaltung des Mediationsvertrages ab.[3]

5 Auch nach dem Mediationsgesetz ist es jeder Partei, ohne dass es eines Grundes bedarf, möglich das Verfahren zu beenden. Weder das VSBG noch das Mediationsgesetz verlangen die Angabe von Gründen.

II. Beendigung auf Wunsch der Antragstellerseite, Abs. 1

6 Abs. 1 enthält zwei alternative Beendigungsmöglichkeiten, wie der Antragsteller das von ihm eingeleitete Verfahren beenden kann. Die 1. Alt. sieht die Beendigung des Verfahrens durch Rücknahme des Antrages vor. Die 2. Alt. ermöglicht es dem Antragsteller, der weiteren Durchführung des Verfahrens zu widersprechen. Anders als § 269 Abs. 1 ZPO ist sowohl die Rücknahme als auch der Widerspruch jederzeit – unabhängig vom Verfahrensstadium – möglich; § 15 VSBG und § 2 Abs. 5 MediationsG sind insoweit zwar nicht gleichlautend, aber gleichbedeutend. Einer Feststellung der Beendigung durch den Streitmittler bedarf es, anders als im Falle der Beendigung des Verfahrens durch den Antragsgegner, nicht.

III. Beendigung des Verfahrens durch den Antragsgegner, Abs. 2

7 Im Gegensatz zum Antragsteller kann der Antragsgegner auf die Beendigung des Verfahrens durch den Streitmittler nur hinwirken. Dies setzt aber voraus, dass der Antrag dem Antragsgegner bekannt gegeben wurde. Unterbleibt eine Bekanntgabe des verfahrenseinleitenden Antrages, kann der Antragsgegner – mangels Kenntnis von dem Verfahren – dieses auch nicht beenden.

8 Dem Antragsgegner ist es bereits zu Beginn des Verfahrens möglich, auf die Beendigung des Verfahrens hinzuwirken, indem er die Nichtteilnahme an dem Verfahren erklärt. Auch im bereits in Durchführung begriffenen Verfahren ist es dem Antragsgegner möglich, auf die Beendigung des Verfahrens hinzuwirken, indem er gegenüber dem Streitmittler der weiteren Durchführung des Verfahrens widerspricht. Der Streitmittler ist an die Er-

1 BR-Drs. 18/6904, 83.
2 Klowait/Gläßer/*Gläßer*, MediationsG, § 2 Rn. 201 ff.
3 Klowait/Gläßer/*Gläßer*, MediationsG, § 2 Rn. 201 ff. Greger/Unberath/*Unberath*, MediationsG, § 2 Rn. 249 geht hingegen davon aus, dass die Kündigungserklärung sowohl dem Mediator, als auch den Parteien zugehen muss.

klärung des Antragsgegners dann nicht gebunden, wenn er zur Teilnahme an dem Verfahren qua Rechtsvorschrift, Satzung oder infolge einer vertraglichen Abrede verpflichtet ist; er wird dann das Verfahren nicht beenden können. Grundsätzlich gilt, dass sich die Parteien verpflichten können, an einem solchen Verfahren teilzunehmen. In diesem Zusammenhang ist § 309 Nr. 14 BGB zu berücksichtigen. Der Antragsteller kann aufgrund einer AGB nicht verpflichtet werden, vor der gerichtlichen Geltendmachung des Anspruchs eine Streitbeilegung nach diesem Gesetz zu versuchen. Dies hindert den Antragsgegner jedoch nicht, sich zur Teilnahme zu verpflichten.

9 Erklärt sich der Antragsgegner im Rahmen des Verfahrens trotz Aufforderung seitens des Streitmittlers nicht und ist er zur Teilnahme qua Rechtsvorschrift, Satzung oder vertraglicher Abrede auch nicht verpflichtet, wird der Streitmittler die fehlende Erklärung des Antragsgegners entweder als konkludente Einwilligung zur Teilnahme am Streitbeilegungsverfahren oder aber als Erklärung der Nichtteilnahme würdigen müssen. Bevor der Streitmittler eine dahin gehende Entscheidung trifft, sollte geprüft werden, ob die Bekanntgabe des verfahrenseinleitenden Antrages veranlasst wurde bzw. erfolgte und dem Antragsgegner eine Frist zu Erklärung gesetzt wurde. Fehlt die Verpflichtung zur Teilnahme und erfolgt seitens des Antragsgegners keine Erklärung in der von der Verbraucherstreitbeilegungsstelle gesetzten Frist, spricht dies eher für die Erklärung der Nichtteilnahme seitens des Antragsgegners.

10 Unterbleibt eine Stellungnahme des Antragsgegners, obwohl er aufgrund einer Rechtsvorschrift, Satzung oder vertraglichen Abrede zur Teilnahme an dem Verfahren verpflichtet ist, hat die fehlende Erklärung keinen Einfluss auf seine Teilnahme an dem Verfahren. In diesem Fall ist der Antragsgegner zwar zur Teilnahme, nicht aber zu Erklärung im Rahmen des Verfahrens verpflichtet.

11 In der Nichterklärung des Antragsgegners ist auch kein Anerkenntnis des vom Antragstellers geltend gemachten Anspruchs zu sehen, da die Parteien grundsätzlich nicht verpflichtet sind, das Verfahren durchzuführen. Die Nichterklärung des Antragsgegners – sei er zur Teilnahme an dem Verfahren verpflichtet oder nicht – kann die Annahme eines Anerkenntnisses schon nicht rechtfertigen, da die alternative Streitbeilegung aufgrund dieses Gesetzes grundsätzlich freiwillig ist. Da die Abgabe von Erklärungen zur Sache nicht verpflichtend ist und Vorschriften, aus denen die Annahme eines Anerkenntnisses im Falle einer Nichterklärung gefolgert werden können, fehlen, stellt die fehlende Erklärung kein Anerkenntnis dar. Ebenso fehlen Vorschriften, die mit zivilprozessualen Vorschriften vergleichbar wären. Die Aufnahme dahin gehender Vorschriften ist unzulässig, da eine gesetzliche Ermächtigungsgrundlage fehlt; dahin gehende Verfahrensvorschriften in einer Verfahrensordnung einer Verbraucherschlichtungsstelle wären nichtig.

12 Die Verfahrensordnung sollte für den Fall, dass der Unternehmer zur Teilnahme an einem Verbraucherstreitbeilegungsverfahren verpflichtet ist, eine Regelung enthalten, die es dem Streitmittler auch ohne die Abgabe einer Erklärung des Unternehmers gestattet, einen Schlichtungsvorschlag – nach

Lage der Akten – zu ermöglichen. Die Entscheidung nach Aktenlage ist dem Streitmittler der Universalschlichtungsstelle möglich, § 30 Abs. 4 S. 2. Eine dahin gehende Regelung fehlt in § 19 für die privaten Verbraucherschlichtungsstellen. Letzteren ist es möglich, eine dahin gehende Regelung in die Verfahrensordnung aufzunehmen.[4]

IV. Beendigung aufgrund von erheblichen Verfahrensmängeln, Abs. 3

13 Abs. 3 hat lediglich klarstellende Funktion; keine Partei ist verpflichtet, an einem Verfahren, welches erhebliche Verfahrensmängel aufweist, teilzunehmen. Jede Partei ist grundsätzlich berechtigt das Verfahren zu beenden (Abs. 1, 2) bzw. auf die Beendigung hinzuwirken (Abs. 2).

§ 16 Unterrichtung der Parteien

(1) Die Verbraucherschlichtungsstelle muss den Antragsteller unverzüglich nach Eingang des Antrags auf Durchführung eines Streitbeilegungsverfahrens und den Antragsgegner zugleich mit der Übersendung des Antrags über Folgendes unterrichten:

1. **dass das Verfahren nach der Verfahrensordnung durchgeführt wird und dass deren Wortlaut auf der Webseite der Verbraucherschlichtungsstelle verfügbar ist und auf Anfrage in Textform übermittelt wird,**
2. **dass die Parteien mit ihrer Teilnahme am Streitbeilegungsverfahren der Verfahrensordnung der Verbraucherschlichtungsstelle zustimmen,**
3. **dass das Ergebnis des Streitbeilegungsverfahrens von dem Ergebnis eines gerichtlichen Verfahrens abweichen kann,**
4. **dass sich die Parteien im Streitbeilegungsverfahren von einem Rechtsanwalt oder einer anderen Person, soweit diese zur Erbringung von Rechtsdienstleistungen befugt ist, beraten oder vertreten lassen können,**
5. **dass die Parteien im Streitbeilegungsverfahren nicht durch einen Rechtsanwalt oder durch eine andere Person vertreten sein müssen,**
6. **über die Möglichkeit einer Beendigung des Streitbeilegungsverfahrens nach § 15,**
7. **über die Kosten des Verfahrens und**
8. **über den Umfang der Verschwiegenheitspflicht des Streitmittlers und der weiteren in die Durchführung des Streitbeilegungsverfahrens eingebundenen Personen.**

(2) Von der wiederholten Unterrichtung eines Unternehmers, der regelmäßig an Streitbeilegungsverfahren der Verbraucherschlichtungsstelle teilnimmt und auf weitere Unterrichtungen verzichtet hat, kann abgesehen werden.

I. Einleitung

1 Die Vorschrift setzt die Vorgaben des Art. 7 Abs. 1 sowie Art. 9 Abs. 1 lit. b und Abs. 2 der ADR-Richtlinie um. Sie dient in erster Linie der Transparenz; den Parteien soll unverzüglich nach der Einleitung des Verfahrens

4 BR-Drs. 258/15, 74.

bzw. vor der Erklärung über die Teilnahme an diesem Verfahren vor Augen geführt werden, welchen Regularien das Verfahren unterliegt und welche Handlungsmöglichkeiten sowie Vertretungsmöglichkeiten die Parteien haben.

II. Unterrichtungspflicht der Verbraucherschlichtungsstelle

Abs. 1 verpflichtet die Verbraucherschlichtungsstelle, den Antragsteller unverzüglich nach Eingang des verfahrenseinleitenden Antrages über das Verfahren sowie den Ablauf des Verfahrens im Wesentlichen zu informieren. So ist der Antragsteller ua über die Vertretungs- und Beendigungsmöglichkeit sowie die Verfahrenskosten zu informieren. Der Antragsgegner ist ebenso mit Übersendung des verfahrenseinleitenden Antrages zu informieren. Im Falle des Vorliegens eines Ablehnungsgrundes und einer darauf basierenden Ablehnungsentscheidung des Streitmittlers bedarf es der Information des Antragsgegners nicht, es sei denn, dem Antragsgegner wird – beispielsweise aufgrund einer entsprechenden Regelung in der Verfahrensordnung – der Antrag auf Einleitung des Verfahrens noch vor der Ablehnungsentscheidung des Streitmittlers weitergeleitet. 2

Die Parteien sind darüber zu informieren, dass das Verfahren nach der Verfahrensordnung der Verbraucherschlichtungsstelle durchgeführt wird, der Wortlaut auf der Website der Verbraucherschlichtungsstelle abrufbar ist und auch auf Anfrage in Textform übermittelt werden kann (Nr. 1). 3

Ebenso sind die Parteien darüber zu informieren, dass sie mit der Teilnahme an dem Streitbeilegungsverfahren die Verfahrensordnung der angerufenen und mit der Streitigkeit befassten Verbraucherschlichtungsstelle akzeptieren (Nr. 2). Die Akzeptanz der Verfahrensordnung ist zwar für das Verfahren wesentlich, hat jedoch nicht zur Folge, dass Gesetze und Rechtssätze außerhalb der Verfahrensordnung ihre Gültigkeit verlieren. Die Verfahrensordnung dient, wie jede Verfahrens- und Prozessordnung, der Strukturierung des Verfahrens, stellt jedoch kein Substitut für Rechtsvorschriften außerhalb der Verfahrensordnung dar. 4

Enthält die Verfahrensordnung der Verbraucherstreitbeilegungsstelle beispielsweise eine Regelung zur Verjährung („*Für die Dauer des Schlichtungsverfahrens (Vorprüfungsverfahren und Schlichtung vor dem Ombudsmann) gilt die Verjährung als gehemmt.*[1]“), stellt dies keine abweichende Vereinbarung betreffend die Verjährung und damit keine Abbedingung der gesetzlichen Vorschriften (§ 204 Abs. 1 Nr. 4, Abs. 2 BGB) dar.[2] Ziel der alternativen Streitbeilegung ist die Beilegung von Unstimmigkeiten zwischen den am Verfahren beteiligten Personen. Eine Derogation von grundlegenden Vorschriften, so unter anderem von § 204 Abs. 2 BGB, würde das Ziel der alternativen Streitbeilegung konterkarieren. Aus Klarstellungsgesichtspunkten scheint es empfehlenswert, in den Verfahrensordnungen der Verbraucherschlichtungsstellen klarzustellen, dass mit der Anerkennung der 5

1 Aus: „Verfahrensordnung für die Schlichtung von Kundenbeschwerden im deutschen Bankgewerbe“, Nr. 6 Abs. 1 der Kundenbeschwerdestelle beim Bundesverband deutscher Banken e.V.

2 OLG Celle 20.11.2013 – 3 U 75/13; OLG Jena BB 2011, 193; aA OLG Hamm 12.5.2012 – 31 U 167/06.

Verfahrensordnung nicht zugleich Gesetze, Vorschriften, Verordnungen etc abbedungen werden.

6 Während § 204 Abs. 1 Nr. 4, Abs. 2 BGB die Verjährungshemmung für das Verbraucherstreitbeilegungsverfahren regelt, fehlen vergleichbare Vorschriften für das Mediationsverfahren.[3] Viel spricht dafür, dass die Mediation eine Verhandlung im Sinne des § 203 BGB darstellt; aus der Vorschrift selbst ergibt sich dies jedoch nicht. Selbiges gilt für § 204 BGB. Vor diesem Hintergrund ist es ratsam, bereits zu Beginn des Verbraucherstreitbeilegungsverfahrens, welches in Form der Mediation geführt wird, auf eine Vereinbarung zwischen den Parteien, die sowohl den Beginn als auch das Ende der Verhandlungen regelt, hinzuwirken. Zwar können bereits Verhandlungen über den Abschluss eines Mediationsvertrages die Verjährung nach § 203 Abs. 1 BGB hemmen, darlegungs- und beweisbelastet hierfür ist jedoch jene Partei, die sich nicht auf die Einrede der Verjährung beruft. Bereits aus Klarstellung- und Dokumentationsgründen ist über einen zeitnahen Abschluss eines Mediationsvertrages, der gegebenenfalls auch Angaben zum Beginn der Verhandlungen enthält, nachzudenken.

7 Konsequent ist, dass mit der Zustimmung zur Verfahrensordnung der Verbraucherschlichtungsstelle die Parteien auch darüber zu informieren sind, dass eine etwaige gerichtliche Entscheidung von jener der Verbraucherschlichtungsstelle und ihres Streitmittlers abweichen kann (Nr. 3).

8 Der Verbraucherschlichtungsstelle sowie dem Streitmittler ist die Möglichkeit eröffnet, das Streitbeilegungsverfahren in Form der Mediation durchzuführen; in diesem Fall sind die Vorschriften des Mediationsgesetzes zu berücksichtigen (→ § 18).

9 Den Parteien ist es möglich, sich in dem Verfahren von einem Rechtsanwalt oder einer anderen Person, die nach dem Rechtsdienstleistungsgesetz berechtigt ist Rechtsdienstleistung zu erbringen, vertreten zu lassen (Nr. 4.). Zur Vertretung vergleiche auch § 13.

10 Die Streitbeilegungsstelle/der Streitmittler haben darauf hinzuweisen, dass die Parteien sich nicht vertreten lassen müssen (Nr. 5).

11 Die nach § 15 möglichen Beendigungsalternativen (Nr. 6) sind ebenso mitzuteilen wie die Kosten des Verfahrens (Nr. 7). Zu den Beendigungsalternativen vergleiche § 15 und zu den Kosten des Verfahrens vergleiche § 23. Inwieweit Verschwiegenheitsverpflichtungen seitens der Parteien bestehen, ist den Parteien jeweils zu Beginn ihres Eintritts in das Verfahren mitzuteilen (Nr. 8); → auch § 22.

12 Die Unterrichtung der Parteien bedarf grundsätzlich keiner Form. Die Verfahrensordnung ist, wie Nr. 1 im Hinblick auf § 10 Abs. 1, 2 zutreffend klarstellt, auf Nachfrage einer Partei in Textform zu übermitteln.

3 Zur Verjährungshemmung im Mediationsverfahren vergleiche auch Klowait/Gläßer/*Gläßer,* MediationsG, § 2 Rn. 76 sowie Klowait/Gläßer/*Hagel* MediationsG, § 2 Rn. 76, Teil 3 11. „Mediation und Schiedsgerichtsbarkeit" Rn. 4 ff.

III. Abweichende Unterrichtungspflicht für Unternehmer

Unternehmen/Unternehmer, die regelmäßig an Streitbeilegungsverfahren der im konkreten Fall befassten Verbraucherschlichtungsstelle teilnehmen, können ihrerseits auf die wiederholte Unterrichtung verzichten. Der Verzicht auf die erneute Unterrichtung bedarf keiner Form und ist von dem Unternehmen/Unternehmer gegenüber der Verbraucherstreitbeilegungsstelle zu erklären. Inwieweit der Unternehmer von dem einmal ausgesprochenen Verzicht auf die Unterrichtung Abstand nehmen kann, so dass er wieder zu Beginn seines Eintritts in das Verfahren zu belehren ist, ergibt sich nicht aus dem Gesetz. Es empfiehlt sich, eine Regelung in die Verfahrensordnung aufzunehmen, wonach das Unternehmen/der Unternehmer jederzeit von dem Verzicht auf die Erklärung Abstand nehmen kann. Unternehmern und Unternehmen ist es ebenso möglich, die Erklärung auf den Verzicht der Belehrung unter den Vorbehalt des Widerrufs zu stellen. Im Hinblick auf die Transparenz sowie unter Beweisgesichtspunkten empfiehlt es sich aus Sicht des Unternehmers, den Verzicht (ob unter Vorbehalt des Widerrufs oder nicht) in Textform zu erklären; selbiges gilt für den Widerruf der Verzichtserklärung. Auch in der Verfahrensordnung sollte unter Beweisgesichtspunkten die Textform für den Verzicht auf die wiederholte Unterrichtung verlangt werden. 13

Änderungen der Verfahrensordnung sind dem Unternehmer mitzuteilen. Hat der Unternehmer auf die wiederholte Belehrung verzichtet, so ist im Falle einer Änderung der Verfahrensordnung aus Klarstellungsgründen der Unternehmer erneut zu fragen, ob er in Zukunft auf die wiederholte Unterrichtung verzichtet. 14

Streitbeilegungsverfahren können auch, was § 18 klarstellt, den Regelungen der Mediation folgen, weshalb § 18 iVm § 2 Abs. 2 MediationsG[4] zu beachten ist. Der Mediator klärt zu Beginn des Verfahrens über die Grundsätze des Mediationsverfahrens auf. Gemäß § 2 Abs. 2 Hs. 1 MediationsG hat sich der Mediator zu vergewissern, dass die Parteien die Grundsätze der Mediation (Vertraulich-, Freiwillig-, Eigenverantwortlichkeit und Strukturiertheit) verstanden haben. Die Freiwilligkeit stellt als Grundlage des Mediationsverfahrens den wichtigsten Aspekt dar. Die Parteien eines Mediationsverfahrens sind zudem darüber zu informieren, dass der Mediator eine unabhängige und zugleich neutrale Person ohne eigene Entscheidungsbefugnis ist und eine Beilegung der Streits seitens der Parteien und nicht durch eine Entscheidung des Mediators erfolgt. Eine Ausprägung der Freiwilligkeit stellt die jederzeitige Beendigungsmöglichkeit – ohne Angabe von Gründen – dar, § 2 Abs. 5 MediationsG. Der Abschluss einer konsensualen Vereinbarung ist zwar regelmäßig das Ziel der Mediation, der Abschluss einer solchen Vereinbarung ist aber selbst im Falle einer einvernehmlichen Beilegung der Unstimmigkeit nicht erforderlich. 15

4 Vgl. hierzu auch Klowait/Gläßer/*Gläßer*, MediationsG, § 2 Rn. 77 f.

§ 17 Rechtliches Gehör

(1) [1]Die Parteien erhalten rechtliches Gehör und können Tatsachen und Bewertungen vorbringen. [2]Die Verbraucherschlichtungsstelle kann den Parteien eine angemessene Frist zur Stellungnahme setzen. [3]Die Frist beträgt in der Regel drei Wochen und kann auf Antrag verlängert werden.

(2) Der Streitmittler kann die Streitigkeit mit den Parteien mündlich erörtern, wenn diese Möglichkeit in der Verfahrensordnung der Verbraucherschlichtungsstelle vorgesehen ist und die Parteien zustimmen.

I. Einleitung

1 Die Vorschrift setzt in Abs. 1 Art. 9 Abs. 1 lit. a der ADR-Richtlinie und in Abs. 2 Art. 10 lit. b die Verordnung (EU) Nr. 524/2013 um. Art. 9 gibt den Mitgliedstaaten auf, dafür zu sorgen, dass die AS-Verfahren fair durchgeführt werden.

2 Der sich aus dem grundrechtsgleichen Recht des Art. 103 Abs. 1 GG ergebende Anspruch auf rechtliches Gehör gilt schon dem Wortlaut nach allein vor den staatlichen Gerichten. Die Verbraucherstreitbeilegungsstellen sind als alternative Streitbeilegungsstellen keine Gerichte, weshalb der Anwendungsbereich des Art. 103 Abs. 1 GG nicht eröffnet ist. Auch ist Art. 103 Abs. 1 GG nicht ohne Weiteres auf nicht gerichtliche Institutionen anwendbar bzw. übertragbar; dennoch gilt, dass auch außerhalb des Anwendungsbereiches dieses grundrechtsgleichen Rechts sowohl das Recht auf ein faires Verfahren, vgl. Art. 6 EMRK, sowie Art. 41 der Charta der Grundrechte der Europäischen Union (GRC), als auch das Recht auf Anhörung, gewährleistet ist.[1]

3 Eines unmittelbaren Rückgriffs auf Art. 103 Abs. 1 GG, Art. 6 EMRK sowie auf Art. 41 GRC bedarf es nicht, da das VSBG den Anspruch auf rechtliches Gehör in § 17 selbst normiert. Wie im Grundgesetz, der EMRK und der Grundrechtecharta werden auch in § 17 – von Abs. 1 S. 1 (Stellungnahmefrist) abgesehen – der Umfang sowie die Ausgestaltung des rechtlichen Gehörs nicht näher bestimmt und somit den anzuwendenden Stellen sowie der Rechtsprechung überlassen.

4 Auch ein Verweis auf die zivilprozessualen Verfahrensvorschriften unterbleibt. Eine dem schiedsrichterlichen Verfahren vergleichbare Vorschrift,

1 BVerfGE 101, 397.

wonach die Parteien oder aber der Streitmittler bei Gericht Unterstützung für die Beweisaufnahme anfordern können, § 1050 S. 1 ZPO, fehlt ebenso.

Der Gesetzgeber hat als Vorbild die bestehende Schlichtungsregelung nach § 14 Abs. 2 S. 1 UKlaG vor Augen gehabt.[2] Der hierauf zurückzuführende § 4 Abs. 2 SchlichtVerfV[3] ist ebenso wenig ergiebig wie das VSBG. 5

Weder das Gesetz, noch die Gesetzesbegründung enthält Hinweise dahin gehend, ob die Beweismittel der ZPO entsprechend anzuwenden sind. Die Anwendbarkeit der Beweisvorschriften wird aber auch nicht ausgeschlossen, so dass ein Rückgriff des zivilrechtlichen Streitbeilegungsverfahrens auf eben jene zivilprozessualen Vorschriften nicht ausscheidet. Die zivilprozessualen Vorschriften werden mitunter als *„Teil einer Art allgemeiner Verfahrenslehre“*[4] verstanden, die von zahlreichen Verfahrensordnungen (§ 98 VwGO, § 82 FGO, § 30 FamFG) in Bezug genommen werden,[5] so dass eine Anwendung dieser Vorschriften nicht nur denkbar, sondern sogar naheliegend ist. Die fehlende (unmittelbare und mittelbare) Bezugnahme des VSBG auf die Beweisvorschriften der ZPO lässt jedoch den Schluss zu, dass der Freibeweis und nicht der Strengbeweis im Rahmen des Verbraucherstreitbeilegungsverfahrens gilt. 6

Wie im Zivilprozess auch, bestimmen die Parteien im Rahmen des Streitbeilegungsverfahrens den Streitstoff und sind die „Herren des Verfahrens“. Die Verbraucherstreitbeilegungsstelle bzw. der Streitmittler werden erst aufgrund eines das Verfahren einleitenden Antrages durch den Antragsteller tätig. Die Parteien disponieren über das „Ob“ – wird das Verfahren in Form der Mediation geführt, dann auch über das „Wie“ – des Verfahrens. 7

Die am Ende des Verfahrens stehende Entscheidung, sei es in Form eines Schlichtungsspruchs bzw. der Feststellung, dass eine Schlichtung nicht möglich ist oder aber einer aus dem Mediationsverfahren hervorgehende Abschlussvereinbarung, wird das Ergebnis der vorgetragenen/ausgetauschten Argumente der Parteien wiederspiegeln. Hierzu bedarf es des Vortrages der Parteien, denen es unbenommen bleibt, zu versuchen, ihre Ausführungen zu belegen. 8

Sowohl dem Antragsteller, als auch dem Antragsgegner steht es (ohne dazu verpflichtet zu sein) frei, die zivilprozessualen Beweismittel zum Nachweis ihrer Vorträge zu nutzen, wobei die von der ZPO vorgegebenen Beweismittel für das Verbraucherstreitbeilegungsverfahren nicht abschließend sind. 9

---

2 BR-Drs. 258/15, 75.

3 § 4 Abs. 2 der Schlichtungsstellenverfahrensverordnung lautet:
(2) Die Geschäftsstelle der Schlichtungsstelle bestätigt dem Antragsteller den Eingang seiner Kundenbeschwerde und leitet sie den beteiligten Unternehmen zur Stellungnahme zu, die sich innerhalb eines Monats ab Zugang zu der Kundenbeschwerde äußern müssen; die Frist kann um einen Monat verlängert werden. Die eingehenden Stellungnahmen werden dem Beschwerdeführer durch die Geschäftsstelle mit der Anheimgabe zugeleitet, sich innerhalb eines Monats ab Zugang dazu zu äußern, wenn der Beschwerdegegner der Kundenbeschwerde nicht abhelfen will. Müsste eine Ablehnungsmitteilung nach § 3 ergehen oder fehlen Unterlagen oder Ausführungen, weist die Geschäftsstelle den Beschwerdeführer hierauf hin und gibt ihm in geeigneten Fällen Gelegenheit, den Mangel innerhalb eines Monats abzustellen.

4 MüKo ZPO/*Prütting* § 284, Rn. 3.

5 MüKo ZPO/*Prütting* § 284, Rn. 3.

Maßgeblich ist stets die Verfahrensordnung, deren Anwendbarkeit für das Verfahren von den Parteien zu bestätigen ist (§ 16 Abs. 1 Nr. 2), auf die abzustellen ist. Die Verfahrensordnung kann Regelungen zu Beweismitteln enthalten und so bspw. Beweismittel der ZPO ausschließen. Enthält die Verfahrensordnung keine dahin gehenden Regelungen, kann jede Partei alle erdenklichen Beweismittel anbieten.

10 Wird das Verbraucherstreitbeilegungsverfahren als Schlichtungsverfahren geführt, werden die Parteien versuchen, den Streitmittler von ihren jeweiligen Positionen zu überzeugen. Sowohl Antragsteller als auch Antragsgegner werden dem Streitmittler (im besten Fall) den Sachverhalt, wie er sich aus ihrer Sicht darstellt, mitteilen. Aufgrund dieser Darstellungen wird der Streitmittler entscheiden, ob und in welcher Form er in seinem Schlichtungsvorschlag einen Vorschlag unterbreitet (→ § 19). Wahrscheinlich werden einzelne Tatsachenbehauptungen, die für die Entscheidung erheblich sein werden, streitig sein. Unwahrscheinlich und eher selten werden jene Fälle anzutreffen sein, in denen die anspruchsbegründenden bzw. anspruchsnegierenden Tatsachen unstreitig sein werden und der Streitmittler nur den Sachverhalt zu subsumieren hat. Im letztgenannten Fall stellt sich die Frage der Beweiserhebung nicht, wohingegen sie sich im erstgenannten Fall aufdrängt.

11 Eine Regelung zur Wahrheitspflicht, wie sie § 138 ZPO für den Zivilprozess vorsieht, fehlt im VSBG.

12 Die Verbraucherschlichtungsstelle kann in ihre Verfahrensordnung eine Regelung aufnehmen. Mit der Teilnahme an dem Verfahren verpflichten sich die Parteien zur Wahrheit, da sie der Verfahrensordnung zustimmen. Enthält die Verfahrensordnung eine dahin gehende Regelung und verletzt die Partei ihre (vertraglich geschuldete) Wahrheitsverpflichtung, macht sie sich ggf. schadensersatzpflichtig. Ob und inwieweit Täuschungen über Tatsachen, die den Streitmittler irrtumsbedingt zum Erlass eines Schlichtungsspruchs veranlassen, auch strafrechtlich relevant sind, ist im Einzelfall zu prüfen. Denkbar wäre ein solches Vorgehen der Parteien als strafrechtsrelevant insbesondere dann einzustufen, wenn sich der Unternehmer aufgrund der Verbandszugehörigkeit, infolge der Satzung etc verpflichtet hat, den Schlichtungsspruch gegen sich gelten zu lassen.

13 Der sich am Ende für den Streitmittler darstellende Sachverhalt kann von Zweifeln, ggf. infolge bewusst fehlerhafter Angaben seitens einer oder sogar beider Parteien, durchzogen sein. In unklaren oder Zweifelsfällen wird der Streitmittler wohl von einer Schlichtung absehen.

14 Die Verbraucherschlichtungsstelle sollte in ihrer Verfahrensordnung nicht klarstellen, welche Beweismittel sie zulässt, sondern vielmehr nicht zugelassene Beweismittel benennen, da dies dem offen formulierten Verfahren, das wohl bewusst auf die Bezugnahme der ZPO-Vorschriften verzichtet hat, entspricht.

II. Ausgestaltung des rechtlichen Gehörs

1. Angemessene Fristen zur Stellungnahme

Während Abs. 1 des Umsetzungsgesetzes in der Formulierung allgemein gehalten ist, hat der Richtliniengeber Art. 9 Abs. 1 lit. a differenzierter formuliert. Den Parteien soll es möglich sein, innerhalb einer angemessenen Frist sich zu dem Vortrag der jeweils anderen Partei zu erklären. Die vom nationalen Gesetzgeber in Abs. 1 S. 2 und S. 3 aufgenommene drei Wochenfrist ist auf die Erwägungen des nationalen Gesetzgebers und nicht auf die europäische Richtlinie zurückzuführen. Sie ist für die Verbraucherschlichtungsstellen nicht bindend, so dass es ihnen unbenommen bleibt, eine abweichende Frist in die Verfahrensordnung aufzunehmen.[6] Entscheidend ist, dass die Frist angemessen ist; die Parteien dürfen aufgrund der Kürze der Frist nicht an der Stellungnahme gehindert sein, dabei darf das Verfahren aber auch nicht in die Länge gezogen werden. 15

Die Frist zur Stellungnahme des Antragsgegners auf die Ausführungen des Antragstellers und umgekehrt kann auf Antrag der jeweils stellungnehmenden Partei von der Verbraucherschlichtungsstelle verlängert werden. Einer Anhörung der jeweiligen Gegenpartei bedarf es nach dem Gesetzeswortlaut nicht. Sollte ein weiterer Fristverlängerungsantrag gestellt werden, sollte die Gegenseite hierzu gehört werden; so kann gewährleistet werden, dass die Verlängerung des Verfahrens infolge von Fristverlängerungsanträgen von beiden Parteien akzeptiert wird. Andernfalls bestünde die Gefahr, dass die mit dieser Vorgehensweise nicht einverstandene Partei der weiteren Durchführung des Verfahrens widerspricht und so das Scheitern der alternativen Streitbeilegung herbeiführt. Weder das Fristverlängerungsgesuch noch die Entscheidung über dieses bedürfen der Form. Aus Transparenzgesichtspunkten, die der Akzeptanz dieser Schlichtungsmethode dienlich ist, scheint es empfehlenswert, dass die Verfahrensordnung insoweit die Textform vorschreibt; die Aufnahme einer dahin gehenden Regelung in die Verfahrensordnung ist nicht zwingend. 16

Das Gesetz enthält für den Fall der Nichteinhaltung der gesetzten Frist(en) keine Präklusionsvorschriften. Verbraucherschlichtungsstellen können dahin gehende Regelungen in die Verfahrensordnung aufnehmen. Diese sollten dem Schutz der Verbraucherstreitbeilegungsstellen und deren Streitmittler dienen. Letzteren muss es, nachdem den Parteien rechtliches Gehör eingeräumt wurde, möglich sein, das Verfahren einem Ergebnis zuzuführen. Dies könnte durch die Einreichung zahlreicher weiterer Stellungnahmen gefährdet werden, weshalb den Streitmittlern – nachdem das rechtliche Gehör den Parteien gleichermaßen gewährt wurde – ermöglicht werden sollte, weiteren Vortrag nicht beachten zu müssen. Sind sich die Beteiligten einig, dass der Austausch weiterer Stellungnahmen etc der Beilegung der Streitigkeit dienlich ist, kann das Verfahren weiter fortgeführt werden. 17

2. Ablauf des Verfahrens

Zunächst wird der Antragsteller im Rahmen des verfahrenseinleitenden Antrages aus seiner Sicht den Sachverhalt vortragen und hierzu Bewertun- 18

6 BR-Drs. 258/15, 75.

gen abgeben. Der verfahrenseinleitende Antrag sowie die Anlagen sind von der Verbraucherstreitbeilegungsstelle dem Antragsgegner zuzuleiten, sofern kein Ablehnungsgrund im Sinne des § 14 vorliegt oder die Verfahrensordnung eine unmittelbare Weiterleitung ohne vorherige Prüfung auf einen Ablehnungsgrund vorsieht.

a) Anforderungen an den verfahrenseinleitenden Antrag

19 Das Gesetz sowie die aufgrund des Gesetzes erlassene Verordnung enthalten weder ein Muster des verfahrenseinleitenden Antrages, noch Angaben dazu, welchen Anforderungen der Antrag genügen muss. Den Verbraucherschlichtungsstellen ist es möglich, ein Formular – auch online – für den Antragsteller vorzuhalten. Aus Antragstellersicht ist zu beachten, dass die notwendigen Angaben eines solchen Antrages enthalten sind; welche dies sind, hängt von der Verfahrensordnung der Verbraucherschlichtungsstelle und nicht zuletzt von dem geltend gemachten Anspruch ab. An eine Beschwerde, deren Gegenstand bspw. der Defekt eines Kaufgegenstandes (zB Fotoapparat) ist, sind regelmäßig geringere Anforderungen zu stellen als an eine Beschwerde, deren Gegenstand die fehlerhafte Beratung einer komplexen Kapitalanlage ist. Im erstgenannten Fall werden neben dem Defekt des Kaufgegenstandes der Antragsgegner, der Zeitpunkt des Kaufs, der Kaufpreis sowie das Verfahrensziel zu nennen und die Rechnung beizufügen sein. Im zweitgenannten Fall wird zudem ua der Beratungshergang zumindest grob dargestellt werden müssen. Unterbleibt eine ausreichende Mitteilung des Sachverhaltes, ist es der Verbraucherstreitbeilegungsstelle und ihrem Streitmittler möglich, auf die nicht ausreichende Darstellung hinzuweisen; eine dahin gehende Verpflichtung besteht nicht.

20 Neben der Bezeichnung des Antragsgegners, den geltend gemachten Anspruch, den Grund für die Beschwerde und das angestrebte Verfahrensziel sollte der Antrag auch den Sachverhalt in groben Zügen wiedergeben.[7] An die Anforderungen des verfahrenseinleitenden Antrages dürfen allerdings keine allzu hohen Anforderungen gestellt werden. Der Antrag sowie das Verfahren sollen von Verbrauchern und Unternehmern gleichermaßen ohne die Einbeziehung von Rechtsanwälten oÄ gestellt werden können. Die Stellung eines konkreten Antrages, der einem Klageantrag gleicht, sollte somit nicht gefordert werden; die Angabe des Verfahrensziels muss insoweit ausreichen. Im Hinblick auf etwaige von der Verbraucherschlichtungsstelle in die Verfahrensordnung aufgenommenen Streitwertober- und Streitwertuntergrenzen (vgl. § 14 Abs. 2 Nr. 3) sollten Angaben zum Streitwert gemacht werden, sofern die Verbraucherstreitbeilegungsstelle den Ablehnungsgrund des § 14 Abs. 2 Nr. 3 aufgenommen hat. Es empfiehlt sich – gerade im Hinblick auf die Rechtsprechung des III. Zivilsenats des BGH[8] – den Antrag möglichst detailliert zu gestalten; als Orientierungshilfe für den

7 BGH VuR 2015, 463, NJW 2015, 2407, NZG 2015, 1232; BGH VuR 2015, 467, NJW 2015, 3297, NZG 2015, 1235.
8 BGH VuR 2015, 463, NJW 2015, 2407, NZG 2015, 1232; BGH VuR 2015, 467, NJW 2015, 3297, NZG 2015, 1235.

notwendigen Inhalt des Antrages kann § 253 ZPO[9] herangezogen werden, ohne dass die dortigen Anforderungen verpflichtend sind.

Zuletzt hat der III. Zivilsenat des BGH in mehreren Verfahren hohe Anforderungen an die erforderlichen Angaben eines Güteantrages gestellt.[10] Vor diesem Hintergrund schadet es nicht, wenn dem Antrag Anlagen beigefügt werden, die der Individualisierung des geltend gemachten Anspruches dienen. Die vom III. Zivilsenat des BGH aufgestellten Anforderungen an den verfahrenseinleitenden Güteantrag (in den Verfahren waren Kapitalanlagen, zum Teil auch fremdfinanzierte, Gegenstand) sind nicht ohne Weiteres auf den verfahrenseinleitenden Antrag nach dem VSBG übertragbar. Gleichwohl empfiehlt es sich, den verfahrenseinleitenden Antrag an den Anforderungen des BGH auszurichten. Der einleitende Antrag muss den Anspruch abgrenzbar von anderen Ansprüchen bezeichnen, um die erforderliche Individualisierung zu ermöglichen. Der Antrag sollte somit enthalten: 21

- Name und Anschrift des Antragstellers;
- Name und Anschrift des Antragsgegners;
- Angaben zum Anspruch selbst; soweit es sich um eine Beratungsleistung handelt, sollte der konkrete Beratungsgegenstand genannt werden, wobei der ungefähre Beratungszeitraum, der Beratungsvertrag sowie das verfolgte Ziel anzugeben sind;
- Angaben zum geltend gemachten Anspruch der Höhe nach (§ 14 Abs. 2 Nr. 3);
- der Grund der Beschwerde;
- Anlagen, die den Sachverhalt bestätigen (wie beispielsweise Kaufabrechnung, Beratungsprotokoll etc) sollten bereits dem einleitenden

---

9 § 253 ZPO Klageschrift
(1) Die Erhebung der Klage erfolgt durch Zustellung eines Schriftsatzes (Klageschrift).
(2) Die Klageschrift muss enthalten:
1. Die Bezeichnung der Parteien und des Gerichts;
2. die bestimmte Angabe des Gegenstandes und des Grundes des erhobenen Anspruchs, sowie einen bestimmten Antrag.
(3) Die Klageschrift soll ferner enthalten:
1. Die Angabe, ob der Klageerhebung der Versuch einer Mediation oder eines anderen Verfahrens der außergerichtlichen Konfliktbeilegung vorausgegangen ist, sowie eine Äußerung dazu, ob einem solchen Verfahren Gründe entgegenstehen;
2. die Angabe des Wertes des Streitgegenstandes, wenn hiervon die Zuständigkeit des Gerichts abhängt und der Streitgegenstand nicht in einer bestimmten Geldsumme besteht;
3. eine Äußerung dazu, ob einer Entscheidung der Sache durch den Einzelrichter Gründe entgegenstehen.
(4) Außerdem sind die allgemeinen Vorschriften über die vorbereitenden Schriftsätze auch auf die Klageschrift anzuwenden.
(5) Die Klageschrift sowie sonstige Anträge und Erklärungen einer Partei, die zugestellt werden sollen, sind bei dem Gericht schriftlich unter Beifügung der für ihre Zustellung oder Mitteilung erforderlichen Zahl von Abschriften einzureichen. Einer Beifügung von Abschriften bedarf es nicht, soweit die Klageschrift elektronisch eingereicht wird.

10 BGH VuR 2015, 463, NJW 2015, 2407, NZG 2015, 1232; BGH VuR 2015, 467, NJW 2015, 3297, NZG 2015, 1235.

Schriftsatz beigefügt werden (dies gilt auch den vorab gefaxten Antrag).

22 Die Verbraucherschlichtungsstelle und ihr Streitmittler sind nicht verpflichtet, aber berechtigt, den Antragsteller auf seine unzureichende Eingabe hinzuweisen, solange und soweit die erforderliche Neutralität gewahrt bleibt; selbiges gilt auch die Eingabe des Antragsgegners.

b) Reaktions- und Stellungnahmemöglichkeit des Antragsgegners sowie des Antragstellers

23 Der Antragsgegner hat, nachdem er den Antrag von der Verbraucherschlichtungsstelle übermittelt bekommen hat, die Möglichkeit, zu den in dem Antrag geltend gemachten Ansprüchen innerhalb der von der Verbraucherschlichtungsstelle gesetzten – verlängerbaren – Frist Stellung zu nehmen. Sollte der antragstellerseits geltend gemachte Anspruch nicht wenigstens zwei Monate vor Einleitung des Streitbeilegungsverfahrens eingeleitet worden sein, kann er auf die Aussetzung des Verfahrens, § 14 Abs. 5 (→ § 14 Abs. 5, Rn. 5 ff.), für zwei Monate hinwirken.

24 Nachdem der Antragsgegner zu dem verfahrenseinleitenden Antrag Stellung genommen hat, ist diese Stellungnahme (samt Anlagen) dem Antragsteller zu übermitteln, der zu den Ausführungen des Antragsgegners wiederum Stellung nehmen kann; die Verbraucherschlichtungsstelle setzt dem Antragsteller hierfür ebenfalls eine verlängerbare Frist. Die Stellungname des Antragstellers auf die Ausführungen des Antragsgegners sind an den Antragsgegner weiterzuleiten. Ob der Antragsgegner zu dem replizierenden Schriftsatz nochmals Stellung nimmt, bleibt ihm überlassen; die Verbraucherschlichtungsstelle wird regelmäßig keine weitere Stellungnahmefrist setzen, es sei denn, sie hält dies für erforderlich.

25 Je nach Ausgestaltung des Streitbeilegungsverfahrens wird der Vorgang dem Streitmittler vorgelegt. Sieht die Verfahrensordnung die Möglichkeit der mündlichen Erörterung der Streitsache vor und hält der Streitmittler diese Vorgehensweise für zweckentsprechend, wird er dies den Parteien mitteilen; die mündliche Erörterung bedarf der Zustimmung der Parteien. Erachtet der Streitmittler die wechselseitig ausgetauschten Stellungnahmen für ausreichend, wird er die Vollständigkeit der Beschwerdeakte feststellen und dies den Parteien mitteilen, § 20 Abs. 1.[11]

3. Beweismittel

26 Die Parteien erhalten die Möglichkeit, (Tatsachen-)Behauptungen und Bewertungen vorzutragen. Das VSBG enthält keinerlei Vorschriften, die den Beweis und deren Erhebung regeln. Nur der fakultative Ablehnungsgrund des § 14 Abs. 2 Nr. 5 lit. a erwähnt die Erforschung des Sachverhalts und die Möglichkeit, aufgrund der Komplexität/Vielschichtigkeit ein Verfahren abzulehnen.[12] Dies schließt die Beweiserhebung nicht gänzlich aus und schon gar nicht in einfach gelagerten Fällen, weshalb diese grundsätzlich möglich ist, obschon sie nicht geregelt ist.

11 Zum weiteren Prozedere → § 20.
12 BR-Drs. 258/15, 73 f.

Entsprechend dem Beibringungsgrundsatz sind die Parteien, primär die Antragstellerseite, gefordert, den sich aus ihrer Sicht darstellenden Sachverhalt darzulegen und erforderlichenfalls auch zu beweisen. Das Verbraucherstreitbeilegungsverfahren stellt eine Alternative zum Zivilprozess dar, dessen Verfahrensvorschriften für das alternative Streitbeilegungsverfahren nicht zwingend sind, aber eine Orientierungshilfe darstellen können. Das VSBG verweist nicht auf die zivilprozessualen Verfahrensvorschriften, gleichwohl wird auch der Streitmittler sich mit der Frage auseinandersetzen, ob der antragstellerseits behauptete Anspruch besteht. Die aus dem Zivilprozess bekannte Darlegung des Begehrs bedarf regelmäßig im Bestreitensfalle eines Nachweises. Grundlage des Schlichtungsvorschlages sind auch im Verbraucherstreitbeilegungsverfahren die Ausführungen der Parteien (vgl. § 19). Widersprechen diese sich in wesentlichen Punkten, wird der Streitmittler dies in einem etwaigen Schlichtungsvorschlag berücksichtigen, weshalb die Parteien versuchen werden, die streitigen Tatsachen zu ihren Gunsten nachzuweisen. Im Falle eines non-liquet ist der Streitmittler aber nicht gehindert, einen Schlichtungsvorschlag zu unterbreiten. 27

Anders als der Richter ist der Streitmittler nicht befugt, Beweisbeschlüsse zu fassen, Zeugen zu laden, zu vereidigen und das Erscheinen der Zeugen durchzusetzen. Unbenommen bleibt ihm die Anregung gegenüber den Parteien, ihm Nachweise zu erbringen, um das Verfahren zu fördern und voranzutreiben. 28

Antragsteller und Antragsgegner werden, sofern die Verfahrensordnung die Möglichkeit einer mündlichen Erörterung nicht vorsieht, bspw. mit Urkunden versuchen, ihren Vortrag nachzuweisen. Empfehlenswert ist, keine Originalunterlagen, sondern lediglich Ablichtungen von diesen der Verbraucherstreitbeilegungsstelle zur Verfügung zu stellen. Sollte die Verbraucherstreitbeilegungsstelle oder der Streitmittler die Vorlage im Original für erforderlich halten, bleibt es diesen unbenommen, die Unterlagen im Original anzufordern oder sich im Falle der Anberaumung eines mündlichen Erörterungstermins in diesem vorlegen zu lassen. 29

Ziel des Beweises ist es, jeweils den Streitmittler – im besten Fall auch die Gegenseite – von der eigenen Tatsachenbehauptung zu überzeugen. Die ZPO stellt den Parteien die folgenden Beweismittel zur Verfügung: 30

- Augenschein, §§ 371 ff. ZPO;
- Zeugen, §§ 373 ff. ZPO;
- Sachverständige, §§ 402 ff. ZPO;
- Urkunden, §§ 415 ff. ZPO;
- Parteivernehmung §§ 445 ff. ZPO.

An diese Beweismittel sind die Parteien im Verbraucherstreitbeilegungsverfahren nicht gebunden, wobei die jeweilige Verfahrensordnung dahin gehend Regelungen aufnehmen kann, die sie bspw. (nicht) akzeptiert. 31

Sieht die Verfahrensordnung keine mündliche Erörterung der Streitigkeit vor, Abs. 2, bedeutet dies nicht, dass die Parteien auf die Beweismittel des Augenscheins, Zeugen sowie die Einvernahme der Parteien verzichten müssen. 32

a) Augenschein, Urkunde

33 Um die Inaugenscheinnahme zu ermöglichen, können die Parteien dem Streitmittler bspw. Fotos oder aber die Sache selbst überlassen. Auch Urkunden können dem Streitmittler, sofern er dies für erforderlich hält, überlassen werden; regelmäßig wird die Überlassung einer Ablichtung ausreichen, wenn nicht die Echtheit in Frage steht.

b) Zeugen, Parteieinvernahme, Sachverständige

34 Als Zeugen benannte Personen sind nicht verpflichtet, vor einer Verbraucherstreitbeilegungsstelle auszusagen. Eine Ladung dieser ist, wie die Aussage selbst, nicht erzwingbar. Auch kann, mangels Vereidigungsmöglichkeit, der Wahrheitsgehalt der Aussage fraglich sein. Ist die als Zeuge benannte Person bereit auszusagen, kann dies auf mehreren Wegen möglich sein. Sie kann – sofern die Verfahrensordnung eine mündliche Erörterung vorsieht und die Beteiligten dieser zustimmen – im Rahmen einer solchen gehört werden. Ebenfalls denkbar ist, dass der Streitmittler die Person telefonisch, schriftlich, via Videokonferenz oÄ befragt. (Nach-)Fragen der Parteien können bspw. schriftlich formuliert werden, im Rahmen einer Telefon- oder Video-Konferenz kann den Parteien auch ein Fragerecht eingeräumt werden. Sollte der Streitmittler von Letzterem Abstand nehmen wollen, ist es auch möglich, dass er den Parteien vor der Einvernahme die Möglichkeit gibt, Fragen zu formulieren, die sodann der Streitmittler an den Zeugen weitergibt. Eine Art „Protokollierung" der Aussage durch den Streitmittler kann dann die Grundlage für Nachfragen der Parteien sein. Entsprechend kann bei der Parteieinvernahme sowie der Befragung von Sachverständigen vorgegangen werden.

35 Die Einvernahme des Zeugen ist auch für diesen freiwillig, weshalb er zu jedem Zeitpunkt seine Befragung abbrechen kann; die Gegenpartei, die den Zeugen nicht benannt hat, muss der Befragung nicht zustimmen. Wird das Streitbeilegungsverfahren als Schlichtungsverfahren geführt, bestimmen zwar die Parteien den Streitstoff, die Verfahrensleitung obliegt aber weiterhin – auch im Rahmen der mündlichen Erörterung – dem Streitmittler. Sollte eine Partei mit der Einvernahme des Gegners oder aber eines Zeugen nicht einverstanden sein, bleibt es dieser Partei unbenommen, der Fortführung des Verfahrens zu widersprechen (§ 15) oder im Falle der mündlichen Erörterung die dahin gehende Zustimmung jederzeit zu widerrufen. Ob bspw. ein Zeuge im Rahmen des Verfahrens gehört wird, stellt im Rahmen eines Schlichtungsverfahrens einzig und allein eine Entscheidung des Streitmittlers dar und kann von den Parteien nicht erzwungen werden.

36 Ob Sachverständige einzubeziehen sind, hat der Streitmittler zu entscheiden. Im Hinblick auf die mit der Beauftragung von Sachverständigen entstehenden Kosten, sollte sich die Verbraucherschlichtungsstelle insoweit absichern, als dass sie bspw. eine dahin gehende Beauftragung erst vornimmt, nachdem die voraussichtlichen Kosten (zuzüglich eines Sicherheitszuschlages) bei ihr eingegangen ist. Alternativ wäre auch die Zulassung eines Gutachtens auf Kosten der Partei(en) zulässig.

III. Mündliche Erörterung der Streitsache, Abs. 2

37 Der Gesetzgeber geht davon aus, dass das Streitbeilegungsverfahren grundsätzlich schriftlich durchgeführt wird.[13] Abweichend hiervon kann die Verfahrensordnung auch die Durchführung eines Erörterungstermins vorsehen. In Abs. 2 setzt der Gesetzgeber Art. 10 lit. b der Verordnung (EU) Nr. 524/2013 um. Die Durchführung eines Erörterungstermins bedarf zudem der Zustimmung der Parteien, weshalb die Verbraucherschlichtungsstelle, sofern sie einen Erörterungstermin für sinnvoll/erforderlich hält, vorab die Parteien zur Bereitschaft der Teilnahme an einem solchen Termin befragen wird. Die Parteien können weder zur Zustimmung, noch zur Teilnahme an dem mündlichen Erörterungstermin gezwungen werden.

§ 18 Mediation

Führt der Streitmittler nach der Verfahrensordnung der Verbraucherschlichtungsstelle eine Mediation durch, so sind die Vorschriften des Mediationsgesetzes mit Ausnahme des § 2 Absatz 1 des Mediationsgesetzes ergänzend anzuwenden.

I. Einführung

1 Die Vorschrift stellt zunächst klar, dass die Verbraucherschlichtungsstelle Mediation durchführen kann. Ferner bestimmt sie den Umfang der Geltung des Mediationsgesetzes.

II. Begriff der Mediation

2 Nach Art. 3 lit. a Mediations-Richtlinie ist Mediation

„ein strukturiertes Verfahren ..., in dem zwei oder mehr Parteien mit Hilfe eines Mediators auf freiwilliger Basis selbst versuchen, eine Vereinbarung über die Beilegung ihrer Streitigkeit zu erzielen."

13 BR-Drs. 258/15, 75.

3 § 1 Abs. 1 MediationsG lautet:

„Mediation ist ein vertrauliches und strukturiertes Verfahren, bei dem Parteien mithilfe eines oder mehrerer Mediatoren freiwillig und eigenverantwortlich eine einvernehmliche Beilegung ihres Konflikts anstreben."

4 Die Abgrenzung zur Schlichtung (→ § 19 Rn. 4 ff.) ergibt sich vor allem durch das Merkmal der Eigenverantwortlichkeit. Zwar ist auch in der Schlichtung die Streitbeilegung von einem eigenverantwortlichen Akt abhängig, nämlich von der Zustimmung zu einem Lösungsvorschlag. In der Mediation aber geht die Eigenverantwortlichkeit weiter, betrifft sie hier doch auch den Prozess der Lösungsfindung selbst. Der Mediator führt die Parteien nach § 1 Abs. 2 MediationsG durch die Mediation, er ist für den Prozess verantwortlich, nicht für das Ergebnis. Der Schlichter hingegen ist auf das Ergebnis orientiert, er führt nicht durch das Verfahren, sondern leitet es mit Blick auf seine Aufgabe, am Ende einen Vorschlag zu unterbreiten.[1]

5 Anders als in der Schlichtung geht es in der Mediation zumindest idealtypisch weniger um Positionen und Ansprüche („Ich will 5.000 EUR"), sondern eher um **Interessen und Bedürfnisse** der Parteien, die sich zwar in Ansprüchen ausdrücken können, aber nicht müssen. Die Medianden erarbeiten unter Anleitung des hierfür ausgebildeten Mediators die Ebene hinter den Positionen, auf der häufig die Grundbeziehung der Parteien eine wesentliche Rolle spielt.

6 Den **Lösungsmaßstab** erarbeiten die Parteien selbst. Das Recht kann hierbei eine auch zentrale Rolle spielen, es können aber auch andere Werte und Orientierungsmaßstäbe zugrunde gelegt werden.

7 Während Gericht und Schlichtung Rückschau halten und Vergangenes bewerten, richten die Medianden den Blick nach vorne. Die Verarbeitung des Geschehenen kann durchaus auch wichtig sein, Ziel ist aber die **zukunftsorientierte Gestaltung** der Beziehungen, seien sie auf geschäftlicher oder auf privater Ebene.

III. Europäischer Hintergrund

1. Verhältnis von ADR- und Mediations-Richtlinie

8 Die Mediations-Richtlinie wird durch die ADR-Richtlinie nach deren Art. 3 Abs. 2 „nicht berührt". Daraus wird unter Berücksichtigung der recht widersprüchlichen Erwägungsgründe der ADR-Richtlinie[2] allgemein auf einen Anwendungsvorrang der Mediations-Richtlinie geschlossen. Soweit die Regelungen beider Richtlinien nicht im Konflikt stehen, gelten sie nebeneinander,[3] im Konfliktfall geht die Mediations-Richtlinie vor.[4] Das Zurücktreten des lex-posterior-Grundsatzes wird methodisch mit der hier

1 Vgl. im Einzelnen *Röthemeyer* ZKM 2013, 47 (49).
2 Vgl. hierzu *Wagner* ZKM 2013, 104 (106).
3 *Kleinschmidt* ZZP 128 (2015), 215 (223).
4 *Kleinschmidt* ZZP 128 (2015), 215 (223) *Wagner* ZKM 2013, 104 (106); ähnlich *Rühl* ZZP 127 (2014), 61 (67): Der ADR-Richtlinie komme lediglich Auffangfunktion zu.

höheren Relevanz des lex-specialis-Gedanken begründet.[5] Dies erscheint zweifelhaft, weil zwar die Mediations-Richtlinie hinsichtlich des Verfahrens spezieller, zum Anwendungsbereichs aber wesentlich weiter ist als die ADR-Richtlinie, die unter den Zivil- und Handelsstreitigkeiten der Mediations-Richtlinie nur den Teilbereich der Verbrauchersachen erfasst. Es stellt sich somit die Frage, ob konkurrenzmethodisch die Spezialität (vorrangig) durch den Verfahrens- oder durch den Sachbereichsaspekt zu bestimmen ist. Letztlich kann diese Frage aber offen bleiben, weil die ADR-Richtlinie das **Konkurrenzverhältnis ausdrücklich zugunsten der Mediations-Richtlinie** löst.

2. Folgerungen für die Rechtsordnungen der Mitgliedstaaten

Der Anwendungsvorrang der Mediations-Richtlinie schlägt nicht notwen- 9
dig auf das nationale Recht durch.

a) Vorrang der Mediations-Richtlinie auch für deren überschießende Umsetzung

Die Mediations-Richtlinie gilt nach ihrem Art. 1 Abs. 2 ausdrücklich nur 10
für grenzüberschreitende Streitigkeiten, ein Konflikt mit der ADR-Richtlinie kann also für rein nationale Sachverhalte nicht auftreten, selbst wenn der Mitgliedstaat die Mediations-Richtlinie auch für nationale Streitigkeiten umsetzt, wie die Mediations-Richtlinie es nahelegt (Erwägungsgrund 8) und dies in Deutschland auch geschehen ist. Anders gewendet könnte man diskutieren, dass das Recht des Mitgliedstaats, das sich wegen eines Konflikts zwischen ADR- und Mediations-Richtlinie auf Letztere beruft, für nationale Sachverhalte gegen die ADR-Richtlinie verstößt.[6] Damit entstünde allerdings Inkohärenz: Im Konfliktfeld der Richtlinien müsste sich das nationale Recht bei grenzüberschreitenden Konflikten an der ADR-Richtlinie, bei rein nationalen Streitigkeiten dagegen an der Mediations-Richtlinie orientieren. Da für solche Unterschiede sachliche Gründe auf EU-Ebene nicht ersichtlich sind und der Europäische Gesetzgeber kaum gespaltenes Umsetzungsrecht beabsichtigt oder in Kauf genommen haben wird, bleibt im Ergebnis nur die Auslegung, dass Art. 3 Abs. 2 ADR-Richtlinie der **Mediations-Richtlinie auch für deren überschießende Umsetzung** Vorrang einräumt.[7]

b) Kein automatischer Vorrang des nationalen Umsetzungsgesetzes zur Mediations-Richtlinie

Aus dem Vorrang der Mediations-Richtlinie folgt nicht notwendig der Vor- 11
rang des mitgliedstaatlichen Umsetzungsgesetzes zur Mediations-Richtlinie. Soweit also das MediationsG Regelungen enthält, die nicht der ADR-Richtlinie entsprechen, tritt diese nicht automatisch zurück. Vielmehr verlangt die ADR-Richtlinie auch für Mediationsverfahren Geltung, solange nicht die Mediations-Richtlinie berührt ist. Der deutsche Gesetzgeber muss

5 *Kleinschmidt* ZZP 128 (2015), 215 (222); ähnlich *Wagner* ZKM 2013, (106).
6 Vgl. *Kleinschmidt* ZZP 128 (2015), 215 (225).
7 So auch *Kleinschmidt* ZZP 128 (2015), 215 (225), wobei er diese Auslegung selbst für „methodisch nicht zweifelsfrei“ hält.

also prüfen, ob die ggf. abweichenden Regelungen des MediationsG ihrerseits durch die Mediations-Richtlinie vorgegeben sind. Ist dies der Fall, tritt die ADR-Richtlinie zurück. Ist dies nicht der Fall, muss für die Mediation im VSBG-Kontext eine vom MediationsG abweichende Regelung getroffen werden.

IV. Umsetzung im VSBG

1. Grundsatz: Ergänzende Anwendung des MediationsG

12 Der Referentenentwurf wollte noch die der ADR Richtlinie entsprechende Formulierung verwenden, wonach das MediationsG „nicht berührt" werde. Der Sinn des Begriffswechsels wird in der Begründung des Regierungsentwurfs nicht erläutert, dort wird aber betont, dass „in Übereinstimmung mit Art. 3 Abs. 2 „der ADR-Richtlinie" das MediationsG nicht durch das VSBG „verdrängt" werde.[8] Weiter heißt es dort, die Verbrauchermediation müsse ggf. „zusätzlich" den Anforderungen des Mediationsgesetzes genügen. Damit ist impliziert, dass die Regelungswerke widerspruchsfrei sind, worauf der Bundesrat aufmerksam gemacht[9] und die Bundesregierung zu der Gegenäußerung veranlasst hat, die Verbraucherschlichtungsstelle habe bei Durchführung von Mediation das MediationsG „zu beachten".[10] Damit ist klargestellt, dass das VSBG entsprechend der Hierarchie auf Richtlinienebene dem MediationsG grundsätzlich Vorrang einräumt. Dies kann freilich in der Logik des Europarechts nur soweit gelten, als die ADR-Richtlinie nicht anderes vorgibt. Anders gewendet: Die zusätzliche Anwendung des Mediationsgesetzes muss unterbleiben, wenn dies zu einem Verstoß gegen die ADR-Richtlinie führte, ohne dass dies von der Mediations-Richtlinie gerechtfertigt wäre. Das VSBG hat die sich hieraus ergebenden Zweifelsfragen für die konkreten Anwendungsbereiche nicht umfassend geklärt.

2. Ausnahme

13 Ausdrücklich ausgenommen von der Geltung ist allein § 2 Abs. 1 MediationsG. Nach der Begründung des Regierungsentwurfs wäre die Auswahl des Mediators durch die Parteien nicht richtlinienkonform, weshalb an die Stelle der Auswahl des Mediators die der Streitschlichtungsstelle trete.[11] Damit ist klargestellt, dass die Parteien sich mit der Auswahl des Mediators nicht über die Zuständigkeiten der Verbraucherschlichtungsstellen hinweg setzen können. Andererseits ist aber nicht ausgeschlossen, dass die Verbraucherschlichtungsstelle den Parteien die Auswahl zwischen mehreren für sie tätigen Mediatoren überlässt. Auch ist nicht ausgeschlossen, dass mehrere Verbraucherschlichtungsstellen in dem Sinne miteinander kooperieren, dass sie ihre Zuständigkeit von einer (einvernehmlichen) Auswahl des Initiators abhängig machen. Damit könnte faktisch im Ergebnis also doch eine freie Mediatorenauswahl organisiert werden. Geklärt durch

8 BR-Drs. 258/15, 75.
9 BR-Drs. 258/15 (Beschluss), 20 (zu § 18).
10 BT-Drs. 18/5760, 28 (zu Nr. 21).
11 BR-Drs. 258/15, 75.

die Nichtgeltung des § 2 Abs. 1 MediationsG ist freilich, dass dies den Verbraucherschlichtungsstellen nicht vorgegeben ist.

3. Auslegungsfragen

a) Qualifikation des VSBG-Mediators

§ 6 Abs. 2 S. 2, der für den Streitmittler die Befähigung zum Richteramt oder das Mediationszertifikat verlangt, muss für die Mediation um die Vorschrift des § 5 MediationsG ergänzt werden. Danach genügt die volljuristische Ausbildung allein nicht. Jeder Verbraucher-Mediator benötigt die von § 5 MediationsG verlangte Mediationsausbildung – im Lichte des § 6 Abs. 2 S. 2, der insoweit nicht vom MediationsG verdrängt wird, sogar das für die allgemeine Mediation nicht erforderliche Zertifikat. Anders verhält es sich nur für den Volljuristen: Für ihn genügt die Grundausbildung nach § 5 MediationsG. Denn er erfüllt die Voraussetzungen beider Gesetze. Besonders schlüssig ist dieses Ergebnis freilich nicht. Wenn das Mediationszertifikat wirklich wichtig ist für die Verbrauchermediation, was man bezweifeln kann (→ 6 Rn. 30), ist nicht nachvollziehbar, wie diese Anforderungsdifferenz durch die volljuristische Ausbildung ausgeglichen werden soll. 14

Das Mediationszertifikat kann allerdings zum Zeitpunkt des Inkrafttretens des VSBG noch niemand erwerben; hierzu bedarf es einer Verordnung nach § 6 MediationsG.[12] Solange die Zertifizierungs-Verordnung nicht vorliegt, darf die Verbraucher-Mediation nach dem VSBG nur von Volljuristen durchgeführt werden, die zusätzlich (nur) die Anforderungen des § 5 Abs. 1 MediationsG erfüllen. 15

b) Einbeziehung Dritter

Nach § 13 Abs. 1 haben Parteien das Recht, sich ua durch einen Rechtsanwalt vertreten zu lassen. Demgegenüber sieht § 2 Abs. 4 MediationsG vor, dass Dritte nur mit Zustimmung aller Parteien in die Mediation einbezogen werden können, wozu nach allgemeiner Auffassung[13] auch Rechtsanwälte zählen. Daraus ergeben sich zwei denkbare Problemfelder. 16

Zum einen kann die Frage entstehen, ob der von einer **Partei mitgebrachte Rechtsanwalt** an der Mediationssitzung teilnehmen kann, wenn die andere Seite widerspricht. Nach dem VSBG würde der Rechtsanwalt teilnehmen können, nach dem MediationsG nicht. Würde man dem MediationsG Vorrang einräumen, würde das VSBG in dieser Auslegung aber gegen Art. 8 lit. b der ADR-Richtlinie verstoßen. Da die Mediations-Richtlinie keine vorrangige Vorgabe entsprechend § 2 Abs. 4 MediationsG enthält, der deutsche Mediationsgesetzgeber also die Begleitung durch Rechtsanwälte gegen den Willen der anderen Seite hätte zulassen können, setzt sich im Ergebnis das VSBG durch. **Jeder Mediand kann also auch ohne Zustimmung der anderen Seite in Begleitung eines Rechtsanwalts zur (Präsens-)Mediation erscheinen.** 17

---

12 Die Bundesregierung hat dem 6. Ausschuss am 4. April 2016 mitgeteilt, die Verordnung sei in der Schlussabstimmung, mit dem Erlass sei zeitnah zu rechnen

13 Vgl. nur Fritz/Pielsticker/*Pielsticker* MediationsG § 2 Rn. 104; *Röthemeyer* Mediation Rn. 231.

18 Anders stellt es sich dar, wenn der Mediand gar nicht erscheint, sondern den Rechtsanwalt mit der Vollmacht schickt, **für die Partei** an der Mediation teilzunehmen.[14] Mit den Grundsätzen der Mediation wäre dies schlicht unvereinbar.[15] Essentieller Sinn der Mediation ist die Teilnahme der unmittelbar vom Konflikt Betroffenen.[16] Dieses Verständnis liegt Art. 3 lit. a der Mediations-Richtlinie zugrunde, wonach die Medianden „selbst" versuchen, den Streit beizulegen. Entsprechende Wendungen finden sich in teilweise noch eindeutigerem Zusammenhang in den Erwägungsgründen 10 und 13 zur Mediations-Richtlinie. Die mit dieser Auslegung verbundene Abweichung zur ADR-Richtlinie ist also von der im Konfliktfall vorgehenden Mediations-Richtlinie gedeckt. Der Mediand darf somit auch gegen den Widerstand der anderen Seite einen Rechtsanwalt zur Unterstützung mitbringen, **der Mediand muss aber auch selbst anwesend sein**.

c) Rechtliches Gehör

19 Die dem Streitmittler aufgegebene Gewährung rechtlichen Gehörs (§ 17) gehört nicht zu den Aufgaben des Mediators.[17] Die Funktion dieses verfassungsrechtlichen Prinzips (Art. 103 Abs. 1 GG) besteht darin sicherzustellen, dass alles den Parteien wichtig erscheinende vorgetragen bzw. zu entsprechendem Vortrag der anderen Seite Stellung genommen werden kann, bevor eine *Entscheidung* getroffen wird. ADR-Richtlinie und § 17 wenden dieses Prinzip auch für den bloßen (Schlichtungs-)Vorschlag an. Auf die Mediation passt dies ersichtlich nicht, bestimmen hier doch die Medianden selbst den Stoff, über den sie reden und verhandeln wollen. Der Mediator nimmt auch insoweit eine nur passive Rolle ein, ein Schlichtungsvorschlag im Sinne von § 19 ist ihm nicht möglich, was auch dadurch unterstrichen wird, dass die Regelung des Schlichtungsvorschlags im Gesetz hinter der Regelung über die Mediation steht. Ein Problem ist hiermit gleichwohl nicht verbunden. § 17 Abs. 1 S. 1 verlangt von dem Streitmittler, das Vorbringen von Tatsachen und Bewertungen zu erlauben. Das zusätzlich verlangte rechtliche Gehör bezieht sich ersichtlich auf den Schlichtungsvorschlag. Die Umstände, die der Streitmittler seinem Vorschlag zugrunde legt, müssen den Parteien bewusst sein, damit sie die Chance haben, sich hierzu zu äußern. Da es in der Mediation nicht zu einem Schlichtungsvorschlag kommt, ergeben sich in diesem Zusammenhang keine besonderen Anforderungen. Für die Mediation bleibt es also bei der allgemeinen Vorgabe, dass die Parteien sich äußern können müssen. Maßstab ist hier wie im Allgemeinen letztlich das, was die Parteien selbst für wichtig halten.

d) Beendigung des Verfahrens

20 Nach § 15 VSBG-E haben nur die Parteien die Möglichkeit, das Verfahren zu beenden. Hingegen kann die Mediation gem. § 2 Abs. 5 S. 2 MediationsG auch vom Mediator beendet werden. Die ergänzende Anwendung

14 Mit dieser Konstellation hat sich die Bundesregierung in ihrer Gegenäußerung nicht auseinandergesetzt (BT-Drs. 18/5760, 27).
15 Vgl. Bundesrat BR-Drs. 258/15 (Beschluss), 20 (zu § 18).
16 Vgl. Greger/Unberath/*Greger* MediationsG § 1 Rn. 56.
17 Greger/Unberath/*Unberath* MediationsG § 2 Rn. 137mwN; *Kleinschmidt* ZZP 128 (2015), 215 (231).

des Mediationsgesetzes ergibt, dass auch dem Verbraucherstreit-Mediator eine eigene Beendigungsmöglichkeit zur Verfügung steht. Das sieht auch die Bundesregierung in ihrer Gegenäußerung unter zutreffendem Hinweis auf die Kompatibilität mit der ADR-Richtlinie so.[18] Damit sind Bedenken ausgeräumt, die sich aus der Begründung des Regierungsentwurfs hätten ergeben können, der missverständlich und zu eng von zusätzlichen „Anforderungen" des Mediationsgesetzes spricht.[19]

e) Dokumentation des Ergebnisses

Nach § 2 Abs. 6 S. 3 MediationsG steht die Dokumentation der Einigung in der Disposition der Parteien. Das bedeutet, dass sie hierauf auch ganz verzichten können. Demgegenüber hat der Streitmittler den Parteien nach § 21 das Ergebnis des Streitbeilegungsverfahrens in Textform mit den erforderlichen Erläuterungen zu übersenden. Nach der Entwurfsbegründung bedarf es im Falle der Mediation zwar keiner Erläuterung, wohl aber der Übermittlung in Textform.[20] Auf den entsprechenden Vorschlag des Bundesrats, die Dokumentation des Mediationsergebnisses auch in der Verbrauchermediation der Parteiautonomie zu überlassen,[21] hat sich die Bundesregierung in ihrer Stellungnahme ambivalent geäußert.[22] Im Ergebnis hat der Gesetzgeber den von der Bundesregierung ausdrücklich erwogenen Ausschluss von § 2 Abs. 6 S. 3 MediationsG nicht ausgesprochen. Letztlich muss der Streitmittler also das **Ergebnis einer Verbrauchermediation festhalten und den Parteien in Textform übermitteln.** 21

V. Praktische Nutzbarkeit von Mediation im Verbraucherstreit

Ob sich im Verbraucherstreit ein Bedürfnis ergibt, Interessen jenseits der Rechtslage aufzuspüren und zur Geltung sowie im besten Fall zum Ausgleich zu bringen, mag bezweifelt werden. Dem Verbraucher, der im Regelfall durch die Auswahl der Verbraucherschlichtungsstelle auch das Verfahren bestimmt, mag eher an einer rechtsorientierten Konfliktbearbeitung gelegen sein. Auch kann man bezweifeln, ob der mit der Mediation gewöhnlich verbundene Aufwand gerade bei geringen Streitwerten in einem angemessenen Verhältnis zum Nutzen steht. Mediation findet zumeist in Präsenz statt und erfordert auch in den sogenannten Kurzzeit[23]-Formaten mehrere Stunden Zeitaufwand. 22

Demgegenüber lassen sich durchaus Konstellationen denken, in denen die Interessen des Verbrauchers rechtlich nicht darstellbar sind, wie etwa Rabattierungen späterer Leistungen als Ausgleich für ein fehlerhaftes Produkt. Oder es spielt statt oder neben der Rechtslage die Beziehungsebene eine (entscheidende) Rolle: Vielleicht geht es dem Verbraucher nach für ihn enttäuschender Reise weniger um eine Entschädigung als vielmehr um eine Entschuldigung des Reiseleiters, dessen Agieren er als unverschämt emp- 23

18 BR-Drs. 18/5760, 28.
19 BR-Drs. 258/15, 75.
20 BR-Drs. 258/15, 74.
21 BR-Drs. 258/15 (Beschluss), 20 (zu § 18).
22 BT-Drs. 18/5760, 21 (zu Nr. 21).
23 Vgl. *Krabbe/Fritz* ZKM 2004, 72 ff.; *dies.* ZKM 2013, 76 ff.

funden hat. Und die persönliche Präsenz ist durchaus nicht mediationsimmanent, gibt es doch längst Formate wie die der Telefon-, Online- oder Shuttlemediation.[24]

24 Ob freilich der Verbraucher bei der Auswahl der Verbraucherschlichtungsstelle und damit des Verfahrens hinreichend sensibel ist, um die Indikation für Mediation zu erkennen, muss bezweifelt werden. Deshalb wird eine Verbraucherschlichtungsstelle, die Mediation als exklusives Verfahren anbietet, ohne größeren Erklärungs- und Vermittleraufwand kaum Erfolg haben. Eher schon scheint ein vielschichtiges Angebot in dem Sinne sinnvoll, dass die Stelle neben der Schlichtung und möglichen weiteren Verfahren fakultativ Mediation anbietet und den Parteien im Rahmen einer gesteuerten Differentialdiagnostik die Auswahl überlässt.

25 Dies kann unter dem Dach einer Stelle organisiert werden, aber auch durch Kooperation verschiedener Verbraucherschlichtungsstellen in dem Sinne, dass zB eine Stelle nur Schlichtung und die andere nur Mediation anbietet und für den Fall der Indizierung des nicht angebotenen Verfahrens an die andere Stelle verweist bzw. den Parteien den Wechsel nahelegt. Um das Entgelt für den Unternehmer nicht mehrfach entstehen zu lassen, könnten Abgeltungs- oder Anrechnungsmodelle in Betracht kommen. Letztlich können Verbraucherschlichtungsstelle und Mediator kooperieren, auch ohne dass der Mediator in die Stelle integriert oder selbst Verbraucherschlichtungsstelle ist. Dann müsste allerdings bei Übergang zur Mediation das Verbraucherschlichtungsverfahren formal beendet werden. Hier besteht ein gewisses **Potential für die Entwicklung von Geschäftsmodellen für die Mediation.**

26 Vielleicht aber kann der Mediator mit dem Erwerb des „Titels" Verbraucherschlichtungsstelle werblich etwas für sein Kerngeschäft gewinnen. Bislang fehlt es an einem staatlichen oder staatlich vermittelten Gütesiegel, mit dem sich der Mediator von Mitbewerbern abgrenzen könnte. Das „Gütesiegel" der Zertifizierung, das das MediationsG dem Bundesministerium der Justiz und für Verbraucherschutz im Rahmen einer Verordnungsbefugnis schon im Jahre 2012 an die Hand gegeben hat, fehlt noch immer, was wohl auch mit der gesetzlichen Fehlkonstruktion einer „Selbstzertifizierung"[25] bzw. „Zertifizierungsfiktion"[26] zusammenhängt. Ob das Siegel Verbraucherschlichtungsstelle ein solches „Qualitätssignal" darstellen kann,[27] bleibt abzuwarten.

§ 19 Schlichtungsvorschlag

(1) [1]Hat der Streitmittler nach der Verfahrensordnung den Parteien einen Vorschlag zur Beilegung der Streitigkeit (Schlichtungsvorschlag) zu unterbreiten, so beruht dieser auf der sich aus dem Streitbeilegungsverfahren ergebenden Sachlage. [2]Der Schlichtungsvorschlag soll am geltenden Recht

24 Vgl. *Röthemeyer* Mediation Rn. 243 ff.
25 Vgl. *Greger* ZKM 2012, 36 (37 f.).
26 Vgl. *Röthemeyer* ZKM 2014, 65 ff.
27 So *Kleinschmidt* ZZP 128 (2015), 215 (235 f.).

ausgerichtet sein und soll insbesondere die zwingenden Verbraucherschutzgesetze beachten. [3]Der Schlichtungsvorschlag ist mit einer Begründung zu versehen, aus der sich der zugrunde gelegte Sachverhalt und die rechtliche Bewertung des Streitmittlers ergeben.

(2) Die Verbraucherschlichtungsstelle übermittelt den Parteien den Schlichtungsvorschlag in Textform.

(3) [1]Die Verbraucherschlichtungsstelle unterrichtet die Parteien mit der Übermittlung des Schlichtungsvorschlags über die rechtlichen Folgen einer Annahme des Vorschlags und darüber, dass der Vorschlag von dem Ergebnis eines gerichtlichen Verfahrens abweichen kann. [2]Sie weist auf die Möglichkeit hin, den Vorschlag nicht anzunehmen und die Gerichte anzurufen. [3]Die Verbraucherschlichtungsstelle setzt den Parteien eine angemessene Frist zur Annahme des Vorschlags.

(4) Von einer Unterrichtung des Unternehmers nach Absatz 3 ist abzusehen, wenn sich dieser dem Schlichtungsvorschlag bereits vorab unterworfen hat.

I. Einführung

1 In den Vorgaben zum Schlichtungsvorschlag werden die Weichen für das Maß der Rechtsorientierung des Verfahrens gestellt. Entsprechend intensiv war die insbesondere literarische Auseinandersetzung mit dieser Vorschrift, die allerdings im parlamentarischen Verfahren keine Rolle mehr gespielt hat. Neben der Definition enthält § 19 Übermittlung- und Informationspflichten im Zusammenhang mit dem Schlichtungsvorschlag.

II. Europarechtlicher Hintergrund

2 Die ADR-Richtlinie enthält Vorgaben zur Rechtsorientierung des Verfahrensergebnisses nur in Bezug auf Verfahren, in denen die Lösung „auferlegt“ wird (Art. 11 lit. a; Erwägungsgrund 44). Ob und ggf. nach welchen Rechtsnormen sich die Lösung nach anderen Verfahren, also insbesondere der Schlichtungsvorschlag zu richten habe, bleibt in der Richtlinie ungeregelt. Mittelbar wird allerdings in Art. 7 Abs. 1 lit. i ADR-Richtlinie deutlich, dass das europäische Recht zumindest keine strikte Rechtsbindung vorgibt. Dort ist unter der Überschrift „Transparenz“ den Mitgliedstaaten vorgegeben, die Verbraucherschlichtungsstellen zur Angabe der „Regelungen“ zu veranlassen, auf die sich die Stelle zur Streitbeilegung stützen kann. Als Beispiele werden ausdrücklich genannt: „Rechtsvorschriften, Bil-

ligkeitserwägungen, Verhaltenskodizes". In eine ähnliche Richtung zeigt die Informationspflicht in Art. 9 Abs. 2 lit. b iii ADR-Richtlinie, wonach die Parteien darüber informiert werden müssen, dass die vorgeschlagene Lösung von dem Ergebnis eines Gerichtsverfahrens abweichen könne, „in dem Rechtsvorschriften angewendet werden". Einen Freibrief zur Lösung vom Recht erteilt die Richtlinie der Schlichtung allerdings nicht, denn immerhin spricht der Erwägungsgrund 31 bezogen auf alle Verfahren von der „gebührenden Berücksichtigung der Rechte der Parteien".

Die Mitgliedstaaten finden also einen weiten Spielraum von der strikten Rechtsbindung bis zur Einordnung des Rechts als eines von mehreren ggf. miteinander abzuwägenden Aspekten vor. 3

III. Schlichtungsvorschlag (Abs. 1)

Das VSBG gibt keine Definition der Schlichtung in Abgrenzung etwa zur außerhalb des VSBG definierten Mediation (§ 1 MediationsG) und zu weiteren Verfahren. In § 19 immerhin wird ein Wesenselement der Schlichtung definiert. 4

1. Begriff (Satz 1)

Der Vorschlag zur „Beilegung der Streitigkeit" ist das sprachliche Pendant zur „gütlichen Beilegung des Rechtsstreits", auf die der Richter nach § 278 Abs. 1 ZPO im staatlichen Prozess bedacht sein solle. Anders als im Gerichtsverfahren, in dem der Richter „in jeder Lage des Verfahrens" zu entsprechenden Anstrengungen verpflichtet ist, steht der Schlichtungsvorschlag am Ende des Verfahrens, wie sich auch aus dem gesamten Regelungszusammenhang des § 19 ergibt. Wie ein Urteil beruht der Schlichtungsvorschlag auf der (gesamten) Sachlage (Satz 1), bedarf der Begründung (Satz 2) und ist einschließlich seiner Konsequenzen formalisiert (Abs. 2–4). Der Schlichtungsvorschlag ist also mehr als das Eruieren von Lösungsmöglichkeiten etwa im Rahmen der Konfliktmoderation (→ § 1 Rn. 7). Dieses Auspendeln eines Vergleichs unterliegt also weder den Regeln des § 19 noch wird es von diesem untersagt. 5

Der Begriff des „Vorschlag(s)" markiert – andererseits – den Unterschied zu dem Urteil im Gerichtsverfahren; freilich ergibt sich aus Abs. 4, dass auch die (einseitige) Bindung des Unternehmens begrifflich erfasst ist. In Abgrenzung zur Zivilprozessordnung wird schließlich deutlich, dass es sich bei dem Streit nicht um einen spezifisch rechtlichen handeln muss. 6

2. Streitbeilegungsverfahren (Satz 1)

Im zweiten Satzteil, der eine (erste) Vorgabe für den Schlichtungsvorschlag enthält, wird deutlich, dass die Regelung sich nicht auf ein bestimmtes Verfahren beschränkt. Wäre es dem Gesetz nur um Schlichtung gegangen, hätte es hier „Schlichtungsverfahren" statt „Streitbeilegungsverfahren" heißen können. Dagegen wird letzterer Begriff nach dem Willen des Gesetzgebers als „Oberbegriff für die von den Verbraucherschlichtungsstellen durchgeführten Verfahren"[1] verwendet. Die Regelungen über den Schlichtungsvor- 7

1 Gegenäußerung der Bundesregierung BT-Drs. 18/5760, 25.

schlag finden also **unabhängig von der Bezeichnung** des Verfahrens Anwendung. Auch auf die ausdrückliche Bezeichnung als „Schlichtungsvorschlag“ kommt es nicht an.

3. Anlage in der Verfahrensordnung (Satz 1)

8 Der Schlichtungsvorschlag muss in der Verfahrensordnung vorgesehen sein. Damit wird den Parteien vor Augen geführt, dass das Verfahren auf den Vorschlag eines Dritten zusteuert, den sie (nur noch) annehmen oder ablehnen können. Bewusst oder unbewusst versuchen sie typischerweise, den Schlichter jeweils von ihrer Position zu überzeugen. Damit erhält das Verfahren eine typische auch psychologisch spezifische Prägung.[2] Diese Prägung ist nicht dadurch aufgehoben, dass das Verfahren auch anders als mit dem Schlichtungsvorschlag enden kann. Gegen den zu engen Wortlaut sind nach Sinn und Zweck der Regelung nicht nur *unbedingte* Vorschlags*pflichten* erfasst. Die Bestimmung greift auch dann, wenn die Verfahrensordnung einen Schritt vorsieht, nach dessen Gelingen der Schlichtungsvorschlag obsolet wird, also etwa einen Einigungsversuch. Andererseits ist erforderlich, dass das Verfahren **systematisch auf den Schlichtungsvorschlag** zusteuert, nur dann „hat“ ihn der Schlichter im Sinne des Gesetzeswortlauts zu unterbreiten. Wenn also das Verfahren als Konfliktmoderation (→ § 1 Rn. 7), also auf eine autonome Einigung der Parteien ausgelegt ist, so würde eine Befugnis des Streitmittlers, sich an dieser Lösungsfindung durch einen aktiven Vorschlag zu beteiligen, die Rechtsfolgen des § 19 nicht auslösen. Anderes gilt, wenn das Verfahren hybrid gebaut ist, also nach Scheitern der Konfliktmoderation einen Vorschlag auf Basis des gesamten bisherigen Vortrags vorsieht. Bei einer solchen Gestaltung ist das Verfahren im obigen Sinne spezifisch geprägt und erfordert im Übrigen auch die Schutzintention der Regelung ihr Eingreifen: Bei einer engen Auslegung im Sinne unbedingter Erforderlichkeit des Vorschlags würden die gesetzlichen Anforderungen an den Schlichtungsvorschlag und seine Begründung allzu leicht unterlaufen werden können.

4. Gegenstand des Schlichtungsvorschlags

9 Das Gesetz bestimmt zwar die Arbeitsgrundlage für die Entwicklung des Schlichtungsvorschlags, indem er die „Sachlage“ in Bezug nimmt. Es enthält aber keine Vorgaben zu den potenziellen Inhalten oder der Ausrichtung des Schlichtungsvorschlags. Insbesondere bindet § 19 den Streitmittler anders als § 308 ZPO nicht an die Anträge der Parteien. § 4 verwendet zwar wie die ZPO den Begriff des Antrags, dieser beschreibt aber weiter als im Zivilprozess das allgemeine Begehr des Verbrauchers, das nicht notwendig als eine im rechtlichen Sinne (vollstreckbaren) Forderung formuliert werden muss (→ § 4). Einen Antrag des Unternehmens kennt das VSBG gar nicht. Stellen die Parteien der Verbraucherschlichtung gleichwohl Anträge, die den Anforderungen der ZPO genügen würden, bindet § 19 die Verbraucherschlichtungsstelle hieran nicht. Der Verfahrensordnung bleibt es freilich unbenommen, in diesem Sinne formale Anträge zu verlangen und auch, den Streitmittler hieran zu binden. Ob sich allerdings

2 Vgl. *Röthemeyer* ZKM 2013, 47 ff.

eine solche Bindung empfiehlt, kann bezweifelt werden. Eine solche an das Gerichtsverfahren angelehnte Ausgestaltung könnte Chancen versäumen, die die förmlich weniger gebundene Schlichtung besitzt. Wenn es etwa dem Verbraucher vor allem um eine Entschuldigung des Unternehmens für sein unfreundliches Beschwerdemanagement geht, wäre es misslich, wenn die Schlichtungsordnung ihn wie die Zivilprozessordnung „zwänge", dies in einen konkreten, rechtsförmlichen Anspruch zu übertragen und damit das wahre Begehr zu verfälschen.)

a) Hauptforderung

In aller Regel wird sich ein zentrales Begehr problemlos ermitteln lassen, in den Worten des Zivilprozesses die Hauptforderung. Sie wird oft in einem bestimmten Geldbetrag bestehen, kann – technisch gesprochen – freilich auch eine Nachbesserung oder Nachlieferung zum Gegenstand haben. 10

b) Zinsen

Unabhängig davon, ob der Verbraucher sie geltend macht, kann der Schlichtungsvorschlag sich auch zu Zinsen verhalten. Rechtlich besteht Anspruch auf Verzugszinsen nach §§ 288 ff. BGB. Praktisch wichtig erscheinen Zinsen bei längerem Verzug und/oder hohem Anspruch. Bei kürzerem Verzug mit Bagatellforderungen wird der Streitmittler hingegen jedenfalls dann nicht über Zinsen nachdenken, wenn sie nicht ausdrücklich geltend gemacht sind. Eine Regelung in der Verfahrensordnung kann dem Streitmittler Ermessen einräumen. Vielleicht bietet es sich an, dort statt Verzugszinsen, deren Beurteilung nach rechtlichen Maßstäben im Einzelfall aufwendig sein kann, nur Verfahrenszinsen in dem Sinne auszugestalten, dass sie ab Eingang des Antrags zuerkannt (vorgeschlagen) werden können. Sollte dieser Zeitpunkt im Einzelfall zu früh erscheinen, etwa im Falle der einvernehmlichen Durchführung trotz fehlender vorheriger Geltendmachung nach § 14 Abs. 4 S. 2, sollte der Streitmittler dies berücksichtigen (können). Zur Höhe bietet sich eine Orientierung an § 288 Abs. 1 BGB an, also 5 Prozentpunkte über dem jeweiligen Basiszinssatz. 11

c) Entgelte der Streitbeilegungsstelle

Die Entgelte, die nach § 23 in Verbindung mit der Verfahrensordnung entstehen, rechnet die Stelle im allgemeinen Verfahren ab (→ § 23). Für eine Berücksichtigung im Schlichtungsvorschlag ist auch deshalb kein Raum, weil die Entgelte kraft Verfahrensordnung entstehen. Das schließt nicht aus, dass eine Partei das zulasten der anderen Partei angefallene Entgelt (freiwillig) übernimmt. Ob der Streitmittler diese Möglichkeit im Schlichtungsvorschlag berücksichtigen sollte, erscheint aber fraglich. 12

d) Weitere Kosten

Zu denken ist vor allem an die Kosten, die durch die Einbeziehung eines Rechtsanwalts entstehen (→ 13). Ferner kann es zB im Falle einer mündlichen Erörterung nach § 17 Abs. 2 (→ § 17) zu Reisekosten kommen. Denkbar ist schließlich auch, dass Kosten für die Erhebung von Beweisen entstehen, die in der Verfahrensordnung vorgesehen werden können (→ § 5). Ob der Schlichtungsvorschlag sich allerdings zu diesen weiteren Kos- 13 ten verhält, hängt zunächst davon ab, ob hierüber schon anderweitige Regelungen getroffen sind.

aa) Regelung in der Verfahrensordnung

14 Die Verfahrensordnung kann durchaus Kostenregelungen enthalten, soweit es um verfahrensimmanente Vorgänge geht, also solche, die die Verfahrensordnung vorschreibt oder dem Streitmittler überlässt. Wenn etwa eine mündliche Erörterung durchgeführt werden kann, liegt es nahe, dass die Verfahrensordnung bestimmt, dass jede Partei die dadurch entstehenden eigenen Kosten selbst trägt. Da allerdings § 5 so angelegt ist, dass die Verfahrensordnung einseitig von der Streitbeilegungsstelle vorgegeben wird, also nicht verhandelbar ist (→ § 5), dürfen keine die Interessen der Parteien grob benachteiligenden Regelungen getroffen sein. Eine Regelung etwa, die das Einholen eines Sachverständigengutachtens ohne Zustimmung beider Parteien erlaubt, diese aber die Kosten tragen lässt, dürfte unwirksam sein (→ § 5). Insgesamt liegt es nahe, dass die Verfahrensordnung keine kostenauslösenden Verfahrenshandlungen allein in die Hand des Streitmittlers legt.

bb) Parteienvereinbarung vor Entstehung der Kosten

15 Die Verfahrensordnung sollte dem Streitmittler Spielräume verschaffen, den Sinn solcher Ausgaben vorab mit den Parteien zu erörtern und ggf. schon vor ihrer Entstehung eine Regelung darüber anregen, wer die Kosten, uU auch ergebnisabhängig, trägt. Selbst wenn die Verfahrensordnung bereits eine Regelung getroffen hat, können die Parteien hiervon abweichende Regelungen treffen.

cc) Vereinbarung als Teil des Schlichtungsvorschlags

16 Wird nicht vor der Entstehung der Kosten vereinbart, wer sie trägt, oder ist dies wie im Falle der Anwaltskosten nicht oder praktisch nicht möglich, kann der Streitmittler hierzu einen Vorschlag unterbreiten.

(1) Verfahrensimmanente Kosten

17 Im Falle der verfahrensimmanenten Kosten ist dies auch angezeigt. Der Streitmittler hat hierzu eine gewisse Fürsorgepflicht, hat doch die Streitschlichtungsstelle und/oder er selbst es unterlassen, vorab für Klarheit zu sorgen. Da die Kosten ungeregelt sind, sind sie gewissermaßen Teil des Streitstoffs geworden. Wenn die Parteien keine Regelungen treffen, ist der Streit hierüber allerdings vorprogrammiert.

(2) Anwaltskosten

18 Im Falle der Anwaltskosten liegt die Sache anders. Diese Kosten hat die Partei durch autonome Entscheidung selbst verursacht. Nach § 13 sind Verfahrensordnung und Streitmittler daran gehindert, die Vertretung (insbesondere) durch Anwälte auszuschließen oder – umgekehrt – vorzugeben. Anders gewendet liegt das Risiko dieser Kostenlast bei der betroffenen Partei. Gleichwohl kann die Anwaltsvergütung bei der Abwägung, einen Vorschlag anzunehmen oder nicht, eine entscheidende Rolle spielen. Das

könnte dafür sprechen, diese Frage in den Schlichtungsvorschlag aufzunehmen.

IV. Sachlage (Satz 1)

Die Formulierung, der Schlichtungsvorschlag beruhe auf der Sachlage, ist 19
entgegen dem Wortlaut nicht deskriptiv oder gar Hinweis auf eine Verortung als Definitionsbestandteil, sondern enthält eine Anforderung an den Streitmittler.

1. Darlegung der Parteien und Sachverhaltsermittlung

Die Begründung des Regierungsentwurfs stellt klar, dass der Schlichtungs- 20
vorschlag auf der Grundlage der Darlegung der Parteien ergehe und der Streitmittler keine „Amtsermittlung" betreiben müsse.[3] Damit folgt das Gesetz tendenziell dem Beibringungsgrundsatz der Zivilprozessordnung. Das schließt aber nicht aus, dass der Streitmittler Vorkehrungen für einen umfassenden und geordneten Sachvortrag trifft und auch gezielte Fragen stellt. Hierbei hat der Streitmittler auch in Rechnung zu stellen, dass die Parteien anwaltlich nicht vertreten sein müssen. Noch weniger als im Zivilprozess kann der Streitmittler erwarten, dass die Parteien den Vortrag von sich aus auf einen geltend gemachten Anspruch (Antrag) ausrichten, also vorab juristische Subsumtionsarbeit leisten. Dem kann der Streitmittler dadurch Rechnung tragen, dass er die Parteien mittels eines IT-Programms zu rechtsgeleiteten Angaben veranlasst, ohne dass den Parteien dies bewusst und ihnen Rechtsanwendung abverlangt wird. Dies kann IT-gestützt aber natürlich auch durch persönliche Nachfrage geschehen. Und je nach Ausrichtung des Entscheidungsvorschlags (→ Rn. 44) ist selbstverständlich auch Raum für den Vortrag bzw. die Ermittlung von Tatsachen ohne im engeren Sinne juristische Relevanz. Bei der Abwägung zwischen der Anwendung des Beibringungsgrundsatzes und eigener Sachverhaltsermittlung ist der Streitmittler freier als der Richter.

2. Beweiserhebungen

a) Statthaftigkeit der Beweisaufnahme

Offen bleibt freilich, wie der Streitmittler mit **widerstreitender Sachdarstel-** 21
lung der Parteien umgeht. Dass der Sachverhalt vollständig identisch dargestellt wird, ist jedenfalls im gerichtlichen Verfahren eher die Ausnahme als die Regel. Diese Divergenz löst die Zivilprozessordnung durch den Richter anvertraute **Beweiserhebungen.** Das VSBG enthält indessen insgesamt keine Regelungen zur Beweisaufnahme. Die Begründung des Regierungsentwurfs geht immerhin davon aus, dass die Verfahrensordnung die Erhebung von Beweisen zulassen kann, wobei sie neben einer Regelung in der Verfahrensordnung das „Einverständnis der Parteien" voraussetzt.[4] Ein solches Verständnis eines konkreten, anlassbezogenen Einverständnisses kommt allerdings im Gesetzestext selbst nicht zum Ausdruck, der keinerlei Regelungen zu Beweiserhebungen vorsieht. Im Ergebnis dürfte das Interes-

3 BR-Drs. 258/15, 79.
4 BR-Drs. 258/15, 79.

se der Parteien an der Durchführung von Beweiserhebungen entscheidend sein, soweit sie freilich (rechtlich) schützenswert sind (vgl. zu den folgenden Ausführungen auch → § 17 Rn. 9 ff.).

b) Zeugenbeweis

22 Eine **Beweisaufnahme durch den Streitmittler** ist grundsätzlichen Schwierigkeiten ausgesetzt. Er ist, wenn man der Gesetzesbegründung folgt, nicht nur auf das Einverständnis der Parteien angewiesen, sondern bei der Vernehmung von **Zeugen** auch auf deren Bereitschaft. Anders als dem staatlichen Richter stehen dem Streitmittler keinerlei Befugnisse zur Ladung von Zeugen oder gar zur Durchsetzung ihres Erscheinens und ihrer Aussage zur Verfügung. Das wirft die Frage auf, wie der Streitmittler mit der Situation umgeht, dass etwa nur ein Teil in Betracht kommender Zeugen oder ein Zeuge nur teilweise zur Aussage bereit ist. Wird zB der Verfahrensordnung entsprechend ein Zeuge von einer der Parteien gestellt, sind hingegen die Zeugen der Gegenseite nicht greifbar oder nicht zur Aussage bereit, kann der Streitmittler kaum sachgerecht und vor allem ohne Verstoß gegen seine Neutralitätspflicht nur die Aussage des einen Zeugen zugrunde legen. Auch stehen anders als im gerichtlichen Verfahren Zeugen nicht unter einer strafbewehrten Wahrheitspflicht und können auch nicht vereidigt werden. Andererseits ist der Streitmittler im Beweisverfahren freier als regelmäßig der staatliche Richter und kann – nach entsprechender Regelung in der Verfahrensordnung – zB auch schriftliche Aussagen zulassen. Hiervon wird er aber nur mit der gebotenen Vorsicht und in geeigneten Fällen Gebrauch machen, ist doch der persönliche Eindruck von dem Zeugen für die Beweiswürdigung von regelmäßig elementarer Bedeutung.

c) Urkundenbeweis

23 Naheliegender als die Durchführung von Zeugenvernehmungen ist gewiss die Einsichtnahme in Urkunden. Streiten die Parteien etwa um den Inhalt eines Vertrages oder einer sonstigen Vereinbarung, liegt es nahe, dass der Streitmittler sich die betreffende Urkunde zeigen lässt. Hierbei kann sich der Streitmittler regelmäßig mit der Vorlage von Kopien begnügen.

d) Sachverständigengutachten

24 Schon wegen der Kosten eher fernliegend ist die Einholung von Sachverständigengutachten. Wenn dies im Einzelfall gleichwohl in Betracht kommt, ist der Streitmittler anders als der staatliche Richter auch insoweit auf eine freiwillige Mitwirkung des Sachverständigen angewiesen und hat keinerlei Druckmittel etwa zur Beschleunigung oder zur Vollständigkeit der Bearbeitung. Auch die mündliche Anhörung des Sachverständigen, auf die die Parteien eines Gerichtsverfahrens im Zweifel Anspruch haben, kann der Streitmittler nicht durchsetzen.

e) Regelung in der Verfahrensordnung

25 Die Verfahrensordnung sollte alle Beweise, die kostenintensiv (Sachverständigengutachten → Rn. 24) oder aus spezifisch auf die Schlichtung bezogenen Gründen unsicher sind (Zeugenbeweise → Rn. 22) vom konkreten Einverständnis der (beider) Parteien abhängig machen. Die in der Verfah-

rensordnung vorgesehene Auswertung etwa eines vom Verbraucher vorgelegten Dokuments aber sollte der Unternehmer nicht verhindern können, was ihm freilich nicht verwehrt, die Echtheit oder Aussagekraft zu bestreiten.

f) Fazit

Im Ergebnis wird häufiger noch als im gerichtlichen Verfahren der Sachverhalt oder Teile des Sachverhalts ungeklärt bleiben. Die Sachlage, aus der nach Abs. 1 der Streitmittler den Schlichtungsvorschlag zu entwickeln hat, wird also oft von Zweifeln zum Sachverhalt geprägt sein. 26

V. Ausrichtung am geltenden Recht und Beachtung zwingender Verbraucherschutzgesetze (Satz 2)

Satz 2 ist aus der Begründung des Referentenentwurfs wörtlich in den Gesetzestext selbst übernommen worden mit der Einschränkung, dass von einer in der Begründung des Referentenentwurfs angesprochenen Verpflichtung des Streitmittlers auf eine Soll-Vorschrift übergegangen worden ist. 27

Die Vorschrift ist auch nach oder wegen ihrer Überarbeitung unklar und vage und wird zu einigen Auslegungsschwierigkeiten führen.[5] 28

1. Keine Rechtsanwendung

Klar ist immerhin, dass ein Ausrichten am geltenden Recht und die Beachtung zwingenden Rechts weniger bedeutet als die Anwendung des Rechts.[6] Dem Streitmittler wird also kein allein aus dem Recht zu findendes Votum abverlangt. Dies wird auch in der Begründung des Regierungsentwurfs deutlich, wonach der Schlichter „nicht in derselben Weise rechtlich gebunden (ist) wie ein Gericht, das eine für beide Parteien verbindliche Entscheidung trifft."[7] 29

2. Geltendes Recht

a) Nur materielles Recht

Gemeint ist ersichtlich nur materielles Recht, also jene Vorschriften, die das Entstehen und die Veränderung von Ansprüchen und Forderungen regeln. Formelles Recht, also Bestimmungen insbesondere über die gerichtliche Durchsetzung von Ansprüchen, sind nicht erfasst. Das ergibt sich schon daraus, dass das VSBG ein eigenes Verfahrensrecht schafft bzw. es der Verfahrensordnung überlässt. Deshalb sind Regelungen der Zivilprozessordnung über Verfahrensfristen, Folgen von verzögertem Vortrag oder zur Erhebung und Würdigung von Beweisen unanwendbar. Für die Darlegung- und Beweislast gilt dies nur eingeschränkt, weil diese letztlich im 30

5 So zu dem Referentenentwurf auch *Pelzer* ZKM 2015, 43 (44) (Gefahr, dass die Regelung „zum bloßen Programmsatz verkommt"), *Gsell* ZZP 128 (2015) 189 (206) („Vorschrift ... nicht gelungen") und *Kramme* in Schmidt-Kessel S. 141, 149.
6 So für den Referentenentwurf auch *Kramme* in Schmidt-Kessel S. 141, 147.
7 BR-Drs. 258/15, 76.

materiellen Recht wurzelt.[8] Soweit die Beweislast im Gerichtsprozess das Urteil steuert, im Falle der Nichtbeweisbarkeit erheblicher Tatsachen zum (Teil-)Unterliegen des Beweisbelasteten zwingt, ist dies auf die Schlichtungssituation zumindest direkt nicht übertragbar.

b) Umfang des materiellen Rechts und mögliche Differenzierungen

31 Das Gesetz unterscheidet jedenfalls semantisch zwischen zwingenden Verbraucherschutzgesetzen und anderen Rechtsquellen. Weder im Gesetzestext noch in den Gesetzesmaterialien ist allerdings in diesem Kontext die Erforderlichkeit einer Differenzierung danach, ob es sich um zwingendes oder nicht zwingendes Recht handelt, auffindbar. Der sprachliche Unterschied zwischen „ausrichten" und „beachten" führt nicht zu einem praktisch umsetzbaren Unterschied in der Arbeit des Streitmittlers.[9] Auch aus teleologischer Sicht wäre ein Unterschied nicht begründbar: Es mag nach der Verfahrensordnung darauf ankommen, ob dem Verbraucher ein bestimmter Anspruch zusteht oder nicht. Hat er aber den Anspruch, ist es ersichtlich ohne Belang, ob der Unternehmer den Anspruch anfänglich durch abweichende Regelungen hätte vermeiden können oder nicht.

c) Internationales Privatrecht/Auslandsbezug

32 Entsprechend der Logik von Richtlinie und VSBG werden Streitigkeiten grundsätzlich in dem Mitgliedstaat geschlichtet, in dem der Unternehmer seinen Sitz hat. Nach Art. 6 Rom I-VO[10] unterliegt ein Verbrauchervertrag grundsätzlich dem Recht des Staates, in dem der Verbraucher seinen gewöhnlichen Aufenthalt hat. Das bedeutet, dass der Streitmittler in grenzüberschreitenden Fällen bei strenger Auslegung regelmäßig ausländisches Recht zu ermitteln hätte, um es im Sinne des Gesetzes zumindest nach dem Günstigkeitsprinzip „beachten" zu können. Das kann nicht nur zu erheblichem Aufwand führen,[11] sondern ist auch teleologisch zu hinterfragen (→ Rn. 35).

3. Sollregelung als Grundlage zur sachgerechten Steuerung (Satz 2)

33 Anders noch als der Referentenentwurf verwendet das in Kraft getretene Gesetz „Soll"-Vorgaben. Bei diesem zumeist im öffentlichen Recht verwendeten Regelungskonzept hat die Behörde den Normenbefehl grundsätzlich zu befolgen und kann hiervon nur im Ausnahmefall abweichen. Dabei stehen Regel- und Ausnahmefall zumeist im Verhältnis der Alternativität. Dieser Gedanken kann auf § 19 nicht übertragen werden. Insbesondere aus Abs. 1 S. 3, der dem Streitmittler eine rechtliche Bewertung im Rahmen der Begründung vorgibt, folgt, dass das Recht bei der Entwicklung des Schlichtungsvorschlags jedenfalls als mitbedachtes Kriterium eine Rolle spielen muss. Die „Soll"-Vorgaben führen aber dazu, dass der Streitmittler einen weiten Spielraum vorfindet, innerhalb dessen er den Schlichtungsvorschlag

8 Vgl. zu den Theorien zur Rechtsnatur Baumbach/Lauterbach/*Hartmann* ZPO § 286 Rn. 2 f Anh.
9 So auch *Kramme* in Schmidt-Kessel S. 141, 149.
10 Verordnung (EG) Nr. 593/2008 über das auf vertragliche Schuldverhältnisse anzuwendende Recht (Rom I), ABl. L 177 vom 4.7.2008, S. 6.
11 Vgl. *Pelzer* ZKM 2015, 43 (45) und *Kramme* in Schmidt-Kessel S. 141, 152 f.

entwickeln kann. In Verbindung mit Abs. 1 S. 3 führt dies dazu, dass die **rechtliche Dimension des Streitfalls in der Begründung des Schlichtungsvorschlags** abgebildet wird, nicht aber notwendig in seinem Inhalt. In diesem Zusammenhang ist zutreffend vom Prinzip der informierten Autonomie die Rede.[12]

Gestützt wird dieses Verständnis von der Weiterentwicklung eines Gedankens, der sich in Begründung des Regierungsentwurfs findet: „Der Schlichter ist dabei nicht in derselben Weise rechtlich gebunden wie ein Gericht, das eine für beide Parteien verbindliche Entscheidung trifft. Denn er macht lediglich einen Vorschlag, über dessen Annahme die Parteien grundsätzlich frei entscheiden."[13] Dieser Vergleich ist insoweit schief, als die Aufgabe des Vorschlagens zu der des Entscheidens in Bezug gesetzt wird. Sachgerechter sollte die Entwicklung des Schlichtungsvorschlags mit der Arbeit des Gerichts nach § 278 Abs. 2 S. 2 ZPO verglichen werden. In der dort geregelten Güteverhandlung hat das Gericht den Sach- und Streitstand „unter freier Würdigung aller Umstände" zu erörtern. Dazu gehören neben rechtlichen zB auch wirtschaftliche und psychologische Aspekte;[14] Hintergründe wie Vorgeschichte, Motive und Konfliktentwicklung können und sollen erhellt werden.[15] Dem VSBG kann im Lichte der oben zitierten Entwurfsbegründung nicht die Vorstellung genommen werden, dass der Streitmittler beim Schlichtungsvorschlag stärker an das Recht gebunden sein soll als der streitentscheidende Richter bei der Unterbreitung eines Vergleichsvorschlags. Es wäre im Übrigen auch justizpolitisch ein falsches Signal, wenn die außergerichtliche Schlichtung als spezifische und faktisch gewiss herrschende Methode der Verbraucherschlichtung einen engeren Rechtsbezug als die gerichtliche Güteverhandlung aufweisen müsste.[16] 34

a) Keine zwingende Anwendung ausländischen Rechts

Aus der mit der „Soll"-Vorschrift verbundenen Flexibilität ergibt sich die Möglichkeit der Verbraucherschlichtungsstelle bzw. des Streitmittlers, bei Auslandsbezug **ausschließlich deutsches Recht** zu berücksichtigen. Zum einen gelten EU-weit aufgrund der weitgehenden Vollharmonisierung des Verbraucherschutzrechts ohnehin gleiche Standards,[17] zum anderen kann gerade das deutsche Verbraucherschutzniveau als weltweit hoch eingeordnet werden.[18] Deshalb spricht vieles dafür, in der Verfahrensordnung die Beschränkung auf deutsches Recht vorzugeben.[19] Möglicherweise kommt auch eine Verbindung mit dem Ablehnungsgrund nach § 14 Abs. 2 Nr. 5 lit. a in Betracht. Hiernach kann die Verbraucherschlichtungsstelle kraft Regelung in der Verfahrensordnung die Behandlung einer Streitigkeit im Falle ernsthafter Beeinträchtigung ihres Betriebes insbesondere dann ablehnen, wenn rechtliche Fragen nur mit einem unangemessenen Aufwand ge- 35

12 *Niewisch-Lennartz* ZKM 2014, 136 (139).
13 BR-Drs. 258/15, 76.
14 Vgl. etwa Baumbach/Lauterbach/*Hartmann* ZPO § 278 Rn. 22.
15 Zöller/*Greger* ZPO § 278 Rn. 15.
16 Vgl. *Niewisch-Lennartz* ZKM 2014, 136 (139).
17 *Berlin*, S. 334.
18 Vgl. *Pelze* ZKM 2015, 43 (45).
19 So auch *Kramme* in Schmidt-Kessel S. 141, 153.

klärt werden können. Man halte sich nur den bis vor kurzem noch undenkbaren Fall vor Augen, dass ein deutscher Automobilkonzern durch Manipulation der Messung von Abgaswerten Konflikte mit Verbrauchern in sämtlichen Mitgliedstaaten im Anwendungsbereich des VSBG produziert. Die zuständige deutsche Verbraucherschlichtungsstelle müsste das Recht der 30 weiteren Staaten des Europäischen Wirtschaftsraums auf Abweichungen gegenüber dem deutschen Recht prüfen. Wenn wegen dieses unangemessenen Aufwandes allerdings die Schlichtungsstelle entsprechende Anträge ablehnte, würde dies das ausdrückliche Ziel der ADR-Richtlinie, den Binnenmarkt zu fördern (→ Einf. Rn. 19), konterkarieren.[20] Deshalb wäre es auch im Sinne europäischen Rechts, wenn die Schlichtungsstelle das Problem durch eine einvernehmliche Hinleitung auf das deutsche Recht löste. In der Verfahrensordnung könnte etwa vorgegeben werden, dass auch bei Auslandsbezug die Streitbeilegung im Einvernehmen mit den Parteien auf Basis deutschen Rechts erfolgt und im Falle fehlenden Einverständnisses (auch nur) einer Partei die Durchführung des Verfahrens abgelehnt wird.

b) Umgang mit Zweifeln zum Sachverhalt

36 Die Möglichkeiten des Streitmittlers, Zweifeln und Streit zum Sachverhalt nachzugehen, sind beschränkt (→ Rn. 21 ff.).

37 Wenn klar ist, dass auch in einem Gerichtsverfahren (weitere) Beweismittel nicht zur Verfügung stünden, könnte der Vorschlag an der Beweislastverteilung orientiert werden. Zum einen handelt es sich aber unter Umständen nur um eines von mehreren zu berücksichtigenden Kriterien. Zum anderen wird der Streitmittler überlegen, ob wirklich sicher ist, dass in einem etwaigen Gerichtsverfahren nicht doch Beweismittel zur Verfügung stehen. Noch weniger wird der Streitmittler sich an den Grundsätzen der Darlegungslast orientieren. Wenn etwa eine Partei zu einer naheliegenderweise wichtigen Frage nichts gesagt hat und der Streitmittler – aus welchen Gründen auch immer – nicht nachhakt, wäre es kontraproduktiv, aus der fehlenden Darlegung negative Schlüsse zu ziehen. Vielmehr wird der Streitmittler antizipieren, dass die betroffene Partei in einem Gerichtsprozess den von ihm als fehlend beanstandeten Vortrag nachholen wird, und gleich nachhaken.

38 Wenn Beweismittel existieren, im Schlichtungsverfahren aber nicht benutzt werden können, wird der Streitmittler mit Prognosen zum Ausgang der Beweisaufnahme und Überlegungen zur Beweislast ohnehin zurückhaltend sein. In diesem Fall bietet es sich an, die Rechtslage in der Begründung mehrschichtig darzustellen, also für die Rechtslage die Darstellung beider Seiten getrennt voneinander zugrunde zu legen. In der Juristenausbildung stellt dieses Vorgehen einen Teil der sog Relationstechnik dar.

39 Der Streitmittler leistet mit einem solchen Vorgehen letztlich den Einstieg in eine Prozessrisikoanalyse.

20 So auch *Kramme* in Schmidt-Kessel S. 141, 153.

c) Abweichungen von der Rechtslage

Als Folge des weiten Spielraums in Verbindung mit den Verpflichtungen zur Begründung ist der Streitmittler für die Entwicklung des Schlichtungsvorschlags des Rechts letztlich weitgehend entbunden. Er darf andere Kriterien und Wertungssysteme einbeziehen, solange dies transparent ist und die Rechtslage sowie die Gründe für die Abweichung in der Begründung des Vorschlags dargestellt werden. Die Grenze bildet letztlich nur die **Wirksamkeit des** im Falle der Annahme des Vorschlags entstehenden **Vergleichs.** Wäre dieser nichtig (→ Rn. 77 ff.), dürfte der Streitmittler den entsprechenden Vorschlag nicht unterbreiten. 40

Welche außerrechtlichen Aspekte der Streitmittler berücksichtigt, ist ihm jenseits von Willkür freigestellt. Naheliegend ist die Einbeziehung der **Interessen der Parteien,** soweit sie sich nicht bereits in der Rechtslage ausdrücken. Der rechtlich gegebene Nacherfüllungsanspruch in Form der Reparatur des mangelhaften Elektronikartikels bzw. Neulieferung kann für den Käufer nachrangig sein, weil er eher an einem Preisnachlass auf ein Gerät der neuen Generation interessiert ist.[21] Im Interesse des Unternehmens mag es sein, dass eine schlechte Bewertung des Verbrauchers aus einem Internetportal genommen wird. Dem Verbraucher mag es auch oder vielleicht sogar vordringlich um eine Entschuldigung eines Mitarbeiters der Kundenbeschwerdestelle gehen, von dem er sich unangemessen behandelt fühlt. Überhaupt mag es um Missverständnisse und um deren Bereinigung gehen. All diese Aspekte darf und soll (!) der Streitmittler einbeziehen und Elemente daraus kann er auch dann im Schlichtungsvorschlag berücksichtigen, wenn hierauf rechtlich kein Anspruch besteht. Freilich ist die Identifikation solcher hinter den Ansprüchen stehenden Interessen und Bedürfnisse jedenfalls im Rahmen eines schriftlichen Routineverfahrens nicht einfach. Insoweit bietet es sich aber auch in einem programmgesteuerten Verfahren an, Fragen in diese Richtung zu stellen. Sollte sich ergeben, dass der Konflikt eher auf der Beziehungsebene angesiedelt ist, sollte der Streitmittler daran denken, eine **Mediation** vorzuschlagen. Organisatorisch könnte dies durch eine hybride Verfahrensstruktur innerhalb der Verbraucherschlichtungsstelle geleistet werden, indem sie neben der Schlichtung Mediation und ggf. weitere Verfahren vorhält. In Betracht gezogen werden kann aber auch die Kooperation mit einer Schlichtungsstelle, die sich auf Verbraucher-Mediation spezialisiert (→ § 18 Rn. 22 ff.). 41

Ob es **Grenzen** gibt, bei deren Überschreiten sich der Streitmittler zu weit vom Recht entfernt, mag man diskutieren können.[22] Gewiss könnte die Ersetzung des gesetzlichen Maßstabs durch einen worauf auch immer gegründeten individuellen Maßstab des Streitmittlers zu einem fehlerhaften Schlichtungsvorschlag auch dann führen, wenn die Sach- und Rechtslage in der Begründung zutreffend dargestellt wird. Praktisch bedeutsam wird das kaum sein. Viel näher liegt eine an den Interessen der Parteien orientierte – juristisch gewiss unkritische – Verschiebung des Maßstabs. 42

21 Beispiel übernommen von *Kramme* in Schmidt-Kessel S. 141, 150.
22 Vgl. *Kramme* in Schmidt-Kessel S. 141, 151.

43 Gelegentlich zu hören freilich ist von (möglichen) Erwartungen der Unternehmen, eine Art **„Schlichtungsrabatt“** zu erhalten, also einen gleichsam routinemäßigen Abschlag auf den der Rechtslage entsprechenden Anspruch. Als strategisches Instrument wird das wirtschaftlich betrachtet allerdings nur dann Sinn machen, wenn die Unternehmen keine oder eine nur geringe Fallpauschale zahlen. Wenn man etwa die Gebühren der Universalschlichtung (§ 31) in den Blick nimmt, lässt sich kaum eine wirtschaftlich sinnvolle Strategie erwarten, das Gebührenaufkommen durch Rabattierungen überzukompensieren, selbst wenn man in Rechnung stellt, dass nur ein Teil der (zu Unrecht) erfolgten Ablehnungen zu einem Schlichtungsverfahren führt. Im Übrigen dürfte die Schlichtungsstelle auf strategischer Ebene Wege finden, sich gegen die beschriebenen Erwartungen zu schützen und zu immunisieren.

d) Regelung in der Verfahrensordnung

44 Zum Maß der Rechtsorientierung des Schlichtungsvorschlags kann die Verfahrensordnung Vorgaben enthalten. Sie kann dem Streitmittler, wie die Begründung des Regierungsentwurfs hervorhebt,[23] auch engere Bindungen an das Recht vorgeben. Die Schlichtungsstelle wird bei der Frage, ob sie von der Konkretisierungsbefugnis Gebrauch macht, zwischen Transparenzinteressen einerseits und fallbezogener Flexibilität andererseits abwägen. Freilich steht es dem Streitmittler ggf. auch frei, sich von den engeren Bindungen der Verfahrensordnung von den Parteien (einvernehmlich) befreien zu lassen. Dies sollte die Verfahrensordnung allerdings ausdrücklich zulassen.

VI. Begründung (Satz 3)

45 Bei der Begründung handelt es sich um ein Kernelement des Schlichtungsvorschlags. Die Begründung liefert die Grundlage für die Entscheidung der Parteien, ob sie den Vorschlag annehmen oder nicht, was auch die Begründung des Regierungsentwurfs betont. Die Unterscheidung von Sachverhalt und rechtlicher Bewertung erinnert an das Urteil im Gerichtsprozess, das nach § 313 ZPO ua Tatbestand und Entscheidungsgründe enthält. Danach kann die Begründung des Schlichtungsvorschlags so aufgebaut sein wie ein Urteil, muss dies aber keineswegs. Im Gegenteil gibt es gute Gründe zur Abweichung.

1. Sachverhalt

46 Der der Entscheidung zugrunde gelegte Sachverhalt umfasst alle tatsächlichen Aspekte, die für die Entwicklung des Vorschlags und für die Entscheidung der Parteien bedeutsam sein können. Der Sachverhalt kann in dem Sinne eindeutig sein, dass die Parteien sich darüber einig sind. Oft aber werden zumindest Einzelpunkte strittig sein, ohne geklärt werden zu können (→ Rn. 21 ff.), was offenzulegen ist.

23 BR-Drs. 258/15, 76.

2. Rechtliche Bewertung

Die rechtliche Bewertung korrespondiert nicht notwendig mit dem Vorschlag. Dieser kann wie erörtert auch auf außerjuristischen Erwägungen gründen. In einem solchen Fall darf der Streitmittler sich aber nicht auf die aus seiner Sicht tragenden Erwägungen beschränken, sondern er muss die Rechtslage darstellen. Diese kann dann praktischerweise als Ausgangspunkt für die Erwägungen dienen, auf deren Basis der Streitmittler eine von der Rechtslage abweichenden Vorschlag unterbreitet. Damit ist (zumindest) in der **Begründung das Recht Benchmark.** 47

Die Rechtslage ist freilich nicht immer eindeutig. Gibt es etwa zu einzelnen Fragen unterschiedliche Gerichtsentscheidungen, ohne dass eine obergerichtliche Klärung herbeigeführt ist, muss dies dargestellt werden. Auch wenn die Subsumtion des konkreten Sachverhalt nicht eindeutig erscheint und einschlägige Urteile nicht existieren, wird der Streitmittler die **Rechtsunsicherheit** darstellen. 48

Bei Zweifeln zum Sachverhalt ist ferner eine **differenzierte Darstellung** der Rechtslage gefordert. In diesem Rahmen sind gewiss auch Überlegungen zur **Beweislast** angezeigt. 49

Hat der Streitmittler Beweise erhoben, wird er auch eine **Beweiswürdigung** vornehmen, es sei denn, es kommt für den Vorschlag und die Entscheidung der Parteien hierauf ersichtlich (doch) nicht an. Zur Beweiswürdigung kommt eine **Beweisprognose:** Da die Beweisaufnahme des Streitmittlers in aller Regel hinter den Möglichkeiten des Gerichts zurückbleibt, für die Parteien der potenzielle Ausgang eines Gerichtsverfahrens bei der Annahmeentscheidung aber wichtig sein kann, wird der Streitmittler sich mit der Frage auseinandersetzen, ob der Beweis im gerichtlichen Verfahren zu erbringen sein wird. Damit reflektiert der Streitmittler auf das gerichtliche Verfahren und hat insbesondere das gerichtliche Beweisverfahren in den Blick zu nehmen. So können zB Auskunfts- oder Aussageverweigerungsrechte ebenso eine Rolle spielen wie der Umstand, dass nach dem (deutschen) Prozessrecht Parteien nicht als Zeuge vernommen werden können, wohl aber unter bestimmten Voraussetzungen im Wege der sogenannten Parteivernehmung. Bei der Prognose hält der Streitmittler sich natürlich mangels hellseherischer Fähigkeiten zurück, er kann und sollte aber Erfahrungen aus parallelen Konstellationen oder typischen Verläufen sehr wohl einbeziehen. Wenn es zB auf Basis einschlägiger Branchen- oder Produkterfahrungen sehr unwahrscheinlich erscheint, dass der Unternehmer sich von der Vermutung, dass der binnen sechs Monaten aufgetretene Mangel schon bei Lieferung vorlag, entlasten kann, wird der Streitmittler dies zugunsten des Verbrauchers berücksichtigen. 50

Im besten Fall ist die rechtliche Bewertung Grundlage einer **Prozessrisikoanalyse,** ein Instrument, das sowohl im gerichtlichen Verfahren wie in allgemeinen ADR-Verfahren genutzt wird.[24] 51

24 Vgl. *Röthemeyer*, Mediation Rn. 88, 424.

3. Weitere Aspekte

52 Die Prozessrisikoanalyse muss wie gesehen nicht die einzige Grundlage des Vorschlags sein. Die ggf. weiteren Erwägungen werden gleichwertig dargestellt.

4. Darstellung

53 Gesetzliche Vorgaben hierzu existieren nicht. Die Trennung zwischen Sachverhalt, rechtlicher Würdigung, ggf. weiteren berücksichtigten Aspekten und Herleitung des Vorschlags bietet sich an, ist aber nicht zwingend. Der Streitmittler sollte sich am Empfängerhorizont und hierbei besonders am Verbraucher orientieren. Verständlichkeit ist somit oberste Priorität; in der Begründung des Regierungsentwurfs wird betont, dass die Begründung auch die „rechtsunkundige Partei" erreichen muss.[25]

VII. Übermittlung des Schlichtungsvorschlags (Abs. 2)

54 Abs. 2 weist die Übermittlung des Schlichtungsvorschlags der **Verbraucherschlichtungsstelle** und nicht etwa dem Streitmittler zu. Die hiermit vorausgesetzte Aufgabentrennung ist allerdings keine zwingende (→ § 6 Rn. 6). Handeln kann insoweit und in Bezug auf die Unterrichtung nach Abs. 3 (→ Rn. 47 ff.) auch der Streitmittler.

55 Der Vorschlag ist in Textform zu übermitteln, also in Papier oder als Datei (zu Einzelheiten → § 10 Rn. 10 f.). Damit soll nach der Begründung des Regierungsentwurfs die Vorgabe aus Art. 9 Abs. 1 lit. c der ADR-Richtlinie umgesetzt werden. Diese Vorschrift bezieht sich freilich lediglich auf das *Ergebnis* des Verfahrens; hätte die Richtlinie auch den Vorschlag gemeint, hätte eine (zusätzliche) Regelung auch in Art. 9 Abs. 2 der ADR-Richtlinie nahegelegen, der anders als Abs. 1 spezifische Vorgaben für Verfahren vorsieht, die auf einen Vorschlag ausgerichtet sind. Abs. 2 geht also über die Richtlinienvorgaben hinaus.

56 Anderes kann im Falle der **mündlichen Erörterung nach § 17 Abs. 2** gelten. Hier kann ein Einigungsvorschlag auch mündlich unterbreitet werden, zumal der Übergang zwischen Lösungsvorschlag und der Beteiligung an der Entwicklung und Erörterung von Lösungsoptionen ohnehin fließend ist.[26] Diese enge Auslegung von Abs. 2 ist gerechtfertigt, weil die Begründung des Regierungsentwurfs andere Gründe als den, die Richtlinie umzusetzen, nicht nennt.[27] Folgen die Parteien diesem mündlichen Vorschlag noch in der mündlichen Erörterung, kommt der Vergleich sogleich zustande, ohne dass es der vorherigen Übersendung bedarf. Anderes mag dann gelten, wenn in der Verfahrensordnung ausdrücklich vorgesehen ist, dass auf die mündliche Erörterung ein Schlichtungsvorschlag unterbreitet wird. Diese Vorgabe würde die mündliche Erörterung in einer Weise prägen (→ Rn. 8), dass für einen formlosen Einigungsvorschlag kein Raum wäre. Eine Eini-

25 BR-Drs. 18/258, 75.
26 Vgl. *Röthemeyer*, Mediation Rn. 236 ff.; zur Abgrenzung vgl. *Röthemeyer* ZKM 2013, 47 (49).
27 BR-Drs. 258/16, 76.

gung der Parteien ohne Einigungsvorschlag des Streitmittlers ist damit natürlich nicht ausgeschlossen.

VIII. Unterrichtungspflichten und Ausnahmen (Abs. 3)

1. Information über Rechtsfolgen der Annahme (Satz 1)

Die Verbraucherschlichtungsstelle oder der Streitmittler (→ Rn. 54) unterrichtet über die **rechtlichen Folgen der Annahme** des Vergleichs (Satz 1 1. Fall), die nach der Begründung darin bestehen, der anderen Partei gegenüber vertraglich verpflichtet zu sein, den „Schlichterspruch“ zu befolgen,[28] was freilich nur gilt, wenn auch die andere Partei zustimmt. Bei dem beiderseitig angenommenen Schlichtungsvorschlag handelt es sich in der Regel um einen Vergleich nach §§ 779 BGB (→ Rn. 63). 57

2. Potenzielle Abweichung vom Ergebnis eines Gerichtsverfahrens (Satz 1)

Weiter ist der Hinweis gefordert, dass der Vorschlag von dem Ergebnis eines gerichtlichen Verfahrens abweichen kann (Satz 1 2. Fall). Dieser Hinweis genügt in **abstrakter Form**, der fallbezogenen Spezifizierung der Abweichung bzw. ihrer Möglichkeit bedarf es nicht. Das ergibt sich auch aus der ebenfalls abstrakten Vorgabe in Art. 9 Abs. 2 lit. b der ADR-Richtlinie. Das deutsche Gesetz geht (auch hier) über die Richtlinienvorgabe hinaus, indem es die Hinweispflicht an die Übermittlung des Vorschlags knüpft, während Art. 9 Abs. 2 lit. b der ADR-Richtlinie auch einen Hinweis zu früherer Zeit ausreichen lässt. Das verlangt das deutsche Recht in § 16 Abs. 2 Nr. 3 zusätzlich (→ § 16). Auch wenn – gleichwohl – Abs. 3 S. 1 keine konkrete Auseinandersetzung mit der möglichen Abweichung zur Rechtslage verlangt, kann dies freilich im Einzelfall sinnvoll sein. 58

Gemeint ist die potenzielle **Abweichung von der Rechtslage**. Bei wörtlicher Auslegung freilich kann der Schlichtungsvorschlag „von dem Ergebnis eines gerichtlichen Verfahrens“ im Sinne von Abs. 3 S. 1 oder von dem „Ergebnis eines Gerichtsverfahrens“ im Sinne von Art. 9 Abs. 2 lit. b der ADR-Richtlinie auch in anderer als der intendierten Richtung abweichen. Denn Ergebnis eines gerichtlichen Verfahrens ist oft nicht ein Urteil, sondern ein Vergleich etwa im Rahmen des Güteverfahrens, das auch als Güterichterverfahren nach § 278 Abs. 5 ZPO, also insbesondere mittels Mediation durchgeführt werden kann.[29] In diesen konsensualen Verfahren ist die Ergebnisfindung ganz in die Hand der Parteien gelegt, die nicht an das Recht gebunden sind. Da so betrachtet das Ergebnis eines gerichtlichen Verfahrens offen ist, erscheint es banal, dass von diesem somit gänzlich unbestimmten potenziellen Ergebnis der Schlichtungsvorschlag abweichen kann, übrigens auch in der Richtung, dass der Schlichtungsvorschlag sich enger an das Recht bindet als die Parteien im Rahmen einer Mediation im Güterichterverfahren. Auch an dieser Stelle zeigt sich wieder ein Paradoxon im Gesamtkonzept der Verbraucherschlichtung an der Schnittstelle zum gerichtlichen Verfahren (→ Einf. Rn. 43 ff., 77). 59

---

28 BR-Drs. 258/16, 76.
29 Vgl. im Einzelnen *Niewisch-Lennartz* ZKM 2015, 136 (139 f.).

3. Ablehnungsrecht (Satz 2)

60 Weiter verlangt Satz 2 zum einen den Hinweis, dass der Vorschlag abgelehnt werden kann, eine Selbstverständlichkeit, die sich schon aus dem Begriff „Vorschlag“ und der Annahmefrist nach Satz 3 ergibt; allerdings verlangt Art. 9 Abs. 2 lit. b ADR-Richtlinie diesen Hinweis ausdrücklich. Zum anderen ist die Information darüber erforderlich, dass bei Ablehnung des Vorschlags die Gerichte angerufen werden können. Insoweit dürfte es gegen den engen Wortlaut von Satz 3 sinnvoll sein, auf die Klagemöglichkeit auch für den Fall hinzuweisen, dass die belehrte Partei den Vorschlag annimmt, nicht aber die andere Partei.

4. Bedenkzeit (Satz 3)

61 Schließlich verlangt Satz 3 „eine angemessene Frist zur Annahme des Vorschlags“, bei der es sich präziser um die *Entscheidung über die Annahme* handelt. Auch dies dient der Umsetzung der ADR-Richtlinie, die in Art. 9 Abs. 2 lit. d eine „angemessene Überlegungsfrist“ verlangt. Die Angemessenheit richtet sich in einer Gesamtabwägung nach der wirtschaftlichen Bedeutung der Angelegenheit, der Komplexität des Streits und/oder des Lösungsvorschlags und nach dem vorhersehbaren Umfang einer möglicherweise noch notwendigen fachlichen, insbesondere rechtlichen Beratung. Sucht man nach einer einheitlichen Frist, die jedenfalls ausreicht, kommt die Anlehnung an die **einmonatige** Berufungsfrist nach § 517 ZPO in Betracht. Es darf angenommen werden, dass diese Frist, deren Ablauf ein Urteil rechtskräftig werden lässt und die auch für Parteien gilt, die sich nicht anwaltlich hatten vertreten lassen, (erst recht) für die Entscheidung über die Annahme eines Einigungsvorschlags ausreicht. In der vorgesetzlichen Praxis sind teilweise aber auch längere Fristen (sechs Wochen) zu beobachten.

5. Ausnahme von den Hinweispflichten (Abs. 4)

62 Unternehmer, die sich dem Schlichtungsvorschlag unterworfen haben werden nicht nach Abs. 3 belehrt. Eben wegen ihrer Bindung haben sie keine Möglichkeit der Ablehnung des Vorschlags und die allgemeinen Hinweise auf die Folgen der Annahme und die potenzielle Abweichung vom Ergebnis eines gerichtlichen Verfahrens sind nicht mehr handlungsrelevant; die betreffenden Entscheidungen haben die Unternehmer bereits mit der Begründung der Unterwerfung getroffen. Die Einigung kommt also bereits mit Annahmeerklärung des Verbrauchers nach den nachfolgend dargestellten Grundsätzen in Betracht.

IX. Rechtliche Einordnung der Einigung und Sonderfälle

1. Vergleich nach § 779 BGB

63 Wird der Schlichtungsvorschlag von beiden Seiten angenommen, kommt ein Vertrag zustande, bei dem es sich in aller Regel um einen **Vergleich nach § 779 BGB** handelt. Hierfür ist allerdings ein gegenseitiges Nachgeben erforderlich. Nach allgemeiner Auffassung ist dieser Begriff weit auszulegen, so dass auch geringfügiges Nachgeben zB zur Fälligkeit, zu Zinsen

oder Kosten ausreicht.[30] Wenn allerdings die Einigung zur gänzlichen Ablehnung des vom Verbraucher gestellten Anspruchs oder zur vollen Befriedigung ohne jede Konzession im obigen Sinne führt, handelt es sich nicht um einen Vergleich, wohl aber um einen ebenso bindenden Vertrag mit dem Inhalt eines Verzichts (Erlassvertrag nach § 397 BGB) bzw. eines Anerkenntnisses (§ 781 BGB).

2. Geltung der §§ 145 ff. BGB

a) Grundsätze

aa) Fristgerechtes Eingehen der Annahmeerklärungen

Für den Vergleich (bzw. anderweitigen) Vertrag gelten die allgemeinen 64
rechtsgeschäftlichen Normen des BGB. Wirksam wird der Vergleich durch **fristgerechtes Eingehen beider Annahmeerklärungen bei der Verbraucherstreitbeilegungsstelle.** Die Stelle handelt insoweit als Empfangsvertreter nach § 164 Abs. 3 BGB. Dies ergibt sich aus der Regelung in Abs. 3, die der Verbraucherschlichtungsstelle die Fristsetzung aufträgt, in Verbindung mit § 21, wonach die Stelle das (Gesamt-) Ergebnis zu übermitteln hat. Damit liegt die Steuerung des Prozesses der Ergebnisfindung ganz in den Händen der Streitbeilegungsstelle, die davon sachgerecht am besten Gebrauch machen kann, wenn sie zum Empfang der Erklärungen bevollmächtigt ist. Daraus ergibt sich, dass die Annahmeerklärung mit **Zugang bei der Stelle wirksam** wird (§ 130 Abs. 1 BGB), ohne dass es der Weiterleitung an die andere Seite bedürfte. Die Stelle kann also den Eingang beider Erklärungen abwarten und dann das Verfahren nach § 21 abschließen; eine Zwischennachricht über den Eingang (erst) einer Erklärung ist nicht erforderlich.

Vertragsrechtlich stellt die zuerst eingehende Annahmeerklärung den An- 65
trag auf Abschluss eines Vergleichs nach § 145 BGB, die zweite Annahmeerklärung die Annahme des Angebots dar, § 151 BGB.

bb) Form der Annahmeerklärung

Eine besondere Form für die Erklärungen sieht weder § 19 noch § 779 66
BGB vor. Es genügt hiernach also, dass die Erklärungen zB telefonisch erfolgen. Wenn allerdings mit dem Vergleich Rechtsgeschäfte verbunden sind, für die Formzwang besteht, gilt diese Formvorgabe auch für den Vergleich, mithin auch für die Annahmeerklärungen. Betroffen sind etwa Grundstücksgeschäfte (§ 311 b BGB – notarielle Beurkundung), Schenkungsversprechen (§ 518 BGB – notarielle Beurkundung), Eingehen einer Bürgschaft (§ 755 BGB – Schriftform), Verbraucherdarlehen (§ 492 BGB – Schriftform). Besteht der Schlichtungsvorschlag in einer vollständigen Befriedigung der erhobenen Forderung, handelt es sich um ein Schuldanerkenntnis (→ Rn. 63), für das § 781 BGB Schriftlichkeit vorgibt. Schriftlichkeit erfordert nach § 126 BGB eine eigenhändig unterschriebene Urkunde. Textform im Sinne von § 126 b BGB genügt also nicht. Diesen besonderen Konstellationen muss die Verbraucherstreitbeilegungsstelle bzw. der Streitmittler (→ Rn. 54) anlassbezogen Rechnung tragen.

30 Vgl. MüKo/BGB/*Habersack* § 779 Rn. 26.

67 Die **Verfahrensordnung** kann und sollte Regelungen zur Form der Annahmeerklärungen treffen; schon wegen des Beweiswertes bietet sich die Vorgabe der Textform im Sinne von § 126 b BGB an (→ § 10 Rn. 10 f.). Falls die Verfahrensordnung eine Regelung zur Form trifft, ist sie nach § 127 BGB verbindlich mit der Folge, dass Erklärungen in einer Form, die die Verfahrensordnung nicht vorsieht, unwirksam sind.

b) Ablehnung und Fehlen der Annahmeerklärung

68 Geht eine Annahmeerklärung ein und lehnt die andere Seite den Vorschlag ab, kommt ein Vergleich nicht zustande, der Antrag auf Abschluss des Vergleichsvertrags erlischt, § 146 BGB. Das gleiche gilt im Prinzip nach §§ 146, 148 BGB, wenn bei Ablauf der Frist eine oder beide Erklärungen fehlen. Zwar hat im Sinne von § 148 BGB nicht der Antragende eine Frist bestimmt, sondern die Stelle, die Regelung ist aber entsprechend anzuwenden. Andererseits ist die Verbraucherschlichtungsstelle bei Fehlen einer oder beider Erklärungen nicht gehindert nachzuhaken; zu den Folgen nicht rechtzeitiger Erklärungen s. → 69 ff..

c) Verspätete Annahmeerklärung

69 Geht eine Annahmeerklärung rechtzeitig bei der Verbraucherschlichtungsstelle, die andere erst nach Ablauf der Frist ein, so stellt die verspätete Erklärung nach § 150 Abs. 1 BGB einen neuen Antrag auf Abschluss eines Vergleichs dar. Ob der Vergleich zustande kommt, hängt dann von der (erneuten) Zustimmung der anderen Seite ab, was die Verbraucherschlichtungsstelle durch Nachfragen klären sollte. Hierzu kann und sollte sie eine erneute (auch kürzere) Frist setzen.

70 Sind beide Annahmeerklärungen verspätet, gilt das Vorstehende entsprechend mit der Maßgabe, dass es zum Zustandekommen des Vergleichs entsprechender Erklärungen (nochmals) beider Parteien bedarf.

71 Die Verfahrensordnung kann hierzu Regelungen enthalte; ob das freilich sinnvoll ist, kann zweifelhaft sein, könnte dies doch zum „Pokern" einladen.

d) Abändernde Annahme, ambivalente Ablehnung

aa) Erweiterungen, Einschränkungen oder sonstige Änderungen

72 Nimmt eine der Parteien den **Einigungsvorschlag mit Erweiterungen, Einschränkungen oder sonstigen Änderungen** an, gilt dies gemäß § 150 Abs. 2 BGB als Ablehnung verbunden mit einem neuen Antrag. Entsprechendes gilt, wenn der Vorschlag abgelehnt und dezidiert ein **neues Angebot** unterbreitet wird. Liegt bei Eingang dieser abweichenden Erklärung die Annahme der anderen Partei bereits vor, übersendet die Verbraucherschlichtungsstelle die abweichende Erklärung der anderen Seite. Ob der Vergleich zustande kommt, hängt auch hier von der Zustimmung der anderen Seite ab, was die Verbraucherschlichtungsstelle durch Nachfragen klären sollte. Hierzu kann und sollte sie eine erneute (auch kürzere) Frist setzen. Handelt es sich bei der abweichenden Erklärung um die erste, gilt in der praktischen Abwicklung seitens der Verbraucherschlichtungsstelle dasselbe. Juristisch handelt es sich freilich um eine leicht andere Konstellation: Die ab-

weichende Erklärung, die als erste eingeht, ist das originäre Angebot zum Abschluss des Vergleichs im Sinne des § 145 BGB, die danach noch eingehende Annahme des ursprünglichen Schlichtungsvorschlags geht juristisch ins Leere; gemäß § 154 BGB kommt ein Vertrag wegen offenen Einigungsmangels nicht zustande. Aber auch hier gilt: Der abweichende Antrag kann von der anderen Seite wirksam angenommen werden.

bb) Regelungen in der Verfahrensordnung

Die Verfahrensordnung kann das Verfahren auch für diese Konstellationen konkretisieren, aber abweichende Erklärungen auch ausschließen. So kann etwa vorgesehen werden, dass gegenüber der Verbraucherschlichtungsstelle nur die Annahme oder die Ablehnung des Schlichtungsvorschlags möglich ist und etwaige Abweichungen ausschließlich direkten Gesprächen der Parteien überlassen bleiben. Juristisch hat dies die Folge, dass die Stelle insoweit nicht Empfangsbevollmächtigter im Sinne von § 164 Abs. 3 BGB ist. Geht ihr in diesem Fall dennoch eine abweichende Erklärung zu und gibt sie die Erklärung (gleichwohl) weiter, wird die Erklärung als (neues) Angebot nach den Regeln des Empfangsboten grundsätzlich bei Zugang[31] bei der anderen Partei wirksam. Die Verfahrensordnung kann aber auch in der Gegenrichtung Abweichungen bis hin zur Aufnahme neuer Verhandlungen unter Verfahrenshoheit des Streitmittlers oder gar den Wechsel zu einem anderen Verfahren, etwa dem der Mediation vorsehen. Dies ist letztlich eine Frage der Geschäfts- bzw. Schlichtungspolitik der Streitschlichtungsstelle. 73

3. Unwirksamkeit und Anfechtbarkeit des Vergleichs

a) Allgemeine Gründe

Nach der allgemeinen Regelung in § 779 BGB ist ein Vergleich dann unwirksam, wenn der 74

„... *als feststehend zugrunde gelegte Sachverhalt der Wirklichkeit nicht entspricht und der Streit oder die Ungewissheit bei Kenntnis der Sachlage nicht entstanden sein würde.*"

Sachverhalt meint mehr als reine Tatsachen, insbesondere auch Rechtsfragen, wobei die Einzelheiten streitig sind.[32] 75

Daneben sind die allgemeinen Grundsätze der Nichtigkeit nach §§ 134, 138 BGB und der Anfechtung nach §§ 119 ff. BGB anwendbar. 76

b) Sonderfall: mögliche Unwirksamkeit bei Verstoß gegen zwingendes Recht

In der rechtswissenschaftlichen Literatur ist umstritten, ob die halbzwingenden[33] Regelungen des Verbraucherschutzes auch im Falle des Vergleiches nach § 779 BGB zu beachten sind. Ein Teil der Literatur geht davon 77

---

31 Genauer: zu dem Zeitpunkt, in dem nach dem regelmäßigen Verlauf der Dinge die Weiterleitung an den Adressaten zu erwarten war; vgl. Palandt/*Ellenberger* BGB § 130 Rn. 9.
32 Vgl. Palandt/*Sprau* BGB § 779 Rn. 15.
33 Zu Ungunsten des Verbrauchers darf nicht abgewichen werden.

aus, dass im Vergleich von den Regelungen insbesondere der §§ 362 Abs. 2, 475 Abs. 1 S. 2, 487 S. 1, 511 S. 1 BGB nicht wirksam abgewichen werden könne, es fehle insoweit an der Verfügungsbefugnis der Parteien.[34] Eine vermittelnde Meinung macht eine Ausnahme für den Fall bestehender ernsthafter Zweifel an der Rechtslage.[35] Im Vordringen ist die Auffassung, die jedenfalls für den Fall des Vergleichs als Ergebnis einer **Schlichtung die Bindung an (halb-)zwingendes Recht ablehnt**.[36]

78 Der zuletzt genannten Auffassung ist zuzustimmen. Es sind schon grundsätzliche Zweifel an der Konsistenz der von der Gegenauffassung gesehenen Rechtslage angezeigt. Wenn der Verbraucher nicht gehindert ist, auf seine Rechte faktisch ganz zu verzichten, indem er sie nicht geltend macht, warum sollte das Recht ihn daran hindern, sie teilweise oder nur modifiziert wahrzunehmen?[37] Oder anders gewendet: Wenn die Rechtsordnung die Durchsetzung des Rechts (wirklich) erzwingen wollte, dürfte sie sich nicht mit der Steuerung über die Wirksamkeit von Vereinbarungen begnügen.

79 Keinesfalls aber kann die Einhaltung zwingenden Rechts *in der Schlichtung nach dem VSBG* verlangt werden. Es ist kein Grund ersichtlich, dem durch die Begründung des Schlichtungsvorschlags **voll informierten Verbraucher** zu verbieten, im Rahmen einer Schlichtung zB nach wirksamem Rücktritt statt der Rückerstattung des Kaufpreises einen (gleichwertigen) Gutschein zu akzeptieren.[38] Die Unwirksamkeit eines solchen Vergleichs mag man nach bilateraler Verhandlung noch mit der strukturellen Überlegenheit des Unternehmens in der Verhandlungssituation begründen können. In der Schlichtung aber spielt dieser Schutzzweck deshalb und solange keine Rolle, wie der Streitmittler seiner Aufgabe gerecht wird, die Rechtslage nachvollziehbar darzustellen. Wenn etwa der vollinformierte Verbraucher den Gutschein mit der Idee akzeptiert, dass das Unternehmen so leichter zum Vergleich zu bewegen ist, also ein schnelles Ergebnis gegen die Aussicht auf womöglich erst noch gerichtlich durchzusetzende Barzahlung eintauscht, wäre es mit dem letztlich in Art. 1 und 2 GG wurzelnden **Autonomieprinzip** schlicht unvereinbar, wenn das Gesetz dieser Einigung die Wirksamkeit versagte mit der Folge, dass der Streitmittler sie gar nicht erst vorschlagen dürfte.

80 Schließlich ist der für die Europäische Rechtsebene entwickelte Gedanke, der **Schlichtungszweck überlagere den Verbraucherschutzzweck**, die ADR-Richtlinie reduziere den Anwendungsanspruch zwingenden Verbraucherrechts,[39] auch auf deutsches Recht übertragbar. Die hiermit angesprochene Bedeutung der Friedensfunktion hat das Bundesverfassungsgericht schon im Jahre 2007 betont. Führe die Schlichtung „zu Lösungen, die so in der Rechtsordnung nicht vorgesehen sind, die von den Betroffenen aber – wie

34 MüKoBGB/*Habersack* § 779 Rn. 11.
35 *Roth* JZ 2013, 637 (642); Palandt/*Sprau* BGB § 779 Rn. 6.
36 *Pelzer* ZKM 2015, 43 (45) mwN; MüKoBGB/*Franzen* § 487 Rn. 4 für diese Vorschrift; *Schmidt-Kessel* in Schmidt-Kessel S. 16 ff. für die Ebene des Europäischen Rechts.
37 *Pelzer* ZKM 2015, 43 (45).
38 Beispiel nach *Pelzer* ZKM 2015, 43 (44).
39 *Schmidt-Kessel* in Schmidt-Kessel S. 17 f.

ihr Konsens zeigt – als gerecht empfunden werden, dann deutet ... dies auf eine befriedende Bewältigung des Konflikts hin. Eine zunächst streitige Problemlage durch eine einverständliche Lösung zu bewältigen, ist auch in einem Rechtsstaat grundsätzlich vorzugswürdig gegenüber einer richterlichen Streitentscheidung."[40] Diesen Ausführungen könnte man allenfalls entgegenhalten, es sei nicht immer der Konsens Beweis für jedenfalls nachhaltige subjektive Gerechtigkeit, weil ja eine Lösung auch Ergebnis einer strukturellen Überlegenheit einer der Parteien sein kann oder zu ihr auch Manipulationen beigetragen haben können. Genau solche Einflüsse aber sind jedenfalls in einer regelkonformen Schlichtung ausgeschlossen. Der pflichtgemäß handelnde Streitmittler erarbeitet neutral und unparteiisch einen Vorschlag, legt die ggf. abweichende Rechtslage dar und schafft so die Grundlage für eine informierte Entscheidung. Das für die Schlichtung nach dem VSBG geltende **Prinzip der informierten Autonomie**[41] lässt also (zumindest) für die VSBG-Schlichtung die Schutzbedürftigkeit des Verbrauchers entfallen.

c) Verfahren

Ein etwaiger Streit über die Unwirksamkeit oder Anfechtbarkeit ist nicht 81
ohne Weiteres als Annex des Schlichtungsverfahrens anzusehen, führt also nur dann zum Wiederaufleben oder zur Fortführung des Schlichtungsverfahrens, wenn die Verfahrensordnung das vorsieht.

X. Haftung

1. Haftung für mangelhafte Schlichtungsvorschläge

Verstößt der Streitmittler gegen die Vorgaben aus Abs. 1, kommt eine Haf- 82
tung der Verbraucherschlichtungsstelle bzw. des Trägervereins (→ § 3) aus dem Streitmittlervertrag iVm §§ 278, 280 BGB in Betracht. Eine persönliche Haftung des Streitmittlers, der ja nicht Vertragspartner ist, kann sich gemäß § 311 Abs. 2 BGB aus Vertrag nur dann ergeben, wenn er in besonderem Maße für sich Vertrauen in Anspruch genommen und damit den Vertragsschluss erheblich beeinflusst hat. Wird der Streitmittler nicht in die Vertragsanbahnung einbezogen, ist dies regelmäßig nicht der Fall.

Aus Deliktsrecht kann sich die persönliche Haftung des Streitmittlers erge- 83
ben, wenn er eine vorsätzliche sittenwidrige Schädigung nach § 826 BGB begeht. Eine Haftung für die Verletzung eines Schutzgesetzes nach § 823 Abs. 2 BGB dürfte hingegen ausscheiden. Zwar schützt § 19 die Parteien; der Grund des Gesetzes, sich in dem Normbefehl an den Streitmittler zu wenden, besteht aber vor allem darin sicherzustellen, dass der Vorschlag durch eine unabhängige und neutrale Person erfolgt und kaum darin, den Parteien neben der Verbraucherschlichtungsstelle einen potenziell weiteren Haftenden zur Verfügung zu stellen.

Grundlage der vertraglichen Haftung der Verbraucherschlichtungsstelle ist 84
Abs. 1 in Verbindung mit der **Verfahrensordnung**, die insbesondere engere

40 BVerfG 14.2.2007 – 1 BvR 1351/0, NJW-RR 2007, 1073.
41 *Niewisch-Lennartz* ZKM 2015, 136 (139).

Vorgaben zu dem für die Entwicklung des Vorschlags anzuwendenden Maßstab vorsehen kann.

85 Zum einen kann der **Vorschlag selbst** gegen diese Maßstäbe verstoßen, etwa weil er entgegen der Verfahrensordnung nicht dem geltenden Recht entspricht. Jedenfalls dann, wenn diese Abweichung aus der Begründung deutlich wird, stellt sich allerdings die Frage der Kausalität. Denn den Parteien steht es ja frei, den Vorschlag anzunehmen oder nicht. In der Regel dürfte es also nicht zur Haftung kommen. Eine Ausnahme freilich gilt für den Fall der Bindung des Unternehmens an den Schlichtungsvorschlag, denn hier hat das Unternehmen keine Möglichkeit, dem objektiv falschen Schlichtungsvorschlag zu entgehen.

86 Haftungsrelevanter sind **Fehler in der Begründung**. Wird die Rechtslage unrichtig dargestellt, liegt eine Ursächlichkeit für die Annahme des Vorschlags zumindest nicht fern, wobei es auf den Einzelfall ankommt. Weniger nahe liegt dies für Fälle unrichtiger Sachverhaltsdarstellung, weil die Parteien zum Sachverhalt in der Regel selbst Zugriff haben, offenbare Fehler aber kaum kausal für die Entscheidung sein dürften. Zu den möglichen Prognoseanteilen der Begründung liegt eine Haftung sehr fern, weil diese notwendig und offenbar mit Unsicherheit verbunden ist.

2. Folgen unterbliebener oder falscher Hinweise nach Abs. 3

87 Hat die Verbraucherschlichtungsstelle ihre Hinweispflichten aus Abs. 3 nicht erfüllt, ändert das nichts an der Wirksamkeit eines nach dem Vorstehenden (→ Rn. 63 ff.) zustande gekommenen Vergleichs. Auch eine Irrtumsanfechtung nach § 119 BGB dürfte kaum in Betracht kommen. Letztlich dürften sämtliche Inhalte, über die die Stelle zu unterrichten hat, Allgemeingut auch unter juristischen Laien sein. Auch ohne Belehrung dürfte kaum jemand ernstlich glauben, die Annahme des Schlichtungsvorschlags sei rechtlich nicht bindend, der Schlichtungsvorschlag stimme zwingend mit dem Ergebnis eines gerichtlichen Verfahrens überein, man dürfe den *Vorschlag* nicht ablehnen oder der Ablehnende sei von der Klage bei staatlichen Gerichten ausgeschlossen. Aus denselben Gründen ist eine Haftung der Verbraucherschlichtungsstelle für unterbliebene Unterrichtung kaum vorstellbar, eher allerdings für fehlerhafte.

3. Haftungsfreistellung in der Verfahrensordnung

88 Eine Regelung in der Verfahrensordnung, die die Verbraucherschlichtungsstelle und/oder den Streitmittler ganz von der Haftung von Fehlern in Zusammenhang mit dem Schlichtungsvorschlag oder auch in anderen Zusammenhängen freistellt, ist schon mit Blick auf § 276 Abs. 3 BGB unwirksam, der den Ausschluss der Haftung für Vorsatz ausschließt. Aber auch ein Haftungsausschluss in der Verfahrensordnung für grobe Fahrlässigkeit wird in aller Regel an § 309 Nr. 7 lit. b BGB scheitern; denn es handelt sich um Allgemeine Geschäftsbedingungen im Sinne von § 305 BGB (→ § 5 Rn. 2). Aber selbst der Haftungsausschluss für leichte Fahrlässigkeit kann als überraschende Klausel gemäß § 305 c Abs. 1 BGB unwirksam sein.

89 Weniger kritisch dürfte eine Haftungserleichterung im Falle der dem Unternehmer auferlegten Lösung sein. Hier liegt ein Vergleich mit der Schiedsge-

richtsbarkeit nach §§ 1025 ff. ZPO nahe, für die nach hM das Spruchrichterprivileg aus § 839 Abs. 2 BGB gilt oder als stillschweigend vereinbart angesehen wird.[42] Der Streitmittler ist gegenüber dem an seinen Vorschlag gebundenen Unternehmen in einer dem Schiedsrichter und dem staatlichen Richter durchaus vergleichbaren Situation, so dass die Verfahrensordnung wirksam eine dem § 839 Abs. 2 BGB vergleichbare Beschränkung vorsehen kann.

XI. Vollstreckbarkeit

Der Vergleichsvertrag, der durch Annahme des Schlichtungsvorschlags zustande kommt, ist **nicht vollstreckbar**. Das gilt auch für Einigungen, die in anderen Verfahren getroffen werden. Auch für die Mediation ist eine Vollstreckbarkeit nicht vorgesehen. Die ADR-Richtlinie spricht die Vollstreckbarkeit in Art. 7 Abs. 1 lit. o zwar an, aber nur im Sinne von Transparenz für den Fall vorliegender Vollstreckbarkeit („gegebenenfalls"). Im deutschen Gesetzgebungsverfahren hat diese Frage keine Rolle gespielt, obwohl dies im Gesamtzusammenhang mit der Schnittstelle zu den von den Landesjustizverwaltungen eingerichteten oder anerkannten Gütestellen nahegelegen hätte. 90

Wenn die Vereinbarung nicht freiwillig erfüllt wird, bleibt nur die Klage vor den staatlichen Gerichten. Hierbei dürfte sich in aller Regel das gerichtliche Mahnverfahren nach §§ 688 ff. ZPO anbieten, ein Verfahren, das der vereinfachten Durchsetzung von Geldforderungen dient. Das Mahnverfahren kann zu einem Vollstreckungsbescheid führen, mit dem der Gläubiger seine Geldforderung vollstrecken kann (§ 794 Abs. 1 Nr. 4 ZPO). Widerspricht der Antragsgegner, kann das Verfahren in das allgemeine Klageverfahren überführt werden, sofern der Antragsteller den Kostenvorschuss einzahlt oder die Überleitung ins streitige Verfahren beantragt; wird der Antragsteller nicht tätig, so ist es dem Antragsgegner möglich, ins streitige Verfahren überzuleiten. Hier wie im Falle einer originären Klage wird sich im Regelfall das Urkundsverfahren nach §§ 592 ff. ZPO anbieten, weil der Anspruch regelmäßig allein durch die Mitteilung des Ergebnisses nach § 21 Abs. 1 nebst erforderlichenfalls der Annahmeerklärungen wird dargelegt und bewiesen werden können. 91

In der Regel wird die Vollstreckbarkeit nicht von praktischer Relevanz sein. Ergebnis der Schlichtung wird fast immer eine Verpflichtung des Unternehmers sein. Es darf angenommen werden, dass dieser, gerade weil er die Lösung akzeptiert hat, freiwillig leistet. Praktisch werden nachfolgende Rechtsstreitigkeiten allerdings für den Fall von Zweifeln über die Auslegung der Einigung vorkommen; insoweit steht dem Streitmittler ein Zeugnisverweigerungsrecht nicht zu (→ § 22 Rn. 10). 92

Insgesamt kann es für Schlichtungsstellen, womöglich auch im Wettbewerb zu anderen Stellen, interessant sein, einen schnellen Weg zur Vollstreckbarkeit verfügbar zu haben. Einen Weg weist § 794 Abs. 1 Nr. 1 ZPO. Vergleiche, die vor einer **von der Landesjustizverwaltung anerkannten Gütestelle** abgeschlossen werden, sind Vollstreckungstitel. Aus diesen Titeln kann 93

42 Vgl. Zöller/*Geimer* ZPO § 1035 Rn. 30.

nach Erteilung der Vollstreckungsklausel (§ 797 ZPO) unmittelbar vollstreckt werden, etwa durch Beauftragung des Gerichtsvollziehers. Bei den Verbraucherschlichtungsstellen handelt es sich zwar weder vom Wortlaut noch von dem in Art. 4 zum Ausdruck kommenden Sinn des Artikel-Gesetzes um „eine(r) on der Landesjustizverwaltung eingerichtete(n) oder anerkannte(n) Gütestelle“ im Sinne von § 794 Abs. 1 Nr. 1 ZPO.[43] Dem Landesrecht ist aber andererseits nicht verwehrt, auch Verbraucherschlichtungsstellen als Gütestellen im Sinne von § 794 Abs. 1 Nr. 1 ZPO anzuerkennen. In den zwölf Bundesländern, die diese Möglichkeit grundsätzlich vorsehen,[44] kommt eine Anerkennung der Verbraucherschlichtungsstelle auch als Gütestelle in diesem Sinne in Betracht. Das VSBG jedenfalls steht nicht entgegen.

94 Anderenfalls bleiben folgende Möglichkeiten:

- Notarieller Vergleich nach § 794 Abs. 1 Nr. 5 ZPO iVm § 797 ZPO,
- Anwaltsvergleich nach § 794 Abs. 1 Nr. 4 b ZPO iVm §§ 796 a, 796 b ZPO.

95 Beide Möglichkeiten sind allerdings mit nicht unerheblichen Kosten verbunden, weshalb auch eine ad hoc-Inanspruchnahme einer im Sinne von § 794 Abs. 1 Nr. 1 ZPO anerkannten Gütestelle oder ein Schiedsspruch nach vereinbartem Wortlaut im schiedsgerichtlichen Verfahren nach § 1053 ZPO erwogen werden mag. Beide Wege sind aber rechtlich zweifelhaft.[45]

§ 20 Verfahrensdauer

(1) [1]Die Verbraucherschlichtungsstelle benachrichtigt die Parteien, sobald sie keine weiteren Unterlagen und Informationen mehr benötigt (Eingang der vollständigen Beschwerdeakte). [2]Der Eingang der vollständigen Beschwerdeakte ist in der Regel anzunehmen, wenn die Parteien nach § 17 Absatz 1 Gelegenheit zur Stellungnahme hatten.

(2) Die Verbraucherschlichtungsstelle übermittelt den Parteien den Schlichtungsvorschlag oder, sofern kein Schlichtungsvorschlag zu unterbreiten ist, den Inhalt der Einigung über die Beilegung der Streitigkeit oder den Hinweis auf die Nichteinigung innerhalb von 90 Tagen nach Eingang der vollständigen Beschwerdeakte.

(3) [1]Die Verbraucherschlichtungsstelle kann die Frist von 90 Tagen bei besonders schwierigen Streitigkeiten oder mit Zustimmung der Parteien verlängern. [2]Sie unterrichtet die Parteien über die Verlängerung der Frist.

---

43 AA wohl *Prütting* in Schmidt-Kessel S. 157, 166; er hält freilich gegenüber dem Referentenentwurf eine ausdrückliche Regelung in § 794 ZPO für wünschenswert – sie unterblieb indessen.

44 Bayern, Brandenburg, Hamburg (Öffentliche Rechtsauskunft- und Vergleichsstelle – ÖRA), Hessen, Mecklenburg-Vorpommern, Niedersachsen, Nordrhein-Westfalen, Rheinland-Pfalz, Saarland, Sachsen, Sachsen-Anhalt, Schleswig-Holstein; Überblick bei *Greger* NJW 2011, 1478 ff. (inzwischen ist die Regelung in Baden-Württemberg wieder abgeschafft).

45 Vgl. *Röthemeyer*, Mediation, Rn. 310 f.

I. Einleitung

1 Nach Art. 8 lit. e der ADR-Richtlinie ist innerhalb von 90 Kalendertagen das Ergebnis des Verbraucherstreitbeilegungsverfahrens seitens des Streitmittlers festzustellen. Anknüpfungspunkt für die „90-Tage-Frist" ist der Eingang der vollständigen Beschwerdeakte. Wird das Streitbeilegungsverfahren als Schlichtungsverfahren durchgeführt, endet es regelmäßig mit einem Ergebnis des Streitmittlers, dem Schlichtungsvorschlag.[1] Wird das Streitbeilegungsverfahren in Form der Mediation geführt, wird das Ergebnis entweder die Abschlussvereinbarung oder aber die Mitteilung sein, dass eine Einigung nicht möglich ist (→ § 21).[2] Im Hinblick auf das nach § 17 den Parteien zu gewährende rechtliche Gehör kann eine Beschwerdeakte nur dann vollständig sein, wenn die Parteien jeweils die Möglichkeit hatten, zu den wechselseitigen Schriftsätzen (samt Anlagen) Stellung zu nehmen.[3]

2 Das Gesetz sanktioniert die Überschreitung des 90-Tages-Zeitraums nicht.

II. Vollständige Beschwerdeakte, Abs. 1

3 Nachdem die Verbraucherschlichtungsstelle die Vollständigkeit der Beschwerdeakte festgestellt hat, informiert sie hierüber die Parteien. Abs. 1 S. 1 setzt Art. 8 lit. d der ADR-Richtlinie um. Den Richtlinienvorgaben folgend werden die Parteien darüber informiert, dass aus Sicht des Streitmittlers das Verfahren einem Ergebnis zugeführt werden kann und dass es weder weiteren Vortrages, noch der Übermittlung weiterer Unterlagen bedarf. Die Beurteilung der Vollständigkeit der Beschwerdeakte obliegt der Verbraucherschlichtungsstelle. Das Gesetz geht von der Vollständigkeit der Beschwerdeakte aus, wenn den Parteien rechtliches Gehör im Sinne des § 17 Abs. 1 gewährt wurde, Abs. 1 S. 2. Hierbei handelt es sich um eine gesetzliche Vermutung, von welcher abgewichen werden kann.

4 Das Streitbeilegungsverfahren lässt sich in zwei Abschnitte unterteilen. Der erste Abschnitt beginnt mit Eingang des verfahrenseinleitenden Antrages bei der Verbraucherschlichtungsstelle und endet mit der Feststellung, dass die Beschwerdeakte vollständig ist. Der zweite Abschnitt beginnt mit der Feststellung der Vollständigkeit der Beschwerdeakte und endet mit dem Ergebnis des Verbraucherstreitbeilegungsverfahrens; dies kann ein zusprechender, negierende oder vermittelnder Schlichtungsvorschlag oder – im Falle der Durchführung des Verfahrens in Form der Mediation – eine Abschlussvereinbarung oder aber die Mitteilung des Scheiterns der Mediation sein.[4] Der erste Abschnitt könnte auch als Vorverfahren oder Vorprüfungsverfah-

1 BR-Drs. 258/15, 77.
2 BR-Drs. 258/15, 77.
3 BR-Drs. 258/15, 77.
4 BR-Drs. 258/15, 77.

ren – ähnlich der Struktur von Ombudsmannverfahren – bezeichnet werden. Eine etwaige mündliche Erörterung nach § 17 Abs. 2 erfolgt in diesem Verfahrensstadium, wenn die dahin gehenden Voraussetzungen vorliegen (→ § 17 Abs. 2) und bevor im zweiten Abschnitt das Verfahren einem Ergebnis zugeführt wird. Im zweiten und letzten Abschnitt wertet der Streitmittler die ausgetauschten Argumente aus und wird auf dieser Grundlage seinen Vorschlag erstellen und den Parteien unterbreiten.

5 Nicht geregelt ist, ob, nachdem die Parteien über die Vollständigkeit der Beschwerdeakte eine Mitteilung erhalten haben, ein Eintritt in das „Vorprüfungsverfahren" möglich ist. Stellt der Streitmittler nach Beginn der 90-Tage-Frist fest, dass die Parteien zu einem wesentlichen Punkt nicht vorgetragen haben, so ist es fraglich, ob weitere Ermittlungen seitens des Streitmittlers geboten sind. Das Verbraucherstreitbeilegungsverfahren ist auf eine zügige Beilegung des Parteienstreits angelegt, was gegen einen nochmaligen Eintritt in das Vorprüfungsverfahren sprechen könnte. Das Gesetz überlässt den Beteiligten aber die Ausgestaltung des Verfahrens, was für einen erneuten Eintritt in das Vorprüfungsverfahren spricht. Zudem fehlen Präklusionsregelungen, die die Beachtung eines Vortrages nach der Feststellung der vermeintlichen Vollständigkeit der Beschwerdeakte verbieten. Auch das Ziel des Verfahrens, die Beilegung der Streitigkeit zwischen den Parteien, deutet eher darauf hin, dass ein nochmaliger Eintritt in das Vorprüfungsverfahren zumindest dann möglich ist, wenn die Beteiligten sich dahin gehend verständigen. Fehlt ein dahin gehendes Einverständnis einer Partei, ist es ihr jederzeit möglich, der weiteren Durchführung des Verfahrens zu widersprechen (→ § 15).

6 Fragen, die sich für den Streitmittler im Rahmen des 90-Tage-Zeitraums ergeben, kann er den Parteien zu Beantwortung weiterleiten. Eines Eintritts in das Vorprüfungsverfahrens bedarf es dann nicht, wenn die Beantwortung dieser ohne umfangreichen neuen Sachvortrag vorzutragen möglich ist. Die 90-Tages-Frist kann zwar verlängert werden (→ Rn. 8), da dieser Zeitraum der Vorschlagsfindung des Streitmittlers dient, sollte im Falle weiterer Sachverhaltsfragen eher wieder in das Vorprüfungsverfahren eingetreten und den Parteien dies mitgeteilt werden.

III. Vorschlag der Verbraucherstreitbeilegungsstelle, Abs. 2

7 Die Parteien werden von der Verbraucherschlichtungsstelle über den Ausgang des Verfahrens informiert. Wird das Verbraucherstreitbeilegungsverfahren als Schlichtungsverfahren durchgeführt, wird den Parteien ein Schlichtungsvorschlag, der den Zuspruch, die Ablehnung des Anspruchs oder aber eine vermittelnde Lösung, unterbreitet. Wird das Verfahren als Mediationsverfahren durchgeführt, übermittelt die Verbraucherschlichtungsstelle entweder eine sogenannte Abschlussvereinbarung oder sie stellt die fehlende Einigung fest und wird diese den Parteien mitteilen.

IV. Verlängerung der Vorschlagsphase, Abs. 3

8 Während Art. 8 lit. e der ADR-Richtlinie eine Verlängerung des Entscheidungszeitraums von 90 Tagen im Falle hochkomplexer Streitigkeiten allein in das Ermessen der AS-Stelle stellt, kann nach der nationalen Umsetzungs-

vorschrift die Verbraucherschlichtungsstelle nach eigenem Ermessen die Frist verlängern oder die Zustimmung der Parteien einholen. Der Verbraucherschlichtungsstelle ist die Verlängerung des 90-Tages-Zeitraums nur bei besonders schwierigen Streitigkeiten möglich. Weder die Richtlinie noch das nationale Umsetzungsgesetz und die Begründung zeigen auf, wann eine Streitigkeit besonders schwierig ist. Eine besondere Schwierigkeit kann sich nicht nur aus der Sache selbst, sondern auch aus dem Umfang der Streitigkeit ergeben, weshalb ein rechtlich einfach gelagerter Fall aufgrund des Umfangs zu einer besonders schwierigen Streitigkeit werden kann. Die Annahme einer besonders schwierigen Streitigkeit erfolgt durch die Verbraucherschlichtungsstelle bzw. durch den Streitmittler und ist nicht überprüfbar. Eine dahin gehende Fehleinschätzung seitens der Verbraucherschlichtungsstelle oder des Streitmittlers wird nicht sanktioniert.

Stimmt eine Partei oder stimmen sogar beide Parteien der Verlängerung 9
nicht zu, ist es der Verbraucherstreitbeilegungsstelle bzw. dem Streitmittler dennoch möglich, den Zeitraum zu verlängern, die dahin gehende Entscheidung der Stelle bzw. des Streitmittlers bedarf gerade nicht der Zustimmung der Parteien.

Mit Zustimmung der Parteien kann die Verbraucherschlichtungsstelle bzw. 10
der Streitmittler den 90-Tages-Zeitraum ebenfalls verlängern. Denkbar ist, dass die Parteien ein Ereignis oÄ abwarten und aus diesem Grunde das Verfahren offen halten wollen. Mit dieser Vorgehensweise müssen alle Beteiligten einverstanden sein, somit auch der Streitmittler.

Bedarf die Entscheidung der Verbraucherschlichtungsstelle zur Annahme 11
der Zustimmung der Parteien, muss die den Parteien einzuräumende Bedenkzeit in den 90-Tages-Zeitraum nicht einbezogen werden.[5] Die Verbraucherschlichtungsstelle sollte den Parteien eine Frist zur Annahme setzen; diese könnte in Anlehnung an die Berufungsfrist einen Monat oder aber auch in Anlehnung an die von den Ombudsstellen eingeräumte Annahmefrist 6 Wochen betragen.

V. Form der Mitteilung

Die Mitteilungen der Verbraucherschlichtungsstelle bzw. des Streitmittlers 12
bedürfen, mit Ausnahme der Mitteilung des Ergebnisses des Schlichtungsverfahrens (diese bedarf der Textform), keiner Form, so dass die Mitteilungen beispielsweise auch telefonisch erfolgen könnten. Die nach dieser Vorschrift notwendigen Mitteilungen sollten dennoch in Textform den Parteien mitgeteilt werden, da dies dem eher rein schriftlich ausgelegten Verfahren entspricht.

§ 21 Abschluss des Verfahrens

(1) [1]Die Verbraucherschlichtungsstelle übermittelt den Parteien das Ergebnis des Streitbeilegungsverfahrens in Textform mit den erforderlichen Er-

5 BR-Drs. 258/15, 77.

läuterungen. [2]Mit dieser Mitteilung ist das Streitbeilegungsverfahren beendet.

(2) Kommt es nicht zu einer Einigung, ist die Mitteilung nach Absatz 1 als Bescheinigung über einen erfolglosen Einigungsversuch nach § 15 a Absatz 3 Satz 3 des Gesetzes betreffend die Einführung der Zivilprozessordnung in der im Bundesgesetzblatt Teil III, Gliederungsnummer 310-2, veröffentlichten bereinigten Fassung, das zuletzt durch Artikel 3 des Gesetzes vom 5. Dezember 2014 (BGBl. I S. 1962) geändert worden ist, in der jeweils geltenden Fassung zu bezeichnen.

I. Einleitung

1 Die Vorschrift setzt Art. 9 Abs. 1 lit. c der ADR-Richtlinie um. Mit dem Inkrafttreten dieses Gesetzes wird auch § 15 a Abs. 3 S. 2 EGZPO geändert (→ Art. 4). Die Verbraucherschlichtungsstellen werden vom Bundesamt der Justiz anerkannt (→ § 24), so dass die Verbraucherschlichtungsstellen keine „*von der Landesjustizverwaltung eingerichteten oder anerkannten Gütestellen*" sind, sondern sonstige Gütestellen im Sinne des § 15 a Abs. 2 S. 1 EGZPO.[1]

II. Beendigung des Verbraucherstreitbeilegungsverfahrens, Abs. 1

2 Den Parteien ist das Ergebnis des Verbraucherstreitbeilegungsverfahrens in Textform mitzuteilen. Während der Inhalt der Mitteilung von den Parteien abhängt, bedingt das gewählte Verfahren die Ausgestaltung der Mitteilung. Unabhängig von dem Inhalt und der Ausgestaltung der Mitteilung, wird mit dieser die Beendigung des Verfahrens mitgeteilt.

3 Wurde das Verfahren bspw. als Mediationsverfahren geführt, ist den Parteien entweder eine Abschlussvereinbarung iSd § 2 Abs. 6 S. 3 MediationsG zu überlassen oder ihnen ist mitzuteilen, dass eine Einigung nicht möglich war.

4 Bei einem Verbraucherstreitbeilegungsverfahren in Form der Schlichtung, wird die Verbraucherschlichtungsstelle am Ende mitteilen, ob der unterbreitete Schlichtungsvorschlag von den Parteien angenommen wurde. Die dem Schlichtungsvorschlag zugrunde liegenden Gründe und Erwägungen sind den Parteien nicht nochmals mitzuteilen, da der Vorschlag diese bereits enthalten muss. Nimmt eine Partei den Schlichtungsvorschlag nicht an – und ist auch sonst nicht an die Entscheidung gebunden (→ § 15 Rn. 8), ist das Scheitern der alternativen Streitbeilegung mitzuteilen.

5 Wird der von dem Streitmittler/der Verbraucherschlichtungsstelle unterbreitete Vorschlag nicht angenommen, mit der Ablehnung des Angebotes aber bspw. ein Vergleichsvorschlag unterbreitet, ist fraglich, ob die sich sodann möglicherweise anschließenden Vergleichsverhandlungen dem Verbraucherstreitbeilegungsverfahren zuzurechnen sind. Mit der Ablehnung bringt die Partei zum Ausdruck, dass sie dem Vorschlag des Streitmittlers nicht folgen wird. Es liegt nunmehr an allen Verfahrensbeteiligten, ob diese Vergleichsverhandlungen noch dem Streitbeilegungsverfahren zugerechnet

1 BR-Drs. 258/15, 97.

werden oder nicht. Die Verbraucherschlichtungsstelle bzw. der Streitmittler sollte sogleich klarstellen, ob die möglichen Vergleichsverhandlungen noch als Teil des Verfahrens angesehen werden. Die Verbraucherschlichtungsstelle bzw. der Streitmittler ist nicht verpflichtet, diese Vergleichsverhandlungen als Teil des Verfahrens anzusehen, da ihre Tätigkeit eigentlich mit der Unterbreitung des Vorschlages endete und die Mitteilung des Ergebnisses des Verfahrens eine Annexverpflichtung darstellt. Für den Streitmittler und die Verbraucherschlichtungsstelle ist, damit sie ihrer Verpflichtung aus dieser Vorschrift nachkommen kann, entscheidend, ob sie solche nachgelagerten Vergleichsverhandlungen als Teil des Verfahrens ansehen. Denn nur so ist für die Beteiligten erkennbar, wann das Verfahren endet. Den Parteien bleibt es – unabhängig von der Entscheidung der Verbraucherschlichtungsstelle – unbenommen, nach Abschluss des Verfahrens Vergleichsverhandlungen zu führen.

Wurde der Schlichtungsvorschlag von den Parteien akzeptiert, sind ihnen mit dieser Mitteilung die Rechtsfolgen mitzuteilen.[2] 6

Mit der Mitteilung des Ergebnisses ist das Verfahren beendet und mit ihm auch die Hemmungswirkung nach § 204 Abs. 1 Nr. 4 BGB. Die Streitfrage,[3] ab wann die Anschlusshemmung des § 204 Abs. 2 BGB zu laufen beginnt, hat der BGH dahin gehend entscheiden, dass auf die Veranlassung der Bekanntgabe durch die Gütestelle an den Gläubiger abzustellen ist.[4] 7

III. Scheitern des Verfahrens Abs. 2

Einigen sich die Parteien vor der Verbraucherstreitbeilegungsstelle nicht, ist dies dem Scheitern eines Güteversuchs vor einer durch die Landesjustizverwaltung eingerichteten oder anerkannten Gütestelle iSd § 15 a Abs. 1 EGZPO gleichbedeutend.[5] Die Mitteilung des Scheiterns des Verbraucherstreitbeilegungsverfahrens, eine sog Erfolglosigkeitsbescheinigung, nach Abs. 1 muss der Mitteilung des § 15 a Abs. 3 S. 2 EGZPO (in der jeweils gültigen Form) entsprechen und als solche bezeichnet werden. 8

Mit Blick auf die Gesetzesbegründung zu Art. 4 des Umsetzungsgesetzes bedarf es für die Ausstellung einer Erfolglosigkeitsbescheinigung der Durchführung des Verbraucherstreitbeilegungsverfahrens sowie einer fehlenden Einigung der Parteien.[6] Während Letzteres regelmäßig ohne größere Probleme feststellbar ist, ist fraglich, ab wann eine Durchführung des Verfahrens anzunehmen ist. Die bloße Stellung eines verfahrenseinleitenden Antrages soll danach nicht genügen, was mit Blick auf die Ablehnungsgründe des § 14 Abs. 1,. 2 sowie des § 30 konsistent ist. Die Nichtteilnahmeerklärung des Antragsgegners wird jedoch für die Annahme der Durchführung des Verfahrens genügen müssen, da die Teilnahme grundsätzlich freiwillig ist und mit der Nichtteilnahmeerklärung zugleich feststeht, dass 9

2 BR-Drs. 258/15, 78.
3 Vgl. hierzu BGH NJW 2016, 236 = WM 2015, 2288 = ZIP 2016, 270 = ZKM 2016, 31.
4 BGH NJW 2016, 236 = WM 2015, 2288 = ZIP 2016, 270 = ZKM 2016, 31.
5 BR-Drs. 258/15, 78.
6 BR-Drs. 258/15, 97.

eine alternative Streitbeilegung nicht möglich und das Verfahren mithin gescheitert ist.

§ 22 Verschwiegenheit

[1]Der Streitmittler und die weiteren in die Durchführung des Streitbeilegungsverfahrens eingebundenen Personen sind zur Verschwiegenheit verpflichtet, soweit durch Rechtsvorschrift nichts anderes geregelt ist. [2]Die Pflicht bezieht sich auf alles, was ihnen in Ausübung ihrer Tätigkeit bekannt geworden ist. [3]§ 4 Satz 3 des Mediationsgesetzes gilt entsprechend.

I. Einführung

1 Die **Vertraulichkeit** steht in einem gewissen **Spannungsverhältnis zur Rechtsfortbildung.** Je geheimer das Verfahren, desto schwieriger ist die Verbreitung allgemeingültiger Erkenntnisse, die wiederum Grundlage für den wissenschaftlichen Diskurs ist. Allerdings kann das Problem teilweise durch Veröffentlichung strikt anonymisierter Fallschilderungen gelöst werden, die freilich im Einzelfall sehr aufwendig sein kann.

2 Die Vertraulichkeit des Verfahrens kann bewirken, dass die Parteien sich rückhaltloser öffnen als dies unter öffentlicher Beobachtung der Fall wäre. In einem öffentlichen Verfahren mag es Unternehmen schwerer fallen, Fehler einzugestehen, weil die damit verbundene Aufmerksamkeit zu einer Vielzahl weiterer Fälle führen kann. Hiervon kann der Verbraucher im Rahmen seines individuellen Falles profitieren, die Verbrauchergemeinschaft könnte aber das Nachsehen haben. Ein direktes Interesse des Verbrauchers an der Geheimhaltung ist hingegen kaum ersichtlich. Eher selten wird die Situation auftreten, dass es ihm sinnvoll erscheint, Tatsachen zu offenbaren, die er in einem gerichtlichen Verfahren eher verschweigen würde. Sollte dies allerdings in dem Sinne der Fall sein, dass frei von prozesstaktischen Bewegungen vorgetragen und gehandelt wird, könnten dies die Einigungschance erhöhen. Dieser Spielraum für Einigungsaktivitäten setzt allerdings voraus, dass die Einbringung solcher Umstände in das Gerichtsverfahren und über dieses möglicherweise in die Öffentlichkeit ausgeschlossen ist.

Die ADR-Richtlinie enthält keine Vorgaben und überlässt es in Art. 17 Abs. 4 ganz den Mitgliedstaaten, ob und inwieweit sie Regelungen treffen. Das steht in einem gewissen Widerspruch zu der in Erwägungsgrund 29 ausgedrückten Vorstellung, dass „Vertraulichkeit und Privatsphäre … während des AS-Verfahrens jederzeit gewährleistet sein" sollten. Die Mitgliedstaaten sollten zum Schutz der Vertraulichkeit der ADR-Verfahren in nachfolgenden zivil- und handelsrechtlichen Gerichts- oder Schiedsverfahren angeregt werden. 3

Das VSBG geht über die Vorgaben der ADR-Richtlinie hinaus, bleibt aber hinter den Vorstellungen in deren Begründung zurück. Das VSBG folgt konzeptionell und im Wortlaut § 4 MediationsG. Beide Gesetze begründen allerdings nur Pflichten des Streithelfers, nicht auch solche für die Parteien. Diese können freilich darüber hinausgehende Regelungen schaffen (→ Rn. 20). 4

II. Verschwiegenheitspflicht

Das Gesetz verpflichtet den Streitmittler und die von ihm eingebundenen Personen zur Verschwiegenheit und regelt gewisse Ausnahmen. 5

1. Personenkreis (Satz 1)

Neben dem **Streitmittler** sind die zur Durchführung **eingebundenen Personen** zur Verschwiegenheit verpflichtet. Damit sind nur jene Person gemeint, die vom Streitmittler hinzugezogen werden, also Assistenten oder Schreibkräfte. Erfasst sind hingegen nicht Dritte, die von den Parteien hinzugezogen werden wie zum Beispiel Prozessbevollmächtigte, sonstige Unterstützer, Sachverständige oder Zeugen. Diese enge Auslegung ergibt sich aus der Begründung des Regierungsentwurfs zum MediationsG,[1] die mit Blick auf die im Kern wortgleiche Fassung der Gesetze und mangels Anhaltspunkte für Unterschiede herangezogen werden kann. 6

2. Umfang (Satz 2)

Die Verschwiegenheit ist eine **umfassende**. Es kommt nicht darauf an, dass die Parteien auf die Geheimhaltung Wert legen oder es sich aus anderen Gründen um ein Geheimnis handelt. Betroffen ist nicht nur der Kern des eigentlichen Verfahrens, sondern auch das Umfeld einschließlich der Anbahnung; somit ist auch der Inhalt etwa des Telefongesprächs, mit dem der Verbraucher Kontakt zu der Verbraucherschlichtungsstelle aufnimmt, geschützt. Eine gewisse Einschränkung ergibt sich aus dem vom Gesetz geforderten Bezug zur „Ausübung ihrer Tätigkeit". Damit sind zwar einerseits auch tätigkeitsgebundene Zufallserkenntnisse wie etwa ein in einer Pause der mündlichen Erörterung zufällig mitgehörtes Gespräch der Parteien über den Streit erfasst,[2] nicht aber Umstände, die nur gelegentlich[3] der Streitmittelung aufgenommen werden wie zum Beispiel ein Gespräch über neutrale Umstände. 7

1 BT-Drs. 17/5335, 17.
2 Vgl. Klowait/Gläßer/*Goltermann* § 4 Rn. 36.
3 Vgl. Greger/Unberath/*Greger* § 4 Rn. 10.

III. Ausnahmen (Satz 1, Satz 3)

8 Auch die Ausnahmen von der Verschwiegenheitspflicht sind wie in § 4 MediationsG konstruiert.

1. Andere Rechtsvorschriften (Satz 1)

9 Satz 1 enthält den Vorbehalt einer anderweitigen Regelung in einer Rechtsvorschrift. In der Begründung zum MediationsG, das in § 4 Abs. 1 die Ausnahme einer anderweitigen „gesetzlichen" Regelung enthält, war zur Begründung dieses Vorbehalts Bezug genommen auf Anzeigepflichten von Amtsträgern etwa nach § 116 der Abgabenordnung (AO) oder nach § 6 des Gesetzes gegen missbräuchliche Inanspruchnahme von Subventionen (SubvG).[4] Im Rahmen des VSBG ist dies nur für die behördliche Verbraucherschlichtung nach § 28 relevant. Alle Streitmittler treffen allerdings die Anzeigepflichten etwa aus § 138 StGB, der die Nichtanzeige schwerwiegender Straftaten wie Hochverrat oder Mord unter Strafe stellt.[5] Gedacht sein mag im Kontext des VSBG auch an § 34, der Berichts- und Auskunftspflichten der verworrenen Schlichtungsstelle begründet. Der Evaluierungsbericht nach § 34 Abs. 2, der sich auch über auffällige Geschäftspraktiken verhalten soll, setzt notwendig den Zugriff auf Erkenntnisse aus den einzelnen Verfahren voraus, auch wenn er sie nur in anonymisierter Form wiedergibt. In diesem Zusammenhang muss wohl auch gesehen werden, dass Satz 1 anders als § 4 Abs. 1 MediationsG sich nicht auf gesetzliche Offenbarungspflichten beschränkt, sondern eine anderweitige Regelung in einer „Rechtsvorschrift" genügen lässt. Damit ist klargestellt, dass auch die Konkretisierungen in der nach § 42 Abs. 1 Nr. 4 möglichen Verordnung Einschränkungen der Verschwiegenheitspflicht enthalten können.

2. Umsetzung der Vereinbarung (Satz 3)

10 Nach § 4 Abs. 3 Nr. 1 MediationsG gilt die Verschwiegenheitspflicht nicht, soweit

> *„die Offenlegung des Inhalts der im Mediationsverfahren erzielten Vereinbarung zur Umsetzung oder Vollstreckung dieser Vereinbarung erforderlich ist".*

11 Wegen der uneingeschränkten Bezugnahme gilt diese Ausnahme für alle Vereinbarungen im Rahmen der VSBG-ADR, unabhängig davon, in welchem Verfahren sie zustande gekommen ist. Da das Ergebnis des Verfahrens unabhängig von der angewendeten Verfahrensart den Parteien nach § 21 in Textform mitzuteilen ist, dürfte ein Streit über den Inhalt einer Vereinbarung eher selten sein. Dies gilt im Besonderen für die Einigung als Ergebnis eines Schlichtungsvorschlags, die durch die von § 19 Abs. 2 vorgegebene textliche Übermittlung bereits des Vorschlags in aller Regel hinreichend von allen Seiten geprüft sein sollte. Wenn die Vereinbarung allerdings im Rahmen einer mündlichen Erörterung nach § 17 Abs. 2, insbesondere in einer Mediationssitzung zustande kommt, kann es an einem schrift-

4 BT-Drs. 17/5335, 17.
5 Weitere Beispiele gesetzlicher Offenbarungspflichten bei Klowait/Gläßer/*Goltermann* § 4 Rn. 36.

lichen Text oder jedenfalls an einer sorgfältigen Prüfung fehlen. Zur Klärung kann der Streitmittler aber auch bei Vorliegen einer Urkunde dann beitragen, wenn es um die Auslegung textlicher Formulierungen oder etwa um textlich nicht festgehaltene Nebenabreden geht.

3. Ordre public (Satz 3)

§ 4 Abs. 3 Nr. 2 MediationsG lässt die Verschwiegenheitspflicht dann nicht eingreifen, soweit 12

„die Offenbarung aus vorrangigen Gründen der öffentlichen Ordnung (ordre public) geboten ist, insbesondere um eine Gefährdung des Wohles eines Kindes oder eine schwerwiegende Beeinträchtigung der physischen oder psychischen Integrität einer Person abzuwenden“.

Der zentrale Begriff der öffentlichen Ordnung ist schwer zu fassen, weshalb für eine enge Auslegung plädiert wird.[6] Die Beispiele, die das Mediationsgesetz aufzählt, zeigen, dass Fälle im Kontext der VSBG-ADR kaum denkbar sind. Zwar mögen auch Kinder als Verbraucher beteiligt sein, eine Gefährdung, wie sie etwa bei familienrechtlichen Auseinandersetzungen vorkommt, scheint wenig realitätsnah. Entsprechendes gilt für das weitere Beispiel. Insgesamt scheint diese Ausnahme im Bereich des VSBG nicht praxisrelevant. 13

4. Fehlende Geheimhaltungsbedürftigkeit (Satz 3)

Schließlich stellt das vom VSBG in Bezug genommene Mediationsgesetz von der Verschwiegenheitspflicht frei, soweit 14

„es sich um Tatsachen handelt, die offenkundig sind oder ihrer Bedeutung nach keiner Geheimhaltung bedürfen“.

Offenkundig sind Tatsachen dann, wenn sie unabhängig von den besonderen Beziehungen[7] in der Öffentlichkeit bereits bekannt sind, sei es durch Offenbarung seitens der Betroffenen, sei es durch allgemein zugängliche Medien.[8] Wann etwas bedeutungslos und damit nicht schützenswert ist, ist eine Frage des Einzelfalls; bei der Frage, ob es sich um eine Bagatelltatsache handelt, ist auf die Sicht der Parteien abzustellen und im Zweifel sollten sollte Verschwiegenheit gewahrt werden.[9] 15

IV. Verschwiegenheitspflicht im Gerichtsverfahren – Zeugnisverweigerungsrecht

Die Verschwiegenheitspflicht stellt ein gesetzliche Vorschrift zur Geheimhaltung im Sinne von § 383 Abs. 1 Nr. 6 ZPO dar, so dass dem Streitmittler ein **Zeugnisverweigerungsrecht** im Zivilprozess zusteht. Dies gilt allerdings enger als in § 22 formuliert nur für Tatsachen, die dem Streitmittler kraft seines Amtes oder Gewerbes **anvertraut** sind. Das setzt allerdings nicht die Deklarierung als vertraulich voraus, es genügt der Bezug zu der 16

6 Fritz/Pielsticker/*Fritz* § 4 Rn. 32 Fn. 35 mwN.
7 Vgl. Greger/Unberath/*Greger* § 4 Rn. 18 mwN.
8 Fritz/Pielsticker/*Fritz* § 4 Rn. 41.
9 Klowait/Gläßer/*Goltermann* § 4 Rn. 33 mwN.

besonderen Vertrauensstellung[10] – hier also zu der als Streitmittler. Das Zeugnisverweigerungsrecht im Zivilprozess gilt nach Maßgabe entsprechender Verweisungen auch für das verwaltungs-, das sozial-, das arbeitsgerichtliche Verfahren, nicht aber für den Strafprozess und das finanzgerichtliche Verfahren. Das Recht zur Zeugnisverweigerung stellt wegen der Regelung in § 22 eine Pflicht des Streitmittlers dar.

V. Entbindung von der Schweigepflicht

17 Als Ausfluss der allgemeinen Dispositionsbefugnis können die Parteien den Streitmittler **einvernehmlich von der Schweigepflicht entbinden.**[11] Prinzipiell ist dies auch schon zu Beginn der Verbraucher-ADR möglich. Es ist aber nicht geboten und auch nicht anzuraten, dies zu Beginn oder gar in der Verfahrensordnung aktiv zu erörtern. Ein Anlass kann sich ergeben, wenn die Parteien etwa mit Blick auf Dritte ein gemeinsames Interesse haben festzuhalten, dass und wie bestimmte Fragen erörtert worden sind, was im Rahmen einer Mediation eher vorkommen wird als bei anderen Verfahren.

18 Wenn die Parteien den Streitmittler übereinstimmend entbinden, entfällt gemäß § 385 Abs. 2 ZPO auch das Zeugnisverweigerungsrecht. Dies kann der Streitmittler jedenfalls durch einseitige Erklärung nicht verhindern.[12]

VI. Schutzlücken und Verschwiegenheitsabreden

1. Keine Verschwiegenheitspflicht der Parteien und Dritter

19 Die Verschwiegenheitspflicht trifft weder die Partei noch Dritte wie Rechtsanwälte. Nach gescheiterter VSBG-ADR sind die Parteien nicht gehindert, die erörterten Tatsachen zum Gegenstand eines Gerichtsverfahrens zu machen und durch Zeugnis des Rechtsanwalts, eines etwaigen Sachverständigen oder anderer Dritter unter Beweis zu stellen. Auch können ohne Weiteres Urkunden, die in der ADR vorgelegt wurden, auch für das Gerichtsverfahren nutzbar gemacht werden. Für den (Standard-)Fall einer schriftlichen Verbraucher-ADR liegen sämtliche Erklärungen und damit die erörterten Tatsachen ohnehin in Schriftstücken vor und sind wegen des vom Streitmittler zu beachtenden Grundsatzes rechtlichen Gehörs (§ 17) beiden Seiten voll zugänglich. Demgegenüber ist für die Mediation anerkannt, dass die Möglichkeit, in einem vertraulichen Rahmen zu agieren, für die Qualität und die Erfolgsaussicht der Mediation von großer Bedeutung sein kann. Die Gefahr der Verwertung von in der Mediation offenbarten Umständen könne die Parteien von Zugeständnissen oder Eingehen auf Interventionsversuche des Mediators von vornherein abhalten.[13] Entsprechend meint der Gesetzgeber des VSBG, ohne die den Streitmittler treffende „Verschwiegenheitspflicht würden sich die Parteien häufig gar nicht auf ein alternatives Konfliktlösungsverfahren einlassen".[14] Angesichts des in § 17 angelegten Prinzips der vollen Zugänglichkeit aller relevanten Daten

10 Fritz/Pielsticker/*Fritz* § 4 Rn. 9 mwN.
11 So auch Begründung des Regierungsentwurfs BR-Drs. 258/15, 78.
12 Vgl. *Röthemeyer*, Mediation, Rn. 274.
13 *Wagner* ZKM 2012, 110 (111).
14 Begründung des Regierungsentwurfs BR-Drs. 258/15, 78.

folgte aus dieser Einschätzung, wäre sie zutreffend, eine erhebliche Gefahr für die Inanspruchnahme der VSBG-ADR.

2. Verschwiegenheitsabrede

Dieser Gefahr ließe sich durch eine **Verschwiegenheitsabrede** dahin vorbeugen, dass die Parteien über das Verfahren, insbesondere zu den Themen und Gesprächsinhalten, umfassend Verschwiegenheit zu wahren haben und in einem Schieds- oder Gerichtsverfahren nicht vorgetragen oder anderweitig eingebracht werden dürfen. Eine solche Vereinbarung kann aber dazu führen, dass ein späterer Prozess faktisch ausgeschlossen wird. Im Zusammenhang mit Mediationsverfahren wird die mögliche Taktik diskutiert, ungünstige Tatsachen gezielt in die Mediation einzubringen, um sie gleichsam zu tabuisieren. Ferner kann es auch gesetzliche Offenbarungspflichten geben, etwa aus dem Steuerrecht. Schließlich kann eine Verschwiegenheitsabrede zu ungewollten Behinderungen führen, etwa schon das Gespräch im Familien- und Bekanntenkreis verhindern oder die notwendige Abstimmung mit einem Versicherer behindern, etwa für die Einholung von Rechtsschutz. 20

Da all diese für und gegen eine Verschwiegenheitsabrede sprechenden Umständen nicht generell bewertet werden können, erscheint es nicht zweckmäßig, hierüber in der **Verfahrensordnung** eine Regelung zu treffen. Ohnehin handelte es sich um eine bilaterale, (nur) die Parteien betreffende Vereinbarung, für die die Verfahrensordnung nicht der richtige Ort ist. Allenfalls wenn sich im Laufe des Verfahrens Bedarf für eine Verschwiegenheitsabrede ergibt, sollte der Streitmittler von sich aus auf diese Möglichkeit eingehen, was wiederum in aller Regel nur im Rahmen eines als Mediation durchgeführten Verfahrens angezeigt sein dürfte. Sollte der Streitmittler eine solche Vereinbarung vorschlagen wollen, kann er auf Musterformulierungen[15] zurückgreifen, die den oben erwähnten Aspekten Rechnung tragen und den individuellen Gegebenheiten angepasst werden könnten/müssten; Beispiel für eine gerichtsbezogene Vertraulichkeitsklausel:[16] 21

„Äußerungen der Parteien, ihrer Vertreter oder sonstiger Dritter sowie des Streitmittlers in dem VSBG-Verfahren [der Mediation] dürfen in einem Schieds- oder Gerichtsverfahren nicht vorgetragen oder anderweitig eingebracht werden. Dies gilt auch für in dem VSBG-Verfahren [der Mediation] erörterte Tatsachen, es sei denn, die Tatsachen hätten auch ohne das VSBG-Verfahren [das Mediationsverfahren] vorgetragen werden können.

Für vorgelegte Urkunden gilt Entsprechendes."

3. Verschwiegenheit im Rahmen der Einigung

Insgesamt aber werden Vertraulichkeit und verfahrensbegleitende Verschwiegenheitsabreden in der Praxis der VSBG-Verfahren eine weit geringere Bedeutung haben als in der allgemeinen Mediationspraxis. Allerdings mögen noch mehr als in der Mediation Vertraulichkeitsabreden im Zusam- 22

15 Vgl. etwa *Wagner* ZKM 2011 164 (167), Fritz/Pielsticker/*Fritz* § 4 Rn. 51 und Greger/Unberath/*Greger* § 4 Rn. 57.
16 Nach *Röthemeyer*, Mediation, Rn. 281.

menhang mit der getroffenen Einigung eine Rolle spielen. Ein Unternehmen mag sich leichter tun, einen Vergleich zu schließen, wenn dieser nicht öffentlich wird. Hierzu kann die Verpflichtung des Verbrauchers dienen, Inhalte der Einigung und des vorausgegangenen Verfahrens vertraulich zu behandeln. Aus individueller Verbrauchersicht mag ein solcher „Deal" attraktiv sein, aus allgemeiner Verbrauchersicht eher nicht. Ob der Streitmittler aktiv mit dieser Möglichkeit arbeitet, die Vertraulichkeit also etwa im Rahmen des Schlichtungsvorschlags anspricht, ist gewiss auch Teil der persönlichen Haltung oder Grundausrichtung der Verbraucherschlichtungsstelle. Bei der Formulierung auch der ergebnisbezogenen Vertraulichkeitsabrede sind gesetzliche Offenbarungspflichten und Interessen wie etwa aus einem (Rechtsschutz-)Versicherungsverhältnis zu berücksichtigen.

§ 23 Entgelt

(1) [1]Ist ein Unternehmer an dem Streitbeilegungsverfahren beteiligt, so kann von dem Verbraucher ein Entgelt nur erhoben werden, wenn der Antrag des Verbrauchers unter Berücksichtigung der gesamten Umstände als missbräuchlich anzusehen ist; in diesem Fall beträgt das Entgelt höchstens 30 Euro. [2]In sonstigen Fällen kann die Verbraucherschlichtungsstelle vom Verbraucher ein angemessenes Entgelt verlangen, wenn

1. **sie diesen unverzüglich nachdem ihr bekannt wurde, dass an dem Verfahren kein Unternehmer beteiligt ist, auf diese Kosten hingewiesen hat, und**
2. **der Verbraucher an dem Verfahren weiterhin teilnehmen wollte.**

(2) Die Verbraucherschlichtungsstelle kann vom Unternehmer, der zur Teilnahme an dem Streitbeilegungsverfahren bereit ist oder verpflichtet ist, ein angemessenes Entgelt verlangen.

I. Allgemeines

1 § 23 regelt die Entgelterhebung durch private Verbraucherschlichtungsstellen[1] und zwar getrennt nach der Entgelterhebung gegenüber dem Verbraucher (Abs. 1) und dem Unternehmer (Abs. 2). Das Verfahren vor der Verbraucherschlichtungsstelle ist für den Verbraucher grundsätzlich kostenfrei. Hierfür gibt es zwei Ausnahmen. Ist der Antrag als missbräuchlich anzusehen, kann ein Missbrauchsentgelt in Höhe von maximal 30 EUR erhoben werden. Ein angemessenes Entgelt kann vom Verbraucher verlangt werden, wenn an dem Verbraucherstreitbeilegungsverfahren kein Unternehmen beteiligt ist, es sich also um einen reinen Verbraucherstreit han-

1 Auf behördliche Schlichtungsstellen ist § 23 nicht anwendbar, da § 28 nicht auf ihn verweist. Die Gebühren der Universalschlichtungsstellen sind in § 31 geregelt.

delt, bei dem auf beiden Seiten nur Verbraucher beteiligt sind. Gegenüber dem Unternehmer kann ein angemessenes Entgelt verlangt werden, allerdings nur dann, wenn er entweder bereit ist, am Streitbeilegungsverfahren teilzunehmen, oder hierzu verpflichtet ist.

II. Entgelterhebung gegenüber dem Verbraucher

Der Verbraucherbegriff entspricht § 13 BGB[2] („Verbraucher ist jede natürliche Person, die ein Rechtsgeschäft zu Zwecken abschließt, die überwiegend weder ihrer gewerblichen noch ihrer selbstständigen beruflichen Tätigkeit zugerechnet werden können"). Nach Art. 8 lit. c der Richtlinie 2013/11/EU (ADR-RL)sollen die Streitbeilegungsverfahren für Verbraucher grundsätzlich kostenlos sein, wobei die Erhebung einer „Schutzgebühr" möglich ist. Erwägungsgrund 41 der Richtlinie 2013/11/EU (ADR-RL) legt fest, dass Verbraucherstreitbelegungsverfahren für die Verbraucher nur mit „niedrigen" Kosten verbunden sein sollen. Diese Normen setzt der Bundesgesetzgeber in § 23 Abs. 1 um und stellt den Verbraucher grundsätzlich von den Kosten des Verbraucherstreitbeilegungsverfahrens frei[3]. 2

Von dieser Kostenfreistellung gibt es zwei Ausnahmen. Die erste Ausnahme betrifft den Fall, dass der Antrag des Verbrauchers als rechtsmissbräuchlich anzusehen ist. In diesem Fall hat der Verbraucher höchstens 30 EUR zu bezahlen. Voraussetzung ist, dass unter Berücksichtigung der gesamten Umstände die Antragstellung als missbräuchlich anzusehen ist. Eine missbräuchliche Antragstellung ergibt sich nicht zwangsläufig aus dem Vorliegen von Ablehnungsgründen im Sinne des § 14. Dies wird aus § 14 Abs. 1 Nr. 3 lit. a deutlich. Sofern der Anspruch bei Antragstellung bereits verjährt war und der Unternehmer sich auf die Verjährung beruft, lehnt der Streitmittler die Durchführung des Streitbeilegungsverfahrens ab. Nachdem die Berufung auf die Verjährung durch den Unternehmer auch im Streitbeilegungsverfahren erfolgen kann, kann der Ablehnungsgrund im Laufe des Verfahrens entstehen. Eine rechtsmissbräuchliche Antragstellung liegt in diesem Falle nicht vor, da bei Antragstellung noch gar nicht abgesehen werden kann, ob die Einrede der Verjährung erhoben wird. Die Verhängung des Missbrauchsentgelts in Höhe von 30 EUR ist mithin auf außergewöhnliche Ausnahmefälle beschränkt. 3

Das Missbrauchsentgelt selbst ist allerdings schwerlich kostendeckend. Dies ist seitens des Gesetzgebers auch nicht beabsichtigt, da er anderenfalls kein Höchstentgelt geregelt hätte, sondern – wie in den anderen Fällen des § 23 auch – die Erhebung eines angemessenen Entgeltes. Die Höhe des Missbrauchsentgeltes ist nur nach oben begrenzt.[4] Das Unterschreiten der Maximalhöhe der Missbrauchsgebühr ist dagegen ohne Weiteres möglich. 4

Ob und wenn ja in welcher Höhe (bis zur Obergrenze von 30 EUR) ein Missbrauchsentgelt verhängt wird, kann entweder vom Streitmittler selbst im Einzelfall festgelegt werden oder von der Verbraucherschlichtungsstelle allgemein in der Verfahrensordnung gemäß § 5 oder einer gesonderten Ent- 5

2 Vgl. *Prütting* AnwBl 3/2016, 190 (192).
3 Vgl. BT-Drs. 18/5295, 81 (Regierungsentwurf).
4 Vgl. BT-Drs. 18/5295, 81 (Regierungsentwurf).

geltsatzung geregelt werden. Die Gesetzesbegründung geht zwar davon aus, dass die Erhebung des Missbrauchsentgeltes einschließlich ihrer Höhe von der Verbraucherschlichtungsstelle geregelt wird, anders als in den weiteren Fällen der Entgelterhebung des § 23 Abs. 1 S. 3 und Abs. 2 ist aber im Gesetzestext selbst nicht davon die Rede, dass die Verbraucherschlichtungsstelle das Entgelt erhebt. Die Erhebung kann folglich auch im Einzelfall durch den Streitmittler erfolgen.

6 Weitere Voraussetzung für die Erhebung eines Missbrauchsentgelts vom antragstellenden Verbraucher ist, dass Antragsgegner ein Unternehmer ist. Der Unternehmerbegriff entspricht § 14 BGB. Es kann sich um natürliche oder juristische Personen oder rechtsfähige Personengesellschaften handeln. Bei Abschluss des Rechtsgeschäftes muss der Unternehmer im Unterschied zum Verbraucher in Ausübung der gewerblichen oder selbstständigen beruflichen Tätigkeit handeln. Sind an dem Streitbeilegungsverfahren auf beiden Seiten Verbraucher beteiligt, kommt die Erhebung eines Missbrauchsentgeltes gemäß § 23 Abs. 1 S. 1 nicht in Betracht. Ein solches kann auch in einer eventuellen Entgeltsatzung der Verbraucherschlichtungsstelle nicht vorgesehen werden, da dies mit § 23 Abs. 1 S. 1 kollidieren würde.

7 Eine zweite Möglichkeit der Entgelterhebung zulasten des antragstellenden Verbrauchers besteht dann, wenn auch auf Antragsgegnerseite ein Verbraucher beteiligt ist. Diese Konstellation ist gemäß § 4 Abs. 3 möglich, da Verbraucherschlichtungsstellen sich auch für Streitigkeiten unter Verbrauchern für zuständig erklären können. Voraussetzung ist, dass beide Seiten ein Rechtsgeschäft zu Zwecken abschließen, die überwiegend weder ihrer gewerblichen noch ihrer selbstständigen beruflichen Tätigkeit zugerechnet werden können (§ 13 BGB).[5] Sind an dem Streitbeilegungsverfahren auf beiden Seiten Verbraucher beteiligt, so kann die Verbraucherschlichtungsstelle ein angemessenes Entgelt verlangen, und zwar unter zwei Voraussetzungen, nämlich einerseits, dass die Verbraucherschlichtungsstelle unverzüglich, nachdem ihr die mangelnde Unternehmerbeteiligung am Verfahren bekannt geworden ist, den Antragsteller auf die Kostenpflichtigkeit hingewiesen hat, und andererseits der antragstellende Verbraucher an diesem Streitbeilegungsverfahren dennoch festhalten will. Nachdem die ADR-Richtlinie nur die Entgelterhebung in Verfahren zwischen Verbrauchern und Unternehmern regelt, ist die Verbraucherschlichtungsstelle bei reinen Verbraucherverfahren nicht gehindert, Entgelte zu erheben. Das Entgelt muss angemessen sein, mithin kostendeckend, wobei die Verbraucherschlichtungsstelle die Höhe des Entgeltes staffeln kann, beispielsweise nach dem Verfahrensverlauf, den Verfahrenskosten der Verbraucherschlichtungsstelle oder dem Gegenstandswert des Verfahrens.[6] Die Höhe des Entgeltes und gegebenenfalls seine Staffelung sind von der Verbraucherschlichtungsstelle, also nicht vom Streitmittler, festzulegen. Sinnvollerweise erfolgt dies in der Verfahrensordnung der Verbraucherschlichtungsstelle gemäß

5 Vgl. BT-Drs. 18/5295, 81 (Regierungsentwurf).

6 Vgl. BT-Drs. 18/5295, 82 (Regierungsentwurf) für die Entgelterhebung gegenüber Unternehmern. Nachdem es in beiden Fällen allerdings um die Erhebung eines „angemessenen Entgeltes" geht, dürften diese Ausführungen auch für die Entgelterhebung bei reinen Verbraucherstreitigkeiten gelten.

§ 5 oder in einer gesonderten Entgeltsatzung. Der Verbraucher muss auf die anfallenden Kosten, also nicht nur darauf hingewiesen werden, dass Kosten anfallen, sondern auf deren Höhe. Nur wenn der Verbraucher in Kenntnis der Entgelthöhe an der Weiterführung des Streitbeilegungsverfahrens festhält, kann das angemessene Entgelt gemäß § 23 Abs. 1 S. 2 erhoben werden.

III. Entgelterhebung gegenüber dem Unternehmer

Die Entgelterhebung gegenüber einem Unternehmer setzt gemäß § 23 8
Abs. 2 voraus, dass der Unternehmer zur Teilnahme am Schlichtungsverfahren bereit ist oder sich hierzu verpflichtet hat. Unternehmer sind mit § 14 BGB natürliche oder juristische Personen oder rechtsfähige Personengesellschaften. Bei Abschluss des Rechtsgeschäftes müssen sie im Unterschied zum Verbraucher in Ausübung der gewerblichen oder selbstständigen beruflichen Tätigkeit handeln. Die Bereitschaft zur Teilnahme am Streitbeilegungsverfahren ist eine Erklärung bezogen auf den Einzelfall, die mit der Informationspflicht gemäß § 37 korrespondiert. Soweit der Unternehmer Allgemeine Geschäftsbedingungen benutzt oder eine Webseite unterhält, bedarf es von Kleinbetrieben abgesehen im Übrigen eines Hinweises gemäß § 36 in seinen Allgemeinen Geschäftsbedingungen oder auf seiner Webseite. Vom Unternehmer kann ein angemessenes Entgelt verlangt werden. Angemessen bedeutet grundsätzlich kostendeckend, wobei die Schlichtungsstelle die Entgelte auch nach Verfahrensverlauf oder Gegenstandswerten des Verfahrens staffeln kann.[7] Zur Entscheidung über Erhebung und Höhe des Entgeltes ist die Verbraucherschlichtungsstelle, nicht der Streitmittler, berufen. Sinnvollerweise werden die Entgelte entweder in der Verfahrensordnung gemäß § 5 oder in einer gesonderten Entgeltsatzung geregelt.

IV. Keine Regelungen zur Finanzierung der Verbraucherschlichtungsstelle

Aus § 23 ergeben sich keine Regelungen zur Finanzierung der Verbraucher- 9
schlichtungsstelle insgesamt.[8] Die entsprechenden Regelungen finden sich in § 3, nachdem der Schlichtungsstelle ein von dem Haushalt ihres Trägers getrennter, zweckgebundener und ausreichender Haushalt zur Verfügung zu stellen ist. Wie dies bewerkstelligt wird, beispielsweise Zurverfügungstellung der Haushaltsmittel durch Mitgliedsbeiträge,[9] ist nicht Gegenstand der Regelung des § 23. Jedoch wird insbesondere aus der Regelung des § 23 Abs. 1 S. 1 deutlich, dass nicht die gesamte Tätigkeit der Verbraucherschlichtungsstelle durch angemessene, also kostendeckende, Entgelte finanziert werden kann, da die Bearbeitung eines missbräuchlichen Verbraucherantrages mit einiger Wahrscheinlichkeit nicht nur Kosten in Höhe von maximal 30 EUR verursachen wird. Mithin dürfte jede Verbraucherschlichtungsstelle auf eine Mitfinanzierung ihrer Tätigkeit durch einen zur Verfügung gestellten Haushalt gemäß § 3 tatsächlich angewiesen sein.

7 Vgl. BT-Drs. 18/5295, 81 (Regierungsentwurf).
8 Vgl. BT-Drs. 18/5295, 81, 82 (Regierungsentwurf).
9 Vgl. BT-Drs. 18/5295, 82 (Regierungsentwurf).

Abschnitt 4 Anerkennung privater Verbraucherschlichtungsstellen

§ 24 Anerkennung

[1]Die zuständige Behörde erkennt auf Antrag eine Einrichtung als Verbraucherschlichtungsstelle an, wenn die Einrichtung die organisatorischen und fachlichen Anforderungen an die Streitbeilegung in Verbrauchersachen nach den Abschnitten 2 und 3 erfüllt, die Einrichtung ihren Sitz im Inland hat, auf Dauer angelegt ist und ihre Finanzierung tragfähig erscheint. [2]Weitergehende Anforderungen an die Einrichtung, die sich aus anderen Rechtsvorschriften ergeben, bleiben unberührt.

I. Einleitung

1 Der 4. Abschnitt (§§ 24 bis 27) betrifft die **Anerkennung privater Streitbeilegungsstellen.** Besondere Vorschriften sieht das Gesetz für behördliche Stellen (5. Abschnitt – § 28) und die Auffangschlichtung (6. Abschnitt – §§ 28 bis 31) vor.

2 Im 4. Abschnitt geht es um die Anerkennung (§§ 24 f.), den Widerruf der Anerkennung (§ 26) und die zuständige Behörden (§ 27). Von Aufsicht ist weder hier noch in anderen Regelungen des VSBG ausdrücklich die Rede; die Aufsicht erschöpft sich mithin in den in Zusammenhang mit einem (möglichen) Widerruf in Zusammenhang stehenden Aufgaben der Behörde (→ § 26 Rn. 10 ff.).

II. Allgemeine Anerkennungsvoraussetzungen (Satz 1)

3 Satz 1 nimmt zum einen Bezug auf die in den vorherigen Abschnitten geregelten Anforderungen und knüpft die Anerkennung an die weiteren Voraussetzungen der Dauereinrichtung und Tragfähigkeit der Finanzierung.

1. Antragserfordernis

4 Eine Anerkennung kann nur **auf Antrag**, nicht von Amts wegen erfolgen. Damit ist klar, dass eine Stelle, selbst wenn sie alle Voraussetzungen erfüllt, nicht gezwungen werden kann, Verbraucherschlichtungsstelle im Sinne des

VSBG zu werden. Sie darf sich gem. § 2 Abs. 2 freilich auch nicht so bezeichnen. Auch hier zeigt sich, dass ADR-Richtlinie und VSBG ein Nebeneinander gelisteter und nicht gelisteter Schlichtungsstellen dulden (→ Einl.).

Antragsteller ist die Stelle, die um Anerkennung sucht, falls sie bereits durch Eintragung als Verein eine eigene Rechtspersönlichkeit besitzt, ansonsten der Trägerverein (→ §§ 2,3). Auch für den noch in Gründung begriffenen Verein kann der Antrag gestellt werden; es handelt sich bei diesem Vorverein regelmäßig um eine Gesellschaft bürgerlichen Rechts. 5

Die **Form des Antrags** ist nicht ausdrücklich vorgegeben, so dass nach allgemeinem Verwaltungsverfahrensrecht Formlosigkeit gilt, also der Antrag auch mittels Fernschreiben, Telebrief, Telefax, auch mündlich und sogar telefonisch gestellt werden kann.[1] Da § 25 Abs. 1 S. 1 allerdings eine Begründung verlangt und Satz 2 die Beifügung verschiedener Unterlagen, dürfte praktisch nur ein schriftlicher Antrag in Betracht kommen. 6

Ein bestimmter Antragstext (Tenor) ist nicht vorgegeben, er wird naheliegenderweise im Allgemeinen „auf Anerkennung als (Allgemeine) Verbraucherschlichtungsstelle" lauten. 7

2. Organisatorische und fachliche Anforderungen

a) Inhalte

In den vom Gesetz zitierten **Abschnitten 2 und 3** finden sich eine Reihe von Regelungen, die nicht sämtlich Anforderungen an die Streitschlichtungsstelle stellen, sondern auch Regelungen enthalten, die neutral sind wie § 1 oder Dritte betreffen wie etwa § 2 Abs. 2. Bei den Anforderungen, die sich mit dem **Streitmittler** befassen, ist zu differenzieren zwischen **verhaltensorientierten** Regelungen wie § 7 Abs. 3, 4 und **statusbezogenen** wie § 6 Abs. 2 (Rechtskenntnisse, Fachwissen, Fähigkeiten), § 6 Abs. 3 (Karenzzeit), § 7 Abs. 1 S. 1 (Weisungsfreiheit), § 7 Abs. 2 (Vergütung), § 8 (Bestelldauer, Abberufungsgrenzen). (Nur) Letztere unterliegen dem Anerkennungsverfahren. Hinsichtlich der Qualifikation nach § 6 Abs. 2 wird dies von Teilen der Literatur mit der Begründung, die ADR-Richtlinie verlange dies nicht, zwar nicht für erforderlich und auch nicht für sinnvoll gehalten;[2] § 24 verlangt indessen ausdrücklich auch die Einhaltung fachlicher Voraussetzungen, wozu gerade die Qualifikation des Streitmittlers gehört. Allerdings kann sich die Überprüfung auf die Vorlage aussagekräftiger Dokumente beschränken, eine persönliche Überprüfung oder gar eine echte Prüfung ist nicht erforderlich. 8

b) Erkenntnisquellen

Wichtigste Quelle zur Dokumentation der Einhaltung der Anforderungen sind die Verfahrensordnung und die Satzung des Trägervereins. 9

1 Vgl. zB Kopp/*Ramsauer* VwVfG § 22 Rn. 51.
2 *Greger* ZZP 128 (2015) S. 137 (146).

aa) Verfahrensordnung

10 Einzuhaltende Anforderungen aus folgenden Bereichen bilden sich **zwingend** in der **Verfahrensordnung** nach § 5 ab:

- Zuständigkeit (§ 4),
- Verfahrensordnung (§ 5),
- Entgelt (§ 23).

11 Einzuhaltende Anforderungen aus folgenden Bereichen sind **regelmäßig und sinnvollerweise in der Verfahrensordnung** nach § 5 zu regeln:

- Mechanismen zum Umgang mit Befangenheit (§ 7),
- Textform der Mitteilungen an die Stelle (§ 11),
- Sprachvorgabe (§ 12),
- Vertretungsbefugnis (§ 13),
- Ablehnungsgründe (§ 14),
- Unterrichtung (§ 16),
- rechtliches Gehör (§ 17),
- Beendigung (§ 15),
- ggf. Regelungen zur Gestaltung des Schlichtungsvorschlags (§ 19),
- Kommunikation der Schlichtungsstelle und Verfahrensdauer (§ 20),
- Abschluss des Verfahrens (§ 21),
- Verschwiegenheit (§ 22).

12 Schweigt die Verfahrensordnung zu diesen Fragen, werden die betreffenden Pflichten durch unmittelbare Anwendung des Gesetzes erfüllt; zur Transparenz gegenüber den Parteien sind Regelungen in der Verfahrensordnung zu empfehlen, selbst wenn sie sich im Einzelfall in der Widergabe des Gesetzestextes erschöpfen sollten.

bb) Satzung

13 Die Anforderungen aus folgenden Bereichen dürften regelmäßig in der **Vereinssatzung** des Trägers (→ § 3) dokumentiert sein:

- Trägerkonzept (§ 3),
- Zahl der Streitmittler und Vertreter (§ 6 Abs. 1),
- Qualifikation der Streitmittler (§ 6 Abs. 2),
- Einhaltung der Karenzzeit der Streitmittler (§ 6 Abs. 3),
- Einhaltung der Regelungen zu Amtsdauer und Abberufung (§ 8).

cc) Keine Dokumentation

14 Folgende Anforderungen dürften regelmäßig weder Niederschlag in der Verfahrensordnung noch in der Satzung finden:

- Einhaltung der Vorgaben zur Beteiligung von Verbänden (§ 9),
- Vorhandensein der Webseite und Einhaltung der Vorgaben aus § 10.

3. Auf Dauer angelegte Einrichtung

15 Mit dieser weiteren Anforderung soll nach der Begründung des Regierungsentwurfs zusammen mit der weiter verlangen Finanzierungssicherheit (→ Rn. 16 und § 3 Rn. 5) die „organisatorische Absicherung und Verläss-

lichkeit der Stelle"[3] sichergestellt werden. Dass die Stelle nicht eine ad hoc-Einrichtung sein kann, die etwa aus Anlass eines Streits oder einer Streit-„Lawine" nur hierfür gegründet wird, ergibt sich bereits aus der Regelung in § 8, wonach die Amtsdauer der Streitmittler, von denen jede Stelle mindestens über einen verfügen muss (§ 6 Abs. 1), drei Jahre nicht unterschreiten soll (→ § 8 Rn. 3 ff.). Die Bestimmung ist folglich so auszulegen, dass die Zielorganisation auf einen noch längeren Zeitraum angelegt ist. Anhaltspunkte hierzu findet die Anerkennungsbehörde in der Vereinssatzung des Trägers (→ § 3) in Gestalt etwa von Kündigungs- oder Aufhebungsregelungen oder gar in Befristungen. Letztere dürften regelmäßig unstatthaft sein, ebenso ordentliche, also allein an Zeitablauf geknüpfte, Beendigungsmöglichkeiten. Gesetzeskonform hingegen sind außerordentliche Beendigungsmöglichkeiten, solange hierfür gewichtige („wichtige") Gründe vorliegen (müssen).

4. Tragfähigkeit der Finanzierung

Wenn der Träger die Vollfinanzierung der Streitbeilegungsstelle über- 16
nimmt, jedenfalls die Deckungslücke zwischen Gesamtkosten und Entgeltaufkommen (→ § 23 Rn. 6) garantiert und selbst solvent ist, wird die Tragfähigkeit belegt sein.

Anders ist es bei Finanzierungskonzepten, die als Geschäftsgrundlage ein 17
bestimmtes Fallaufkommen haben. Nach der Begründung des Regierungsentwurfs soll es hierzu zB darauf ankommen, ob eine ausreichende Zahl teilnehmender Unternehmen zu erwarten ist,[4] womit die allgemeine Bereitschaft ebenso gemeint ist wie Teilnahme im Anlassfall. Dabei liegt es auf der Hand, dass für eine hohe Bereitschaft am ehesten spricht, wenn Unternehmen sich zur Teilnahme verpflichten, sei es über eine Vereinsmitgliedschaft oder eine Vereinbarung mit der Verbraucherschlichtungsstelle. Kostensanktionen oder andere Nachteile bei Nichtteilnahme vermitteln ebenfalls eine gewisse Sicherheit, während bei Konzepten, die gänzlich auf Freiwilligkeit setzen, in der Regel eine Marktanalyse erforderlich sein dürfte. In diese könnten etwa Erfahrungen aus vergleichbaren Schlichtungseinrichtungen oder Befragungen von Unternehmen oder Verbänden eingehen. Auch wenn Anhaltspunkte für eine signifikante Teilnahmebereitschaft der Unternehmen bestehen, muss dies nicht zwingend auf ein bestimmtes Fallaufkommen schließen lassen. Entscheidend hierfür ist letztlich allein das Verhalten der Verbraucher, auf deren Antrag es ja ankommt (§ 4 Abs. 1). Anhaltspunkte für das Verbraucherinteresse können Daten vergleichbarer Stellen, die Einschätzung (potenziell) beteiligter Unternehmer anhand etwa der Zahlen des Beschwerdemanagements oder eine repräsentative Befragung von Verbrauchern und Verbänden liefern.

3 BT-Drs. 258/15 S. 79.
4 BR-Drs. 258/15, 79.

5. Sitz im Inland

a) Regelungskonzept

18 Mit dieser erst im Rahmen der parlamentarischen Beratungen erfolgten „Klarstellung“[5] werden Verbraucherschlichtungsstellen mit Sitz außerhalb Deutschlands ausgeschlossen. Diese Zuständigkeitsverteilung liege der ADR-Richtlinie implizit zugrunde,[6] womit die Ausschussbegründung der Sache nach Bezug auf Art. 5 Abs. 1 ADR-Richtlinie nimmt, der die Verpflichtung der Mitgliedstaaten auf „in ihrem jeweiligen Hoheitsgebiet niedergelassene(r) Unternehmer“ bezieht und beschränkt. Damit wird allerdings eine Inkonsistenz des Regelungskonzepts deutlich. Nach der Logik der ADR-Richtlinie, die sich in §§ 4, 30 VSBG spiegelt, stehen Verbraucherschlichtungsstellen mit Sitz in Deutschland allen EU- und EWR-Bürgern zumindest immer dann offen, wenn das Unternehmen in Deutschland niedergelassen ist. Das bedeutet umgekehrt, dass die Schlichtungsgesetze der anderen EWR-Staaten Verbrauchern mit Wohnsitz in Deutschland zugänglich sind, (zumindest) wenn das Unternehmen in jenem Mitgliedstaat niedergelassen ist. Eine ausländische Verbraucherschlichtungsstelle kann nach Satz 1 dennoch nicht nach dem VSBG anerkannt werden. Das gilt selbst dann, wenn sich nach Maßgabe des ausländischen Rechts auch die Schlichtung deutscher Verbraucher mit deutschen Unternehmen anbietet. Beides kann das ausländische Recht zulassen, wie dies auch im umgekehrten Fall das VSBG nicht verbietet, wie der Gegenschluss aus § 4 Abs. 4 ergibt. Damit sind ausländische Verbraucherschlichtungsstellen der deutschen Anerkennung (und Aufsicht) also entzogen, auch und soweit deutsche Verbraucher und Unternehmen beteiligt sind. Das muss nach der europäischen Logik hingenommen werden. Allerdings steht in der Universalschlichtung, soweit es sie gibt, gem. § 30 Abs. 1 Nr. 2 Verbrauchern mit Wohnsitz oder gewöhnlichem Aufenthalt in Deutschland im Streit mit einem ausländischen Unternehmen eine Schlichtungsstelle in Deutschland zur Verfügung.

b) Sitz

19 Abzustellen ist auf den (beabsichtigten) Sitz der Verbraucherschlichtungsstelle, nicht auf den des Trägervereins nach § 3. Beide Sitze werden in der Regel zusammenfallen. Will aber ein ausländischer Verein eine Schlichtungsstelle in Deutschland gründen, so greift § 24 ein. Wo der Sitz der Schlichtungsstelle ist, hängt von deren Rechtsform ab. Handelt es sich um einen eingetragenen Verein, ergibt sich der Sitz gemäß § 57 Abs. 1 BGB aus der Satzung. Wenn die Verbraucherschlichtungsstelle eine andere Rechtsform hat oder bekommen soll, ist „Sitz“ enger zu fassen als etwa der Begriff der „Niederlassung“, den § 4 Abs. 4 in anderem Kontext – anders als hier – verwendet. Nach Art. 4 Abs. 2 der Richtlinie 2013/11/EU ist eine juristische Person dort niedergelassen, wo sie einen Geschäftssitz, eine Niederlassung oder eine Zweigstelle hat.[7] Abzustellen ist also auf den Ge-

5 BT-Drs. 18/6904, 82.
6 BT-Drs. 18/6904, 82.
7 BR-Drs. 258/15, 64.

schäftssitz. Hat die Schlichtungsstelle Zweigstellen oder Niederlassungen, kommt es auf den **Hauptsitz** an.

6. Weitergehende Voraussetzungen (Satz 2)

Soweit in gesetzlichen Regelungen an bereits existierende Verbraucherschlichtungsstellen (Art. 3, 7, 9 bis 22) weitergehende Anforderungen gestellt werden, gelten diese. So ist auch hier klargestellt, dass die Spezialvorschriften vorgehen (→ § 1 Rn. 2.). 20

7. Verfahren

Die Anerkennung ist ein begünstigender Verwaltungsakt nach § 35 des Verwaltungsverfahrensgesetzes. Es gelten die allgemeinen Verfahrensgrundsätze wie der Amtsermittlungsgrundsatz (§ 24 VwVfG) und Anhörungsrechte (potenziell) Betroffener (§ 28 VwVfG). 21

8. Gebundene Entscheidung

Wenn die vorgenannten Voraussetzungen erfüllt sind, muss die Anerkennung erfolgen. Noch im Referentenentwurf und gegen die sich schon hiergegen gerichtete Kritik enthielt auch noch der Regierungsentwurf eine „Kann"-Regelung, die Behörde hätte also bei der Anerkennung Ermessen gehabt. Ein Beispiel für möglicherweise berücksichtigungsfähige Gründe gegen die Anerkennung trotz Erfüllung aller Voraussetzungen war indes nicht dargelegt, auf die Beanstandung des Bundesrats[8] hin lenkte die Bundesregierung in ihrer Gegenäußerung ein.[9] 22

III. Folgen der Ablehnung oder Anerkennung

1. Ablehnung

Die Ablehnung ist Verwaltungsakt nach § 35 VwVfG und ist mit der Verpflichtungsklage angreifbar, für die es gemäß § 68 der VwGO eines Vorverfahrens (Widerspruchsverfahren) bedarf. Wird über den Antrag oder den Widerspruch nicht binnen drei Monaten entschieden, kann gem. § 75 VwGO unmittelbar Klage erhoben werden (Untätigkeitsklage), bei „besonderen Umständen des Falles" auch bereits nach Ablauf einer kürzeren Zeit. 23

2. Anerkennung

Die anerkannten Verbraucherschlichtungsstellen werden in eine nationale Liste anerkannter Stellen nach Art. 20 Abs. 2 S. 1 ADR-Richtlinie aufgenommen. Die Listen der Mitgliedstaaten werden von der Europäischen Kommission in einer europäische Gesamtliste zusammengefasst (Art. 20 Abs. 4 ADR-Richtlinie) und von ihr sowie den zuständigen Behörden im Internet zugänglich gemacht (vgl. Art. 20 Abs. 4 und 5 ADR-Richtlinie). 24

Mit der Anerkennung werden die Rechte und Pflichten der Streitschlichtungsstellen aus dem VSBG begründet. Dazu gehören etwa Vorgaben in Zusammenhang mit der Unabhängigkeit des Streitmittlers (→ § 7), Infor- 25

---

8 BR-Drs. 258/15 (Beschluss), 23 (Ziff. 24).
9 BT-Drs. 18/5760, 28 (zu Nr. 24).

mationspflichten nach §§ 16, 19 sowie die Pflicht zur regelmäßigen Erstellung und Veröffentlichung von Berichten nach § 34. Ferner wird die Eigenschaft als sonstige Gütestelle im Sinne des § 15 a Abs. 3 S. 1 EGZPO erworben und die Hemmung der Verjährung nach § 204 Abs. 1 Nr. 4 des BGB tritt unter den in § 204 Abs. 1 Nr. 4 BGB näher geregelten Voraussetzungen ein, wenn ein Antrag auf Durchführung eines Streitbeilegungsverfahrens bei der Verbraucherschlichtungsstelle eingereicht wird (vgl. Art. 6 Nr. 1 – § 204 BGB).

§ 25 Antrag auf Anerkennung und Mitteilung von Änderungen

(1) [1]Der Antrag auf Anerkennung als Verbraucherschlichtungsstelle ist zu begründen. [2]Dem Antrag sind beizufügen:

1. die Verfahrensordnung der Einrichtung und

2. die Regeln über die Organisation und die Finanzierung der Einrichtung, einschließlich der Regeln über die Verfahrenskosten.

(2) Die Verbraucherschlichtungsstelle unterrichtet die zuständige Behörde unverzüglich über Änderungen der für die Anerkennung relevanten Umstände und sonstiger im Antrag mitgeteilter Angaben.

(3) [1]Das Ergebnis einer nach § 9 erforderlichen Beteiligung eines Verbraucherverbands oder eines Unternehmerverbands ist der zuständigen Behörde zusammen mit den Angaben nach den Absätzen 1 oder 2 zu übermitteln. [2]Abweichungen von Empfehlungen des beteiligten Verbands sind zu begründen, es sei denn, der Verband hat als Mitglied eines paritätisch besetzten Gremiums an der Entscheidung mitgewirkt.

I. Einleitung

1 Die Vorschrift bestimmt die Formvoraussetzungen für den Antrag und das Verfahren bei Änderung von relevanten Umständen.

II. Formerfordernisse (Abs. 1)

2 Nach Satz 1 bedarf es einer **Begründung**. Diese sollte sich auf die Anerkennungsvoraussetzungen nach § 24 beziehen. Satz 2 verlangt die Beifügung der **Verfahrensordnung** nach § 5 (Nr. 1) sowie die „Regeln" über die Organisation und Finanzierung samt Verfahrenskosten. Die „Regeln" werden sich im Allgemeinen aus der **Vereinssatzung** (→ § 3) des Trägers, aus einer möglichen Satzung oder einem möglichen anderen Statut sowie ggf. ergänzend aus der Verfahrensordnung ergeben. Formale Anforderungen in dem Sinne, dass Mängel zur Unzulässigkeit oder Unbegründetheit des Antrags führen, enthält diese Bestimmung nicht. Im Zweifel wird die Behörde gemäß § 25 VwVfG durch Beratung, Einholen von Auskünften und Erörterung etwaiger Probleme unterstützen.

3 Ferner benötigt die Behörde die Angaben, die für die **Aufnahme in die Liste der Schlichtungsstellen** nach den §§ 32 und 33 erforderlich und deren Einzelheiten in der Verordnung über Informations- und Berichtspflichten nach dem Verbraucherstreitbeilegungsgesetz (VSBInfoV) geregelt sind. Soweit diese Angaben nicht ohnehin aus den vorgelegten Dokumenten ersichtlich sind, liegt es nahe, dass sie der Antragstellung beigefügt werden. Möglicherweise bietet es sich an, dass die Anerkennungsbehörde zur Abfrage dieser Daten ein Formular verwendet. Erforderlichenfalls wird die Anerkennungsbehörde auch gem. §§ 24 ff. VwVfG nachhaken. Das Fehlen erforderlicher Angaben steht im Übrigen im Zweifel der Anerkennung nicht im Wege, weil die Anerkennung als Rechtsakt zugunsten der Stelle von den Mitteilungspflichten der Anerkennungsbehörde und der Zentralen Anlaufstelle nach § 32 f. zu unterscheiden sind. Dies ist freilich eine akademische Fragestellung, weil die fraglichen Daten problemlos zu beschaffen sein sollten.

III. Aktualisierungspflichten (Abs. 2)

4 Die Mitwirkungspflicht der Stelle entlastet die zuständige Behörde von Amtsermittlungen.[1] Sie umfasst zum einen die für die **Anerkennung relevanten Umstände** (→ § 24 Rn. 3 ff.) und dient insoweit als Erkenntnisquelle für die mögliche Einleitung des Widerrufsverfahrens nach § 26. Zum anderen geht es auch um die nach § 33 Abs. 1 erforderliche regelmäßige **Aktualisierung der Liste der Verbraucherschlichtungsstellen** (→ § 33). Deshalb sind alle Aktualisierungen zu Daten nach der VSBInfoV mitzuteilen.

IV. Ergebnis einer Beteiligung von Verbänden (Abs. 3)

5 Mit dem Antrag hat der Träger bzw. die Verbraucherschichtungsstelle das Ergebnis einer nach § 9 erforderlichen Beteiligung eines Verbraucher- oder Unternehmerverbandes zu übermitteln (Satz 1). Welche Dokumente hierzu vorgelegt werden, richtet sich nach dem hierfür gewählten Verfahren (→ § 9 Rn. 6). Eine inhaltliche Kontrolle des Beteiligungsergebnisses findet nach der Logik des Beteiligungsverfahrens nicht statt. Allerdings und gleichsam zur Kompensation der fehlenden Kontrolle ist aber eine etwaige Abweichung von der Empfehlung eines Verbandes zu begründen, was allerdings nicht im Falle eines paritätisch besetzten Gremiums gilt (Satz 2). Die **Abweichungsbegründung** unterliegt ebenfalls keiner Kontrolle seitens der Behörde. Auch das ergibt sich aus der Konzeption des § 9, aus dem Regelungsort in § 25, der die Anerkennungsvoraussetzungen des § 24 voraussetzt und keine weiteren schafft, sowie aus der Begründung des Regierungsentwurfs, wonach es insoweit um Offenlegung geht.[2]

6 Insgesamt beschränkt sich die Pflicht aus Abs. 3 in einer Information der Behörde und hat damit den **Charakter auferlegter Selbstreflexion**, indem sie zur Auseinandersetzung mit Empfehlungen nötigt, denen nicht gefolgt werden soll.

1 So ausdrücklich die Begründung des Regierungsentwurfs BR-Drs. 258/15, 80.
2 BR-Drs. 258/15 S. 80.

7 Die **Rückausnahme** in Satz 2 Hs. 2 bezieht sich auf die Möglichkeit, die Pflichten aus § 9 mittels Beteiligung eines paritätisch besetzten Gremiums zu erfüllen (→ § 9 Rn. 6). Die Befreiung von der Abweichungsbegründung in diesen Fällen trägt dem Umstand Rechnung, dass die betroffenen Empfehlungen Teil der Erörterung im Gesamtgremium sind, die Selbstreflexion hierdurch also überflüssig wird.

8 Dem Selbstreflexionscharakter entsprechend eng begrenzt sind die **Reaktionsmöglichkeiten der Behörde.** Diese kann zwar Fragen stellen, um eine Ergänzung oder Plausibilisierung der Abweichungsbegründung bitten, hat aber weder eine primäre Kontrollpflicht noch Eingriffsmöglichkeiten für den Fall, dass sie die übergangenen Empfehlungen für sinnvoll oder sachgerecht hält. Die Offenlegung erfolgt auch nur der Behörde gegenüber; eine Befugnis zur Weitergabe der Informationen etwa an die Zentrale Anlaufstelle oder die Allgemeinheit etwa via Internet ist nicht vorgesehen und damit auch nicht erlaubt. Allerdings dürfte die Unterrichtung des Verbandes, dessen Vorschläge übergangen wurden, erlaubt und auch geboten sein. Dies ergibt sich aus dem Status der Verbände als ergänzend am Verfahren Beteiligte aus einer entsprechenden Anwendung von § 28 VwVfG.

9 Wenn die Empfehlungen Mängel offenbaren, die auf die Anerkennungsvoraussetzungen durchschlagen, kann und muss die Behörde dies in die Prüfung der Anerkennungsvoraussetzungen einbeziehen. So kann etwa die Verbandsbeteiligung Zweifel an der Gewähr unparteiischer Streitbeilegung wegen struktureller Mängel begründen (→ § 7 Abs. 1 S. 2). Solche Informationen sind nicht etwa durch den Zweck bloßer Selbstreflexion tabuisiert, sondern können und müssen von der Behörde uneingeschränkt berücksichtigt werden.

10 Die Pflicht aus Abs. 3 gilt auch für **Änderungsmitteilungen** nach Abs. 2, allerdings auch insoweit nur dann, wenn die Verbandsbeteiligung nach § 9 erforderlich ist (→ § 9).

§ 26 Widerruf der Anerkennung

(1) Erfüllt die Verbraucherschlichtungsstelle die für ihre Anerkennung notwendigen Voraussetzungen nicht mehr oder kommt sie in sonstiger Weise den Anforderungen an eine Verbraucherschlichtungsstelle in erheblichem Umfang nicht nach, so teilt die zuständige Behörde der Verbraucherschlichtungsstelle mit, welche Änderungen zur Aufrechterhaltung der Anerkennung erforderlich sind, und fordert sie auf, diese Änderungen innerhalb von drei Monaten durchzuführen.

(2) Die zuständige Behörde widerruft die Anerkennung, wenn die Verbraucherschlichtungsstelle die Änderungen nicht innerhalb von drei Monaten nach Zugang der Aufforderung nach Absatz 1 durchführt.

I. Einleitung

1 Die Vorschrift regelt den Widerruf der Anerkennung unter Umsetzung einer detaillierten Vorgabe aus Art. 20 Abs. 2 UAbs. 3 der ADR-Richtlinie. Die Begründung des Regierungsentwurfs spricht zutreffend von einem **gestuften Widerrufsverfahren:**[1] Die zuständige Behörde hat anerkennungsrelevante und damit abstellungsbedürftige Mängel mitzuteilen und die Streitbeilegungsstelle zur Abhilfe aufzufordern (Abs. 1), widrigenfalls ist die Anerkennung zu widerrufen (Abs. 2). Adressat von Aufforderung und Widerruf ist die Streitbeilegungsstelle, wenn sie eigene Rechtspersönlichkeit besitzt, ansonsten der Träger.

II. Mängelbeanstandung (Abs. 1)

1. Umfang potenzieller Mängel

2 Zum einen geht es um die für die Anerkennung notwendigen **Voraussetzungen im Sinne von § 24.** Zu denken ist etwa daran, dass sie über keinen Streitmittler mehr verfügt, keine Webseite mehr unterhält (§ 10) oder entgegen § 5 Abs. 2 Streitentscheidungsverfahren anbietet.

3 Zum anderen ist Anlass zum Eingreifen, dass die Stelle den für sie geltenden **Anforderungen in erheblichem Umfang nicht nachkommt.** Damit sind jene Pflichten gemeint, deren Einhaltung nicht Anerkennungsvoraussetzung war bzw. die im Anerkennungsverfahren nicht geprüft werden. In Betracht kommen etwa Verletzungen des rechtlichen Gehörs (§ 17), der Regelungen zum Schlichtungsvorschlag (§ 19), die Überschreitung der Verfahrensfrist nach § 20 Abs. 3 oder Verstöße gegen die Verschwiegenheitspflicht (§ 22) und die Entgeltvorgaben (§ 23). Es geht dabei um **konkrete Handlungen oder Unterlassungen.** Ob sie zugleich gegen die Verfahrensordnung verstoßen oder nicht, ist irrelevant. Selbst wenn etwa die Verfahrensordnung den Anforderungsverstoß duldet und deshalb eigentlich eine Anerkennung nicht hätte erfolgen dürfen, ist diese Vorschrift unabhängig von einer möglicherweise zusätzlich bestehenden Rücknahmemöglichkeit (→ Rn. 17) einschlägig. **Erheblich** ist der Umfang der Anforderungsverfehlung dann, wenn entweder gegen zentrale Vorgaben verstoßen wird wie etwa gegen die Verschwiegenheitspflicht (qualitativer Aspekt) oder wenn zahlreiche Verstöße die Zuverlässigkeit der Einrichtung in Frage stellen (quantitativer Aspekt). Zurechenbar sind sowohl Verstöße der **Streitmittler** wie auch die anderer für den Träger oder die Schlichtungsstelle **handelnder Personen.**

1 BR-Drs. 258/15, 81.

2. Beschränkung auf b2c-Schlichtung

4 Private Verbraucherschlichtungsstellen haben eine fakultativ beschränkbare (§ 4 Abs. 2, 4) Grundzuständigkeit (§ 4 Abs. 1). Die Stelle kann ihre Tätigkeit nach § 4 Abs. 3 auf von der Grundzuständigkeit nicht erfasste zivilrechtliche Streitigkeiten ausdehnen; sie können also Streitigkeiten zwischen Verbraucher und Unternehmen in anderen Sachbereichen, Streitigkeiten zwischen Verbrauchern und Verbrauchern und auch solche unter Unternehmern bearbeiten (→ § 4 Rn. 24). Prüfung und Maßnahmen der zuständigen Stelle sind indessen auf **verbraucherrechtsspezifische Streitigkeiten beschränkt.** Eingeschlossen sind also etwa Streitigkeiten nach § 4 Abs. 2 S. 2 Nr. 1 und branchengebundene Bereiche nach § 4 Abs. 2 S. 2 Nr. 2, soweit die Verbraucherschlichtungsstelle solche Streitigkeiten erfassen darf[2] und von dieser Befugnis Gebrauch macht (→ § 4 Rn. 24). Prüfungs- und Maßnahmenbefugnisse hat die zuständige Stelle aber nicht, soweit es um Streitigkeiten (nur) unter Verbrauchern, (nur) unter Unternehmen geht, und auch nicht, soweit der Streit zwischen Verbraucher und Unternehmer ein Vertragsverhältnis außerhalb des Verbraucherrechts betrifft, also Verbraucher und/oder Unternehmer den Vertrag nicht in dieser Rolle geschlossen haben.

5 Der Grund für die **Beschränkung der Befugnisse auf den b2c-Bereich** liegt darin, dass die §§ 24 ff. auf „Verbraucherschlichtungsstellen" beschränkt sind. Es geht mithin nur um den Kernbereich der von ADR-Richtlinie und VSBG erfassten Tätigkeiten. Eine Verbraucherschlichtungsstelle, die gegen Pflichten etwa im b2b-Bereich verstößt, stellt damit nicht ihre nach § 24 Abs. 1 maßgebliche Bereitschaft und Fähigkeit in Frage, den „Anforderungen an eine Verbraucherschlichtungsstelle" zu genügen. Im Einzelfall mögen krasse Verfehlungen außerhalb des spezifischen b2c-Bereichs **mittelbar** in diesen hineinwirken; wenn Streitmittler sich etwa im b2b-Bereich bestechen lassen, mag dies auch an der Neutralität in der Verbraucherschlichtung zweifeln lassen.

3. Erkenntnisquellen

6 Die Begründung des Regierungsentwurfs spricht – nicht abschließend – vier potenzielle Quellen an.[3] Zum einen wird die eigene Überprüfung erwähnt, die freilich anlassbezogen sei, womit eine allgemeine regelmäßige Überprüfungspflicht nicht bestehen dürfte. Zum anderen können die Verstöße sich aus Änderungsmitteilungen nach § 25 Abs. 2 ergeben, ferner aus den Berichten nach § 34, schließlich aus Hinweisen Dritter. Eine weitere

---

2 Versagt ist ihr das nach § 4 Abs. 3 Hs. 2 für arbeitsvertragliche Streitigkeiten; alle anderen Streitigkeiten nach § 4 Abs. 2 S. 2 Nr. 1 darf sie anbieten; dies gilt auch für die branchenspeziell geregelten Streitigkeiten im Sinne von § 4 Abs. 2 S. 2 Nr. 2, soweit sich freilich aus den Spezialgesetzen nicht etwas anderes ergibt: Eine allgemeine Vorrangregelung zugunsten spezialgesetzlich geregelter Verbraucherschlichtungsstellen enthält das VSBG nicht; der Wortlaut, die Stellung des Abs. 3 und die ausdrückliche Rückausnahme für arbeitsrechtliche Streitigkeiten und schließlich das Ziel des VSBG, ein möglichst breites Angebot von Schlichtungsstellen vorzuhalten, sprechen gegen ein im Übrigen auch mit Blick auf Art. 12 des Grundgesetzes problematisches Verbot, Schlichtungen in den speziell geregelten Bereichen anzubieten.

3 BR-Drs. 258/15, 81.

Quelle kann der Evaluationsbericht der Stelle selbst sein, den sie der zuständigen Behörde nach § 34 Abs. 2 vorlegen muss und den diese auszuwerten hat.[4]

4. Aufforderung zur Änderung

7 Die zuständige Behörde hat nicht etwa Mängel zu beanstanden, sondern das Gesetz wählt den umgekehrten Weg, indem es die Mittelung jener **Änderungen** fordert, die zur **Aufrechterhaltung der Anerkennung** erforderlich sind. Dieser Positivkatalog vorzunehmender Änderungen muss nicht auf das Minimum dessen rekurrieren, was zum Erhalt der Anerkennung unbedingt notwendig ist. Wenn etwa eine Reihe kleinerer Beanstandungen ihr Gewicht aus der Summe bezieht (→ Rn. 3), muss die Behörde nicht etwa alternative oder kumulative Änderungsvorgaben erteilen, sondern kann und sollte alle Beanstandungen aufführen. Falls die Stelle oder der Träger nur einen Teil der Mängel abstellt, ist vor der Widerrufsentscheidung neu abzuwägen (→ Rn. 3).

8 Die **Änderungsaufforderung** stellt einen Verwaltungsakt nach § 35 VwVfG dar, ist also selbstständig anfechtbar nach § 42 VwGO. Die nach § 35 VwVfG für die Qualität als Verwaltungsakt erforderliche Außenwirkung ergibt sich aus dem Beanstandungscharakter[5] und der relativen Bindungswirkung eines potenziell folgenden Widerrufsverfahrens (→ Rn. 10 ff.). In einer gerichtlichen Überprüfung des Widerrufs werden die Voraussetzungen der Änderungsaufforderung zwar inzident überprüft, der Adressat der Änderungsaufforderung muss aber Gelegenheit haben, die Rechtsauffassung der Behörde überprüfen zu lassen, ohne sich dem Risiko eines Widerrufs auszusetzen.

9 **Zeitpunkt und vorausgehende Maßnahmen.** Die Behörde ist nicht gehalten, bei Vorliegen von Beanstandungen sogleich mit einer förmlichen Änderungsaufforderung zu reagieren. Vielmehr kann sie mit der Streitbeilegungsstelle auch in einen nichtförmlichen Kontakt treten,[6] was wegen der vergleichsweise rigiden Widerrufsfolge (→ Rn. 10 ff.) in aller Regel auch erforderlich ist. Im Übrigen ist die Stelle bzw. der Träger vor der Änderungsaufforderung gemäß § 28 VwVfG (zusätzlich) anzuhören.

III. Widerruf (Abs. 2)

10 Es handelt sich um eine verdrängende **Spezialvorschrift** zu dem allgemein geltenden Widerrufsgrund neuer Tatsachen nach § 49 Abs. 2 S. 1 Nr. 3 VwVfG. Voraussetzung ist die Nichtdurchführung der Änderungen, zu der die Behörde nach Abs. 1 aufgefordert hatte. Wenn die aufgegebenen Änderungen **nur teilweise** umgesetzt wurden, bedarf es einer erneuten Prüfung, ob im Sinne von Abs. 1 die für die Anerkennung notwendigen Voraussetzungen (weiterhin) nicht vorliegen bzw. ob in sonstiger Weise den Anforderungen (weiterhin) nicht nachgekommen wird. Nur wenn das fortbestehen-

4 Gegenäußerung der Bundesregierung BT-Drs. 18/5760, 30.
5 Vgl. *Kopp/Ramsauer* VwVfG § 35 Rn. 153 zu Maßnahmen der Kommunalaufsicht.
6 Begründung des Regierungsentwurfs BT-Drs. 258/15, 81.

de Defizit in diesem Sinne anerkennungsrelevant ist, liegen die Widerrufsvoraussetzungen vor.

11 Die **Frist von drei Monaten** ist fest und auch nicht verlängerbar. Hat die Stelle bzw. der Träger Widerspruch eingelegt oder Anfechtungsklage erhoben, entfällt[7] die Frist wegen der aufschiebenden Wirkung nach § 80 Abs. 1 VwGO und beginnt erst nach Rechtskraft des Urteils. Die aufschiebende Wirkung entfällt allerdings, wenn die Behörde dies nach § 80 Abs. 2 Nr. 4 VwGO anordnet, wogegen die Stelle bzw. der Träger eine Entscheidung des Gerichts nach § 80 Abs. 5 S. 1 VwGO herbeiführen kann.

12 Weitere Voraussetzungen sind für den Widerruf nicht gegeben. Insbesondere bedarf es anders als in § 49 Abs. 2 S. 1 Nr. 3 VwVfG nicht der (eigenständig festzustellenden) Gefährdung öffentlicher Interessen. Mittelbar spielt dieser Aspekt eine Rolle, da die Beanstandungen nach Abs. 1 öffentlichen Interessen an einer qualitätsvollen Streitbearbeitung dienen, der Feststellung einer konkreten Gefährdung bedarf es in diesem speziellen Widerrufsverfahren aber nicht.

13 Der Widerruf ist eine gebundene Entscheidung, anders als in § 49 Abs. 2 S. 1 Nr. 3 VwVfG hat die Behörde **kein Ermessen.** Das ergibt sich aus dem Wortlaut der Vorschrift („widerruft" statt „kann widerrufen") und dies ist auch in der Begründung des Regierungsentwurfs ausdrücklich klargestellt.[8]

IV. Widerrufsfolgen

14 Die zuständige Behörde teilt den Widerruf gem. § 32 Abs. 2 Nr. 1 der Zentralen Anlaufstelle für Verbraucherschlichtung, dem Bundesamt für Justiz (§ 32 Abs. 1), mit. Dieses veranlasst die Streichung von der Liste anerkannter Verbraucherschlichtungsstellen.

15 Damit ist allerdings kein Verbot verbunden, Verbraucherschlichtung zu betreiben. Das folgt aus dem Grundansatz, auf die Regulierung des Verbraucherschlichtungsmarkts außerhalb des VSBG zu verzichten (→ Einf. Rn. 110). Die Befugnis, sich als Verbraucherschlichtungsstelle zu bezeichnen, endet freilich (§ 2 Abs. 2).

16 Eine Entschädigungspflicht gem. § 49 Abs. 6 S. 1 VwVfG dürfte in den in § 26 geregelten Fällen nicht in Betracht kommen. Ein schutzwürdiges Vertrauen in den Fortbestand der Anerkennung, das § 49 Abs. 6 S. 1 VwVfG verlangt, kann gerade wegen des gestuften Verfahrens kaum entstehen. Denn spätestens mit der Mitteilung der erforderlichen Änderungen weiß die Stelle um die Gefahr des Widerrufs und kann sich ggf. darauf einstellen.

V. Weitere Rücknahme- und Widerrufstatbestände

17 Neben der gem. § 49 Abs. 2 S. 1 Nr. 3 VwGO verdrängenden Spezialvorschrift des § 26 bleiben die übrigen Widerrufsgründe des § 49 VwVfG wie auch die Rücknahmetatbestände aus § 48 VwVfG anwendbar.[9]

7 HM: vgl. *Kopp/Schenke* VwGO § 80 Rn. 36 mwN auch zur Gegenansicht.
8 BT-Drs. 258/15, 81.
9 Vgl. Begründung des Regierungsentwurfs BT-Drs. 258/15, 81.

VI. Aufsicht

Regelungen zur allgemeinen Aufsicht enthält das VSBG nicht. Im Gesetzestext und auch in der Begründung des Regierungsentwurfs wird der Begriff der „Aufsicht“ vielmehr vermieden. Allerdings ist in der Gegenäußerung an zwei Stellen von der „Aufsichtsbehörde“ in Zusammenhang mit privaten Verbraucherschlichtungsstellen die Rede. Zum einen meint die Bundesregierung in Zusammenhang mit negativen Zuständigkeitskonflikten, die Aufsichtsbehörde könne eingreifen, wenn eine Stelle die Durchführung eines Verfahrens entgegen ihrer eigenen Verfahrensordnung ablehnt.[10] Zum anderen spricht die Bundesregierung in Zusammenhang mit Evaluationsberichten allgemein, und damit unter Bezug auch auf private Verbraucherschlichtungsstellen, von „Aufsichtsbehörden“.[11] 18

Trotz dieser im Verlauf des Gesetzgebungsverfahrens aufgeweichten begrifflichen Zurückhaltung besteht eine allgemeine Aufsicht nicht. Der maßgebliche Gesetzeswortlaut enthält in § 26 spezielle abschließende Regelungen zur Aufsicht. Wie der oben dargestellte Zusammenhang von Abs. 1 und Abs. 2 ergibt, müssen die Mängel, die zu Maßnahmen Anlass geben könnten, derart gewichtig sein, dass das Nichtabstellen den Widerruf zur Folge hätte. Ferner ist zu berücksichtigen, dass eine allgemeine Überprüfungspflicht nicht besteht, die Behörde also nur reaktiv arbeitet.[12] Wenn damit ein informeller Kontakt unterhalb der Widerrufsrelevanz auch nicht ausgeschlossen ist, besteht keine Verpflichtung der zuständigen Behörde zu solchen niederschwelligen Kontakten. 19

§ 27 Zuständige Behörde und Verordnungsermächtigung

(1) Zuständige Behörde ist, soweit nicht durch Bundesgesetz etwas anderes bestimmt ist, das Bundesamt für Justiz.

(2) [1]Ist durch Bundesgesetz bestimmt, dass eine andere Behörde als das Bundesamt für Justiz für die Anerkennung einer Einrichtung als Verbraucherschlichtungsstelle zuständig ist, so ist diese andere Behörde im Verhältnis zum Bundesamt für Justiz ausschließlich zuständig. [2]Die Anerkennung richtet sich nach den für die Anerkennung durch diese andere Behörde maßgeblichen Vorschriften, auch wenn die Zuständigkeit der Verbraucherschlichtungsstelle über den Anwendungsbereich der Vorschrift hinausgeht, der die Zuständigkeit dieser anderen Behörde begründet.

I. Zuständige Behörde

Für die Aufgaben des 4. Abschnitts, also im Wesentlichen für die Anerkennung und den Widerruf, erklärt Abs. 1 das Bundesamt für Justiz für zuständig. Der Regierungsentwurf sah noch eine Landeszuständigkeit vor, die jedoch vor allem mit Blick auf den hohen Aufwand der Vorhaltung von 16 1

10 BT-Drs. 18/5760, 25.
11 BT-Drs. 18/5760, 30.
12 Vgl. Begründung des Regierungsentwurfs BT-Drs. 258/15, 81 zu Erkenntnisquellen.

Anerkennungsstrukturen und mit dem Ziel der Rechtsvereinheitlichung[1] auf Bundesebene gebracht wurde.

2 Abweichende Zuständigkeitsregelungen in anderen Bundesgesetzen lässt Abs. 1 ausdrücklich unberührt. Gemeint sind die durch Art. 3, 7, 9 und 15–22 geänderten Gesetze, die teilweise andere Aufsichtsbehörden vorsehen.

II. Konkurrenzverhältnis zu anderen Behörden (Abs. 2)

3 Satz 1 stellt klar, dass **spezialgesetzliche Vorschriften** über zuständige Behörden der Regelung in Abs. 1 vorgehen. Das entspricht allgemeinem Rechtsverständnis und hätte einer Regelung eigentlich nicht bedurft. Betroffen sind die auf Bundesgesetz beruhenden Einrichtungen; → § 1 Rn. 4). Hinsichtlich Verbraucherschlichtungsstellen, die auf Landesrecht beruhen, gilt entsprechendes.

4 Satz 2 klärt die Konkurrenz für den Fall, dass die auf dem anderen Gesetz beruhenden Verbraucherstreitbeilegungsstellen Schlichtungen in Bereichen anbieten, zu denen das andere Gesetz sie nicht eingerichtet oder berufen hat. Die Gesetzesbegründung nennt als Beispiel, dass eine Verbraucherschlichtungsstelle nach dem Unterlassungsklagengesetz (UKlaG) Schlichtungen anbietet, die über den Katalog des § 14 Abs. 1 S. 1 UKlaG hinausgehen.[2] In diesen Fällen ist für den „überschießenden" Teil nicht etwa die allgemein nach Abs. 1 zuständige Behörde zur Aufsicht berufen, sondern auch insoweit die spezialgesetzliche Behörde zuständig. Mit dieser Regelung ist freilich nichts dazu gesagt, ob die fraglichen Schlichtungsstellen „überschießende" Schlichtungen überhaupt anbieten dürfen; dies ergibt sich allein aus dem Spezialgesetz.

Abschnitt 5 Behördliche Verbraucherschlichtungsstellen

§ 28 Behördliche Verbraucherschlichtungsstellen

[1]Für behördliche Verbraucherschlichtungsstellen gelten die §§ 4 bis 7 Absatz 1 und 3 bis 5, die §§ 8, 10 und 11 sowie 13 bis 22 sinngemäß. [2]§ 9 Absatz 1 ist nur anzuwenden, wenn die Verbraucherschlichtungsstelle bei einer Kammer eingerichtet ist. [3]Anforderungen an behördliche Verbraucherschlichtungsstellen, die sich aus anderen Rechtsvorschriften ergeben, bleiben unberührt.

1 Vgl. etwa *Niewisch-Lennartz* ZKM 2015, 136 (139).
2 BR-Drs. 258/15, 82.

I. Einleitung

Der 5. Abschnitt, dessen einzige Bestimmung § 28 darstellt, befasst sich mit behördlichen Verbraucherschlichtungsstellen. Mit diesem Begriff grenzt das Gesetz gegenüber privaten Verbraucherschlichtungsstellen ab, die im Abschnitt 2 (§§ 3–10) ausweislich dessen Überschrift geregelt sind. 1

II. Behördliche Verbraucherschlichtungsstellen

In der Begründung des Regierungsentwurfs[1] sind die **bereits bestehenden behördlichen Stellen** zur Schlichtung von Verbraucherstreitigkeiten wie folgt aufgezählt: 2

- Schlichtungsstelle des Bundesamts für Justiz für die Ansprüche von Fluggästen gegen Luftfahrtunternehmen (§ 57 b Abs. 1 LuftVG – Art. 21),
- die Schlichtungsstelle bei der Deutschen Bundesbank für Ansprüche von Verbrauchern gegen Finanzdienstleister (§ 14 Abs. 1 UKlaG – Art. 7) und die
- Schlichtungsstelle bei der Bundesanstalt für Finanzdienstleistungsaufsicht für Ansprüche von Verbrauchern nach dem Kapitalanlagegesetzbuch (früher in § 342 Abs. 1 des Kapitalanlagegesetzbuchs; jetzt aufgegangen in § 14 Abs. UklaG – Art. 7).
- Schlichtungsstelle Telekommunikation bei der Bundesnetzagentur für Ansprüche aus Telekommunikationsverträgen (§ 47 a TKG – Art. 17)
- Schlichtungsstelle zu Rechten aus der Postdienstleistungsverordnung (§ 10 Abs. 1 PDLV – vgl. insoweit PostG in Art. 16).

Die beiden zuletzt genannten Stellen haben eine originäre Zuständigkeit, während die anderen nur subsidiär zuständig sind, wenn die in diesen bestehenden privatrechtlichen Schlichtungsstellen nicht angerufen werden können. Für diese **behördlichen Verbraucherschlichtungsstellen auf Bundesebene** ist in den betreffenden Gesetzen die Anwendbarkeit des VSBG klargestellt. 3

Zu den behördlichen Verbraucherschlichtungsstellen gehören auch die bei **Kammern** eingerichteten Verbraucherschlichtungsstellen. In Betracht kommen die Industrie- und Handelskammern, Handwerkskammern sowie die Kammern für freie Berufe wie Rechtsanwalts-, Architekten und Ingenieurkammern. Nach allgemeiner Auffassung handelt sich um landesunmittelbare Körperschaften des öffentlichen Rechts, mithin um Behörden. Dass das VSBG diese Einrichtungen erfasst, ergibt sich unzweifelhaft aus der Regelung in Satz 2, die im Rahmen einer Rückausnahme (→ Rn. 8 ff.) Kammern ausdrücklich erwähnt. Als Beispiel einer durch Gesetz eingerichteten Kammer-Schlichtungsstelle nennt die Bundesregierung in ihrer Gegenäußerung zur Stellungnahme des Bundesrats 4

1 BR-Drs. 258/15, 82.

- die Schlichtungsstelle der Rechtsanwaltschaft nach § 191 f BRAO (Art. 3).[2]

5 Hinzukommen können **behördliche Verbraucherschlichtungsstellen auf Landesebene**, sei es durch Gesetz oder auch ohne gesetzliche Grundlage. § 28 gilt für solche durch Landesrecht oder untergesetzlich eingerichtete behördliche Verbraucherschlichtungsstellen nur im Falle der Bezugnahme auf das VSBG, wozu mindestens erforderlich ist, dass die Einrichtung ausdrücklich „(behördliche) Verbraucherschlichtungsstelle" genannt wird. Soweit das Landesrecht oder die Behörde zwar der Sache nach Verbraucherschlichtung betreiben, den genannten Bezug zum VSBG aber nicht herstellen, sind die betreffenden Stellen auch nicht an das VSBG gebunden. (→ § 1 Rn. 4)

III. Sinngemäße Anwendbarkeit von Vorschriften des zweiten und dritten Abschnitts (Satz 1)

6 Für die behördlichen Streitschlichtungsstellen gelten grundsätzlich zunächst die Vorschriften über die Zuständigkeit (§ 4), Verfahrensordnung (§ 5) und Streitmittler (§§ 6, 8), ferner auch § 7 über die Unabhängigkeit und Neutralität der Streitmittler mit Ausnahme der Vergütungseinschränkung in § 7 Abs. 2. Diese Ausnahme bedeutet nicht, dass Streitmittler behördlicher Stellen von Unternehmen bezahlt werden dürfen, die Ausnahme trägt vielmehr dem Umstand Rechnung, dass eine Unternehmensfinanzierung in diesem Kontext ausgeschlossen ist. § 9 ist nur eingeschränkt anwendbar (→ Rn. 8 ff.). Ferner gelten auch die Informationspflichten nach § 10 und der gesamte Abschnitt 3 mit zwei Ausnahmen. Die Nichtgeltung von § 12 zur Verfahrenssprache führt zur Anwendung von § 23 VwVfG, das als Grundsatz ebenfalls Deutsch als „Amtssprache" vorsieht. Der allgemeinen Regelung von § 23 zu Entgelten bedarf es nicht, weil die gesetzlichen Regelungen über die bestehenden behördlichen Schlichtungsstellen jeweils auch Kostenregelungen enthalten;[3] auch Neuregelungen sind somit nicht an die Vorgaben des § 23 gebunden.

7 Die nur **sinngemäße** Anwendbarkeit der für privat getragene Streitschlichtungsstellen geltenden Vorschriften begründet die Bundesregierung mit Besonderheiten etwa über die Einbindung der Streitmittler in behördliche Strukturen und Bindung an Recht und Gesetz.[4] Diese Begründung überrascht insofern, als spezialgesetzliche Vorschriften nach Satz 3 (ohnehin) vorgehen, in diesen Regelungswerken also an sich Gelegenheit wäre, den Besonderheiten der behördlichen Struktur Rechnung zu tragen. Man könnte den Weg über die nur „sinngemäße" Anwendung als Ausdruck von Sorge, ausreichende Regelungen in den Spezialgesetzen (vgl. Art. 3, 7, 9–22) zu versäumen, verstehen. Diese Regelungstechnik kann aber jedenfalls zur flexiblen Rechtsanwendung im Einzelfall beitragen.

2 BT-Drs. 18/5760, 28 (zu Nr. 25).
3 Begründung des Gesetzentwurfs BR-Drs. 258/15, 82.
4 Begründung des Gesetzentwurfs BR-Drs. 258/15, 82.

IV. Besondere Regelung für Schlichtungsstellen der Kammern (Satz 2)

Satz 2 führt dazu, dass anders als bei behördlichen Streitschlichtungsstellen im Allgemeinen bei Kammer-Schlichtungsstellen die Verbraucherverbände nach § 9 Abs. 1 ebenso einbezogen werden müsste wie bei privaten Schlichtungsstellen. Zur Begründung führt die Bundesregierung aus, dass die Kammern grundsätzlich gehalten sind, die Interessen der Kammermitglieder zu wahren.[5] 8

Die Regelung in Satz 2 ist im Gesetzgebungsverfahren dahin verstanden und deshalb im Bundesrat bekämpft worden,[6] damit werde den Kammern die Einrichtung von Schlichtungsstellen aufgegeben. Die Bundesregierung ist dem mit dem Hinweis entgegengetreten, die Regelung schaffe nicht die Pflicht, sondern knüpfe an bestehende (oder zukünftige) Regelungen an.[7] 9

Der von Wirtschaftsministerien unterstützte Widerstand einiger Spitzenverbände der Kammern reagiert auf eine parallel zum Gesetzgebungsverfahren entwickelte Initiative, die – in der Tat – Schlichtungen bei Kammern anzusiedeln beabsichtigte. Der Widerstand ist juristisch wie politisch auf die Erwägung gestützt, die Befassung mit einem „gegen" einen Kammerangehörigen gerichteten Schlichtungsantrag bringe die Kammer in einen Interessenkonflikt, zumal der Kammerangehörige über eine dazu kostenpflichtige Pflichtmitgliedschaft gebunden ist. 10

Der Übertragung der Schlichtung als Kammer-Aufgabe wurde entgegengehalten, dass sie nicht auf wesentliche Interessen der gewerblichen Wirtschaft bzw. der freien Berufe ausgerichtet sei. Der Deutschen Industrie- und Handelskammertag etwa argumentierte, dem einzelnen Unternehmen sei nur eine ausgewogene und freiwillige Streitschlichtung dienlich und könne nur unter diesen Voraussetzungen von den Industrie- und Handelskammern übernommen werden. Demgegenüber stehe die Finanzierung durch Unternehmen, die fehlende Möglichkeit des Unternehmens, selbst die Streitschlichtung einzuleiten und die konkrete Ausformung der Beteiligung der Verbraucherverbände im Widerspruch zu § 1 Abs. 1 IHKG. 11

Dem ist die Bundesregierung (in der Sache) im Rahmen der Auseinandersetzung mit dem Vorschlag des Bundesrats[8] mit der Erwägung entgegengetreten, mit der Verpflichtung als Selbstverwaltungsorgan zur Wahrnehmung der Interessen ihrer Mitglieder sei es bei „entsprechender Ausgestaltung" nicht ausgeschlossen, dass eine Kammer als Träger einer Verbraucherschlichtungsstelle fungiere.[9] In den parlamentarischen Beratungen hat diese Frage keine Rolle (mehr) gespielt. Damit ist freilich sowohl die Chance einer Klarstellung auf gesetzlicher Ebene als auch ein politisches Signal in Richtung Kammerbeteiligung verpasst. 12

5 Begründung des Gesetzentwurfs BR-Drs. 258/15, 82.
6 BR-Drs. 258/15 (Beschluss), 24 f.
7 Gegenäußerung zum Bundesratsbeschluss BT-Drs. 18/5760, 28 f. (zu Nr. 25.).
8 BR-Drs. 258/15 (Beschluss), 24 f.
9 BT-Drs. 18/5760, 28 f. (zu Nr. 25).

Abschnitt 6 Universalschlichtungsstellen der Länder

§ 29 Universalschlichtungsstelle und Verordnungsermächtigung

(1) Die Länder richten ergänzende Verbraucherschlichtungsstellen ein (Universalschlichtungsstelle des Landes).

(2) [1]Das Land kann von der Einrichtung einer Universalschlichtungsstelle absehen, wenn ein ausreichendes Schlichtungsangebot besteht. [2]Das Schlichtungsangebot ist ausreichend, wenn für jede Streitigkeit nach § 4 Absatz 2 Satz 2 mit einem in diesem Land niedergelassenen Unternehmer eine Verbraucherschlichtungsstelle zur Verfügung steht, deren Verfahren dem Unternehmer zur Teilnahme offensteht.

(3) [1]Die Länder können
1. selbst eine behördliche Universalschlichtungsstelle einrichten,
2. eine geeignete anerkannte Verbraucherschlichtungsstelle mit der Aufgabe der Universalschlichtungsstelle einschließlich der Befugnis, für die Durchführung des Streitbeilegungsverfahrens Gebühren zu erheben, beleihen oder
3. eine geeignete anerkannte Verbraucherschlichtungsstelle mit der Aufgabe der Universalschlichtungsstelle beauftragen.

[2]Ist eine anerkannte Verbraucherschlichtungsstelle mit der Aufgabe der Universalschlichtungsstelle beauftragt, handelt sie als private Verbraucherschlichtungsstelle nach den Abschnitten 2 und 3. [3]Für ihre Tätigkeit als Universalschlichtungsstelle gelten die besonderen Bestimmungen des § 30.

(4) [1]Die Landesregierungen
1. bestimmen durch Rechtsverordnung die für die Beleihung nach Absatz 3 Satz 1 Nummer 2 und die Beauftragung nach Absatz 3 Satz 1 Nummer 3 sowie die für die Rechts- und Fachaufsicht über die Universalschlichtungsstelle des Landes zuständige Behörde und
2. können durch Rechtsverordnung Regelungen zur Beendigung der Beleihung nach Absatz 3 Satz 1 Nummer 2 oder der Beauftragung nach Absatz 3 Satz 1 Nummer 3 treffen.

[2]Die Landesregierung kann die Ermächtigung nach Satz 1 durch Rechtsverordnung auf eine oberste Landesbehörde übertragen.

I. Einführung

1 Der 6. Abschnitt befasst sich mit der sogenannten Universalschlichtung. Der Sache nach geht es um Schlichtungsbedarfe, die von den privaten und behördlichen Verbraucherschlichtungsstellen (§§ 14 ff., § 28) nicht abgedeckt werden. Insoweit handelt es sich um eine Auffangregelung, die die Vorgabe in Art. 5 ADR-Richtlinie umsetzt, wonach dem Verbraucher für jede Streitigkeit mit einem in dem betreffenden Mitgliedstaat niedergelasse-

nen Unternehmer eine Schlichtungsstelle zur Verfügung stehen muss. § 29 regelt die organisatorischen Vorgaben, § 30 befasst sich mit Zuständigkeiten und dem Verfahren und § 31 betrifft die Gebühren.

II. Begrifflichkeiten

Der Begriff der Universalschlichtung ist irreführend und wird dem Auffangcharakter nicht gerecht. Im Gegenteil suggeriert der Begriff eine umfassende Zuständigkeit. Er lässt auch im Abgleich mit der „Allgemeinen Verbraucherschlichtungsstelle“ nach § 4 Abs. 2 die Erwartung einer Stelle zu, die jederzeit für Schlichtung aller Art zuständig ist. Tatsächlich ist das Verhältnis genau umgekehrt. Jedenfalls konzeptionell sind primär die Allgemeinen Verbraucherschlichtungsstellen „zuständig“, die Universalschlichtungsstellen gemäß § 30 Abs. 1 Nr. 1 nur nachrangig. Die Verbraucherschlichtungsstelle kann ihre Zuständigkeit nach § 4 Abs. 2 auch auf Streitigkeiten ohne Beteiligung eines Verbrauchers ausdehnen, die Universalschlichtungsstelle nicht. 2

Der Bundesrat hat deshalb vorgeschlagen, zu der noch im Referentenentwurf verwendeten Begrifflichkeit der „Auffangschlichtungsstelle“ zurückzukehren, die eine zielführende Vorstellung von der Funktion als Auffangeinrichtung vermittele.[1] Die Bundesregierung hat diesem Vorschlag entgegengehalten, mit dem Begriff des „Auffangens“ sei womöglich der Eindruck verbunden, es handele sich um ein „zweitrangiges“ Schlichtungsangebot.[2] 3

Im Ergebnis hat das Gesetz zur Vermeidung des Eindrucks von Zweitrangigkeit den falschen Eindruck von Vorrangigkeit und allumfassender Zuständigkeit in Kauf genommen. Kommt es zur Universalschlichtung, was vor dem Jahre 2020 kaum der Fall sein wird (→ Rn. 7 f.), müssen die Träger durch geeignete Kommunikation dieses Missverständnis vermeiden helfen, wollen sie nicht mit übergroßem Aufwand bei der Ablehnung von Anträgen konfrontiert sein. 4

III. Länderzuständigkeit (Abs. 1)

Die Zuständigkeitsverteilung zwischen Bund und Ländern war im Gesetzgebungsverfahren lange streitig. Die Bundesregierung hat sich in der Begründung des Regierungsentwurfs auf den Gesichtspunkt der Flächendeckung bezogen und auf die „gebotene“ Ortsnähe abgestellt.[3] Der Bundesrat hat dem entgegengehalten, nur in einer zentralen Universalschlichtungsstelle könnten die zu erwartenden Beschwerden aus den unterschiedlichsten Branchen und Dienstleistungsbereichen zielgerecht bearbeitet werden. Nur dort sei es möglich, notwendiges Fachwissen zu konzentrieren, Spezialisierungen zu leisten und eine einheitliche Verfahrensweise sicherzustellen.[4] Dem ist die Bundesregierung in der Gegenäußerung mit einem Verweis auf den Grundsatz entgegengetreten, dass die Länder die Bundesgeset- 5

1 BR-Drs. 258/15 (Beschluss), 25 (Nr. 26).
2 BT-Drs. 18/5760, 29 (zu Nr. 26).
3 BR-Drs. 258/15, 83.
4 BR-Drs. 258/15 (Beschluss), 1 ff. (Nr. 2).

ze als eigene Angelegenheit (Art. 83 GG) ausführen,[5] ohne freilich die nach Art. 87 GG ausdrücklich vorgesehene Möglichkeit der Aufgabenerledigung durch selbstständige Bundesoberbehörden oder bundesunmittelbare Körperschaften und Anstalten des öffentlichen Rechts überhaupt zu erwägen. Den von dem Bundesrat dargelegten Vorzügen einer zentralen Stelle ist die Bundesregierung lediglich (noch) mit dem Argument entgegengetreten, auch in den dezentral organisierten Gerichten werde ein spezialisiertes Fachwissen vorgehalten, ohne freilich den sich aufdrängenden Vergleich der jeweiligen Fallvolumina[6] in den Blick zu nehmen.

6 Die vom Gesetz schließlich gefundene Lösung folgt dem Ansatz einer zentralen Einrichtung und überlässt bei grundsätzlicher Zuständigkeit der Bundesländer die Verantwortung und Finanzierung für vier Jahre dem Bund (→ Rn. 8).

IV. Absehen von Universalschlichtung (Abs. 2)

1. Voraussetzungen

7 Dem Charakter als Auffangstelle folgend befreit Abs. 2 S. 1 die Länder von der Pflicht der Universalschlichtung, wenn ein „ausreichendes Schlichtungsangebot" besteht. Satz 2 führt dies unter Bezug auf Flächendeckung nach § 4 näher aus. Diese Voraussetzung ist dann gegeben, wenn mindestens eine **Allgemeine Schlichtungsstelle** im Sinne von § 4 Abs. 2 S. 2 besteht, die also von der Befugnis in § 4 Abs. 2 S. 1 keinen Gebrauch macht, den Zuständigkeitsbereich sachlich zu beschränken und die sich nach § 4 Abs. 2 S. 3 zwar auf Unternehmer in dem betreffenden Land beschränken kann, aber nicht weiter auf einzelne Unternehmen. Gibt es in dem betreffenden Bundesland keine Allgemeine Verbraucherschlichtungsstelle, sind die Voraussetzungen mit (einfachen) Verbraucherschlichtungsstellen auch zu erfüllen. Inhaltlich kann dies dadurch sichergestellt werden, dass die unterschiedlichen Zuständigkeitsbeschränkungen der Schlichtungsstellen in der Summe gleichwohl die von § 4 Abs. 2 S. 2 verlangte Flächendeckung erfüllen. In örtlicher bzw. unternehmensspezifischer Hinsicht ist wesentlich, dass die (einfachen) Verbraucherschlichtungsstellen in der Summe jedem Unternehmen (potenziellen) Zugang zur Schlichtung geben.

8 Die Voraussetzungen für ein Absehen von Universalschlichtung werden bis einschließlich des Jahres 2019 durch die Projektförderung nach § 43 Abs. 1 erfüllt sein. Hiernach fördert das Bundesministerium der Justiz und für Verbraucherschutz eine Allgemeine Verbraucherschlichtungsstelle mit bundesweiter Zuständigkeit. Zwar beschränkt sich der Wortlaut des § 43 Abs. 1 auf die Förderung, die bei Existenz einer zu fördernden allgemeinen Verbraucherschlichtungsstelle gerade entbehrlich wäre und bei Fehlen einer zu fördernden allgemeinen Verbraucherschlichtungsstelle ins Leere ginge. Über den engen Wortlaut hinaus hat der Bund indessen die Gewähr dafür übernommen, dass im Sinne von Abs. 2 S. 1 ein ausreichendes Schlichtungsangebot bis zum 31.12.2019 besteht. Dies ist in der Begründung der

5 BT-Drs. 18/5760, 24 (zu Nr. 1-3).
6 Vgl. *Niewisch-Lennartz* ZKM 2015, 136, 138.

Beschlussempfehlung des 6. Ausschusses[7] und mittels Protokollerklärung im Bundesrat ausdrücklich festgehalten. Mit dem Inkrafttreten des Gesetzes ist am 1.4.2016 dank der Förderung des Bundes eine Allgemeine Schlichtungsstelle gegründet und am selben Tage – als erste Verbraucherschlichtungsstelle nach dem VSBG – vom Bundesamt für Justiz anerkannt worden: Das Zentrum für Schlichtung e.V.[8] mit Sitz in Kehl, eine Parallelorganisation des Online-Schlichters.[9]

Soweit die Begründung des Regierungsentwurfs noch ausgeführt hat, die Universalschlichtungsstelle des Landes sei mit Blick auf die mit den (Allgemeinen) Verbraucherschlichtungsstellen verbundenen Unwägbarkeiten „zunächst notwendig“,[10] ist dies aus den dargestellten Gründen überholt. 9

2. Ermessen

Bei Vorliegen der Voraussetzungen eröffnet Abs. 2 S. 1 den Ländern ein Ermessen. Sie sind also nicht gehindert, trotz Bedarfsdeckung im Sinne des Abs. 2 S. 2 eine Auffangschlichtung vorzuhalten. Gründe, von dieser Befugnis Gebrauch zu machen, könnten sich ab dem Jahre 2020 etwa daraus ergeben, dass das bestehende Angebot nicht als hinreichend zuverlässig betrachtet wird. Gibt es in dem betreffenden Land nur eine Allgemeine Verbraucherschlichtungsstelle, könnte schon die jederzeitige Möglichkeit dieser Stelle, Einschränkungen im Sinne von § 4 Abs. 2 S. 1 vorzunehmen, Anlass zur Gründung oder Aufrechterhaltung einer Universalschlichtungsstelle geben. 10

Mittelbaren Einfluss auf den Ermessensgebrauch könnte die (negative) Zuständigkeitsregel in § 30 Abs. 1 Nr. 2 haben. Hiernach muss die Universalschlichtungsstelle die Schlichtung eines in dem betreffenden Land ansässigen Verbrauchers mit einem Unternehmen auch außerhalb des Landes und auch außerhalb Deutschlands bearbeiten, bei einer auf Sinn und Zweck orientierten Auslegung allerdings (immerhin) beschränkt auf den EWR (→ § 30 Rn. 5). Daraus ergibt sich eine auf den ersten Blick seltsame Konsequenz. In einem Land, in dem im Sinne von Abs. 2 ein ausreichendes Schlichtungsangebot besteht, hat der Verbraucher in Deutschland keinen Zugang zur Schlichtung eines grenzüberschreitenden Konflikts. Hat der Verbraucher aber Wohnsitz oder gewöhnlichen Aufenthalt in einem Mangelland, also in einem Bundesland ohne flächendeckendes Angebot, so findet er über die damit notwendige Universalschlichtung Zugang auch zur grenzüberschreitenden Schlichtung. Ein nachvollziehbarer Grund für diese Differenzierung ist in den Gesetzesmaterialien nicht niedergelegt und auch sonst nicht ersichtlich. Dies könnte zu der Annahme führen, dass das Land nach Abs. 2 S. 2 bei der Ermessensausübung den Umstand berücksichtigt, ob der Verbraucher ein privates (oder behördliches) Angebot zur grenzübergreifenden Schlichtung vorfindet oder nicht. Letzterenfalls könnte man eine Ermessensreduzierung in dem Sinne erwägen, dass trotz Vorliegens der Voraussetzungen des Abs. 2 S. 1 eine Universalschlichtung einzurichten 11

7 BT-Drs. 18/5089, 87 (zu § 43).
8 https://www.verbraucher-schlichter.de; letzter Zugriff am 7.4.2016.
9 https://www.online-schlichter.de; letzter Zugriff am 7.4.2016.
10 BR-Drs. 258/15, 84.

ist. Dieses Verständnis kommt allerdings im Gesetzeswortlaut nicht zum Ausdruck und ist deshalb abzulehnen.

V. Ausgestaltungsmöglichkeiten der Universalschlichtung (Abs. 3)

12 Das Gesetz gibt den Ländern ein breites Spektrum von Möglichkeiten, die Universalschlichtung organisatorisch auszugestalten. Sie kann selbst eine **Behörde** einrichten (S. 1 Nr. 1). In diesem Fall gilt für das Verfahren § 28 S. 1 iVm den dort zitierten Bestimmungen für private Verbraucherschlichtungsstellen (→ § 28 6 f.), unter Berücksichtigung freilich der Besonderheiten aus § 30.

13 Zu den von S. 1 Nr. 1 eingeräumten Möglichkeiten gehört auch, **Gerichte in ihrer Funktion als Verwaltungsbehörde** mit der Aufgabe der Universalschlichtung zu betrauen.[11] In den Gerichten ist sowohl die in § 6 verlangte juristische Kompetenz als – mit Blick auf das Güterichterverfahren nach § 278 Abs. 5 ZPO – auch Expertise in konsensualer Streitlösung vorhanden. Mit einer solchen Lösung wäre auch die vom Gesetzentwurf für nötig gehaltene Ortsnähe der Streitschlichtung, deren Bedarf sich im Rahmen der Forschung nach § 43 Abs. 2 ergeben mag, gewährleistet, ohne dass zusätzliche Strukturen aufgebaut werden müssten. Die ADR-Richtlinie lässt als Träger der Schlichtungsstellen durchaus staatliche Lösungen zu (EG 24). Allerdings schließt Art. 2 Abs. 2 lit. b der ADR-Richtlinie „Bemühungen von Richtern um die gütliche Einigung eines anhängigen Rechtsstreits“ von ihrem Anwendungsbereich aus. Daraus wird deutlich, dass mit „außergerichtlicher“ Streitbeilegung nicht eine institutionelle, sondern eine funktionale Abgrenzung zum Gericht getroffen werden soll. Deshalb wäre ausreichend, die beiden Aufgabenbereiche organisatorisch und personell zu trennen.[12] Die Durchführung von Verbraucherstreitbeilegungsverfahren stellt eine Verwaltungsaufgabe dar, bei deren Erledigung Gerichte als Behörden tätig werden. Nach § 4 Abs. 2 Nr. 2 DRiG können Gerichten und Richtern neben Aufgaben der Gerichtsverwaltung durch Gesetz weitere Aufgaben zugewiesen werden, was im Lichte von Art. 92 GG allerdings erfordert, dass es sich nicht um eine typische Verwaltungsaufgabe handelt.[13] Die Verbraucherstreitschlichtung hat indessen einen starken Bezug zu der Aufgabe der Rechtsprechung, Rechtsfrieden zu schaffen und zu wahren. Deshalb kann **Gerichten und Richtern die Aufgabe der Verbraucherstreitbeilegung** im Sinne des § 4 Abs. 2 Nr. 2 DRiG durch Bundesrecht oder Landesrecht zugewiesen werden.

14 Die Länder können weiter eine anerkannte Verbraucherschlichtungsstelle mit der Universalschlichtung **beleihen** (S. 1 Nr. 2). Hierbei handelt es sich um eine Rechtsfigur, mit der Hoheitsrechte auf private Rechtsträger übertragen werden. Dass damit offenbarte Verständnis der Hoheitlichkeit der Universalschlichtung mag freilich bezweifelt werden, die Beleihungsoption ist aber letztlich Konsequenz der Regelung in S. 1 Nr. 1. Einen Vorteil der Beleihung kann man darin sehen, dass damit auch die Hoheitlichkeit der Gebührenerhebung verbunden ist, was auch im Gesetzestext klargestellt

---

11 So auch *Hirsch* NJW 2012, 2088 (2090).
12 *Niewisch-Lennartz* ZKM 2015, 136 (140).
13 Vgl. *Schmidt-Räntsch*, Deutsches Richtergesetz, 6. Aufl., § 4 Rn. 33.

ist. Der beliehene private Rechtsträger ist also insbesondere auch zu der vereinfachten Vollstreckung der Gebühr befugt (→ § 31 Rn. 39).

Neben den hoheitlichen Optionen besteht nach S. 1 Nr. 3 auch die Möglichkeit einer bloßen **Beauftragung** mit der Aufgabe der Universalschlichtungsstelle. Für die beauftragte anerkannte Verbraucherschlichtungsstelle gelten nach der Klarstellung in Satz 2 auch für die Universalschlichtung die allgemeinen Vorschriften der §§ 3 bis 23. Dies gilt aber nicht für § 14 Abs. 1 bis 4, sondern nach Satz 3 findet für die Zuständigkeit und das Verfahren § 30 Anwendung. Mit anderen Worten hat die anerkannte Schlichtungsstelle die Ablehnungsgründe aus § 30 Abs. 1 und Abs. 2 zu beachten und kann insoweit als Verfahren auch nur die Schlichtung anbieten. Andererseits steht ihr eine Gebührenerhebung nicht nach § 31 zu, sie hat also auch für die Universalschlichtung Entgelte nach § 23 zu erheben. § 14 Abs. 5 zur Aussetzung des Verfahrens ist allerdings anwendbar. Der Verweis auf § 30 sperrt dessen Anwendung deshalb nicht, weil dieser Regelungen über die Aussetzung des Verfahrens nicht enthält. Dies ergibt sich mittelbar auch aus § 31 Abs. 2 S. 1, Hs. 2, der die Anwendbarkeit (zumindest) von § 14 Abs. 5 S. 2 voraussetzt, und aus der Begründung des 6. Ausschusses hierzu.[14] 15

Bei der Abwägung des Landes, von der Möglichkeit der Nr. 3 Gebrauch zu machen, wird die Alternative der Beauftragung einer Allgemeinen Verbraucherschlichtungsstelle nach dem Vorbild des § 43 Abs. 1 in den Blick zu nehmen sein. Dies hätte den vielleicht so einzuschätzenden Vorteil, dass die betreffende Stelle anders als nach der Beauftragung nach § 30 Abs. 3 Nr. 3 keine grenzüberschreitende Schlichtung anbieten müsste. Auch mag das Gesamtkonzept zur Zuständigkeit bzw. Ablehnung in § 14 als zielführender als das in § 30 eingeordnet werden. Schließlich könnte für die Beauftragung als Verbraucherschlichtungsstelle sprechen, dass damit keine formale Aufsicht verbunden ist wie mit der Beauftragung mit der Universalschlichtung nach Nr. 1. 16

VI. Rechtsverordnung und Subdelegation (Abs. 4)

Die Vorschrift schafft in S. 1 Nr. 1 Klarheit darüber, dass die Länder bei der Umsetzung des Behörden- oder Beauftragungskonzepts keines Gesetzes bedürfen. Vielmehr kann durch Rechtsverordnung die für Beleihung oder Auftrag zuständige Behörde bestimmt werden. Entsprechendes gilt für die Aufsicht, womit weiter klargestellt ist, dass es der Aufsicht auch über die beauftragte Universalschlichtungsstelle bedarf. Nach Nr. 2 können ferner Regelungen zur Beendigung von Beleihung bzw. Beauftragung durch Verordnung getroffen werden. Satz 2 schließlich erlaubt es den Landesregierungen, die Befugnis zur Verordnung auf ein Fachministerium zu übertragen, was das Justiz- oder Verbraucherschutzressort sein dürfte. Mit dieser Subdelegation wird weitere Flexibilität geschaffen. 17

Falls das Land eine behördliche Universalschlichtungsstelle nach Abs. 3 S. 1 Nr. 1 einrichtet, bedarf dies der gesetzlichen Regelung. 18

14 BT-Drs. 18/5089, 86 (zu § 31).

§ 30 Zuständigkeit und Verfahren der Universalschlichtungsstelle

(1) Die Universalschlichtungsstelle des Landes lehnt die Durchführung eines Streitbeilegungsverfahrens ab, wenn

1. eine andere Verbraucherschlichtungsstelle zuständig ist,
2. weder der Unternehmer in diesem Land niedergelassen ist noch der Verbraucher in diesem Land seinen Wohnsitz oder gewöhnlichen Aufenthalt hat,
3. es sich um eine Streitigkeit aus einem in § 4 Absatz 2 Satz 2 Nummer 1 genannten Vertrag handelt,
4. der Wert des Streitgegenstands weniger als 10 Euro oder mehr als 5 000 Euro beträgt,
5. der streitige Anspruch nicht zuvor gegenüber dem Unternehmer geltend gemacht worden ist oder
6. der Antrag offensichtlich ohne Aussicht auf Erfolg ist oder mutwillig erscheint, insbesondere weil
   a) der streitige Anspruch bei Antragstellung bereits verjährt war und der Unternehmer sich auf die Verjährung beruft,
   b) die Streitigkeit bereits beigelegt ist,
   c) zu der Streitigkeit ein Antrag auf Prozesskostenhilfe bereits mit der Begründung zurückgewiesen worden ist, dass die beabsichtigte Rechtsverfolgung keine hinreichende Aussicht auf Erfolg bietet oder mutwillig erscheint.

(2) Die Verfahrensordnung der Universalschlichtungsstelle des Landes kann weitere nach § 14 Absatz 2 Satz 1 Nummer 1, 2 und 4 und Satz 2 zulässige Ablehnungsgründe vorsehen.

(3) Die Universalschlichtungsstelle des Landes teilt dem Verbraucher im Fall des Absatzes 1 Nummer 1 mit der Ablehnungsentscheidung eine zuständige Verbraucherschlichtungsstelle mit, an die er sich wenden kann.

(4) [1]Die Universalschlichtungsstelle führt Schlichtungsverfahren durch. [2]Sie kann einen Schlichtungsvorschlag nach Aktenlage unterbreiten, wenn der Unternehmer, der zur Teilnahme am Verfahren der Universalschlichtungsstelle bereit ist oder verpflichtet ist, zu dem Antrag des Verbrauchers keine Stellungnahme abgibt.

(5) [1]Von der Bereitschaft des Unternehmers zur Teilnahme am Streitbeilegungsverfahren ist auszugehen, wenn er gegenüber dem Verbraucher, auf seiner Webseite oder in seinen Allgemeinen Geschäftsbedingungen erklärt hat, an Streitbeilegungsverfahren vor einer Universalschlichtungsstelle teilzunehmen. [2]Von der Bereitschaft des Unternehmers ist auch dann auszugehen, wenn er zwar keine Teilnahmebereitschaft nach Satz 1 erklärt hat, aber die Teilnahme am Verfahren nicht innerhalb von drei Wochen ablehnt, nachdem ihm der Antrag des Verbrauchers von der Universalschlichtungsstelle des Landes übermittelt worden ist. [3]Die Universalschlichtungsstelle muss den Unternehmer zugleich mit der Übermittlung des Antrags auf die in Satz 2 geregelte Rechtsfolge hinweisen und ferner darauf hinweisen, dass für die Durchführung des Streitbeilegungsverfahrens eine Gebühr nach § 31 oder im Fall einer beauftragten Universalschlichtungsstelle ein Entgelt nach § 23 erhoben werden kann.

I. Überblick

Die Vorschrift enthält keine positive Bestimmungen zur Zuständigkeit, sondern von einer umfassenden Zuständigkeit ausgehende Regelungen zur Ablehnung des Antrags (Abs. 1–3) und stellt insoweit die Parallelregelung zu § 4 Abs. 2 und § 14 dar. Abs. 4 beschreibt das Verfahren und Abs. 5 enthält Regelungen in Zusammenhang mit der Teilnahmebereitschaft von Unternehmen. 1

Die Vorschrift enthält eine abschließende Spezialregelung zu § 14, soweit es um Ablehnungsgründe geht; insoweit greift die Verweisung für behördliche Verbraucherschlichtungsstellen in § 28 S. 1 bzw. für mit Universalschlichtung beauftragte Verbraucherschlichtungsstellen in § 29 Abs. 3 S. 2 nicht. Kraft dieser Verweisungen gilt aber die im Laufe des Gesetzgebungsverfahrens hinzugetretene Aussetzungsvorschrift des § 14 Abs. 5 (→ § 14) Rn. 64.[1] 2

II. Zwingende Ablehnungsgründe (Abs. 1)

Die Universalschlichtungsstelle ist nur hilfsweise zuständig, dient also als bloße Auffangeinrichtung. Auch hier kommt zum Ausdruck, dass Einrichtungen bevorzugt werden sollen, die von Unternehmen bzw. Verbänden eingerichtet oder zumindest getragen werden und die möglichst auch Branchenlösungen vorsehen. Dieser Unterschied rechtfertigt es, hier anders als bei privaten Verbraucherschlichtungsstellen (→ § 14 Rn. 4 ff.) dem Wortlaut entsprechend von einer gebundenen Entscheidung auszugehen. Bei Vorliegen der Voraussetzungen des Abs. 1 muss die Universalschlichtungsstelle also die Durchführung des Verfahrens ablehnen. Dem aufgezeigten Unterschied trägt das Gesetz auch insoweit Rechnung, als es der Universalschlichtungsstelle anders als der (privaten) Schlichtungsstelle (§ 4 Abs. 3) 3

1 Das ergibt sich mittelbar auch aus § 31 Abs. 2 S. 1, Hs. 2, der die Anwendbarkeit (zumindest) von § 14 Abs. 5 S. 2 voraussetzt und aus der Begründung des 6. Ausschusses hierzu (BT-Drs. 18/5089, 86 zu § 31 VSBG).

nicht die freiwillige Übernahme von Streitigkeiten außerhalb der Grundzuständigkeit gestattet.

1. Nachrangigkeit (Nr. 1)

4 Vorrang hat jede andere Verbraucherschlichtungsstelle. Das umfasst alle Einrichtungen im Sinne von § 2. Nicht vorrangig sind Stellen, die nicht im Sinne von § 2 Abs. 1 Nr. 2 anerkannt, beauftragt oder eingerichtet sind. Insbesondere besteht die Nachrangigkeit nicht gegenüber Stellen, die sich nicht haben listen lassen, unabhängig davon, ob sie die Anerkennungsvoraussetzungen materiell erfüllen (→ Einf. Rn. 110, § 1 Rn. 9, § 24 Rn. 4).

2. Örtliche Beschränkung (Nr. 2)

5 Ausgeschlossen sind Verfahren **ohne räumlichen Bezug zu dem betreffenden Land.** Positiv gewendet ist die Universalschlichtungsstelle nur und andererseits zwingend für alle Verfahren zuständig, in denen in dem Land entweder der Unternehmer niedergelassen (vgl. § 4 Abs. 2) ist oder der Verbraucher Wohnsitz oder gewöhnlichen Aufenthalt (vgl. § 4 Abs. 4) hat. Damit kann sich die Universalschlichtungsstelle also Anträgen des in dem betreffenden Bundesland ansässigen Verbrauchers gegen ein ausländisches Unternehmen, anders als nach § 4 Abs. 4 die private Verbraucherschlichtungsstelle, nicht entziehen. Diese **zwingende Zuständigkeit** war im Referentenentwurf noch nicht vorgesehen und geht über die Vorgaben der ADR-Richtlinie hinaus, die in Art. 5 Abs. 1 den Zugang zur Streitbeilegung nur für im Hoheitsgebiet des betreffenden Mitgliedstaats niedergelassene Unternehmen verlangt. Die Zuständigkeit gilt allerdings nur **für Unternehmen in der EU und im sonstigen EWR**. Das VSBG stellt in zahlreichen Vorschriften (nur) auf den EWR ab (§ 4 Abs. 4, § 33 Abs. 2, § 28, § 40 Abs. 1 Nr. 1). Wenn das VSBG hier auch primär den Verbraucher im Blick haben mag, ergibt sich die EWR-Begrenzung in Bezug auf Unternehmen aus der umzusetzenden Richtlinie. Art. 1 S. 1 ADR-Richtlinie nennt als Ziel einen Beitrag zum „reibungslosen Funktionieren des Binnenmarkts"; in den Erwägungsgründen ist dieses Anliegen beschränkt auf den Binnenmarkt umfangreich dargestellt (2, 3, 6, 7, 8, 10, 11, 15, 60). Ein über den Binnenmarkt hinausgehendes Ziel gibt die Richtlinie nicht vor und kann dem Umsetzungsgesetzgeber nicht unterstellt werden. Der Gesetzgeber wollte mit der überschießenden Umsetzung der Richtlinie zwar offenbar dem in Deutschland ansässigen Verbraucher im Rahmen (immerhin) der Auffangschlichtung einen grenzüberschreitenden Service leisten, der dem Geist der Richtlinie entspricht. Es liegt aber fern anzunehmen, dass die Universalschlichtungsstellen in weiterer überschießender Tendenz auch über den EWR hinaus zur Schlichtung verpflichtet werden sollten.

3. Ausgeschlossene Rechtsbereiche (Nr. 3)

6 In der Auffangschlichtung werden die Streitigkeiten nach § 4 Abs. 2 S. 2 Nr. 1 nicht behandelt. Das betrifft nichtwirtschaftliche Dienstleitungen von allgemeinem Interesse, Streitigkeiten aus Gesundheitsdienstleistungen sowie aus Verträgen im Bereich der Weiter- und Hochschulbildung durch staatliche Einrichtungen. Anders als privaten Schlichtungsstellen (→ § 4

Rn. 24) steht der Auffangschlichtungsstelle die Bearbeitung solcher Streitigkeiten auch nicht frei. Sie müssen die Schlichtung in der Logik des gesamten Abs. ablehnen.

4. Streitwerteinschränkungen (Nr. 4)

Das Verfahren ist abzulehnen, wenn der Streitwert weniger als 10 oder mehr als 5.000 EUR beträgt. Damit weicht das Gesetz von der Parallelvorschrift des § 14 Abs. 2 Nr. 4 in zweifacher Hinsicht ab. Zum einen ist das Verbot hier bindend, zum zweiten sind anders als in der privaten Schlichtung starre Streitwertgrenzen bestimmt. 7

Den unteren Wert (10 EUR) begründet der Gesetzgeber damit, der Aufwand zur Schlichtung von Bagatellansprüchen sei unverhältnismäßig.[2] Damit verschließt das Gesetz freilich die Schlichtungstür auch für die Konstellation sogenannter Streuschäden, die Unternehmer fahrlässig oder vorsätzlich („kalkulierter Rechtsbruch") mit dem Kalkül verursachen, der Verbraucher werde sich wegen dieser Kleinbeträge nicht wehren. Damit scheinen die Unternehmen Erfolg zu haben, denn vor Gericht werden solch geringfügige Ansprüche kaum geltend gemacht („rationale Apathie"). Für umso wichtiger könnte man die Eröffnung der Schlichtung in diesem Bereich halten, womöglich sogar als kollektives Instrument (→ Einf. Rn. 79). 8

Den oberen Wert (5.000 EUR) bestimmt das Gesetz nach der Zuständigkeitsgrenze zwischen Amtsgericht und Landgericht mit der Erwägung, für Verfahren, die den Landgerichten zugewiesen wären, sei ein Schlichtungsangebot entbehrlich.[3] 9

5. Keine vorherige Geltendmachung (Nr. 5)

Ebenso wie die private Streitbeilegungsstelle führt auch die Auffangschlichtungsstelle ein Streitbeilegungsverfahren nicht durch, wenn der Verbraucher den Anspruch nicht zuvor beim Unternehmen geltend gemacht hat (→ § 14 Rn. 37 ff.). Dies gilt freilich dann nicht, wenn das Unternehmen dennoch in die Durchführung des Verfahrens einwilligt oder sich zur Sache einlässt, → Rn. 15 ff. 10

6. Aussichtslosigkeit und Mutwilligkeit (Nr. 6)

Dieser Ablehnungsgrund sollte noch nach dem Referentenentwurf wie in § 14 Abs. 2 Nr. 1 ein fakultativer sein, also der Verfahrensordnung überlassen werden. Auf Vorschlag des Bundesrats ist dieser Ablehnungsgrund verbindlich ausgestaltet worden. Zu den Voraussetzungen kann auf die Erläuterungen zu § 14 Abs. 1 Nr. 3 (→ § 14 Rn. 43 ff.) verwiesen werden. 11

2 Begründung des Regierungsentwurfs BR-Drs. 258/15, 85.
3 Begründung des Regierungsentwurfs BR-Drs. 258/15, 85.

III. Fakultative Ablehnungsgründe (Abs. 2)

12 Durch den Verweis auf § 14 Abs. 2 Satz 1 kann die Verfahrensordnung folgende weitere Ablehnungsgründe vorsehen:

- Vorbefassung durch Verbraucherschlichtungsstelle (Nr. 1 → § 14 Rn. 53),
- Vorbefassung durch Gericht (Nr. 2 → § 14 Rn. 54),
- Beeinträchtigung des effektiven Betriebs (Nr. 4→ § 14 Rn. 56 ff.).

13 Den weiteren Ablehnungsgrund der Streitwertunter- oder -überschreitung (§ 14 Abs. 2 S. 1 Nr. 3) ist in Abs. 2 nicht in Bezug genommen gelten nicht, weil er bereits von Abs. 1 Nr. 4 erfasst sind.

14 Soweit Abs. 2 weitere Ablehnungsgründe nach § 14 Abs. 2 S. 2 erwähnt, macht das bei wörtlichem Verständnis keinen Sinn, weil die in Bezug genommene Norm keine weiteren Ablehnungsgründe enthält, sondern nur eine Beschränkung der zuvor geregelten. Sinn der Bezugnahme in Abs. 2 kann nur sein, die Beschränkung auch für die Auffangschlichtungsstelle gelten zu lassen, hierzu → § 14 Rn. 51. Hingegen ist die Lockerung der Beschränkungen in § 14 Abs. 2 S. 3 hier ohne Bedeutung, weil die Universalschlichtungsstelle ihrem Charakter als Auffangeinrichtung (→ § 29 Rn. 2) entsprechend ohnehin nur auf Antrag eines Verbrauchers gegen ein Unternehmen tätig wird).

IV. Später eintretende oder bekannt werdende Ablehnungsgründe

15 Ein Ablehnungsgrund kann erst im Laufe des Verfahrens eintreten. Das gilt etwa dann, wenn der Streitwert im Verlaufe des Verfahrens den Wert von 5.000 EUR übersteigt oder eine andere Streitbeilegungsstelle infolge Neugründung oder Beitritt des Unternehmens zuständig wird. Ferner kann der Ablehnungsgrund erst nachträglich bekannt werden, etwa weil erst im Laufe des Verfahrens mitgeteilt wird, dass der Verbraucher zuvor bereits Prozesskostenhilfe für ein gerichtliches Verfahren beantragt hatte.

16 § 30 regelt die Rechtsfolgen nicht ausdrücklich. In Betracht kommt sowohl die Weiterführung des Verfahrens als auch die Pflicht oder das Recht der Auffangschlichtungsstelle zur Beendigung des Verfahrens. Die Frage sollte durch analoge Anwendung des § 14 Abs. 4 S. 1 (→ § 14 Rn. 61) zu lösen sein. Danach liegt es im **Ermessen der Streitbeilegungsstelle, das Verfahren entweder fortzuführen oder zu beenden** – und zwar unabhängig davon, ob es sich um einen zwingenden oder fakultativen Ablehnungsgrund handelt. Dies scheint auch für die Auffangschlichtung sinnvoll. Die Voraussetzungen für eine Analogie liegen vor, weil es sich um eine planwidrige Regelungslücke handelt. Denn die Begründung des Regierungsentwurfs enthält keine Überlegungen zu dieser Frage; der Gesetzgeber hat sie ersichtlich (schlicht) übersehen. Zwar ließe sich entgegnen, dass der Vergleich von § 14 Abs. 3 und § 14 Abs. 4 S. 2 einerseits und § 30 Abs. 3 andererseits zeige, dass die Vorschriften von unterschiedlichen Konzepten ausgingen. Während § 14 Abs. 3 und § 14 Abs. 4 S. 2 die Übermittlung des Antrags vor seiner Ablehnung zumindest für möglich hält, könnte § 30 Abs. 3, der anders als § 14 Abs. 3 eine bedingte Mittelungspflicht an das Unternehmen nicht vorsieht, so zu lesen sein, dass in der Universalschlichtung das Unter-

nehmen keinesfalls vor der Ablehnung einzubeziehen ist. Aber der freilich erst im Laufe des Gesetzgebungsverfahrens eingefügte§ 31 Abs. 3 Nr. 1, der sogar von der Möglichkeit der Einlassung des Unternehmers zur Sache vor der Antragsablehnung ausgeht, zeigt, dass der Gesetzgeber diese konzeptionelle Differenzierung zumindest nicht durchgehalten hat.

Die Analogie umfasst auch § 14 Abs. 4 S. 2. Die Universalschlichtungsstelle darf den Antrag also dann nicht zurückweisen, wenn der Unternehmen trotz unterbliebener vorheriger Geltendmachung in das Verfahren einwilligt oder sich zur Sache einlässt. Das bedeutet, dass die Universalschlichtungsstelle den Antrag in diesen Fällen übermitteln darf. Insbesondere dann, wenn Verjährung droht, sollte die Universalschlichtungsstelle hiervon auch Gebrauch machen (→ § 14 Rn. 29). 17

V. Mitteilungspflicht (Abs. 3)

Wenn eine andere Stelle zuständig ist und die Auffangschlichtungsstelle deshalb nach Abs. 1 Nr. 1 die Durchführung ablehnt, teilt sie dem Verbraucher die zuständige Stelle mit. Eine Benachrichtigung des Unternehmens ist nicht vorgesehen und ist im Allgemeinen auch entbehrlich. Ist das Unternehmen allerdings bereits einbezogen, etwa in den Fällen, in denen der Ablehnungsgrund zunächst übersehen wurde oder sich erst später ergibt (→ Rn. 15 ff.), sollte (selbstverständlich) auch das Unternehmen unterrichtet werden. Eine Abgabe oder Verweisung an die zuständige Stelle, wie sie auf Antrag in § 281 ZPO vorgesehen ist, ist nicht möglich und sie wäre hier auch systemwidrig. 18

VI. Verfahren (Abs. 4)

Allgemein richtet sich das Verfahren für behördliche Universalschlichtungsstellen sowie für Beliehene nach § 28 S. 1 iVm den dort aufgeführten Bestimmungen zu den privaten Verbraucherschlichtungsstellen (→ 28). Soweit private Schlichtungsstellen gem. § 29 Abs. 3 S. 1 Nr. 3 beauftragt werden, gelten für die von diesen durchgeführten Universalschlichtungen gem. § 29 Abs. 3 S. 2 die allgemeinen Vorschriften des zweiten und dritten Abschnitts ohnehin. Dazu gehört auch die Aussetzung des Verfahrens nach § 14 Abs. 5 (→ Rn. 2). 19

Die Regelung des § 30 ist als Sondervorschrift für alle Universalschlichtungsstellen vorrangig anwendbar, wie für beauftragte private Schlichtungsstellen in § 29 Abs. 3 S. 3 klargestellt ist. 20

1. Nur Schlichtung

Anders als privaten und behördlichen Streitbeilegungsstellen steht der Auffangschlichtungsstelle nur das **Verfahren der Schlichtung** zur Verfügung. In der Begründung heißt es, die Schlichtung sei „im Regelfall für die zügige Beilegung gleichgelagerter Streitigkeiten in Verbrauchersachen gut geeignet."[4] Das erscheint unschlüssig. Zum einen wird diese Eignungsbehauptung nicht belegt. Zum anderen ist gerade in der Auffangschlichtung weniger von gleichgelagerten Fällen als etwa in der branchenspezifischen priva- 21

4 BR-Drs. 258/15, 85.

ten Schlichtung auszugehen. Damit ist nicht nachvollziehbar, warum für die private Streitbeilegung Verfahrensfreiheit gelten soll, nicht aber für die Auffangschlichtung, die zudem auch für die Fälle außerhalb des „Regelfalls" auf Schlichtung festgelegt ist. Hintergrund der Verfahrensverengung dürfte sein, dass der Gesetzgeber ein insgesamt schmales, einfach zu handhabendes und eher unattraktives Auffangangebot schaffen wollte.

2. Vorschlag nach Aktenlage

22 Anders als in der privaten Schlichtung ist der Auffangschlichtungsstelle ein Vorschlag „nach Aktenlage" möglich.

a) Voraussetzungen

23 Das betrifft Fälle, in denen der Unternehmer zu dem Antrag nicht Stellung genommen hat. Weitere Voraussetzung ist, dass der Unternehmer zur Teilnahme bereit oder verpflichtet ist. Zur Bereitschaft enthält Abs. 5 nähere Regelungen. Die Verpflichtung kann sich aus einer vertraglichen Vereinbarung ergeben. In Betracht kommt hierbei eine Mitgliedschaft des Unternehmens in einem Trägerverein (→ § 3), soweit die Vereinssatzung die Teilnahme zwingend vorsieht. Ferner kann sich das Unternehmen gegenüber dem Verbraucher zur Teilnahme verpflichtet haben, sei es einseitig[5] über AGB oder auch individualvertraglich, was freilich praktisch kaum vorkommen wird.

b) Rechtsfolge

24 Die Auffangschlichtungsstelle *kann* einen Schlichtungsvorschlag gem. § 19 nach Aktenlage unterbreiten. Von dieser Möglichkeit wird die Stelle in aller Regel Gebrauch machen. Sie wird allerdings dann davon absehen, wenn die Angaben des Verbrauchers zum Sachverhalt trotz Nachfragens zu vage sind oder nicht hinreichend konkretisiert ist, was der Verbraucher anstrebt.

25 Der Vorschlag basiert grundsätzlich auf dem Antrag des Verbrauchers nebst beigefügten Unterlagen. Dabei berücksichtigt die Auffangschlichtungsstelle Umstände aus den Dokumenten, auch wenn sie im Widerspruch zu dem Vorbringen des Verbrauchers stehen. Bei Unterschieden in der Sachdarstellung des Verbrauchers einerseits und in von diesem vorgelegten Stellungnahmen des Unternehmens andererseits ist die Auffangschlichtungsstelle nicht auf den Vortrag des Verbrauchers festgelegt. Sie kann sich an Plausibilität oder auch an den Ergebnissen eigener Recherche, etwa wenn es um leicht zugängliche Daten wie zum Wetter geht, orientieren.

VII. Teilnahmebereitschaft des Unternehmens (Abs. 5)

26 Die Regelung knüpft an Abs. 4 an und konkretisiert den dort verwendeten Begriff der Teilnahmebereitschaft als Voraussetzung für einen Vorschlag nach Aktenlage. Weitere Rechtsfolge der Teilnahmebereitschaft ist das Entstehen einer Gebühr nach § 31.

5 Der Verbraucher kann gem. § 309 Nr. 14 BGB nicht über AGB gebunden werden, vgl. Art. 6 Nr. 2.

1. Erklärung (Satz 1)

27 Satz 1 knüpft an eine Erklärung des Unternehmens gegenüber dem Verbraucher, auf seiner Webseite oder in seinen AGB an. Damit ist nicht notwendig eine vertragliche Verpflichtung gegenüber dem Verbraucher zur Teilnahme verbunden. Denn diese ist schon nach Abs. 4 S. 1 erfasst. Andererseits reicht ein allgemeines In-Aussicht-Stellen etwa des Inhalts: „Die X-GmbH wird im Streitfalle prüfen, ob sie an der Auffangschlichtung teilnimmt." nicht. Vielmehr muss zum Ausdruck kommen, dass die **Teilnahme nicht noch von weiteren Bedingungen abhängt**. Diese enge Auslegung ergibt sich aus der Gesetzgebungshistorie: Der Regierungsentwurf hatte noch genügen lassen wollen, dass der Unternehmer die Teilnahme „in Aussicht gestellt oder angeboten hat", auf die Kritik des Bundesrats, dies ginge gerade mit Blick auf die Gebührenfolge nach § 31 zu weit,[6] aber eingelenkt und die vom Bundesrat vorgeschlagene und schließlich Gesetz gewordene Fassung unterstützt.[7]

28 Die Erklärung muss sich nicht wörtlich auf die „Auffangschlichtungsstelle" beziehen. Zwar verwendet das Gesetz diesen Begriff. Damit ist aber nur dem Umstand Rechnung getragen, dass im Falle einer anderweitig zuständigen Stelle eine Auffangschlichtung ohnehin nicht stattfindet. Nach Sinn und Zweck liegt eine Bereitschaftserklärung auch dann vor, wenn sie sich nur allgemein auf eine „Schlichtungsstelle" oder auf „Schlichtung" bezieht. Denn Sinn der Regelung ist zumindest auch Missbrauchsschutz in dem Sinne, „dass Unternehmen sich nicht nur abstrakt zur Schlichtung bereit erklären, sondern diese Erklärung im Anlassfall auch einlösen."[8] Anders ist es nur dann, wenn Unternehmen auf eine konkrete andere Schlichtungsstelle Bezug nehmen. Handelt es sich um eine Verbraucherstreitbeilegungsstelle im Sinne des VSBG, ist die Auffangschlichtung nach Abs. 1 Nr. 1 ohnehin nicht zuständig. Handelt es sich um eine Schlichtungsstelle außerhalb des VSBG (vgl. hierzu → Einf. Rn. 110, § 1 Rn. 9), fehlt der Erklärung des Unternehmens der erforderliche Bezug zur VSBG – und damit auch zur Auffangschlichtung.

29 Hat sich das Unternehmen im obigen Sinne unbedingt zur Teilnahmebereitschaft bekannt, treten die Rechtsfolgen der Aktenlageschlichtung nach Abs. 4 wie der Gebühr nach § 31 auch dann ein, wenn das Unternehmen der Durchführung der Schlichtung im konkreten Fall doch widerspricht. Das ergibt sich aus der ratio legis des Missbrauchsschutzes. Im Gesetzgebungsverfahren wurde das durch die Begründung von Vorschlägen klar, denen die Bundesregierung sich anschloss,[9] und die schließlich Gesetz wurden: Unwidersprochen ging der Bundesrat von einer „unwiderlegbaren Vermutung" der Teilnahmebereitschaft aus und stellte einen unmittelbaren Zusammenhang zwischen Erklärung und Gebührenanfall her.[10]

6 BR-Drs. 258/15 (Beschluss), 30 f. (Nr. 32).
7 Gegenäußerung BT-Drs. 18/5760, 29.
8 BR-Drs. 258/15 (Beschluss), 30 (Nr. 31) zur Begründung eines Vorschlags, dem die Bundesregierung sich anschloss (Gegenäußerung BT-Drs. 18/5760 zu Nr. 31) und der schließlich Gesetz wurde.
9 Gegenäußerung BT-Drs. 18/5760 zu Nr. 30 und 31.
10 BR-Drs. 258/15 (Beschluss) Nr. 31 (S. 30) und Nr. 32 (S. 30 f.).

30 Nichts anderes ergibt sich aus dem Zusammenspiel der §§ 36 und 37. Zwar verpflichtet § 36 Abs. 1 den Unternehmer, über die allgemeine Bereitschaft zur Verbraucherschlichtung zu informieren und § 37 Abs. 1 S. 2 gibt dem Unternehmen im konkreten Streitfall die entsprechende nochmalige Informationspflicht auf. Daraus folgt aber nicht, dass das Unternehmen den Konsequenzen der allgemein erklärten Bereitschaft durch Ablehnung im konkreten Fall entgehen könnte. Entscheidend ist die allgemeine Erklärung nach § 36, die nach § 37 Abs. 1 S. 2 schlicht wiederzugeben ist. Diese Auslegung vermeidet den Missbrauch, den das Gesetz verhindern will (→ Rn. 28), sie kommt durch die Verwendung des unbestimmten Artikels („einen") zum Ausdruck.

2. Nichtablehnung (Satz 2)

31 Teilnahmebereitschaft liegt nach Satz 2 auch dann vor, wenn der Unternehmer nicht binnen drei Wochen die Teilnahme ablehnt. Die Frist beginnt mit Eingang des Verbraucherantrags beim Unternehmen. Die Auffangschlichtungsstelle sollte den Eingang dokumentieren, indem sie Briefpost per Einschreiben versendet oder bei elektronischem Versand einen Zustellnachweis generiert. Ist die Auffangschlichtungsstelle Behörde, kann sie sich der Zustellungsfiktion nach § 4 Abs. 2 S. 2 VwZG bedienen, wonach das Dokument am dritten Tag nach Aufgabe zur Post als zugestellt gilt.

32 Folge des Fristablaufs ist auch hier zum einen, dass bei (weiterem) Schweigen des Unternehmens nach Abs. 4 ein Vorschlag nach Aktenlage unterbreitet werden kann und zum anderen, dass Gebühren nach § 31 erhoben werden.

3. Hinweispflichten der Auffangschlichtungsstelle (Satz 3)

33 Im Falle des Satzes 2, also wenn der Unternehmer vorab in keiner Weise seine Teilnahmebereitschaft erklärt hatte, muss die Auffangschlichtungsstelle ihn darauf hinweisen, dass bei Nichtablehnung binnen drei Wochen ein Schlichtungsvorschlag nach Aktenlage erfolgen kann und auch, dass Gebühren nach §§ 23, 31 erhoben werden. Durch die Bezugnahme auf § 23 trägt das Gesetz dem Umstand Rechnung, dass nach § 29 Abs. 3 Nr. 3 auch eine private Verbraucherschlichtungsstelle mit der Auffangschlichtung beauftragt werden kann. Durch eine Änderung im 6. Ausschuss ist klargestellt, dass die allgemeinen Gebührentatbestände „für die Durchführung des Streitbeilegungsverfahrens" gelten und nicht etwa ein „Schlichtungsvorschlag" vorausgesetzt ist, wie noch der Regierungsentwurf formuliert hatte.

34 Unterbleibt der Hinweis nach Satz 3, kann der Vorschlag nach Aktenlage gleichwohl erfolgen, da der Vorschlag als solcher keine Rechtsnachteile für den Unternehmer auslöst. Eine Gebühr hingegen kann nicht erhoben werden.

§ 31 Gebühr

(1) [1]Die Universalschlichtungsstelle des Landes nach § 29 Absatz 3 Satz 1 Nummer 1 und 2 erhebt für die Durchführung des Streitbeilegungsverfahrens vom Unternehmer, der zur Teilnahme an dem Streitbeilegungsverfahren bereit ist oder verpflichtet ist, eine Gebühr, deren Höhe kostendeckend sein soll und die Höhe des Streitwerts berücksichtigt. [2]Die Gebühr beträgt

1. 190 Euro bei Streitwerten bis einschließlich 100 Euro,
2. 250 Euro bei Streitwerten über 100 Euro bis einschließlich 500 Euro,
3. 300 Euro bei Streitwerten über 500 Euro bis einschließlich 2 000 Euro und
4. 380 Euro bei Streitwerten über 2 000 Euro.

(2) [1]Erkennt der Unternehmer den geltend gemachten Anspruch sofort vollständig an, ermäßigt sich die Gebühr auf 75 Euro; die Gebühr entfällt im Fall der Ablehnung der weiteren Durchführung des Streitbeilegungsverfahrens nach § 14 Absatz 5 Satz 2. [2]Die Universalschlichtungsstelle des Landes kann eine niedrigere Gebühr bestimmen oder eine Gebührenbefreiung gewähren, wenn die Erhebung der Gebühr nach Absatz 1 Satz 2 und nach Satz 1 nach den besonderen Umständen des Einzelfalls unbillig erscheint. [3]Die Erhebung der Gebühr erscheint insbesondere dann unbillig, wenn die Universalschlichtungsstelle die Durchführung des Streitbeilegungsverfahrens nach § 30 Absatz 1 Nummer 6 ablehnt, nachdem der Unternehmer sich in der Sache geäußert hat.

(3) [1]Von dem Verbraucher, der die Durchführung eines Streitbeilegungsverfahrens beantragt hat, kann eine Gebühr nur erhoben werden, wenn der Antrag unter Berücksichtigung der gesamten Umstände als missbräuchlich anzusehen ist. [2]In diesem Fall beträgt die Gebühr 30 Euro.

I. Einführung

1. Regelungsinhalt

1 Es werden die Gebühren für die behördliche Auffangschlichtung bestimmt und der Universalschlichtungsstelle beschränkte Spielräume eingeräumt.

2 Die Regelung folgt formal dem im Gesetzgebungsverfahren nicht unumstrittenen Grundsatz, dass die Kosten der Schlichtung grundsätzlich von Unternehmen getragen werden. Verbraucher können nur mit einer Missbrauchsgebühr belegt werden. Faktisch eröffnet bzw. bedingt die Norm allerdings Kostenlasten der öffentlichen Hand.

2. Kostenstruktur und -arten

3 Zum Aufbau der Universalschlichtungsstelle fallen **einmalige Einrichtungskosten** an, den die Bundesregierung im Rahmen der Ausführungen zum Erfüllungsaufwand auf 13.740 EUR je Stelle schätzt, wobei nur Personalkosten (10.470 EUR) und Kosten für die Einrichtung der Webseite (3.000 EUR) gerechnet sind.[1] Als **Fixkostenarten** werden der Aufwand für die Unterhaltung der Webseite, die für Tätigkeits- und Evaluierungsberichte sowie allgemeine Personalkosten nebst arbeitsplatzgebundenen Sachkosten genannt. Deren Höhe hängt von der Größe der Universalschlichtungsstelle ab, wobei der Personalbedarf von der Bundesregierung auf durchschnittlich drei Mitarbeiter je Stelle geschätzt wird. Als **variable Kosten** führt die Bundesregierung den Aufwand für Verfahrenskosten an, den sie nur in Zeitaufwand für die Mitarbeiter (im Verhältnis 50 % höherer und je 25 % gehobener bzw. mittlerer Dienst) sieht und mit 5 Stunden für ein durchgeführtes Verfahren bemisst. Den Aufwand für vorzeitig beendete Verfahren, deren Anteil die Bundesregierung auf 35 % schätzt, bemisst sie auf 1,5 Stunden, wobei sie nicht weiter zwischen den Fallgruppen des unzulässigen Antrags, der Antragsrücknahme und der Nichtteilnahme seitens des Unternehmens differenziert.

II. Voraussetzungen der Gebühr

1. Behördliche Universalschlichtung und Beliehene

4 Zur Gebührenerhebung befugt sind behördliche Universalschlichtungsstellen nach § 29 Abs. 3 Nr. 1 und Verbraucherschlichtungsstellen, die nach § 29 Abs. 3 Nr. 2 mit der Universalschlichtung und zusätzlich mit der Gebührenerhebung beliehen sind. Die bloße Beauftragung nach § 29 Abs. 3 Nr. 3 hingegen reicht nicht aus, um die Befugnis einzuräumen, Gebühren zu erheben. Die (Allgemeinen) Verbraucherschlichtungsstellen erheben hingegen Entgelte nach der allgemeinen Regelung in § 23.

2. Durchführung des Schlichtungsverfahren

5 Die Gebühr wird für die „Durchführung" des Verfahrens erhoben. Dazu genügt einerseits nicht der bloße Antrag, andererseits ist nicht der Abschluss durch einen Schlichtungsvorschlag oder gar dessen Annahme erforderlich.

1 BR-Drs. 258/15, 55; hieraus sind auch die folgenden Daten übernommen.

a) Keine Gebühr bei Ablehnung nach § 30

6 Wenn die Universalschlichtungsstelle den Antrag nach § 30 ablehnt, fällt keine Gebühr an. Davon geht die Bundesregierung in der Begründung des Regierungsentwurfs aus; in diesen Fällen fehle es im Regelfall an einem nennenswerten Aufwand.[2] Dogmatisch ergibt sich dies aus § 30 Abs. 1, wonach die „Durchführung" des Schlichtungsverfahrens abzulehnen ist, es also gar nicht zu dem kommen kann, für das die Gebühr zu erheben ist.

7 Nichts anderes folgt im Ergebnis aus Abs. 2 S. 3. Mit der Regelung, dass von der Gebühr in bestimmten Fällen der Ablehnung der Durchführung zu befreien ist, wird dem Wortlaut nach allerdings vorausgesetzt, dass eine Gebühr trotz Durchführungsablehnung (überhaupt) anfällt. Daraus folgt aber nicht, dass für die anderen Fälle der Ablehnung (§ 30 Abs. 1 Nr. 1–5) die Gebühr entstünde. Vielmehr muss Abs. 2 S. 3 als bloße Klarstellung eingeordnet werden. Eine solche Klarstellung hatte der Bundesrat eingefordert. Dessen Zweifel bestanden darin, ob gegen ein Unternehmen, dass sich „auf das Schlichtungsverfahren einlässt, aber ausführt, dass der Antrag des Verbrauchers offensichtlich ohne Erfolg oder missbräuchlich ist", im Falle der Ablehnung (nicht doch) eine Gebühr zu erheben ist.[3] Eben diese Klarstellung sollte die daraufhin erst aufgenommene Regelung leisten, wie die Begründung des Änderungsvorschlags zeigt.[4] Auch wenn ein Klarstellungsbedarf wie erläutert nicht besteht, zeigt die Gesetzeshistorie eindeutig, dass die Fälle des § 30 Abs. 1 Nr. 1 bis 5 nicht gebührenrelevant sein sollen. Insoweit bedarf es für die Ablehnung des Antrags der Mitwirkung des Unternehmens nicht, bestünde also der zitierte Klarstellungsbedarf auch aus der Sicht des Bundesrats nicht. Dieses Auslegungsergebnis wird gestützt durch verfassungsrechtliche Erwägungen. Für eine Handlung darf eine Gebühr nicht von demjenigen erhoben werden, für den damit keinerlei Leistung oder Nutzen verbunden ist → Rn. 40. Selbst wenn man sich also auf den Standpunkt stellte, der Wortlaut lasse in diesen Fällen eine Gebühr zu, bedürfte die Regelung der verfassungskonformen Reduktion.

8 Derselbe Rechtsgedanke gilt für die fakultativen Ablehnungsgründe nach § 30 Abs. 2 iVm § 14. Die anderweitige Anhängigkeit bei einer Verbraucherschlichtungsstelle (§ 14 Abs. 2 Nr. 1) oder bei Gericht (§ 14 Abs. 2 Nr. 2) sind Konstellationen, die die Universalschlichtungsstelle ohne Mitwirkung des Unternehmens aufklären kann, indem sie die betreffenden Daten vom Verbraucher erhebt. Stellt die Stelle den Antrag gleichwohl zu und weist den Antrag erst auf die Reaktion des Unternehmens zurück, kann diese unnötige Einbeziehung eine Gebühr nicht rechtfertigen. Auch wenn der Verbraucher keine oder falsche Angaben macht, fällt eine Gebühr gegenüber dem Unternehmen, dessen Stellungnahme zur Ablehnung des Antrags führt, bei verfassungskonformer Auslegung nicht an. Das gilt schließlich auch für die Fallgruppe der Beeinträchtigung des effektiven Betriebs (§ 14 Abs. 2 Nr. 4). Auch wenn die Universalschlichtungsstelle zu dieser Einschätzung erst nach Darlegungen seitens des Unternehmens kommt und auch damit bereits für die Stelle ein gewisser Aufwand verbunden sein

2 BR-Drs. 258/15, 87.
3 BR-Drs. 258/15 (Beschluss), 32 f. (Nr. 35).
4 BT-Drs. 18/6904, 28.

mag, wird damit im Ergebnis dem Unternehmen nicht die Leistung zur Verfügung gestellt, für die die Gebühr gedacht ist, also für die Schlichtung.

b) Gebühr trotz vorzeitiger Beendigung

9 Wird der Antrag nicht nach § 30 abgelehnt, wird die Gebühr vorbehaltlich ihres Erlasses nach Abs. 2 fällig. Bis zu einem Schlichtungsvorschlag muss es nicht kommen. Das ergibt sich schon daraus, dass die Gebühr nicht an den Schlichtungsvorschlag anknüpft, sondern eben an die (bloße) „Verfahrensdurchführung" und überdies die Teilnahmebereitschaft bzw. -verpflichtung genügen lässt. Die Gebühr fällt also auch bei der **vorzeitigen Beendigung des Verfahrens** an. Das gilt zum einen für den Fall, dass der Unternehmer trotz Bereitschaftserklärung nicht teilnimmt (→ § 30 Rn. 29) oder erklärt, das Verfahren nicht fortsetzen zu wollen, was beides zur Beendigung nach § 15 Abs. 2 führt. Aber auch wenn der Antragsteller den Antrag zurücknimmt bzw. der weiteren Durchführung widerspricht, worauf das Verfahren nach § 15 Abs. 1 endet, fällt die Gebühr an. Zu möglichen verfassungsrechtlichen Bedenken → Rn. 40 ff. Sie rechtfertigen allerdings wegen des klaren Wortlauts keine verfassungsrechtliche Reduktion, im Einzelfall kommt in diesen Fällen allerdings eine Ermäßigung oder ein Erlass nach Abs. 2 S. 2 in Betracht.

3. Bereitschaft oder Verpflichtung zur Teilnahme

10 Vorausgesetzt ist nicht die tatsächliche Teilnahme des Unternehmens, sondern es reicht die Verpflichtung (→ Rn. 9 und → § 30 Rn. 29) oder die erklärte Bereitschaft. Letztere gilt nach § 30 Abs. 5 S. 1 unwiderlegbar als gegeben, wenn das Unternehmen sie individuell gegenüber dem betroffenen Verbraucher, allgemein auf seiner Webseite oder in seinen Allgemeinen Geschäftsbedingungen erklärt hat (→ § 30 Rn. 27 ff.). Wenn eine solche Erklärung nicht vorliegt, tritt eine weitere unwiderlegbare Vermutung der Teilnahmebereitschaft nach § 30 Abs. 5 S. 2 drei Wochen seit Bekanntgabe des Antrags ein (→ § 30 Rn. 31).

III. Gebührenhöhe

1. Staffelung

11 In Satz 1 heißt es, die Gebühr solle kostendeckend sein und die Höhe des Streitwerts berücksichtigen. Daraus folgt zum einen, dass eine nennenswerte Kostenbeteiligung des Staats und des Verbrauchers nicht vorgesehen ist, zum anderen, dass die Differenzierung nicht nach tatsächlichem Aufwand, sondern nach Streitwert erfolgt. Die Vorgabe des Satz 1 setzt das Gesetz selbst in Satz 2 durch konkrete Vorgaben zur Höhe um. Der Regelungsgehalt von Satz 1, der besser in die Begründung des Gesetzes gepasst hätte, ist stark reduziert: Bei den Entscheidungen nach Abs. 3 S. 2 und Abs. 3 mag das Kostendeckungsinteresse eine Rolle spielen.

12 Eine **Staffelung nach Streitwerten** schlug die Bundesregierung erst im Regierungsentwurf vor. Der Referentenentwurf hatte noch einen einheitlichen Betrag von 290 EUR vorgesehen. Zur Begründung der Differenzierung bezieht die Bundesregierung sich auf eine im Verhältnis zur sektorspezifischen

Schlichtung erhöhte Varianz der Sachverhalte,[5] ohne freilich einen Bezug zu Aufwand und Kosten herzustellen. Mit dem Rekurs auf „Kleinunternehmen" wird immerhin die Sorge deutlich, dass die Gebührenhöhe abschreckend wirken könnte, eine Gefahr, die freilich auch bei einer Gebühr von „nur" 190 EUR für Streitwerte bis 100 EUR nicht eben als beseitigt erscheint.

Zur Bemessung der gestaffelten Gebühren ist die Bundesregierung von Durchschnittskosten von 290 EUR je Verfahren ausgegangen.[6] Sie legte dabei (in der Logik des Ländermodells) 1.000 Verfahren je Universalschlichtungsstelle und einen Zeitaufwand von durchschnittlich vier Stunden zugrunde. Den hierfür erforderlichen Personalaufwand schätzte die Bundesregierung auf 150.000 EUR, Sachkosten auf 25.000 EUR. Diese Werte folgen den oben dargestellten (→ Rn. 3) Ausführungen ungefähr und wegen dieser Korrespondenz kann geschlossen werde, dass die Bundesregierung mit Sachkosten die arbeitsplatzgebundenen Kosten meint. Damit sind in die Gebührenkalkulation weder die Einrichtungs-, die Fixkosten noch die sonstigen laufenden Kosten wie die der Betreuung der Website (→ Rn. 3) eingeflossen. 13

Aus der im Referentenentwurf noch als einheitlich gedachten Gebühr von 290 EUR wurde im Staffelungsmodell ein Durchschnittsbetrag; den Rechenweg nebst zugrunde gelegter Annahmen zur streitwertbezogenen Verteilung der Verfahren legte die Bundesregierung nicht offen. Dass die so „ermittelte" Durchschnittsgebühr exakt der Gebühr für die behördliche Schlichtung nach dem Luftverkehrsgesetz entspricht, muss nicht zwingend Zufall sein. 14

2. Streitwertbemessung

Der Begriff des „Streitwert(s)" entspricht dem in § 14 Abs. 2 Nr. 3. Die Bestimmung der Höhe wird sich zumeist unschwierig aus dem begehrten Zahlungsbetrag ergeben, im Zweifel kann auf die Grundsätze der Berechnung des Zuständgkeitsstreitwerts in §§ 3 ff. ZPO zurückgegriffen werden. 15

IV. Ermäßigung bei sofortigem Anerkenntnis (Abs. 2 S. 1, Hs. 1)

Wenn der Unternehmer den geltend gemachten Anspruch sofort anerkennt, reduziert sich die Gebühr auf 75 EUR. 16

1. Zeitpunkt des Anerkenntnisses

Sofort meint nicht unverzüglich im Sinne von § 121 BGB, also nicht eine Reaktion „ohne schuldhaftes Zögern". Vielmehr genügt ein Anerkenntnis innerhalb der Stellungnahmefrist, die gem. § 28 S. 1 iVm § 17 Abs. 1 S. 2 regelmäßig drei Wochen beträgt. Setzt die Universalschlichtungsstelle eine andere Frist fest, gilt diese. Verlängert die Stelle die Frist gem. § 28 S. 1 iVm § 17 Abs. 1 S. 2 auf Antrag, gilt die Gesamtfrist. Die Verknüpfung mit der Stellungnahmefrist ergibt sich aus der Regelung in Art. 5 Nr. 4 lit. b des Umsetzungsgesetzes (Nr. 1221 des Kostenverzeichnisses als Anlage zum 17

5 Begründung des Regierungsentwurfs BR-Drs. 258/15, 87.
6 Begründung des Regierungsentwurfs BR-Drs. 258/15, 87.

Justizverwaltungskostengesetz), die Vorbild der Regelung in § 31 ist. Dort ist für die behördliche Luftfahrtschlichtung eine Reduzierung auf (ebenfalls) 75 EUR vorgesehen, wenn die Forderung innerhalb von vier Wochen ab Zuleitung des Schlichtungsbegehrens anerkannt wird; dies entspricht der Stellungnahmefrist nach § 13 Abs. 1 S. 2 LuftSchlichtV, worauf die Begründung des Regierungsentwurfs auch ausdrücklich abhebt.[7]

2. Bindung an geltend gemachten Anspruch

18 Es muss der **geltend gemachte Anspruch** anerkannt werden. Das erfordert einen hinreichend konkretisierten Anspruch, idealtypisch in Gestalt eines konkreten Forderungsbetrages. Da ein sofortiges Anerkenntnis für alle Beteiligten vorteilhaft sein kann, könnte die Universalschlichtungsstelle in ggf. zur Verfügung gestellten Formularen auf die Angabe eines konkreten Forderungsbetrages hinwirken oder in geeigneten Fällen vor der Zustellung des Antrags auf eine Konkretisierung hinwirken.

19 Zum anderen muss der Anspruch **vollständig und bedingungslos** anerkannt werden. Weder eine Teilzurückweisung noch eine Bedingung (zB der Verzicht auf weitergehende Ansprüche) lösen die Gebührenreduzierung aus. Die Bedingungsfeindlichkeit ergibt sich aus dem Umstand, dass die Regelung ersichtlich davon ausgeht, dass das Verfahren mit dem Anerkenntnis abgeschlossen wird. Die Notwendigkeit vollständigen Anerkenntnisses ist im Gesetzgebungsverfahren durch Aufnahme in den Gesetzestext klargestellt worden.[8] Ein Unternehmen, das sich einer überhöhten Forderung ausgesetzt sieht, kann per Saldo also sparen, wenn die Überhöhung niedriger ist als die Gebührenreduzierung, die je nach Streitwert zwischen 115 und 305 EUR beträgt. Darin steckt ein gewisses Missbrauchspotential: Der Verbraucher könnte in Kenntnis aller Umstände eine entsprechend limitierte Mehrforderung erheben in der Hoffnung, der Unternehmer werde die Überhöhung akzeptieren, zumal er anders als im gerichtlichen Verfahren kein Kostenrisiko trägt.

3. Rechtsfolge

20 Rechtliche Folge des Anerkenntnisses ist ein **Schuldanerkenntnis nach § 781 BGB**. Hiernach ist zur Wirksamkeit allerdings Schriftlichkeit nach § 126 BGB, also eine eigenhändig unterschriebene Erklärung erforderlich, die die Universalschlichtungsstelle in passiver Vertretungsmacht entgegennimmt, die also bei Eingang bei der Stelle bereits wirksam wird (→ § 19 Rn. 64). Ein Anerkenntnis in elektronischer Form ist nach § 781 S. 2 BGB ausgeschlossen. Die Verfahrensordnung sollte deshalb eine entsprechende Vorgabe enthalten und die Universalschlichtungsstelle sollte für den Fall bloßer elektronischer Nachricht auf Einhaltung der Form bestehen. Denn anderenfalls hätte der Verbraucher keinen Anspruch auf Erfüllung des Anerkenntnisses gegen das Unternehmen, was unter Umständen auch eine Haftung der Stelle begründen könnte.

7 BR-Drs. 258/15, 98.
8 BT-Drs. 18/6904, 28.

V. Erlass bei Anerkenntnis nach übereiltem Antrag (Abs. 2 S. 1, Hs. 2)

Das Gesetz knüpft hier an die Regelung in § 14 Abs. 5 an, dessen Geltung trotz der Spezialregelung in § 30 es somit voraussetzt. Es handelt sich um Fälle, in denen der Verbraucher dem Unternehmen keine ausreichende Reaktionszeit gelassen hat, die § 14 Abs. 5 S. 1 mit zwei Monaten bemisst. Auf ein Anerkenntnis des Unternehmens innerhalb dieser Karenzzeit hat die Universalschlichtungsstelle die weitere Durchführung des Streitbeilegungsverfahrens nach § 14 Abs. 5 S. 2 abzulehnen. An diese Ablehnung knüpft Abs. 2 S. 1, Hs. 2 den Gebührenerlass. Voraussetzung ist freilich auch hier die vollständige und bedingungslose Anerkennung. Dies eröffnet dem Verbraucher den oben dargestellten taktischen Spielraum, der hier wegen des Ermäßigungsvolumens von 190 bis 380 EUR sogar noch höher ist. 21

VI. Absenkung oder Erlass in sonstigen Fällen (Abs. 2 S. 2, 3)

1. Einführung

Die Gebühr kann verringert werden oder ganz entfallen, wenn besondere Umstände vorliegen und deshalb die an sich vorgesehene Gebühr als unbillig erscheinen lassen. Das Gesetz bedient sich der Beispieltechnik. Nach Nennung der allgemeinen Voraussetzungen (Satz 2) wird ein Fall genannt, bei dem die Voraussetzungen erfüllt sind (Satz 3). Durch die Formulierung „insbesondere" wird deutlich, dass das Beispiel nicht abschließend ist, andererseits ist es aber Maßstab für denkbare weitere Konstellationen. 22

2. Offensichtliche Erfolglosigkeit oder Mutwilligkeit (Abs. 2 S. 3)

Das Gesetz beziehtsich auf die Ablehnungsgründe der Verjährung, Vorerledigung und PKH-Ablehnung in § 30 Abs. 6, die ihrerseits § 14 Abs. 1 Nr. 3 nachgebildet sind. Zusätzlich verlangt das Gesetz, dass das Unternehmen sich vor der Ablehnung des Antrags in der Sache geäußert hat. Wird der Antrag ohne Äußerung des Unternehmens abgelehnt, fällt die Gebühr ohnehin nicht an → Rn. 6. 23

Wenn die Voraussetzungen des Beispiels erfüllt sind, ist die Erhebung der Gebühr zwingend im Sinne von Satz 2 unbillig. Das ergibt sich aus dem Wortlaut, der im Gegensatz zu anderen gesetzliche Bestimmungen, die Einschränkungen wie „in der Regel" enthalten, nicht zulässt. 24

3. Weitere Fälle (Abs. 2 S. 2)

Da Abs. 2 Satz 2 nicht abschließend ist, können weitere Konstellationen den Voraussetzungen des Satz 2 genügen. Als Orientierung für das notwendige Gewicht der vorausgesetzten Besonderheit und Unbilligkeit kann freilich der ausdrücklich geregelte Beispielsfall herangezogen werden. 25

a) Besondere Umstände des Einzelfalls

Wegen des notwendigen Einzelfallbezugs darf es sich nicht um systematisch angelegte Gründe handeln. Also kann das von Abs. 1 teilweise vorgegebene **Missverhältnis zwischen Streitwert und Gebühr keine Rolle** spielen. Ferner kann das **„Obsiegen" des Unternehmers keine Gebührenreduktion** 26 tragen; die Unabhängigkeit der Gebühr vom Ausgang ist vielmehr systemisch vorgegeben.

27 Danach verbleiben zum einen Besonderheiten, die in der Sphäre der Universalschlichtungsstelle begründet sind. So mögen Fehler bzw. **Mängel des Verfahrens** wie etwa eine Überschreitung der Verfahrensdauer, ein Übersehen von Ablehnungsgründen wie überhaupt jede unter Verstoß gegen das VSBG oder die Verfahrensordnung verursachte Belastung mit Kosten Anlass für eine Gebührenreduktion bieten. Vorbild könnte § 21 Abs. 1 GKG sein („Kosten, die bei richtiger Behandlung der Sache nicht entstanden wären, werden nicht erhoben.“).

28 Weiter können die Besonderheiten in der Sphäre des Unternehmens liegen. So mag die Belastung mit der an sich fälligen Gebühr die **Leistungsfähigkeit** gerade von Kleinunternehmen überschreiten. Im Rahmen dieser Abwägung kann dann auch berücksichtigt werden, dass die Schlichtung zugunsten des Unternehmens ausgegangen ist.

29 Gründe aus der Sphäre des Verbrauchers können schließlich auch eine Rolle spielen. So mag eine mit Blick auf die Anerkennungsreduktion **taktisch erhobene Mehrforderung** (→ Rn. 19, 21) im Falle eines entsprechend reduzierten Schlichtungsvorschlags Anlass für eine ausgleichende Gebührenreduzierung nach Satz 2 bieten. Ebenso können die Fälle, die zu einer Missbrauchsgebühr führen, ohne dass der Antrag abzulehnen ist → 23 Rn. 3, Anlass zu einer Gebührenbefreiung oder -absenkung geben.

30 Fraglich sind die Fälle der **Antragsrücknahme** nach § 15 Abs. 1. Einerseits handelt es sich bei diesem Recht auf jederzeitige Beendigung des Verfahrens um ein systemisch angelegtes Grundprinzip, das von der Hinweispflicht in § 16 Abs. 1 Nr. 6 flankiert wird und seine Wurzel in dem durch die ADR-Richtlinie (Art. 1 S. 2 aE, Art. 9 Abs. 2 lit. b ii, Art. 10 Abs. 1; Erwägungsgründe 43 und 60) betonten jederzeitigen Zugang zum Gericht hat. Spiegelbild dieses Grundprinzips ist freilich, dass das Gesetz dem Verbraucher faktisch die jederzeitige Möglichkeit einräumt, dem Unternehmen die Leistung, für die er die Gebühr entrichten muss, zu entziehen. Zwar kann man auch diese Folge als im System vorgegeben betrachten, also ein hinreichendes Potenzial an Besonderheit bezweifeln, gleichwohl wird man im Einzelfall doch zu einer Gebührenabsenkung oder ihrem Erlass kommen können. Je schneller die Antragsrücknahme erfolgt und je weniger die (anzunehmenden) Gründe nachvollziehbar sind, desto eher wird man dies in Betracht ziehen. Je weiter das Verfahren vorangeschritten ist und je besser die Gründe für die Rücknahme nachvollziehbar sind, desto weniger wird man eine Besonderheit im Einzelfall begründen können. Auch insoweit muss allerdings der Aspekt der Unabhängigkeit der Gebühr vom Verfahrensausgang beachtet werden. Da der Unternehmer die Gebühr auch dann (vollständig) tragen muss, wenn der Schlichtungsvorschlag (voll) zu seinen Gunsten ausfällt, liegt nicht deshalb eine Besonderheit im Einzelfall vor, weil der Verbraucher den Antrag wegen erkannter Erfolglosigkeit zurücknimmt.

b) Unbilligkeit

31 Die an sich fällige Gebühr muss unbillig erscheinen. Maßstab hierfür sind die sich aus VSBG und Verfahrensordnung ergebenden Wertungen und Grundsätze. Eigene Interessen der Universalschlichtungsstelle wie Finanzierungsfragen dürften keine Rolle spielen.

4. kein Antrag

32 Das Gesetz verlangt keinen Antrag auf Ermäßigung oder Erlass. Die Universalschlichtungsstelle kann beides also von Amts wegen gewähren, freilich aber über die Verfahrensordnung ein Antragserfordernis begründen.

5. Rechtsfolge

33 Die Universalschlichtungsstelle „kann" die Gebühr ermäßigen oder erlassen. Im Rahmen dieser **Ermessensausübung** wird die Stelle auch eigene Belange berücksichtigen, zB ihr Refinanzierungsinteresse, dies womöglich auch mit Blick darauf, dass eine (zu) großzügige Reduktionspraxis zu einem Verstoß gegen das nach Abs. 1 S. 1 geltenden Kostendeckungsprinzips führen kann.

6. Entscheidungsebene

34 Das Gesetz weist die Entscheidung der Universalschlichtungsstelle zu. Damit ist weder ausgeschlossen noch vorgegeben, dass die Verfahrensordnung hierüber Regelungen enthält. Etwaige Vorgaben in der Verfahrensordnung können eng sein oder ihrerseits Spielräume lassen.

VII. Missbrauchsgebühr (Abs. 2)

35 Die Voraussetzungen eines Missbrauchs sind der Regelung in § 23 Abs. 1 S. 1 für private Verbraucherschlichtungsstellen fast wortgleich nachgebaut. Auf die Erläuterung zu → § 23 Rn. 3 kann deshalb grundsätzlich verwiesen werden.

36 Folgende Besonderheiten der Universalschlichtung sind zu beachten. In der unter Rn. 19, 21, 29 beschriebenen Konstellationen taktischer Mehrforderung kann ein Missbrauch angenommen werden. Zwar ist hier der Antrag nicht insgesamt missbräuchlich, wohl aber in der Höhe, was ausreicht.

37 Ebenso wie bei der privaten Stelle steht hier das „Ob" der Gebühr im Ermessen der Universalschlichtungsstelle. Allerdings ist Letzterer anders als der privaten Streitschlichtungsstelle die Höhe der Gebühr mit 30 EUR fest vorgegeben (Abs. 2 S. 2), auch wenn ein Grund für diesen Befugnisunterschied nicht nachvollziehbar ist.

VIII. Entscheidung durch Verwaltungsakt

38 Sowohl die Festsetzung der Gebühr nach Abs. 1 S. 1 als auch die Entscheidungen über Reduzierungen nach Abs. 2 S. 3 und 4 auch die Festsetzung der Missbrauchsgebühr nach Abs. 2 sind Verwaltungsakte nach § 35 der Länder-VwVfG und gemäß § 42 VwGO mit der Anfechtungsklage angreifbar. Die Ablehnung der Ermäßigung nach Abs. 2 S. 2 und 3 ist nicht selbstständig (mit der Verpflichtungsklage) angreifbar, sondern wird mit dem

Rechtsbehelf gegen den allgemeinen Gebührenbescheid inzidenter überprüft. Eines Vorverfahrens bedarf es nach § 68 VwGO nicht, soweit es sich um eine oberste Landes- oder Bundesbehörde handelt oder das Vorverfahren nach Landesrecht entbehrlich ist.

IX. Vollstreckbarkeit

39 Die Gebühren sind **unmittelbar vollstreckbar**, müssen also anders als die Entgelte der (allgemeinen) Verbraucherschlichtungsstellen bei Zahlungsverweigerung nicht erst gerichtlich geltend gemacht werden. Grundlage sind die Verwaltungsvollstreckungsgesetze der Länder. Nach diesen Gesetzen setzt die Vollstreckung eine Androhung oder Mahnung voraus, für die zumeist die den Bescheid erlassende Behörde, also die Universalschlichtungsstelle selbst, zuständig ist. Widerspruch und Klage gegen den Gebührenbescheid haben in der Regel keine aufschiebende Wirkung. Mit der Vollstreckung selbst sind nach Landesrecht regelmäßig eigene Vollstreckungsbeamte oder allgemein bestellte Gerichtsvollzieher beauftragt.

X. Verfassungsrechtliche Aspekte

40 Gebühren bedürfen sowohl dem Grunde wie der Höhe nach der besonderen sachlichen Rechtfertigung. Die Gebühr ist verfassungsrechtlich gerechtfertigt, wenn sie durch zulässige Gebührenzwecke, die der Gesetzgeber bei der tatbestandlichen Ausgestaltung erkennbar verfolgt, legitimiert ist.[9] Dies ist anzunehmen, wenn die Gebührenregelung der vollständigen oder teilweisen Kostendeckung einer individuell zurechenbaren öffentlichen Leistung dient und diese von einem verfassungsrechtlich anerkannten Rechtfertigungsgrund getragen ist. Leistung in diesem Sinne ist hier die außergerichtliche Streitschlichtung, die als solche verfassungsrechtlich unkritisch ist.

41 Allerdings fallen die Gebühren teilweise auch dann in voller Höhe an, wenn es nicht zu einem Schlichtungsvorschlag kommt. Insoweit könnte zur Rechtfertigung auf den Aspekt des Vorteilausgleichs zurückgegriffen werden. Lässt sich der Unternehmer grundsätzlich auf die Schlichtung ein, unterlässt er aber die Möglichkeit der Inanspruchnahme der Schlichtung im konkreten Einzelfall, schöpft er bewusst den Vorteil der Schlichtung nicht (vollständig) aus. Gleichzeitig greift in diesen Fällen als Rechtfertigung die Lenkungsfunktion der Gebühr, weil auch im Sinne des Wettbewerbs- und Missbrauchsschutzes verhindert wird, dass ein sich zur Schlichtung bereit erklärender Unternehmer im konkreten Fall der Inanspruchnahme der Schlichtung durch den Verbraucher von seiner Bereitschaft Abstand nimmt und er sanktionslos das Schlichtungsverfahren verweigern kann.

42 Ob sich allerdings eine Rechtfertigung auch für den Fall finden lässt, dass der Verbraucher einen statthaften Antrag gegen ein teilnahmebereites Unternehmen vor einem Schlichtungsvorschlag zurücknimmt, bleibt abzuwarten. Auch erscheint verfassungsrechtlich nicht eindeutig, ob die vom Verfahrensaufwand unabhängige Kostenkalkulation sachgerecht ist. Immerhin hätte es nahegelegen, dass aus der Abschätzung unterschiedlichen Zeitauf-

9 Vgl. BVerfG BVerfGE 108, 1 (16).

wands für das zu Ende geführte Verfahren (5 Stunden) und das vorzeitig beendete Verfahren (1,5 Stunden)[10] differenzierte Gebühren abgeleitet worden wären.

Kommt es aufgrund von Vorprüfungen gar nicht nur Schlichtung, fehlt es wie oben gesehen (→ Rn. 6 ff.) an einer gebührenauslösenden Leistung. 43

Abschnitt 7 Zentrale Anlaufstelle für Verbraucherschlichtung, Liste der Verbraucherschlichtungsstellen und Berichtspflichten

§ 32 Zentrale Anlaufstelle für Verbraucherschlichtung und Mitteilungspflichten der zuständigen Behörden und Aufsichtsbehörden

(1) Das Bundesamt für Justiz ist zentrale Anlaufstelle für die Europäische Kommission (Zentrale Anlaufstelle für Verbraucherschlichtung).

(2) Die zuständige Behörde teilt der Zentralen Anlaufstelle für Verbraucherschlichtung mit:

1. die Anerkennung sowie den Widerruf und die Rücknahme der Anerkennung einer privaten Verbraucherschlichtungsstelle; eine private Verbraucherschlichtungsstelle nach § 4 Absatz 2 Satz 2 und 3 ist entsprechend auszuweisen;
2. die Angaben, die für die Eintragung der privaten Verbraucherschlichtungsstelle in die Liste nach § 33 Absatz 1 erforderlich sind.

(3) Die für die Aufsicht einer behördlichen Verbraucherschlichtungsstelle zuständige Behörde (Aufsichtsbehörde) teilt der Zentralen Anlaufstelle für Verbraucherschlichtung mit:

1. die Einrichtung und die Auflösung einer behördlichen Verbraucherschlichtungsstelle; eine behördliche Verbraucherschlichtungsstelle nach § 29 Absatz 3 Satz 1 Nummer 1 ist als Universalschlichtungsstelle des Landes auszuweisen;
2. die Angaben, die für die Eintragung der behördlichen Verbraucherschlichtungsstelle in die Liste nach § 33 Absatz 1 erforderlich sind.

(4) Die Beleihung oder Beauftragung einer anerkannten Verbraucherschlichtungsstelle mit der Aufgabe der Universalschlichtung nach § 29 Absatz 3 Satz 1 Nummer 2 oder 3 sowie die Beendigung einer solchen Beauftragung oder Beleihung sind der Zentralen Anlaufstelle für Verbraucherschlichtung durch die nach Maßgabe von § 29 Absatz 4 zuständige Behörde des Landes mitzuteilen.

(5) Änderungen der Angaben nach den Absätzen 2 bis 4 sind der Zentralen Anlaufstelle für Verbraucherschlichtung unverzüglich mitzuteilen.

10 Begründung des Regierungsentwurfs BR-Drs. 258/15, 55.

I. Zentrale Anlaufstelle

1 Nach Art. 18 Abs. 1 S. 3 der Richtlinie 2013/11/EU (ADR-RL) ist einer Stelle die Aufgabe der „Zentralen Anlaufstelle für die Kommission" zuzuweisen. In Deutschland ist dies das Bundesamt für Justiz, wie sich aus der Legaldefinition in § 32 Abs. 1 ergibt. Nachdem es sich um eine länderübergreifende Funktion handelt, ist die Aufgabenstellung an eine Bundesbehörde sachgerecht.[1]

II. Unterrichtungspflichten

2 Die Abs. 2 bis 5 regeln Unterrichtungspflichten der Landes- und Bundesbehörden gegenüber dem Bundesamt für Justiz als Zentraler Anlaufstelle für Verbraucherschlichtung im Hinblick auf private und behördliche Verbraucherschlichtungsstellen.

3 Die für die Anerkennung privater Schlichtungsstellen zuständigen Behörden teilen dem Bundesamt für Justiz[2] folgendes mit:

- die Anerkennung einer privaten Verbraucherschlichtungsstelle (§ 24)
- den Widerruf der Anerkennung einer privaten Verbraucherschlichtungsstelle (§ 26)
- die Rücknahme der Anerkennung einer privaten Verbraucherschlichtungsstelle.

4 Private Verbraucherschlichtungsstellen, die Allgemeine Verbraucherschlichtungsstellen gemäß § 4 Abs. 2 S. 2 sind, und private Verbraucherschlichtungsstellen, die Allgemeine Verbraucherschlichtungsstellen mit örtlich begrenzter Zuständigkeit auf ein oder mehrere Bundesländer gemäß § 4 Abs. 2 S. 3 sind, sind gesondert auszuweisen. Ebenfalls gesondert auszuweisen sind private Verbraucherschlichtungsstellen, die gemäß § 29 Abs. 3 S. 1 Nr. 2 mit der Aufgabe der Universalschlichtungsstelle einschließlich der Befugnis, für die Durchführung des Streitbeilegungsverfahrens Gebühren zu erheben, beliehen sind oder private Verbraucherschlichtungsstellen, die mit der Aufgabe der Universalschlichtungsstelle gemäß § 29 Abs. 3 S. 1 Nr. 3 beauftragt worden sind.

5 Hierbei sind dem Bundesamt für Justiz von der gemäß § 27 zuständigen Behörden die Angaben zu übermitteln, die für die Eintragung in die Liste der Verbraucherschlichtungsstellen gemäß § 33 Abs. 1 S. 1 erforderlich sind. Welche Angaben genau von den zuständigen Behörde an das Bundesamt für Justiz zu übermitteln sind, wird in der VSB-InfoV[3] festgelegt. Gemäß § 2 iVm § 1 Nr. 1 sowie Nr. 5–8 der VSB-InfoV sind folgende Angaben zu übermitteln:

1. der Name, die Anschrift und die Webseite der Einrichtung sowie die E-Mail-Adresse, Telefonnummer und Faxnummer, unter der die Einrichtung erreichbar ist,
2. Angaben zur Zuständigkeit der Einrichtung, insbesondere Nennung der Wirtschaftsbereiche, die von der Tätigkeit der Einrichtung erfasst

1 Vgl. BT-Drs. 18/5295, 91 (Regierungsentwurf).
2 Nachdem das Bundesamt für Justiz jedoch die zentrale Anerkennungsbehörde ist (§§ 24, 27 Abs. 1), dürften diese Informationen dort regelmäßig schon vorliegen.
3 Im Volltext im → Anh. abgedruckt.

werden, die Angabe, ob die Einrichtung ihrer Zuständigkeit nach Allgemeine Verbraucherschlichtungsstelle im Sinne des § 4 Abs. 2 S. 2 oder 3 VSBG ist und ob sich ihre Tätigkeit auf in einem oder mehreren Ländern niedergelassene Unternehmer beschränkt, ob sie auch auf Antrag eines Unternehmers tätig wird und ob sie ihre Zuständigkeit für die in § 4 Abs. 4 VSBG bezeichneten Fälle ausgeschlossen hat,
3. die Voraussetzungen für die Durchführung eines Streitbeilegungsverfahrens, die Ablehnungsgründe nach § 14 Abs. 1 und 2 VSBG und die zulässigen Verfahrenssprachen,
4. Angaben zu den Verfahrensregeln, insbesondere dazu, inwieweit das Streitbeilegungsverfahren schriftlich abläuft oder die Verbraucherschlichtungsstelle auch mündliche Erörterungen der[4] Parteien durchführt sowie
5. Angaben zur Rechtswirkung des Ergebnisses des Streitbeilegungsverfahrens, insbesondere inwieweit das Ergebnis verbindlich ist, und zu den Kosten des Streitbeilegungsverfahrens.

Je nach Landes- oder Bundesrecht für die Aufsicht über eine behördliche Verbraucherschlichtungsstelle (§ 28) zuständige Behörden teilen dem Bundesamt für Justiz folgendes mit: 6

- die Einrichtung einer behördlichen Verbraucherschlichtungsstelle
- die Auflösung einer behördlichen Verbraucherschlichtungsstelle.

Soweit die Länder selbst eine behördliche Universalschlichtungsstelle gemäß § 29 Abs. 3 Nr. 1 errichten, ist diese Schlichtungsstelle als Universalschlichtungsstelle des jeweiligen Bundeslandes auszuweisen. In diesem Zusammenhang sind von der jeweiligen Aufsichtsbehörde dem Bundesamt für Justiz die Angaben für die Eintragung in die Liste der Verbraucherschlichtungsstellen gemäß § 33 Abs. 1 S. 1 zu übermitteln. Welche Angaben dies genau sind, regelt die VSBInfoV.[5] Gemäß § 2 iVm § 1 Nr. 1 sowie Nr. 5–8 der VSBInfoV sind folgende Angaben zu übermitteln: 7

1. der Name, die Anschrift und die Webseite der Einrichtung sowie die E-Mail-Adresse, Telefon- und Faxnummer, unter der die Einrichtung erreichbar ist,
2. Angaben zur Zuständigkeit der Einrichtung, insbesondere Nennung der Wirtschaftsbereiche, die von der Tätigkeit der Einrichtung erfasst werden, sowie die Angabe, ob die Einrichtung ihrer Zuständigkeit nach Allgemeine Verbraucherschlichtungsstelle im Sinne des § 4 Abs. 2 S. 2 oder 3 VSBG ist, ob sich ihre Tätigkeit auf in einem oder mehreren Ländern niedergelassene Unternehmer beschränkt, ob sie auch auf Antrag eines Unternehmers tätig wird und ob sie ihre Zuständigkeit für die in § 4 Abs. 4 VSBG bezeichneten Fälle ausgeschlossen hat,
3. die Voraussetzungen für die Durchführung eines Streitbeilegungsverfahrens, die Ablehnungsgründe nach § 14 Abs. 1 und 2 VSBG und die zulässigen Verfahrenssprachen,

4 Richtig muss es heißen: „mit den" Parteien und nicht „der" Parteien; im Laufe der Gesetzgebung wurde versäumt, den bestehenbleibenden alten Regelungsteil an eine vorgenommene Änderung sprachlich anzupassen.
5 Im Volltext im → Anh. abgedruckt.

4. Angaben zu Verfahrensregeln, insbesondere dazu, inwieweit das Verfahren schriftlich abläuft oder die Verbraucherschlichtungsstelle auch mündliche Erörterungen der[6] Parteien durchführt sowie
5. Angaben zur Rechtswirkung des Ergebnisses des Streitbeilegungsverfahrens, insbesondere inwieweit das Ergebnis verbindlich ist, und zu den Kosten des Streitbeilegungsverfahrens.

8 Soweit die Länder anerkannte Verbraucherschlichtungsstellen gemäß § 29 Abs. 3 Nr. 2 oder 3 mit der Aufgabe einer Universalschlichtungsstelle beleihen oder beauftragen, sind

- die Beleihung oder Beauftragung als Universalschlichtungsstelle,
- die Beendigung einer solchen Beleihung oder Beauftragung

9 von der nach Maßgabe des § 29 Abs. 4 zuständigen Landesbehörde dem Bundesamt für Justiz mitzuteilen. Die zuständigen Landesbehörden bestimmen die Länder durch Rechtsverordnung.

10 Der gesonderte Ausweis von Allgemeinen Verbraucherschlichtungsstellen im Rahmen des § 32 Abs. 2 Nr. 1 und der Universalschlichtungsstellen eines Landes im Rahmen des § 32 Abs. 3 Nr. 1 dient dazu, leichter überprüfen zu können, ob ein ausreichendes Schlichtungsangebot besteht.[7]

11 Soweit sich Änderungen im Hinblick auf die Angaben, die dem Bundesamt für Justiz bezüglich privater und behördlicher Verbraucherschlichtungsstellen zu machen sind, ergeben, so sind diese Änderungen dem Bundesamt für Justiz unverzüglich mitzuteilen. Dies soll es dem Bundesamt für Justiz ermöglichen, die Liste der Verbraucherschlichtungsstellen gemäß § 33 zeitnah zu aktualisieren und in jeweils aktualisierter Fassung an die Europäische Kommission weiterzuleiten.[8]

§ 33 Liste der Verbraucherschlichtungsstellen sowie Zugang zur Liste der Europäischen Kommission und zur Europäischen Plattform zur Online-Streitbeilegung

(1) [1]Die Zentrale Anlaufstelle für Verbraucherschlichtung führt eine Liste der Verbraucherschlichtungsstellen. [2]Diese Liste wird der Europäischen Kommission unter Hinweis auf Artikel 20 Absatz 2 der Richtlinie 2013/11/EU übermittelt und regelmäßig aktualisiert. [3]Die Zentrale Anlaufstelle für Verbraucherschlichtung macht die jeweils aktuelle Fassung der Liste auf ihrer Webseite zugänglich und macht die Liste mit Stand 1. Januar jeden Jahres im Bundesanzeiger bekannt.

(2) [1]Die zuständigen Behörden und die Zentrale Anlaufstelle für Verbraucherschlichtung machen die von der Europäischen Kommission erstellte Liste aller im Europäischen Wirtschaftsraum anerkannten Streitbeilegungs-

6 Richtig muss es heißen: „mit den" Parteien und nicht „der" Parteien; im Laufe der Gesetzgebung wurde versäumt, den bestehenbleibenden alten Regelungsteil an eine vorgenommene Änderung sprachlich anzupassen.
7 Vgl. BT-Drs. 18/5295, 91 (Regierungsentwurf), was allerdings zumindest bis zum 31.12.2019 auch ohne Tätigwerden der Länder vorauszusetzen ist, § 43 Abs. 1.
8 Vgl. BT-Drs. 18/5295, 91 (Regierungsentwurf).

stellen auf ihren Webseiten zugänglich, indem sie einen Link zur Webseite der Europäischen Kommission einstellen. ²Auf Anfrage stellen sie diese Liste in Textform zur Verfügung.

§ 33 regelt die Führung, Aktualisierung, Weiterleitung und Veröffentlichung der Liste der deutschen Verbraucherschlichtungsstellen sowie die Verlinkung der von der Europäischen Kommission aufgestellten Gesamtliste der Verbraucherschlichtungsstellen aus der EU und dem EWR. 1

Das Bundesamt für Justiz als Zentrale Anlaufstelle für Verbraucherschlichtung gemäß § 32 Abs. 1 führt eine Liste der deutschen Verbraucherschlichtungsstellen. Die insoweit erforderlichen Informationen erhält das Bundesamt für Justiz, soweit es diese Informationen aufgrund seiner zentralen Anerkennungszuständigkeit[1] nicht ohnehin bereits selbst besitzt (§§ 24, 27 Abs. 1), von den für die privaten und behördlichen Verbraucherschlichtungsstellen jeweils zuständigen Länder- oder Bundesbehörden gemäß § 32. Welche Angaben dies genau sind, regelt die VSB-InfoV.[2] Gemäß § 2 iVm § 1 Nr. 1 sowie Nr. 5–8 der VSB-InfoV sind folgende Angaben zu übermitteln: 2

1. der Name, die Anschrift und die Webseite der Einrichtung sowie die E-Mail-Adresse, Telefon- und Faxnummer, unter der die Einrichtung erreichbar ist,
2. Angaben zur Zuständigkeit der Einrichtung, insbesondere Nennung der Wirtschaftsbereiche, die von der Tätigkeit der Einrichtung erfasst werden, sowie die Angabe, ob die Einrichtung ihrer Zuständigkeit nach Allgemeine Verbraucherschlichtungsstelle im Sinne des § 4 Abs. 2 S. 2 oder 3 VSBG ist, ob sich ihre Tätigkeit auf in einem oder mehreren Ländern niedergelassene Unternehmer beschränkt, ob sie auch auf Antrag eines Unternehmers tätig wird und ob sie ihre Zuständigkeit für die in § 4 Abs. 4 VSBG bezeichneten Fälle ausgeschlossen hat,
3. die Voraussetzungen für die Durchführung eines Streitbeilegungsverfahrens, die Ablehnungsgründe nach § 14 Abs. 1 und 2 VSBG und die zulässigen Verfahrenssprachen,
4. Angaben zu Verfahrensregeln, insbesondere dazu, inwieweit das Verfahren schriftlich abläuft oder die Verbraucherschlichtungsstelle auch mündliche Erörterungen der[3] Parteien durchführt sowie
5. Angaben zur Rechtswirkung des Ergebnisses des Streitbeilegungsverfahrens, insbesondere inwieweit das Ergebnis verbindlich ist, und zu den Kosten des Streitbeilegungsverfahrens.

Diese vom Bundesamt für Justiz geführte Liste der deutschen Verbraucherschlichtungsstellen ist regelmäßig zu aktualisieren. Die entsprechenden Aktualisierungsangaben sind dem Bundesamt für Justiz gemäß § 32 Abs. 5 unverzüglich zu übermitteln. Die Liste der deutschen Verbraucherschlichtungsstellen ist vom Bundesamt für Justiz der Europäischen Kommission 3

1 Vgl. BT-Drs. 18/5089, Synopse des 6. Ausschusses des DBT vom 27.11.2015, S. 70.
2 Im Volltext im → Anh. abgedruckt.
3 Richtig muss es heißen: „mit den“ Parteien und nicht „der“ Parteien; im Laufe der Gesetzgebung wurde versäumt, den bestehenbleibenden alten Regelungsteil an eine vorgenommene Änderung sprachlich anzupassen.

zu übermitteln. Die Europäische Kommission entwickelt hieraus die Gesamtliste der in der Europäischen Union und dem EWR zugelassenen Verbraucherschlichtungsstellen und veröffentlicht diese.[4]

4 Das Bundesamt für Justiz macht jeweils eine aktuelle Fassung der deutschen Verbraucherschlichtungsstellen auf seiner eigenen Webseite zugänglich. Darüber hinaus ist diese Liste mit Stand 1. Januar eines jeden Jahres vom Bundesamt für Justiz im Bundesanzeiger bekannt zu machen.

5 Sowohl das Bundesamt für Justiz als auch die jeweils zuständigen Behörden der Länder und des Bundes verlinken die Gesamtliste der Europäischen Kommission auf ihrer Webseite. Entgegen der Auffassung im Regierungsentwurf sind die Verbraucherschlichtungsstellen aus § 33 Abs. 2 unmittelbar nicht verpflichtet, die Gesamtliste der Europäischen Kommission auf ihrer Homepage zu verlinken.[5] Die Verbraucherschlichtungsstellen werden in § 33 Abs. 2 überhaupt nicht angesprochen. Eine solche Verpflichtung ergibt sich aus § 3 Nr. 8 VSBInfoV. Ebenso wenig folgt aus § 33 Abs. 2 eine unmittelbare Verpflichtung der Verbraucherschlichtungsstellen, die Plattform zur Online-Streitbeilegung auf ihren eigenen Webseiten zu verlinken.[6] Auch diese Verpflichtung ergibt sich aus § 3 Nr. 8 VSBInfoV.

6 Da Bedarf bestehen könnte, die Gesamtliste der Europäischen Kommission über alle im europäischen Wirtschaftsraum anerkannten Streitbeilegungsstellen auch offline zur Verfügung gestellt zu bekommen, haben sowohl die zuständigen Behörden des Bundes und der Länder als auch das Bundesamt für Justiz auf Anfrage die Liste in Textform (§ 126 b BGB) zur Verfügung zu stellen (§ 33 Abs. 2, S. 2).

§ 34 Berichtspflichten und Auskunftspflichten der Verbraucherschlichtungsstelle

(1) [1]Die Verbraucherschlichtungsstelle erstellt jährlich einen Tätigkeitsbericht. [2]Sie veröffentlicht den Tätigkeitsbericht auf ihrer Webseite und übermittelt ihn auf Anfrage in Textform. [3]Für die Übermittlung eines Berichts auf Papier kann sie vom Empfänger Ersatz der dafür notwendigen Auslagen verlangen.

(2) [1]Die Verbraucherschlichtungsstelle erstellt alle zwei Jahre einen Bericht mit einer umfassenden Darstellung und Bewertung ihrer Tätigkeit (Evaluationsbericht). [2]Die private Verbraucherschlichtungsstelle übermittelt den Evaluationsbericht der zuständigen Behörde und die behördliche Verbraucherschlichtungsstelle übermittelt den Evaluationsbericht der Aufsichtsbehörde. [3]Die Universalschlichtungsstelle des Landes übermittelt ihren Bericht der nach Maßgabe von § 29 Absatz 4 zuständigen Behörde und gibt ihn der Zentralen Anlaufstelle für Verbraucherschlichtung zur Kenntnis.

4 Vgl. BT-Drs. 18/5295, 92 (Regierungsentwurf).
5 So aber BT-Drs. 18/5295, 92 (Regierungsentwurf).
6 So aber BT-Drs. 18/5295, 92 (Regierungsentwurf).

(3) Die Verbraucherschlichtungsstelle berichtet insbesondere über Geschäftspraktiken, die auffällig häufig Anlass für Anträge auf Durchführung von Streitbeilegungsverfahren waren.

(4) Die Verbraucherschlichtungsstelle gibt über Geschäftspraktiken nach Absatz 3 auch außerhalb der Berichte nach Absatz 1 oder Absatz 2 eine aktuelle Auskunft, wenn eine nach § 2 des EG-Verbraucherschutzdurchsetzungsgesetzes vom 21. Dezember 2006 (BGBl. I S. 3367), das zuletzt durch Artikel 2 Absatz 4 des Gesetzes vom 1. April 2015 (BGBl. I S. 434) geändert worden ist, zuständige Behörde sie im Rahmen ihrer Zuständigkeit darum ersucht.

(5) [1]Ist in einem Land keine Universalschlichtungsstelle eingerichtet, hat das Land der Zentralen Anlaufstelle für Verbraucherschlichtung jeweils zum 1. Oktober, frühestens aber zum 1. Oktober 2016, mitzuteilen, durch welche Verbraucherschlichtungsstellen für dieses Land ein ausreichendes Schlichtungsangebot sichergestellt wird. [2]Änderungen sind unverzüglich mitzuteilen.

I. Tätigkeitsbericht

1 Von jeder Verbraucherschlichtungsstelle ist jährlich ein Tätigkeitsbericht zu erstellen und zu veröffentlichen. Die Veröffentlichung erfolgt auf der Webseite der Verbraucherschlichtungsstelle. Auf Antrag übermittelt sie den Tätigkeitsbericht in Textform (§ 126 b BGB). Sofern die Übermittlung des Berichts auf Papier erbeten wird, kann die Verbraucherschlichtungsstelle vom Empfänger den Ersatz der dafür notwendigen Auslagen verlangen. Dieser Tätigkeitsbericht soll für Transparenz im Hinblick auf die Tätigkeit der Verbraucherschlichtungsstelle sorgen und ihre Öffentlichkeitsarbeit unterstützen. Es ist der Verbraucherschlichtungsstelle allerdings nicht verboten, auch andere Maßnahmen der Öffentlichkeitsarbeit zu ergreifen, beispielsweise über Fälle (anonymisiert! – § 22) oder Entwicklungstendenzen zu berichten.[1] Generell sollen die zu veröffentlichenden Tätigkeitsberichte der Verbraucherschlichtung zu einer größeren Bekanntheit verhelfen.[2]

2 Sofern die Verbraucherschlichtungsstelle in ihrem Zuständigkeitsbereich Fehlentwicklungen feststellt, insbesondere Geschäftspraktiken, die häufiger Anlass für Verbraucherstreitbeilegungsverfahren boten, können diese Informationen auch für Verbraucher- und Unternehmerverbände nützlich sein.[3]

3 Vorrangiges Veröffentlichungsmedium ist die Webseite der Verbraucherschlichtungsstelle. Nur auf konkrete Nachfrage muss der Tätigkeitsbericht in Textform – und gegen Aufwandsentschädigung auch in Papierform – zur Verfügung gestellt werden.

1 Vgl. BT-Drs. 18/5295, 92 (Regierungsentwurf).
2 Vgl. BT-Drs. 18/5295, 92 (Regierungsentwurf).
3 Vgl. BT-Drs. 18/5295, 92 (Regierungsentwurf).

4 Welchen Inhalt der Verbraucherschlichtungsbericht haben muss, ergibt sich aus § 4 Abs. 1 VSB-InfoV:

§ 4Tätigkeitsbericht der Verbraucherschlichtungsstelle

(1) Der Tätigkeitsbericht der Verbraucherschlichtungsstelle (§ 34 Absatz 1 des Verbraucherstreitbeilegungsgesetzes) muss insbesondere folgende Informationen enthalten:

1. statistische Angaben zu den Anträgen auf Durchführung eines Streitbeilegungsverfahrens, insbesondere
   a) Anzahl der eingegangenen Anträge, untergliedert nach dem Gegenstand, auf den sie sich hauptsächlich beziehen,
   b) Anteil der nach § 14 Absatz 1 und 2 des Verbraucherstreitbelegungsgesetzes abgelehnten Anträgen, untergliedert nach den Ablehnungsgründen,
   c) Anteil der ergebnislos gebliebenen Verfahren (§ 21 Absatz 2 des Verbraucherstreitbelegungsgesetzes),
   d) durchschnittliche Dauer der Verfahren,
   e) wenn bekannt, Anteil der Fälle, in denen sich die Parteien an das Ergebnis des Verfahrens gehalten haben,
   f) wenn bekannt, Anteil der grenzübergreifenden Streitigkeiten,
2. Angaben zu Problemstellungen, die systematisch bedingt oder signifikant häufig auftraten und Anlass für Anträge auf Durchführung eines Streitbelegungsverfahrens waren,
3. Empfehlungen zur Vermeidung oder zur Beilegung von häufig auftretenden Streitigkeiten zwischen Verbrauchern und Unternehmern, sofern die Verbraucherschlichtungsstelle aufgrund ihrer Tätigkeit hierzu Erkenntnisse hat,
4. Hinweise auf etwaige strukturelle Hindernisse für die Beilegung von Streitigkeiten, wobei diesbezügliche Erkenntnisse zu grenzübergreifenden Streitigkeiten gesondert darzustellen sind,
5. Angaben zur Zusammenarbeit mit anderen Verbraucherschlichtungsstellen in Netzwerken zur Beilegung grenzübergreifender Streitigkeiten.

5 Gemäß § 4 Abs. 2 VSBInfoV ist der Tätigkeitsbereich ab Anerkennung oder Einrichtung der Verbraucherschlichtungsstelle für jedes Kalenderjahr, jedoch erstmals für das Jahr 2016, bis zum 1. Februar des Folgejahrs zu veröffentlichen.

II. Evaluationsbericht

6 Alle zwei Jahre hat jede Verbraucherschlichtungsstelle einen Evaluationsbericht zu erstellen und diesen – sofern es sich um eine private Verbraucherschlichtungsstelle handelt – der zuständigen Behörde beziehungsweise – sofern es sich um eine behördliche Verbraucherschlichtungsstelle handelt – ihrer Aufsichtsbehörde zu übermitteln. Von den Ländern mit der Aufgabe der Universalschlichtungsstelle beliehene oder beauftragte Verbraucherschlichtungsstellen übermitteln ihren Evaluationsbericht der nach Maßgabe des § 29 Abs. 4 zuständigen Landesbehörde. Darüber hinaus sind diese Universalschlichtungsstellen verpflichtet, ihren Evaluationsbericht auch dem Bundesamt für Justiz als Zentraler Anlaufstelle für Verbraucherschlichtung zur Kenntnis zu geben.

7 Anders als der jährlich zu erstellende Tätigkeitsbericht ist der nur alle zwei Jahre zu erstellende Evaluationsbericht nicht zur Veröffentlichung vorgesehen. Der Evaluationsbericht enthält eine umfassende Darstellung und Bewertung der Tätigkeit der Verbraucherschlichtungsstelle. Neben den auch

nach § 34 Abs. 3 zu berichtenden Geschäftspraktiken, die auffallend häufig Anlass zu Verbraucherstreitbeilegungsverfahren bilden, soll der Evaluationsbericht Ausführungen zu organisationsinternen und finanziellen Aspekten, die die Verbraucherschlichtungsstelle betreffen, enthalten.[4]

Der über den Inhalt des Tätigkeitsberichtes nach § 34 Abs. 1 hinausgehende Inhalt des Evaluationsberichtes ergibt sich aus § 5 Abs. 1 VSBInfoV: 8

§ 5Evaluationsbericht der Verbraucherschlichtungsstelle

(1) Der Evaluationsbericht der Verbraucherschlichtungsstelle (§ 34 Absatz 2 Satz 1 des Verbraucherstreitbeilegungsgesetzes) muss ergänzend zum Tätigkeitsbericht insbesondere folgende Informationen enthalten:

1. **eine Bewertung der Effektivität des von der Verbraucherschlichtungsstelle angebotenen Verfahrens,**
2. **eine Bewertung der Organisations- und Finanzstruktur der Verbraucherschlichtungsstelle,**
3. **Angaben zu Schulungen der Streitmittler, ihrer Vertreter und ihrer Mitarbeiter,**
4. **eine Bewertung der Zusammenarbeit mit Verbraucherschlichtungsstellen in Netzwerken zur Beilegung grenzübergreifender Streitigkeiten.**

Evaluationsberichte sind gemäß § 5 Abs. 2 VSBInfoV erstmals zum 1. Februar 2018 zu erstatten und nachfolgend jeweils zum 1. Februar eines jeden geraden Kalenderjahres ab Anerkennung oder Einrichtung der Verbraucherschlichtungsstelle. Sie sind jeweils für die beiden vorausgegangenen Kalenderjahre zu erstatten. 9

Der Evaluationsbericht soll einerseits den für die Anerkennung und den Widerruf der Anerkennung zuständigen Behörden die Möglichkeit geben zu überprüfen, ob die Voraussetzungen für die Anerkennung als Verbraucherschlichtungsstelle der privaten Stellen noch vorliegen.[5] Bei behördlichen Verbraucherschlichtungsstellen dürfte ein aufsichtsrechtliches Einschreiten geboten sein, wenn sich aus dem Evaluationsbericht ergibt, dass die behördliche Verbraucherschlichtungsstelle ihre Aufgaben nicht oder nicht vollständig bzw. nicht rechtskonform erfüllt. Im Übrigen sind die Evaluationsberichte der Verbraucherschlichtungsstellen ihrerseits Grundlage des alle vier Jahre vom Bundesamt für Justiz zu erstellenden Verbraucherschlichtungsberichtes (§ 35). 10

III. Auffällige Geschäftspraktiken

Sowohl in ihrem Tätigkeitsbericht als auch im Evaluationsbericht haben die Verbraucherschlichtungsstellen zu in ihrem Zuständigkeitsbereich aufgetretenen Geschäftspraktiken zu berichten, die besonders häufig Anlass für Anträge auf Durchführung von Verbraucherstreitbeilegungsverfahren waren. Auch außerhalb der festgelegten Berichtszeitpunkte haben die Verbraucherschlichtungsstellen über auffällige Geschäftspraktiken zu berichten, sofern sie von der zuständigen Behörde hierzu aufgefordert werden. 11

In allen Fällen geht es um auffällige Geschäftspraktiken, mithin um Verhaltensweisen der Unternehmen zulasten der Verbraucher.[6] Mithin sollen 12

4 Vgl. BT-Drs. 18/5295, 93 (Regierungsentwurf).
5 Vgl. BT-Drs. 18/5295, 93 (Regierungsentwurf).
6 Vgl. BT-Drs. 18/5295, 92 (Regierungsentwurf).

eventuelle Mängel in der Zahlungsmoral der Verbraucher oder sonstige Missbräuche auf Seiten der Verbraucher nicht Gegenstand der Berichterstattung sein. Selbst wenn keine weiteren Kooperations- und Berichtspflichten im Gesetz angeordnet werden,[7] so dürfte eine Betrachtung nur unternehmerischer Geschäftspraktiken zulasten der Verbraucher schwerlich mit dem Vertrauen in die Neutralität der Verbraucherschlichtungsstelle in Einklang zu bringen sein. Die Verbraucherschlichtungsstellen werden ausdrücklich Instrument des Verbraucherschutzes mit entsprechenden Hinweispflichten bei verbraucherbenachteiligenden Geschäftspraktiken von Unternehmen. Selbst wenn die Verbraucherschlichtungsstelle selbst keine ordnungsrechtlichen Funktionen haben, das Ordnungsrecht also im Rahmen der Verbraucherstreitbeilegung richtigerweise vom Streitbeilegungsrecht getrennt ist,[8] so dürfte eine Berichtspflicht alleine zulasten missbrauchsverdächtiger Unternehmenspraktiken – ohne missbrauchsverdächtige Verbraucherpraktiken auch in den Blick zu nehmen – schwerlich ein Anreiz für die Unternehmen sein, sich an Verfahren bei einer Verbraucherschlichtungsstelle zu beteiligen.[9] Die Umsetzung des Art. 17 Abs. 1 und 2 der Richtlinie 2013/11/EU führt letztendlich dazu, dass die Verbraucherschlichtungsstellen zu einem verlängerten Arm der Aufsicht über die private Wirtschaft werden. Es lässt sich unschwer vorhersagen, dass Unternehmen, die die Grenzen des Verbraucherschutzes ausloten wollen, sich auf keinerlei Streitbeilegung in Verbraucherschlichtungsstellen einlassen, sondern eine gerichtliche Klärung bevorzugen werden.

IV. Ausreichendes Schlichtungsangebot

13 Sofern ein Land keine Universalschlichtungsstelle einrichtet, weil gemäß § 29 Abs. 2 ein ausreichendes Schlichtungsangebot besteht, also für jeden Streit aus einem Verbrauchervertrag (§ 310 Abs. 3 BGB) mit einem in dem jeweiligen Bundesland niedergelassenen Unternehmer eine Verbraucherschlichtungsstelle zur Verfügung steht, hat das Land dem Bundesamt für Justiz mitzuteilen, durch welche Verbraucherschlichtungsstellen in diesem Land ein ausreichendes Schlichtungsangebot sichergestellt wird. Änderungen haben unverzüglich dem Bundesamt für Justiz mitgeteilt zu werden. Durch die Angabe der Schlichtungsstellen, die im jeweiligen Bundesland bestehen und durch die ein ausreichendes Schlichtungsangebot für alle Verbraucherverträge, die mit Unternehmen in dem jeweiligen Bundesland geschlossen werden, aus Sicht des Landes sichergestellt wird, soll das Bundesamt für Justiz in die Lage versetzt werden, die Entscheidung des jeweiligen Landes, keine Universalschlichtungsstelle einzurichten, zu überprüfen.[10] Bis zum 31.12.2019 ist allerdings bundesweit von einem ausreichenden Schlichtungsangebot auszugehen (§ 43 Abs. 1), weshalb die Regelung des § 34 Abs. 5 bis zu diesem Zeitpunkt leerlaufen dürfte.

---

7 Vgl. BT-Drs. 18/5295, 93 (Regierungsentwurf).
8 Vgl. BT-Drs. 18/5295, 93 (Regierungsentwurf).
9 So aber BT-Drs. 18/5295, 93 (Regierungsentwurf).
10 Vgl. BT-Drs. 18/5295, 92 (Regierungsentwurf).

§ 35 Verbraucherschlichtungsbericht

(1) Die Zentrale Anlaufstelle für Verbraucherschlichtung veröffentlicht zum 9. Juli 2018 und danach alle vier Jahre einen Bericht über die Tätigkeit der Verbraucherschlichtungsstellen im Bundesgebiet (Verbraucherschlichtungsbericht) und übermittelt diesen der Europäischen Kommission.

(2) Für den Verbraucherschlichtungsbericht übermitteln die zuständigen Behörden und die Aufsichtsbehörden sowie die nach Maßgabe von § 29 Absatz 4 zuständigen Behörden der Zentralen Anlaufstelle für Verbraucherschlichtung erstmals zum 31. März 2018 und danach alle zwei Jahre eine Auswertung der ihnen nach § 34 Absatz 2 übermittelten Evaluationsberichte.

Das Bundesamt für Justiz als Zentrale Anlaufstelle für Verbraucherschlichtungen (§ 32 Abs. 1) führt die ihm alle zwei Jahre durch die jeweiligen Empfänger der Evaluationsberichte (§ 34 Abs. 2) zu übermittelnden Evaluationsberichtsauswertungen alle vier Jahre zu einem Verbraucherschlichtungsbericht, dh einem Bericht über die Tätigkeit der Verbraucherschlichtungsstellen im Bundesgebiet, zusammen. Dieser Bericht wird der EU-Kommission vorgelegt. 1

Der Verbraucherschlichtungsbericht des Bundesamtes für Justiz soll Ausführungen über die Tätigkeit der deutschen Verbraucherschlichtungsstellen enthalten. Ebenfalls soll er Hinweise zu eventuellen Zugangsschwierigkeiten zu Verbraucherschlichtungsstellen oder Durchführungsschwierigkeiten bei Streitbeilegungsverfahren enthalten.[1] Gemäß § 6 VSB-InfoV gelten für den Verbraucherschlichtungsbericht und die ihm zugrunde liegenden Zusammenfassungen der Evaluationsberichte folgende inhaltlich Vorgaben: 2

§ 6Verbraucherschlichtungsbericht und Auswertung der Evaluationsberichte der Verbraucherschlichtungsstellen

(1) Der Verbraucherschlichtungsbericht der Zentralen Anlaufstelle (§ 35 Absatz 1 des Verbraucherschlichtungsgesetzes) enthält insbesondere folgende Informationen:

1. eine Darstellung und Bewertung der Tätigkeit der Verbraucherschlichtungsstellen im Bundesgebiet,
2. statistische Angaben zu etwaigen Hindernissen bei der Behandlung von inländischen und grenzübergreifenden Streitigkeiten durch die Verbraucherschlichtungsstellen sowie Empfehlungen zur Beseitigung dieser Hindernisse,
3. eine Darstellung der Entwicklung der außergerichtlichen Streitbeilegung nach dem Verbraucherstreitbeilegungsgesetz einschließlich etwaiger Verbesserungsvorschläge.

(2) Für den Inhalt der Auswertung der gemäß § 35 Absatz 2 des Verbraucherstreitbeilegungsgesetzes zu erstellenden Evaluationsberichte der Verbraucherschlichtungsstellen gilt Absatz 1 entsprechend.

Der Regierungsentwurf geht davon aus, dass die jeweiligen Evaluationsberichte, die alle zwei Jahre an die für die Anerkennung der Verbraucherschlichtungsstellen zuständigen Behörden – sofern es private Verbraucherschlichtungsstellen betrifft – oder die Aufsichtsbehörden – soweit es be- 3

1 Vgl. BT-Drs. 18/5295, 94 (Regierungsentwurf).

hördliche Schlichtungsstellen betrifft – von den jeweiligen Behörden ausgewertet zu werden haben und die Auswerteberichte ebenfalls alle zwei Jahre an das Bundesamt für Justiz übermittelt werden müssen.[2]

4 Die Länder sind ausweislich der Stellungnahme des Bundesrates vom 10.7.2015[3] der Auffassung, dass es ausreichend ist, die Evaluationsberichte selbst – mithin nicht deren Auswertungen – an das Bundesamt für Justiz zu übermitteln und dies auch nur alle vier Jahre. Begründet wurde dies damit, dass die Anerkennungsbehörden nur über Anerkennung bzw. Widerruf von Verbraucherschlichtungsstellen zu entscheiden haben und ein Widerruf der Anerkennung nur möglich ist, wenn die Verbraucherschlichtungsstelle die für die Anerkennung notwendigen Voraussetzungen nicht mehr erfüllt oder in sonstiger Weise den Anforderungen an eine Verbraucherschlichtungsstelle in erheblichem Umfang nicht nachkommt.[4] Mithin seien die Evaluationsberichte nur auf Verbraucherschlichtungsstellen-interne Defizite zu überprüfen, nicht jedoch auf regelungsbedingte Unzulänglichkeiten des Verbraucherschlichtungsverfahrens als solcher.[5] Die Evaluationsberichte sollten dagegen vor allem darüber berichten, welche Verfahren sich vor der Schlichtungsstelle bewährt hätten und welche Unzulänglichkeiten die Funktion der Verbraucherschlichtungsstellen bei der Beilegung von Streitigkeiten behindern sowie welche Empfehlungen zur Funktionsverbesserung der Schlichtungsstellen führen können. Hierbei handele es sich gerade um Stellungnahmen zu regelungsbedingten Unzulänglichkeiten, welche auf die Tätigkeit der Zulassungsbehörden keinerlei Einfluss haben.[6] Das Gleiche dürfte im Übrigen auch für die Aufsichtsbehörden bei behördlichen Verbraucherschlichtungsstellen gelten. Hieraus folgerte der Bundesrat, dass es einer Auswertung der Evaluationsberichte und auch der Erstellung von Auswerteberichten, die dem Bundesamt für Justiz alle zwei Jahre übermittelt werden sollten, weder durch die Anerkennungsbehörden bei privaten Schlichtungsstellen noch für die Aufsichtsbehörden bei behördlichen Schlichtungsstellen bedarf. Die Auswertung der Berichte hätte nicht von Landesbehörden, sondern vielmehr vom Bundesamt für Justiz zu erfolgen.[7]

5 Die Bundesregierung stimmte diesen Vorstellungen des Bundesrates nicht zu.[8] Die Bundesregierung ist unter Hinweis auf Erwägungsgrund 55 der Richtlinie 2013/11/EU (ADR-RL) vielmehr der Auffassung, dass die zuständigen Anerkennungsbehörden die Evaluationsberichte nicht nur zeitnah zur Kenntnis sondern auch auszuwerten haben. Die Evaluationsberichte seien nicht ausschließlich eine Vorbereitung für den im 4-Jahresrythmus vorzulegenden Verbraucherschlichtungsbericht im Sinne des § 35 Abs. 1, was alleine daraus folge, dass die Evaluationsberichte alle zwei Jah-

2 Vgl. BT-Drs. 18/5295, 94 (Regierungsentwurf).
3 Vgl. BT-Drs. 18/5760, Stellungnahme des Bundesrates Seiten 1-23, Gegenäußerung der Bundesregierung S. 24-30.
4 Vgl. BT-Drs. 18/5760, 19.
5 Vgl. BT-Drs. 18/5760, 19, 20.
6 Vgl. BT-Drs. 18/5760, 20.
7 Vgl. BT-Drs. 18/5760, 20.
8 Vgl. BT-Drs. 18/5760, 30.

re vorzulegen seien.[9] Aus Art. 19 und 20 der Richtlinie 2013/11/EU folge, dass die Verbraucherschlichtungsstellen genau überwacht werden müssen, damit sie effektiv und ordnungsgemäß funktionieren, weshalb es erforderlich sei, dass die zuständigen Anerkennungsbehörden die Evaluationsberichte auch kurzfristig auswerten.[10] Wenn die zuständigen Anerkennungs- und Aufsichtsbehörden die Evaluationsberichte, die ihnen alle zwei Jahre gemäß § 34 Abs. 2 zugehen, selbst zeitnah auszuwerten haben, dann stelle es keinen wesentlichen Mehraufwand dar, wenn die Behörden diese Auswerteberichte dem Bundesamt für Justiz zu dessen Entlastung zur Verfügung stellen.[11]

Dieser Streit dürfte sich im Wesentlichen dadurch erledigt haben, dass im Laufe des Gesetzgebungsverfahrens das Bundesamt der Justiz die zentrale Anerkennungsbehörde für Verbraucherstreitbeilegungsstellen geworden ist[12] (§§ 24, 27 Abs. 1). Damit ist das Bundesamt der Justiz auch überwiegend selbst Empfänger der Tätigkeits- und Evaluationsberichte. Es kann und muss mithin die Auswertungen selbst vornehmen, die für die Erstellung des Verbraucherschlichtungsberichtes erforderlich sind. Lediglich soweit die Länder behördliche Universalschlichtungsstellen gemäß § 29 Abs. 3 Nr. 1 selbst einrichten oder Verbraucherschlichtungsstellen mit der Aufgabe der Universalschlichtungsstelle beleihen oder beauftragen (§ 29 Abs. 3 Nr. 2 und 3) haben die nach Maßgabe des § 29 Abs. 4 zuständigen Behörden Auswertungsberichte der ihnen übermittelten Evaluationsberichte der Universalschlichtungsstellen an das Bundesamt für Justiz zu übermitteln. 6

Die Frage der von den Ländern selbst eingerichteten behördlichen Universalschlichtungsstellen oder der von den Ländern mit der Aufgabe einer Universalschlichtungsstelle beliehenen oder beauftragten privaten Schlichtungsstelle stellt sich im Übrigen aufgrund des ebenfalls im Laufe des Gesetzgebungsverfahrens neu eingeführten § 43 zumindest bis zum 31.12.2019 ohnehin nicht. Aufgrund der Förderung einer bundesweit tätigen Verbraucherschlichtungsstelle durch den Bund (§ 43 Abs. 1) besteht ein ausreichendes Schlichtungsangebot in der Bundesrepublik,[13] weshalb die Länder Universalschlichtungsstellen nicht zu errichten brauchen (§ 29 Abs. 2). 7

Abschnitt 8 Informationspflichten des Unternehmers

§ 36 Allgemeine Informationspflicht

(1) Ein Unternehmer, der eine Webseite unterhält oder Allgemeine Geschäftsbedingungen verwendet, hat den Verbraucher leicht zugänglich, klar und verständlich

9 Vgl. BT-Drs. 18/5760, 30.
10 Vgl. BT-Drs. 18/5760, 30.
11 Vgl. BT-Drs. 18/5295, 94 (Regierungsentwurf).
12 Vgl. BT-Drs. 18/5089, Synopse des 6. Ausschusses des DBT vom 27.11.2015, S. 70.
13 Vgl. BT-Drs. 18/5089, Synopse des 6. Ausschusses des DBT vom 27.11.2015, S. 72.

1. in Kenntnis zu setzen davon, inwieweit er bereit ist oder verpflichtet ist, an Streitbeilegungsverfahren vor einer Verbraucherschlichtungsstelle teilzunehmen, und
2. auf die zuständige Verbraucherschlichtungsstelle hinzuweisen, wenn sich der Unternehmer zur Teilnahme an einem Streitbeilegungsverfahren vor einer Verbraucherschlichtungsstelle verpflichtet hat oder wenn er aufgrund von Rechtsvorschriften zur Teilnahme verpflichtet ist; der Hinweis muss Angaben zur Anschrift und Webseite der Verbraucherschlichtungsstelle sowie eine Erklärung des Unternehmers, an einem Streitbeilegungsverfahren vor dieser Verbraucherschlichtungsstelle teilzunehmen, enthalten.

(2) Die Informationen nach Absatz 1 müssen

1. auf der Webseite des Unternehmers erscheinen, wenn der Unternehmer einer Webseite unterhält,
2. zusammen mit seinen Allgemeinen Geschäftsbedingungen gegeben werden, wenn der Unternehmer Allgemeine Geschäftsbedingungen verwendet.

(3) Von der Informationspflicht nach Absatz 1 Nummer 1 ausgenommen ist ein Unternehmer, der am 31. Dezember des vorangegangenen Jahres zehn oder weniger Personen beschäftigt hat.

I. Informationspflichtige

1 Die allgemeine Informationspflicht des § 36 betrifft Unternehmer, sie betrifft jedoch nicht alle Unternehmer.

2 Informationspflichtig sind zunächst nur diejenigen Unternehmer, die entweder eine Webseite unterhalten oder Allgemeine Geschäftsbedingungen verwenden. Verwendet ein Unternehmer weder eine Webseite noch Allgemeine Geschäftsbedingungen, so besteht auch keine Informationspflicht nach § 36. Ist dieser Unternehmer dennoch bereit, an einem Streitbeilegungsverfahren vor einer Verbraucherschlichtungsstelle teilzunehmen, so steht ihm die Bekanntgabe dieser Tatsache, gegebenenfalls auch die Werbung mit dieser Tatsache frei.[1]

3 Ferner unterfallen der allgemeinen Informationspflicht gemäß § 36 solche Unternehmen nicht, die ausschließlich Verträge mit anderen Unternehmern abschließen, da es mangels Verbraucherbeteiligung auch keiner Information eines Verbrauchers bedarf. Der Verbraucherbegriff entspricht § 13 BGB;[2] der Unternehmerbegriff entspricht § 14 BGB.

4 Nur teilweise der allgemeinen Informationspflicht unterliegen Kleinunternehmen[3] gemäß § 36 Abs. 3. Diese müssen Verbraucher nicht darüber in Kenntnis setzen, ob sie bereit oder verpflichtet sind, an Streitbeilegungsver-

1 Vgl. BT-Drs. 18/5295, 95 (Regierungsentwurf).
2 Vgl. *Prütting* AnwBl 3/2016, S. 190 (192).
3 Vgl. hierzu → Rn. 15.

fahren vor einer Verbraucherschlichtungsstelle teilzunehmen. Sofern sie aber zur Teilnahme an einem Streitbeilegungsverfahren vor einer Verbraucherschlichtungsstelle verpflichtet sind oder sich hierzu verpflichtet haben, müssen sie auf ihrer Webseite oder in ihren Allgemeinen Geschäftsbedingungen auf die zuständige Verbraucherschlichtungsstelle und darauf hinweisen, dass sie an einem solchen Streitbeilegungsverfahren vor dieser Verbraucherschlichtungsstelle teilnehmen.

II. Ort der Information

5 Soweit ein Unternehmer der allgemeinen Informationspflicht nach § 36 unterliegt, müssen die erforderlichen Informationen auf seiner Webseite erscheinen, wenn der Unternehmer eine Webseite unterhält (§ 36 Abs. 2 Nr. 1). Verwendet der informationspflichtige Unternehmer Allgemeine Geschäftsbedingungen, so müssen die erforderlichen Informationen zusammen mit den Allgemeinen Geschäftsbedingungen gegeben werden (§ 36 Abs. 2 Nr. 2).

III. Inhalt

6 Die Informationspflichten des Unternehmers sollen dem Verbraucher Erleichterungen beim Auffinden der zuständigen Verbraucherschlichtungsstelle schaffen und für Klarheit sorgen, ob und wenn ja, bei welcher Verbraucherschlichtungsstelle der Unternehmer an einem Streitbeilegungsverfahren teilnimmt.[4]

7 Der informationspflichtige Unternehmer muss seine (zukünftigen) Vertragspartner darüber informieren, ob er durch Gesetz oder aufgrund Gesetzes verpflichtet ist, an einer Streitbeilegung vor einer Verbraucherschlichtungsstelle teilzunehmen. Er hat seine (zukünftigen) Vertragspartner ebenfalls darüber zu informieren, ob er sich verpflichtet hat, an einer Streitbeilegung bei einer Verbraucherstreitbeilegungsstelle teilzunehmen. Diese Verpflichtung kann beispielsweise dadurch übernommen worden sein, dass der Unternehmer einem Trägerverein einer Schlichtungsstelle angehört und die Satzung des Trägervereins eine solche Verpflichtung beinhaltet. Auch Mediations- oder Schlichtungsabreden sollen in Betracht kommen,[5] wobei der Abschluss von Mediations- bzw. Schlichtungsabreden vor dem Geschäftsabschluss kaum vorkommen wird.

8 Aus § 36 Abs. 1 Nr. 1 soll ebenfalls folgen, dass der informationspflichtige Unternehmer, der nicht bereit ist, ein Streitbeilegungsverfahren vor einer Verbraucherschlichtungsstelle zu führen, dies ebenfalls auf seiner Webseite oder in seinen Allgemeinen Geschäftsbedingungen anzugeben hat.[6] Hiermit soll Klarheit darüber geschaffen werden, „welche Unternehmer sich einer Verbraucherschlichtung generell verweigern".[7] § 36 Abs. 1 Nr. 1 stellt ausdrücklich darauf ab, dass der Unternehmer bekanntzugeben hat „inwieweit er bereit ist", ein Verfahren vor einer Verbraucherschlichtungsstelle zu führen.

---

4 Vgl. BT-Drs. 18/5295, 94 (Regierungsentwurf).
5 Vgl. BT-Drs. 18/5295, 94 (Regierungsentwurf).
6 Vgl. BT-Drs. 18/5295, 95 (Regierungsentwurf).
7 BT-Drs. 18/5295, 95 (Regierungsentwurf).

9 Dass der Verbraucher darüber informiert werden soll, ob ein Unternehmer sich an einer Streitbeilegung vor einer Verbraucherschlichtungsstelle beteiligt, ist ohne Weiteres ein legitimes Anliegen des Verbraucherschutzes; ob dieses legitime Anliegen aber so weit geht, dass der Unternehmer, der aus welchen Gründen auch immer die Verbraucherschlichtung ablehnt, sich selbst quasi „an den Pranger" stellen muss, erscheint zweifelhaft.

10 Nicht beachtet wird in der Begründung des Regierungsentwurfes im Übrigen, dass es der Unternehmer mit guten Gründen vom jeweiligen Einzelfall abhängig machen kann, ob er sich an einem Verfahren vor einer Verbraucherschlichtungsstelle beteiligt oder nicht. Dies allerdings wäre weder eine generelle Verweigerung der noch eine generelle Zustimmung zur Verbraucherschlichtung. Die Mitteilung des Unternehmers, dass er seine Teilnahme an der Verbraucherschlichtung von den Umständen des jeweiligen Einzelfalls abhängig macht, beinhaltet jedoch keinerlei Informationsmehrwert für den Verbraucher.

11 In diesem Zusammenhang ist aber auch an die Verjährungshemmung zu denken. Wenn bereits vor Einreichung des Güteantrages feststeht, dass der Antragsgegner nicht bereit ist, an einem Versuch der außergerichtlichen Streitbeilegung teilzunehmen, und er dies dem Antragsteller im Vorfeld bereits eindeutig mitgeteilt hat, dann ist die gleichwohl erfolgte Inanspruchnahme einer außergerichtlichen Streitbeilegungsstelle rechtsmissbräuchlich mit der Folge, dass sich der Antragsteller nicht auf die Verjährungshemmung gemäß § 204 Abs. 1 Nr. 4 BGB berufen kann.[8] Nachdem es nicht darauf ankommen kann, in welcher Form oder mit welchem Medium diese Mitteilung über die Ablehnung der Beteiligung an einem Verfahren der außergerichtlichen Streitbeilegung vor der Verfahrenseinleitung erfolgt – sie muss nur nachweisbar sein –, kann sie auch durch einen entsprechenden Hinweis in der Allgemeinen Geschäftsbedingungen oder auf der Homepage erfolgen, wenn der Unternehmer insoweit ohnehin bereits nach § 36 Abs. 1, Nr. 1 hinweispflichtig ist. Dies kann dazu führen, dass Unternehmer auf ihrer Homepage oder in ihren Allgemeinen Geschäftsbedingungen ausdrückliche Ablehnungshinweise aufnehmen, um so sicherzustellen, dass Güteanträge keine verjährungshemmende Wirkung haben, sie die Verbraucher also in das Gerichtsverfahren zwingen.

12 Neben den Informationen über die Bereitschaft, an Verbraucherstreitbeilegungsverfahren teilzunehmen, muss der informationspflichtige Unternehmer auf die zuständige Verbraucherschlichtungsstelle und ihre Kontaktdaten (Anschrift und Webseite) hinweisen und eine Erklärung abgeben, dass der Unternehmer an einem Streitbeilegungsverfahren vor dieser Verbraucherschlichtungsstelle teilnimmt. Auch dies dient der Transparenz zugunsten des Verbrauchers.

13 Gemäß § 36 Abs. 1 müssen die Informationen leicht zugänglich, klar und verständlich sein. Im Hinblick auf die Zugänglichkeit ist § 36 Abs. 2 zu beachten; sie müssen auf der Webseite erscheinen, wenn der Unternehmer eine Webseite unterhält oder zusammen mit seinen Allgemeinen Geschäfts-

---

8 Vgl. BGH NJW 2016, 233 (235); aA May/Röder, Anmerkung zum vorgenannten Urteil, NJW 2016, 235 f.

bedingungen gegeben werden, sofern der Unternehmer Allgemeine Geschäftsbedingungen verwendet. Allerdings dürfen diese Informationen weder auf der Webseite noch in den Allgemeinen Geschäftsbedingungen an versteckter Stelle vorhanden sein, da dies die leichte Zugänglichkeit aushebeln würde. Um zu verhindern, dass die Informationen zwar tatsächlich und auch an nicht versteckter Stelle gegeben, aber so formuliert werden, dass sie vom Verbraucher nicht verstanden werden (können), gibt der Gesetzgeber dem Unternehmer ausdrücklich auf, die Informationen „klar und verständlich" zu erteilen.

Die Informationspflichten nach § 36 (im Übrigen auch nach § 37) treten neben Informations- und Hinweispflichten, die sich aus anderen Vorschriften ergeben, zB die Hinweispflichten auf außergerichtliche Beschwerde- und Rechtsbehelfsverfahren gemäß Art. 246 a § 1 Nr. 16 EGBGB für außerhalb der Geschäftsräume geschlossene Verträge und Fernabsatzverträge mit Ausnahme von Verträgen über Finanzdienstleistungen oder gem. Art. 246 b § 1 Nr. 18 EGBGB für außerhalb von Geschäftsräumen geschlossene Verträge und Fernabsatzverträge über Finanzdienstleistungen.[9] 14

IV. Kleinbetriebsklausel

Kleinbetriebe, die zum 31.12. des Vorjahres zehn oder weniger Personen beschäftigt haben, sind von der Informationspflicht nach § 36 Abs. 1 Nr. 1 ausgenommen, sie müssen mithin dem Verbraucher keine Information darüber erteilen, inwieweit sie bereit oder verpflichtet sind, an Streitbeilegungsverfahren vor einer Verbraucherschlichtungsstelle teilzunehmen. Nicht befreit sind auch diese Unternehmer von den Informationspflichten nach § 36 Abs. 1 Nr. 2. Mithin müssen auch Kleinunternehmen auf die zuständige Verbraucherschlichtungsstelle einschließlich Anschrift und Webseite sowie die Erklärung des (Klein-)Unternehmers, an einem Streitbeilegungsverfahren vor dieser Verbraucherschlichtungsstelle teilzunehmen, hinweisen, wenn sich der (Klein)Unternehmer verpflichtet hat, oder wenn er aufgrund von Rechtsvorschriften verpflichtet ist, an einem Streitbeilegungsverfahren vor einer Verbraucherschlichtungsstelle teilzunehmen. 15

Die Kleinbetriebsklausel betrifft Unternehmen, die zehn oder weniger Personen beschäftigt haben, wobei es hier auf die tatsächliche Kopfzahl der beschäftigten Personen und nicht auf die Stundenäquivalente beispielsweise für Teilzeitbeschäftigten ankommt.[10] Unter Beschäftigte im Sinne des § 36 Abs. 3 fallen auch Auszubildende. Aus § 36 Abs. 3 folgt nicht, dass die „beschäftigten" Personen Arbeitnehmer sein müssen, wenn der Gesetzgeber Arbeitnehmer gemeint hätte, dann hätte er nicht den Begriff „Beschäftigte" verwendet. Es kommt mithin nicht darauf an, ob die „beschäftigten" Personen durch ein Arbeitsverhältnis oder durch sonstige Rechtsverhältnisse bei dem Unternehmer „beschäftigt" sind. Dies sollte insbesondere bei der Beschäftigung (echter) freier Mitarbeiter beachtet werden. Der Berechnungsmodus für die Beschäftigtenzahl im Sinne des § 36 Abs. 3 unterscheidet sich deutlich vom Berechnungsmodus der Arbeitnehmer im Rahmen 16

9 Vgl. BT-Drs. 18/5295, 94 (Regierungsentwurf).
10 Vgl. BT-Drs. 18/5295, 95 (Regierungsentwurf).

des § 23 Abs. 1 KSchG. Die Kopfzahl ist jeweils zum Ende des vorausgegangenen Jahres festzustellen. Im Laufe des Jahres sich verändernde Beschäftigtenzahlen wirken sich auf die Informationspflicht gemäß § 36 erst mit Beginn des Folgejahres aus, sofern am Ende des laufenden Jahres mehr als zehn Personen beschäftigt werden.

V. Sanktionen

17 Verstöße gegen die allgemeine Informationspflicht des § 36 können nach Auffassung des Regierungsentwurfes Ansprüche wegen der Verletzung vorvertraglicher und vertraglicher Pflichten auslösen.[11] Allerdings dürfte der Nachweis eines adäquat verursachten Schadens beim Verstoß gegen die Informationspflicht des § 36 eher schwierig sein. Werden die im Hinblick auf die Webseite bestehenden Informationspflichten des § 36 verletzt, so können die Verbraucherschutzverbände gemäß § 2 UKlaG aufgrund der Ergänzung durch Art. 7 Nr. 1 Unterlassungsansprüche durchsetzen. Im Hinblick auf Informationspflichtverstöße bei der Verwendung von Allgemeinen Geschäftsbedingungen bleibt es dagegen bei der schon bisher in § 1 UKlaG geregelten Inanspruchnahme auf Unterlassung bzw. Widerruf. Diese Sanktionen erschienen dem Regierungsentwurf als ausreichend, weitergehende Sanktionen seien nicht erforderlich.[12] Unter Umständen können im Übrigen aber auch wettbewerbsrechtliche Ansprüche entstehen.

VI. Inkrafttreten

18 § 36 tritt erst zum 1.2.2017 in Kraft (Art. 24).

§ 37 Informationen nach Entstehen der Streitigkeit

(1) [1]Der Unternehmer hat den Verbraucher auf eine für ihn zuständige Verbraucherschlichtungsstelle unter Angabe von deren Anschrift und Webseite hinzuweisen, wenn die Streitigkeit über einen Verbrauchervertrag durch den Unternehmer und den Verbraucher nicht beigelegt werden konnte. [2]Der Unternehmer gibt zugleich an, ob er zur Teilnahme an einem Streitbeilegungsverfahren bei dieser Verbraucherschlichtungsstelle bereit ist oder verpflichtet ist. [3]Ist der Unternehmer zur Teilnahme am Streitbeilegungsverfahren einer oder mehrerer Verbraucherschlichtungsstellen bereit oder verpflichtet, so hat er diese Stelle oder diese Stellen anzugeben.

(2) Der Hinweis muss in Textform gegeben werden.

11 Vgl. BT-Drs. 18/5295, 94 (Regierungsentwurf).
12 Vgl. BT-Drs. 18/5295, 94 (Regierungsentwurf).

I. Informationspflichtiger

Informationspflichtig ist nach § 37 jeder Unternehmer, ohne dass es darauf ankäme, ob der Unternehmer wie in § 36 eine Webseite unterhält oder Allgemeine Geschäftsbedingungen verwendet. Auch eine Kleinbetriebsklausel wie in § 36 Abs. 3 ist in § 37 nicht vorgesehen. Der Informationspflicht unterliegen jedoch diejenigen Unternehmer nicht, die keinen Verbrauchervertrag abgeschlossen haben. 1

II. Informationsvoraussetzung

Voraussetzung für die Informationspflicht gemäß § 37 ist zunächst, dass ein Verbrauchervertrag (§ 310 BGB) abgeschlossen worden ist, mithin also ein Vertrag zwischen einem Unternehmer und einem Verbraucher. Der Verbraucherbegriff entspricht § 13 BGB;[1] der Unternehmerbegriff entspricht § 14 BGB. Da Arbeitsverträge Verbraucherverträge im Sinne des § 310 Abs. 3 BGB sind,[2] würden auch Arbeitsrechtsstreitigkeiten unter die Informationspflicht gemäß § 37 fallen. Arbeitsrechtliche Streitigkeiten sind jedoch gemäß § 4 ausdrücklich aus dem Zuständigkeitsbereich der Verbraucherschlichtungsstellen ausgenommen worden, so dass in diesem Fall die Informationspflicht des Unternehmers auf die für ihn zuständige Verbraucherschlichtungsstelle leerläuft, eben weil es keine für Arbeitsrechtsstreitigkeiten zuständige Verbraucherschlichtungsstelle gibt. Man wird daher auch in § 37 arbeitsrechtliche Streitigkeiten von der Informationsverpflichtung ausnehmen müssen. 2

Aus dem Verbrauchervertrag muss eine Streitigkeit zwischen dem Unternehmer und dem Verbraucher entstanden sein. Ohne eine solche Streitigkeit ist die Auslösung der Informationspflicht gemäß § 37 daher nicht denkbar. Diese Streitigkeit muss fortbestehen, sie darf also nicht beigelegt worden sein. Wenn die Streitigkeit mit dem Verbraucher nicht beigelegt werden konnte, beispielsweise durch Verhandlungen im Rahmen des Kundenbeschwerdemanagements des Unternehmens,[3] dann ist der Unternehmer informationspflichtig. 3

III. Inhalt der Informationspflicht

Der Unternehmer, der informationspflichtig gemäß § 37 ist, muss auf die für ihn zuständige Verbraucherschlichtungsstelle hinweisen, wobei er deren Anschrift und Webseite anzugeben hat. Aufgrund Hinweises des Bundesrates,[4] dass auch mehrere Schlichtungsstellen zuständig sein könnten, erklärte die Bundesregierung in ihrer Gegenäußerung,[5] dass die Mitteilung einer zuständigen Verbraucherschlichtungsstelle ausreiche. Dem folgt der insoweit im Laufe des Gesetzgebungsverfahrens abgeänderte Text des § 37 Abs. 1 S. 1. 4

1 Vgl. *Prütting* AnwBl 3/2016, S. 190 (192).
2 Vgl. Palandt/*Grüneberg* BGB § 310 Rn. 11.
3 Vgl. BT-Drs. 18/5295, 95 (Regierungsentwurf).
4 Vgl. BT-Drs. 18/5760, 20.
5 Vgl. BT-Drs. 18/5760, 30.

5 Der Unternehmer hat darüber hinaus anzugeben, ob er zur Teilnahme an einem Streitbeilegungsverfahren vor dieser Verbraucherschlichtungsstelle bereit oder verpflichtet ist. Die Verpflichtung kann sich sowohl aus einer vertraglichen Vereinbarung aufgrund Mitgliedschaft im Trägerverein der Schlichtungsstelle als auch aus einer Klausel im Vertrag mit dem Verbraucher selbst ergeben. Ferner kann sich die Verpflichtung aus einer gesetzlichen Vorschrift ergeben.[6]

6 Ist der Unternehmer bereit, sich am Verbraucherschlichtungsverfahren zu beteiligen, hat er diejenige Verbraucherschlichtungsstelle anzugeben, die für die konkrete Streitigkeit sachlich und örtlich zuständig und deren Verfahren für den Unternehmer zur Teilnahme eröffnet wäre.[7] Sofern mehrere Verbraucherschlichtungsstellen betroffen sind, hat der Unternehmer auf „diese Stellen" (also auf alle betroffenen Stellen) hinzuweisen (§ 37 Abs. 1 S. 3). Hieraus dürfte folgen, dass der Verbraucher bei mehreren Verbraucherschlichtungsstellen, an deren Verfahren der Unternehmer bereit ist, sich zu beteiligen, seinerseits eine von diesen auswählen kann.

7 Im Zusammenhang mit der Erklärung über die Bereitschaft oder Nichtbereitschaft, an einem Schlichtungsverfahren teilzunehmen, ist an die Verjährungshemmung zu denken. Wenn bereits vor Einreichung des Güteantrages feststeht, dass der Antragsgegner nicht bereit ist, an einem Versuch der außergerichtlichen Streitbeilegung teilzunehmen, und er dies dem Antragsteller im Vorfeld bereits eindeutig mitgeteilt hat, dann ist die gleichwohl erfolgte Inanspruchnahme einer außergerichtlichen Streitbeilegungsstelle rechtsmissbräuchlich mit der Folge, dass sich der Antragsteller nicht auf die Verjährungshemmung gemäß § 204 Abs. 1 Nr. 4 BGB berufen kann.[8] Dies kann dazu führen, dass Unternehmer ausdrückliche Ablehnungshinweise erteilen, um so sicherzustellen, dass Güteanträge keine verjährungshemmende Wirkung haben, sie die Verbraucher also in das Gerichtsverfahren zwingen.

IV. Form

8 Die Information gemäß § 37 muss in Textform gegeben werden (§ 37 Abs. 2). Textform gemäß § 126 b BGB ist „eine lesbare Erklärung, in der die Person des Erklärenden genannt ist" und die „auf einem dauerhaften Datenträger" gespeichert ist. Ein dauerhafter Datenträger ist ein Medium, welches es dem Empfänger ermöglicht, die Erklärung aufzubewahren oder zu speichern, so dass sie innerhalb eines angemessenen Zeitraumes zugänglich und dafür geeignet ist, die Erklärung unverändert wiederzugeben. Der Textform genügen beispielsweise Erklärungen auf Papier, in einer E-Mail oder einem Computerfax ebenso wie auf USB-Stick, CD-ROM, Speicherkarten oder Festplatten gespeicherte Erklärungen, ohne dass es darauf ankäme, ob diese Erklärungen auch tatsächlich ausgedruckt worden sind.[9]

---

6 Vgl. BT-Drs. 18/5295, 95 (Regierungsentwurf).
7 Vgl. BT-Drs. 18/5295, 95 (Regierungsentwurf).
8 Vgl. BGH NJW 2016, 233 (235); aA *May/Röder*, Anmerkung zum vorgenannten Urteil, NJW 2016, 235 f.
9 Vgl. Palandt/*Ellenberger* BGB § 126 b Rn. 3.

V. Verstöße gegen die Informationspflicht

Verstöße gegen die allgemeine Informationspflicht des § 37 können nach Auffassung des Regierungsentwurfes Ansprüche wegen der Verletzung vorvertraglicher und vertraglicher Pflichten auslösen.[10] Werden die bestehenden Informationspflichten des § 37 verletzt, so können die Verbraucherschutzverbände gemäß § 2 UKlaG aufgrund der Ergänzung durch Art. 7 Nr. 1 Umsetzungsgesetz auch Unterlassungsansprüche durchsetzen. Diese Sanktionen erschienen dem Regierungsentwurf als ausreichend, weitergehende Sanktionen seien nicht erforderlich.[11] Nicht auszuschließen ist im Übrigen auch die Entstehung wettbewerbsrechtlicher Ansprüche. 9

VI. Inkrafttreten

§ 36 tritt erst zum 1.2.2017 in Kraft (Art. 24). 10

Abschnitt 9 Grenzübergreifende Zusammenarbeit

§ 38 Zusammenarbeit mit ausländischen Streitbeilegungsstellen

Die Verbraucherschlichtungsstelle arbeitet mit Streitbeilegungsstellen zusammen, die in Umsetzung der Richtlinie 2013/11/EU in einem anderen Mitgliedstaat der Europäischen Union oder in einem sonstigen Vertragsstaat des Abkommens über den Europäischen Wirtschaftsraum für die außergerichtliche Beilegung vergleichbarer Streitigkeiten zuständig sind.

1 Da mit der Richtlinie 2013/11/EU (ADR-Richtlinie) das Verbrauchervertrauen im Binnenmarkt gestärkt und der Abschluss grenzübergreifender Geschäfte erleichtert werden soll, ist es erforderlich, auch vereinfachte Möglichkeiten zur Rechtsdurchsetzung bei Streitigkeiten zwischen Parteien in unterschiedlichen Mitgliedstaaten zu schaffen.[1] Zu diesem Zweck sollen die Streitbeilegungsstellen der EU-Mitgliedstaaten sowie Islands, Norwegens und Liechtensteins[2] zusammenarbeiten.

2 § 38 gibt diese Zusammenarbeit mit den auswärtigen Schlichtungsstellen den deutschen Verbraucherschlichtungsstellen (§ 2) auf.

3 Die Zusammenarbeit kann in einem Austausch über Verfahren, die sich in der Praxis bewährt haben, liegen, oder in einem Lotsendienst für die Verbraucher im Hinblick auf die Zuständigkeitsregelungen bezüglich Verbraucherschlichtungsstellen in anderen Mitgliedsländern.[3] Auch die Bildung von Netzwerken ist möglich.[4] Die möglichen Formen der Zusammenarbeit sind mit diesen Beispielen allerdings nicht begrenzt, alle rechtlich zulässigen Möglichkeiten der Zusammenarbeit bestehen für die Verbraucher-

10 Vgl. BT-Drs. 18/5295, 94 (Regierungsentwurf).
11 Vgl. BT-Drs. 18/5295, 94 (Regierungsentwurf).
1 Vgl. BT-Drs. 18/5295, 95, 96 (Regierungsentwurf).
2 Vgl. BT-Drs. 18/5295, 67 (Regierungsentwurf).
3 Vgl. BT-Drs. 18/5295, 96 (Regierungsentwurf).
4 Vgl. BT-Drs. 18/5295, 96 (Regierungsentwurf).

schlichtungsstellen; allerdings sind insbesondere die Pflicht zur Verschwiegenheit (§ 22) und die sonstigen Datenschutzvorschriften zu beachten.[5]

§ 39 Zusammenarbeit mit der Europäischen Plattform zur Online-Streitbeilegung

Die Verbraucherschlichtungsstelle ist Stelle für alternative Streitbeilegung im Sinne der Verordnung (EU) Nr. 524/2013 des Europäischen Parlaments und des Rates vom 21. Mai 2013 über die Online-Beilegung verbraucherrechtlicher Streitigkeiten und zur Änderung der Verordnung (EG) Nr. 2006/2004 und der Richtlinie 2009/22/EG (ABl. L 165 vom 18. 6. 2013, S. 1).

1 Die Verbraucherschlichtungsstellen gemäß § 2 sind gleichzeitig die Stellen für alternative Streitbeilegung im Hinblick auf die Online-Streitbeilegung.[1]

2 Sofern der Geltungsbereich des Art. 2 der Verordnung (EU) Nr. 524/2013 (ODR-VO) eröffnet ist, mithin eine Streitigkeit über vertragliche Verpflichtungen aus Online-Kaufverträgen oder Online-Dienstleistungsverträgen zwischen einem Verbraucher, der in der Europäischen Union wohnhaft ist und einem in der Europäischen Union niedergelassenen Unternehmer durch Einschalten einer gelisteten AS-Stelle unter Nutzung einer OS-Plattform – und zwar unabhängig davon, ob der Verbraucher oder Unternehmer den Antrag stellt – vorliegt, sind die gemäß Art. 9 ODR-VO normierten Voraussetzungen für die Bearbeitung und Übermittlung einer Beschwerde einzuhalten:

Artikel 9 Bearbeitung und Übermittlung einer Beschwerde

(1) Eine über die OS-Plattform eingereichte Beschwerde wird bearbeitet, wenn alle notwendigen Felder des Beschwerdeformulars vollständig ausgefüllt wurden.

(2) Wurde das Beschwerdeformular nicht vollständig ausgefüllt, so wird dem Beschwerdeführer mitgeteilt, dass seine Beschwerde erst dann weiterbearbeitet wird, wenn er die fehlenden Informationen nachgereicht hat.

(3) Nach Eingang eines vollständig ausgefüllten Beschwerdeformulars übermittelt die OS-Plattform in leicht zugänglicher Weise und unverzüglich dem Beschwerdegegner in der von ihm gewählten Amtssprache der Organe der Union die Beschwerde sowie Folgendes:

a) Die Information, dass sich die Parteien auf eine zuständige AS-Stelle einigen müssen, damit die Beschwerde an diese weitergeleitet werden kann, und dass die Beschwerde nicht weiter bearbeitet wird, falls sich die Parteien nicht einigen oder keine zuständige AS-Stelle ermittelt werden kann;
b) Informationen über die AS-Stelle oder AS-Stellen, die für die Beschwerde zuständig ist oder sind, falls AS-Stellen im elektronischen Beschwerdeformular angegeben sind oder von der OS-Plattform auf Grundlage der darin enthaltenen Informationen ermittelt wurden;

5 Vgl. BT-Drs. 18/5295, 96 (Regierungsentwurf).
1 Was sich aus dem Rückverweis in Art. 4 Abs. 1 lit. i der Verordnung (EU) Nr. 534/2013 auf Art. 4 Abs. 1 lit. h der Richtlinie 2013/11/EU ergibt.

c) falls es sich beim Beschwerdegegner um einen Unternehmer handelt, eine Aufforderung innerhalb von zehn Kalendertagen anzugeben,
   - ob der Unternehmer sich verpflichtet hat oder verpflichtet ist, eine bestimmte AS-Stelle für die Beilegung von Streitigkeiten mit Verbrauchern zu nutzen, und
   - ob der Unternehmer bereit ist, eine AS-Stelle aus den unter Buchstabe b aufgeführten AS-Stellen zu nutzen, es sei denn, er ist verpflichtet, eine bestimmte AS-Stelle nutzen;
d) falls es sich bei dem Beschwerdegegner um einen Verbraucher handelt und der Unternehmer verpflichtet ist, eine bestimmte AS-Stelle zu nutzen, eine Aufforderung, sich innerhalb von zehn Kalendertagen mit dieser AS-Stelle einverstanden zu erklären, oder falls der Unternehmer nicht verpflichtet ist, eine bestimmte AS-Stelle zu nutzen, eine Aufforderung, eine oder mehrere AS-Stellen aus den unter Buchstabe b aufgeführten auszuwählen;
e) Name und Kontaktangaben der OS-Kontaktstelle in dem Mitgliedstaat, in dem der Beschwerdegegner seine Niederlassung oder seinen Wohnsitz hat, sowie eine kurze Beschreibung der in Artikel 7 Absatz 2 Buchstabe a[2] genannten Aufgaben.

(4) Nach Eingang der in Absatz 3 Buchstabe c oder d genannten Informationen des Beschwerdegegners teilt die OS-Plattform dem Beschwerdeführer in der von ihm gewählten Amtssprache der Organe der Union leicht verständlich und unverzüglich folgendes mit.

a) die in Absatz 3 Buchstabe a genannten Informationen,
b) falls es sich bei dem Beschwerdeführer um einen Verbraucher handelt, Informationen über die AS-Stelle oder die AS-Stellen, die der Unternehmer gemäß Absatz 3 Buchstabe c angegeben hat, und eine Aufforderung, sich innerhalb von zehn Kalendertagen mit einer AS-Stelle einverstanden zu erklären;
c) falls es sich bei dem Beschwerdeführer um einen Unternehmer handelt und der Unternehmer nicht verpflichtet ist, eine bestimmte AS-Stelle zu nutzen, Informationen über die AS-Stelle oder die AS-Stellen, die der Verbraucher gemäß Absatz 3 Buchstabe d angegeben hat, und eine Aufforderung, sich innerhalb von zehn Kalendertagen mit einer AS-Stelle einverstanden zu erklären;
d) Name und Kontaktangaben der OS-Kontaktstelle in dem Mitgliedstaat, in dem der Beschwerdeführer seine Niederlassung oder seinen Wohnsitz hat, sowie eine kurze Beschreibung der in Artikel 7 Absatz 2 Buchstabe a[3] genannten Aufgaben.

(5) Die in Absatz 3 Buchstabe b und Absatz 4 Buchstaben b und c genannten Informationen enthalten folgende Angaben zu jeder AS-Stelle:

a) Name, Kontaktangaben und Wohnsitz-Adresse der AS-Stelle;
b) die gegebenenfalls für das AS-Verfahren anfallenden Gebühren;
c) Sprache oder Sprachen in der/denen das AS-Verfahren durchgeführt werden kann;
d) die durchschnittliche Dauer des AS-Verfahrens;
e) die Verbindlichkeit oder Unverbindlichkeit des Ergebnisses des AS-Verfahrens;

2 Abgedruckt in der Kommentierung zu → § 40.
3 Abgedruckt in der Kommentierung zu → § 40.

f) die Gründe, aus denen die AS-Stelle die Bearbeitung einer bestimmten Streitigkeit gemäß Artikel 5 Absatz 4 der Richtlinie 2013/11/EU[4]ablehnen kann.

(6) Die OS-Plattform leitet die Beschwerde automatisch und unverzüglich an die AS-Stelle weiter, auf die sich die Parteien gemäß den Absätzen 3 und 4 geeinigt haben.

(7) Die AS-Stelle, an die die Beschwerde weitergeleitet wurde, teilt den Parteien unverzüglich mit, ob sie die Bearbeitung der Streitigkeit nach Artikel 5 Absatz 4 der Richtlinie 2013/11/EU übernimmt oder ablehnt. Die AS-Stelle, die die Bearbeitung der Streitigkeit übernommen hat, unterrichtet die Parteien zudem über ihre Verfahrensregeln und gegebenenfalls über die Kosten des betreffenden Streitbeilegungsverfahrens.

(8) Können sich die Parteien nicht innerhalb von 30 Kalendertagen nach Einreichung des Beschwerdeformulars auf eine AS-Stelle einigen oder lehnt die AS-Stelle die Bearbeitung der Streitigkeit ab, so wird die Beschwerde nicht weiter bearbeitet. Der Beschwerdeführer wird darüber informiert, dass er sich an einen OS-Berater wenden kann, um allgemeine Informationen über andere Möglichkeiten des Rechtsschutzes zu erhalten.

3 Der OS-Plattform sind von der Verbraucherschlichtungsstelle nach Abschluss des Streitbeilegungsverfahrens gemäß § Art. 10 lit. c der Verordnung (EU) Nr. 524/2013 folgende Angaben zu übermitteln:

- das Datum des Einganges der Beschwerdeakte,
- den Streitgegenstand,
- das Datum des Abschlusses des Streitbeilegungsverfahrens und
- das Ergebnis des Streitbeilegungsverfahrens.

4 Sofern also eine Verbraucherschlichtungsstelle über die Online-Plattform der Europäischen Kommission kontaktiert worden ist, muss sie ihr Verfahren nach der Verordnung (EU) Nr. 524/2013 (ODR-VO) ausrichten.[5] Im Übrigen hat sie gemäß Art. 14 Abs. 5 der ODR-VO, § 3 Nr. 8 VSBInfoV auf ihrer Webseite die OS-Plattform zu verlinken.

4 „Die Mitgliedstaaten können nach ihrem Ermessen den AS-Stellen gestatten, Verfahrensregeln beizubehalten und einzuführen, die es ihnen erlauben, die Bearbeitung einer Beschwerde abzulehnen, wenn:

a) der Verbraucher nicht zuerst versucht hat, Kontakt mit dem betreffenden Unternehmer aufzunehmen, um seine Beschwerde zu erörtern und die Angelegenheit unmittelbar mit dem Unternehmer zu lösen;

b) die Angelegenheit mutwillig oder schikanös ist;

c) die Streitigkeit von einer anderen AS-Stelle oder einem Gericht behandelt wird oder bereits behandelt worden ist;

d) der Streitwert unter oder über einem im Voraus festgelegten Schwellenbetrag liegt;

e) der Verbraucher die Beschwerde nicht innerhalb einer im Voraus festgelegten Frist, die mindestens ein Jahr nach dem Zeitpunkt, zu dem der Verbraucher die Beschwerde beim Unternehmer eingereicht hat, beträgt, bei der AS-Stelle eingereicht hat;

f) die Behandlung dieser Art von Streitigkeiten den effektiven Betrieb der AS-Stelle ansonsten ernsthaft beeinträchtigen würde.“.

5 Vgl. BT-Drs. 18/5295, 96 (Regierungsentwurf).

§ 40 Unterstützung von Verbrauchern bei grenzübergreifenden Streitigkeiten; Kontaktstelle für die Europäische Plattform zur Online-Streitbeilegung

(1) Das Bundesamt für Justiz

1. unterstützt Verbraucher bei der Ermittlung der zuständigen Streitbeilegungsstelle in einem anderen Mitgliedstaat der Europäischen Union oder in einem sonstigen Vertragsstaat des Abkommens über den Europäischen Wirtschaftsraum,
2. erfüllt die Aufgaben der Kontaktstelle für die Europäische Plattform zur Online-Streitbeilegung nach Artikel 7 Absatz 2 der Verordnung (EU) Nr. 524/2013.

(2) [1]Das Bundesamt für Justiz wird ermächtigt, eine juristische Person des Privatrechts, eine rechtsfähige Personengesellschaft oder eine andere geeignete Stelle mit den Aufgaben nach Absatz 1 zu beleihen. [2]Der Beliehene hat die notwendige Gewähr für die ordnungsgemäße Erfüllung der ihm übertragenen Aufgaben zu bieten. [3]Er bietet die notwendige Gewähr, wenn

1. er über die zur Erfüllung der ihm übertragenen Aufgaben notwendige Ausstattung und Organisation verfügt, und
2. die Personen, die seine Geschäftsführung oder Vertretung wahrnehmen, zuverlässig und fachlich geeignet sind.

[4]Der Beliehene untersteht der Rechts- und Fachaufsicht des Bundesamts für Justiz.

(3) Erfüllt der Beliehene die ihm nach Absatz 2 Satz 1 übertragenen Aufgaben nicht sachgerecht, so kann das Bundesamt für Justiz unbeschadet des § 49 des Verwaltungsverfahrensgesetzes die Beleihung ohne Entschädigung beenden.

(4) [1]Der Beliehene kann die Beendigung der Beleihung jederzeit schriftlich verlangen. [2]Dem Begehren ist innerhalb einer angemessenen Frist, die zur Fortführung der Aufgabenerfüllung erforderlich ist, zu entsprechen.

(5) Das Bundesamt für Justiz macht die Beleihung im Bundesanzeiger bekannt.

I. Unterstützung

Nachdem bei grenzüberschreitenden Verbraucherstreitigkeiten unter Umständen eine Verbraucherschlichtungsstelle in einem anderen EU-Staat oder einem nicht zur EU zählenden EWR-Mitgliedstaat[1] zuständig ist, könnten beim Verbraucher sowohl Defizite im Hinblick auf die Kenntnis der ein- 1

1 Island, Norwegen und Liechtenstein, vgl. BT-Drs. 18/5295, 67 (Regierungsentwurf).

schlägigen Verfahrensvorschriften als auch Sprachdefizite auftauchen.[2] Die Unterstützung der deutschen Verbraucher regelt § 40.

II. Zuständigkeit des Bundesamtes für Justiz

1. Unterstützung der Verbraucher

2 Das Bundesamt für Justiz hat die Verbraucher bei der Auffindung der ausländischen zuständigen Streitbeilegungsstelle zu unterstützen. Nachdem das Bundesamt für Justiz gemäß § 32 als Zentrale Anlaufstelle für die Europäische Kommission auch die Informationen über Schlichtungsstellen in anderen EU- und EWR-Ländern erhält, ist das Bundesamt für Justiz am ehesten geeignet, dem Verbraucher bei der Auffindung der im Ausland zuständigen Verbraucherschlichtungsstelle behilflich zu sein.

2. Kontaktstelle

3 Das Bundesamt für Justiz erfüllt im Übrigen die Aufgaben der Kontaktstelle für die Europäische Plattform zur Online-Streitbeilegung. Diese Aufgaben sind in Art. 7 Abs. 2 der Verordnung (EU) Nr. 524/2013 (ODR-VO) wie folgt normiert:

Artikel 7 Netz der Kontaktstellen für die OS

(1) ...

(2) Die OS-Kontaktstellen unterstützen die Beilegung der Streitigkeiten im Zusammenhang mit Beschwerden, die über die OS-Plattform eingereicht werden, indem sie

a) auf Verlangen die Kommunikation zwischen den Parteien und der zuständigen AS-Stelle erleichtern, wozu insbesondere Folgendes gehören kann:
   - i) Hilfe bei der Einreichung der Beschwerde und gegebenenfalls der einschlägigen Unterlagen;
   - ii) Versorgung der Parteien und AS-Stellen mit allgemeinen Informationen über die Rechte der Verbraucher in Bezug auf die Kauf- und Dienstleistungsverträge, die in dem Mitgliedstaat der OS-Kontaktstelle, bei der der betreffende OS-Berater tätig ist, gelten;
   - iii) Bereitstellung von Informationen zur Funktionsweise der OS-Plattformen;
   - iv) Erläuterungen für die Parteien zu den von den ermittelten AS-Stellen angewandten Verfahrensregeln;
   - v) Information des Beschwerdeführers über andere Möglichkeiten des Rechtsschutzes, wenn eine Streitbeilegung über die OS-Plattform nicht möglich ist.

b) alle zwei Jahre Übermittlung eines auf Grundlage der in Ausübung ihrer Aufgaben erworbenen praktischen Erfahrungen erstellten Tätigkeitsberichtes an die Kommission und die Mitgliedstaaten.

4 Nachdem sich die Aufgabenbereiche der Kontaktstelle und der Verbraucherunterstützung überschneiden und es für Verbraucher weniger Probleme bereitet, grenzübergreifende Streitigkeiten abzuwickeln, wenn der Verbraucher einen einheitlichen Ansprechpartner hat,[3] erscheint es sinnvoll, beide Aufgaben bei derselben Stelle anzusiedeln.[4]

---

2 Vgl. BT-Drs. 18/5295, 96 (Regierungsentwurf).
3 Vgl. BT-Drs. 18/5295, 97 (Regierungsentwurf).
4 Vgl. BT-Drs. 18/5295, 97 (Regierungsentwurf).

III. Beleihung

Das Bundesamt für Justiz muss die vorgenannten Aufgaben aber nicht selbst ausführen, es kann gemäß § 40 Abs. 2 einen Dritten mit der Aufgabenerfüllung gemäß § 40 Abs. 1 beleihen. Beliehen werden kann jede hierfür geeignete Stelle. Die Personen, die für die Stelle nach außen handeln, müssen sowohl zuverlässig als auch fachlich geeignet sein. Zuverlässig sind sie dann, wenn sie noch nicht straf- oder ordnungswidrigkeitenrechtlich durch Verstöße gegen das Verbraucherrecht in Erscheinung getreten sind. Fachlich geeignet sind sie dann, wenn sie einerseits die erforderlichen Kenntnisse im Verbraucherrecht haben und andererseits über das technische Know-how, welches für den Umgang mit der Online-Plattform erforderlich ist, verfügen. Die Beleihung kann entweder durch Verwaltungsakt oder durch einen öffentlich-rechtlichen Vertrag erfolgen.[5] Ist eine Beleihung erfolgt, so untersteht der Beliehene der Rechts- und Fachaufsicht des Bundesamtes für Justiz. 5

Sofern der Beliehene die ihm übertragenen Aufgaben nicht fachgerecht erfüllt, kann das Bundesamt für Justiz die Beleihung beenden – und zwar entschädigungslos (§ 40 Abs. 3). Der Beliehene seinerseits kann die Aufhebung der Beleihung jederzeit verlangen. Das Aufhebungsverlangen ist schriftlich zu stellen (§ 40 Abs. 4 S. 1). Dem Aufhebungsverlangen hat das Bundesamt für Justiz zu entsprechen – insoweit steht dem Bundesamt für Justiz kein Ermessen zu. Allerdings muss der Beliehene eine Auslauffrist hinnehmen, welche erforderlich ist, um die Aufgabenüberleitung entweder auf das Bundesamt für Justiz oder einen anderen zu beleihenden Dritten zu bewerkstelligen, ohne dass es zu einer Unterbrechung der Aufgabenerfüllung kommt.[6] 6

Zu allgemeinen Informationszwecken ist eine Beleihung durch das Bundesamt für Justiz im Bundesanzeiger bekannt zu machen.[7] 7

Abschnitt 10 Schlussvorschriften

§ 41 Bußgeldvorschriften

(1) Ordnungswidrig handelt, wer vorsätzlich oder fahrlässig

1. entgegen § 2 Absatz 2 Satz 1 sich als Verbraucherschlichtungsstelle bezeichnet oder

2. entgegen § 2 Absatz 2 Satz 2 eine Einrichtung als Verbraucherschlichtungsstelle bezeichnet.

(2) Die Ordnungswidrigkeit kann mit einer Geldbuße bis zu fünfzigtausend Euro geahndet werden.

(3) Verwaltungsbehörde im Sinne des § 36 Absatz 1 Nummer 1 des Gesetzes über Ordnungswidrigkeiten ist das Bundesamt für Justiz.

---

5 Vgl. BT-Drs. 18/5295, 97 (Regierungsentwurf).
6 Vgl. BT-Drs. 18/5295, 97 (Regierungsentwurf).
7 Vgl. BT-Drs. 18/5295, 97 (Regierungsentwurf).

I. Einleitung

1 Nur staatlich anerkannte, beauftragte oder von staatlichen Stellen eingerichtete Verbraucherschlichtungsstellen dürfen sich als solche bezeichnen, was § 2 Abs. 2 klarstellt. Sowohl Verbraucher als auch Unternehmer sollen sich darauf verlassen können, dass sich nur Einrichtungen im Sinne des § 2 Abs. 2 als Verbraucherschlichtungsstellen bezeichnen dürfen. Die Vorschrift dient der Transparenz.[1]

II. Ordnungswidrige Handlung, Abs. 1

2 Nach § 2 Abs. 2 S. 1 ist es einer Einrichtung verboten, sich als Verbraucherschlichtungsstelle zu bezeichnen, wenn sie nicht nach diesem Gesetz oder aufgrund anderer Rechtsvorschriften (→ § 2) als Verbraucherschlichtungsstelle anerkannt ist. Bezeichnet sich die Einrichtung, fahrlässig oder vorsätzlich, als Verbraucherschlichtungsstelle, stellt dies eine Ordnungswidrigkeit nach Abs. 1 Nr. 1 dar.

3 Nach § 2 Abs. 2 S. 2 ist es auch dem Träger nicht gestattet, eine Einrichtung als Verbraucherschlichtungsstelle zu bezeichnen, obwohl die Voraussetzungen des § 2 Abs. 2 S. 1 nicht vorliegen. Die fahrlässige oder vorsätzliche Bezeichnung der Einrichtung durch den Träger als Verbraucherschlichtungsstelle stellt eine Ordnungswidrigkeit iSd Abs. 1 Nr. 2 dar.

III. Bußgeldhöhe, Abs. 2

4 Die zuständige Stelle (→ § 41 Abs. 3) kann im Falle von Verstößen nach Abs. 1 eine Geldbuße in Höhe von bis zu 50.000 EUR festsetzen. Die Höhe der Geldbuße wird ua davon abhängen, ob es sich um eine fahrlässige oder eine vorsätzliche Begehung der Ordnungswidrigkeit handelt.

IV. Zuständige Stelle, Abs. 3

5 Nach Abs. 3 ist das Bundesamt für Justiz die zuständige Verwaltungsbehörde im Sinne des § 36 Abs. 1 Nr. 1 OWiG.

§ 42 Verordnungsermächtigung

(1) Das Bundesministerium der Justiz und für Verbraucherschutz wird ermächtigt, im Einvernehmen mit dem Bundesministerium für Wirtschaft und Energie durch Rechtsverordnung mit Zustimmung des Bundesrates

1. **die Anforderungen an Inhalt und Form des Antrags auf Anerkennung als Verbraucherschlichtungsstelle nach § 25 Absatz 1 und an die beizufügenden Unterlagen und Belege näher zu bestimmen,**
2. **die Angaben zu einer Verbraucherschlichtungsstelle, die die zuständige Behörde nach § 32 Absatz 2 und 5 oder die Aufsichtsbehörde nach**

1 BR-Drs. 258/15, 95.

§ 32 Absatz 3 und 5 der Zentralen Anlaufstelle für Verbraucherschlichtung mitzuteilen hat, näher zu bestimmen,
3. die Inhalte der Informationen, die die Verbraucherschlichtungsstelle auf ihrer Webseite nach § 10 Absatz 1 bereitzustellen hat, näher zu bestimmen und weitere Informationen für die Webseite vorzusehen,
4. Einzelheiten zu Inhalt und Form des Tätigkeitsberichts und des Evaluationsberichts der Verbraucherschlichtungsstelle nach § 34 Absatz 1 und 2, zu Inhalt und Form des Verbraucherschlichtungsberichts der Zentralen Anlaufstelle für Verbraucherschlichtung nach § 35 Absatz 1 und der Auswertungen der zuständigen Behörden und Aufsichtsbehörden nach § 35 Absatz 2 näher zu bestimmen,
5. die Zusammenarbeit der Verbraucherschlichtungsstellen zu regeln
   a) nach § 34 Absatz 4 mit den nach § 2 des EG-Verbraucherschutzdurchsetzungsgesetzes zuständigen Behörden,
   b) nach § 38 mit Streitbeilegungsstellen anderer Mitgliedstaaten der Europäischen Union oder eines sonstigen Vertragsstaats des Abkommens über den Europäischen Wirtschaftsraum.

(2) Das Bundesministerium der Justiz und für Verbraucherschutz wird ermächtigt, durch Rechtsverordnung mit Zustimmung des Bundesrates die Einzelheiten des Verfahrens der Universalschlichtungsstellen nach den §§ 29 und 30 zu regeln.

Die Verordnungsermächtigung ermöglicht dem Bundesministerium der Justiz und für Verbraucherschutz (BMJV) Konkretisierungen in folgenden Bereichen: 1

- Antrag privatrechtlicher Einrichtungen auf Anerkennung als Verbraucherschlichtungsstelle und deren Daten zur Veröffentlichung (Abs. 1 Nr. 1, 2),
- Webseiten der Verbraucherschlichtungsstellen (Abs. 1 Nr. 3),
- Berichte nach dem VSBG (Abs. 1 Nr. 4),
- Zusammenarbeit der Verbraucherschlichtungsstellen mit Behörden (Abs. 1 Nr. 5),
- Verfahren der Universalschlichtungsstelle (Abs. 2).

Die Verordnungsermächtigungen in Abs. 1 betreffen vor allem die **privaten Verbraucherschlichtungsstellen**, weshalb das BMJV des Einvernehmens des Bundesministeriums für Wirtschaft und Energie bedarf. Von der primär behördlichen Universalschlichtung nach § 29 hingegen sind Belange der Wirtschaft zumindest nicht unmittelbar betroffen, so dass das BMJV hier allein verordnungsbefugt ist. Der Zustimmung des Bundesrats bedarf es hinsichtlich des Verfahrens der Universalschlichtung deshalb, weil die Länder hierfür gem. § 29 Abs. 1 zuständig sind. Die Zustimmungsbedürftigkeit für Verordnungen nach Abs. 1 ist der Sache nach zwar im Laufe des Gesetzgebungsverfahrens entfallen, aber formal aufrechterhalten geblieben. Infolge der erst im Rahmen der parlamentarischen Beratungen von den Ländern auf den Bund (Bundesamt für Justiz) übergegangenen Zuständigkeit für die Anerkennung der privaten Verbraucherschlichtungsstellen (§ 27 Abs. 1) ist die Länderbetroffenheit entfallen. Zum Zeitpunkt der Beschlussfassung im Bundestag am 3.12.2015 war die Verordnung über Informations- und Be- 2 richtspflichten nach dem Verbraucherstreitbeilegungsgesetz (Verbraucherstreitbeilegungs-Informationspflichtenverordnung – VSBInfoV) indessen schon dem Bundesrat übermittelt worden. Hintergrund war das ursprüngliche, später dann aufgegebene Ziel, Gesetz und Verordnung zum 1.1.2016 in Kraft treten zu lassen. Im Ergebnis kommt es aber ohnehin nicht auf die materielle Zustimmungsbedürftigkeit an, sondern auf die formale sich aus dem Gesetz ergebende Rechtslage. Auch die Verordnungen nach Satz 1 bedürfen also dem Wortlaut entsprechend der **Zustimmung des Bundesrats.**

3 Die Ermächtigungen in Abs. 1 dienen vor allem der Erfüllung von Richtlinienvorgaben: Art. 19 Abs. 1 S. 2 ADR-Richtlinie (Nr. 1), Art. 20 Abs. 2 S. 2 (Nr. 2), Art. 7 Abs. 1 (Nr. 3) und Art. 7 Abs. 2, Art. 19 Abs. 3 (Nr. 4). Dieses Anliegen ist mit der VSBInfoV vom 28.2.2016 (BGBl. I S. 326) umgesetzt; sie ist am 1.4.2016 in Kraft getreten.

4 Von der Ermächtigung nach Abs. 1 Nr. 5, die Konkretisierungen zu internationalen Kooperationen erlaubt, hat das BMJV bislang nicht Gebrauch gemacht.

5 Entsprechendes gilt für die Ermächtigung in Abs. 2. Sie ermöglicht es dem BMJV, angesichts der in § 29 angelegten Dezentralisierung der Universalschlichtung für einheitliche Verfahrensstandards der Universalschlichtungsstellen zu sorgen.[1] Da es zumindest in den ersten vier Jahren faktisch zu einer zentralen Struktur kommt (→ § 29 Rn. 8), entsteht auch insoweit zunächst kein Handlungsbedarf.

§ 43 Projektförderung, Forschungsvorhaben, Bericht

(1) Das Bundesministerium der Justiz und für Verbraucherschutz fördert bis zum 31. Dezember 2019 die Arbeit einer ausgewählten Allgemeinen Verbraucherschlichtungsstelle (§ 4 Absatz 2 Satz 2), die bundesweit tätig ist.

(2) [1]Begleitend untersucht das Bundesministerium der Justiz und für Verbraucherschutz in einem wissenschaftlichen Forschungsvorhaben die Funktionsweise dieser Allgemeinen Verbraucherschlichtungsstelle, um Erkenntnisse in Bezug auf Inanspruchnahme, Fallzahlen, Arbeitsweise, Verfahrensdauer, Erfolgsquoten, Kosten und Entgelte zu sammeln und auszuwerten. [2]Das Forschungsvorhaben muss bis zum 31. Dezember 2020 abgeschlossen sein.

(3) Das Bundesministerium der Justiz und für Verbraucherschutz berichtet dem Deutschen Bundestag und dem Bundesrat nach Abschluss des wissenschaftlichen Forschungsvorhabens über die Ergebnisse; ein Zwischenbericht ist bis zum 31. Dezember 2018 vorzulegen.

1 Begründung des Regierungsentwurfs BR-Drs. 258/15, 96.

§ 43 ist im Laufe des Gesetzgebungsverfahrens neu eingeführt worden.[1] Gefördert (§ 43 Abs. 1) und wissenschaftlich untersucht (§ 43 Abs. 2) wird eine bundesweit tätige Allgemeine Verbraucherschlichtungsstelle. 1

Die Förderung (§ 43 Abs. 1) wird gewährt bis zum Ablauf des Jahres 2019, das Forschungsvorhaben (§ 43 Abs. 2) soll mit Ablauf des Jahres 2020 abgeschlossen sein. 2

Die Untersuchung (§ 43 Abs. 2) soll Erkenntnisse im Hinblick auf Inanspruchnahme einschließlich der Fallzahlen der Verbraucherschlichtungsstelle, die Arbeitsweise der Verbraucherschlichtungsstelle einschließlich Verfahrensdauer und Erfolgsquoten sowie im Hinblick auf die Kosten der und die Entgelte für die Verbraucherschlichtungen sammeln. 3

Träger der Förderung und Untersuchung ist das Bundesministerium der Justiz und für Verbraucherschutz. Dieses berichtet dem Bundestag und dem Bundesrat über das Forschungsvorhaben. Ein Zwischenbericht ist bis zum Ablauf des Jahres 2018 vorzulegen, der endgültige Bericht nach Abschluss des Forschungsvorhabens (§ 43 Abs. 3). 4

Der Gesetzgeber geht davon aus, dass an der Evaluierung auch die Länder zu beteiligen sind.[2] Aus dem Gesetzestext selbst ergibt sich jedoch keine Beteiligung an der Evaluierung, sondern lediglich eine Berichterstattung über die Evaluierung gegenüber den Ländern über den Bundesrat. Die Länder erhalten mithin also lediglich die (Zwischen-)Ergebnisse der Evaluierung, an der Evaluierung selbst sind sie jedoch nicht beteiligt. Den Evaluierungs-(zwischen-)ergebnissen sollen die Länder Planungs- und Entscheidungsgrundlagen für die Sicherung eines hinreichenden Angebotes an Verbraucherschlichtungen nach dem Auslaufen der Projektförderung gemäß § 43 Abs. 1 entnehmen können.[3] Ausweislich der Protokollerklärung der Bundesregierung zu Tagesordnungspunkt 4 a der 941. Sitzung des Bundesrates am 29.1.2016 werden die Länder in die Forschung und Förderung gemäß § 43 im Wege eines Beirates eingebunden. Hierbei sollen beispielsweise die Ziele des Forschungsvorhabens im Einzelnen abgestimmt werden. Auch soll der Beirat einen Beitrag zur Entwicklung von Träger- und Arbeitsstrukturen der Allgemeinen Verbraucherschlichtungsstellen leisten.[4] 5

Hintergrund der Regelung ist der Streit zwischen dem Bund und den Ländern über die Frage, ob eine bundesweite Universalschlichtungsstelle oder mehrere Länderuniversalschlichtungsstellen zur Sicherstellung eines flächendeckenden Angebotes an Verbraucherschlichtungen installiert werden sollen. Solange der Bund gemäß § 43 Abs. 1 die bundesweit tätige Allgemeine Verbraucherschlichtungsstelle fördert, also bis zum 31.12.2019, besteht nach Auffassung des Gesetzgebers ein bundesweit ausreichendes Schlichtungsangebot[5], weil die Bundesförderung eine arbeitsfähige Struktur der Allgemeinen Schlichtungsstelle sicherstellt.[6] Die Länder können in 6

1 Vgl. BT-Drs. 18/5089, Synopse des 6. Ausschusses des DBT vom 27.11.2015, S. 32, 33 (Text) und 72 (Begründung).
2 Vgl. BT-Drs. 18/5089, Synopse des 6. Ausschusses des DBT vom 27.11.2015, S. 72.
3 Vgl. BT-Drs. 18/5089, Synopse des 6. Ausschusses des DBT vom 27.11.2015, S. 72.
4 Vgl. Plenarprotokoll der 941. Sitzung des Bundesrates vom 29.1.2016, S. 37.
5 Vgl. BT-Drs. 18/5089, Synopse des 6. Ausschusses des DBT vom 27.11.2015, S. 72.
6 Vgl. Plenarprotokoll der 941. Sitzung des Bundesrates vom 29.1.2016, S. 37.

dieser Zeit von der Errichtung einer Universalschlichtungsstelle des Landes gemäß § 29 Abs. 1 absehen.[7]

7 Die vom Bundesministerium der Justiz und für Verbraucherschutz auszuwählende bundesweit tätige Allgemeine Verbraucherschlichtungsstelle soll sowohl bei Unternehmern als auch bei Verbrauchern akzeptiert werden, so dass die ausgewählte Verbraucherschlichtungsstelle finanziell und organisatorisch unabhängig sein soll; ihr Träger soll im Übrigen nicht nur ausschließlich Unternehmerinteressen oder Verbraucherinteressen gemäß seiner Satzung wahrnehmen.[8]

7 Vgl. BT-Drs. 18/5089, Synopse des 6. Ausschusses des DBT vom 27.11.2015, S. 72.
8 Vgl. BT-Drs. 18/5089, Synopse des 6. Ausschusses des DBT vom 27.11.2015, S. 72.

Teil III
Weitere Kommentierungen ausgewählter Artikel

Gesetz zur Umsetzung der Richtlinie über alternative Streitbeilegung in Verbraucherangelegenheiten und zur Durchführung der Verordnung über Online-Streitbeilegung in Verbraucherangelegenheiten (VSBGEG)

Art. 4 Änderung des Gesetzes betreffend die Einführung der Zivilprozessordnung (EGZPO)

§ 15 a EGZPO Außergerichtliche Streitschlichtung[1]

(1) [1]Durch Landesgesetz kann bestimmt werden, dass die Erhebung der Klage erst zulässig ist, nachdem von einer durch die Landesjustizverwaltung eingerichteten oder anerkannten Gütestelle versucht worden ist, die Streitigkeit einvernehmlich beizulegen

1. in vermögensrechtlichen Streitigkeiten vor dem Amtsgericht über Ansprüche, deren Gegenstand an Geld oder Geldeswert die Summe von 750 Euro nicht übersteigt,
2. in Streitigkeiten über Ansprüche aus dem Nachbarrecht nach den §§ 910, 911, 923 des Bürgerlichen Gesetzbuchs und nach § 906 des Bürgerlichen Gesetzbuchs sowie nach den landesgesetzlichen Vorschriften im Sinne des Artikels 124 des Einführungsgesetzes zum Bürgerlichen Gesetzbuche, sofern es sich nicht um Einwirkungen von einem gewerblichen Betrieb handelt,
3. in Streitigkeiten über Ansprüche wegen Verletzung der persönlichen Ehre, die nicht in Presse oder Rundfunk begangen worden sind,
4. in Streitigkeiten über Ansprüche nach Abschnitt 3 des Allgemeinen Gleichbehandlungsgesetzes.

[2]Der Kläger hat eine von der Gütestelle ausgestellte Bescheinigung über einen erfolglosen Einigungsversuch mit der Klage einzureichen. [3]Diese Bescheinigung ist ihm auf Antrag auch auszustellen, wenn binnen einer Frist von drei Monaten das von ihm beantragte Einigungsverfahren nicht durchgeführt worden ist.

(2) [1]Absatz 1 findet keine Anwendung auf

1. Klagen nach den §§ 323, 323 a, 324, 328 der Zivilprozessordnung, Widerklagen und Klagen, die binnen einer gesetzlichen oder gerichtlich angeordneten Frist zu erheben sind,
2. (weggefallen)
3. Wiederaufnahmeverfahren,
4. Ansprüche, die im Urkunden- oder Wechselprozess geltend gemacht werden,

1 Frühere Fassung mit Änderung durch ~~Streichung~~ bzw. *Kursivdruck* kenntlich gemacht.

5. die Durchführung des streitigen Verfahrens, wenn ein Anspruch im Mahnverfahren geltend gemacht worden ist,
6. Klagen wegen vollstreckungsrechtlicher Maßnahmen, insbesondere nach dem Achten Buch der Zivilprozessordnung.

[2]Das gleiche gilt, wenn die Parteien nicht in demselben Land wohnen oder ihren Sitz oder eine Niederlassung haben.

(3) [1]Das Erfordernis eines Einigungsversuchs vor einer von der Landesjustizverwaltung eingerichteten oder anerkannten Gütestelle entfällt, wenn die Parteien einvernehmlich einen Einigungsversuch vor einer sonstigen Gütestelle, die Streitbeilegungen betreibt, unternommen haben. ~~[2]Das Einvernehmen nach Satz 1 wird unwiderleglich vermutet, wenn der Verbraucher eine branchengebundene Gütestelle, eine Gütestelle der Industrie- und Handelskammer, der Handwerkskammer oder der Innung angerufen hat. [3]Absatz 1 Satz 2 gilt entsprechend.~~ [2]*Das Einvernehmen nach Satz 1 wird unwiderleglich vermutet, wenn ein Verbraucher eine Verbraucherschlichtungsstelle, eine branchengebundene andere Gütestelle oder eine andere Gütestelle der Industrie- und Handelskammer, der Handwerkskammer oder der Innung angerufen hat.*

(4) Zu den Kosten des Rechtsstreits im Sinne des § 91 Abs. 1, 2 der Zivilprozessordnung gehören die Kosten der Gütestelle, die durch das Einigungsverfahren nach Absatz 1 entstanden sind.

(5) Das Nähere regelt das Landesrecht; es kann auch den Anwendungsbereich des Absatzes 1 einschränken, die Ausschlussgründe des Absatzes 2 erweitern und bestimmen, dass die Gütestelle ihre Tätigkeit von der Einzahlung eines angemessenen Kostenvorschusses abhängig machen und gegen eine im Gütetermin nicht erschienene Partei ein Ordnungsgeld festsetzen darf.

(6) [1]Gütestellen im Sinne dieser Bestimmung können auch durch Landesrecht anerkannt werden. [2]Die vor diesen Gütestellen geschlossenen Vergleiche gelten als Vergleiche im Sinne des § 794 Abs. 1 Nr. 1 der Zivilprozessordnung.

I. Einleitung

1 § 15 a EGZPO betrifft die sogenannte **obligatorische Streitschlichtung**. Die Länder sind befugt, die Erhebung einer Klage in bestimmten Sachgebieten des Nachbar-, des Ehrschutz- und des Gleichbehandlungsrechts sowie im allgemeinen Zivilrecht bis 750 EUR Streitwert von dem Versuch einer außergerichtlichen Einigung abhängig zu machen. Einbezogen sind auch Prozesse zwischen Verbraucher und Unternehmer. Der Einigungsversuch muss grundsätzlich vor einer von der Landesjustizverwaltung eingerichteten oder anerkannten Gütestelle unternommen werden. Von dieser Möglichkeit zur

Schaffung einer Zugangshürde zum Gericht machen derzeit 12 Bundesländer Gebrauch,[2] der Sinn dieser Regelung wird aber zunehmend bezweifelt.

II. Regelungsinhalt

Art. 4 verschafft den Verbraucherschlichtungsstellen zwar nicht den Status einer primär zuständigen Gütestelle, belässt es vielmehr bei der bisherigen Konzeption, wonach die Einrichtung und Anerkennung allein dem Landesrecht überlassen bleibt.[3] Die Regelung lässt aber nach Durchführung eines Verfahrens vor einer Verbraucherschlichtungsstelle das **Erfordernis eines (weiteren) außergerichtlichen Einigungsversuchs entfallen**. Nach § 15 a Abs. 3 S. 1 EGZPO entfällt dieses Erfordernis, wenn die Parteien einvernehmlich einen Einigungsversuch vor einer sonstigen Gütestelle, die Streitbeilegungen betreibt, unternommen haben. § 15 a Abs. 3 S. 2 EGZPO zählt eine Reihe von Einrichtungen auf, bei deren Anrufung das Einvernehmen im Sinne des Satzes 1 unwiderlegbar vermutet wird. In diesen Kanon nimmt das Gesetz die Verbraucherschlichtungsstellen auf mit der Folge, dass nach einigungslosem Verfahren die **Klage vor staatlichen Gerichten** in jedem Fall ohne Weiteres **statthaft** ist. Hiervon kann auch Landesrecht nicht abweichen. Umfasst sind alle Arten von Verbraucherschlichtungsstellen. 2

Die Vermutungswirkung erfasst nicht nur Fälle, in denen der Unternehmer zur Mitwirkung gesetzlich oder vertraglich verpflichtet ist. Entscheidend ist nur, dass der Verbraucher eine Verbraucherschlichtungsstelle angerufen hat, die für die betreffende Streitigkeit und für das konkrete Unternehmen zuständig ist. Erforderlich einerseits und hinreichend andererseits ist, dass das Unternehmen die Gelegenheit erhalten hat, an einem Verfahren zur Verbraucherschlichtung teilzunehmen. Der Verbraucher hat mit seinem Antrag nach § 4 ein konsensuales Verfahren initiiert und sich damit nach Sinn und Zweck von § 15 a EGZPO ausreichend um eine außergerichtliche Lösung bemüht. 3

III. Zusammenhängende Regelungen

1. Erfolglosigkeitsbescheinigung

§ 21 Abs. 2 enthält eine auf § 15 a EGZPO bezogene Sonderregelung für den Fall der Erfolglosigkeit der Verbraucherschlichtung. Die hiernach auszustellende **Erfolglosigkeitsbescheinigung** soll Klarheit für alle Beteiligten schaffen, dass die Klage zulässig ist (→ § 21 Rn. 8 f.). 4

2. Weitere Sonderregelungen

Für die von der Landesjustizverwaltung eingerichteten oder anerkannten Gütestellen gelten weitere Sonderregelungen. Das VSBG überträgt eine Regelung zur Verjährungshemmung auch auf Verbraucherschlichtungsstellen 5

2 Bayern, Brandenburg, Hamburg (Öffentliche Rechtsauskunft- und Vergleichsstelle – ÖRA), Hessen, Mecklenburg-Vorpommern, Niedersachsen, Nordrhein-Westfalen, Rheinland-Pfalz, Saarland, Sachsen, Sachsen-Anhalt, Schleswig-Holstein; Überblick bei *Greger* NJW 2011, 1478 ff. (inzwischen ist die Regelung in Baden-Württemberg wieder abgeschafft).

3 So ausdrücklich die Begründung des Regierungsentwurfs BT-Drs. 258/15, 97.

(→ Art. 6 Nr. 1 – § 204 BGB). In folgenden Bereichen spielen eingerichtete oder anerkannte Gütestellen auch eine Rolle:

- Nach § 91 Abs. 3 ZPO, sind die durch das Verfahren vor einer von der Landesjustizverwaltung eingerichteten oder anerkannten Gütestelle entstandenen Gebühren als Kosten eines innerhalb von einem Jahr nachfolgenden Rechtsstreits erstattungsfähig. Das bedeutet, dass nach vergeblichem Einigungsversuch vor einer solchen Stelle der Sieger des nachfolgenden Gerichtsprozesses die Gebühren der Stelle beim Verlierer geltend machen kann. Dies gilt für Verbraucherschlichtungsstellen nicht, da § 91 Abs. 3 ZPO eng auszulegen ist und der Gesetzgeber die Schnittstelle sehr wohl vor Augen hatte, was allein Art. 3 zeigt, mithin die für eine Analogie erforderliche planwidrige Regelungslücke gerade nicht vorliegt. Nicht endgültig geklärt ist allerdings das Verhältnis zu § 91 Abs. 1 ZPO. Hiernach gehören zu den Kosten, die der Verlierer des Gerichtsverfahrens der anderen Seite zu erstatten hat, auch solche, die für eine „zweckentsprechende Rechtsverfolgung oder Rechtsverteidigung notwendig waren". Unter dem Aspekt Vorbereitungskosten könnten hierunter auch die Kosten für ein Verfahren vor Einigungsstellen, Gütestellen oder Schiedsstellen fallen, wobei es nicht nur um die Entgelte für die Stelle, sondern gem. § 91 Abs. 2 ZPO auch um Anwaltskosten gehen kann.[4] Diese Frage wird von den Gerichten bislang nicht einheitlich entschieden.[5] Für den Bereich des VSBG muss zur Auslegung der Rechtsgedanke des § 23 herangezogen werden. Hiernach kann die Verbraucherschlichtungsstelle vom Verbraucher ein Entgelt außerhalb von Missbrauchsfällen nicht erheben. Das gilt auch für den Fall, dass der Verbraucher mit seinem Antrag keinen Erfolg hat. Hätte nun der Unternehmer die Möglichkeit, die ihn nach der Grundausrichtung des VSBG treffenden Kosten der Schlichtung nach einem gewonnenen Prozess im Rahmen der Kostenerstattung gegen den Verbraucher durchzusetzen, wäre die Regelung des § 23 umgangen. **Deshalb greift § 91 Abs. 1 ZPO für Kosten der Verbraucherschlichtungsstelle nach dem VSBG nicht.** Dies gilt aus entsprechenden Gründen auch für mögliche Anwaltskosten des Unternehmers und auch für den Fall einer missbräuchlichen Inanspruchnahme der Verbraucherschlichtungsstelle, selbst wenn sie zu einer Missbrauchsgebühr führt. Möglicherweise kommt allerdings eine Haftung des Verbrauchers für etwaige Kosten des Unternehmers in Betracht.
- Mit Blick auf Kosten für den **Verbraucheranwalt** mag zu differenzieren sein. Zwar belässt § 13 dem Verbraucher die Möglichkeit, sich anwaltlich vertreten zu lassen, die Verfahrensordnung darf ihn aber nicht dazu zwingen, worauf die Verbraucherschlichtungsstelle sich durch entsprechende Verfahrensgestaltung einzurichten hat. Es bestehen also gute Gründe zu der Annahme, dass gleichwohl verursachte Anwaltskosten zur zweckentsprechenden Rechtsverfolgung nicht im Sinne von § 91 Abs. 1 ZPO *erforderlich* sind. Eine Ausnahme mag im Falle besonderer Schwierigkeiten etwa mit Blick auf eine für erforderlich ge-

4 Baumbach/Lauterbach/*Hartmann* ZPO § 91 Rn. 60 f., 270.
5 Nachweise bei Baumbach/Lauterbach/*Hartmann* ZPO § 91 Rn. 60 f., 270.

haltene Verjährungshemmung gelten (→ § 14 Rn. 12ff. und Art. 6 Nr. 1 - § 204 BGB). Allerdings ist der Verbraucher zur Geltendmachung von Ansprüchen auf Erstattung der Anwaltskosten ohnehin nicht auf § 91 ZPO angewiesen. Ein solcher Anspruch, der sich etwa als Verzugsschaden aus § 286 BGB ergeben könnte, kann ggf. als Hauptforderung im gerichtlichen Verfahren geltend gemacht werden.

- § 794 Abs. 1 Nr. ZPO verleiht den vor einer von der Landesjustizverwaltung eingerichteten oder anerkannten Gütestelle abgeschlossenen Vergleichen die Qualität eines **Vollstreckungstitels**. Diese Privilegierung lässt sich nicht ohne weiteres auf die Verbraucherschlichtungsstellen übertragen (→ § 19 Rn. 93).

3. Anwaltsvergütung

Nach § 17 Nr. 7 lit. a Rechtsanwaltsvergütungsgesetz (RVG) sind das Güteverfahren vor einer von der Landesjustizverwaltung eingerichteten oder anerkannten Gütestelle einerseits und ein nachfolgendes Gerichtsverfahren andererseits gebührenrechtlich verschiedene Angelegenheiten. Der Anwalt kann also für die Vertretung in diesem Verfahren eine gesonderte Gebühr[6] verlangen, die nach Nr. 2303 der Anlage zu § 2 Abs. 2 RVG 1,5 beträgt. 6

Diese Privilegierung, die sich ausdrücklich auf § 794 Abs. 1 Nr. 1 ZPO bezieht, greift zwar nicht, wohl aber die der weiteren Tatbestandsalternative „vor einer Gütestelle, die Streitbeilegung betreibt"; § 17 Nr. 7 lit. a RVG nimmt hier ausdrücklich auf § 15 a Abs. 3 EGZPO und damit auf das Verfahren bei der Verbraucherschlichtungsstelle Bezug. Die Beschränkung des RVG auf Fälle „einvernehmlich" unternommener Einigungsversuche ist unschädlich. Denn kraft des ausdrücklichen Verweises auf § 15 a Abs. 3 EGZPO gilt die Vermutung der Einvernehmlichkeit nach Satz 2. In diese Vermutungswirkung sind die Verbraucherschlichtungsstellen nunmehr einbezogen. 7

Damit ist klargestellt, dass Verfahren bei der Verbraucherschlichtungsstelle und anschließende gerichtliche Verfahren **verschiedene Angelegenheiten** im Sinne des Anwaltsgebührenrechts darstellen. 8

Art. 6 Änderung des Bürgerlichen Gesetzbuchs

§ 204 BGB Hemmung der Verjährung durch Rechtsverfolgung

§ 204 Absatz I des Bürgerlichen Gesetzbuches in der Fassung der Bekanntmachung vom 2. Januar 2002 (BGBl. I S. 42, 2909; 2003 I S. 738), das zuletzt durch Artikel 1 des Gesetzes vom 17. Februar 2016 (BGBl. I S. 233) geändert worden ist, wird wie folgt geändert:

6 Sie beträgt fest 1,5 (Nr. 2303 der Anlage zu § 2 Abs. 2 RVG).

1. Nr. 4 wird wie folgt gefasst:
4. die Veranlassung der Bekanntgabe eines Antrages mit dem der Anspruch geltend gemacht wird, bei einer
   a) staatlichen oder staatlich anerkannten Streitbeilegungsstelle oder
   b) anderen Streitbeilegungsstelle, wenn das Verfahren im Einvernehmen mit dem Antragsgegner betrieben wird;

   die Verjährung wird schon durch den Eingang des Antrages bei der Streitbeilegungsstelle gehemmt, wenn der Antrag demnächst bekanntgegeben wird.
2. In Nr. 12 wird das Wort „Gütestelle“ durch das Wort „Streitbeilegungsstelle“ ersetzt.

I. Allgemeines

1 Durch § 204 Abs. 1 Nr. 4 BGB werden die Regelungen der Verjährungshemmung bei der Durchführung von Verfahren der außergerichtlichen Streitbeilegung modernisiert und gestrafft. Bislang trat die Verjährungshemmung jedenfalls dann ein, wenn der Güteantrag bei einer durch die Landesjustizverwaltung eingerichteten und anerkannten Gütestelle angebracht wurde. Nunmehr soll sich die Verjährungshemmung auf alle Anträge erstrecken, die bei staatlichen oder staatlich anerkannten Streitbeilegungsstellen eingebracht werden,[1] ohne Rücksicht darauf, welches staatliche Organ die Streitbeilegungsstelle betreibt, anerkannt oder eingerichtet hat. Die verjährungsrechtliche Unterscheidung von Gütestellen, die von der Exekutive (Landesjustizverwaltung) anerkannt und eingerichtet wurden und solchen, die von der Legislative (Landesgesetzgeber) anerkannt wurden, ist damit obsolet.

2 Mit der Änderung des § 204 Abs. 1, Nr. 4 BGB wird Art. 12 der Richtlinie 2013/11/EU (ADR-RL) umgesetzt. Die Parteien sollen von der Teilnahme an dem Schlichtungsverfahren nicht durch eine etwaig während des Verfahrens eintretenden Verjährung abgehalten werden.[2]

II. Arten der Streitbeilegungsstellen

3 Durch den Gesetzgeber werden nunmehr drei Arten von Streitbeilegungsstellen unterschieden, nämlich staatliche Streitbeilegungsstellen, staatlich anerkannte Streitbeilegungsstellen und andere Streitbeilegungsstellen. Staatliche und staatlich anerkannte Streitbeilegungsstellen unterscheiden sich durch ihre Trägerschaft. Staatlich ist jede Stelle, die von einer öffentlich-rechtlichen Körperschaft, Anstalt oder Stiftung eingerichtet wurde. Dies sind alle Stellen des Bundes, der Länder, der Gemeinden sowie der

1 Vgl. BT-Drs. 18/5295, 102 (Regierungsentwurf).
2 Vgl. BT-Drs. 18/5295, 101 f. (Regierungsentwurf).

Kammern, in denen außergerichtliche Streitbeilegung betrieben wird.[3] Zu den staatlichen Stellen gehören auch die behördlichen Verbraucherschlichtungsstellen.[4] Dagegen werden staatlich anerkannte Stellen regelmäßig in privater Trägerschaft betrieben; diese staatlich anerkannten Stellen müssen vom Bund bzw. den Ländern genehmigt oder in sonstiger Weise anerkannt sein.[5] Hierzu gehören die anerkannten Verbraucherschlichtungsstellen, die auf privater Basis betrieben werden,[6] und auch die bisherigen Gütestellen, die von der Landesjustizverwaltung eingerichtet oder anerkannt wurden (§ 15 a Abs. 1 EGZPO) und die durch Landesrecht anerkannten Gütestellen (§ 15 a Abs. 6 EGZPO). Alle anderen Streitbeilegungsstellen, die weder staatlich noch staatlich anerkannt sind, fallen unter den Begriff „andere Streitbeilegungsstelle". Dies sind insbesondere die Schlichtungsstellen der Innungen oder die branchenbezogenen Gütestellen gemäß § 15 a Abs. 3 S. 2 EGZPO.

Mit der Neufassung des § 204 Abs. 1 Nr. 4 BGB entfällt der bisherige 4
Streit, ob Güteanträge, die bei Gütestellen eingebracht werden, die vom Landesgesetzgeber anerkannt worden sind,[7] die Verjährung hemmen, da es nicht mehr darauf ankommt, ob die Gütestelle durch die Landesjustizverwaltung eingerichtet und anerkannt oder durch Landesrecht anerkannt worden ist.

III. Voraussetzungen der Verjährungshemmung

Es muss der Berechtigte die außergerichtliche Streitbeilegung beantragen. 5
Berechtigt ist derjenige, der Anspruchsinhaber zum Zeitpunkt des Eintritts der Verjährungshemmung ist.[8] Der Antrag muss den geltend gemachten Anspruch so genau bezeichnen, dass dem Antragsgegner und der Gütestelle ein Rückschluss auf Art und Umfang der verfolgten Forderung möglich ist.[9] Im Übrigen muss der Antrag die Parteien, insbesondere den Antragsgegner, bezeichnen und die formalen Anforderungen erfüllen, die diejenigen Verfahrensvorschriften erfordern, die für die Tätigkeit der jeweiligen Gütestellen maßgeblich sind;[10] hierzu zählen insbesondere Vorschriften über die Form des Antrages und die von einigen Gütestellen geforderte Beifügung von Vollmachten. Den Gütestellen bleibt es unbenommen, in ihren Verfahrensordnungen die Beifügung von Legitimationsnachweisen zu fordern, das Gesetz schreibt dies jedoch nicht vor, weshalb eine Vollmacht nur

---

3 Vgl. BT-Drs. 18/5295, 102 (Regierungsentwurf).
4 Vgl. BT-Drs. 18/5295, 102 (Regierungsentwurf).
5 Vgl. BT-Drs. 18/5295, 102 (Regierungsentwurf); hierzu zählen gem. § 7 Abs. 2 Schlichtungsstellenverfahrensverordnung (Verordnung über die Schlichtungsstelle nach § 14 des Unterlassungsklagengesetzes und ihr Verfahren; kurz: SchlichtVerfV) die Ombudsstellen des Bundesverbandes deutscher Banken e.V. (§ 7 Abs. 2 Nr. 1 SchlichtVerfV), des Bundesverbandes Öffentlicher Banken Deutschlands eV (§ 7 Abs. 2 Nr. 2 SchlichtVerfV), Sparkassen- Giroverband (§ 7 Abs. 2 Nr. 3 SchlichtVerfV), Bundesverband der Deutschen Volksbanken und Raiffeisenbanken (§ 7 Abs. 2 Nr. 4 SchlichtVerfV).
6 Vgl. Regierungsentwurf, S. 102.
7 Vgl. *Steike* Mitteilungen der Rechtsanwaltskammer München 04/2014, S. 12 f.
8 Vgl. Palandt/*Ellenberger* BGB § 204 Rn. 9 ff.
9 Vgl. BGH 18.6.2015 – III ZR 189/14 Tz 24.
10 Vgl. BGH 18.6.2015 – III ZR 189/14 Tz 20 f.

dann beizufügen ist, wenn dies von der Schlichtungsordnung gefordert wird.

6 Bei staatlichen oder staatlich anerkannten Streitbeilegungsstellen ist die einseitige Antragstellung ausreichend, um die Verjährungshemmung zu erreichen. Bei den anderen Streitbeilegungsstellen kommt die Hemmung der Verjährung nur in Betracht, wenn das Verfahren im Einvernehmen mit dem Antragsgegner betrieben wird (§ 204 Abs. 1 Nr. 4 lit. b BGB). Hierbei ist allerdings § 15 a Abs. 3 S. 2 EGZPO zu beachten, nach dem das Einvernehmen unwiderleglich vermutet wird, wenn ein Verbraucher eine branchengebundene Gütestelle, eine Gütestelle der Industrie- und Handelskammer, der Handwerkskammer oder der Innung angerufen hat. Die Gütestellen der Industrie- und Handelskammern sowie der Handwerkskammern aber auch der Rechtsanwalts- und der Steuerberaterkammern fallen unter § 204 Abs. 1 Nr. 4 lit. a BGB, da die von den Kammern als öffentlich-rechtliche Körperschaften betriebenen Gütestellen zu den staatlichen Streitbeilegungsstellen gehören.[11]

7 Die branchenbezogenen Gütestellen und Gütestellen einer Innung sind „andere Streitbeilegungsstellen" im Sinne des § 204 Abs. 1 Nr. 4 lit. b BGB. Die unwiderlegliche Vermutung der Einvernehmlichkeit bei dort von Verbrauchern anhängig gemachten Güteverfahren gemäß § 15 a Abs. 3 S. 2 EGZPO wirkt sich auch im Hinblick auf die Verjährungshemmung aus.[12]

8 Die Hemmung der Verjährung tritt mit der Veranlassung der Bekanntgabe des Güteantrages ein. Noch im Referentenentwurf wurde auf die Bekanntgabe des Antrages abgestellt.[13] Hiermit wäre eine Verschärfung der bisherigen Rechtslage verbunden gewesen, da § 204 Abs. 1 Nr. 4 BGB (aF) ebenfalls auf die Veranlassung der Bekanntgabe des Antrages und nicht auf die tatsächliche Bekanntgabe abstellt. Anders als bisher ist die Rückwirkung auf den Tag des Einganges des Antrages bei der Streitbeilegungsstelle geregelt. Nunmehr tritt die Hemmung der Verjährung am Tag des Einganges des Antrages bei der Streitbeilegungsstelle ein, wenn der Antrag demnächst bekanntgegeben wird. Nach der bisherigen Rechtslage (§ 204 Abs. 1 Nr. 4 am Ende BGB aF) reichte es aus, wenn die Bekanntgabe demnächst nach Einreichung des Antrages veranlasst wird. Der Unterschied zur bisherigen Regelung[14] wird sich auf die Tätigkeit der Streitbeilegungsstellen auswirken, da anstelle des bisherigen Nachweises der Bekanntgabeveranlassung (Aufgabe zur Post) nunmehr der Nachweis der Bekanntgabe (Eingang beim Antragsgegner) verlangt werden wird. Für die Rückwirkung der Verjährungshemmung ist die Bekanntgabe **demnächst** erforderlich. Eine absolute zeitliche Grenze, innerhalb derer eine Bekanntgabe noch „demnächst" ist und außerhalb derer eine Bekanntgabe nicht mehr „demnächst" ist, existiert nicht.[15] Allerdings müssen sich die Antragsteller nicht nur geringfügi-

11 Vgl. BT-Drs. 18/5295, 102 (Regierungsentwurf).
12 Vgl. BT-Drs. 18/5295, 102 (Regierungsentwurf).
13 Vgl. Referentenentwurf, Bearbeitungsstand 10.11.2014, 15.40 Uhr, S. 22.
14 Diese Änderung übersieht Palandt/*Ellenberger* BGB § 204 Rn. 19. Ob die Änderung vom Gesetzgeber tatsächlich *beabsichtigt* war, mag zweifelhaft sein, das ändert jedoch nichts daran, dass sie auf Grund des eindeutigen Gesetzeswortlautes eingetreten ist.
15 Vgl. BGH NJW 2010, 222 (223 Tz 15).

ge Verzögerungen zurechnen lassen, die sie bei sachgerechter Führung des Güteverfahrens hätten vermeiden können (Angabe einer falschen Anschrift des Antragsgegners oder Nichtleistung des Gebührenvorschusses trotz Anforderung).[16]

Soweit es um die Frage der Bekanntgabe demnächst geht, kann die Recht- 9
sprechung zu § 167 ZPO herangezogen werden, da beide Vorschriften auf die fristgemäße Einreichung des Rechtsmittels und die spätere Zustellung dieses an den Anspruchsgegner abstellen. Grundsätzlich soll die Durchsetzung materieller Rechte nicht durch Verfahrensvorschriften erschwert werden, gleichzeitig aber auch der Anspruchsteller zu einer gewissenhaften Prozessführung angehalten werden, um den Schuldner nicht unbillig zu belasten.[17] Die durch den Gläubiger verursachte Verzögerung muss sich in einem „hinnehmbaren Rahmen" halten.[18] Umstände, auf welche der Gläubiger keinerlei Einflussnahmemöglichkeit hat, sind ihm auch nicht zuzurechnen.[19] Verzögerungen, die der Gläubiger im Falle einer ordnungsgemäßen Verfahrensführung hätte vermeiden können, sind ihm zuzurechnen. Vorschüsse, welche von der Schlichtungsstelle angefordert werden, sollten im Hinblick auf die Rechtsprechung zum Gerichtskostenvorschuss und zu § 167 ZPO innerhalb von 14 Tagen einbezahlt werden, bzw. diese Zeitspanne nur geringfügig überschreiten.[20] Starre Grenzen existieren aber auch für die Einzahlung der Vorschüsse nicht, so dass Fallgestaltungen denkbar sind, in denen die Vorschusszahlung nicht innerhalb von 14 Tagen erfolgen muss.[21] Verzögerungen, die außerhalb des Einflussbereiches des Antragstellers liegen, sind ihm nicht zuzurechnen, so etwa eine verzögerte Bekanntgabe durch die Schlichtungsstelle. So ist der Antragsteller nicht verpflichtet, auf eine Beschleunigung der Bekanntgabe hinzuwirken, wenn er alles Erforderliche für die Bekanntgabe getan hat.[22]

Die örtliche und sachliche Zuständigkeit der Streitbeilegungsstellen spielen 10
jedenfalls in freiwilligen Güteverfahren keine Rolle, die jeweiligen örtlichen und sachlichen Zuständigkeitsbestimmungen, soweit sie in den Landesschlichtungsgesetzen vorgesehen sind, wirken sich lediglich auf die obligatorischen Schlichtungsverfahren aus. Das bedeutet, dass die Hemmung der

---

16 Vgl. BGH NJW 2010, 222 (223 Tz 16).
17 BGH NJW 1971, 891 = MDR 1971, 477 = WM 1971, 862.
18 BGH 10.7.2015 – V ZR 2/14 = ZfIR 2015, 677; BGH NJW 1996, 1060; NJW 1994, 1073.
19 BGH NJW 1971, 891 = MDR 1971, 477 = WM 1971, 862.
20 BGH 10.7.2015 – V ZR 2/14 = ZFIR 2015, 677; BGH 30.3.2012 – V ZR 148/11 = ZMR 2012, 643; BGH 10.2.2011 – VII ZR 185/07 = NJW 2011, 1227 = MDR 2011, 560; BGH 16.1.2009 – V ZR 74/08 = BGHZ 179, 230.
21 Vgl. hierzu beispielhaft BGH 10.2.2011 – VII ZR 185/07 = NJW 2011, 1227 = MDR 2011, 560.
22 BGH 12.7.2006 – IV ZR 23/06 = BGHZ 168, 306 = NJW 2006, 3206 = ZIP 2006, 1838.

Verjährung auch dann eintritt, wenn die Gütestelle örtlich oder sachlich unzuständig ist.[23]

11 Zur Hemmung der Verjährung ist jedoch in jedem Fall die Bekanntgabe des Schlichtungsantrages gegenüber dem Antragsgegner erforderlich. Der Schlichtungsstelle steht es frei, zunächst ihre Zuständigkeit zu prüfen und die Bekanntgabe gegenüber dem Antragsgegner nur vorzunehmen, wenn sie sich für zuständig hält.[24] Das hat zur Folge, dass die Hemmung der Verjährung mangels Bekanntgabe nicht eintritt. Bei zeitkritischen Schlichtungsanträgen besteht bei diesem Vorgehen die Gefahr, dass der Antragsteller davon, dass die Bekanntgabe mangels Zuständigkeit der Streitbeilegungsstelle nicht erfolgt und somit auch keine Hemmung der Verjährung eintritt, erst nach Ablauf der Verjährungsfrist erfährt. Bei fehlerhafter Annahme der eigenen Unzuständigkeit der Streitbeilegungsstelle, könnte diese in Haftung genommen werden. Dieses Vorgehen ist daher sowohl für den Antragsteller als auch für die Streitbeilegungsstelle riskant. Zwingend ist die Prüfung der Zuständigkeit vor der Bekanntgabe ohnehin nicht. Die allgemeine Unterrichtungsregel des § 16 Abs. 1 VSBG verhält sich zur Prüfungsabfolge nicht. Die Unterrichtungsregel des § 14 Abs. 3 VSBG, die sich unmittelbar auf die Ablehnungsgründe bezieht, lässt beide Varianten zu. Wie die konkret in Aussicht genommene Streitbeilegungsstelle vorgeht (Bekanntgabe vor Zuständigkeitsprüfung oder Zuständigkeitsprüfung vor Bekanntgabe bzw. Nichtbekanntgabe bei Unzuständigkeit), kann ihrer Verfahrensordnung entnommen werden – wenn denn dort eine Regelung dieser Frage erfolgt. Anderenfalls muss das Vorgehen der Streitbeilegungsstelle durch Rücksprache mit ihr festgestellt werden.

12 Auf die Hemmung der Verjährung nicht berufen kann sich ein Antragsteller, wenn der Antragsgegner die Beteiligung an einer außergerichtlichen Streitbeilegung abgelehnt hat, weil eine dennoch erfolgende Antragstellung bei einer außergerichtlichen Streitbeilegungsstelle rechtsmissbräuchlich sei.[25] Zumindest die Information gemäß § 37 VSBG und wohl auch die Information gemäß § 36 VSBG können als Ablehnungsmitteilung im Sinne dieser Rechtsprechung verstanden werden.[26]

IV. Inhalt des Güteantrages

15 Ausweislich Art. 12 der ADR-RL soll die das Verfahren einleitende Partei nicht schlechter gestellt werden als im Falle der Klageerhebung. Vor diesem Hintergrund sind auch die Anforderungen an das Verfahren nicht zu hoch anzusetzen. Die vom BGH in den Güteantrags-Urteilen I und II verlangten Anforderungen können mit dem Inkrafttreten des VSBG nicht weiter aufrechterhalten werden. Die Rechtsprechung des III. Zivilsenates orientiert

23 Vgl. zur Hemmung/Unterbrechung der Verjährung einer Klage beim unzuständigen Gericht: RGZ 24, 199; BGHZ 35, 374 = NJW 1961, 2259; BGH NJW 1978, 1058 = WM 1978, 1021; BGH WM 1994, 988 = NJW 1994, 3162; zur Verjährungsunterbrechung eines Güteantrages bei einer anerkannten Gütestelle (hier: ÖRA) unabhängig vom Gerichtsstand des Antragsgegners BGHZ 123, 337 = WM 1993, 2013 = NJW-RR 1993, 1495; Palandt/*Ellenberger* BGB § 204 Rn. 7, 19.
24 Von diesem Verfahrensablauf geht Prütting AnwBl 3/2016, 190 (192) aus.
25 Vgl. BGH NJW 2016, 233 ff. mit abl. Anm. von *May/Röder*, ebenda, S. 235 f.
26 Näheres s. in den Kommentierungen der → §§ 36 und → 37 VSBG.

sich – soweit es die Individualisierung des prozessualen Anspruches betrifft – an der Rechtsprechung zum Mahnverfahren, übersieht damit aber, dass das Güteverfahren dem Klageverfahren näher ist als dem Mahnverfahren. Während der Antragsteller im Mahnverfahren bereits im Antrag selbst den von ihm geltend gemachten Anspruch individualisieren muss, bleibt es dem Kläger unbenommen, seine verjährungshemmende (möglicherweise sogar unsubstanziierte) Klage nach Ablauf der eigentlichen Verjährungsfrist zu substantiieren und nachzubessern.[27] Diese Nachbesserungsmöglichkeit versagt der III. Zivilsenat des BGH in den Güteantrags I und II-Urteilen, indem er unzutreffenderweise die Rechtsprechung zum Mahnverfahren auf das Güteverfahren anwendet.[28] Dabei verkennt der BGH, dass solche Güte- und Schlichtungsverfahren (auch Ombudsmannbeschwerden bei den Banken- oder Versicherungsombudsmännern) von Verbrauchern selbst eingeleitet werden können müssen, weshalb keine hohen und erst recht nicht höhere Anforderung an den das Verfahren einleitenden Schriftsatz gestellt werden dürfen als in den oft von Rechtsanwälten eingereichten Klageverfahren.

Soweit der BGH in seinen Güteantrag I und II-Urteilen darauf abstellt, dass der Streitmittler über den Antrag entscheiden können muss, ist – wie im Klageverfahren auf den Schluss der mündlichen Verhandlung – in Schlichtungsverfahren auf den Zeitpunkt der Entscheidung des Schlichters abzustellen. 16

Allein der Streitmittler muss beurteilen, ob er aufgrund der wechselseitig ausgetauschten Schriftsätze den prozessualen Anspruch in ausreichender Weise individualisieren und einen Schlichtungsvorschlag unterbreiten kann. Diese Frage stellte sich in den vom BGH entschiedenen Güteantrag I und II-Urteilen gerade nicht, da die dortigen Antragsgegner die Teilnahme am Güteverfahren verweigerten.[29] 17

Nach der Auffassung des III. Zivilsenates ist der prozessuale Anspruch ausreichend zu individualisieren; dies ist der Fall, wenn der Schuldner den Anspruch erkennen und prüfen kann. In den vom BGH entschiedenen Fällen wurde einen Vielzahl gleichartiger und gleichnamiger Produkte von tausenden Personen erworben, weshalb der Antragsgegner sich einer großen Anzahl von Anspruchstellern ausgesetzt sah. Bereits die hohe Anzahl der Anspruchsteller veranlasste den BGH (s.o.) hohe Individualisierungsanforderungen an den Rechtsuchenden zu stellen. Insoweit verkennt der III. Senat jedoch, dass gerade der Antragsgegner sich eines bundesweit tätigen Vertriebsnetzwerkes bediente. Das Risiko, die Beschwerde den internen Vorgängen zuzuordnen, trifft den Antragsgegner und nicht den Antragsteller. Bereits durch die Bezeichnung der Person (Vor- und Nachname samt Ad- 18

27 BGH 4.7.1983 – II ZR 235/82, WM 1983, 1039 = MDR 1984, 120 = NJW 1983, 2813; BGH 26.6.1996 – XII ZR 38/95, NJW-RR 1996, 1409 = NJW 1997, 316.

28 BGH 18.6.2015 – III ZR 198/14 = VuR 2015, S. 463 (Anm. Borowski).

29 In den vom BGH entschiedenen Fällen, BGH 18.6.2015 – III ZR 189/14 sowie BGH 20.8.2015 – III ZR 373/14, lehnten die Antragsgegner eine Schlichtung ab, wobei sie ihre Entscheidungen wohl nicht mit der erschwerten Zuordenbarkeit der Beschwerde zu ihren internen Vorgängen – mangels ausreichender Individualisierung der Beschwerde – begründeten.

resse) sowie die Mitteilung des konkreten Produktes reichen für die Zuordenbarkeit aus.

19 Nach der Rechtsprechung des III. Zivilsenates ist zumindest in sog Kapitalanlageverfahren[30] die konkrete Anlage, die Zeichnungssumme, der Zeitraum der Beratung, der Hergang des Erwerbs und das verfolgte Verfahrensziel anzugeben. Das Verfahrensziels soll so konkret wie möglich angegeben werden, um sowohl dem Schlichter als auch dem Antragsgegner einen Rückschluss auf die Art und den Umfang des geltend gemachten Anspruchs zu ermöglichen.[31]

20 Die in § 204 Abs. 1 BGB genannten Rechtsverfolgungsmaßnahmen hemmen den nach dem Streitgegenstand zu bestimmenden prozessualen Anspruch im Sinne des § 322 Abs. 1 ZPO.[32] Auch nicht explizit in dem das Verfahren einleitenden Schriftsatz und auch in den nachfolgenden Schriftsätzen nicht erwähnte Pflichtverletzungen werden durch das eingeleitete Verfahren gehemmt.[33]

V. Ende der Verjährungshemmung

21 Die Hemmung der Verjährung endet gem. § 204 Abs. 2 BGB sechs Monate nach der Beendigung des Güteverfahrens; § 209 BGB bleibt insoweit unberührt. Enthält die Verfahrensordnung einen Hinweis dergestalt, dass während des Schlichtungsverfahrens die Verjährung gehemmt ist, schließt dies die sog Anschlusshemmung gem. § 204 Abs. 2 BGB nicht aus,[34] was sich bereits aus dem Wortlaut ergibt, da die §§ 204 Abs. 2, 209 BGB nicht explizit ausgeschlossen werden. Auch eine ausdrückliche Abbedingung des § 204 Abs. 2 BGB oder/und des § 209 BGB in einer Schlichtungsordnung wäre unzulässig, da dies den Verbraucher unzulässigerweise benachteiligen würde.

VI. Begriff der Streitbeilegungsstelle

22 Der Austausch des Begriffes „Gütestelle" durch den Begriff „Streitbeilegungsstelle" in § 204 Abs. 1 Nr. 12 BGB stellt lediglich eine redaktionelle Anpassung ohne Auswirkung auf den Regelungsgehalt dar.[35]

30 Um solche handelte es sich in den entschiedenen Fällen.
31 BGH 18.6.2015 – III ZR 198/14 = VuR 2015, S. 463 (Anm. *Borowski*); da nach dem III. Zivilsenat das mit den Worten: „so gestellt zu werden, als hätte/n ich/wir die Beteiligung nie getätigt" umschriebene Verfahrensziel nicht ausreicht, scheint es empfehlenswert, ein dem Klageantrag vergleichbaren Antrag zu stellen. Vgl. hierzu beispielhaft *Borowski* in Heidel/Pauly/Amend, AnwaltFormulare, § 24 Rn. 20.
32 BGH 22.10.2013 – XI ZR 42/12, BGHZ 198, 294 und 21.10.2014 – XI ZB 12/12, BGHZ 203, 1; BGH 18.6.2015 – III ZR 189/14; III ZR 189/14, III ZR 227/14 und III ZR 191/14.
33 BGH 22.10.2013 – XI ZR 42/12, BGHZ 198, 294 und 21.10.2014 – XI ZB 12/12, BGHZ 203, 1; BGH 18.6.2015 – III ZR 189/14; III ZR 189/14, III ZR 227/14 und III ZR 191/14.
34 OLG Celle 20.11.2013 – 3 U 75/13; OLG Jena 19.10.2010 – 5 U 821/08 = BB 2011, 193; aA OLG Hamm 12.5.2012 – 31 U 167/06.
35 Vgl. BT-Drs. 18/5295, 102 (Regierungsentwurf).

§ 309 BGB Klauselverbote ohne Wertungsmöglichkeit[1]

Auch soweit eine Abweichung von den gesetzlichen Vorschriften zulässig ist, ist in Allgemeinen Geschäftsbedingungen unwirksam

...

14. ***(Klageverzicht)***
eine Bestimmung, wonach der andere Vertragsteil seine Ansprüche gegen den Verwender gerichtlich nur geltend machen darf, nachdem er eine gütliche Einigung in einem Verfahren zur außergerichtlichen Streitbeilegung versucht hat.

I. Einführung

1. Gesetzgebungsverfahren

1 Das Verbot von Streitbeilegungsklauseln in Allgemeinen Geschäftsbedingungen (AGB) ist auf Vorschlag des Bundesrats,[2] der entsprechende Forderungen aus den Rechtswissenschaften[3] aufnahm und dem sich die Bundesregierung anschloss,[4] in das Gesetzgebungsvorhaben aufgenommen worden.

2. Europäischer Hintergrund

2 Der Europäische Gesetzgeber hat sich zur Frage der (Un-)Zulässigkeit einer ADR-Klausel weder in der Klauselrichtlinie 99/13/EWG festgelegt[5] noch in der ADR-Richtlinie. Dessen Erwägungsgründe 8 und 10 geben der Verbraucher-ADR zwar den Status eines Rechtsschutzsystems, daraus lässt sich aber kaum ableiten, dass die Richtlinie die Begünstigung des Zugangs über AGB gleichsam als Förderinstrument fordert.[6] Im Gegenteil wird Art. 10 Abs. 1 der ADR-Richtlinie sogar dahin verstanden, der Gerichtszugang dürfe Verbrauchern vor Entstehen der Streitigkeit vertraglich auch nicht im Sinne einer nur vorübergehenden Zugangsbeschränkung überhaupt nicht genommen werden.[7] Damit wäre europarechtlich nicht nur das

1 Auszug der früheren Fassung mit Änderung im *Kursivdruck*.
2 BR-Drs. 258/15 (Beschluss), 37 ff. (Nr. 40).
3 *Eidenmüller/Engel* ZIP 2013, 1704 (1707); nach *Hirsch* in FS Lorenz 159, 172 bestehe kein Bedarf dafür, aber auch kein Einwand dagegen.
4 Gegenäußerung BT-Drs. 18/5760, 30 (zu Nr. 40).
5 Vgl. näheres bei *Eidenmüller/Engel* ZZP 128 (2015) 149 (157).
6 So im Ergebnis auch *Eidenmüller/Engel*, ZZP 128 (2015) 149, (158).
7 *Rühl* ZZP 127 (2014), 61 8´(73).

Verbot einer AGB-Klausel vorgegeben, sondern die Mitgliedstaaten müssten sogar individualrechtliche Schlichtungsklauseln unterbinden. Demgegenüber ergibt der Kontext, in dem Art. 10 Abs. 1 ADR-Richtlinie steht, dass nur Schiedsklauseln gemeint sind, also Regelungen, die zu einem privaten Entscheidungsverfahren und damit zu einem latent gänzlichen Ausschluss des Gerichtszugangs führen.[8]

3 **Fazit:** Europarechtlich findet der nationale Gesetzgeber volle Gestaltungsfreiheit vor.

3. Zusammenhang zum VSBG

4 Das VSBG verlangt für das Tätigwerden der Schlichtungsstellen in seinem Anwendungsbereich einen Antrag des Verbrauchers (§ 4 Abs. 1 VSBG), die Verfahrensordnung darf das Recht des Verbrauchers nicht ausschließen, die Gerichte anzurufen (§ 5 Abs. 2 VSBG), und das Gesetz erklärt das Streitbeilegungsverfahren für jederzeit beendbar (§ 15 VSBG). Dieser prägende Einfluss des Verbrauchers auf das „Ob" des Verfahrens würde geschwächt, wenn der Verbraucher über AGB gezwungen würde, sich auf alternative Streitbeilegung (erst einmal) einzulassen. Der Bundesrat hat das Klauselverbot auch zur Vermeidung von Rechtsunsicherheiten vorgeschlagen. Bei Wirksamkeit einer Schlichtungsklausel und unwilligem Verbraucher wäre es absehbar zu Streit darüber gekommen, bis zu welchem Zeitpunkt bzw. zu welchem Verfahrensschritt der Verbraucher durch eine AGB-Klausel wirksam von der Erhebung einer zulässigen Klage abgehalten werden kann.[9]

5 In der Literatur wurde das Klauselverbot mit Blick auf Missbrauchsgefahren gefordert. So wird befürchtet, Unternehmen könnten in einem intransparenten und geheimen Verfahren „kalkulierten Rechtsbruch" betreiben[10] oder die Wirtschaft könnte die Verbraucher in einen Rechtsschutz zweiter Klasse drängen.[11]

II. Voraussetzungen des Klauselverbots

1. Bestimmungen in AGB

6 Nach der gesetzlichen Definition in § 305 Abs. 1 BGB handelt es sich bei AGB um für eine Vielzahl von Verträgen **vorformulierte Vertragsbedingungen**. Bei Verträgen zwischen Unternehmern und Verbrauchern findet insbesondere § 309 BGB und damit auch das Schlichtungsklausel-Verbot auch dann Anwendung, wenn die AGB nur zur einmaligen Verwendung bestimmt sind, der Verbraucher aber keinen Einfluss auf die Formulierung hatte (gemäß § 310 Abs. 3 Nr. 3 BGB). AGB liegen nach § 305 Abs. 1 S. 3 BGB nicht vor, wenn die Vertragsbedingungen im Einzelnen ausgehandelt sind.

8 So auch von *Eidenmüller/Engel* ZZP 128, (2015) 149 (158) vorausgesetzt.
9 BR-Drs. 258/15 (Beschluss), 37, 38 (Nr. 40).
10 *Eidenmüller/Engel* ZIP 2013, 1704 ff.
11 *Roth* DRiZ 2015, 24 ff.

2. Verwender und anderer Vertragsteil

Das Gesetz kennt den Verwender (der AGB) und in Abgrenzung hierzu die andere Vertragspartei (§ 305 Abs. 1 BGB); zu Letzterem synonym gebraucht das Gesetz die Begriffe „Vertragspartner" und „anderer Vertragsteil". 7

3. Zeitlicher Ausschluss gerichtlicher Geltendmachung

Erfasst sind Klauseln, die den Versuch einer gütlichen Einigung in einem Verfahren der **außergerichtlichen Streitbeilegung** vorgeben. Damit knüpft das Gesetz an die Begrifflichkeit des VSBG und im Übrigen auch an die des Gesetzes zur Förderung der Mediation und anderer Verfahren der außergerichtlichen Konfliktbeilegung[12] an, wobei zwischen „Streit-" und „Konfliktbeilegung" kein sachlicher Unterschied besteht. Dass es nicht um Einigungsversuche im Gericht geht, erschließt sich bereits aus dem Sinn der Vorschrift, die ja gerade den Weg zum Gericht offen halten will. In methodischer Hinsicht sind alle konsensualen Verfahren erfasst. Keine Anwendung findet die Regelung hingegen auf **Schiedsvereinbarungen.** Dabei handelt es sich um ein schiedsrichterliches Verfahren, mit dem der Zugang zu den Gerichten zugunsten einer privaten Streitentscheidung grundsätzlich ganz ausgeschlossen ist. Wegen der mithin weiter reichenden Konsequenzen bestimmt § 1031 ZPO hierzu besondere Formerfordernisse; bei Beteiligung von Verbrauchern ist eine von den Parteien eigenhändig unterschriebene besondere Urkunde erforderlich (§ 1031 Abs. 5 S. 1 BGB). Diese Regelungen sind gegenüber § 309 Nr. 14 vorrangig. 8

4. Anwendungsgereich über Verbraucherstreit hinaus

Das Klauselverbot gilt nicht nur für Verbrauchergeschäfte, sondern für **alle anderen Rechtsbereiche** auch, zB für AGB gegenüber einer Person in Zusammenhang mit gewerblichen oder selbstständig beruflichen Rechtsgeschäften; vgl. § 13 BGB. Erfasst sind auch Verträge zwischen Verbrauchern und Personen, die nicht Unternehmer sind, etwa Mietverträge, die ein nicht gewerblicher Vermieter dem Mieter stellt. 9

Die Bestimmung setzt weiter nicht voraus, dass die Konfliktlösung bei einer **Streitbeilegungsstelle nach dem VSBG** versucht werden soll. Im Gegenteil hat der Bundesrat hervorgehoben, es müsse gerade verhindert werden, dass Unternehmen ihre Vertragspartner zu einer vorprozessualen Schlichtung zwingen, die nicht (einmal) den Anforderungen des VSBG entspricht.[13] 10

Wenn der **andere Vertragsteil Unternehmer** ist, findet gem. § 310 Abs. 1 S. 2 BGB immerhin eine allgemeine Inhaltskontrolle nach § 307 BGB statt. Zu dieser Vorschrift, an der nach altem Recht auch die Schlichtungsklausel gegenüber Verbrauchern zu messen war, war unsicher, ob und in welchen Fällen eine Unwirksamkeit von Schlichtungsklauseln nach der allgemeinen Inhaltskontrolle nach § 307 BGB in Betracht kommt.[14] Dadurch, dass der 11

12 BGBl. I 2012, 1577.
13 BR-Drs. 258/15 (Beschluss), 37, 39 (Nr. 40).
14 Vgl. MüKoBGB/*Wurmnest* § 307 Rn. 258 ff mwN.

Schlichtungs-Gesetzgeber sich in § 309 Nr. 14 BGB zur AGB-unabhängigen Wahlfreiheit des anderen Vertragsteils bekannt hat, ist jedenfalls der Deutung entgegengewirkt, die vorgerichtliche Streitlösung entwickele sich zu einem Leitgedanken des Gesetzes.[15] Andererseits sind Schlichtungs- und Mediationsklausen im b2b-Bereich inzwischen weit verbreitet, so dass es im Ergebnis eher fernliegt, eine Schlichtungsklausel unter Unternehmern als unangemessene Benachteiligung im Sinne des § 307 Abs. 1 S. 1 BGB anzusehen.

III. Rechtsfolge

12 Wenn die genannten Voraussetzungen erfüllt sind, ist die betreffende Klausel ohne Weiteres **unwirksam**. Raum für gerichtliche Wertungen wie etwa zu den unbestimmten Rechtsbegriffen in § 308 BGB besteht nicht. Von der Unwirksamkeit der Schlichtungsklausel bleibt der Vertrag im Übrigen unberührt. An die Stelle der Klausel treten nach § 306 Abs. 2 BGB die gesetzlichen Vorschriften, mithin kann ohne Weiteres geklagt werden. Eine Umdeutung in eine einseitige Verpflichtung des Unternehmens kommt nicht in Betracht.

IV. Einseitige Verpflichtung des Unternehmens

13 Von der Regelung in § 309 Nr. 14 BGB zu unterscheiden ist die Regelung, wonach das Unternehmen sich verpflichtet, vor (eigener) Klageerhebung ein konsensuales Verfahren durchzuführen. Eine solche Regelung, sei sie in AGB oder im individuell ausgehandelten Vertrag, lässt dem Verbraucher (dem anderen Vertragsteil) die Wahl und hindert diesen seinerseits nicht daran, Klage zu erheben. Eine solche einseitige Bindung ist nicht nur wirksam, sondern in § 30 Abs. 5 S. 1 VSBG sogar ausdrücklich vorgesehen.

V. Klauseln in AGB von Rechtschutzversicherungen

14 Rechtsschutzversicherer bieten seit einigen Jahren und mit steigender Marktabdeckung ADR-Dienstleistungen, anfangs oft Shuttle- oder Telefonmediation genannt, an. Vereinzelt finden sich Bedingungen, die Anreize für die Inanspruchnahme der ADR-Dienstleistung enthalten bis hin zu der Obliegenheit, Mediation oder ähnliches vor Finanzierung der anwaltlichen Beratung versucht haben zu müssen. Solche Klauseln hat das OLG Frankfurt für rechtswidrig als Verstoß gegen das allgemeine Benachteiligungsverbot nach § 307 BGB für unwirksam erklärt.[16]

15 Auf diese Rechtslage ist § 309 Nr. 14 BGB ohne unmittelbaren Einfluss, weil hier nur Klagen gegen den Verwender (hier: Rechtsschutzversicherer) und nicht auch die vom Verwender finanzierten Prozesse gegen Dritte erfasst sind. Der Entschließungsantrag der Fraktion Bündnis 90/Die Grünen,[17] durch ausdrückliche gesetzliche Regelung auszuschließen, dass Rechtsschutzversicherungen die Deckungszusage für einen Prozess von einer vorangehenden Schlichtung abhängig machen, blieb ohne Erfolg. Die

---

15 U.a. auf diese Sorge gründen *Eidenmüller/Engel* ZIP 2013, 1704 ff. ihren Vorschlag eines Klauselverbots.
16 Urt. v. 9.4.2015 – 6 U 110/14, ZKM 2015, 95.
17 BT-Drs. 18/9621 (II.4).

neue Regelung wird aber mittelbare Auswirkungen auf die Rechtslage haben: Die Rechtsprechung des OLG Frankfurt wird sich verfestigen.

Teil IV
Mustertexte

Verfahrensordnung[1] der *Allgemeinen*[2] Verbraucherschlichtungsstelle[3] *für das das Land Bayern*[4]

§ 1 Zuständigkeit

1. Die Verbraucherschlichtungsstelle ist für Verfahren zur außergerichtlichen Beilegung zivilrechtlicher Streitigkeiten, an denen Verbraucher oder Unternehmen als Antragsteller oder Antragsgegner beteiligt sind, zuständig.[5] Sie führt auf Antrag eines Verbrauchers Verfahren zur außergerichtlichen Beilegung von Streitigkeiten aus einem Verbrauchervertrag nach § 310 Abs. 3 BGB oder über das Bestehen eines solchen Vertragsverhältnisses durch.[6]
2. Für arbeitsvertragliche Streitigkeiten ist die Verbraucherschlichtungsstelle nicht zuständig.[7] Ebenfalls nicht zuständig ist die Verbraucherschlichtungsstelle für Streitigkeiten aus Verträgen für nicht wirtschaftliche Dienstleistungen von allgemeinem Interesse, für Gesundheitsdienstleistungen, für die Weiter- und Hochschulausbildung durch staatliche Einrichtungen sowie für Streitigkeiten, für deren Beilegung Verbraucherschlichtungsstellen nach anderen Rechtsvorschriften anerkannt, beauftragt oder eingerichtet worden sind.[8]

---

1 Die Verfahrensordnung muss gemäß § 25 Abs. 1 Nr. 1 VSBG dem Antrag auf Anerkennung als Verbraucherschlichtungsstelle beigefügt werden. Das vorliegende Muster enthält die hierfür erforderlichen Regelungen. Ferner sind Organisationsfragen einbezogen, die alternativ auch in der Vereinssatzung des Trägers oder in einem eigenen Regelwerk enthalten sein können.

2 Als **Allgemeine** Verbraucherschlichtungsstelle darf sich die Schlichtungsstelle nur bezeichnen, wenn sie ihre Zuständigkeit nicht auf bestimmte Wirtschaftsbereiche, Vertragstypen oder Unternehmer beschränkt hat (§ 4 Abs. 2 S. 1 VSBG).

3 Um sich als **Verbraucher**schlichtungsstelle bezeichnen zu dürfen, muss die Schlichtungsstelle als Verbraucherschlichtungsstelle anerkannt, beauftragt oder eingerichtet sein (§ 2 Abs. 2 S. 1 VSBG). Der Missbrauch der Bezeichnung ist bußgeldbewehrt (§ 41 VSBG, bis 50.000 EUR).

4 Sofern die Verbraucherschlichtungsstelle ihre Zuständigkeit auf in einem Land der Bundesrepublik niedergelassene Unternehmer beschränkt hat, muss sie einen Zusatz, der das Land der örtlichen Zuständigkeit angibt, führen (§ 4 Abs. 2 S. 3 VSBG).

5 Bei dieser Zuständigkeitsbeschreibung handelt es sich um die Zuständigkeit der Allgemeinen Verbraucherschlichtungsstelle gemäß § 2 Abs. 1 Nr. 1 VSBG. Die Zuständigkeit kann entsprechend § 4 VSBG sowohl beschränkt als auch erweitert werden mit den in der Überschrift dieses Musters aufgezeigten Konsequenzen für die Bezeichnung der Schlichtungsstelle.

6 Vgl. die Zuständigkeitsbeschreibung in § 4 Abs. 1 VSBG. Es besteht auch die Möglichkeit, auf Antrag eines Unternehmers tätig zu werden – die Tätigkeit aufgrund Verbraucherantrages muss aber überwiegen.

7 Reine Klarstellung; vgl. den Zuständigkeitsausschluss gemäß § 4 Abs. 1 VSBG.

8 Vgl. die Zuständigkeitsbeschränkung in § 4 Abs. 2 S. 2 VSBG; diese Zuständigkeitsbeschränkung kann die Verbraucherschlichtungsstelle in ihrer Verfahrensordnung allerdings aufheben, lediglich die Schlichtung arbeitsvertraglicher Streitigkeiten ist immer ausgeschlossen (vgl. § 4 Abs. 3 VSBG).

3. Die Verbraucherschlichtungsstelle ist nicht zuständig für Streitigkeiten mit einem Streitwert unter 10 EUR und mit einem Streitwert von über 5.000 EUR.[9]
4. Die Verbraucherschlichtungsstelle ist nur zuständig[10] für Verbraucher, die ihren Wohnsitz oder ihren gewöhnlichen Aufenthalt in einem Mitgliedstaat der Europäischen Union oder in einem anderen Vertragsstaat des Abkommens über den Europäischen Wirtschaftsraum[11] haben und nur für Unternehmer, die im Inland niedergelassen sind.

§ 2 Entgelt[12]

1. Von dem Unternehmer[13] erhebt die Verbraucherschlichtungsstelle ein angemessenes Entgelt. Dieses beträgt 190 EUR bei Streitwerten bis einschließlich 100 EUR, 250 EUR bei Streitwerten über 100 EUR bis einschließlich 500 EUR, 300 EUR bei Streitwerten über 500 EUR bis einschließlich 2.000 EUR und 380 EUR bei Streitwerten über

9 Gemäß § 14 Abs. 2 Nr. 3 VSBG kann die Verbraucherschlichtungsstelle sowohl Streitwertuntergrenzen als auch Streitwertobergrenzen festlegen. Die Aufnahme des Ablehnungsgrundes des § 14 Abs. 2 Nr. 3 VSBG kann entweder im Rahmen der Zuständigkeit aufgenommen werden oder, da es sich um einen fakultativen Ablehnungsgrund des § 14 Abs. 2 VSBG handelt, im Rahmen der Ablehnungsgründe (hier: § 4 der Musterverfahrensordnung). Die Verfahrensordnung kann ferner vorsehen, dass Streitbeilegungsverfahren, die von einem Verbraucher eingeleitet werden, nicht durchgeführt werden, wenn
– eine Verbraucherschlichtungsstelle bereits ein Verfahren zur Beilegung der Streitigkeit durchgeführt hatoder die Streitigkeit bei einer anderen Verbraucherschlichtungsstelle anhängig ist (§ 14 Abs. 2 Nr. 1 VSBG),
– ein Gericht zu der Streitigkeit bereits eine Sachentscheidung getroffen hat oder die Streitigkeit bei einem Gericht anhängig ist, es sei denn das Gericht ordnet nach § 287a Abs. 2 ZPO im Hinblick auf das Verfahren vor der Verbraucherschlichtungsstelle das Ruhen des Verfahrens an (§ 14 Abs. 2 Nr. 2 VSBG) oder wenn
– die Behandlung der Streitigkeit den effektiven Betrieb der Verbraucherschlichtungsstelle ernsthaft beeinträchtigen würde, insbesondere weil die Verbraucherschlichtungsstelle den Sachverhalt oder rechtliche Fragen nur mit einem unangemessenen Aufwand klären kann oder eine grundsätzliche Rechtsfrage, die für die Bewertung der Streitigkeit erheblich ist, nicht geklärt ist (§ 14 Abs. 2 Nr. 4 VSBG).

10 Die Zuständigkeitsbeschränkung ist möglich aber nicht zwingend („**kann** beschränken"), vgl. § 4 Abs. 4 VSBG und kann auch nur teilweise erfolgen.

11 Norwegen, Island, Liechtenstein.

12 Kann auch in einer eigenen Entgeltordnung geregelt werden.

13 Von Unternehmern kann die Verbraucherschlichtungsstelle dann ein angemessenes Entgelt verlangen, wenn der Unternehmer zur Teilnahme am Streitbeilegungsverfahren bereit oder hierzu verpflichtet ist, § 23 Abs. 2 VSBG. Das Verbraucherstreitbeilegungsverfahren ist für den Verbraucher gemäß § 23 Abs. 1 VSBG grundsätzlich kostenfrei. Sofern der Antrag allerdings als rechtsmissbräuchlich anzusehen ist, kann ein Missbrauchsentgelt in Höhe von maximal 30 EUR erhoben werden, § 23 Abs. 1, S. 1 VSBG. Die Erhebung des Missbrauchsentgeltes sollte dem Streitmittler überlassen werden, da es auf die Umstände des Einzelfalles ankommt. Die Höhe des Missbrauchsentgeltes beträgt maximal 30 EUR. Eine Verringerung könnte in der Verfahrensordnung vorgesehen werden. Zwingend ist dies allerdings nicht.

2.000 EUR.[14] Wenn mehrere Unternehmer beteiligt sind, wird das Entgelt von dem antragstellenden Unternehmen[15] erhoben.

2. Ist kein Unternehmer beteiligt,[16] erhebt die Verbraucherschlichtungsstelle vom antragstellenden[17] Verbraucher ein angemessenes Entgelt.[18] Für die Höhe gilt Nr. 1 entsprechend.[19]
3. Auslagen werden von der Schlichtungsstelle nicht erstattet. Jede Partei trägt die eigenen Kosten und Auslagen, es sei denn, es wird Abweichendes vereinbart..[20]
4. Der Streitmittler kann das Entgelt nach Ziff. 1 und 2 ermäßigen oder niederschlagen, wenn der Antragsgegner den geltend gemachten Anspruch sofort vollständig anerkennt.[21]

---

14 Die Verbraucherschlichtungsstelle kann ein angemessenes Entgelt von dem Unternehmer verlangen, wenn dieser zur Teilnahme an dem Streitbeilegungsverfahren bereit oder hierzu verpflichtet ist. Sie muss ein Entgelt jedoch nicht verlangen. Die Finanzierung kann stattdessen ganz oder teilweise auch durch eine Umlage erfolgen, die auf Basis der Satzung des Trägers erhoben wird. Wenn sie ein Entgelt verlangt, dann sollten das Entgelt und seine Höhe in der Verfahrensordnung oder in einem eigenen Regelwerk geregelt sein. Es kann sowohl ein Pauschalentgelt als auch ein gestaffeltes Entgelt nach der Kostendeckung, dem Verfahrensablauf oder dem Streitwert erhoben werden. Die hier vorgeschlagene Entgelterhebung orientiert sich an den Gebühren der Universalschlichtungsstellen gemäß § 31 VSBG. Das Verfahren vor der Schlichtungsstelle der Rechtsanwaltschaft ist bspw. kostenfrei, § 9 Abs. 1 S. 1 der Satzung der Schlichtungsstelle der Rechtsanwaltschaft.

15 Andere Regelung möglich; zB hälftige Verteilung.

16 Fall des § 23 Abs. 1 S. 2 VSBG.

17 Andere Regelung möglich; zB hälftige Aufteilung unter den (beiden) Verbrauchern.

18 Sofern an dem Streit kein Unternehmer beteiligt ist, kann die Verbraucherschlichtungsstelle ein angemessenes Entgelt verlangen, wenn sie den Antragsteller unverzüglich darauf hingewiesen hat, dass an dem Verfahren kein Unternehmer beteiligt ist, und auf die anfallenden Kosten, der Verbraucher das Verfahren aber dennoch weiter betreiben will, § 23 Abs. 1 S. 2 VSBG.

19 Das Entgelt soll angemessen sein. Es ist sowohl eine Staffelung nach der Kostendeckung, dem Verfahrensablauf als auch nach den Streitwerten möglich, auch Pauschalentgelte wären möglich. Die hier vorgeschlagene Regelung orientiert sich an den Gebühren der Universalschlichtungsstelle gemäß § 31 VSBG. Sofern der Träger der Verbraucherschlichtungsstelle oder der Finanzier des Trägers ein Unternehmer- oder Verbraucherverband ist, muss der Verbraucherschlichtungsstelle ein vom Haushalt ihres Trägers getrennter, zweckgebundener und ausreichender Haushalt zur Verfügung gestellt werden, § 3 VSBG.

20 Im VSBG ist die Frage, wer die Kosten und Auslagen der Parteien trägt, nicht geregelt.

21 Diese Regelung ist in § 23 VSBG nicht vorgesehen, sondern nur für die Universalschlichtungsstellen im § 31 Abs. 2 VSBG, wobei dort unnötig komplizierte Kautelen aufgestellt sind. Wenn man die Reduktion oder Niederschlagung des Entgeltes bei sofortigem Anerkenntnis erlauben will, dann sollte die Entscheidung hierüber dem Streitmittler für den Einzelfall überlassen werden, der insbesondere Fehlanreize vermeiden kann (→ § 31 VSBG).

§ 3 Bestellung und Aufgaben des Beirates[22, 23]

1. Die Verbraucherschlichtungsstelle erhält einen Beirat, der aus (höchstens/mindestens) ... Personen[24] besteht.
2. Dem Beirat gehören mindestens[25] jeweils ein Vertreter eines Verbandes, der Unternehmerinteressen im Zuständigkeitsbereich der Verbraucherschlichtungsstelle wahrnimmt,[26] und eines Verbandes, der Verbraucherinteressen im Zuständigkeitsbereich der Verbraucherschlichtungsstelle wahrnimmt und qualifizierte Einrichtung im Sinne des § 3 Abs. 1 S. 1 Nr. UKlaG ist,[27] an. Es ist mindestens eine weitere Person in den Beirat zu berufen.[28]
   Die Mitglieder des Beirates werden vom Träger der Verbraucherschlichtungsstelle[29] bestellt. Für die Mitglieder aus ihrem jeweiligen Bereich sind jeweils die Verbraucher- und Unternehmerverbände vorschlagsberechtigt.
3. Die Amtszeit beträgt vier Jahre. Eine Wiederbestellung ist zulässig. Der Beirat wählt aus seiner Mitte einen Vorsitzenden und dessen Vertreter.
4. Der Beirat ist vor der Bestellung und der Abberufung eines Streitmittlers, der Festlegung und der Änderung der Zuständigkeit der Verbraucherschlichtungsstelle sowie der Festlegung und Änderung der Verfahrensordnung der Verbraucherschlichtungsstelle zu hören.[30] Im Übrigen berät der Beirat die Verbraucherschlichtungsstelle auf deren Anforde-

---

22 Gemäß § 9 VSBG müssen Verbraucher- und Unternehmerverbände wechselseitig an wesentlichen Entscheidungen der Schlichtungsstelle beteiligt werden, wenn der Träger der Schlichtungsstelle oder der Finanzier des Trägers ein Unternehmer- oder ein Verbraucherverband ist. Das hier vorgestellte Beiratsmodell stellt eine Möglichkeit dieser wechselseitigen Beteiligung dar, andere Modelle sind auch denkbar. Das hier vorgestellte Modell orientiert sich an dem Beirat der Schlichtungsstelle der Rechtsanwaltschaft gemäß § 3 ihrer Satzung.

23 Die Regelungen über den Beirat können ggf. auch in der Satzung des Trägervereins enthalten sei.

24 Es kann eine feste Zahl vorgegeben oder das Nähere dem Träger überlassen werden.

25 Es kann eine feste Zahl vorgegeben oder das Nähere dem Träger überlassen werden.

26 Hier kann und sollte eine Konkretisierung erfolgen.

27 Hier kann und sollte eine Konkretisierung erfolgen.

28 Die Mindestbesetzung besteht danach aus drei Personen – ein Vertreter eines Verbraucherverbandes, ein Vertreter eines Unternehmerverbandes und ein neutraler Dritter; bei höherer Gesamtzahl sollte auf Parität innerhalb der Gruppen geachtet werden, wobei die Zahl der Neutralen geringer sein mag.

29 Vgl. § 3 VSBG.

30 Dies sind die Mindestzuständigkeiten des Beirates zur Erfüllung der Voraussetzungen des § 9 VSBG, eine Zuständigkeitserweiterung beispielsweise auf Beteiligung bei der Aufstellung des Haushaltsplanes oder der Jahresabrechnung oder der Veröffentlichung des Tätigkeitsberichtes sind möglich. Auch kann der Grad der Beteiligung über das hier vorgeschlagene (bloße) Anhörungsrecht hinausgehen, etwa die Zustimmungsbedürftigkeit gewisser Entscheidung konstituieren. Beim erstmaligen Erlass der Verfahrensordnung stellt sich das Problem, dass zu diesem Zeitpunkt ein Beirat noch nicht gebildet ist (er wird seinerseits erst aufgrund der Verfahrensordnung gebildet), der aber am Erlass der Verfahrensordnung zu beteiligen ist. Zu lösen ist das Problem entweder dadurch, dass der Beirat außerhalb der Verfahrensordnung gebildet wird, etwa auf Basis der Satzung des Trägervereins, oder dadurch, dass der Beirat zur Verfahrensordnung gehört wird, nachdem er auf deren Grundlage gebildet worden ist.

rung[31] in allen für das Verbraucherschlichtungsverfahren wesentlichen Fragen.
5. Der Beirat tritt mindestens einmal im Jahr zusammen.

§ 4 Ablehnungsgründe[32]

1. Die Verbraucherschlichtungsstelle lehnt die Durchführung eines Streitbeilegungsverfahrens in den Fällen des § 14 Abs. 1 VSBG ab.[33]
2. Die Verbraucherschlichtungsstelle[34] lehnt Anträge ab, wenn[35] ...
3. Der Streitmittler kann, wenn ein nach § 14 Abs. 1 VSBG oder einer in dieser Verfahrensordnung aufgenommener Ablehnungsgrund vorliegt, im Einvernehmen mit den Parteien das Streitbeilegungsverfahren auch in Ansehung einer oder mehrerer Ablehnungsgründe durchführen.

---

31 Möglich ist auch ein Initiativrecht des Beirats.

32 Das VSBG unterscheidet zwischen Ablehnungsgründen, die für alle Verbraucherschlichtungsstellen gelten (§ 14 Abs. 1 VSBG) und fakultativen Ablehnungsgründen (§ 14 Abs. 2 VSBG). Letztere bedürfen der Aufnahme in die Verfahrensordnung, wobei die in § 14 Abs. 2 VSBG genannten Ablehnungsgründe abschließend sind (→ § 14 VSBG).

33 Die Verfahrensordnung kann die gesetzlichen Ablehnungsgründe des § 14 Abs. 1 VSBG aufnehmen, was der Transparenz dient. Im Falle einer Gesetzesänderung müsste die Verfahrensordnung von der zuständigen Stelle wiederholt genehmigt werden.

34 Die Entscheidung kann ganz oder teilweise dem Streitmittler übertragen werden (→ § 14 VSBG.).

35 Die Verbraucherschlichtungsstelle kann die in § 14 Abs. 2 VSBG genannten Ablehnungsgründe in die Verfahrensordnung aufnehmen; eine dahingehende Verpflichtung besteht nicht. Zu diesen Ablehnungsgründen zählen:
1. eine Verbraucherschlichtungsstelle hat bereits ein Verfahren zur Beilegung der Streitigkeit durchgeführt oder die Streitigkeit ist bei einer anderen Verbraucherschlichtungsstelle anhängig (§ 14 Abs. 2 Nr. 1),
2. ein Gericht hat zu der Streitigkeit bereits eine Sachentscheidung getroffen oder die Streitigkeit ist bei einem Gericht anhängig, es sei denn, das Gericht ordnet nach § 278 a Abs. 2 ZPO im Hinblick auf das Verfahren vor der Verbraucherschlichtungsstelle das Ruhen des Verfahrens an (§ 14 Abs. 2 Nr. 2),
3. der Streitwert überschreitet oder unterschreitet eine bestimmte Höhe (§ 14 Abs. 2 Nr. 3),
4. die Behandlung der Streitigkeit würde den effektiven Betrieb der Verbraucherschlichtungsstelle ernsthaft beeinträchtigen, insbesondere weil
a) die Verbraucherschlichtungsstelle den Sachverhalt oder rechtliche Fragen nur mit einem unangemessenen Aufwand klären kann (§ 14 Abs. 2 Nr. 4 lit. a),
b) eine grundsätzliche Rechtsfrage, die für die Bewertung der Streitigkeit erheblich ist, nicht geklärt ist (§ 14 Abs. 2 Nr. 4 lit. b).

§ 5 Bekanntgabe

Die Verbraucherschlichtungsstelle veranlasst unmittelbar nach Eingang[36] des verfahrenseinleitenden Antrages dessen Bekanntgabe[37] an den Antragsgegner, ohne das Vorliegen von Ablehnungsgründen zu prüfen.[38]

§ 6 Streitmittler[39]

1. Der für die Bearbeitung des einzelnen Falls zuständige Streitmittler[40] wird von der Verbraucherschlichtungsstelle[41] bestimmt.[42]
2. Der Streitmittler arbeitet unabhängig und weisungsfrei. Die Verbraucherschlichtungsstelle nimmt auf die inhaltliche Arbeit keinen Einfluss.[43]
3. Wenn der Streitmittler nicht die Gewähr dafür bietet, seine Aufgabe unabhängig und unparteiisch wahrzunehmen, unterrichtet die Verbraucherschlichtungsstelle[44] die Parteien hierüber unverzüglich und kann einen anderen Streitmittler bestimmen.[45] Die Parteien können dies un-

---

36 Die Verbraucherschlichtungsstelle kann unabhängig vom Vorliegen von Ablehnungsgründen den Antrag der Antragsgegnerseite übermitteln, wenn dies die Verfahrensordnung vorsieht; hierdurch kann eine umfassende Verjährungshemmung durch Einreichung des Antrages gewährleistet werden (→ § 14 VSBG). Mit der Übersendung des Antrages ist die Antragsgegnerseite nach § 16 Abs. 1 VSBG zu informieren, wenn nicht die Voraussetzungen des § 16 Abs. 2 VSBG vorliegen.

37 Sollte die Verbraucherschlichtungsstelle die Bekanntgabe nachweisen wollen, kann sie den verfahrenseinleitenden Antrag dem Antragsgegner per Einwurfeinschreiben zukommen lassen.

38 Die Verbraucherschlichtungsstelle ist im Falle des Vorliegens einer oder mehrerer Ablehnungsgründe nicht verpflichtet, den verfahrenseinleitenden Antrag der Gegenseite bekanntzugeben bzw. die Bekanntgabe zu veranlassen. Wird aber der Antrag der Gegenseite nicht bekannt gegeben bzw. die Bekanntgabe nicht veranlasst, hemmt der Antrag die Verjährung nicht (→ § 14 VSBG; → § 204 BGB).

39 Die Bestellung der Streitmittler erfolgt nach Beteiligung des Beirats nach § 3 dieser Musterordnung; bei der Auswahl hat die Verbraucherschlichtungsstelle die Qualifikationsvorgaben aus § 6 Abs. 2 VSBG zu beachten, der Streitmittler muss insbesondere entweder die Befähigung zum Richteramt besitzen oder zertifizierter Mediator sein. Ferner sind die Vorbefassungsverbote aus § 6 Abs. 3 VSBG, Beschäftigungs- sowie Vergütungsverbote aus § 7 Abs. 2 VSBG und Amtsdauer- sowie Abberufungsregelungen aus § 8 VSBG zu beachten.

40 Entbehrlich, falls nur ein Streitmittler bestellt ist; für diesen Fall sollte geregelt werde, wie die Vertretung sichergestellt ist (§ 6 Abs. 1 S. 2 VSBG). Die namentliche Erwähnung ist möglich, aber mit Blick auf die Fluktuation eher untunlich. Möglich ist auch die Einrichtung von Streitmittlergremien (vgl. § 7 Abs. 5 VSBG); zu den insoweit erforderlichen Regelungen vgl. Anm. zu → § 7 VSBG.

41 Wer für diese handelt, ergibt sich aus der Satzung des Trägervereins bzw. ggf. aus dem Organisationsstatut der Verbraucherschlichtungsstelle.

42 Die Geschäftsverteilung kann (muss aber nicht) auch abstrakt geregelt werden; zB nach Eingang, Sachbereich oder beteiligten Unternehmen.

43 Vgl. § 6 Abs. 1 VSBG; ist hier rein deklaratorisch, aber zur Information sinnvoll.

44 Die Unterrichtungspflicht trifft nach § 7 Abs. 3 VSBG primär den Streitmittler, die Verbraucherschlichtungsstelle kann und sollte dies an sich ziehen; → § 7 VSBG.

45 Zu den betreffenden Informationspflichten des Streitmittlers vgl. § 7 Abs. 3 und 4 VSBG; diese können deklaratorisch in die Verfahrensordnung aufgenommen werden. Auch kann das Zusammenspiel der gegenüber den Parteien und der gegenüber der Verbraucherschlichtungsstelle geltenden Pflichten geregelt werden.

verzüglich nach Auftreten von Zweifeln an der Unabhängigkeit oder Unparteilichkeit des Streitmittlers beantragen.[46]

§ 7 Konfliktbeilegungsverfahren

1. [47]Die Verbraucherschlichtungsstelle führt das Verbraucherstreitbeilegungsverfahren als Schlichtungsverfahren durch. Das Verfahren wird durch den Antrag eingeleitet.[48] Den Parteien ist jeweils rechtliches Gehör zu gewähren.[49] Die Verbraucherschlichtungsstelle kann im Einvernehmen mit den Parteien die Streitigkeit mündlich erörtern[50] und lässt die nachstehenden Beweismittel zu ....[51] Der Streitmittler unterbreitet den Parteien einen Schlichtungsvorschlag nach § 9.[52]
2. Die Verbraucherschlichtungsstelle führt die Verbraucherschlichtungsverfahren als Mediation[53] in einem persönlichen Gespräch durch. Die Mediation ist ein vertrauliches und strukturiertes Verfahren, bei dem Parteien mithilfe eines oder mehrerer Mediatoren freiwillig und eigenverantwortlich eine einvernehmliche Beilegung ihres Konfliktes anstre-

46 Nicht zwingend, aber empfehlenswert.

47 Die Verbraucherschlichtungsstelle kann das Verfahren bspw. als Mediations- oder Schlichtungsverfahren führen, ist aber nicht verpflichtet mehrere Verfahrensarten anzubieten. Ziff. 1 und 2 stellen also alternative Regelungskonzepte dar, können aber auch verbunden werden zB mit der Einleitung von Ziff. 2 „Auf Antrag der Parteien führt die Verbraucherschlichtungsstelle das Verfahren als Mediation durch.“.

48 Nach Eingang des Antrages muss die Verbraucherschlichtungsstelle den Antragsteller nach § 16 Abs. 1 VSBG informieren.

49 Die Verbraucherschlichtungsstelle muss beiden Parteien die Möglichkeit geben, zu den Stellungnahmen der jeweiligen Gegenseite Stellung nehmen zu können (→ § 17 VSBG). Sie kann in ihre Verfahrensordnung Regelungen aufnehmen, die den weiteren Ablauf des Schlichtungsverfahrens regeln, so bspw. durch die Aufnahme der nachstehenden Regelungen:
a) Der Antrag wird der Antragsgegnerseite bekannt gegeben und diese aufgefordert, innerhalb von 3 Wochen zu dem Antrag Stellung zu nehmen.
b) Die Stellungnahme der Antragsgegnerseite wird dem Antragsteller mit der Aufforderung zugeleitet innerhalb von 3 Wochen zu dieser Stellung zu nehmen.
c) Die Stellungnahmefristen sind verlängerbar.

50 Eine mündliche Erörterung der Streitsache kann die Verfahrensordnung vorsehen; eine dahingehende Verpflichtung besteht nicht.

51 Das VSBG enthält keine Regelungen zu Beweismitteln; die Verfahrensordnung kann Beweismittel in der Verfahrensordnung bspw. ausschließen (→ § 17 VSBG).

52 Die Verfahrensordnung kann vorsehen, dass der Streitmittler einen Schlichtungsvorschlag unterbreitet (→ § 19 VSBG).

53 Die Möglichkeit hierzu besteht gemäß § 18 VSBG.

ben.[54] Für das Mediationsverfahren gelten die Vorschriften des Mediationsgesetzes mit Ausnahme des § 2 Abs. 1 MediationsG.

§ 8 Verfahrenssprache

1. Die Verfahrenssprache ist Deutsch.[55]
2. Alternativ wird das Verfahren auf ... geführt, wenn die Parteien dies übereinstimmend beantragen.[56]

§ 9 Schlichtungsvorschlag[57]

1. Wenn eine gütliche Einigung nicht erzielt wird,[58] unterbreitet der Streitmittler den Parteien einen Schlichtungsvorschlag.[59] Er besteht aus dem Schlichtungstenor[60] und der Begründung.[61]
2. Der Schlichtungstenor soll die Erfolgsaussichten eines gerichtlichen Verfahrens (Prozessrisikoanalyse)[62] und kann auch andere[63] als rechtliche Gesichtspunkte berücksichtigen.[64]

54 Gemäß § 5 Abs. 1 S. 2 VSBG muss in der Verfahrensordnung das Konfliktbeilegungsverfahren bestimmt werden und die Einzelheiten seiner Durchführung geregelt werden. Die vorgenommene Begriffsbestimmung entspricht § 1 Abs. 1 MediationsG. Die Einzelheiten der Durchführung ergeben sich aus dem Mediationsgesetz, welches gemäß § 18 VSBG mit Ausnahme des Mediatorenauswahlrechtes durch die Medianden gemäß § 2 Abs. 1 MediationsG entsprechend anzuwenden ist. Sofern andere Konfliktlösungsverfahren gewählt werden (zB die Schlichtung) ist dieses in der Verfahrensordnung zu benennen. Gleichzeitig sind die Einzelheiten seiner Durchführung in der Verfahrensordnung zu regeln. Unzulässig ist die Durchführung der Adjudikation und des Schiedsverfahrens, weil diese Verfahren dazu führen, dass dem Verbraucher eine verbindliche Lösung auferlegt wird (Adjudikation und Schiedsverfahren) bzw. dass das Recht des Verbrauchers ausgeschlossen wird, staatliche Gerichte anzurufen (Schiedsverfahren).

55 § 12 Abs. VSBG sieht vor, dass die Verfahrenssprache Deutsch ist.

56 Diese Ziffer ist fakultativ. Gem. § 12 Abs. 2 VSBG kann die Verfahrensordnung weitere Verfahrenssprachen vorsehen. Dies setzte voraus, dass die Verfahrensordnung alternative Sprachen anbietet und es eine Partei beantragt und die Gegenpartei sich auf diese Verfahrenssprache einlässt (→ § 12 VSBG); zur Individualabrede (→ § 12 VSBG). Das Angebot kann auch von dem Einverständnis des Streitmittlers im konkreten Fall abhängig gemacht werden.

57 Erforderlich nur, wenn Schlichtung vorgegeben oder dem Streitmittler als einem unter mehreren Verfahren möglich ist (Regelung dazu in § 7 dieser Musterordnung).

58 Auf die Erwähnung einer gütlichen Einigung kann auch verzichtet werden; andererseits kann auch ein anderes Verfahren (zB Mediation) vorgeschaltet werden und der Schlichtungsspruch für den Fall dessen Scheiterns vorgesehen werden (→ § 19 VSBG).

59 Zum Gegenstand des Schlichtungsvorschlags (Hauptforderung; Nebenforderungen; Kosten insbesondere für Vertretung und Beweise) kann die Verfahrensordnung Regelungen enthalten, kann dies aber auch dem Streitmittler überlassen (→ § 19 VSBG).

60 Auch „Schlichtungsvorschlag im engeren Sinne" oder „Schlichtungsspruch".

61 Vgl. § 19 Abs. 1 S. 3 VSBG.

62 → § 19 VSBG.

63 → zu § 19 VSBG.

64 Die Verfahrensordnung kann den Streitmittler auch eng(er) an das Recht binden (→ § 19 VSBG).

3. In der Begründung legt der Streitmittler den zugrunde gelegten Sachstand sowie die rechtliche Bewertung dar,[65] die ausschließlich deutsches Recht berücksichtigt.[66] Ferner begründet der Streitmittler den Schlichtungstenor.[67]
4. Die Verbraucherschlichtungsstelle setzt den Parteien mit der Übermittlung des Schlichtungsvorschlags eine Frist von einem Monat,[68] innerhalb derer der Vorschlag angenommen[69] werden kann. Die Annahme kann nur in Textform erfolgen.[70] Wenn eine oder beide Parteien den Schlichtungsvorschlag nicht vollständig annehmen, kann der Streitmittler das Verfahren nach freiem Ermessen fortsetzen oder das Scheitern feststellen.[71]

§ 10 Beendigungsmitteilung

1. Mit der Übermittlung des Ergebnisses des Streitbeilegungsverfahrens in Textform[72] ist das Streitbeilegungsverfahren beendet.[73]
2. Die Verbraucherschlichtungsstelle übermittelt, sofern der Streit nicht beigelegt werden kann, eine Erfolglosigkeitsbescheinigung.

§ 11 Inkrafttreten

Diese Verfahrensordnung tritt am ... in Kraft.

---

65 Vgl. § 19 Abs. 1 VSBG.

66 Auch wenn an sich ausländisches Recht anwendbar wäre, kann der Streitmittler sich auf deutsches Recht beschränken (→ § 19). Die Verfahrensordnung sollte dies im Sinne von Transparenz ausdrücklich regeln.

67 Erforderlich nur, wenn keine enge Bindung an das Recht vorgegeben ist.

68 Nach § 19 Abs. 3 S. 3 VSBG ist den Parteien eine „angemessene Frist“ zu setzen. Eine Konkretisierung erscheint sinnvoll. Die Monatsfrist dürfte in jedem Fall angemessen sein (→§ 19 VSBG). Es könnte auch eine kürzere Bedenkzeit als Mindestvorgabe vorgesehen werden, sodass im Einzelfall eine längere Frist bestimmt werden kann.

69 Zum Fall des Schweigens vgl. Anm. zu (→ § 19 VSBG); Regelungen sind insoweit nicht erforderlich.

70 Nicht notwendige, allerdings sinnvolle Vorgabe; vgl. Anm. zu (→ § 19 VSBG).

71 (→ § 19 VSBG).

72 Regelfall ist der angenommene Schlichtungsvorschlag (§ 9 dieser Musterverfahrensordnung (→ § 19 VSBG).

73 § 21 VSBG regelt in Abs. 1 die Beendigung des Streitbeilegungsverfahrens und bestimmt in Abs. 2, dass für den Fall eines erfolglosen Einigungsversuchs eine sog Erfolglosigkeitsbescheinigung auszustellen sowie zu übermitteln ist.

Muster: Verfahrenseinleitender Antrag

▶ ... [Name der Verbraucherschlichtungsstelle][1]
... [Straße und Hausnummer der Verbraucherschlichtungsstelle]
... [Postleitzahl und Ort der Verbraucherschlichtungsstelle]
(vorab) per Mail ... [E-Mail-Adresse][2]
(vorab) per Telefax ... [Telefax-Nr.]

Antrag
auf
Durchführung eines Verfahrens nach dem
Verbraucherstreitbeilegungsgesetz
des/der
... [Vorname, Nachname]
... [Straße Hausnummer]
... [Postleitzahl, Ort]
– Antragsteller/in –

Verfahrensbevollmächtigte:[3] ... [Rechtsanwalt/Rechtsanwältin]
... [Straße Hausnummer]
... [Postleitzahl Ort

gegen
den/die
... [Name des Antragsgegners, ggf. genaue Bezeichnung Firmenbezeichnung]
... [Straße Hausnummer]
... [Postleitzahl, Ort]
vertreten durch ... [die/den Geschäftsführer] ebenda
– Antragsgegner/in –

1 Der Antrag ist an die zuständige Verbraucherschlichtungsstelle zu richten. Die zentrale Anlaufstelle für Verbraucherschlichtung führt eine Liste aller nach dem VSBG zugelassenen Schlichtungsstellen (sog Verbraucherschlichtungsstellen). Die zum 1.1 eines jeden Jahres aktualisierte Liste wird auf der Website der zentralen Anlaufstelle für Verbraucherschlichtung sowie im Bundesanzeiger veröffentlicht. Die jeweils für die Verbraucherschlichtungsstelle geltenden Verfahrensregeln, Ausschlüsse (§ 14 Abs. 1, Abs. 2 VSBG in Verbindung mit der Verfahrensordnung für private Verbraucherstreitbeilegungsstellen sowie aus § 30 VSBG für die Universalschlichtungsstellen), ob das Verfahren bspw. als Mediationsverfahren, Schlichtungsverfahren geführt wird, etc ist der Verfahrensordnung zu entnehmen. Die Verbraucherschlichtungsstellen veröffentlichen die Verfahrensordnung auf ihrer Homepage.

2 Die Verbraucherschlichtungsstelle hat Anträge sowie sonstige Eingaben, die der Textform (§ 126 b BGB) oder der elektronischen Form (§ 126 a BGB) entsprechen, entgegenzunehmen (→ § 11); etwaige Sonderregelungen der Verfahrensordnung sind zu beachten.

3 Die Parteien des Verfahrens sind berechtigt, aber nicht verpflichtet, sich vertreten zu lassen (→ § 13).

wegen: ... [Bezeichnung der Streitsache,
bspw: Kaufvertrag vom ... [Datum], Bezeichnung der Kaufsache;
Beratungsvertrag vom ... [Datum], Beratungsgegenstand;
Kreditvertrag vom ... [Datum], Kreditvertragsnummer]

zeigen wir hiermit an, den/die Antragsteller/in zu vertreten.

Beweis: Vollmacht,[4] beigefügt als

Anlage AS. 1

Namens und in Vollmacht des/der Antragstellers/Antragstellerin wird **beantragt**:

I. die Veranlassung der Bekanntgabe dieses Antrages an den/die Antragsgegner/in.
[Soll der Antrag bereits mit der Einreichung des Antrages die Verjährung hemmen, dann:]
diesen Antrag dem/der Antragsgegner/in demnächst bekanntzugeben.

Namens und in Vollmacht des/der Antragstellers/Antragstellerin wird das Begehr[5]wie folgt formuliert:

I. Der/die Antragsteller/in begehrt von dem/der Antragsgegner/in die Zahlung eines Betrages in Höhe von ... EUR zzgl. Zinsen in Höhe von 5 %-punkten über dem jeweiligen Basiszinssatz seit dem ... [Datum der Ablehnung des Anspruches durch den/die Antragsgegner/in], Zug-um-Zug gegen Übertragung [der Kaufsache] ... oder
Abtretung [der Rechte] ....

III. Der/die Antragsteller/in begehrt von dem/der Antragsgegner/in die Freistellung von den vorgerichtlichen Rechtsverfolgungskosten.[6]

IV. Der/die Antragsteller/in begehrt, dass der/die Antragsgegner/in erklärt, dass er/sie sich mit
der Annahme des ... [Gegenstandes] oder alternativ

---

4 Die Unterlagen sind, wenn der Antrag zugleich die Verjährung hemmen soll und die Verbraucherschlichtungsstelle die Vorlage von Unterlagen (bspw. der Vollmacht) verlangt, dem verfahrenseinleitenden Antrag beizufügen (BGH, Urt. v. 22.2.2008 – V ZR 86/07).

5 Der verfahrenseinleitende Antrag muss das Begehr des Antragstellers wiedergeben, sodass sowohl der Streitmittler, als auch die Antragsgegnerseite den geltend gemachten Anspruch ohne *„größere Mühe"* individualisieren kann. Der BGH (VuR 2015, 463[467]) fordert, dass der geltend gemachte prozessuale Anspruch bereits im verfahrenseinleitenden Antrag (dort Güteverfahren) hinreichend konkretisiert sein muss, wenn dieser die Verjährung hemmen soll. In den vorgenannten BGH-Entscheidungen reichten die Formulierung, dass *„Schadensersatz aus fehlerhafte Anlageberatung"* geltend gemacht wird und die Antragsteller *„so gestellt werden möchten, als hätten sie die Beteiligung nie getätigt"* nicht aus, obwohl die dort gewählte Formulierung das negative Interesse umschreibt.
Die Verbraucherschlichtungsstelle wird die Antragsgegnerseite regelmäßig nicht, wie ein Gericht, zur Zahlung oÄ verpflichten können, es sein denn, die Antragsgegnerseite ist bspw. aufgrund ihre Zugehörigkeit eines Verbandes zur Akzeptanz des Schlichtungsergebnisses verpflichtet. Gleichwohl ist im Hinblick auf die BGH-Rechtsprechung eine Formulierung von Anträgen, auch im Hinblick auf ein sich etwaig anschließendes Klageverfahren sinnvoll.

6 Wurden diese bereits gezahlt, ist der genaue Betrag anzugeben.

der Abtretung der Rechte aus und im Zusammenhang mit der von dem/der Antragstellers/Antragstellerin erworbenen und in Ziff. II. näher bezeichneten ... [Rechts]
seit dem ... [Ablehnung durch den/die Antragsteller/in] im Verzug befindet.

Alternativ für den Fall, dass die Antragsgegnerseite sich dem Schlichtungsvorschlag der Verbraucherschlichtungsstelle unterworfen hat:

Des Weiteren wird **beantragt:**

II. Der/die Antragsgegner/in wird verpflichtet, dem/der Antragsteller/in einen Betrag in Höhe von ... EUR zzgl. Zinsen in Höhe von 5 %-punkten über dem jeweiligen Basiszinssatz seit dem ... [Datum der Ablehnung des Anspruches durch den/die Antragsgegner/in], Zug-um-Zug gegen
Übertragung [der Kaufsache] ... oder
Abtretung [der Rechte] ...
zu zahlen.

III. Es wird festgestellt, dass der/die Antragsgegner/in verpflichtet ist, den/die Antragsteller/in von den vorgerichtlichen Rechtsverfolgungskosten freizustellen hat.[7]

IV. Es wird festgestellt, dass sich der/die Antragsteller/in mit
der Annahme des ... [Gegenstandes] oder alternativ
der Abtretung der Rechte aus und im Zusammenhang mit der von dem/der Antragstellers/Antragstellerin erworbenen und in Ziff. II. näher bezeichneten ... [Rechts]
seit dem ... [Ablehnung durch den/die Antragsteller/in] im Verzug befindet.

Begründung

A. Sachverhalt

Es wird angeregt, das Verfahren als ...[8] durchzuführen.

I. Angaben zum Geschäft(sabschluss) sowie zum Beschwerdegrund
... [Detaillierte Darstellung des Sachverhaltes unter Beifügung der wesentlichen Unterlagen (Kaufvertrag, Bestellschein, Rechnung, Quittung, Kassenzettel, etc), die als Anlage beigefügt werden sollten.]

Beweis:[9] ... [Unterlagen, die den Abschluss des Geschäfts sowie den individuellen Vortrag dokumentieren], vorgelegt als

Anlage AS. 2

7 Wurden diese bereits gezahlt, ist der genaue Betrag anzugeben.

8 Sollte die Verbraucherschlichtungsstelle in ihrer Verfahrensordnung mehrere verschiedene Formen der Durchführung des Verfahrens, bspw. als Schlichtung und Mediation, anbieten, werden die Beteiligten entscheiden müssen, in welcher Form das Verfahren geführt werden soll. Schließt der Antragsteller eine von der Verbraucherschlichtungsstelle angebotene Form der Streitschlichtung kategorisch aus oder präferiert eine, kann er dies bereits zu Beginn des Verfahrens mitteilen.

9 Enthält die Verfahrensordnung keine Regelung zu etwaig ausgeschlossenen Beweismitteln, kann der/die Antragsteller/in alle der Zivilprozessordnung bekannten Beweismittel anführen, wobei er an diese nicht gebunden ist.
Im Hinblick auf § 17 Abs. 2 kann der Streitmittler im Einvernehmen mit den Parteien die Streitigkeit mit diesen mündlich erörtern; der/die Antragsteller/in können sich bereits in dem verfahrenseinleitenden Antrag mit einer solchen mündlichen Erörterung einverstanden erklären.

II. Gescheiteter Regulierungsversuch
Der/die Antragsteller/in hat den/die Antragsegner/in vor Einleitung dieses Verfahrens am ... [Datum] in Anspruch genommen. Eine Regulierung hat der/die Antragsgegner/in abgelehnt.[10]

Beweis:
1. Ablichtung des Inanspruchnahmeschreibens des/der Antragstellers/Antragstellerin, vorgelegt als
Anlage AS. 3
2. Ablichtung des Ablehnungsschreibens des/der Antragsgegners/der Antragsgegnerin
Anlage AS. 4

B. Rechtliches/Ausführungen[11] ◀

Muster: Erwiderung auf den verfahrenseinleitenden Antrag

▶ ... [Name der Verbraucherschlichtungsstelle][1]
... [Straße und Hausnummer der Verbraucherschlichtungsstelle]
... [Postleitzahl und Ort der Verbraucherschlichtungsstelle]
(vorab) per Mail ... [E-Mail-Adresse][2]
(vorab) per Telefax ... [Telefax-Nr.]

Erwiderung
in dem Verfahren
des/der
... [Vorname, Nachname]
... [Straße Hausnummer]
... [Postleitzahl, Ort]
– Antragsteller/in –

10 Die fehlende Inanspruchnahme stellt einen Ablehnungsgrund im Sinne des § 14 Abs. 1 Nr. 2 VSBG dar, weshalb der/die Antragsgegner/in zuvor in Anspruch zu nehmen ist. Wird der Anspruch nicht wenigstens 2 Monate vor Einleitung des Verbraucherstreitbeilegungsverfahrens gegenüber dem/der Antragsgegner/in geltend gemacht, ist es dem/der Antragsgegner/in möglich, die Aussetzung des Verfahrens für 2 Monate zu erreichen, § 14 Abs. 5 VSBG.

11 Rechtliche Ausführungen sind nicht zwingend, aus anwaltlicher Vorsicht sind Rechtsausführungen im Hinblick auf die BGH-Rechtsprechung IX ZR 179/07 = WM 2009, 324, AnwBl 2009, 306 = NJW 2009, 987, geboten.

1 Die Zuständigkeit der Verbraucherschlichtungsstelle ist anhand der Verfahrensordnung zu prüfen. Ablehnungsgründe ergeben sich aus § 14 Abs. 1, Abs. 2 VSBG in Verbindung mit der Verfahrensordnung für private Verbraucherstreitbeilegungsstellen sowie aus § 30 VSBG für die Universalschlichtungsstellen.

2 Die Verbraucherschlichtungsstelle hat Anträge sowie sonstige Eingaben, die der Textform (§ 126 b BGB) oder der elektronischen Form (§ 126 a BGB) entsprechen, entgegenzunehmen (-> § 11); etwaige Sonderregelungen der Verfahrensordnung sind zu beachten.

Verfahrensbevollmächtigte:[3] ... [Rechtsanwalt/Rechtsanwältin]
... [Straße Hausnummer]
... [Postleitzahl Ort

gegen

den/die

... [Name des Antragsgegners, ggf. genaue Bezeichnung Firmenbezeichnung]

... [Straße Hausnummer]

... [Postleitzahl, Ort]

vertreten durch ... [die/den Geschäftsführer] ebenda

– Antragsgegner/in –

Verfahrensbevollmächtigte:[4] ... [Rechtsanwalt/Rechtsanwältin]
... [Straße Hausnummer]
... [Postleitzahl Ort]

zeigen wir hiermit an, den/die Antragsgegner/in zu vertreten.

Beweis: Vollmacht, beigefügt als

Anlage AG. 1

Namens und in Vollmacht des/der Antragsgegners/Antragsgegnerin wird mitgeteilt, dass

der/die Antragsgegner/in an dem Streitbeilegungsverfahren nicht teilnimmt.[5]

oder

Namens und in Vollmacht des/der Antragsgegners/Antragsgegnerin wird beantragt:[6]

den Antrag zurückzuweisen.

Begründung

A. Sachverhalt

Es wird angeregt, das Verfahren als ...[7] durchzuführen.

---

3 Die Parteien des Verfahrens sind berechtigt, aber nicht verpflichtet, sich vertreten zu lassen (→ § 13).

4 Die Parteien des Verfahrens sind berechtigt, aber nicht verpflichtet, sich vertreten zu lassen (→ § 13).

5 Ist der/die Antragsgegner/in weder aufgrund vertraglicher Vereinbarung, Satzung oder gesetzlicher Bestimmungen zur Teilnahme an dem Verbrauchstreitbeilegungsverfahren verpflichtet und nicht zur Teilnahme bereit, kann er die Teilnahme des Verfahrens durch Erklärung der Nichtteilnahme beenden.
Wird das Verfahren vor einer Universalschlichtungsstelle geführt, ist § 30 Abs. 5 VSBG zu beachten (→ § 30 Abs. 5 VSBG.).

6 Die Stellung von Anträgen, die jenen in einer zivilprozessualen Klageschrift ähneln, ist nicht erforderlich.

7 Sollte die Verbraucherschlichtungsstelle in ihrer Verfahrensordnung mehrere verschiedene Formen der Durchführung des Verfahrens, bspw. als Schlichtungs-, Mediationsverfahren oÄ anbieten, werden die Beteiligten entscheiden müssen, in welcher Form das Verfahren geführt werden soll. Schließt der Antragsteller eine von der Verbraucherschlichtungsstelle angebotene Form der Streitschlichtung kategorisch aus oder präferiert eine, kann er dies bereits zu Beginn des Verfahrens mitteilen.

I. Angaben zum Geschäft(sabschluss) sowie zum Beschwerdegrund
... [Der Antragsgegner kann auf die tatsächlichen Schilderungen eingehen und/oder diese bestreiten. Sollte der Anspruch bereits verjährt sein, kann die der Einrede Verjährung erhoben werden.[8]]

Beweis:[9] ... [Unterlagen, die den Abschluss des Geschäfts sowie den individuellen Vortrag dokumentieren], vorgelegt als

Anlage AG. 2

II. Gescheiteter Regulierungsversuch
Der/die Antragsteller/in hat den/die Antragsegner/in vor Einleitung dieses Verfahrens nicht in Anspruch genommen.[10]
Der/die Antragsteller/in hat den/die Antragsegner/in vor Einleitung dieses Verfahrens mich/uns nicht wenigsten 2 Monate vor Einleitung des Verfahrens in Anspruch genommen, weshalb beantragt wird:

das Streitbeilegungsverfahren nach § 14 Abs. 5 VSBG auszusetzen.

Beweis:
1. Ablichtung des Inanspruchnahmeschreibens des/der Antragstellers/Antragstellerin, vorgelegt als
Anlage AG. 3
2. Ablichtung des Ablehnungsschreibens des/der Antragsgegners/der Antragsgegnerin
Anlage AG. 4

B. Rechtliches/Ausführungen[11] ◀

8 Die Geltendmachung eines verjährten Anspruchs stellt, wenn die private Verbraucherschlichtungsstelle den Ablehnungsgrund des § 14 Abs. 2 Nr. 1 lit. a VSBG in die Verfahrensordnung aufgenommen hat, einen Ablehnungsgrund dar. Bei Universalschichtungsstellen gilt § 30 Abs. 1 Nr. 6 lit. a VSBG.

9 Enthält die Verfahrensordnung keine Regelung zu etwaig ausgeschlossenen Beweismitteln, kann der/die Antragsteller/in alle der Zivilprozessordnung bekannten Beweismittel anführen, wobei er an diese nicht gebunden ist.
Im Hinblick auf § 17 Abs. 2 kann der Streitmittler im Einvernehmen mit den Parteien die Streitigkeit mit diesen mündlich erörtern; der/die Antragsteller/in können sich bereits in dem verfahrenseinleitenden Antrag mit einer solchen mündlichen Erörterung einverstanden erklären.

10 Die fehlende Inanspruchnahme stellt einen Ablehnungsgrund im Sinne des § 14 Abs. 1 Nr. 2 VSBG bzw. § 30 Abs. 1 Nr. 5 VSBG dar. Auch die weiteren Ablehnungsgründe sind zu berücksichtigen und, soweit sie vorliegen, einzuwenden.

11 Rechtliche Ausführungen sind nicht zwingend, aus anwaltlicher Vorsicht sind Rechtsausführungen im Hinblick auf die BGH-Rechtsprechung IX ZR 179/07 = WM 2009, 324, AnwBl 2009, 306 = NJW 2009, 987, geboten.

Musterformular des Bundesamts für Justiz für den Antrag auf Anerkennung als Verbraucherschlichtungsstelle[1]

Antrag auf Anerkennung als Verbraucherschlichtungsstelle
nach § 24 Verbraucherstreitbeilegungsgesetz (VSBG)

I. Angaben zum Trägerverein[1]

Name	
Anschrift	
Webseite	
E-Mail	
Telefon	
Telefax	
Sitz	
Registergericht	
Registernummer	
Datum der Vereinsgründung	
Datum der Eintragung im Vereinsregister	

II. Angaben zur Schlichtungsstelle (falls von I. abweichend)

Name	
Anschrift	

1 *Sollte der Platz für Ihre Angaben in einem Feld nicht ausreichen, so machen Sie bitte die erforderlichen weiteren Angaben auf einem Zusatzblatt; kennzeichnen Sie bitte deutlich, zu welchem Feld im Antragsformular die Angaben gehören (Beispiel: Sie möchten Angaben zur Beteiligung von Interessenverbänden nach § 9 VSBG ergänzen; auf dem Zusatzblatt geben Sie an „Weitere Angaben zu IV.1. Angaben zur Beteiligung der Interessenverbände nach § 9 VSBG:"). Benutzen Sie bitte für jede Ergänzung ein eigenes Zusatzblatt, das Sie in der beschriebenen Weise kennzeichnen.*

1 Veröffentlicht unter https://www.bundesjustizamt.de/DE/Themen/Buergerdienste/Verbraucherschutz/Verbraucherstreitbeilegung/Downloads/Uebersicht_node.html.

Webseite	
E-Mail	
Telefon	
Telefax	

III. Angaben zur Struktur des Trägervereins

Vorstandsvorsitzende/-r (Name, Vorname; ggf. Protokoll der Gründungsversammlung o.ä., Vereinsregisterauszug, aus dem da hervorgeht, als **Anlage** beifügen)	
weitere Vorstandsmitglieder (Name, Vorname)	
ggf. Geschäftsführer/-in (Name, Vorname)	

ggf. weitere Organe und deren Mitglieder (z. B. Verwaltungsrat, Aufsichtsrat, Beirat o. ä.)	

IV. Angaben zu den Anerkennungsvoraussetzungen gem. § 24 VSBG

1. Angaben zur Organisation	
Angaben zur Organisation der Einrichtung	

ggf. Angaben zur Beteiligung der Interessenverbände nach § 9 VSBG	
ggf. Ergebnis der Beteiligung, § 25 Absatz 3 VSBG (bitte als **Anlage** beifügen)	
ggf. Begründung der Abweichungen von den Empfehlungen (es sei denn, der Verband hat als Mitglied eines paritätisch besetzten Gremiums an der Entscheidung mitgewirkt, § 25 Absatz 3 VSBG)	

2. Angaben zur Finanzierung	
▪ **Bei bestehenden Vereinen, die bereits eine Verbraucherschlichtungsstelle betreiben,** sind mindestens Gewinn- und Verlustrechnungen bzw. Einnahmenüberschussrechnungen der **drei** letzten Kalenderjahre vorzulegen; hieraus müssen sich insbesondere die Einnahmen aus Mitgliedsbeiträgen und Spenden, die Gebühreneinnahmen sowie sonstige Einnahmen ergeben; ▪ **bei bestehenden Vereinen, die erstmals eine Verbraucherschlichtungsstelle betreiben wollen,** sind mindestens Gewinn- und Verlustrechnungen bzw. Einnahmenüberschussrechnungen der **drei** letzten Kalenderjahre vorzulegen; hieraus müssen sich insbesondere die Einnahmen aus Mitgliedsbeiträgen und Spenden, die Gebühreneinnahmen sowie sonstige Einnahmen ergeben; außerdem sind hinsichtlich der erstmals betriebenen Verbraucherschlichtungsstelle ein Finanzplan, Förderungsanträge und -zusagen oder vergleichbare Unterlagen, die den Finanzplan **objektiv stützen**, als Anlagen beizufügen; ▪ **bei neu gegründeten Vereinen** sind Gewinn- und Verlustrechnungen bzw. Einnahmenüberschussrechnungen vorzulegen, soweit diese bereits vorhanden sind; zudem sind Finanzplan, Förderungsanträge und -zusagen oder vergleichbare Unterlagen, die den Finanzplan **objektiv stützen**, als Anlagen beizufügen.	
Ggf. Angaben hinsichtlich § 3 Satz 2 VSBG, sofern der Träger Unternehmerinteressen oder Verbraucherinteressen wahrnimmt, oder der Träger von einem Verband, der Unternehmerinteressen oder Verbraucherinteressen wahrnimmt, finanziert wird; in diesem Fall sind Angaben dazu zu machen, dass die Schlichtungsstelle über einen vom Trägerverein getrennten Haushalt verfügt; Nachweise hierzu bitte als Anlage beifügen.	

3. Angaben zu den Streitmittlern	
▪ vollständige Namen aller eingesetzten Streitmittler gem. § 6 Absatz 1 Satz 1 VSBG ▪ Angaben zum Vertreter gem. § 6 Absatz 1 Satz 2 VSBG, sofern nur ein Streitmittler bestellt ist ▪ Angaben zur Qualifikation der eingesetzten Streitmittler; vorzulegen ist für **jeden Streitmittler** ein **Nachweis** über die Befähigung zum Richteramt bzw. die Zertifizierung als Mediator gem. § 6 Absatz 2 Satz 2 VSBG ▪ Angaben gem. § 6 Absatz 2 Satz 1 VSBG zu den Rechtskenntnissen (insbesondere im Verbraucherrecht), das Fachwissen und die Fähigkeiten, die für die Beilegung von Streitigkeiten in der Zuständigkeit der Verbraucherschlichtungsstelle erforderlich sind (soweit sie sich nicht bereits aus den Angaben zur Qualifikation als Streitmittler ergeben; weitere Berufsabschlüsse, Zusatzqualifikationen, Fortbildungen etc. sind durch Vorlage eines **Nachweises** zu belegen) ▪ **unterschriebene Erklärung aller Streitmittler**, dass diese keine frühere Tätigkeit im Sinne des § 6 Absatz 3 VSBG ausgeübt haben (bitte **im Original** beifügen)	

Angaben zur Vertretungsregelung für die Streitmittler (Verfahrensordnung und Satzung sind dem Antrag in jedem Fall beizufügen)	
ggf. Angaben gem. § 7 Absatz 5 VSBG zu Mitgliedern eines Gremiums	
Angaben zum Verfahren der Bestellung und zur Amtsdauer der Streitmittler gem. § 8 VSBG (Verfahrensordnung und Satzung sind dem Antrag in jedem Fall beizufügen)	
Angaben dazu, von wem und in welcher Weise und Höhe die Streitmittler für ihre Tätigkeit als Streitmittler vergütet werden, einschließlich Angaben, ob die Vergütung pauschal, fallbezogen oder in einer Kombination hieraus erfolgt (Satzung, Entgelt-/Gebührenordnung und sonstige Nachweise sind dem Antrag in jedem Fall beizufügen)	

V. Anlagen

Diesem Antrag sind folgende Anlagen in Kopie beigefügt:

- ☐ Anlage für die Notifizierung (bitte Ihrem Antrag auf jeden Fall beifügen)
- ☐ Vereinssatzung
- ☐ chronologischer Vereinsregisterauszug
- ☐ Verfahrensordnung
- ☐ Gebühren-/Entgeltordnung
- ☐ ggf. GuV bzw. EÜR der drei letzten Kalenderjahre
- ☐ ggf. Finanzierungsplan, Förderungsanträge und -zusagen o. ä.
- ☐ ggf. Nachweise über getrennten Haushalt
- ☐ ggf. Ergebnis einer nach § 9 VSBG erforderlichen Beteiligung eines Verbraucherverbands oder eines Unternehmerverbands
- ☐ Nachweise über die Befähigung der Streitmittler zum Richteramt oder deren Zertifizierung als Mediator
- ☐ Nachweis über Berufsabschlüsse, Zusatzqualifikationen, Fortbildungen der Streitmittler
- ☐ Erklärung (im Original) und ggf. Nachweise zur Vorbefassung der Streitmittler (§ 6 Absatz 3 VSBG)
- ☐ ggf. sonstige:

VI. Wichtige Hinweise und Erklärungen zu Mitteilungspflichten des Vereins gegenüber der Anerkennungsbehörde

Mir ist bekannt, dass Änderungen der für die Anerkennung relevanten Umstände und sonstiger im Antrag mitgeteilter Angaben dem Bundesamt für Justiz (BfJ) unverzüglich und unaufgefordert mitzuteilen sind (§ 25 Absatz 2 VSBG).

Mir ist bekannt, dass das BfJ jederzeit befugt ist, das weitere Vorliegen der Voraussetzungen für die Anerkennung gemäß § 26 VSBG von Amts wegen zu überprüfen.

Mir ist bekannt, dass für den Fal l, dass die Verbraucherschlichtungsstelle die für ihre Anerkennung notwendigen Voraussetzungen nicht mehr erfüllt oder in sonstiger Weise den Anforderungen an ei n Verbraucherschlichtungsstelle in erheblichem Umfang nicht nachkommt, das BfJ der Verbraucherschlichtungsstelle mitteilt, welche Änderungen zur Aufrechterhaltung der Anerkennung erforderlich sind, und sie auffordert, diese Änderung innerhalb von drei Monaten durchzuführen. Das BfJ widerruft die Anerkennung, wenn die Verbraucherschlichtungsstelle die Änderungen nicht innerhalb von drei Monaten nach Zugang der Aufforderung durchführt.

______________________	______________________
Ort, Datum	Unterschrift
______________________	______________________
Ort, Datum	Unterschrift
______________________	______________________
Ort, Datum	Unterschrift

Musterformular des Bundesamts für Justiz für die Anlage zur Notifizierung[1]

Anlage zur Notifizierung[1]

1. Angaben zur Schlichtungsstelle

Name	
Anschrift	
Webseite	
E-Mail	
Telefon	
Telefax	

2. Angaben zum Trägerverein (sofern vorhanden und sofern abweichend)

Name	
Anschrift	
Webseite	
E-Mail	
Telefon	
Telefax	
Sitz	
Registergericht	

1 *Diese Angaben sind zur Meldung der Verbraucherschlichtungsstelle gem. § 33 Absatz 1 VSBG an die Europäische Kommission und zur Aufnahme der Einrichtung in die Liste der Verbraucherschlichtungsstellen notwendig. Sie stimmen nicht in jedem Fall mit der in Deutschland durch das VSBG umgesetzten Rechtslage überein; maßgeblich für das Anerkennungsverfahren nach §§ 24 ff. VSBG sind ausschließlich die Vorschriften des VSBG.*

1 Veröffentlicht unter https://www.bundesjustizamt.de/DE/Themen/Buergerdienste/Verbraucherschutz/Verbraucherstreitbeilegung/Downloads/Uebersicht_node.html.

Registernummer	
Datum der Vereinsgründung	
Datum der Eintragung im Vereinsregister	

3. Durchschnittliche Verfahrensdauer oder, wenn die Einrichtung noch keine Verfahren durchgeführt hat, die erwartete durchschnittliche Verfahrensdauer (in Tagen oder Monaten)[2]

4. Ist die Einrichtung ihrer Zuständigkeit nach Allgemeine Verbraucherschlichtungsstelle im Sinne des § 4 Absatz 2 Satz 2 oder 3 VSBG?

☐ Ja (§ 4 Absatz 2 Satz 2 VSBG) ☐ Ja (§ 4 Absatz 2 Satz 3 VSBG) ☐ Nein

5. Nennung der Wirtschaftsbereiche, die von der Tätigkeit der Einrichtung erfasst werden (Mehrfachnennung möglich)

Waren für Verbraucher
☐ Nahrungsmittel – Obst und Gemüse
☐ Nahrungsmittel – Fleisch
☐ Nahrungsmittel – Brot und Getreideerzeugnisse
☐ Nahrungsmittel – Gesundheitsförderliche Nahrungsmittel
☐ Nahrungsmittel – Andere
☐ Alkoholfreie Getränke
☐ Alkoholische Getränke
☐ Tabak
☐ Bekleidung (auch maßgeschneidert) und Schuhe
☐ Artikel zur Instandhaltung und Aufwertung von Wohnungen und Häusern
☐ Hausrat
☐ Haushaltsgroßgeräte (auch Staubsauger und Mikrowellengeräte)
☐ Haushaltskleingeräte (auch Kaffeemaschinen und Geräte zur Verarbeitung von Nahrungsmitteln)
☐ Elektronikprodukte (Nicht-IKT/Freizeit)
☐ IKT-Produkte (Informations- und Kommunikationstechnologie)
☐ Freizeitprodukte (Sportausrüstung, Musikinstrumente usw.)
☐ Neue Pkw
☐ Gebrauchte Pkw
☐ Sonstige private Verkehrsmittel
☐ Ersatzteile und Zubehör für Fahrzeuge und andere private Verkehrsmittel
☐ Kraft- und Schmierstoffe für Fahrzeuge und andere private Verkehrsmittel
☐ Bücher, Zeitschriften, Zeitungen, Schreibwaren (ohne Postzustellung)
☐ Heimtiere und Heimtierartikel

2 *Sollte der Platz für Ihre Angaben in einem Feld nicht ausreichen, so machen Sie bitte die erforderlichen weiteren Angaben auf einem Zusatzblatt; kennzeichnen Sie bitte deutlich, zu welchem Feld in der Anlage zur Notifizierung die Angaben gehören (Beispiel: Sie möchten Angaben zum Feld „3. Durchschnittliche Verfahrensdauer“ ergänzen; auf dem Zusatzblatt geben Sie an „Weitere Angaben zu 3. Durchschnittliche Verfahrensdauer:“). Benutzen Sie bitte für jede Ergänzung ein eigenes Zusatzblatt, das Sie in der beschriebenen Weise kennzeichnen.*

☐ Elektrische Geräte für die Körperpflege
☐ Kosmetika und Toilettenartikel für die Körperpflege
☐ Schmuck, Silberwaren, Uhren und Zubehör
☐ Artikel für Kinder und Säuglinge
☐ Reinigungs- und Pflegeprodukte, Reinigungsartikel und kurzlebige Haushaltwaren
☐ Andere

Bildung und Erziehung
☐ Schulen
☐ Sprachkurse, Fahrunterricht und anderer Privatunterricht
☐ Andere

Energie und Wasser
☐ Wasser
☐ Elektrizität
☐ Gas
☐ Andere Energieträger

Finanzdienstleistungen
☐ Finanzdienstleistungen – Zahlungskonto und Zahlungsleistungen
☐ Finanzdienstleistungen – Kredit (ohne Hypothekenkredite/Darlehen für Immobilien)
☐ Finanzdienstleistungen – Hypothekenkredite/Darlehen für Immobilien
☐ Finanzdienstleistungen – Sparen
☐ Finanzdienstleistungen – Andere
☐ Investitionen, Rentenfonds und Wertpapiere
☐ Gebäude- und Hausratversicherungen
☐ Fahrzeugversicherungen
☐ Reiseversicherungen
☐ Krankheits- und Unfallversicherungen
☐ Lebensversicherungen
☐ Andere

Allgemeine Dienstleistungen für Verbraucher
☐ Dienstleistungen im Zusammenhang mit Immobilien
☐ Bau neuer Häuser/Wohnungen
☐ Dienstleistungen zur Instandhaltung und Aufwertung des Hauses oder der Wohnung
☐ Umzugs- und Lagerungsleistungen
☐ Reinigungsleistungen rund ums Haus
☐ Körperpflegeleistungen
☐ Reinigung, Reparatur und Miete von Bekleidung und Schuhen
☐ Hilfs-, Such- und Vermittlungsleistungen
☐ Instandhaltung und Reparatur von Fahrzeugen und anderen Verkehrsmitteln
☐ Rechtsberatung und Buchhaltung
☐ Bestattungsdienste
☐ Kinderbetreuung
☐ Dienstleistungen für Heimtiere
☐ Andere

Gesundheit
☐ Rezeptpflichtige Arzneimittel
☐ Rezeptfreie Arzneimittel
☐ Medizinprodukte und andere Hilfsgegenstände für den Eigenbedarf
☐ Gesundheitsdienstleistungen
☐ Altenheime und häusliche Pflege
☐ Andere

Dienstleistungen im Freizeitbereich
☐ Hotels und andere Urlaubsunterkünfte
☐ Pauschalreisen
☐ Dienstleistungen von Reisebüros
☐ Ferienwohnrecht (Timesharing) und Ähnliches

☐ Gaststätten
☐ Dienstleistungen im Zusammenhang mit Sport und Hobby
☐ Dienstleistungen im Zusammenhang mit Kultur und Unterhaltung
☐ Glücksspiele und Wetten, Lotterien
☐ Sonstige Dienstleistungen im Freizeitbereich

Postdienste und elektronische Kommunikation
☐ Post- und Kurierdienste
☐ Festnetztelefoniedienste
☐ Mobiltelefondienste
☐ Internetdienste
☐ Fernsehdienste
☐ Andere Kommunikationsdienste

Verkehrsdienstleistungen
☐ Straßenbahn, Bus, U-Bahn
☐ Eisenbahn
☐ Flugverkehr
☐ Taxi
☐ See- und Binnenschiffsverkehr
☐ Verkehrsinfrastruktur
☐ Mietdienste
☐ Andere

Andere
☐ Andere (umfasst Waren und Dienstleistungen)

6. Beschränkt sich die Tätigkeit der Einrichtung auf in einem oder mehreren Ländern zugelassene Unternehmer? (Mehrfachnennung möglich)[3]

☐ Ja, folgende Länder:

☐ Deutschland

☐ Baden-Württemberg
☐ Bayern
☐ Berlin
☐ Brandenburg
☐ Bremen
☐ Hamburg
☐ Hessen
☐ Mecklenburg-Vorpommern
☐ Niedersachsen
☐ Nordrhein-Westfalen
☐ Rheinland-Pfalz
☐ Saarland
☐ Sachsen
☐ Sachsen-Anhalt
☐ Schleswig-Holstein
☐ Thüringen

☐ Belgien
☐ Bulgarien
☐ Dänemark
☐ Estland
☐ Finnland
☐ Frankreich
☐ Griechenland
☐ Irland
☐ Island
☐ Italien
☐ Kroatien
☐ Lettland
☐ Liechtenstein
☐ Litauen
☐ Luxemburg
☐ Malta
☐ Niederlande
☐ Norwegen
☐ Österreich
☐ Polen
☐ Portugal
☐ Rumänien
☐ Schweden
☐ Slowakei
☐ Slowenien
☐ Spanien
☐ Tschechische Republik
☐ Ungarn
☐ Vereinigtes Königreich
☐ Zypern

☐ Nein

3 *Es ist möglich, dass Schlichtungsstellen nach den für sie geltenden gesetzlichen Vorgaben auch Verfahren mit Unternehmer mit Sitz in anderen Ländern, ggf. weltweit schlichten können. Jedoch sieht die Liste der Europäischen Kommission lediglich für die hier aufgeführten Länder eine Eintragungsmöglichkeit vor.*

7. Wird die Einrichtung auch auf Antrag eines Unternehmers tätig?

☐ Ja ☐ Nein

8. Ist die Zuständigkeit der Einrichtung für die Fälle des § 4 Absatz 4 VSBG ausgeschlossen? (Mehrfachnennung möglich)

☐ Ja

- ☐ für Nicht-EU/EWR-Verbraucher
- ☐ für Unternehmer, die nicht im Inland niedergelassen sind

☐ Nein

9. Voraussetzungen für die Durchführung eines Streitbeilegungsverfahrens (Bezugnahme auf Verfahrensordnung reicht nicht aus; zur Notifizierung sind ausdrückliche Angaben für die Aufnahme in die Datenbank erforderlich)

10. Ablehnungsgründe nach § 14 Absatz 1 und 2 VSBG (Mehrfachnennung möglich)

- ☐ Die Streitigkeit fällt nicht in die Zuständigkeit der Verbraucherschlichtungsstelle (§ 14 Absatz 1 Nummer 1 VSBG).
- ☐ Der streitige Anspruch ist nicht zuvor gegenüber dem Antragsgegner geltend gemacht worden (§ 14 Absatz 1 Nummer 2 VSBG).
- ☐ Der Antrag ist offensichtlich ohne Aussicht auf Erfolg oder erscheint mutwillig (§ 14 Absatz 1 Nummer 3 VSBG).
- ☐ Eine Verbraucherschlichtungsstelle hat bereits ein Verfahren zur Beilegung der Streitigkeit durchgeführt oder die Streitigkeit ist bei einer anderen Verbraucherschlichtungsstelle anhängig (§ 14 Absatz 2 Nummer 1 VSBG).
- ☐ Ein Gericht hat zu der Streitigkeit bereits eine Sachentscheidung getroffen oder die Streitigkeit ist bei einem Gericht anhängig, es sei denn, das Gericht ordnet nach § 278a Absatz 2 ZPO im Hinblick auf das Verfahren vor der Verbraucherschlichtungsstelle das Ruhen des Verfahrens an (§ 14 Absatz 2 Nummer 2 VSBG).
- ☐ Der Streitwert überschreitet oder unterschreitet eine bestimmte Höhe (§ 14 Absatz 2 Nummer 3 VSBG).
- ☐ Die Behandlung würde den effektiven Betrieb der Verbraucherschlichtungsstelle ernsthaft beeinträchtigen (§ 14 Absatz 2 Nummer 4 VSBG).

11. Zulässige Verfahrenssprachen (Mehrfachnennung möglich)

☐ Bulgarisch	☐ Italienisch	☐ Portugiesisch
☐ Dänisch	☐ Kroatisch	☐ Rumänisch
☐ Deutsch	☐ Lettisch	☐ Schwedisch
☐ Englisch	☐ Litauisch	☐ Slowakisch
☐ Estnisch	☐ Maltesisch	☐ Slowenisch
☐ Finnisch	☐ Niederländisch	☐ Spanisch
☐ Französisch	☐ Norwegisch	☐ Tschechisch
☐ Griechisch	☐ Polnisch	☐ Ungarisch
☐ Isländisch		

12. Sprachen, in denen die Beschwerde eingereicht werden kann (Mehrfachnennung möglich)

☐ Bulgarisch	☐ Italienisch	☐ Portugiesisch
☐ Dänisch	☐ Kroatisch	☐ Rumänisch
☐ Deutsch	☐ Lettisch	☐ Schwedisch
☐ Englisch	☐ Litauisch	☐ Slowakisch
☐ Estnisch	☐ Maltesisch	☐ Slowenisch
☐ Finnisch	☐ Niederländisch	☐ Spanisch
☐ Französisch	☐ Norwegisch	☐ Tschechisch
☐ Griechisch	☐ Polnisch	☐ Ungarisch
☐ Isländisch		

13. Das Verfahren erfolgt

☐ schriftlich ☐ mündlich ☐ schriftlich und mündlich

ggf. Erläuterungen:

14. Ist die physische Anwesenheit der Parteien und/oder ihrer Vertreter während des Verfahrens erforderlich?

☐ Ja ☐ Nein ☐ In einigen Fällen

ggf. Erläuterungen:

15. Ist das Ergebnis verbindlich? (Mehrfachnennung möglich)

☐ Ja
- ☐ für den Unternehmer
- ☐ nach Zustimmung durch eine oder beide Parteien

☐ Nein

ggf. Erläuterungen:

16. Hat der Verbraucher Kosten zu entrichten (Verfahrensgebühr, Missbrauchsgebühr o. ä.)?

☐ Ja, in folgender Höhe:

ggf. Erläuterungen:

☐ Nein

17. Hat der Unternehmer Kosten zu entrichten (Verfahrensgebühr, Missbrauchsgebühr o. ä.)?

☐ Ja, in folgender Höhe:

ggf. Erläuterungen:

☐ Nein

Ort, Datum

Unterschrift

Ort, Datum

Unterschrift

Ort, Datum

Unterschrift

Teil V
Anhänge

Richtlinie 2013/11/EU des Europäischen Parlaments und des Rates vom 21. Mai 2013 über die alternative Beilegung verbraucherrechtlicher Streitigkeiten und zur Änderung der Verordnung (EG) Nr. 2006/2004 und der Richtlinie 2009/22/EG (Richtlinie über alternative Streitbeilegung in Verbraucherangelegenheiten)

(ABl. L 165 vom 18.6.2011, S. 63)

DAS EUROPÄISCHE PARLAMENT UND DER RAT DER EUROPÄISCHEN UNION –

gestützt auf den Vertrag über die Arbeitsweise der Europäischen Union, insbesondere auf Artikel 114,

auf Vorschlag der Europäischen Kommission,

nach Zuleitung des Entwurfs des Gesetzgebungsakts an die nationalen Parlamente,

nach Stellungnahme des Europäischen Wirtschafts- und Sozialausschusses[1],

gemäß dem ordentlichen Gesetzgebungsverfahren[2],

in Erwägung nachstehender Gründe:

(1) Gemäß Artikel 169 Absatz 1 und Artikel 169 Absatz 2 Buchstabe a des Vertrags über die Arbeitsweise der Europäischen Union (AEUV) leistet die Union durch Maßnahmen, die sie nach Artikel 114 AEUV erlässt, einen Beitrag zur Erreichung eines hohen Verbraucherschutzniveaus. Gemäß Artikel 38 der Charta der Grundrechte der Europäischen Union stellt die Politik der Union ein hohes Verbraucherschutzniveau sicher.

(2) Gemäß Artikel 26 Absatz 2 AEUV soll der Binnenmarkt einen Raum ohne Binnengrenzen umfassen, in dem der freie Verkehr von Waren und Dienstleistungen gewährleistet ist. Der Binnenmarkt sollte den Verbrauchern zusätzlichen Nutzen in Form besserer Qualität, größerer Vielfalt, angemessener Preise und hoher Sicherheitsstandards für Waren und Dienstleistungen bringen, was für ein hohes Verbraucherschutzniveau sorgen sollte.

(3) Die Zersplitterung des Binnenmarkts ist nachteilig für die Wettbewerbsfähigkeit, das Wachstum und die Schaffung von Arbeitsplätzen in der Union. Für die Vollendung des Binnenmarkts ist es unerlässlich,

1 ABl. C 181 vom 21.6.2012, S. 93.
2 Standpunkt des Europäischen Parlaments vom 12. März 2013 (noch nicht im Amtsblatt veröffentlicht) und Beschluss des Rates vom 22. April 2013.

direkte und indirekte Hemmnisse für das reibungslose Funktionieren des Binnenmarkts zu beseitigen und das Vertrauen der Bürger zu stärken.

(4) Die Gewährleistung des Zugangs zu einfachen, effizienten, schnellen und kostengünstigen Möglichkeiten der Beilegung inländischer und grenzübergreifender Streitigkeiten, die sich aus Kauf- oder Dienstleistungsverträgen ergeben, sollte Verbrauchern zugute kommen und somit ihr Vertrauen in den Markt stärken. Dieser Zugang sollte sich sowohl auf online als auch offline getätigte Rechtsgeschäfte beziehen und ist besonders wichtig, wenn Verbraucher über die Grenzen hinweg einkaufen.

(5) Alternative Streitbeilegung (im Folgenden „AS") ist eine einfache, schnelle und kostengünstige Möglichkeit der außergerichtlichen Beilegung von Streitigkeiten zwischen Verbrauchern und Unternehmern. Allerdings ist AS noch nicht in der gesamten Union hinreichend und durchgängig entwickelt. Es ist bedauerlich, dass trotz der Empfehlung der Kommission 98/257/EG vom 30. März 1998 betreffend die Grundsätze für Einrichtungen, die für die außergerichtliche Beilegung von Verbraucherrechtsstreitigkeiten zuständig sind[3], und der Empfehlung der Kommission 2001/310/EG vom 4. April 2001 über die Grundsätze für an der einvernehmlichen Beilegung von Verbraucherrechtsstreitigkeiten beteiligte außergerichtliche Einrichtungen[4], AS nicht in ordnungsgemäßer Weise aufgebaut worden ist und nicht in allen geografischen Gebieten oder Wirtschaftssektoren in der Union zufriedenstellend funktionieren. Verbraucher und Unternehmer haben noch keine Kenntnis über bestehende alternative Rechtsbehelfsverfahren, und nur ein geringer Anteil der Bürger weiß, wie eine Beschwerde bei einer AS-Stelle einzureichen ist. Sofern AS-Verfahren zur Verfügung stehen, haben sie in den verschiedenen Mitgliedstaaten ein sehr unterschiedliches Qualitätsniveau, und grenzübergreifende Streitigkeiten werden von den AS-Stellen oft nicht effektiv bearbeitet.

(6) Die Unterschiede der AS in Bezug auf Flächendeckung, Qualität und Bekanntheit in den Mitgliedstaaten stellen ein Hindernis für den Binnenmarkt dar und sind einer der Gründe dafür, weshalb viele Verbraucher nicht über die Grenzen hinweg einkaufen und nicht darauf vertrauen, dass mögliche Streitigkeiten mit Unternehmern auf einfache, schnelle und kostengünstige Weise beigelegt werden können. Aus den gleichen Gründen verkaufen Unternehmer möglicherweise nicht an Verbraucher in anderen Mitgliedstaaten, in denen kein ausreichender Zugang zu hochwertigen AS-Verfahren besteht. Ferner haben Unternehmer, die in einem Mitgliedstaat niedergelassen sind, in dem hochwertige AS-Verfahren nicht in ausreichendem Maß zur Verfügung stehen, einen Wettbewerbsnachteil gegenüber Unternehmern, die Zugang zu solchen Verfahren haben und somit verbraucherrechtliche Streitigkeiten schneller und kostengünstiger beilegen können.

3 ABl. L 115 vom 17. 4. 1998, S. 31.
4 ABl. L 109 vom 19. 4. 2001, S. 56.

(7) Damit Verbraucher die Möglichkeiten des Binnenmarkts voll nutzen können, sollte AS für alle Arten der von dieser Richtlinie erfassten inländischen und grenzübergreifenden Streitigkeiten zur Verfügung stehen, sollten AS-Verfahren in der gesamten Union geltenden einheitlichen Qualitätsanforderungen entsprechen und sollten Verbraucher und Unternehmer von diesen Verfahren Kenntnis haben. Wegen des gestiegenen grenzübergreifenden Handels und Personenverkehrs ist es auch wichtig, dass AS-Stellen grenzübergreifende Streitigkeiten effektiv bearbeiten.

(8) Wie vom Europäischen Parlament in seiner Entschließung vom 25. Oktober 2011 zu der alternativen Streitbeilegung in Zivil-, Handels- und Familiensachen und seiner Entschließung vom 20. Mai 2010 zur Schaffung eines Binnenmarkts für Verbraucher und Bürger befürwortet, sollte jeder ganzheitliche Ansatz in Bezug auf den Binnenmarkt, der Ergebnisse für seine Bürger abwirft, vorrangig ein einfaches, kostengünstiges, zweckmäßiges und zugängliches System des Rechtsschutzes schaffen.

(9) In ihrer Mitteilung vom 13. April 2011 mit dem Titel „Binnenmarktakte – Zwölf Hebel zur Förderung von Wachstum und Vertrauen – 'Gemeinsam für neues Wachstum'" bezeichnete die Kommission Rechtsvorschriften über AS auch für den elektronischen Geschäftsverkehr als einen der zwölf Hebel zur Förderung des Wachstums und des Vertrauens in den Binnenmarkt sowie der Fortschritte zu seiner Vollendung.

(10) In seinen Schlussfolgerungen vom 24.-25. März und vom 23. Oktober 2011 hat der Europäische Rat das Europäische Parlament und den Rat aufgefordert, bis Ende 2012 ein erstes Bündel vorrangiger Maßnahmen zu verabschieden, um dem Binnenmarkt neue Impulse zu geben. In seinen Schlussfolgerungen vom 30. Mai 2011 zu den Prioritäten für die Neubelebung des Binnenmarktes hat der Rat der Europäischen Union darüber hinaus die Bedeutung des elektronischen Geschäftsverkehrs hervorgehoben und zugestimmt, dass die verbraucherrechtlichen AS-Systeme kostengünstigen, einfachen und schnellen Rechtsschutz für Verbraucher und Unternehmer ermöglichen können. Die erfolgreiche Einführung dieser Systeme erfordert nachhaltiges politisches Engagement und Förderung seitens aller Akteure, ohne die Erschwinglichkeit, Transparenz, Flexibilität, Geschwindigkeit und Qualität der Entscheidungsfindung der AS-Stellen, die in den Anwendungsbereich dieser Richtlinie fallen, zu gefährden.

(11) Angesichts der zunehmenden Bedeutung des elektronischen Geschäftsverkehrs und insbesondere des grenzübergreifenden Handels als eine Säule der Wirtschaftstätigkeit der Union sind eine gut funktionierende AS-Infrastruktur für verbraucherrechtliche Streitigkeiten und ein angemessen berücksichtigter Rahmen zur Online-Streitbeilegung (im Folgenden „OS") für verbraucherrechtliche Streitigkeiten, die sich aus Online-Rechtsgeschäften ergeben, notwendig, um das Ziel der Binnenmarktakte, die Stärkung des Vertrauens der Bürger in den Binnenmarkt, zu erreichen.

(12) Diese Richtlinie und die Verordnung (EU) Nr. 524/2013 des Europäischen Parlaments und des Rates vom 21. Mai 2013 über die Online-Beilegung verbraucherrechtlicher Streitigkeiten[5] sind zwei Gesetzgebungsinstrumente, die in einem engen Zusammenhang stehen und einander ergänzen. In der Verordnung (EU) Nr. 524/2013 ist die Einrichtung einer Plattform für die Online-Streitbeilegung (im Folgenden „OS-Plattform") vorgesehen, die Verbrauchern und Unternehmern eine zentrale Anlaufstelle für die außergerichtliche Beilegung von Online-Streitigkeiten – durch AS-Stellen, die mit der Plattform verknüpft sind und AS mittels hochwertiger AS-Verfahren bereitstellen – bietet. Die Verfügbarkeit hochwertiger AS-Stellen in der gesamten Union ist somit eine Vorbedingung für das ordnungsgemäße Funktionieren der OS-Plattform.

(13) Diese Richtlinie sollte nicht für nichtwirtschaftliche Dienstleistungen von allgemeinem Interesse gelten. Nichtwirtschaftliche Dienstleistungen sind Dienstleistungen, die nicht für eine wirtschaftliche Gegenleistung erbracht werden. Daher sollten nichtwirtschaftliche Dienstleistungen von allgemeinem Interesse, die vom Staat oder im Namen des Staates ohne Entgelt erbracht werden, unabhängig von der Rechtsform, durch die diese Dienstleistungen erbracht werden, nicht unter diese Richtlinie fallen.

(14) Diese Richtlinie sollte darüber hinaus nicht für Gesundheitsdienstleistungen im Sinne des Artikels 3 Buchstabe a der Richtlinie 2011/24/EU des Europäischen Parlaments und des Rates vom 9. März 2011 über die Ausübung der Patientenrechte in der grenzüberschreitenden Gesundheitsversorgung[6] gelten.

(15) Die Entwicklung einer gut funktionierenden AS innerhalb der Union ist notwendig, um das Vertrauen der Verbraucher in den Binnenmarkt – unter Einschluss des elektronischen Geschäftsverkehrs – zu stärken und das Potenzial und die Möglichkeiten des grenzübergreifenden und elektronischen Handels in der Praxis auszuschöpfen. Diese Entwicklung sollte unter Wahrung der jeweiligen innerstaatlichen Rechtstraditionen auf den vorhandenen AS-Verfahren in den Mitgliedstaaten aufbauen. Sowohl bestehende als auch neu eingerichtete gut funktionierende Streitbeilegungsstellen, die den Qualitätsanforderungen dieser Richtlinie entsprechen, sollten als „AS-Stellen" im Sinne dieser Richtlinie angesehen werden. Die Verbreitung der AS kann außerdem für jene Mitgliedstaaten von Bedeutung sein, in denen es einen beträchtlichen Rückstand an anhängigen Gerichtsverfahren gibt, wodurch Unionsbürgern das Recht auf einen fairen Prozess innerhalb einer angemessenen Frist vorenthalten wird.

(16) Diese Richtlinie sollte für Streitigkeiten zwischen Verbrauchern und Unternehmern über vertragliche Verpflichtungen gelten, die sich aus sowohl online als auch offline geschlossenen Kaufverträgen oder Dienstleitungsverträgen in allen Wirtschaftssektoren außer den ausgenommenen Sektoren ergeben. Dazu sollten Streitigkeiten gehören, die

5 Siehe Seite 1 dieses Amtsblatts.
6 ABl. L 88 vom 4. 4. 2011, S. 45.

sich aus dem Verkauf oder der Bereitstellung digitaler Inhalte gegen Entgelt ergeben. Diese Richtlinie sollte für Beschwerden von Verbrauchern gegen Unternehmer gelten. Sie sollte nicht für Beschwerden von Unternehmern gegen Verbraucher oder für Streitigkeiten zwischen Unternehmern gelten. Allerdings sollte sie die Mitgliedstaaten nicht daran hindern, Bestimmungen über Verfahren zur außergerichtlichen Beilegung solcher Streitigkeiten einzuführen oder beizubehalten.

(17) Die Mitgliedstaaten sollten nationale Bestimmungen für nicht unter diese Richtlinie fallende Verfahren beibehalten oder einführen können, wie interne Beschwerdeverfahren, die vom Unternehmer betrieben werden. Solche internen Beschwerdeverfahren können ein effektives Mittel zur frühzeitigen Beilegung verbraucherrechtlicher Streitigkeiten darstellen.

(18) Die Definition des Begriffs „Verbraucher" sollte natürliche Personen, die außerhalb ihrer gewerblichen, geschäftlichen, handwerklichen oder beruflichen Tätigkeit handeln, umfassen. Wird ein Vertrag jedoch teils im Rahmen, teils außerhalb des Rahmens des Gewerbes einer Person abgeschlossen (Verträge mit doppeltem Zweck) und ist der gewerbliche Zweck so gering, dass er im Gesamtkontext des Geschäfts als nicht überwiegend erscheint, sollte die betreffende Person ebenfalls als Verbraucher gelten.

(19) Einige bestehende Rechtsakte der Union enthalten bereits Bestimmungen über AS. Damit für Rechtssicherheit gesorgt ist, sollte vorgesehen werden, dass diese Richtlinie bei Kollisionen Vorrang hat, außer es ist in ihr ausdrücklich etwas anderes vorgesehen. Insbesondere sollte diese Richtlinie die Richtlinie 2008/52/EG des Europäischen Parlaments und des Rates vom 21. Mai 2008 über bestimmte Aspekte der Mediation in Zivil- und Handelssachen[7] nicht berühren, die bereits einen Rahmen für Mediationssysteme auf Unionsebene für grenzübergreifende Streitfälle schafft, ohne dass die Anwendung jener Richtlinie auf interne Mediationssysteme ausgeschlossen wird. Die vorliegende Richtlinie soll horizontal für alle Arten von AS-Verfahren gelten, einschließlich der von der Richtlinie 2008/52/EG erfassten AS-Verfahren.

(20) Nicht nur innerhalb der Union, sondern auch innerhalb der Mitgliedstaaten gibt es sehr unterschiedliche AS-Stellen. Diese Richtlinie sollte für alle gemäß dieser Richtlinie in einer Liste geführten Stellen gelten, die auf Dauer eingerichtet sind und die Beilegung von Streitigkeiten zwischen einem Verbraucher und einem Unternehmer in einem AS-Verfahren anbieten. Diese Richtlinie kann auch, wenn die Mitgliedstaaten dies beschließen, Streitbeilegungsstellen erfassen, die den Parteien verbindliche Lösungen auferlegen. Ein außergerichtliches Verfahren, das ad hoc für eine einzelne Streitigkeit zwischen einem Verbraucher und einem Unternehmer eingerichtet wird, sollte jedoch nicht als AS-Verfahren gelten.

(21) Innerhalb der Union und auch innerhalb der Mitgliedstaaten gibt es ebenso sehr unterschiedliche AS-Verfahren. Dies können Verfahren sein, mit denen eine AS-Stelle die Parteien mit dem Ziel zusammen-

7 ABl. L 136 vom 24. 5. 2008, S. 3.

bringt, sie zu einer gütlichen Einigung zu veranlassen, oder Verfahren, mit denen eine AS-Stelle eine Lösung vorschlägt, oder Verfahren, mit denen eine AS-Stelle eine Lösung auferlegt. Es kann sich auch um eine Kombination von zwei oder mehr derartigen Verfahren handeln. Diese Richtlinie sollte die Gestalt der AS-Verfahren in den Mitgliedstaaten unberührt lassen.

(22) Verfahren vor Streitbeilegungsstellen, bei denen die mit der Streitbeilegung betrauten natürlichen Personen ausschließlich vom Unternehmer beschäftigt werden oder ausschließlich von diesem irgendeine Art von Vergütung erhalten, sind häufig einem Interessenkonflikt ausgesetzt. Daher sollten diese Verfahren grundsätzlich aus dem Anwendungsbereich dieser Richtlinie ausgenommen werden, es sei denn, ein Mitgliedstaat beschließt, dass diese Verfahren als AS-Verfahren gemäß dieser Richtlinie anerkannt werden können, und sofern diese Stellen den in dieser Richtlinie dargelegten spezifischen Anforderungen in Bezug auf Unabhängigkeit und Unparteilichkeit vollständig genügen. AS-Stellen, die eine Streitbeilegung im Wege derartiger Verfahren anbieten, sollten einer regelmäßigen Bewertung hinsichtlich ihrer Erfüllung der Qualitätsanforderungen dieser Richtlinie, einschließlich der besonderen zusätzlichen Anforderungen, mit denen ihre Unabhängigkeit sichergestellt wird, unterworfen werden.

(23) Diese Richtlinie sollte weder für Verfahren vor vom Unternehmer betriebenen Verbraucherbeschwerdestellen noch für unmittelbare Verhandlungen zwischen den Parteien gelten. Außerdem sollte sie nicht in Fällen gelten, in denen ein Richter im Rahmen eines Gerichtsverfahrens versucht, eine gütliche Einigung herbeizuführen.

(24) Die Mitgliedstaaten sollten dafür sorgen, dass unter diese Richtlinie fallende Streitigkeiten einer AS-Stelle vorgelegt werden können, die die Anforderungen dieser Richtlinie erfüllt und gemäß der Richtlinie in einer Liste geführt wird. Die Mitgliedstaaten sollten die Möglichkeit haben, dieser Pflicht dadurch nachzukommen, dass sie entweder auf bereits bestehende gut funktionierende AS-Stellen zurückgreifen und gegebenenfalls deren Zuständigkeitsbereich anpassen, oder dadurch, dass sie die Einrichtung neuer AS-Stellen vorsehen. Diese Richtlinie sollte die Arbeit bestehender Streitbeilegungsstellen, die im Rahmen nationaler Verbraucherschutzbehörden der Mitgliedstaaten tätig sind, nicht einschränken, sofern dort staatliche Bedienstete mit der Streitbeilegung betraut sind. Staatliche Bedienstete sollten als Vertreter sowohl der Verbraucher- als auch der Unternehmerinteressen gelten. Diese Richtlinie sollte die Mitgliedstaaten nicht zur Schaffung einer speziellen AS-Stelle für jeden Einzelhandelssektor verpflichten. Falls dies erforderlich ist, um die vollständige sektorspezifische und geografische Abdeckung durch AS und den Zugang zu AS zu gewährleisten, sollten die Mitgliedstaaten die Möglichkeit haben, die Einrichtung einer ergänzenden AS-Stelle vorzusehen, die für diejenigen Streitigkeiten zuständig ist, die nicht in die Zuständigkeit anderer spezieller AS-Stellen fallen. Ergänzende AS-Stellen sollen Verbrauchern und Unternehmern Sicherheit bieten, indem gewährleistet wird, dass keine Lücken hinsichtlich des Zugangs zu AS-Stellen bestehen.

(25) Diese Richtlinie sollte die Mitgliedstaaten nicht daran hindern, Rechtsvorschriften über Verfahren zur außergerichtlichen Beilegung von verbrauchervertraglichen Streitigkeiten beizubehalten oder einzuführen, die den in dieser Richtlinie festgelegten Anforderungen genügen. Darüber hinaus sollten AS-Stellen im Hinblick auf ihren effektiven Betrieb die Möglichkeit haben, im Einklang mit den Rechtsvorschriften des Mitgliedstaats, in dem sie eingerichtet sind, Verfahrensregeln beizubehalten oder einzuführen, nach denen sie unter bestimmten Umständen ablehnen können, sich mit Streitigkeiten zu befassen, beispielsweise wenn eine Streitigkeit zu komplex ist und deshalb besser vor Gericht gelöst werden sollte. Verfahrensregeln, die es den AS-Stellen ermöglichen, die Behandlung einer Streitigkeit abzulehnen, sollten jedoch den Zugang der Verbraucher zu AS-Verfahren nicht erheblich beeinträchtigen, einschließlich im Fall von grenzübergreifenden Streitigkeiten. Die Mitgliedstaaten sollten daher bei der Festlegung von Schwellenbeträgen stets berücksichtigen, dass der tatsächliche Wert des Streitgegenstandes in den einzelnen Mitgliedstaaten unterschiedlich sein kann und die Festlegung eines unverhältnismäßig hohen Schwellenwertes in einem Mitgliedstaat den Zugang zu AS-Verfahren für Verbraucher aus anderen Mitgliedstaaten beeinträchtigen könnte. Die Mitgliedstaaten sollten nicht verpflichtet sein, dafür zu sorgen, dass der Verbraucher seine Beschwerde bei einer anderen AS-Stelle einreichen kann, wenn eine AS-Stelle, bei der die Beschwerde zuerst eingereicht wurde, es aufgrund ihrer Verfahrensregeln abgelehnt hat, sich damit zu befassen. In solchen Fällen sollte gelten, dass die Mitgliedstaaten ihrer Pflicht zur Gewährleistung der vollständigen Abdeckung der AS-Stellen nachgekommen sind.

(26) Diese Richtlinie sollte es ermöglichen, dass in einem Mitgliedstaat niedergelassene Unternehmer in den Zuständigkeitsbereich einer AS-Stelle fallen, die in einem anderen Mitgliedstaat niedergelassen ist. Um die Abdeckung und den Zugang der Verbraucher zu AS in der Union zu verbessern, sollten die Mitgliedstaaten die Möglichkeit haben, zu beschließen, sich auf AS-Stellen mit Sitz in einem anderen Mitgliedstaat oder regionale, länderübergreifende oder europaweite AS-Stellen zu stützen, wenn Unternehmer aus unterschiedlichen Mitgliedstaaten in den Zuständigkeitsbereich derselben AS-Stelle fallen. Die Inanspruchnahme von AS-Stellen mit Sitz in einem anderen Mitgliedstaat oder länderübergreifender oder europaweiter AS-Stellen sollte jedoch unbeschadet der Verantwortung der Mitgliedstaaten erfolgen, die vollständige Abdeckung durch und den Zugang zu AS-Stellen zu gewährleisten.

(27) Diese Richtlinie sollte das Recht der Mitgliedstaaten zur Beibehaltung oder Einführung von AS-Verfahren zur Beilegung mehrerer gleicher oder ähnlicher Streitigkeiten zwischen einem Unternehmer und mehreren Verbrauchern unberührt lassen. Umfassende Folgenabschätzungen zu kollektiven außergerichtlichen Vergleichen sollten durchgeführt werden, bevor diese Vergleiche auf Unionsebene vorgeschlagen werden. Ein effektives System des kollektiven Rechtsschutzes und der

leichte Zugang zu AS sollten einander ergänzende und nicht sich gegenseitig ausschließende Verfahren sein.

(28) Die Verarbeitung von Informationen über unter diese Richtlinie fallende Streitigkeiten sollte mit den Regelungen zum Schutz persönlicher Daten vereinbar sein, die von den Mitgliedstaaten durch Rechts- oder Verwaltungsvorschriften zur Umsetzung der Richtlinie 95/46/EG des Europäischen Parlaments und des Rates vom 24. Oktober 1995 zum Schutz natürlicher Personen bei der Verarbeitung personenbezogener Daten und zum freien Datenverkehr[8] erlassen wurden.

(29) Vertraulichkeit und Privatsphäre sollten während des AS-Verfahrens jederzeit gewährleistet sein. Die Mitgliedstaaten sollten zum Schutz der Vertraulichkeit der AS-Verfahren in nachfolgenden zivil- und handelsrechtlichen Gerichts- oder Schiedsverfahren angeregt werden.

(30) Die Mitgliedstaaten sollten gleichwohl gewährleisten, dass AS-Stellen alle systematischen oder signifikanten Problemstellungen, die häufig auftreten und zu Streitigkeiten zwischen Verbrauchern und Unternehmern führen, öffentlich zugänglich machen. Die diesbezüglichen Informationen könnten von Empfehlungen begleitet sein, wie derartige Probleme in Zukunft vermieden oder gelöst werden können, um die Standards der Unternehmer zu erhöhen und den Austausch von Informationen und bewährten Verfahren zu fördern.

(31) Die Mitgliedstaaten sollten gewährleisten, dass AS-Stellen in Bezug auf Verbraucher und Unternehmer Streitigkeiten in fairer, praktischer und verhältnismäßiger Art und Weise auf der Grundlage einer objektiven Bewertung der Umstände der Beschwerde und unter gebührender Berücksichtigung der Rechte der Parteien beilegen.

(32) Die Unabhängigkeit und Integrität der AS-Stellen ist wesentlich für das Vertrauen der Bürger darin, dass AS-Verfahren ihnen ein faires und unabhängiges Ergebnis ermöglichen. Die natürlichen Personen oder kollegialen Gremien, die für AS verantwortlich sind, sollten unabhängig von all denen sein, die ein Interesse am Ergebnis haben könnten; sie sollten darüber hinaus keinem Interessenkonflikt unterworfen sein, der sie davon abhalten könnte, eine Entscheidung in fairer, unparteiischer und unabhängiger Art und Weise zu treffen.

(33) Die mit AS betrauten natürlichen Personen sollten nur dann als unparteiisch gelten, wenn auf sie kein Druck ausgeübt werden kann, der ihre Haltung gegenüber der Streitigkeit beeinflussen könnte. Um die Unabhängigkeit ihres Handelns zu gewährleisten, sollten diese Personen auch für einen ausreichend langen Zeitraum berufen werden, und sie sollten an keine Weisungen einer Partei oder ihrer Vertreter gebunden sein.

(34) Damit keine Interessenkonflikte auftreten, sollten die mit AS betrauten natürlichen Personen alle Umstände offenlegen, die geeignet sind, ihre Unabhängigkeit und Unparteilichkeit zu beeinträchtigen oder Interessenkonflikte mit einer der Parteien der Streitigkeit, die sie beilegen sollen, entstehen zu lassen. Hierbei könnte es sich um ein direktes oder indirektes finanzielles Interesse am Ausgang des AS-Verfahrens oder

8 ABl. L 281 vom 23. 11. 1995, S. 31.

um eine persönliche oder geschäftliche Beziehung mit einer oder mehreren der Parteien innerhalb der drei Jahre vor Beginn der Amtszeit der betreffenden natürlichen Personen, einschließlich ihrer Tätigkeit – außer zum Zweck der AS – für einen Berufs- oder Wirtschaftsverband, dessen Mitglied eine der Parteien ist, oder für ein anderes Mitglied des Berufs- oder Wirtschaftsverbands handeln.

(35) Es muss insbesondere dafür gesorgt werden, dass kein derartiger Druck vorhanden ist, wenn die mit AS betrauten natürlichen Personen vom Unternehmer beschäftigt werden oder von diesem irgendeine Art von Vergütung erhalten. Daher sollten spezifische Anforderungen für den Fall vorgesehen werden, dass die Mitgliedstaaten beschließen, dass Streitbeilegungsverfahren als AS-Verfahren gemäß dieser Richtlinie gelten können. Wenn mit der AS betraute natürliche Personen ausschließlich von einem Berufs- oder Wirtschaftsverband, dessen Mitglied der Unternehmer ist, beschäftigt werden oder irgendeine Art von Vergütung erhalten, sollten ihnen ein getrennter zweckgebundener Haushalt in ausreichender Höhe für die Ausübung ihrer Aufgaben zur Verfügung stehen.

(36) Für den Erfolg der AS und besonders für das nötige Vertrauen in die sie betreffenden AS-Verfahren ist es entscheidend, dass die mit der AS betrauten natürlichen Personen über das erforderliche Fachwissen, einschließlich eines allgemeinen Rechtsverständnisses, verfügen. Insbesondere sollten diese Personen über ausreichende allgemeine Rechtskenntnisse verfügen, um die rechtlichen Folgen der Streitigkeit zu verstehen, wobei es nicht erforderlich sein sollte, dass sie für den Berufsstand der Juristen qualifiziert sind.

(37) Die Anwendung bestimmter Qualitätsgrundsätze auf AS-Verfahren stärkt das Vertrauen sowohl der Verbraucher als auch der Unternehmer in diese Verfahren. Solche Qualitätsgrundsätze wurden auf Unionsebene erstmals in den Empfehlungen 98/257/EG und 2001/310/EG entwickelt. Diese Richtlinie verleiht einigen der in den genannten Empfehlungen der Kommission verankerten Grundsätzen Verbindlichkeit und legt damit ein Bündel von Qualitätsanforderungen fest, die für alle AS-Verfahren gelten, die von einer der Kommission gemeldeten AS-Stelle durchgeführt werden.

(38) Diese Richtlinie sollte Qualitätsanforderungen für AS-Stellen schaffen, die das gleiche Schutzniveau und die gleichen Rechte für die Verbraucher sowohl bei inländischen als auch bei grenzübergreifenden Streitigkeiten gewährleisten sollten. Die Richtlinie sollte die Mitgliedstaaten nicht daran hindern, Vorschriften zu erlassen oder beizubehalten, die über die Regelungen in dieser Richtlinie hinausgehen.

(39) AS-Stellen sollten zugänglich und transparent sein. Zur Gewährleistung der Transparenz von AS-Stellen und AS-Verfahren ist es erforderlich, dass die Parteien vor einer etwaigen Einleitung eines AS-Verfahrens klare und zugängliche Informationen erhalten, die sie benötigen, um eine fundierte Entscheidung treffen zu können. Die Bereitstellung dieser Informationen für Unternehmer sollte nicht verpflichtend sein, wenn ihre Teilnahme an AS-Verfahren durch nationales Recht vorgeschrieben ist.

(40) Gut funktionierende AS-Stellen sollten online und offline Streitbeilegungsverfahren zügig innerhalb von 90 Kalendertagen abschließen, gerechnet vom Zeitpunkt des Eingangs der vollständigen Beschwerdeakte mit allen einschlägigen Unterlagen zu der betreffenden Beschwerde bei der AS-Stelle bis zu dem Zeitpunkt, zu dem das Ergebnis des AS-Verfahrens bekannt gegeben wird. Die AS-Stelle, bei der eine Beschwerde eingereicht wurde, sollte die Parteien benachrichtigen, nachdem sie alle zur Durchführung des AS-Verfahrens nötigen Unterlagen erhalten hat. In hoch komplexen Ausnahmefällen, einschließlich in Fällen, in denen eine der Parteien aus berechtigten Gründen nicht an dem AS-Verfahren teilnehmen kann, sollten die AS-Stellen die Möglichkeit haben, die Frist zwecks Prüfung des jeweiligen Falls zu verlängern. Die Parteien sind von jeder derartigen Fristverlängerung und von der zu erwartenden Zeitspanne bis zur Beilegung der Streitigkeit zu unterrichten.

(41) AS-Verfahren sollten für Verbraucher vorzugsweise kostenlos sein. Werden Kosten geltend gemacht, sollten die AS-Verfahren für die Verbraucher zugänglich, attraktiv und mit niedrigen Kosten verbunden sein. Daher sollten die Kosten eine Schutzgebühr nicht übersteigen.

(42) AS-Verfahren sollten fair sein, sodass die Parteien einer Streitigkeit in vollem Umfang über ihre Rechte und die Folgen von Entscheidungen, die sie im Rahmen eines AS-Verfahrens treffen, informiert sind. AS-Stellen sollten die Verbraucher über ihre Rechte informieren, bevor sie einer vorgeschlagenen Lösung zustimmen oder diese befolgen. Beide Parteien sollten ihre Angaben und Nachweise auch einreichen können, ohne persönlich anwesend zu sein.

(43) Eine Vereinbarung zwischen einem Verbraucher und einem Unternehmer darüber, Beschwerden bei einer AS-Stelle einzureichen, sollte für den Verbraucher nicht bindend sein, wenn sie vor dem Entstehen der Streitigkeit getroffen wurde und wenn sie dazu führt, dass dem Verbraucher das Recht entzogen wird, die Gerichte für die Beilegung des Streitfalls anzurufen. Ferner sollte bei AS-Verfahren, bei denen die Streitigkeit durch das Auferlegen einer verbindlichen Lösung beigelegt werden soll, die auferlegte Lösung nur dann verbindlich für die Parteien sein, wenn die Parteien vorher über den verbindlichen Charakter der Lösung informiert wurden und sie dies ausdrücklich akzeptiert haben. Die ausdrückliche Zustimmung des Unternehmers sollte nicht erforderlich sein, wenn in den nationalen Rechtsvorschriften bestimmt ist, dass diese Lösungen für die Unternehmer verbindlich sind.

(44) In AS-Verfahren, bei denen die Streitigkeit beigelegt werden soll, indem dem Verbraucher eine Lösung auferlegt wird, sollte die auferlegte Lösung – sofern keine Rechtskollision vorliegt – nicht dazu führen, dass der Verbraucher den Schutz verliert, der ihm durch die Bestimmungen gewährt wird, von denen gemäß dem Recht des Mitgliedstaats, in dem der Verbraucher und der Unternehmer ihren gewöhnlichen Aufenthalt haben, nicht durch Vereinbarung abgewichen werden darf. Liegt eine Rechtskollision vor, bei der das für den Kauf- oder Dienstleistungsvertrag geltende Recht gemäß Artikel 6 Absätze 1 und 2 der Verordnung (EG) Nr. 593/2008 des Europäischen Parla-

ments und des Rates vom 17. Juni 2008 über das auf vertragliche Schuldverhältnisse anzuwendende Recht (Rom I)[9] bestimmt wird, so sollte die von der AS-Stelle auferlegte Lösung nicht dazu führen, dass der Verbraucher den Schutz verliert, der ihm durch die Bestimmungen gewährt wird, von denen nicht durch Vereinbarung gemäß dem Recht des Mitgliedstaats, in dem der Verbraucher seinen gewöhnlichen Aufenthalt hat, abgewichen werden darf. Liegt eine Rechtskollision vor, bei der das für den Kauf- oder Dienstleistungsvertrag geltende Recht gemäß Artikel 5 Absätze 1 bis 3 des Übereinkommens von Rom vom 19. Juni 1980 über das auf vertragliche Schuldverhältnisse anzuwendende Recht[10] bestimmt wird, so sollte die von der AS-Stelle auferlegte Lösung nicht dazu führen, dass der Verbraucher den Schutz verliert, der dem Verbraucher durch die zwingenden Vorschriften des Rechts des Mitgliedstaats, in dem der Verbraucher seinen gewöhnlichen Aufenthalt hat, gewährt wird.

(45) Das Recht auf einen wirksamen Rechtsbehelf und das Recht auf ein unparteiisches Gericht gehören zu den durch Artikel 47 der Charta der Grundrechte der Europäischen Union niedergelegten Grundrechten. Daher dürfen AS-Verfahren nicht so gestaltet sein, dass sie gerichtliche Verfahren ersetzen oder Verbrauchern oder Unternehmern das Recht nehmen, den Schutz ihrer Rechte vor Gericht einzufordern. Diese Richtlinie sollte die Parteien nicht daran hindern, ihr Recht auf Zugang zu den Gerichten wahrzunehmen. Konnte eine Streitigkeit nicht mit Hilfe eines bestimmten AS-Verfahrens, dessen Ergebnis nicht verbindlich ist, beigelegt werden, so sollten die Parteien in der Folge nicht daran gehindert werden, ein Gerichtsverfahren hinsichtlich dieser Streitigkeit einzuleiten. Es sollte den Mitgliedstaaten freistehen, die geeigneten Mittel zur Erreichung dieses Ziels zu wählen. Sie sollten die Möglichkeit haben, unter anderem vorzusehen, dass Verjährungsfristen nicht während eines AS-Verfahrens ablaufen.

(46) Um effizient tätig zu werden, sollten AS-Stellen über hinreichende personelle, materielle und finanzielle Ressourcen verfügen. Die Mitgliedstaaten sollten in ihren Hoheitsgebieten über die angemessene Form der Finanzierung von AS-Stellen entscheiden, ohne dabei die Finanzierung von bereits vorhandenen Stellen einzuschränken. Diese Richtlinie sollte die Frage unberührt lassen, ob AS-Stellen durch die öffentliche Hand oder privat oder durch eine Kombination aus beidem finanziert werden. AS-Stellen sollten jedoch dabei unterstützt werden, insbesondere Formen der privaten Finanzierung in Erwägung zu ziehen und eine Finanzierung durch die öffentliche Hand nur nach Ermessen der Mitgliedstaaten zu nutzen. Diese Richtlinie sollte nicht die Möglichkeit von Unternehmen und Berufs- und Wirtschaftsverbänden berühren, Finanzmittel für AS-Stellen bereitzustellen.

(47) Im Fall einer Streitigkeit müssen Verbraucher rasch herausfinden können, welche AS-Stellen für ihre Beschwerde zuständig sind und ob der betreffende Unternehmer sich an einem bei einer AS-Stelle eingeleite-

9 ABl. L 177 vom 4. 7. 2008, S. 6.
10 ABl. L 266 vom 9. 10. 1980, S. 1.

ten Verfahren beteiligen wird. Unternehmer, die sich verpflichten, AS-Stellen zur Beilegung von Streitigkeiten mit Verbrauchern einzuschalten, sollten die Verbraucher über die Adresse und die Website der AS-Stelle oder AS-Stellen informieren, die für sie zuständig ist bzw. sind. Die Informationen sollten klar, verständlich und leicht zugänglich sein, und zwar, sofern der Unternehmer eine Website besitzt, auf dieser Website und gegebenenfalls in den allgemeinen Geschäftsbedingungen für Kauf- oder Dienstleistungsverträge zwischen dem Unternehmer und dem Verbraucher. Die Unternehmer sollten die Möglichkeit haben, auf ihren Websites und in den allgemeinen Geschäftsbedingungen für die betreffenden Verträge zusätzliche Informationen zu ihren internen Streitbeilegungsverfahren oder zu anderen Möglichkeiten, wie sie zur Beilegung verbraucherrechtlicher Streitigkeiten ohne Einschaltung einer AS-Stelle direkt kontaktiert werden können, aufzuführen. Kann eine Streitigkeit nicht direkt beigelegt werden, sollte der Unternehmer dem Verbraucher auf Papier oder einem anderen dauerhaften Datenträger die Informationen zu den einschlägigen AS-Stellen bereitstellen und dabei angeben, ob er sie in Anspruch nehmen wird.

(48) Die Verpflichtung der Unternehmer, die Verbraucher über die AS-Stellen zu informieren, die für diese Unternehmer zuständig sind, sollte unbeschadet der Bestimmungen über die Information der Verbraucher über außergerichtliche Rechtsbehelfsverfahren in anderen Unionsrechtsakten, die zusätzlich zu den einschlägigen Informationspflichten gemäß dieser Richtlinie gelten sollten, gelten.

(49) Diese Richtlinie sollte nicht vorschreiben, dass Unternehmer sich an AS-Verfahren beteiligen müssen oder dass das Ergebnis solcher Verfahren für sie verbindlich ist, wenn ein Verbraucher eine Beschwerde gegen sie eingereicht hat. Um jedoch sicherzustellen, dass Verbraucher Zugang zu Rechtsbehelfen haben und nicht verpflichtet sind, auf ihre Ansprüche zu verzichten, sollten Unternehmer so weit wie möglich ermutigt werden, an AS-Verfahren teilzunehmen. Diese Richtlinie sollte daher nationale Rechtsvorschriften unberührt lassen, nach denen die Teilnahme von Unternehmern an solchen Verfahren verpflichtend ist oder durch Anreize oder Sanktionen gefördert wird oder die Ergebnisse der Verfahren für die Unternehmer bindend sind, sofern diese Rechtsvorschriften die Parteien nicht daran hindern, ihr Recht gemäß Artikel 47 der Charta der Grundrechte der Europäischen Union auf Zugang zum Gerichtssystem wahrzunehmen.

(50) Um einen unnötigen Aufwand für AS-Stellen zu vermeiden, sollten die Mitgliedstaaten die Verbraucher ermutigen, vor Einreichen einer Beschwerde bei einer AS-Stelle Kontakt mit dem Unternehmer aufzunehmen, um das Problem bilateral zu lösen. In vielen Fällen würde dies den Verbrauchern ermöglichen, ihre Streitigkeiten rasch und frühzeitig beizulegen.

(51) Mitgliedstaaten sollten bei der Entwicklung von AS-Systemen Vertreter von Berufsverbänden, Wirtschaftsverbänden und Verbraucherverbänden einbeziehen, insbesondere im Hinblick auf die Grundsätze der Unparteilichkeit und Unabhängigkeit.

(52) Die Mitgliedstaaten sollten dafür sorgen, dass AS-Stellen bei der Beilegung grenzübergreifender Streitigkeiten kooperieren.

(53) Netze von AS-Stellen, wie beispielsweise das Streitbeilegungs-Netzwerk für den Finanzdienstleistungssektor „FIN-NET" im Bereich der Finanzdienstleistungen, sollten innerhalb der Union gestärkt werden. Die Mitgliedstaaten sollten den Beitritt von AS-Stellen zu solchen Netzen fördern.

(54) Eine enge Zusammenarbeit zwischen AS-Stellen und nationalen Behörden sollte die wirksame Anwendung von Rechtsakten der Union im Bereich des Verbraucherschutzes stärken. Die Kommission und die Mitgliedstaaten sollten die Zusammenarbeit zwischen den AS-Stellen unterstützen, um den Austausch von bewährten Verfahren und Fachwissen zwischen AS-Stellen zu fördern und Probleme im Zusammenhang mit der Durchführung der AS-Verfahren zu diskutieren. Diese Zusammenarbeit sollte unter anderem durch das bevorstehende Verbraucherprogramm der Union unterstützt werden.

(55) Damit gewährleistet ist, dass AS-Stellen ordnungsgemäß und effektiv funktionieren, sollten sie genau überwacht werden. Zu diesem Zwecke sollte jeder Mitgliedstaat eine oder mehrere zuständige Behörden benennen, die diese Aufgabe ausführen. Die Kommission und die nach dieser Richtlinie zuständigen Behörden sollten eine Liste der dieser Richtlinie entsprechenden AS-Stellen veröffentlichen und aktualisieren. Die Mitgliedstaaten sollten gewährleisten, dass die AS-Stellen, das Europäische Netz der Verbraucherzentren und gegebenenfalls die gemäß dieser Richtlinie bezeichneten Einrichtungen diese Liste auf ihren Websites durch einen Link zur Website der Kommission und wann immer möglich auf einem dauerhaften Datenträger in ihren Räumlichkeiten veröffentlichen. Außerdem sollten die Mitgliedstaaten ebenfalls einschlägige Verbraucher- und Wirtschaftsverbände dazu ermutigen, die Liste zu veröffentlichen. Die Mitgliedstaaten sollten ferner für die angemessene Verbreitung von Informationen darüber sorgen, was Verbraucher im Fall einer Streitigkeit mit einem Unternehmer machen sollten. Außerdem sollten die zuständigen Behörden regelmäßige Berichte über die Entwicklung und das Funktionieren der AS-Stellen in ihren Mitgliedstaaten veröffentlichen. Die AS-Stellen sollten den zuständigen Behörden die spezifischen Informationen liefern, auf denen diese Berichte beruhen sollten. Die Mitgliedstaaten sollten den AS-Stellen empfehlen, sich bei der Bereitstellung dieser Informationen an die Empfehlung 2010/304/EU der Kommission vom 12. Mai 2010 zur Verwendung einer harmonisierten Methodik zur Klassifizierung und Meldung von Verbraucherbeschwerden und Verbraucheranfragen[11] zu halten.

(56) Es ist notwendig, dass die Mitgliedstaaten Vorschriften über Sanktionen für Verstöße gegen die zur Einhaltung dieser Richtlinie angenommenen nationalen Bestimmungen festlegen und dafür sorgen, dass diese Vorschriften durchgesetzt werden. Die Sanktionen sollten wirksam, verhältnismäßig und abschreckend sein.

11 ABl. L 136 vom 2. 6. 2010, S. 1.

(57) Im Interesse einer verstärkten grenzübergreifenden Zusammenarbeit bei der Durchsetzung dieser Richtlinie sollte die Verordnung (EG) Nr. 2006/2004 des Europäischen Parlaments und des Rates vom 27. Oktober 2004 über die Zusammenarbeit zwischen den für die Durchsetzung der Verbraucherschutzgesetze zuständigen nationalen Behörden („Verordnung über die Zusammenarbeit im Verbraucherschutz")[12] durch Aufnahme eines Verweises auf diese Richtlinie in ihren Anhang geändert werden.

(58) Die Richtlinie 2009/22/EG des Europäischen Parlaments und des Rates vom 23. April 2009 über Unterlassungsklagen zum Schutz der Verbraucherinteressen[13] (Richtlinie über Unterlassungsklagen) sollte durch Aufnahme eines Verweises auf die vorliegende Richtlinie in ihren Anhang geändert werden, damit die durch die vorliegende Richtlinie geschützten kollektiven Interessen der Verbraucher gewahrt bleiben.

(59) Gemäß der Gemeinsamen Politischen Erklärung vom 28. September 2011 der Mitgliedstaaten und der Kommission zu Erläuternden Dokumenten[14] haben sich die Mitgliedstaaten verpflichtet, in begründeten Fällen zusätzlich zur Mitteilung ihrer Umsetzungsmaßnahmen ein oder mehrere Dokumente zu übermitteln, in denen der Zusammenhang zwischen den Bestandteilen einer Richtlinie und den entsprechenden Teilen nationaler Umsetzungsinstrumente erläutert wird. In Bezug auf diese Richtlinie hält der Gesetzgeber die Übermittlung derartiger Dokumente für gerechtfertigt.

(60) Da das Ziel dieser Richtlinie, nämlich durch Erreichen eines hohen Verbraucherschutzniveaus ohne Einschränkung des Zugangs der Verbraucher zu den Gerichten einen Beitrag zum reibungslosen Funktionieren des Binnenmarkts zu leisten, auf Ebene der Mitgliedstaaten nicht ausreichend verwirklicht werden kann und daher besser auf Unionsebene zu verwirklichen ist, kann die Union im Einklang mit dem in Artikel 5 des Vertrags über die Europäische Union niedergelegten Subsidiaritätsprinzip tätig werden. Entsprechend dem in demselben Artikel genannten Grundsatz der Verhältnismäßigkeit geht diese Verordnung nicht über das zur Erreichung dieses Ziels erforderliche Maß hinaus.

(61) Diese Richtlinie steht im Einklang mit den Grundrechten und Grundsätzen, die insbesondere in der Charta der Grundrechte der Europäischen Union, namentlich in den Artikeln 7, 8, 38 und 47, anerkannt sind.

(62) Der Europäische Datenschutzbeauftragte wurde gemäß Artikel 28 Absatz 2 der Verordnung (EG) Nr. 45/2001 des Europäischen Parlaments und des Rates vom 18. Dezember 2000 zum Schutz natürlicher Personen bei der Verarbeitung personenbezogener Daten durch die Organe und Einrichtungen der Gemeinschaft zum freien Datenverkehr[15] kon-

12 ABl. L 364 vom 9. 12. 2004, S. 1.
13 ABl. L 110 vom 1. 5. 2009, S. 30.
14 ABl. C 369 vom 17. 12. 2011, S. 14.
15 ABl. L 8 vom 12. 1. 2001, S. 1.

sultiert und hat am 12. Januar 2012 eine Stellungnahme[16] abgegeben –

HABEN FOLGENDE RICHTLINIE ERLASSEN:

KAPITEL I ALLGEMEINE BESTIMMUNGEN

Artikel 1 Gegenstand

[1]Der Zweck dieser Richtlinie ist es, durch das Erreichen eines hohen Verbraucherschutzniveaus zum reibungslosen Funktionieren des Binnenmarkts beizutragen, indem dafür gesorgt wird, dass Verbraucher auf freiwilliger Basis Beschwerden gegen Unternehmer bei Stellen einreichen können, die unabhängige, unparteiische, transparente, effektive, schnelle und faire AS-Verfahren anbieten. [2]Diese Richtlinie berührt nicht die nationalen Rechtsvorschriften, die die Teilnahme an solchen Verfahren verbindlich vorschreiben, sofern diese Rechtsvorschriften die Parteien nicht an der Ausübung ihres Rechts auf Zugang zum Gerichtssystem hindern.

Artikel 2 Geltungsbereich

(1) Diese Richtlinie gilt für Verfahren zur außergerichtlichen Beilegung von inländischen und grenzübergreifenden Streitigkeiten über vertragliche Verpflichtungen aus Kaufverträgen oder Dienstleistungsverträgen zwischen einem in der Union niedergelassenen Unternehmer und einem in der Union wohnhaften Verbraucher durch Einschalten einer AS-Stelle, die eine Lösung vorschlägt oder auferlegt oder die Parteien mit dem Ziel zusammenbringt, sie zu einer gütlichen Einigung zu veranlassen.

(2) Diese Richtlinie gilt nicht für

a) Verfahren vor Streitbeilegungsstellen, bei denen die mit der Streitbeilegung betrauten natürlichen Personen ausschließlich von einem einzelnen Unternehmer beschäftigt oder bezahlt werden, es sei denn, dass die Mitgliedstaaten beschließen, solche Verfahren als AS-Verfahren gemäß dieser Richtlinie zu gestatten, und dass die in Kapitel II vorgesehenen Anforderungen, einschließlich der spezifischen Anforderungen an die Unabhängigkeit und Transparenz gemäß Artikel 6 Absatz 3, erfüllt sind;
b) Verfahren vor Verbraucherbeschwerdestellen, die vom Unternehmer betrieben werden;
c) nichtwirtschaftliche Dienstleistungen von allgemeinem Interesse;
d) Streitigkeiten zwischen Unternehmern;
e) direkte Verhandlungen zwischen dem Verbraucher und dem Unternehmer;
f) Bemühungen von Richtern um die gütliche Beilegung eines Rechtsstreits im Rahmen eines Gerichtsverfahrens, das diesen Rechtsstreit betrifft;
g) von Unternehmern gegen Verbraucher eingeleitete Verfahren;

16 ABl. C 136 vom 11. 5. 2012, S. 1.

h) Gesundheitsdienstleistungen, die von Angehörigen der Gesundheitsberufe gegenüber Patienten erbracht werden, um deren Gesundheitszustand zu beurteilen, zu erhalten oder wiederherzustellen, einschließlich der Verschreibung, Abgabe und Bereitstellung von Arzneimitteln und Medizinprodukten;
i) öffentliche Anbieter von Weiter- oder Hochschulbildung.

(3) [1]Mit dieser Richtlinie werden harmonisierte Qualitätsanforderungen für AS-Stellen und AS-Verfahren festgelegt, um dafür Sorge zu tragen, dass nach ihrer Umsetzung Verbraucher unabhängig davon, wo sie sich in der Union aufhalten, Zugang zu hochwertigen, transparenten, effektiven und fairen außergerichtlichen Rechtsbehelfsverfahren haben. [2]Die Mitgliedstaaten können über die Vorschriften dieser Richtlinie hinausgehende Regelungen beibehalten oder einführen, um ein höheres Maß an Verbraucherschutz zu gewährleisten.

(4) Mit dieser Richtlinie wird anerkannt, dass es in der Zuständigkeit der Mitgliedstaaten liegt, festzulegen, ob AS-Stellen in ihrem Hoheitsgebiet Lösungen auferlegen dürfen.

Artikel 3 Verhältnis zu anderen Unionsrechtsakten

(1) Sofern in dieser Richtlinie nichts anderes vorgesehen ist, hat in dem Fall, dass eine Bestimmung dieser Richtlinie mit einer Bestimmung eines anderen Unionsrechtsakts über von einem Verbraucher gegen einen Unternehmer eingeleitete außergerichtliche Rechtsbehelfsverfahren kollidiert, die Bestimmung dieser Richtlinie Vorrang.

(2) Die Richtlinie 2008/52/EG wird durch die vorliegende Richtlinie nicht berührt.

(3) Artikel 13 der vorliegenden Richtlinie berührt nicht die Bestimmungen über Information der Verbraucher über außergerichtliche Rechtsbehelfsverfahren in anderen Unionsrechtsakten, die zusätzlich zu jenem Artikel gelten.

Artikel 4 Begriffsbestimmungen

(1) Im Sinne dieser Richtlinie bezeichnet der Ausdruck
a) „Verbraucher" jede natürliche Person, die zu Zwecken handelt, die nicht ihrer gewerblichen, geschäftlichen, handwerklichen oder beruflichen Tätigkeit zugerechnet werden können;
b) „Unternehmer" jede natürliche oder juristische Person – unabhängig davon, ob sie in privatem oder öffentlichem Eigentum steht –, die zu Zwecken handelt, die ihrer gewerblichen, geschäftlichen, handwerklichen oder beruflichen Tätigkeit zugerechnet werden können, wobei sie dies auch durch eine in ihrem Namen oder Auftrag handelnde Person tun kann;
c) „Kaufvertrag" jeden Vertrag, durch den der Unternehmer das Eigentum an Waren an den Verbraucher überträgt oder deren Übertragung zusagt und der Verbraucher hierfür den Preis zahlt oder dessen Zah-

lung zusagt, einschließlich Verträgen, die sowohl Waren als auch Dienstleistungen zum Gegenstand haben;

d) „Dienstleistungsvertrag" jeden Vertrag, der kein Kaufvertrag ist und nach dem der Unternehmer eine Dienstleistung für den Verbraucher erbringt oder deren Erbringung zusagt und der Verbraucher hierfür den Preis zahlt oder dessen Zahlung zusagt;

e) „inländische Streitigkeit" eine vertragliche Streitigkeit aus einem Kauf- oder Dienstleistungsvertrag, sofern der Verbraucher zum Zeitpunkt der Bestellung der Waren oder Dienstleistungen in demselben Mitgliedstaat wohnt, in dem der Unternehmer niedergelassen ist;

f) „grenzübergreifende Streitigkeit" eine vertragliche Streitigkeit aus einem Kauf- oder Dienstleistungsvertrag, sofern der Verbraucher zum Zeitpunkt der Bestellung der Waren oder Dienstleistungen in einem anderen als dem Mitgliedstaat wohnt, in dem der Unternehmer niedergelassen ist;

g) „AS-Verfahren" ein Verfahren im Sinne des Artikels 2, das den Anforderungen dieser Richtlinie genügt und von einer AS-Stelle durchgeführt wird;

h) „AS-Stelle" jede Stelle, die unabhängig von ihrer Bezeichnung auf Dauer eingerichtet ist und die Beilegung einer Streitigkeit in einem AS-Verfahren anbietet und in einer Liste gemäß Artikel 20 Absatz 2 geführt wird;

i) „zuständige Behörde" jede von einem Mitgliedstaat für die Zwecke dieser Richtlinie benannte öffentliche Stelle auf nationaler, regionaler oder lokaler Ebene.

(2) Ein Unternehmer ist dort niedergelassen, wo

- er seinen Geschäftssitz hat, falls der Unternehmer eine natürliche Person ist;
- sich sein satzungsmäßiger Sitz, seine Hauptverwaltung oder sein Geschäftssitz einschließlich einer Zweigniederlassung, Agentur oder sonstigen Niederlassung befindet, falls der Unternehmer eine Gesellschaft oder sonstige juristische Person oder eine aus natürlichen oder juristischen Personen bestehende Vereinigung ist.

(3) Eine AS-Stelle ist eingerichtet:

- wenn die Stelle von einer natürlichen Person betrieben wird, dort, wo die Stelle ihre AS-Tätigkeit ausübt;
- wenn die Stelle von einer juristischen Person oder einer aus natürlichen oder juristischen Personen bestehenden Vereinigung betrieben wird, dort, wo diese juristische Person oder die aus natürlichen oder juristischen Personen bestehende Vereinigung ihre AS-Tätigkeit ausübt;
- wenn die Stelle von einer Behörde oder sonstigen öffentlichen Einrichtung betrieben wird, dort, wo die Behörde oder sonstige öffentliche Einrichtung ihren Sitz hat.

KAPITEL II ZUGANG ZU UND ANFORDERUNGEN AN AS-STELLEN UND AS-VERFAHREN

Artikel 5 Zugang zur AS-Stellen und AS-Verfahren

(1) Die Mitgliedstaaten erleichtern den Zugang der Verbraucher zu AS-Verfahren und sorgen dafür, dass unter diese Richtlinie fallende Streitigkeiten, an denen ein in ihrem jeweiligen Hoheitsgebiet niedergelassener Unternehmer beteiligt ist, einer AS-Stelle vorgelegt werden können, die den Anforderungen dieser Richtlinie genügt.

(2) Die Mitgliedstaaten sorgen dafür, dass AS-Stellen

a) eine laufend aktualisierte Website unterhalten, die den Parteien einen einfachen Zugang zu den Informationen über das AS-Verfahren bietet und es Verbrauchern ermöglicht, Beschwerden und die erforderlichen einschlägigen Dokumente online einzureichen;
b) den Parteien auf Antrag die Informationen gemäß Buchstabe a auf einem dauerhaften Datenträger zur Verfügung stellen;
c) es den Verbrauchern gegebenenfalls ermöglichen, Beschwerden offline einzureichen;
d) den Austausch von Informationen zwischen den Parteien auf elektronischem Wege oder gegebenenfalls auf dem Postweg ermöglichen;
e) sowohl inländische als auch grenzübergreifende Streitigkeiten akzeptieren, und zwar auch Streitigkeiten, die unter die Verordnung (EU) Nr. 524/2013 fallen, und
f) in Verfahren zur Beilegung von unter diese Richtlinie fallenden Streitigkeiten die notwendigen Maßnahmen treffen, um dafür zu sorgen, dass die Verarbeitung personenbezogener Daten im Einklang mit den nationalen Rechtsvorschriften zur Umsetzung der Richtlinie 95/46/EG des Mitgliedstaats erfolgt, in dem die AS-Stelle eingerichtet ist.

(3) [1]Die Mitgliedstaaten können ihrer Verpflichtung nach Absatz 1 dadurch nachkommen, dass sie für die Einrichtung einer ergänzenden AS-Stelle sorgen, die für diejenigen in jenem Absatz genannten Streitigkeiten zuständig ist, für deren Beilegung keine bereits existierende AS-Stelle zuständig ist. [2]Die Mitgliedstaaten können dieser Verpflichtung auch nachkommen, indem sie sich auf AS-Stellen mit Sitz in einem anderen Mitgliedstaat oder regionale, länderübergreifende oder europaweite AS-Stellen stützen, wenn Unternehmer aus unterschiedlichen Mitgliedstaaten in den Zuständigkeitsbereich derselben AS-Stelle fallen, unbeschadet ihrer Verantwortung zur Gewährleistung der vollständigen Abdeckung und des Zugangs zu AS-Stellen.

(4) Die Mitgliedstaaten können nach ihrem Ermessen den AS-Stellen gestatten, Verfahrensregeln beizubehalten und einzuführen, die es ihnen erlauben, die Bearbeitung einer Beschwerde abzulehnen, wenn

a) der Verbraucher nicht zuerst versucht hat, Kontakt mit dem betreffenden Unternehmer aufzunehmen, um seine Beschwerde zu erörtern und die Angelegenheit unmittelbar mit dem Unternehmer zu lösen;
b) die Streitigkeit mutwillig oder schikanös ist;

c) die Streitigkeit von einer anderen AS-Stelle oder einem Gericht behandelt wird oder bereits behandelt worden ist;
d) der Streitwert unter oder über einem im Voraus festgelegten Schwellenbetrag liegt;
e) der Verbraucher die Beschwerde nicht innerhalb einer im Voraus festgelegten Frist, die mindestens ein Jahr nach dem Zeitpunkt, zu dem der Verbraucher die Beschwerde beim Unternehmer eingereicht hat, beträgt, bei der AS-Stelle eingereicht hat;
f) die Behandlung dieser Art von Streitigkeit den effektiven Betrieb der AS-Stelle ansonsten ernsthaft beeinträchtigen würde.

Ist eine AS-Stelle gemäß den Verfahrensregeln nicht in der Lage, eine bei ihr eingereichte Beschwerde zu behandeln, so übermittelt die betreffende AS-Stelle beiden Parteien innerhalb von drei Wochen nach Eingang der Beschwerdeakte eine Erklärung, in der die Gründe angegeben sind, aus denen sie die Streitigkeit nicht behandeln kann.

Solche Verfahrensregeln dürfen den Zugang der Verbraucher zu AS-Verfahren, einschließlich im Fall von grenzübergreifenden Streitigkeiten, nicht erheblich beeinträchtigen.

(5) Die Mitgliedstaaten sorgen dafür, dass AS-Stellen – wenn es ihnen gestattet ist, im Voraus festgelegte Schwellenbeträge zu verwenden, um den Zugang zu AS-Verfahren zu beschränken – die Schwellenbeträge nicht in einer Höhe festsetzen, in der sie den Zugang der Verbraucher zur Bearbeitung von Beschwerden durch AS-Stellen erheblich beeinträchtigen.

(6) Ist eine AS-Stelle nach den Verfahrensregeln gemäß Absatz 4 nicht in der Lage, eine ihr vorgelegte Beschwerde zu behandeln, so ist ein Mitgliedstaat nicht verpflichtet, dafür zu sorgen, dass der Verbraucher seine Beschwerde bei einer anderen AS-Stelle einreichen kann.

(7) Ist eine AS-Stelle, die Streitigkeiten in einem speziellen Wirtschaftssektor bearbeitet, die zuständige Stelle für die Behandlung von Streitigkeiten, die einen Unternehmer betreffen, der in diesem Sektor tätig, aber nicht Mitglied der Organisation oder des Verbands ist, die/der die AS-Stelle eingerichtet hat oder Finanzmittel für sie bereitstellt, so gilt, dass der Mitgliedstaat seine Pflicht nach Absatz 1 – auch in Bezug auf Streitigkeiten, die diesen Unternehmer betreffen – erfüllt hat.

Artikel 6 Fachwissen, Unabhängigkeit und Unparteilichkeit

(1) [1]Die Mitgliedstaaten sorgen dafür, dass die mit AS betrauten natürlichen Personen über das erforderliche Fachwissen verfügen und unabhängig und unparteiisch sind. [2]Dies ist dadurch zu gewährleisten, dass sichergestellt wird, dass diese Personen

a) über das Wissen und die Fähigkeiten verfügen, die für die Arbeit im Bereich der AS oder der gerichtlichen Beilegung verbraucherrechtlicher Streitigkeiten erforderlich sind, sowie ein allgemeines Rechtsverständnis besitzen;
b) für einen Zeitraum berufen werden, der ausreichend lang ist, um die Unabhängigkeit ihres Handelns zu gewährleisten, und nicht ohne triftigen Grund ihres Amtes enthoben werden können;

c) an keine Weisungen einer Partei oder ihrer Vertreter gebunden sind;
d) in einer Weise vergütet werden, die nicht mit dem Ergebnis des Verfahrens im Zusammenhang steht;
e) der AS-Stelle unverzüglich alle Umstände offenlegen, die ihre Unabhängigkeit und Unparteilichkeit beeinträchtigen oder Interessenkonflikte mit einer der Parteien der Streitigkeit, die sie beilegen sollen, entstehen lassen könnten oder diesen Eindruck erwecken könnten. Die Verpflichtung zur Offenlegung solcher Umstände gilt ununterbrochen während des gesamten AS-Verfahrens. Sie gilt nicht, wenn die AS-Stelle nur aus einer natürlichen Person besteht.

(2) Die Mitgliedstaaten sorgen dafür, dass AS-Stellen über Verfahren verfügen, mit denen sichergestellt wird, dass – falls Umstände nach Absatz 1 Buchstabe e vorliegen –
a) die betreffende natürliche Person durch eine andere natürliche Person ersetzt wird, die mit der Durchführung des AS-Verfahrens betraut wird, oder anderenfalls
b) die betreffende natürliche Person auf die Durchführung des AS-Verfahrens verzichtet und, soweit möglich, die AS-Stelle den Parteien vorschlägt, eine andere entsprechend befugte AS-Stelle mit der Streitigkeit zu befassen; oder anderenfalls
c) die Umstände den Parteien offengelegt werden und die betreffende natürliche Person nur dann ermächtigt wird, das AS-Verfahren fortzusetzen, wenn die Parteien keine Einwände erhoben haben, nachdem sie über die Umstände und über ihr Recht, Einwände zu erheben, unterrichtet wurden.

Dieser Absatz lässt Artikel 9 Absatz 2 Buchstabe a unberührt.

Besteht die AS-Stelle nur aus einer natürlichen Person, gilt allein Unterabsatz 1 Buchstaben b und c dieses Absatzes.

(3) Wenn Mitgliedstaaten beschließen, Verfahren gemäß Artikel 2 Absatz 2 Buchstabe a als AS-Verfahren gemäß dieser Richtlinie zu gestatten, so sorgen sie dafür, dass diese Verfahren zusätzlich zu den allgemeinen Anforderungen gemäß den Absätzen 1 und 5 den folgenden spezifischen Anforderungen genügen:

a) Die mit der Streitbeilegung betrauten natürlichen Personen werden von einem kollegialen Gremium ernannt oder gehören einem solchen an, das sich aus jeweils der gleichen Anzahl von Vertretern von Verbraucherverbänden und von Vertretern des Unternehmers zusammensetzt, und werden nach einem transparenten Verfahren ernannt;
b) die Amtszeit der mit der Streitbeilegung betrauten natürlichen Personen beträgt mindestens drei Jahre, damit die Unabhängigkeit ihres Handelns gewährleistet ist;
c) die mit der Streitbeilegung betrauten natürlichen Personen verpflichten sich, für einen Zeitraum von drei Jahren nach Ablauf ihrer in der Streitbeilegungsstelle zurückgelegten Amtszeit weder für den Unternehmer noch für einen Berufs- oder Wirtschaftsverband, dessen Mitglied der Unternehmer ist, tätig zu sein;
d) die Streitbeilegungsstelle hat keine hierarchische oder funktionale Beziehung zu dem Unternehmer und ist von den betrieblichen Einheiten

des Unternehmers eindeutig getrennt und ihr steht für die Wahrnehmung ihrer Aufgaben ein ausreichender Haushalt, der vom allgemeinen Haushalt des Unternehmers getrennt ist, zur Verfügung.

(4) Wenn die mit der AS betrauten natürlichen Personen ausschließlich von einem Berufs- oder Wirtschaftsverband, dessen Mitglied der Unternehmer ist, beschäftigt oder vergütet werden, sorgen die Mitgliedstaaten dafür, dass ihnen zusätzlich zu den allgemeinen Anforderungen gemäß den Absätzen 1 und 5 ein getrennter zweckgebundener Haushalt in ausreichender Höhe für die Erfüllung ihrer Aufgaben zur Verfügung steht.

Dieser Absatz gilt nicht, wenn die betreffenden natürlichen Personen einem kollegialen Gremium angehören, das mit einer jeweils gleichen Anzahl von Vertretern des Berufs- oder Wirtschaftsverbands, von dem sie beschäftigt oder vergütet werden, und von Verbraucherverbänden besetzt ist.

(5) Die Mitgliedstaaten sorgen dafür, dass AS-Stellen, bei denen die mit der Streitbeilegung betrauten natürlichen Personen einem kollegialen Gremium angehören, mit einer jeweils gleichen Anzahl von Vertretern der Verbraucherinteressen und von Vertretern der Unternehmerinteressen besetzt sind.

(6) [1]Für die Zwecke von Absatz 1 Buchstabe a ermutigen die Mitgliedstaaten die AS-Stellen dazu, Schulungen für die mit AS betrauten natürlichen Personen zur Verfügung zu stellen. [2]Werden solche Schulungen zur Verfügung gestellt, so überwachen die zuständigen Behörden die von den AS-Stellen erstellten Schulungsprogramme auf der Grundlage der Informationen, die ihnen gemäß Artikel 19 Absatz 3 Buchstabe g übermittelt werden.

Artikel 7 Transparenz

(1) Die Mitgliedstaaten sorgen dafür, dass AS-Stellen auf ihren Websites, auf Anfrage auf einem dauerhaften Datenträger sowie auf jede andere Weise, die sie für geeignet halten, in eindeutiger und leicht verständlicher Weise folgende Informationen öffentlich zugänglich machen:

a) ihre Kontaktangaben, einschließlich Postanschrift und E-Mail-Adresse;
b) die Tatsache, dass die AS-Stellen in einer Liste gemäß Artikel 20 Absatz 2 geführt sind;
c) welche natürlichen Personen mit der AS betraut sind, wie sie ernannt werden und wie lange ihre Amtszeit dauert;
d) das Fachwissen, die Unparteilichkeit und die Unabhängigkeit der mit der AS betrauten Personen, wenn sie ausschließlich von dem Unternehmer beschäftigt oder vergütet werden;
e) gegebenenfalls ob sie Netzwerken von AS-Stellen zur Erleichterung grenzübergreifender Streitbeilegung angehören;
f) für welche Arten von Streitigkeiten sie zuständig sind, einschließlich etwaiger Schwellenwerte;
g) welche Verfahrensregeln für die Beilegung einer Streitigkeit gelten sowie die Gründe, aus denen eine AS-Stelle im Einklang mit Artikel 5 Absatz 4 es ablehnen kann, eine bestimmte Streitigkeit zu bearbeiten;
h) in welchen Sprachen Beschwerden bei der AS-Stelle eingereicht werden können und in welchen Sprachen das AS-Verfahren geführt wird;

i) auf welche Regelungen sich die AS-Stelle bei der Streitbeilegung stützen kann (zum Beispiel Rechtsvorschriften, Billigkeitserwägungen, Verhaltenskodizes);
j) welche Vorbedingungen die Parteien gegebenenfalls erfüllen müssen, damit ein AS-Verfahren eingeleitet werden kann, einschließlich der Bedingung, dass der Verbraucher versucht haben muss, die Angelegenheit unmittelbar mit dem Unternehmer zu lösen;
k) ob die Parteien das Verfahren abbrechen können;
l) die Kosten, die gegebenenfalls von den Parteien zu tragen sind, einschließlich der Regelungen zur Kostentragung am Ende des Verfahrens;
m) die durchschnittliche Dauer des AS-Verfahrens;
n) die Rechtswirkung des Ergebnisses des AS-Verfahrens, einschließlich gegebenenfalls der Sanktionen bei Nichtbefolgung im Fall einer die Parteien bindenden Entscheidung;
o) gegebenenfalls die Vollstreckbarkeit der AS-Entscheidung.

(2) [1]Die Mitgliedstaaten sorgen dafür, dass AS-Stellen auf ihren Websites, auf Anfrage auf einem dauerhaften Datenträger sowie auf jede andere Weise, die sie für geeignet halten, jährliche Tätigkeitsberichte öffentlich zugänglich machen. [2]Diese Berichte enthalten folgende Informationen sowohl zu inländischen als auch zu grenzübergreifenden Streitigkeiten:
a) Anzahl der eingegangenen Streitigkeiten und Art der Beschwerden, auf die sie sich beziehen;
b) systematische oder signifikante Problemstellungen, die häufig auftreten und zu Streitigkeiten zwischen Verbrauchern und Unternehmern führen; diese Informationen können von Empfehlungen begleitet sein, wie derartige Probleme in Zukunft vermieden oder gelöst werden können, um die Standards der Unternehmer zu erhöhen und den Austausch von Informationen und bewährten Praktiken zu fördern;
c) Prozentsatz der Streitigkeiten, deren Bearbeitung eine AS-Stelle abgelehnt hat und prozentualer Anteil der verschiedenen Gründe für eine solche Ablehnung gemäß Artikel 5 Absatz 4;
d) bei den in Artikel 2 Absatz 2 Buchstabe a genannten Verfahren den jeweiligen Prozentsatz der zugunsten des Verbrauchers und zugunsten des Unternehmers vorgeschlagenen oder auferlegten Lösungen und der durch gütliche Einigung gelösten Streitigkeiten;
e) Prozentsatz der AS-Verfahren, die ergebnislos abgebrochen wurden und, sofern bekannt, die Gründe für den Abbruch;
f) durchschnittlicher Zeitaufwand für die Lösung von Streitigkeiten;
g) sofern bekannt, Prozentsatz der Fälle, in denen sich die Parteien an die Ergebnisse der AS-Verfahren gehalten haben;
h) gegebenenfalls Zusammenarbeit der AS-Stellen mit Netzwerken von AS-Stellen, die die Beilegung grenzübergreifender Streitigkeiten erleichtern.

Artikel 8 Effektivität

Die Mitgliedstaaten sorgen dafür, dass AS-Verfahren effektiv sind und die folgenden Anforderungen erfüllen:

a) Das AS-Verfahren ist für beide Parteien online und offline verfügbar und leicht zugänglich, und zwar unabhängig davon, wo sie sind;
b) die Parteien haben Zugang zu dem Verfahren, ohne einen Rechtsanwalt oder einen Rechtsberater beauftragen zu müssen, aber das Verfahren nimmt den Parteien nicht das Recht auf unabhängige Beratung oder darauf, sich in jedem Verfahrensstadium von einem Dritten vertreten oder unterstützen zu lassen;
c) das AS-Verfahren ist für Verbraucher entweder kostenlos oder gegen eine Schutzgebühr zugänglich;
d) die AS-Stelle, bei der eine Beschwerde eingereicht wurde, benachrichtigt die Parteien der Streitigkeit, sobald sie alle Unterlagen mit den erforderlichen Informationen zur Beschwerde erhalten hat;
e) das Ergebnis des AS-Verfahrens ist binnen 90 Kalendertagen nach Eingang der vollständigen Beschwerdeakte bei der AS-Stelle verfügbar. Bei hoch komplexen Streitigkeiten kann die mit der Beilegung betraute AS-Stelle die Frist von 90 Kalendertagen nach eigenem Ermessen verlängern. Die Parteien sind von jeder Verlängerung dieser Frist und von der zu erwartenden Zeitspanne bis zur Beilegung der Streitigkeit zu unterrichten.

Artikel 9 Fairness

(1) Die Mitgliedstaaten sorgen dafür, dass in AS-Verfahren

a) die Parteien die Möglichkeit haben, innerhalb einer angemessenen Frist ihre Meinung zu äußern, von der AS-Stelle die von der Gegenpartei vorgebrachten Argumente, Beweise, Unterlagen und Fakten sowie etwaige Feststellungen und Gutachten von Experten zu erhalten und hierzu Stellung nehmen zu können;
b) die Parteien darüber unterrichtet werden, dass sie keinen Rechtsanwalt oder Rechtsberater beauftragen müssen, sich jedoch in jedem Verfahrensstadium von unabhängiger Seite beraten oder von einer dritten Partei vertreten oder unterstützen lassen können;
c) den Parteien das Ergebnis des AS-Verfahrens schriftlich oder auf einem dauerhaften Datenträger mitgeteilt wird und sie eine Darlegung der Gründe, auf denen es basiert, erhalten.

(2) Die Mitgliedstaaten sorgen dafür, dass in AS-Verfahren, die auf eine Beilegung der Streitigkeit durch Vorschlag einer Lösung abzielen,

a) die Parteien in jedem Stadium die Möglichkeit haben, das Verfahren abzubrechen, wenn sie die Durchführung oder den Ablauf des Verfahrens für unbefriedigend erachten. Sie müssen vor Einleitung des Verfahrens von diesem Recht unterrichtet werden. Wenn nationale Rechtsvorschriften eine verpflichtende Teilnahme des Unternehmers an AS-Verfahren vorsehen, gilt dieser Buchstabe ausschließlich für den Verbraucher;

b) die Parteien über Folgendes informiert werden, bevor sie einer vorgeschlagenen Lösung zustimmen oder diese befolgen:
   i) dass sie die Wahl haben, der vorgeschlagenen Lösung zuzustimmen oder diese zu befolgen oder nicht;
   ii) dass die Beteiligung an dem Verfahren die Möglichkeit nicht ausschließt, die Durchsetzung ihrer Rechte vor Gericht zu suchen;
   iii) dass die vorgeschlagene Lösung anders sein kann als das Ergebnis eines Gerichtsverfahrens, in dem Rechtsvorschriften angewandt werden;
c) die Parteien über die Rechtswirkungen informiert werden, die die Zustimmung zu einer vorgeschlagenen Lösung oder die Befolgung einer vorgeschlagenen Lösung hat, bevor sie einer vorgeschlagenen Lösung zustimmen oder diese befolgen;
d) den Parteien eine angemessene Überlegungsfrist eingeräumt wird, bevor sie einer vorgeschlagenen Lösung oder einer gütlichen Einigung zustimmen.

(3) Sehen AS-Verfahren im Einklang mit nationalem Recht vor, dass ihre Ergebnisse für den Unternehmer verbindlich werden, sobald der Verbraucher die vorgeschlagene Lösung akzeptiert hat, so gilt Artikel 9 Absatz 2 nur für den Verbraucher.

Artikel 10 Handlungsfreiheit

(1) Die Mitgliedstaaten stellen sicher, dass eine Vereinbarung zwischen einem Verbraucher und einem Unternehmer darüber, Beschwerden bei einer AS-Stelle einzureichen, für den Verbraucher nicht verbindlich ist, wenn sie vor dem Entstehen der Streitigkeit getroffen wurde und wenn sie dazu führt, dass dem Verbraucher das Recht entzogen wird, die Gerichte zur Beilegung des Streitfalls anzurufen.

(2) [1]Die Mitgliedstaaten stellen sicher, dass bei AS-Verfahren, bei denen die Streitigkeit durch das Auferlegen einer verbindlichen Lösung beigelegt werden soll, die auferlegte Lösung nur dann verbindlich für die Parteien sein kann, wenn die Parteien vorher über den verbindlichen Charakter der Lösung informiert wurden und sie dies ausdrücklich akzeptiert haben. [2]Die ausdrückliche Zustimmung des Unternehmers ist nicht erforderlich, wenn in den nationalen Rechtsvorschriften bestimmt ist, dass die Lösungen für die Unternehmer verbindlich sind.

Artikel 11 Rechtmäßigkeit

(1) Die Mitgliedstaaten sorgen dafür, dass in AS-Verfahren, bei denen die Streitigkeit mittels einer dem Verbraucher auferlegten Lösung beigelegt werden soll,

a) die auferlegte Lösung – sofern keine Rechtskollision vorliegt – nicht dazu führen darf, dass der Verbraucher den Schutz verliert, der ihm durch die Bestimmungen gewährt wird, von denen nicht durch Vereinbarung gemäß dem Recht des Mitgliedstaats, in dem der Verbraucher und der

Unternehmer ihren gewöhnlichen Aufenthalt haben, abgewichen werden darf;

b) die von der AS-Stelle auferlegte Lösung – sofern eine Rechtskollision vorliegt, bei der das für den Kauf- oder Dienstleistungsvertrag geltende Recht gemäß Artikel 6 Absätze 1 und 2 der Verordnung (EG) Nr. 593/2008 bestimmt wird – nicht dazu führen darf, dass der Verbraucher den Schutz verliert, der ihm durch die Bestimmungen gewährt wird, von denen nicht durch Vereinbarung gemäß dem Recht des Mitgliedstaats, in dem er seinen gewöhnlichen Aufenthalt hat, abgewichen werden darf;

c) die von der AS-Stelle auferlegte Lösung – sofern eine Rechtskollision vorliegt, bei der das für den Kauf- oder Dienstleistungsvertrag geltende Recht gemäß Artikel 5 Absätze 1 bis 3 des Übereinkommens von Rom vom 19. Juni 1980 über das auf vertragliche Schuldverhältnisse anzuwendende Recht bestimmt wird – nicht dazu führen darf, dass der Verbraucher den Schutz verliert, der ihm durch die zwingenden Vorschriften des Rechts des Mitgliedstaats, in dem er seinen gewöhnlichen Aufenthalt hat, gewährt wird.

(2) Für die Zwecke dieses Artikels wird der „gewöhnliche Aufenthalt" nach Maßgabe der Verordnung (EG) Nr. 593/2008 bestimmt.

Artikel 12 Auswirkung von AS-Verfahren auf Verjährungsfristen

(1) Die Mitgliedstaaten stellen sicher, dass die Parteien, die zur Beilegung einer Streitigkeit AS-Verfahren in Anspruch nehmen, deren Ergebnis nicht verbindlich ist, im Anschluss daran nicht durch den Ablauf der Verjährungsfristen während des AS-Verfahrens daran gehindert werden, in Bezug auf dieselbe Streitigkeit ein Gerichtsverfahren einzuleiten.

(2) Absatz 1 gilt unbeschadet der Bestimmungen über die Verjährung in internationalen Übereinkommen, denen die Mitgliedstaaten angehören.

KAPITEL III INFORMATION UND KOOPERATION

Artikel 13 Information der Verbraucher durch Unternehmer

(1) [1]Die Mitgliedstaaten sorgen dafür, dass in ihrem Hoheitsgebiet niedergelassene Unternehmer die Verbraucher über die AS-Stelle oder AS-Stellen in Kenntnis setzen, von der/denen diese Unternehmer erfasst werden, sofern diese Unternehmer sich verpflichten oder verpflichtet sind, diese Stellen zur Beilegung von Streitigkeiten mit Verbrauchern einzuschalten. [2]Zu dieser Information gehört die Website-Adresse der betreffenden AS-Stelle oder AS-Stellen.

(2) Die in Absatz 1 genannten Informationen werden auf der Website des Unternehmers – soweit vorhanden – und gegebenenfalls in den allgemeinen Geschäftsbedingungen für Kauf- oder Dienstleistungsverträge zwischen dem Unternehmer und einem Verbraucher in klarer, verständlicher und leicht zugänglicher Weise aufgeführt.

(3) [1]Die Mitgliedstaaten sorgen dafür, dass in den Fällen, in denen eine Streitigkeit zwischen einem Verbraucher und einem in ihrem Hoheitsgebiet niedergelassenen Unternehmer im Anschluss an das direkte Einreichen einer Beschwerde durch den Verbraucher beim Unternehmer nicht beigelegt werden konnte, der Unternehmer dem Verbraucher die Informationen gemäß Absatz 1 bereitstellt und dabei angibt, ob er die einschlägigen AS-Stellen zur Beilegung der Streitigkeit nutzen wird. [2]Diese Informationen werden auf Papier oder einem anderen dauerhaften Datenträger bereitgestellt.

Artikel 14 Unterstützung für Verbraucher

(1) Die Mitgliedstaaten sorgen dafür, dass die Verbraucher bei Streitigkeiten, die sich aus grenzübergreifenden Kauf- und Dienstleistungsverträgen ergeben, Unterstützung erhalten können, um in einem anderen Mitgliedstaat die AS-Stelle zu finden, die für ihre grenzübergreifende Streitigkeit zuständig ist.

(2) Die Mitgliedstaaten übertragen die Zuständigkeit für die in Absatz 1 genannte Aufgabe ihren Zentren des Europäischen Netzes der Verbraucherzentren, Verbraucherverbänden oder jeder anderen Einrichtung.

Artikel 15 Allgemeine Informationen

(1) Die Mitgliedstaaten sorgen dafür, dass die AS-Stellen, die Zentren des Europäischen Netzes der Verbraucherzentren und gegebenenfalls die gemäß Artikel 14 Absatz 2 benannten Einrichtungen auf ihren Websites durch einen Link zur Website der Kommission und, wann immer möglich, auf einem dauerhaften Datenträger in ihren Räumlichkeiten die in Artikel 20 Absatz 4 genannte Liste der AS-Stellen öffentlich zugänglich machen.

(2) Die Mitgliedstaaten regen an, dass einschlägige Verbraucher- und Wirtschaftsverbände auf ihren Websites und in jeder anderen Weise, die sie für geeignet halten, die in Artikel 20 Absatz 4 genannte Liste der AS-Stellen öffentlich zugänglich machen.

(3) Die Kommission und die Mitgliedstaaten sorgen für eine angemessene Verbreitung der Informationen darüber, wie die Verbraucher Zugang zu AS-Verfahren zur Beilegung von Streitigkeiten im Rahmen dieser Richtlinie erhalten können.

(4) [1]Die Kommission und die Mitgliedstaaten ergreifen flankierende Maßnahmen, um die Verbraucher- und Berufsverbände zu ermutigen, auf Unions- und auf nationaler Ebene die Kenntnis von AS-Stellen und ihren Verfahren zu verbessern und die Inanspruchnahme von AS durch Unternehmer und Verbraucher zu fördern. [2]Diese Vereinigungen werden ferner ermutigt, den Verbrauchern Informationen über die zuständigen AS-Stellen bereitzustellen, wenn Verbraucher sich mit Beschwerden an sie wenden.

Artikel 16 Kooperation und Erfahrungsaustausch zwischen AS-Stellen

(1) Die Mitgliedstaaten sorgen dafür, dass AS-Stellen bei der Beilegung grenzübergreifender Streitigkeiten kooperieren und sich regelmäßig über bewährte Verfahren zur Beilegung von grenzübergreifenden und inländischen Streitigkeiten austauschen.

(2) Die Kommission unterstützt und erleichtert die Vernetzung nationaler AS-Stellen sowie den Austausch und die Verbreitung ihrer bewährten Verfahren und Erfahrungen.

(3) Gibt es für einen bestimmten Sektor auf Ebene der Union ein Netzwerk von AS-Stellen zur Erleichterung der Beilegung grenzübergreifender Streitigkeiten, so fördern die Mitgliedstaaten den Beitritt von AS-Stellen, die sich mit Streitigkeiten aus diesem Sektor befassen, zu diesem Netzwerk.

(4) [1]Die Kommission veröffentlicht eine Liste mit den Namen und Kontaktangaben der in Absatz 3 genannten Netzwerke. [2]Die Kommission aktualisiert diese Liste, sobald dies erforderlich ist.

Artikel 17 Kooperation zwischen AS-Stellen und den für die Durchsetzung der Unionsrechtsakte über Verbraucherschutz zuständigen nationalen Behörden

(1) Die Mitgliedstaaten sorgen dafür, dass AS-Stellen und nationale Behörden, die für die Durchsetzung der Unionsrechtsakte über Verbraucherschutz der Union zuständig sind, miteinander kooperieren.

(2) [1]Diese Kooperation umfasst insbesondere den Austausch von Informationen über Geschäftspraktiken in spezifischen Wirtschaftssektoren, über die wiederholt Beschwerden von Verbrauchern eingegangen sind. [2]Dazu gehört auch, dass die betreffenden nationalen Behörden technische Bewertungen und Informationen zur Verfügung stellen, wenn diese für die Bearbeitung individueller Streitigkeiten erforderlich und bereits verfügbar sind.

(3) Die Mitgliedstaaten sorgen dafür, dass die Kooperation und der Informationsaustausch gemäß den Absätzen 1 und 2 den Bestimmungen der Richtlinie 95/46/EG über den Schutz personenbezogener Daten entsprechen.

(4) [1]Dieser Artikel gilt unbeschadet der Bestimmungen über das Berufs- und Geschäftsgeheimnis, die für nationale Behörden gelten, die Unionsrechtsakte über Verbraucherschutz durchsetzen. [2]Die AS-Stellen unterliegen der beruflichen Geheimhaltungspflicht oder gleichwertigen Verpflichtungen zur Vertraulichkeit gemäß den Rechtsvorschriften der Mitgliedstaaten, in denen sie eingerichtet sind.

KAPITEL IV ROLLE DER ZUSTÄNDIGEN BEHÖRDEN UND DER KOMMISSION

Artikel 18 Benennung der zuständigen Behörden

(1) [1]Jeder Mitgliedstaat benennt eine zuständige Behörde, die die in den Artikeln 19 und 20 genannten Aufgaben ausübt. [2]Jeder Mitgliedstaat kann mehr als eine zuständige Behörde benennen. [3]In diesem Fall legt er fest, welche der zuständigen Behörden die zentrale Anlaufstelle für die Kommission ist. [4]Jeder Mitgliedstaat teilt der Kommission die zuständige Behörde oder gegebenenfalls die zuständigen Behörden mit, einschließlich der zentralen Anlaufstelle, die er benannt hat.

(2) Die Kommission erstellt eine Liste der ihr gemäß Absatz 1 gemeldeten zuständigen Behörden, in der gegebenenfalls auch die zentralen Anlaufstellen aufgeführt sind, und veröffentlicht diese Liste im *Amtsblatt der Europäischen Union.*

Artikel 19 Informationen, die den zuständigen Behörden von den Streitbeilegungsstellen mitzuteilen sind

(1) Die Mitgliedstaaten sorgen dafür, dass in ihrem Hoheitsgebiet eingerichtete Streitbeilegungsstellen, die als AS-Stellen gemäß dieser Richtlinie angesehen und in eine Liste gemäß Artikel 20 Absatz 2 aufgenommen werden möchten, der zuständigen Behörde Folgendes mitteilen:
a) ihren Namen, Kontaktangaben und Website-Adresse;
b) Informationen zu ihrer Struktur und Finanzierung, darunter Informationen zu den mit Streitbeilegung betrauten natürlichen Personen sowie dazu, wie sie vergütet werden, wie lange ihre Amtszeit ist und von wem sie beschäftigt werden;
c) ihre Verfahrensregeln;
d) gegebenenfalls ihre Gebühren;
e) die durchschnittliche Dauer des Streitbeilegungsverfahrens;
f) in welchen Sprachen Beschwerden eingereicht werden können und in welchen Sprachen das Streitbeilegungsverfahren geführt werden kann;
g) eine Erklärung zu den Arten von Streitigkeiten, die unter das Streitbeilegungsverfahren fallen;
h) die Gründe, aus denen die Streitbeilegungsstelle die Bearbeitung einer bestimmten Streitigkeit gemäß Artikel 5 Absatz 4 ablehnen kann;
i) eine mit Gründen versehene Erklärung dazu, ob die Stelle als in den Geltungsbereich dieser Richtlinie fallende AS-Stelle zu qualifizieren ist und ob sie die Qualitätsanforderungen nach Kapitel II erfüllt.

Ergeben sich Änderungen hinsichtlich der in den Buchstaben a bis h genannten Informationen, so teilen die AS-Stellen der zuständigen Behörde diese Änderungen ohne unnötige Verzögerung mit.

(2) Wenn die Mitgliedstaaten beschließen, Verfahren gemäß Artikel 2 Absatz 2 Buchstabe a zuzulassen, sorgen sie dafür, dass AS-Stellen, die solche Verfahren durchführen, der zuständigen Behörde neben den Angaben und Erklärungen gemäß Absatz 1 auch die Informationen übermitteln, die erforderlich sind, um die Einhaltung der besonderen zusätzlichen Anforde-

rungen an die Unabhängigkeit und Transparenz nach Artikel 6 Absatz 3 zu beurteilen.

(3) Die Mitgliedstaaten sorgen dafür, dass AS-Stellen den zuständigen Behörden alle zwei Jahre Informationen über Folgendes mitteilen:

a) Anzahl der eingegangenen Streitigkeiten und Art der Beschwerden, auf die sie sich beziehen;
b) Prozentsatz der AS-Verfahren, die ergebnislos abgebrochen wurden;
c) durchschnittlicher Zeitaufwand bei der Lösung der eingegangenen Streitfälle;
d) sofern bekannt, Prozentsatz der Fälle, in denen sich die Parteien an die Ergebnisse der AS-Verfahren gehalten haben;
e) systematische oder signifikante Problemstellungen, die häufig auftreten und zu Streitigkeiten zwischen Verbrauchern und Unternehmern führen. Die diesbezüglichen Informationen können von Empfehlungen begleitet sein, wie derartige Probleme in Zukunft vermieden oder gelöst werden können;
f) gegebenenfalls eine Einschätzung der Effektivität ihrer Kooperation mit Netzwerken von AS-Stellen zur Erleichterung grenzübergreifender Streitbeilegung;
g) gegebenenfalls Schulungen für die natürlichen Personen, die mit AS betraut sind, gemäß Artikel 6 Absatz 6;
h) eine Einschätzung der Effektivität des von der betreffenden Stelle angebotenen AS-Verfahrens und der Möglichkeiten zur Verbesserung ihrer Leistungsfähigkeit.

Artikel 20 Rolle der zuständigen Behörden und der Kommission

(1) Jede zuständige Behörde beurteilt insbesondere aufgrund der Informationen, die sie gemäß Artikel 19 Absatz 1 erhalten hat, ob die ihr gemeldeten Streitbeilegungsstellen als AS-Stellen im Sinne dieser Richtlinie anzusehen sind und die Qualitätsanforderungen von Kapitel II und von nationalen Durchführungsbestimmungen, einschließlich nationaler Bestimmungen, die – im Einklang mit dem Unionsrecht – über die Anforderungen dieser Richtlinie hinausgehen, erfüllen.

(2) Jede zuständige Behörde erstellt auf der Grundlage der Beurteilung gemäß Absatz 1 eine Liste sämtlicher AS-Stellen, die ihr gemeldet wurden und bei denen die in Absatz 1 genannten Bedingungen erfüllt sind.

Die Liste enthält folgende Angaben:

a) Name, Kontaktangaben und Website-Adressen der im ersten Unterabsatz genannten AS-Stellen;
b) gegebenenfalls ihre Gebühren;
c) in welchen Sprachen Beschwerden bei der AS-Stelle eingereicht werden können und in welchen Sprachen das AS-Verfahren geführt werden kann;
d) die Arten von Streitigkeiten, die unter das AS-Verfahren fallen;
e) die Sektoren und Kategorien der Streitigkeiten, die von jeder AS-Stelle abgedeckt werden;

f) gegebenenfalls Notwendigkeit der Anwesenheit der Parteien oder ihrer Vertreter, einschließlich der Erklärung der AS-Stelle, ob das AS-Verfahren als mündliches oder schriftliches Verfahren durchgeführt wird oder durchgeführt werden kann;
g) Verbindlichkeit oder Unverbindlichkeit des Verfahrensergebnisses und
h) die Gründe, aus denen die AS-Stelle die Bearbeitung einer bestimmten Streitigkeit gemäß Artikel 5 Absatz 4 ablehnen kann.

[1]Jede zuständige Behörde übermittelt der Kommission die im ersten Unterabsatz dieses Absatzes genannte Liste. [2]Werden der zuständigen Behörde Änderungen gemäß Artike 19 Absatz 1 Unterabsatz 2 mitgeteilt, so wird diese Liste ohne unnötige Verzögerung aktualisiert und die Kommission entsprechend informiert.

[1]Erfüllt eine gemäß dieser Richtlinie als AS-Stelle in einer Liste geführte Streitbeilegungsstelle die Anforderungen gemäß Absatz 1 nicht mehr, so nimmt die zuständige Behörde Kontakt mit dieser Streitbeilegungsstelle auf, teilt ihr mit, welche Anforderungen sie nicht erfüllt, und fordert sie auf, für deren unverzügliche Erfüllung zu sorgen. [2]Erfüllt die Streitbeilegungsstelle nach Ablauf einer Frist von drei Monaten immer noch nicht die Anforderungen gemäß Absatz 1 dieses Artikels, so streicht die zuständige Behörde die Streitbeilegungsstelle von der in Unterabsatz 1 dieses Absatzes genannten Liste. [3]Diese Liste wird ohne unnötige Verzögerung aktualisiert und die Kommission wird entsprechend informiert.

(3) [1]Hat ein Mitgliedstaat mehr als eine zuständige Behörde benannt, so werden die Liste und ihre Aktualisierungen gemäß Absatz 2 der Kommission über die in Artikel 18 Absatz 1 genannte zentrale Anlaufstelle übermittelt. [2]Diese Liste und diese Aktualisierungen beziehen sich auf alle AS-Stellen, die in dem betreffenden Mitgliedstaat eingerichtet sind.

(4) [1]Die Kommission erstellt eine Liste der ihr gemäß Absatz 2 gemeldeten AS-Stellen und aktualisiert diese Liste bei jeder Mitteilung von Änderungen. [2]Die Kommission macht diese Liste und ihre Aktualisierungen auf ihrer Website und auf einem dauerhaften Datenträger öffentlich zugänglich. [3]Die Kommission übermittelt diese Liste und ihre Aktualisierungen den zuständigen Behörden. [4]Hat ein Mitgliedstaat eine einzige Anlaufstelle gemäß Artikel 18 Absatz 1 benannt, übermittelt die Kommission die Liste und ihre Aktualisierungen der einzigen Anlaufstelle.

(5) [1]Jede zuständige Behörde macht die konsolidierte Liste der in Absatz 4 genannten AS-Stellen auf ihrer Website öffentlich zugänglich, indem sie einen Link zu der entsprechenden Website der Kommission einstellt. [2]Zusätzlich macht jede zuständige Behörde diese konsolidierte Liste auf einem dauerhaften Datenträger öffentlich zugänglich.

(6) [1]Spätestens 9. Juli 2018 und danach alle vier Jahre veröffentlicht jede zuständige Behörde einen Bericht über die Entwicklung und die Arbeitsweise von AS-Stellen und übermittelt ihn der Kommission. [2]Dieser Bericht umfasst insbesondere

a) eine Beschreibung der bewährten Verfahren von AS-Stellen;
b) gegebenenfalls eine statistisch belegte Darlegung der Unzulänglichkeiten, die das Funktionieren von AS-Stellen zur Beilegung sowohl inländischer als auch grenzübergreifender Streitigkeiten behindern;
c) gegebenenfalls Empfehlungen dazu, wie das effektive und effiziente Funktionieren von AS-Stellen verbessert werden könnte.

(7) [1]Hat ein Mitgliedstaat gemäß Artikel 18 Absatz 1 mehr als eine zuständige Behörde benannt, so wird der Bericht gemäß Absatz 6 dieses Artikels von der zentralen Anlaufstelle gemäß Artikel 18 Absatz 1 veröffentlicht. [2]Dieser Bericht bezieht sich auf alle AS-Stellen, die in dem betreffenden Mitgliedstaat eingerichtet sind.

KAPITEL V SCHLUSSBESTIMMUNGEN

Artikel 21 Sanktionen

[1]Die Mitgliedstaaten legen fest, welche Sanktionen bei einem Verstoß gegen die insbesondere gemäß Artikel 13 erlassenen nationalen Vorschriften zu verhängen sind, und treffen die zu deren Durchsetzung erforderlichen Maßnahmen. [2]Die vorgesehenen Sanktionen müssen wirksam, verhältnismäßig und abschreckend sein.

Artikel 22 Änderung der Verordnung (EG) Nr. 2006/2004

(hier nicht wiedergegeben)

Artikel 23 Änderung der Richtlinie 2009/22/EG

(hier nicht wiedergegeben)

Artikel 24 Mitteilungen

(1) Bis zum 9. Juli 2015 teilen die Mitgliedstaaten der Kommission Folgendes mit:
a) gegebenenfalls Namen und Kontaktangaben der gemäß Artikel 14 Absatz 2 benannten Einrichtungen und
b) die gemäß Artikel 18 Absatz 1 benannten zuständigen Behörden, einschließlich gegebenenfalls der zentralen Anlaufstelle.

Die Mitgliedstaaten teilen der Kommission etwaige spätere Änderungen dieser Angaben mit.

(2) Bis zum 9. Januar 2016 übermitteln die Mitgliedstaaten der Kommission die erste Liste gemäß Artikel 20 Absatz 2.

(3) Die Kommission übermittelt den Mitgliedstaaten die in Absatz 1 Buchstabe a genannten Informationen.

Artikel 25 Umsetzung

(1) [1]Die Mitgliedstaaten setzen die erforderlichen Rechts- oder Verwaltungsvorschriften in Kraft, um dieser Richtlinie spätestens am 9. Juli 2015

nachzukommen. [2]Sie teilen der Kommission unverzüglich den Wortlaut dieser Rechtsvorschriften mit.

[1]Bei Erlass dieser Vorschriften nehmen die Mitgliedstaaten in den Vorschriften selbst oder durch einen Hinweis bei der amtlichen Veröffentlichung auf diese Richtlinie Bezug. [2]Die Mitgliedstaaten regeln die Einzelheiten dieser Bezugnahme.

(2) Die Mitgliedstaaten teilen der Kommission den Wortlaut der wichtigsten nationalen Rechtsvorschriften mit, die sie auf dem unter diese Richtlinie fallenden Gebiet erlassen.

Artikel 26 Bericht

[1]Bis zum 9. Juli 2019 und danach alle vier Jahre übermittelt die Kommission dem Europäischen Parlament, dem Rat und dem Europäischen Wirtschafts- und Sozialausschuss einen Bericht über die Anwendung dieser Richtlinie. [2]In diesem Bericht wird auf die Entwicklung und Nutzung von AS-Stellen sowie auf die Auswirkungen dieser Richtlinie auf Verbraucher und Unternehmer, insbesondere auf die Kenntnis der Verbraucher und die Akzeptanz durch die Unternehmer, eingegangen. [3]Diesem Bericht sind gegebenenfalls Vorschläge zur Änderung dieser Richtlinie beizufügen.

Artikel 27 Inkrafttreten

Diese Richtlinie tritt am zwanzigsten Tag nach ihrer Veröffentlichung im *Amtsblatt der Europäischen Union* in Kraft.

Artikel 28 Adressaten

Diese Richtlinie ist an die Mitgliedstaaten gerichtet.

Geschehen zu Straßburg am 21. Mai 2013.

Verordnung (EU) Nr. 524/2013 des Europäischen Parlaments und des Rates vom 21. Mai 2013 über die Online-Beilegung verbraucherrechtlicher Streitigkeiten und zur Änderung der Verordnung (EG) Nr. 2006/2004 und der Richtlinie 2009/22/EG (Verordnung über Online-Streitbeilegung in Verbraucherangelegenheiten)

(ABl. L 165 vom 18.6.2013 S. 1)

DAS EUROPÄISCHE PARLAMENT UND DER RAT DER EUROPÄISCHEN UNION –

gestützt auf den Vertrag über die Arbeitsweise der Europäischen Union, insbesondere auf Artikel 114,

auf Vorschlag der Europäischen Kommission,

nach Zuleitung des Entwurfs des Gesetzgebungsakts an die nationalen Parlamente,

nach Stellungnahme des Europäischen Wirtschafts- und Sozialausschusses[1],

gemäß dem ordentlichen Gesetzgebungsverfahren[2],

in Erwägung nachstehender Gründe:

(1) Gemäß Artikel 169 Absatz 1 und Artikel 169 Absatz 2 Buchstabe a des Vertrags über die Arbeitsweise der Europäischen Union (AEUV) leistet die Union durch Maßnahmen, die sie nach Artikel 114 AEUV erlässt, einen Beitrag zur Erreichung eines hohen Verbraucherschutzniveaus. Gemäß Artikel 38 der Charta der Grundrechte der Europäischen Union hat die Politik der Union ein hohes Verbraucherschutzniveau sicherzustellen.

(2) Gemäß Artikel 26 Absatz 2 AEUV soll der Binnenmarkt einen Raum ohne Binnengrenzen umfassen, in dem der freie Verkehr von Waren und Dienstleistungen gewährleistet ist. Damit die Verbraucher Vertrauen in den digitalen Binnenmarkt haben und diesen in vollem Umfang nutzen können, müssen sie Zugang zu einfachen, effizienten, schnellen und kostengünstigen Möglichkeiten der Beilegung von Streitigkeiten haben, die sich aus dem Online-Verkauf von Waren oder der Online-Erbringung von Dienstleistungen ergeben. Dies gilt insbesondere, wenn Verbraucher Einkäufe über die Grenzen hinweg tätigen.

(3) In ihrer Mitteilung vom 13. April 2011 mit dem Titel „Binnenmarktakte – Zwölf Hebel zur Förderung von Wachstum und Vertrauen – 'Gemeinsam für neues Wachstum' " bezeichnete die Kommission Rechtsvorschriften über alternative Streitbeilegung (im Folgenden „AS") auch für den elektronischen Geschäftsverkehr als einen der

1 ABl. C 181 vom 21.6.2012, S. 99.

2 Standpunkt des Europäischen Parlaments vom 12. März 2013 (noch nicht im Amtsblatt veröffentlicht) und Beschluss des Rates vom 22. April 2013.

zwölf Hebel zur Förderung des Wachstums und des Vertrauens in den Binnenmarkt.

(4) Eine Fragmentierung des Binnenmarktes behindert Bemühungen um die Steigerung von Wettbewerbsfähigkeit und Wachstum. Darüber hinaus stellt die ungleichmäßige Verfügbarkeit, Qualität und Bekanntheit einfacher, effizienter, schneller und kostengünstiger Möglichkeiten zur Beilegung von Streitigkeiten, die sich aus dem Verkauf von Waren oder der Bereitstellung von Dienstleistungen innerhalb der gesamten Union ergeben, ein Hindernis auf dem Binnenmarkt dar, durch das das Vertrauen von Verbrauchern und Unternehmern in den grenzübergreifenden Ein- und Verkauf untergraben wird.

(5) In seinen Schlussfolgerungen vom 24.-25. März und vom 23. Oktober 2011 hat der Europäische Rat das Europäische Parlament und den Rat aufgefordert, bis Ende 2012 ein erstes Bündel vorrangiger Maßnahmen zu verabschieden, um dem Binnenmarkt neue Impulse zu geben.

(6) Verbraucher erfahren den Binnenmarkt in ihrem täglichen Leben als eine Realität, wenn sie reisen, einkaufen oder Zahlungen vornehmen. Verbraucher sind wichtige Akteure im Binnenmarkt und sollten daher in dessen Mittelpunkt stehen. Die digitale Dimension des Binnenmarkts ist sowohl für die Verbraucher als auch für die Unternehmer von entscheidender Bedeutung. Verbraucher tätigen immer häufiger Einkäufe online und immer mehr Unternehmer verkaufen online. Verbraucher und Unternehmer sollten sich bei der Online-Durchführung von Rechtsgeschäften sicher fühlen; daher ist es unerlässlich, bestehende Hindernisse zu beseitigen und das Vertrauen der Verbraucher zu stärken. Die Verfügbarkeit einer zuverlässigen und effizienten Online-Streitbeilegung (im Folgenden „OS") könnte einen großen Beitrag zur Verwirklichung dieses Ziels leisten.

(7) Die Tatsache, dass eine Möglichkeit zur einfachen und kostengünstigen Beilegung von Streitigkeiten besteht, kann das Vertrauen der Verbraucher und Unternehmer in den digitalen Binnenmarkt stärken. Noch stoßen Verbraucher und Unternehmer bei der Suche nach außergerichtlichen Lösungen jedoch auf Hindernisse, insbesondere, wenn die Streitigkeiten von grenzübergreifenden Online-Rechtsgeschäften ausgehen. Daher bleiben solche Streitigkeiten oft ungeklärt.

(8) Die OS bietet eine einfache, effiziente, schnelle und kostengünstige außergerichtliche Lösung für Streitigkeiten, die sich aus Online-Rechtsgeschäften ergeben. Allerdings fehlt es gegenwärtig an Mechanismen, die es Verbrauchern und Unternehmern erlauben, solche Streitigkeiten auf elektronischem Wege beizulegen; dies ist nachteilig für Verbraucher, stellt ein Hemmnis insbesondere für grenzübergreifende Online-Rechtsgeschäfte dar, schafft ungleiche Ausgangsvoraussetzungen für die Unternehmer und behindert so die allgemeine Entwicklung des Online-Geschäftsverkehrs.

(9) Diese Verordnung sollte für die außergerichtliche Beilegung von Streitigkeiten gelten, bei denen in der Union wohnhafte Verbraucher gegen in der Union niedergelassene Unternehmer vorgehen und die unter die Richtlinie 2013/11/EU des Europäischen Parlaments und des Rates vom 21. Mai 2013 über die alternative Beilegung verbraucherrechtli-

cher Streitigkeiten (Richtlinie über alternative Streitbeilegung in Verbraucherangelegenheiten)[3] fallen.

(10) Um zu gewährleisten, dass die Plattform zur OS (im Folgenden „OS-Plattform") auch für AS-Verfahren genutzt werden kann, die es Unternehmern ermöglichen, Beschwerden gegen Verbraucher einzureichen, sollte diese Verordnung auch für die außergerichtliche Beilegung von Streitigkeiten gelten, bei denen Unternehmer gegen Verbraucher vorgehen, sofern die betreffenden AS-Verfahren von AS-Stellen angeboten werden, die in einer Liste gemäß Artikel 20 Absatz 2 der Richtlinie 2013/11/EU geführt sind. Die Anwendung dieser Verordnung auf solche Streitigkeiten sollte die Mitgliedstaaten nicht verpflichten sicherzustellen, dass die AS-Stellen solche Verfahren anbieten.

(11) Obwohl insbesondere Verbraucher und Unternehmer, die grenzübergreifende Online-Rechtsgeschäfte durchführen, Nutzen aus der OS-Plattform ziehen werden, sollte diese Verordnung auch für inländische Online-Rechtsgeschäfte gelten, um tatsächlich gleiche Wettbewerbsbedingungen im Bereich des Online-Geschäftsverkehrs zu schaffen.

(12) Die Richtlinie 2008/52/EG des Europäischen Parlaments und des Rates vom 21. Mai 2008 über bestimmte Aspekte der Mediation in Zivil- und Handelssachen[4] sollte von dieser Verordnung nicht berührt werden.

(13) Die Definition des Begriffs „Verbraucher" sollte natürliche Personen, die außerhalb ihrer gewerblichen, geschäftlichen, handwerklichen oder beruflichen Tätigkeit handeln, umfassen. Wird ein Vertrag jedoch teils im Rahmen, teils außerhalb des Rahmens des Gewerbes einer Person abgeschlossen (Verträge mit doppeltem Zweck) und ist der gewerbliche Zweck so gering, dass er im Gesamtkontext des Geschäfts als nicht überwiegend erscheint, sollte die betreffende Person ebenfalls als Verbraucher gelten.

(14) Die Definition des Begriffs „Online-Kaufvertrag oder Online-Dienstleistungsvertrag" sollte einen Kauf- oder Dienstleistungsvertrag erfassen, bei dem der Unternehmer oder der Vermittler des Unternehmers Waren oder Dienstleistungen über eine Website oder auf anderem elektronischen Weg angeboten hat und der Verbraucher diese Waren oder Dienstleistungen auf dieser Website oder auf anderem elektronischen Weg bestellt hat. Dies sollte auch Fälle abdecken, in denen der Verbraucher die Website oder den anderen Dienst der Informationsgesellschaft über ein mobiles elektronisches Gerät aufruft, beispielsweise über ein Mobiltelefon.

(15) Diese Verordnung sollte weder für Streitigkeiten zwischen Verbrauchern und Unternehmern, die aus offline geschlossenen Kauf- oder Dienstleistungsverträgen erwachsen, noch für Streitigkeiten zwischen Unternehmern gelten.

(16) Diese Verordnung sollte in Verbindung mit der Richtlinie 2013/11/EU gesehen werden, wonach die Mitgliedstaaten gewährleisten müssen, dass jede Streitigkeit zwischen in der Union wohnhaften Verbrauchern

3 Siehe Seite 63 dieses Amtsblatts.
4 ABl. L 136 vom 24.5.2008, S. 3.

und in der Union niedergelassenen Unternehmern im Zusammenhang mit dem Verkauf von Waren oder der Erbringung von Dienstleistungen einer AS-Stelle vorgelegt werden kann.

(17) Die Mitgliedstaaten sollten die Verbraucher dazu anhalten, vor der Einreichung ihrer Beschwerde über die OS-Plattform bei einer AS-Stelle auf geeignetem Wege mit dem Ziel einer gütlichen Einigung Kontakt mit dem Unternehmer aufzunehmen.

(18) Ziel dieser Verordnung ist die Einrichtung einer OS-Plattform auf Unionsebene. Die OS-Plattform sollte eine interaktive Website sein, die eine zentrale Anlaufstelle für Verbraucher und Unternehmer darstellt, die aus Online-Rechtsgeschäften entstandene Streitigkeiten außergerichtlich beilegen möchten. Die OS-Plattform sollte allgemeine Informationen über die außergerichtliche Beilegung von aus Online-Kaufverträgen und Online-Dienstleistungsverträgen erwachsenden vertraglichen Streitigkeiten zwischen Verbrauchern und Unternehmern enthalten. Verbraucher und Unternehmer sollten die Möglichkeit haben, auf dieser Plattform durch Ausfüllen eines in allen Amtssprachen der Organe der Union verfügbaren Online-Formulars Beschwerden einzureichen und einschlägige Unterlagen beizufügen. Die Beschwerden sollten dann über die Plattform an die für die betreffende Streitigkeit zuständige AS-Stelle weitergeleitet werden. Die OS-Plattform sollte ein kostenloses elektronisches Fallbearbeitungsinstrument bereitstellen, das es den AS-Stellen ermöglicht, das Streitbeilegungsverfahren mit den Parteien über die OS-Plattform abzuwickeln. AS-Stellen sollten nicht verpflichtet sein, das Fallbearbeitungsinstrument zu verwenden.

(19) Die Kommission sollte für die Entwicklung, den Betrieb und die Pflege der OS-Plattform zuständig sein und die für den Betrieb der Plattform notwendige technische Ausstattung bereitstellen. Die OS-Plattform sollte eine elektronische Übersetzungsfunktion bieten, die es den Parteien und der AS-Stelle ermöglicht, gegebenenfalls Informationen, die über die OS-Plattform ausgetauscht werden und die für die Beilegung der Streitigkeit erforderlich sind, übersetzen zu lassen. Durch diese Funktion sollten – erforderlichenfalls mit menschlicher Unterstützung – alle notwendigen Übersetzungen erledigt werden können. Die Kommission sollte die Beschwerdeführer über die OS-Plattform ferner von der Möglichkeit unterrichten, dass sie um Unterstützung durch die OS-Kontaktstellen ersuchen können.

(20) Die OS-Plattform sollte den sicheren Datenaustausch mit den AS-Stellen ermöglichen und die zugrunde liegenden Prinzipien des Europäischen Interoperabilitätsrahmens achten, der gemäß dem Beschluss 2004/387/EG des Europäischen Parlaments und des Rates vom 21. April 2004 über die interoperable Erbringung europaweiter elektronischer Behördendienste (eGovernment-Dienste) für öffentliche Verwaltungen, Unternehmen und Bürger (IDABC)[5] verabschiedet wurde.

(21) Die OS-Plattform sollte insbesondere über das gemäß Anhang II des Beschlusses 2004/387/EG eingerichtete Portal „Ihr Europa" zugänglich sein, das Zugang zu europaweiten, mehrsprachigen und interakti-

5 ABl. L 144 vom 30.4.2004, S. 62.

von Online-Informationsdiensten für Unternehmen und Bürger in der Union bietet. Die OS-Plattform sollte auf dem Portal „Ihr Europa" an herausragender Stelle platziert werden.

(22) Eine OS-Plattform auf Unionsebene sollte auf den existierenden AS-Stellen der Mitgliedstaaten aufbauen und die Rechtstraditionen der Mitgliedstaaten achten. Wird eine Beschwerde über die OS-Plattform an eine AS-Stelle weitergeleitet, sollten daher auch hinsichtlich der Kosten die dieser Stelle eigenen Verfahrensregeln gelten. In dieser Verordnung werden jedoch einige gemeinsame Regeln festgelegt, die für diese Verfahren gelten und deren Effektivität gewährleisten sollen. Dazu sollten Regeln gehören, die sicherstellen, dass für eine solche Streitbeilegung die Anwesenheit der Parteien oder ihrer Vertreter bei der AS-Stelle nicht notwendig ist, es sei denn, die Verfahrensregeln der AS-Stelle sehen diese Möglichkeit vor und die Parteien stimmen zu.

(23) Indem dafür Sorge getragen wird, dass alle in einer Liste gemäß Artikel 20 Absatz 2 der Richtlinie 2013/11/EU geführten AS-Stellen auf der OS-Plattform registriert sind, sollte eine vollständige Abdeckung bei der außergerichtlichen Online-Beilegung von Streitigkeiten, die aus Online-Kaufverträgen oder Online-Dienstleistungsverträgen erwachsen, ermöglicht werden.

(24) Durch diese Verordnung sollte keine der in der Union existierenden Online-Streitbeilegungsstellen an ihrer Arbeit gehindert werden; dies gilt auch für OS-Mechanismen. Auch sollte diese Verordnung nicht dazu führen, dass Streitbeilegungsstellen oder -mechanismen Online-Streitigkeiten, die direkt bei ihnen eingereicht wurden, nicht bearbeiten.

(25) OS-Kontaktstellen, in denen mindestens zwei OS-Berater tätig sind, sollten in allen Mitgliedstaaten benannt werden. Die OS-Kontaktstellen sollten die Parteien einer Streitigkeit, die über die OS-Plattform eingereicht wurde, unterstützen, ohne jedoch verpflichtet zu sein, mit dieser Streitigkeit verbundene Unterlagen zu übersetzen. Die Mitgliedstaaten sollten die Möglichkeit haben, ihre Zentren des Europäischen Netzes der Verbraucherzentren mit der Betreuung der OS-Kontaktstellen zu beauftragen. Die Mitgliedstaaten sollten diese Möglichkeit nutzen, damit die OS-Kontaktstellen sich uneingeschränkt auf die Erfahrung der Zentren des Europäischen Netzes der Verbraucherzentren stützen können, um die Beilegung von Streitigkeiten zwischen Verbrauchern und Unternehmern zu erleichtern. Die Kommission sollte ein Netz von OS-Kontaktstellen einrichten, um ihre Zusammenarbeit und ihre Tätigkeit zu erleichtern, und sie sollte – in Zusammenarbeit mit den Mitgliedstaaten – geeignete Schulungen für die OS-Kontaktstellen anbieten.

(26) Das Recht auf einen wirksamen Rechtsbehelf und das Recht auf ein unparteiisches Gericht gehören zu den in Artikel 47 der Charta der Grundrechte der Europäischen Union niedergelegten Grundrechten. OS ist nicht dazu bestimmt, gerichtliche Verfahren zu ersetzen und kann nicht dementsprechend gestaltet sein; außerdem sollte sie Verbrauchern oder Unternehmern nicht das Recht nehmen, die Durchsetzung ihrer Rechte vor Gericht zu suchen. Diese Verordnung sollte da-

her die Parteien in keiner Weise daran hindern, ihr Recht auf Zugang zum Gerichtssystem wahrzunehmen.

(27) Die Verarbeitung von Daten im Rahmen dieser Verordnung sollte strengen Sicherheitsgarantien unterliegen und den datenschutzrechtlichen Bestimmungen der Richtlinie 95/46/EG des Europäischen Parlaments und des Rates vom 24. Oktober 1995 zum Schutz natürlicher Personen bei der Verarbeitung personenbezogener Daten und zum freien Datenverkehr[6] sowie der Verordnung (EG) Nr. 45/2001 des Europäischen Parlaments und des Rates vom 18. Dezember 2000 zum Schutz natürlicher Personen bei der Verarbeitung personenbezogener Daten durch die Organe und Einrichtungen der Gemeinschaft und zum freien Datenverkehr[7] genügen. Diese Bestimmungen sollten für die gemäß dieser Verordnung durchgeführte Verarbeitung personenbezogener Daten durch die verschiedenen Akteure der OS-Plattform gelten, unabhängig davon, ob sie alleine oder zusammen mit anderen solcher Akteure der Plattform tätig werden.

(28) Die Betroffenen sollten durch einen umfassenden Datenschutzhinweis gemäß den Artikeln 11 und 12 der Verordnung (EG) Nr. 45/2001 und den gemäß den Artikeln 10 und 11 der Richtlinie 95/46/EG erlassenen nationalen Rechtsvorschriften über die Verarbeitung ihrer personenbezogenen Daten im Rahmen der OS-Plattform unterrichtet werden und dieser zustimmen sowie über ihre diesbezüglichen Rechte unterrichtet werden; dieser Datenschutzhinweis wird von der Kommission öffentlich zugänglich gemacht und legt in klarer und verständlicher Sprache dar, welche Verarbeitungsschritte von den verschiedenen Akteuren der Plattform vorgenommen werden.

(29) Diese Verordnung sollte die Bestimmungen zur Vertraulichkeit in nationalen Rechtsvorschriften über AS unberührt lassen.

(30) Damit möglichst viele Verbraucher Kenntnis von dem Bestehen der OS-Plattform haben, sollten in der Union niedergelassene Unternehmer, die Online-Kaufverträge oder Online-Dienstleistungsverträge eingehen, auf ihren Websites einen Link zur OS-Plattform bereitstellen. Unternehmer sollten ferner ihre E-Mail-Adresse angeben, damit die Verbraucher über eine erste Anlaufstelle verfügen. Ein wesentlicher Anteil der Online-Kaufverträge und Online-Dienstleistungsverträge wird über Online-Marktplätze abgewickelt, die Verbraucher und Unternehmer zusammenführen oder Online-Rechtsgeschäfte zwischen Verbrauchern und Unternehmern erleichtern. Online-Marktplätze sind Online-Plattformen, die es Unternehmern ermöglichen, den Verbrauchern ihre Waren und Dienstleistungen anzubieten. Diese Online-Marktplätze sollten daher gleichermaßen verpflichtet sein, einen Link zur OS-Plattform bereitzustellen. Diese Verpflichtung sollte Artikel 13 der Richtlinie 2013/11/EU bezüglich der Pflicht der Unternehmer, Verbraucher über die AS-Verfahren in Kenntnis zu setzen, von denen diese Unternehmer erfasst werden, sowie darüber, ob sie sich dazu verpflichten, zur Beilegung von Streitigkeiten mit Verbrauchern auf AS-

6 ABl. L 281 vom 23.11.1995, S. 31.
7 ABl. L 8 vom 12.1.2001, S. 1.

Verfahren zurückzugreifen, nicht berühren. Auch sollte diese Verpflichtung Artikel 6 Absatz 1 Buchstabe t und Artikel 8 der Richtlinie 2011/83/EU des Europäischen Parlaments und des Rates vom 25. Oktober 2011 über die Rechte der Verbraucher[8] unberührt lassen. Gemäß Artikel 6 Absatz 1 Buchstabe t der Richtlinie 2011/83/EU hat der Unternehmer bei Fernabsatzverträgen und bei außerhalb von Geschäftsräumen geschlossenen Verträgen den Verbraucher über die Möglichkeit des Zugangs zu einem außergerichtlichen Beschwerde- und Rechtsbehelfsverfahren, dem der Unternehmer unterworfen ist, und die Voraussetzungen für diesen Zugang zu informieren, bevor dieser durch einen Vertrag gebunden ist. Aus den gleichen Gründen der Kenntnis der Verbraucher sollten die Mitgliedstaaten den einschlägigen Verbraucher- und Wirtschaftsverbänden empfehlen, auf ihren Websites einen Link zur Website der OS-Plattform bereitzustellen.

(31) Um den Kriterien, nach denen AS-Stellen ihren Zuständigkeitsbereich bestimmen, Rechnung zu tragen, sollte der Kommission die Befugnis zum Erlass von Rechtsakten gemäß Artikel 290 AEUV übertragen werden, um die Informationen anzupassen, die ein Beschwerdeführer in dem elektronischen Beschwerdeformular auf der OS-Plattform angeben muss. Bei ihren Vorbereitungsarbeiten sollte die Kommission dabei unbedingt angemessene Konsultationen unter Einbeziehung der Sachverständigenebene durchführen. Bei der Vorbereitung und Ausarbeitung delegierter Rechtsakte sollte die Kommission gewährleisten, dass die einschlägigen Dokumente dem Europäischen Parlament und dem Rat gleichzeitig, rechtzeitig und auf angemessene Weise übermittelt werden.

(32) Damit eine einheitliche Umsetzung dieser Verordnung gewährleistet ist, sollten der Kommission hinsichtlich des Betriebs der OS-Plattform, der Modalitäten der Einreichung von Beschwerden sowie der Zusammenarbeit mit dem Netz der OS-Kontaktstellen Durchführungsbefugnisse übertragen werden. Diese Befugnisse sollten gemäß der Verordnung (EU) Nr. 182/2011 des Europäischen Parlaments und des Rates vom 16. Februar 2011 zur Festlegung der allgemeinen Regeln und Grundsätze, nach denen die Mitgliedstaaten die Wahrnehmung der Durchführungsbefugnisse durch die Kommission kontrollieren[9], ausgeübt werden. Die Annahme von Durchführungsrechtsakten zum elektronischen Beschwerdeformular sollte in Anbetracht seines rein technischen Charakters im Wege des Beratungsverfahrens erfolgen. Zur Annahme der Regeln über die Modalitäten der Zusammenarbeit der Mitglieder des Netzes der OS-Kontaktstellen untereinander sollte das Prüfverfahren angewandt werden.

(33) Bei der Anwendung dieser Verordnung sollte die Kommission gegebenenfalls den Europäischen Datenschutzbeauftragten konsultieren.

(34) Da das Ziel dieser Verordnung, nämlich die Einrichtung einer gemeinsamen Regeln unterliegenden Europäischen OS-Plattform von Online-Streitigkeiten, auf Ebene der Mitgliedstaaten nicht ausreichend ver-

8 ABl. L 304 vom 22.11.2011, S. 64.
9 ABl. L 55 vom 28.2.2011, S. 13.

wirklicht werden kann und daher wegen ihres Ausmaßes und ihrer Auswirkungen besser auf Unionsebene zu verwirklichen ist, kann die Union im Einklang mit dem in Artikel 5 des Vertrags über die Europäische Union niedergelegten Subsidiaritätsprinzip tätig werden. Entsprechend dem in demselben Artikel genannten Grundsatz der Verhältnismäßigkeit geht diese Verordnung nicht über das zur Erreichung dieser Ziele erforderliche Maß hinaus.

(35) Diese Verordnung steht im Einklang mit den Grundrechten und Grundsätzen, die insbesondere in der Charta der Grundrechte der Europäischen Union, speziell in den Artikeln 7, 8, 38 und 47, anerkannt sind.

(36) Der Europäische Datenschutzbeauftragte wurde gemäß Artikel 28 Absatz 2 der Verordnung (EG) Nr. 45/2001 konsultiert und hat am 12. Januar 2012 eine Stellungnahme[10] abgegeben –

HABEN FOLGENDE VERORDNUNG ERLASSEN:

KAPITEL I ALLGEMEINE BESTIMMUNGEN

Artikel 1 Gegenstand

Der Zweck dieser Verordnung ist es, durch Erreichen eines hohen Verbraucherschutzniveaus zum reibungslosen Funktionieren des Binnenmarktes, insbesondere seiner digitalen Dimension, beizutragen, indem eine Europäische OS-Plattform (im Folgenden „OS-Plattform") eingerichtet wird, die eine unabhängige, unparteiische, transparente, effektive, schnelle und faire außergerichtliche Online-Beilegung von Streitigkeiten zwischen Verbrauchern und Unternehmern ermöglicht.

Artikel 2 Geltungsbereich

(1) Diese Verordnung gilt für die außergerichtliche Beilegung von Streitigkeiten über vertragliche Verpflichtungen aus Online-Kaufverträgen oder Online-Dienstleistungsverträgen zwischen einem in der Union wohnhaften Verbraucher und einem in der Union niedergelassenen Unternehmer, die durch Einschalten einer in einer Liste gemäß Artikel 20 Absatz 2 der Richtlinie 2013/11/EU geführten AS-Stelle und unter Nutzung der OS-Plattform erfolgt.

(2) Diese Verordnung gilt für die außergerichtliche Beilegung von Streitigkeiten im Sinne des Absatzes 1 dieses Artikels, bei denen ein Unternehmer gegen einen Verbraucher vorgeht, sofern die Beilegung von Streitigkeiten durch Einschalten einer AS-Stelle nach den Rechtsvorschriften des Mitgliedstaats, in dem der Verbraucher seinen gewöhnlichen Aufenthalt hat, zulässig ist.

(3) [1]Die Mitgliedstaaten teilen der Kommission mit, ob die Beilegung von Streitigkeiten im Sinne des Absatzes 1, bei denen ein Unternehmer gegen einen Verbraucher vorgeht, durch Einschalten einer AS-Stelle nach ihren Rechtsvorschriften zulässig ist oder nicht. [2]Bei Übermittlung der Liste ge-

10 ABl. C 136 vom 11.5.2012, S. 1.

mäß Artikel 20 Absatz 2 der Richtlinie 2013/11/EU teilen die zuständigen Behörden der Kommission mit, welche AS-Stellen solche Streitigkeiten bearbeiten.

(4) Die Anwendung dieser Verordnung auf Streitigkeiten im Sinne des Absatzes 1, bei denen ein Unternehmer gegen einen Verbraucher vorgeht, verpflichtet die Mitgliedstaaten in keiner Weise dazu sicherzustellen, dass die AS-Stellen Verfahren für die außergerichtliche Beilegung solcher Streitigkeiten anbieten.

Artikel 3 Verhältnis zu anderen Rechtsakten der Europäischen Union

Die Richtlinie 2008/52/EG wird durch diese Verordnung nicht berührt.

Artikel 4 Begriffsbestimmungen

(1) Für die Zwecke dieser Verordnung bezeichnet der Ausdruck

a) „Verbraucher" einen Verbraucher im Sinne des Artikels 4 Absatz 1 Buchstabe a der Richtlinie 2013/11/EU;
b) „Unternehmer" einen Unternehmer im Sinne des Artikels 4 Absatz 1 Buchstabe b der Richtlinie 2013/11/EU;
c) „Kaufvertrag" einen Kaufvertrag im Sinne des Artikels 4 Absatz 1 Buchstabe c der Richtlinie 2013/11/EU;
d) „Dienstleistungsvertrag" einen Dienstleistungsvertrag im Sinne des Artikels 4 Absatz 1 Buchstabe d der Richtlinie 2013/11/EU;
e) „Online-Kaufvertrag oder Online-Dienstleistungsvertrag" einen Kauf- oder Dienstleistungsvertrag, bei dem der Unternehmer oder der Vermittler des Unternehmers Waren oder Dienstleistungen über eine Website oder auf anderem elektronischen Wege angeboten hat und der Verbraucher diese Waren oder Dienstleistungen auf dieser Website oder auf anderem elektronischen Wege bestellt hat;
f) „Online-Marktplatz" einen Diensteanbieter im Sinne des Artikels 2 Buchstabe b der Richtlinie 2000/31/EG des Europäischen Parlaments und des Rates vom 8. Juni 2000 über bestimmte rechtliche Aspekte der Dienste der Informationsgesellschaft, insbesondere des elektronischen Geschäftsverkehrs, im Binnenmarkt („Richtlinie über den elektronischen Geschäftsverkehr")[11], der es Verbrauchern und Unternehmern ermöglicht, auf der Website des Online-Marktplatzes Online-Kaufverträge und Online-Dienstleistungsverträge abzuschließen;
g) „auf elektronischem Wege" elektronische Verfahren zur Verarbeitung (einschließlich digitaler Kompression) und Speicherung von Daten, die vollständig über Kabel, Funk oder auf optischem oder anderem elektromagnetischem Wege gesendet, übermittelt und empfangen werden;
h) „Verfahren zur alternativen Streitbeilegung" (im Folgenden „AS-Verfahren") ein Verfahren zur außergerichtlichen Beilegung von Streitigkeiten im Sinne des Artikels 2 dieser Verordnung;

11 ABl. L 178 vom 17.7.2000, S. 1.

i) „Stelle für alternative Streitbeilegung" (im Folgenden „AS-Stelle") eine AS-Stelle im Sinne des Artikels 4 Absatz 1 Buchstabe h der Richtlinie 2013/11/EU;
j) „Beschwerdeführer" den Verbraucher oder Unternehmer, der über die OS-Plattform eine Beschwerde eingereicht hat;
k) „Beschwerdegegner" den Verbraucher oder Unternehmer, gegen den über die OS-Plattform eine Beschwerde eingereicht wurde;
l) „zuständige Behörde" eine Behörde im Sinne des Artikels 4 Absatz 1 Buchstabe i der Richtlinie 2013/11/EU;
m) „personenbezogene Daten" alle Informationen über eine bestimmte oder bestimmbare natürliche Person (im Folgenden „betroffene Person"); als bestimmbar wird eine Person angesehen, die direkt oder indirekt identifiziert werden kann, insbesondere durch Zuordnung zu einer Kennnummer oder zu einem oder mehreren spezifischen Elementen, die Ausdruck ihrer physischen, physiologischen, psychischen, wirtschaftlichen, kulturellen oder sozialen Identität sind.

(2) Der Niederlassungsort des Unternehmers und der AS-Stelle werden gemäß Artikel 4 Absätze 2 und 3 der Richtlinie 2013/11/EU bestimmt.

KAPITEL II OS-PLATTFORM

Artikel 5 Einrichtung der OS-Plattform

(1) [1]Die Kommission entwickelt die OS-Plattform und ist für den Betrieb, einschließlich sämtlicher für die Zwecke dieser Verordnung erforderlichen Übersetzungsfunktionen, die Pflege, die Finanzierung und die Datensicherheit dieser Plattform zuständig. [2]Die OS-Plattform ist benutzerfreundlich. [3]Im Hinblick auf Entwicklung, Betrieb und Pflege der OS-Plattform wird darauf geachtet, dass der Schutz der Privatsphäre der Nutzer bereits bei der Planung berücksichtigt wird („eingebauter Datenschutz"), und dass sie möglichst für alle zugänglich ist und von allen genutzt werden kann, auch von schutzbedürftigen Personen („Design für alle").

(2) [1]Die OS-Plattform stellt eine zentrale Anlaufstelle für Verbraucher und Unternehmer dar, die Streitigkeiten, die in den Anwendungsbereich dieser Verordnung fallen, außergerichtlich beilegen möchten. [2]Sie ist eine interaktive Website, auf die in allen Amtssprachen der Organe der Europäischen Union elektronisch zugegriffen werden kann; ihre Nutzung ist kostenfrei.

(3) Die Kommission macht die OS-Plattform gegebenenfalls über ihre Websites, auf denen sie Informationen für die Bürger und Unternehmen der Union veröffentlicht, und insbesondere über das Portal „Ihr Europa", das sie gemäß dem Beschluss 2004/387/EG eingerichtet hat, zugänglich.

(4) Der OS-Plattform kommen folgende Funktionen zu:
a) Bereitstellung eines elektronischen Beschwerdeformulars, das vom Beschwerdeführer gemäß Artikel 8 ausgefüllt werden kann;
b) Unterrichtung des Beschwerdegegners über die Beschwerde;
c) Ermittlung der zuständigen AS-Stelle oder der zuständigen AS-Stellen und Übermittlung der Beschwerde an die AS-Stelle, auf die sich die Parteien gemäß Artikel 9 geeinigt haben;

d) kostenlose Bereitstellung eines elektronischen Fallbearbeitungsinstruments, das es den Parteien und der AS-Stelle ermöglicht, das Streitbeilegungsverfahren online über die OS-Plattform durchzuführen;
e) Versorgung der Parteien und der AS-Stelle mit Übersetzungen der Informationen, die für die Streitbeilegung erforderlich sind und über die OS-Plattform ausgetauscht werden;
f) Bereitstellung eines elektronischen Formulars, mithilfe dessen die AS-Stellen die in Artikel 10 Buchstabe c genannten Informationen übermitteln;
g) Bereitstellung eines Feedback-Systems, über das sich die Parteien zur Funktionsweise der OS-Plattform und der AS-Stelle, die ihre Streitigkeit bearbeitet hat, äußern können;
h) öffentlich zugänglich Machen
   i) allgemeiner Information über AS als eine Möglichkeit zur außergerichtlichen Beilegung von Streitigkeiten;
   ii) von Informationen zu den gemäß Artikel 20 Absatz 2 der Richtlinie 2013/11/EU in einer Liste geführten AS-Stellen, die für die Bearbeitung der von dieser Verordnung erfassten Streitigkeiten zuständig sind;
   iii) eines Online-Leitfadens für die Einreichung von Beschwerden über die OS-Plattform;
   iv) von Informationen, einschließlich Kontaktangaben, über die von den Mitgliedstaaten gemäß Artikel 7 Absatz 1 dieser Verordnung benannten OS-Kontaktstellen;
   v) statistischer Daten über den Ausgang der Streitigkeiten, die über die OS-Plattform an die AS-Stellen weitergeleitet wurden.

(5) Die Kommission stellt sicher, dass die in Absatz 4 Buchstabe h genannten Informationen richtig, aktuell, eindeutig, verständlich und leicht zugänglich sind.

(6) AS-Stellen, die gemäß Artikel 20 Absatz 2 der Richtlinie 2013/11/EU in einer Liste geführt werden und für die Bearbeitung der von dieser Verordnung erfassten Streitigkeiten zuständig sind, werden elektronisch bei der OS-Plattform angemeldet.

(7) [1]Die Kommission erlässt im Wege von Durchführungsrechtsakten Maßnahmen in Bezug auf die Modalitäten der Ausübung der in Absatz 4 dieses Artikels genannten Aufgaben. [2]Die Annahme dieser Durchführungsrechtsakte erfolgt gemäß dem Prüfverfahren nach Artikel 16 Absatz 3 dieser Verordnung.

Artikel 6 Test der OS-Plattform

(1) [1]Die Kommission testet bis zum 9. Januar 2015 die technische Funktionalität und die Benutzerfreundlichkeit der OS-Plattform und des Beschwerdeformulars, auch im Hinblick auf die Übersetzung. [2]Der Test wird in Zusammenarbeit mit Sachverständigen der Mitgliedstaaten für OS sowie mit Vertretern der Verbraucher und Unternehmer durchgeführt und bewertet. [3]Die Kommission unterbreitet dem Europäischen Parlament und dem Rat einen Bericht über die Ergebnisse des Tests und ergreift gegebenenfalls ge-

eignete Maßnahmen zur Behebung von Problemen, um das effektive Funktionieren der OS-Plattform sicherzustellen.

(2) In dem Bericht nach Absatz 1 dieses Artikels legt die Kommission zudem dar, welche technischen und organisatorischen Maßnahmen sie zu ergreifen gedenkt, um sicherzustellen, dass die OS-Plattform die Datenschutzbestimmungen der Verordnung (EG) Nr. 45/2001 erfüllt.

Artikel 7 Netz der Kontaktstellen für die OS

(1) [1]Jeder Mitgliedstaat benennt eine OS-Kontaktstelle und teilt der Kommission deren Bezeichnung und Kontaktangaben mit. [2]Die Mitgliedstaaten können die Zuständigkeit für die OS-Kontaktstellen ihren Zentren des Europäischen Netzes der Verbraucherzentren, Verbraucherverbänden oder jeder anderen Einrichtung übertragen. [3]In jeder OS-Kontaktstelle sind mindestens zwei Online-Streitbeilegungsberater tätig.

(2) Die OS-Kontaktstellen unterstützen die Beilegung der Streitigkeiten im Zusammenhang mit Beschwerden, die über die OS-Plattform eingereicht werden, indem sie

a) auf Verlangen die Kommunikation zwischen den Parteien und der zuständigen AS-Stelle erleichtern, wozu insbesondere Folgendes gehören kann:
   i) Hilfe bei der Einreichung der Beschwerde und gegebenenfalls der einschlägigen Unterlagen;
   ii) Versorgung der Parteien und AS-Stellen mit allgemeinen Informationen über die Rechte der Verbraucher in Bezug auf die Kauf- und Dienstleistungsverträge, die in dem Mitgliedstaat der OS-Kontaktstelle, bei der der betreffende OS-Berater tätig ist, gelten;
   iii) Bereitstellung von Informationen zur Funktionsweise der OS-Plattform;
   iv) Erläuterungen für die Parteien zu den von den ermittelten AS-Stellen angewandten Verfahrensregeln;
   v) Information des Beschwerdeführers über andere Möglichkeiten des Rechtschutzes, wenn eine Streitbeilegung über die OS-Plattform nicht möglich ist;
b) alle zwei Jahre Übermittlung eines auf Grundlage der in Ausübung ihrer Aufgaben erworbenen praktischen Erfahrungen erstellten Tätigkeitsberichts an die Kommission und die Mitgliedstaaten.

(3) Die OS-Kontaktstelle ist nicht verpflichtet, die in Absatz 2 aufgeführten Aufgaben auszuführen, wenn die Parteien ihren gewöhnlichen Aufenthalt im selben Mitgliedstaat haben.

(4) Unbeschadet des Absatzes 3 können die Mitgliedstaaten in Anbetracht der nationalen Gegebenheiten beschließen, dass die OS-Kontaktstelle auch dann eine oder mehrere der in Absatz 2 aufgeführten Aufgaben ausführt, wenn die Parteien ihren gewöhnlichen Aufenthalt im selben Mitgliedstaat haben.

(5) Die Kommission richtet ein Netz von Kontaktstellen (im Folgenden „OS-Kontaktstellennetz") ein, das eine Zusammenarbeit der Kontaktstel-

len ermöglicht und zur Erfüllung der in Absatz 2 aufgeführten Aufgaben beiträgt.

(6) Mindestens zweimal im Jahr beruft die Kommission eine Versammlung der Mitglieder des OS-Kontaktstellennetzes ein, um einen Austausch bewährter Verfahren und eine Erörterung wiederkehrender Probleme beim Betrieb der OS-Plattform zu ermöglichen.

(7) [1]Die Kommission legt im Wege von Durchführungsrechtsakten Regeln in Bezug auf die Modalitäten der Zusammenarbeit der OS-Kontaktstellen untereinander fest. [2]Die Annahme dieser Durchführungsrechtsakte erfolgt gemäß dem Prüfverfahren nach Artikel 16 Absatz 3.

Artikel 8 Einreichen einer Beschwerde

(1) [1]Um eine Beschwerde auf der OS-Plattform einzureichen, füllt der Beschwerdeführer das elektronische Beschwerdeformular aus. [2]Das Beschwerdeformular ist benutzerfreundlich und über die OS-Plattform leicht zugänglich.

(2) [1]Die Angaben des Beschwerdeführers müssen zur Ermittlung der zuständigen AS-Stelle ausreichen. [2]Diese Angaben sind im Anhang dieser Verordnung aufgelistet. [3]Der Beschwerdeführer kann Dokumente beifügen, die seine Beschwerde unterstützen.

(3) Um den Kriterien Rechnung zu tragen, nach denen AS-Stellen, die gemäß Artikel 20 Absatz 2 der Richtlinie 2013/11/EU in einer Liste geführt sind und die für die Bearbeitung der von dieser Verordnung erfassten Streitigkeiten zuständig sind, ihren jeweiligen Zuständigkeitsbereich definieren, wird die Kommission ermächtigt, delegierte Rechtsakte gemäß Artikel 17 dieser Verordnung zu erlassen, um die im Anhang dieser Verordnung aufgeführten Informationen anzupassen.

(4) [1]Die Kommission legt die Regeln bezüglich der Einzelheiten des elektronischen Beschwerdeformulars mittels Durchführungsrechtsakten fest. [2]Die Annahme dieser Durchführungsrechtsakte erfolgt gemäß dem Beratungsverfahren nach Artikel 16 Absatz 2.

(5) Über das elektronische Beschwerdeformular und seine Anlagen werden nur Daten verarbeitet, die richtig und zweckdienlich sind und nicht über den Zweck hinausgehen, für den sie erhoben werden.

Artikel 9 Bearbeitung und Übermittlung einer Beschwerde

(1) Eine über die OS-Plattform eingereichte Beschwerde wird bearbeitet, wenn alle notwendigen Felder des Beschwerdeformulars vollständig ausgefüllt wurden.

(2) Wurde das Beschwerdeformular nicht vollständig ausgefüllt, so wird dem Beschwerdeführer mitgeteilt, dass seine Beschwerde erst dann weiterbearbeitet werden kann, wenn er die fehlenden Informationen nachgereicht hat.

(3) Nach Eingang eines vollständig ausgefüllten Beschwerdeformulars übermittelt die OS-Plattform in leicht zugänglicher Weise und unverzüglich

dem Beschwerdegegner in der von ihm gewählten Amtssprache der Organe der Union die Beschwerde sowie Folgendes:

a) die Information, dass sich die Parteien auf eine zuständige AS-Stelle einigen müssen, damit die Beschwerde an diese weitergeleitet werden kann, und dass die Beschwerde nicht weiter bearbeitet wird, falls sich die Parteien nicht einigen oder keine zuständige AS-Stelle ermittelt werden kann;
b) Informationen über die AS-Stelle oder AS-Stellen, die für die Beschwerde zuständig ist oder sind, falls AS-Stellen im elektronischen Beschwerdeformular angegeben sind oder von der OS-Plattform auf Grundlage der darin enthaltenen Informationen ermittelt wurden;
c) falls es sich beim Beschwerdegegner um einen Unternehmer handelt, eine Aufforderung, innerhalb von zehn Kalendertagen anzugeben,
   - ob der Unternehmer sich verpflichtet hat oder verpflichtet ist, eine bestimmte AS-Stelle für die Beilegung von Streitigkeiten mit Verbrauchern zu nutzen, und
   - ob der Unternehmer bereit ist, eine AS-Stelle aus den unter Buchstabe b aufgeführten AS-Stellen zu nutzen, es sei denn, er ist verpflichtet, eine bestimmte AS-Stelle zu nutzen;
d) falls es sich bei dem Beschwerdegegner um einen Verbraucher handelt und der Unternehmer verpflichtet ist, eine bestimmte AS-Stelle zu nutzen, eine Aufforderung, sich innerhalb von zehn Kalendertagen mit dieser AS-Stelle einverstanden zu erklären, oder falls der Unternehmer nicht verpflichtet ist, eine bestimmte AS-Stelle zu nutzen, eine Aufforderung, eine oder mehrere AS-Stellen aus den unter Buchstabe b aufgeführten auszuwählen;
e) Name und Kontaktangaben der OS-Kontaktstelle in dem Mitgliedstaat, in dem der Beschwerdegegner seine Niederlassung oder seinen Wohnsitz hat, sowie eine kurze Beschreibung der in Artikel 7 Absatz 2 Buchstabe a genannten Aufgaben.

(4) Nach Eingang der in Absatz 3 Buchstabe c oder d genannten Informationen des Beschwerdegegners teilt die OS-Plattform dem Beschwerdeführer in der von ihm gewählten Amtssprache der Organe der Union leicht verständlich und unverzüglich Folgendes mit:

a) die in Absatz 3 Buchstabe a genannten Informationen,
b) falls es sich bei dem Beschwerdeführer um einen Verbraucher handelt, Informationen über die AS-Stelle oder die AS-Stellen, die der Unternehmer gemäß Absatz 3 Buchstabe c angegeben hat, und eine Aufforderung, sich innerhalb von zehn Kalendertagen mit einer AS-Stelle einverstanden zu erklären;
c) falls es sich bei dem Beschwerdeführer um einen Unternehmer handelt und der Unternehmer nicht verpflichtet ist, eine bestimmte AS-Stelle zu nutzen, Informationen über die AS-Stelle oder die AS-Stellen, die der Verbraucher gemäß Absatz 3 Buchstabe d angegeben hat, und eine Aufforderung, sich innerhalb von zehn Kalendertagen mit einer AS-Stelle einverstanden zu erklären;
d) Name und Kontaktangaben der OS-Kontaktstelle in dem Mitgliedstaat, in dem der Beschwerdeführer seine Niederlassung oder seinen

Wohnsitz hat, sowie eine kurze Beschreibung der in Artikel 7 Absatz 2 Buchstabe a genannten Aufgaben.

(5) Die in Absatz 3 Buchstabe b und Absatz 4 Buchstaben b und c genannten Informationen enthalten folgende Angaben zu jeder AS-Stelle:

a) Name, Kontaktangaben und Website-Adresse der AS-Stelle;
b) die gegebenenfalls für das AS-Verfahren anfallenden Gebühren;
c) Sprache oder Sprachen, in der/denen das AS-Verfahren durchgeführt werden kann;
d) die durchschnittliche Dauer des AS-Verfahrens;
e) die Verbindlichkeit oder Unverbindlichkeit des Ergebnisses des AS-Verfahrens;
f) die Gründe, aus denen die AS-Stelle die Bearbeitung einer bestimmten Streitigkeit gemäß Artikel 5 Absatz 4 der Richtlinie 2013/11/EU ablehnen kann.

(6) Die OS-Plattform leitet die Beschwerde automatisch und unverzüglich an die AS-Stelle weiter, auf die sich die Parteien gemäß den Absätzen 3 und 4 geeinigt haben.

(7) [1]Die AS-Stelle, an die die Beschwerde weitergeleitet wurde, teilt den Parteien unverzüglich mit, ob sie die Bearbeitung der Streitigkeit nach Artikel 5 Absatz 4 der Richtlinie 2013/11/EU übernimmt oder ablehnt. [2]Die AS-Stelle, die die Bearbeitung der Streitigkeit übernommen hat, unterrichtet die Parteien zudem über ihre Verfahrensregeln und gegebenenfalls über die Kosten des betreffenden Streitbeilegungsverfahrens.

(8) [1]Können sich die Parteien nicht innerhalb von 30 Kalendertagen nach Einreichung des Beschwerdeformulars auf eine AS-Stelle einigen oder lehnt die AS-Stelle die Bearbeitung der Streitigkeit ab, so wird die Beschwerde nicht weiter bearbeitet. [2]Der Beschwerdeführer wird darüber informiert, dass er sich an einen OS-Berater wenden kann, um allgemeine Informationen über andere Möglichkeiten des Rechtsschutzes zu erhalten.

Artikel 10 Beilegung der Streitigkeit

Eine AS-Stelle, die die Bearbeitung einer Streitigkeit gemäß Artikel 9 dieser Verordnung übernommen hat,

a) schließt das AS-Verfahren innerhalb der in Artikel 8 Buchstabe e der Richtlinie 2013/11/EU genannten Frist ab;
b) verlangt nicht die persönliche Anwesenheit der Parteien oder ihrer Vertreter, es sei denn, ihre Verfahrensregeln sehen diese Möglichkeit vor und die Parteien stimmen zu;
c) übermittelt unverzüglich folgende Angaben an die OS-Plattform:
   i) das Datum des Eingangs der Beschwerdeakte,
   ii) den Streitgegenstand,
   iii) das Datum des Abschlusses des AS-Verfahrens,
   iv) das Ergebnis des AS-Verfahrens;
d) ist nicht verpflichtet, das AS-Verfahren über die OS-Plattform durchzuführen.

Artikel 11 Datenbank

Die Kommission trifft die erforderlichen Maßnahmen zur Einrichtung und Pflege einer elektronischen Datenbank, in der die gemäß Artikel 5 Absatz 4 und Artikel 10 Buchstabe c verarbeiteten Daten gespeichert werden, wobei sie Artikel 13 Absatz 2 gebührend Rechnung trägt.

Artikel 12 Verarbeitung personenbezogener Daten

(1) [1]Zugang zu den erforderlichen Informationen im Zusammenhang mit einer Streitigkeit, einschließlich personenbezogener Daten, die in der in Artikel 11 genannten Datenbank gespeichert sind, wird ausschließlich der AS-Stelle gewährt, an die die Streitigkeit gemäß Artikel 9 weitergeleitet wurde, und zwar zu den in Artikel 10 genannten Zwecken. [2]Den OS-Kontaktstellen wird ebenfalls soweit erforderlich Zugang zu diesen Informationen gewährt, und zwar zu den in Artikel 7 Absätze 2 und 4 genannten Zwecken.

(2) [1]Die Kommission hat zum Zweck der Überwachung der Verwendung und der Funktionsweise der OS-Plattform sowie der Erstellung der in Artikel 21 genannten Berichte Zugang zu den gemäß Artikel 10 verarbeiteten Daten. [2]Sie verarbeitet die personenbezogenen Daten der Nutzer der OS-Plattform nur, soweit dies für den Betrieb und die Pflege der OS-Plattform – einschließlich der Überwachung der Nutzung der OS-Plattform durch die AS-Stellen und die OS-Kontaktstellen – erforderlich ist.

(3) [1]Personenbezogene Daten im Zusammenhang mit einer Streitigkeit werden in der in Absatz 1 dieses Artikels genannten Datenbank nur so lange gespeichert, wie dies erforderlich ist, um die Zwecke, zu denen sie erhoben wurden, zu erreichen und um sicherzustellen, dass die betreffenden Personen Zugang zu den Daten haben und ihre diesbezüglichen Rechte ausüben können; danach werden die Daten automatisch gelöscht, und zwar spätestens sechs Monate nach Abschluss der Streitigkeit, dessen Datum der OS-Plattform gemäß Artikel 10 Buchstabe c Ziffer iii mitgeteilt wurde. [2]Diese Speicherfrist gilt auch für personenbezogene Daten, die in den nationalen Akten der AS-Stelle oder der OS-Kontaktstelle, die die Streitigkeit bearbeitet hat, erfasst wurden, es sei denn, in den von der AS-Stelle angewendeten Verfahrensregeln oder in besonderen nationalen Rechtsvorschriften ist eine längere Speicherfrist vorgesehen.

(4) Jeder OS-Berater gilt hinsichtlich der eigenen Datenverarbeitungstätigkeit im Rahmen dieser Verordnung als für die Verarbeitung Verantwortlicher im Sinne des Artikels 2 Buchstabe d der Richtlinie 95/46/EG und stellt sicher, dass diese Tätigkeit unter Beachtung der nationalen Rechtsvorschriften stattfindet, die in dem Mitgliedstaat der OS-Kontaktstelle, bei der der betreffende OS-Berater tätig ist, gemäß der Richtlinie 95/46/EG erlassen wurden.

(5) Jede AS-Stelle gilt hinsichtlich der eigenen Datenverarbeitungstätigkeit im Rahmen dieser Verordnung als für die Verarbeitung Verantwortliche im Sinne des Artikels 2 Buchstabe d der Richtlinie 95/46/EG und stellt sicher, dass diese Tätigkeit unter Beachtung der nationalen Rechtsvorschriften

stattfindet, die in dem Mitgliedstaat, in dem sie eingerichtet ist, gemäß der Richtlinie 95/46/EG erlassen wurden.

(6) Die Kommission gilt hinsichtlich ihrer Pflichten im Rahmen dieser Verordnung und der damit verbundenen Verarbeitung personenbezogener Daten als für die Verarbeitung Verantwortliche im Sinne von Artikel 2 Buchstabe d der Verordnung (EG) Nr. 45/2001.

Artikel 13 Vertraulichkeit und Sicherheit der Daten

(1) Die OS-Kontaktstellen unterliegen der beruflichen Geheimhaltungspflicht oder gleichwertigen Verpflichtungen zur Vertraulichkeit gemäß den Rechtsvorschriften des betreffenden Mitgliedstaats.

(2) Die Kommission trifft technische und organisatorische Maßnahmen gemäß Artikel 22 der Verordnung (EG) Nr. 45/2001, die geeignet sind, die Sicherheit der im Rahmen dieser Verordnung verarbeiteten Daten sicherzustellen, einschließlich einer geeigneten Überwachung des Datenzugangs, eines Sicherheitsplans und der Behandlung von Sicherheitsvorfällen.

Artikel 14 Information der Verbraucher

(1) [1]In der Union niedergelassene Unternehmer, die Online-Kaufverträge oder Online-Dienstleistungsverträge eingehen, und in der Union niedergelassene Online-Marktplätze stellen auf ihren Websites einen Link zur OS-Plattform ein. [2]Dieser Link muss für Verbraucher leicht zugänglich sein. [3]In der Union niedergelassene Unternehmer, die Online-Kaufverträge oder Online-Dienstleistungsverträge eingehen, geben zudem ihre E-Mail-Adressen an.

(2) [1]In der Union niedergelassene Unternehmer, die Online-Kaufverträge oder Online-Dienstleistungsverträge eingehen und sich verpflichtet haben oder verpflichtet sind, eine oder mehrere AS-Stellen für die Beilegung von Streitigkeiten mit Verbrauchern zu nutzen, informieren die Verbraucher über die Existenz der OS-Plattform und die Möglichkeit, diese für die Beilegung ihrer Streitigkeiten zu nutzen. [2]Sie stellen auf ihren Websites sowie, falls das Angebot über E-Mail erfolgt, in dieser E-Mail einen Link zu der OS-Plattform ein. [3]Diese Informationen sind gegebenenfalls auch in die allgemeinen Geschäftsbedingungen für Online-Kaufverträge oder Online-Dienstleistungsverträge aufzunehmen.

(3) Absätze 1 und 2 dieses Artikels gelten unbeschadet des Artikels 13 der Richtlinie 2013/11/EU und der in anderen Rechtsakten der Union enthaltenen Bestimmungen über die Information der Verbraucher über außergerichtliche Rechtsbehelfsverfahren, die zusätzlich zu diesem Artikel gelten.

(4) Die in Artikel 20 Absatz 5 der Richtlinie 2013/11/EU genannte Liste der AS-Stellen und ihre aktualisierten Fassungen werden auf der OS-Plattform veröffentlicht.

(5) Die Mitgliedstaaten sorgen dafür, dass AS-Stellen, die Zentren des Europäischen Netzes der Verbraucherzentren, die zuständigen Behörden im Sinne des Artikels 18 Absatz 1 der Richtlinie 2013/11/EU und gegebe-

nenfalls die gemäß Artikel 14 Absatz 2 der Richtlinie 2013/11/EU bezeichneten Einrichtungen auf ihren Websites einen Link zu der OS-Plattform einstellen.

(6) Die Mitgliedstaaten empfehlen den einschlägigen Verbraucher- und Wirtschaftsverbänden, auf ihren Websites einen Link zu der OS-Plattform einzustellen.

(7) Unternehmer, die verpflichtet sind, Informationen gemäß den Absätzen 1 und 2 und den in Absatz 3 genannten Bestimmungen zu veröffentlichen, veröffentlichen diese Informationen möglichst gebündelt.

Artikel 15 Rolle der zuständigen Behörden

Die zuständige Behörde des jeweiligen Mitgliedstaats beurteilt, ob die in diesem Mitgliedstaat eingerichteten AS-Stellen die in dieser Verordnung festgelegten Verpflichtungen erfüllen.

KAPITEL III SCHLUSSBESTIMMUNGEN

Artikel 16 Ausschussverfahren

(1) [1]Die Kommission wird von einem Ausschuss unterstützt. [2]Dabei handelt es sich um einen Ausschuss im Sinne der Verordnung (EU) Nr. 182/2011.

(2) Wird auf diesen Absatz Bezug genommen, so gilt Artikel 4 der Verordnung (EU) Nr. 182/2011.

(3) Wird auf diesen Absatz Bezug genommen, so gilt Artikel 5 der Verordnung (EU) Nr. 182/2011.

(4) Wird die Stellungnahme des Ausschusses gemäß den Absätzen 2 und 3 im schriftlichen Verfahren eingeholt, so wird das Verfahren ohne Ergebnis abgeschlossen, wenn der Vorsitz des Ausschusses dies innerhalb der Frist für die Abgabe der Stellungnahme beschließt oder eine einfache Mehrheit der Ausschussmitglieder dies verlangt.

Artikel 17 Ausübung der Befugnisübertragung

(1) Die Befugnis zum Erlass delegierter Rechtsakte wird der Kommission unter den in diesem Artikel festgelegten Bedingungen übertragen.

(2) Die Befugnis zum Erlass delegierter Rechtsakte gemäß Artikel 8 Absatz 3 wird der Kommission auf unbestimmte Zeit ab dem 8. Juli 2013 übertragen.

(3) [1]Die Befugnisübertragung gemäß Artikel 8 Absatz 3 kann vom Europäischen Parlament oder vom Rat jederzeit widerrufen werden. [2]Der Beschluss über den Widerruf beendet die Übertragung der in diesem Beschluss angegebenen Befugnis. [3]Er wird am Tag nach seiner Veröffentlichung im *Amtsblatt der Europäischen Union* oder zu einem darin angegebenen späteren Zeitpunkt wirksam. [4]Die Gültigkeit von delegierten Rechts-

akten, die bereits in Kraft sind, wird von dem Beschluss über den Widerruf nicht berührt.

(4) Sobald die Kommission einen delegierten Rechtsakt erlässt, übermittelt sie ihn gleichzeitig dem Europäischen Parlament und dem Rat.

(5) [1]Ein gemäß Artikel 8 Absatz 3 erlassener delegierter Rechtsakt tritt nur in Kraft, wenn weder das Europäische Parlament noch der Rat innerhalb einer Frist von zwei Monaten ab dem Tag der Übermittlung des Rechtsakts an das Europäische Parlament und den Rat Einwände erhoben haben oder wenn sowohl das Europäische Parlament als auch der Rat vor Ablauf dieser Frist der Kommission mitgeteilt haben, dass sie keine Einwände erheben werden. [2]Auf Initiative des Europäischen Parlaments oder des Rates wird diese Frist um zwei Monate verlängert.

Artikel 18 Sanktionen

[1]Die Mitgliedstaaten legen fest, welche Sanktionen bei einem Verstoß gegen diese Verordnung zu verhängen sind, und treffen die zu deren Durchsetzung erforderlichen Maßnahmen. [2]Die vorgesehenen Sanktionen müssen wirksam, verhältnismäßig und abschreckend sein.

Artikel 19 Änderung der Verordnung (EG) Nr. 2006/2004

(hier nicht wiedergegeben)

Artikel 20 Änderung der Richtlinie 2009/22/EG

(hier nicht wiedergegeben)

Artikel 21 Berichte

(1) Die Kommission erstattet dem Europäischen Parlament und dem Rat jährlich und erstmals ein Jahr nach Inbetriebnahme der OS-Plattform über die Funktionsweise dieser Plattform Bericht.

(2) [1]Bis zum 9. Juli 2018 und alle drei Jahre danach legt die Kommission dem Europäischen Parlament und dem Rat einen Bericht über die Anwendung dieser Verordnung vor, in dem sie insbesondere auch auf die Benutzerfreundlichkeit des Beschwerdeformulars und die eventuell erforderliche Anpassung der im Anhang aufgeführten Informationen eingeht. [2]Diesem Bericht sind gegebenenfalls Vorschläge zur Anpassung der Verordnung beizufügen.

(3) Fallen die in den Absätzen 1 und 2 genannten Berichte im selben Jahr an, so wird nur ein einziger gemeinsamer Bericht vorgelegt.

Artikel 22 Inkrafttreten

(1) Diese Verordnung tritt am zwanzigsten Tag nach ihrer Veröffentlichung im *Amtsblatt der Europäischen Union* in Kraft.

(2) Diese Verordnung gilt ab dem 9. Januar 2016; ausgenommen sind die folgenden Bestimmungen:

- Artikel 2 Absatz 3 und Artikel 7 Absätze 1 und 5, die ab 9. Juli 2015 gelten;
- Artikel 5 Absätze 1 und 7, Artikel 6, Artikel 7 Absatz 7, Artikel 8 Absätze 3 und 4 und Artikel 11, 16 und 17, die ab 8. Juli 2013 gelten.

Diese Verordnung ist in allen ihren Teilen verbindlich und gilt unmittelbar in jedem Mitgliedstaat.

Anhang Beim Einreichen einer Beschwerde anzugebende Informationen

1. Angabe, ob es sich bei dem Beschwerdeführer um einen Verbraucher oder einen Unternehmer handelt;
2. Name, E-Mail-Adresse und Anschrift des Verbrauchers;
3. Name, E-Mail-Adresse und Website-Adresse sowie Anschrift des Unternehmers;
4. gegebenenfalls Name, E-Mail-Adresse und Anschrift des Vertreters des Beschwerdeführers;
5. Sprache(n) des Beschwerdeführers oder gegebenenfalls seines Vertreters;
6. Sprache des Beschwerdegegners, sofern bekannt;
7. die Art der Waren oder Dienstleistungen, auf die sich die Beschwerde bezieht;
8. Angabe, ob das Angebot der Waren oder Dienstleistungen durch den Unternehmer und die Bestellung durch den Verbraucher über eine Website oder auf anderem elektronischen Wege erfolgt sind;
9. Preis der erworbenen Ware oder Dienstleistung;
10. Datum, an dem der Verbraucher die Ware oder die Dienstleistung erworben hat;
11. Angabe, ob der Verbraucher direkt Kontakt mit dem Unternehmer aufgenommen hat;
12. Angabe, ob die Streitigkeit zur Zeit von einer AS-Stelle oder einem Gericht behandelt wird oder bereits von einer AS-Stelle oder einem Gericht behandelt worden ist;
13. Art der Beschwerde;
14. Beschreibung der Beschwerde;
15. falls es sich bei dem Beschwerdeführer um einen Verbraucher handelt, Angabe der AS-Stellen, zu deren Einschaltung der Unternehmer gemäß Artikel 13 Absatz 1 der Richtlinie 2013/11/EU verpflichtet ist oder sich verpflichtet hat, sofern bekannt;
16. falls es sich bei dem Beschwerdeführer um einen Unternehmer handelt, Angabe der AS-Stellen, zu deren Einschaltung der Unternehmer sich verpflichtet hat oder verpflichtet ist.

Gesetz über die alternative Streitbeilegung in Verbrauchersachen (Verbraucherstreitbeilegungsgesetz – VSBG)[1, 2]

Vom 19. Februar 2016 (BGBl. I S. 254)
(FNA 302-8)

Abschnitt 1 Allgemeine Vorschriften

§ 1 Anwendungsbereich

(1) [1]Dieses Gesetz gilt für die außergerichtliche Beilegung von Streitigkeiten durch eine nach diesem Gesetz anerkannte private Verbraucherschlichtungsstelle oder durch eine nach diesem Gesetz eingerichtete behördliche Verbraucherschlichtungsstelle unabhängig von dem angewendeten Konfliktbeilegungsverfahren. [2]Dieses Gesetz gilt auch für Verbraucherschlichtungsstellen, die auf Grund anderer Rechtsvorschriften anerkannt, beauftragt oder eingerichtet wurden, soweit diese anderen Rechtsvorschriften keine abweichende Regelung treffen; von den §§ 2 und 41 darf nicht abgewichen werden.

(2) Dieses Gesetz ist nicht anwendbar auf Kundenbeschwerdestellen oder auf sonstige Einrichtungen zur Beilegung von Streitigkeiten, die nur von einem einzigen Unternehmer oder von mit ihm verbundenen Unternehmen getragen oder finanziert werden oder die nur im Auftrag eines solchen Unternehmers oder von mit ihm verbundenen Unternehmen tätig werden.

§ 2 Verbraucherschlichtungsstelle

(1) Verbraucherschlichtungsstelle ist eine Einrichtung, die

1. Verfahren zur außergerichtlichen Beilegung zivilrechtlicher Streitigkeiten durchführt, an denen Verbraucher oder Unternehmer als Antragsteller oder Antragsgegner beteiligt sind, und
2. nach diesem Gesetz oder auf Grund anderer Rechtsvorschriften als Verbraucherschlichtungsstelle anerkannt, beauftragt oder eingerichtet worden ist.

(2) [1]Eine Einrichtung, die nicht nach diesem Gesetz oder auf Grund anderer Rechtsvorschriften als Verbraucherschlichtungsstelle anerkannt, beauftragt oder eingerichtet ist, darf sich nicht als Verbraucherschlichtungsstelle bezeichnen. [2]Sie darf von ihrem Träger nicht als Verbraucherschlichtungsstelle bezeichnet werden. [3]Das Verbot in den Sätzen 1 und 2 gilt nicht,

1 Dieses Gesetz dient der Umsetzung der Richtlinie 2013/11/EU des Europäischen Parlaments und des Rates vom 21. Mai 2013 über die alternative Beilegung verbraucherrechtlicher Streitigkeiten und zur Änderung der Verordnung (EG) Nr. 2006/2004 und der Richtlinie 2009/22/EG (Richtlinie über alternative Streitbeilegung in Verbraucherangelegenheiten) (ABl. L 165 vom 18.6.2013, S. 63).

2 Verkündet als Art. 1 G v. 19.2.2016 (BGBl. I S. 254); Inkrafttreten gem. Art. 24 dieses G am 1.4.2016, die § 40 Absatz 2 bis 5 und § 42 treten gem. Art. 24 Abs. 1 Satz 1 am 26.2.2016 in Kraft und die §§ 36 und 37 treten gem. Art. 24 Abs. 1 Satz 2 am 1.2.2017 in Kraft.

wenn die Einrichtung in einem anderen Vertragsstaat des Abkommens über den Europäischen Wirtschaftsraum nach der Richtlinie 2013/11/EU des Europäischen Parlaments und des Rates vom 21. Mai 2013 über die alternative Beilegung verbraucherrechtlicher Streitigkeiten und zur Änderung der Verordnung (EG) Nr. 2006/2004 und der Richtlinie 2009/22/EG (ABl. L 165 vom 18. 6. 2013, S. 63) anerkannt und in die von der Europäischen Kommission geführte Liste aller im Europäischen Wirtschaftsraum anerkannten Streitbeilegungsstellen aufgenommen worden ist.

Abschnitt 2 Private Verbraucherschlichtungsstellen

§ 3 Träger der Verbraucherschlichtungsstelle

[1]Träger der Verbraucherschlichtungsstelle muss ein eingetragener Verein sein. [2]Nimmt der Träger Unternehmerinteressen oder Verbraucherinteressen wahr, oder wird der Träger von einem Verband, der Unternehmerinteressen oder Verbraucherinteressen wahrnimmt, finanziert, so muss für den Betrieb der Verbraucherschlichtungsstelle ein vom Haushalt des Trägers getrennter, zweckgebundener und ausreichender Haushalt zur Verfügung stehen.

§ 4 Zuständigkeit von Verbraucherschlichtungsstellen

(1) Die Verbraucherschlichtungsstelle führt auf Antrag eines Verbrauchers Verfahren zur außergerichtlichen Beilegung von Streitigkeiten aus einem Verbrauchervertrag nach § 310 Absatz 3 des Bürgerlichen Gesetzbuchs oder über das Bestehen eines solchen Vertragsverhältnisses durch; arbeitsvertragliche Streitigkeiten sind ausgenommen.

(2) [1]Die Verbraucherschlichtungsstelle kann ihre Zuständigkeit auf bestimmte Wirtschaftsbereiche, Vertragstypen oder Unternehmer beschränken. [2]Hat die Verbraucherschlichtungsstelle keine einschränkende Zuständigkeitsregelung getroffen, führt sie die Bezeichnung „Allgemeine Verbraucherschlichtungsstelle" und ist für Anträge nach Absatz 1 zuständig, mit Ausnahme von

1. Streitigkeiten aus Verträgen über
   a) nichtwirtschaftliche Dienstleistungen von allgemeinem Interesse,
   b) Gesundheitsdienstleistungen,
   c) Weiter- und Hochschulbildung durch staatliche Einrichtungen,
2. Streitigkeiten, für deren Beilegung Verbraucherschlichtungsstellen nach anderen Rechtsvorschriften anerkannt, beauftragt oder eingerichtet werden.

[3]Die Allgemeine Verbraucherschlichtungsstelle kann ihre Zuständigkeit auf in einem Land niedergelassene Unternehmer beschränken; in diesem Fall führt sie die Bezeichnung „Allgemeine Verbraucherschlichtungsstelle" mit einem Zusatz, der das Land angibt, für das sie zuständig ist. [4]Eine solche Zuständigkeitsbeschränkung kann sich auch auf mehrere Länder beziehen und muss dann dementsprechend angegeben werden.

(3) Die Verbraucherschlichtungsstelle kann ihre Tätigkeit auf die Beilegung sonstiger zivilrechtlicher Streitigkeiten, an denen Verbraucher oder Unter-

nehmer als Antragsteller oder Antragsgegner beteiligt sind, erstrecken; arbeitsvertragliche Streitigkeiten sind ausgenommen.

(4) Die Verbraucherschlichtungsstelle kann ihre Zuständigkeit ausschließen für Verbraucher, die ihren Wohnsitz oder gewöhnlichen Aufenthalt nicht in einem Mitgliedstaat der Europäischen Union oder in einem anderen Vertragsstaat des Abkommens über den Europäischen Wirtschaftsraum haben, oder für Unternehmer, die nicht im Inland niedergelassen sind.

§ 5 Verfahrensordnung

(1) [1]Die Verbraucherschlichtungsstelle muss eine Verfahrensordnung haben. [2]Die Verfahrensordnung bestimmt das Konfliktbeilegungsverfahren und regelt die Einzelheiten seiner Durchführung.

(2) Die Verbraucherschlichtungsstelle darf keine Konfliktbeilegungsverfahren durchführen, die dem Verbraucher eine verbindliche Lösung auferlegen oder die das Recht des Verbrauchers ausschließen, die Gerichte anzurufen.

§ 6 Streitmittler

(1) [1]Die Verbraucherschlichtungsstelle ist mit mindestens einer Person zu besetzen, die mit der außergerichtlichen Streitbeilegung betraut und für die unparteiische und faire Verfahrensführung verantwortlich ist (Streitmittler). [2]Ist nur ein Streitmittler bestellt, muss er einen Vertreter haben; auf den Vertreter des Streitmittlers sind Satz 1, die Absätze 2 und 3 sowie die §§ 7 bis 9 entsprechend anzuwenden.

(2) [1]Der Streitmittler muss über die Rechtskenntnisse, insbesondere im Verbraucherrecht, das Fachwissen und die Fähigkeiten verfügen, die für die Beilegung von Streitigkeiten in der Zuständigkeit der Verbraucherschlichtungsstelle erforderlich sind. [2]Der Streitmittler muss die Befähigung zum Richteramt besitzen oder zertifizierter Mediator sein.

(3) [1]Der Streitmittler darf in den letzten drei Jahren vor seiner Bestellung nicht tätig gewesen sein

1. für einen Unternehmer, der sich zur Teilnahme an Streitbeilegungsverfahren der Verbraucherschlichtungsstelle verpflichtet hat oder auf Grund von Rechtsvorschriften zur Teilnahme verpflichtet ist,
2. für ein mit einem Unternehmer nach Nummer 1 verbundenes Unternehmen,
3. für einen Verband, dem ein Unternehmer nach Nummer 1 angehört und der Unternehmerinteressen in dem Wirtschaftsbereich wahrnimmt, für den die Verbraucherschlichtungsstelle zuständig ist,
4. für einen Verband, der Verbraucherinteressen in dem Wirtschaftsbereich wahrnimmt, für den die Verbraucherschlichtungsstelle zuständig ist.

[2]Die Tätigkeit als Streitmittler für einen Verband nach Satz 1 Nummer 3 oder 4 steht einer erneuten Bestellung als Streitmittler nicht entgegen.

§ 7 Unabhängigkeit und Unparteilichkeit des Streitmittlers

(1) [1]Der Streitmittler ist unabhängig und an Weisungen nicht gebunden. [2]Er muss Gewähr für eine unparteiische Streitbeilegung bieten.

(2) [1]Der Streitmittler darf nicht nur von einem Unternehmer oder von nur mit einem Unternehmer verbundenen Unternehmen vergütet oder beschäftigt werden. [2]Die Vergütung des Streitmittlers darf nicht mit dem Ergebnis von Streitbeilegungsverfahren in Zusammenhang stehen.

(3) Der Streitmittler ist verpflichtet, Umstände, die seine Unabhängigkeit oder Unparteilichkeit beeinträchtigen können, dem Träger der Verbraucherschlichtungsstelle unverzüglich offenzulegen.

(4) [1]Der Streitmittler hat den Parteien alle Umstände offenzulegen, die seine Unabhängigkeit oder Unparteilichkeit beeinträchtigen können. [2]Der Streitmittler darf bei Vorliegen solcher Umstände nur dann tätig werden, wenn die Parteien seiner Tätigkeit als Streitmittler ausdrücklich zustimmen.

(5) [1]Ist die Aufgabe des Streitmittlers einem Gremium übertragen worden, dem sowohl Vertreter von Verbraucherinteressen als auch von Unternehmerinteressen angehören, so müssen beide Seiten in gleicher Anzahl vertreten sein. [2]§ 6 Absatz 3 ist auf Mitglieder des Gremiums, die Unternehmerinteressen oder Verbraucherinteressen vertreten, nicht anzuwenden.

§ 8 Amtsdauer und Abberufung des Streitmittlers

(1) [1]Der Streitmittler muss für eine angemessene Dauer bestellt werden. [2]Die Amtsdauer soll drei Jahre nicht unterschreiten. [3]Wiederbestellung ist zulässig.

(2) Der Streitmittler kann nur abberufen werden, wenn
1. Tatsachen vorliegen, die eine unabhängige und unparteiische Ausübung der Tätigkeit als Streitmittler nicht mehr erwarten lassen,
2. er nicht nur vorübergehend an der Ausübung der Tätigkeit als Streitmittler gehindert ist oder
3. ein anderer wichtiger Grund vorliegt.

§ 9 Beteiligung von Verbraucherverbänden und Unternehmerverbänden

(1) [1]Ist der Träger der Verbraucherschlichtungsstelle ein Verband, der Unternehmerinteressen wahrnimmt, oder wird der Träger der Verbraucherschlichtungsstelle von einem solchen Verband finanziert, so bedürfen die Festlegung und die Änderung der Zuständigkeit der Verbraucherschlichtungsstelle, die Verfahrensordnung und die Bestellung oder Abberufung eines Streitmittlers der Beteiligung eines Verbands, der die Interessen von Verbrauchern wahrnimmt (Verbraucherverband). [2]Der Verbraucherverband muss eine qualifizierte Einrichtung nach § 3 Absatz 1 Satz 1 Nummer 1 des Unterlassungsklagengesetzes sein und sich für die Vertretung von Verbraucherinteressen im Zuständigkeitsbereich der Verbraucherschlichtungsstelle

fachlich eignen. [3]Die Beteiligung ist in den Regeln über die Organisation der Verbraucherschlichtungsstelle vorzusehen.

(2) [1]Ist der Träger der Verbraucherschlichtungsstelle ein Verbraucherverband oder wird der Träger der Verbraucherschlichtungsstelle von einem Verbraucherverband finanziert, so gilt Absatz 1 Satz 1 und 3 entsprechend für die Beteiligung eines Verbands, der Unternehmerinteressen wahrnimmt (Unternehmerverband). [2]Der Unternehmerverband muss sich für die Vertretung von Unternehmerinteressen im Zuständigkeitsbereich der Verbraucherschlichtungsstelle fachlich eignen.

§ 10 Informationspflichten der Verbraucherschlichtungsstelle

(1) Die Verbraucherschlichtungsstelle unterhält eine Webseite, auf der die Verfahrensordnung und klare und verständliche Informationen zur Erreichbarkeit und zur Zuständigkeit der Verbraucherschlichtungsstelle sowie zu den Streitmittlern, zur Anerkennung als Verbraucherschlichtungsstelle sowie zum Ablauf und zu den Kosten des Streitbeilegungsverfahrens veröffentlicht sind.

(2) Auf Anfrage werden die Informationen nach Absatz 1 in Textform übermittelt.

Abschnitt 3 Streitbeilegungsverfahren

§ 11 Form von Mitteilungen

Der Antrag auf Durchführung eines Streitbeilegungsverfahrens, Stellungnahmen, Belege und sonstige Mitteilungen können der Verbraucherschlichtungsstelle in Textform übermittelt werden.

§ 12 Verfahrenssprache

(1) Verfahrenssprache ist Deutsch.

(2) [1]Die Verfahrensordnung kann weitere Sprachen vorsehen, in denen ein Streitbeilegungsverfahren durchgeführt werden kann, wenn eine Partei dies beantragt und die andere Partei sich darauf einlässt. [2]Der Streitmittler kann mit den Parteien durch Individualabrede auch eine nicht in der Verfahrensordnung vorgesehene Verfahrenssprache vereinbaren.

§ 13 Vertretung

(1) Die Parteien können sich im Streitbeilegungsverfahren durch einen Rechtsanwalt oder durch eine andere Person, soweit diese zur Erbringung außergerichtlicher Rechtsdienstleistungen befugt ist, vertreten lassen.

(2) Die Parteien dürfen nicht verpflichtet werden, sich im Streitbeilegungsverfahren vertreten zu lassen.

§ 14 Ablehnungsgründe

(1) Der Streitmittler lehnt die Durchführung eines Streitbeilegungsverfahrens ab, wenn

1. die Streitigkeit nicht in die Zuständigkeit der Verbraucherschlichtungsstelle fällt,
2. der streitige Anspruch nicht zuvor gegenüber dem Antragsgegner geltend gemacht worden ist oder
3. der Antrag offensichtlich ohne Aussicht auf Erfolg ist oder mutwillig erscheint, insbesondere weil
   a) der streitige Anspruch bei Antragstellung bereits verjährt war und der Unternehmer sich auf die Verjährung beruft,
   b) die Streitigkeit bereits beigelegt ist,
   c) zu der Streitigkeit ein Antrag auf Prozesskostenhilfe bereits mit der Begründung zurückgewiesen worden ist, dass die beabsichtigte Rechtsverfolgung keine hinreichende Aussicht auf Erfolg bietet oder mutwillig erscheint.

(2) [1]Die Verfahrensordnung kann vorsehen, dass der Streitmittler die Durchführung eines von einem Verbraucher eingeleiteten Streitbeilegungsverfahrens nach § 4 Absatz 1 in folgenden Fällen ablehnt:

1. eine Verbraucherschlichtungsstelle hat bereits ein Verfahren zur Beilegung der Streitigkeit durchgeführt oder die Streitigkeit ist bei einer anderen Verbraucherschlichtungsstelle anhängig,
2. ein Gericht hat zu der Streitigkeit bereits eine Sachentscheidung getroffen oder die Streitigkeit ist bei einem Gericht anhängig, es sei denn, das Gericht ordnet nach § 278 a Absatz 2 der Zivilprozessordnung im Hinblick auf das Verfahren vor der Verbraucherschlichtungsstelle das Ruhen des Verfahrens an,
3. der Streitwert überschreitet oder unterschreitet eine bestimmte Höhe,
4. die Behandlung der Streitigkeit würde den effektiven Betrieb der Verbraucherschlichtungsstelle ernsthaft beeinträchtigen, insbesondere weil
   a) die Verbraucherschlichtungsstelle den Sachverhalt oder rechtliche Fragen nur mit einem unangemessenen Aufwand klären kann,
   b) eine grundsätzliche Rechtsfrage, die für die Bewertung der Streitigkeit erheblich ist, nicht geklärt ist.

[2]Die Ablehnungsgründe dürfen den Zugang von Verbrauchern zu dem Streitbeilegungsverfahren nicht erheblich beeinträchtigen. [3]Für Anträge nach § 4 Absatz 3 gelten die in den Sätzen 1 und 2 vorgesehenen Beschränkungen der zulässigen Ablehnungsgründe nicht.

(3) [1]Die Verbraucherschlichtungsstelle teilt dem Antragsteller und, sofern der Antrag bereits an den Antragsgegner übermittelt worden ist, auch dem Antragsgegner die Ablehnung in Textform und unter Angabe der Gründe mit. [2]Sie übermittelt die Ablehnungsentscheidung innerhalb von drei Wochen nach Eingang des Antrags.

(4) [1]Der Streitmittler kann die weitere Durchführung eines Streitbeilegungsverfahrens aus den in den Absätzen 1 und 2 aufgeführten Gründen ablehnen, wenn der Ablehnungsgrund erst während des Verfahrens eintritt oder bekannt wird. [2]Der Ablehnungsgrund nach Absatz 1 Nummer 2

greift nicht, wenn der Antragsgegner in die Durchführung des Streitbeilegungsverfahrens einwilligt oder Erklärungen zur Sache abgibt. [3]Absatz 3 Satz 1 ist anzuwenden.

(5) [1]Der Streitmittler setzt das Streitbeilegungsverfahren aus, wenn der Antragsgegner geltend macht, dass seit der Geltendmachung des streitigen Anspruchs durch den Antragsteller gegenüber dem Antragsgegner nicht mehr als zwei Monate vergangen sind, und der Antragsgegner den streitigen Anspruch in dieser Zeit weder anerkannt noch abgelehnt hat. [2]Der Streitmittler lehnt die weitere Durchführung des Streitbeilegungsverfahrens ab, wenn der Antragsgegner den streitigen Anspruch innerhalb von zwei Monaten seit dessen Geltendmachung vollständig anerkennt; Absatz 3 Satz 1 ist anzuwenden. [3]Erkennt der Antragsgegner den streitigen Anspruch nicht innerhalb von zwei Monaten seit dessen Geltendmachung vollständig an, so setzt der Streitmittler das Verfahren nach Ablauf von zwei Monaten ab Geltendmachung des streitigen Anspruchs fort.

§ 15 Beendigung des Verfahrens auf Wunsch der Parteien

(1) Das Streitbeilegungsverfahren endet, wenn der Antragsteller seinen Antrag zurücknimmt oder der weiteren Durchführung des Verfahrens widerspricht.

(2) Erklärt der Antragsgegner, an dem Streitbeilegungsverfahren nicht teilnehmen oder es nicht fortsetzen zu wollen, so beendet der Streitmittler das Verfahren, es sei denn, Rechtsvorschriften, Satzungen oder vertragliche Abreden bestimmen etwas anderes.

(3) Das Recht einer Partei, das Streitbeilegungsverfahren bei Vorliegen eines erheblichen Verfahrensmangels zu beenden, darf nicht beschränkt werden.

§ 16 Unterrichtung der Parteien

(1) Die Verbraucherschlichtungsstelle muss den Antragsteller unverzüglich nach Eingang des Antrags auf Durchführung eines Streitbeilegungsverfahrens und den Antragsgegner zugleich mit der Übersendung des Antrags über Folgendes unterrichten:

1. dass das Verfahren nach der Verfahrensordnung durchgeführt wird und dass deren Wortlaut auf der Webseite der Verbraucherschlichtungsstelle verfügbar ist und auf Anfrage in Textform übermittelt wird,
2. dass die Parteien mit ihrer Teilnahme am Streitbeilegungsverfahren der Verfahrensordnung der Verbraucherschlichtungsstelle zustimmen,
3. dass das Ergebnis des Streitbeilegungsverfahrens von dem Ergebnis eines gerichtlichen Verfahrens abweichen kann,
4. dass sich die Parteien im Streitbeilegungsverfahren von einem Rechtsanwalt oder einer anderen Person, soweit diese zur Erbringung von Rechtsdienstleistungen befugt ist, beraten oder vertreten lassen können,
5. dass die Parteien im Streitbeilegungsverfahren nicht durch einen Rechtsanwalt oder durch eine andere Person vertreten sein müssen,

6. über die Möglichkeit einer Beendigung des Streitbeilegungsverfahrens nach § 15,
7. über die Kosten des Verfahrens und
8. über den Umfang der Verschwiegenheitspflicht des Streitmittlers und der weiteren in die Durchführung des Streitbeilegungsverfahrens eingebundenen Personen.

(2) Von der wiederholten Unterrichtung eines Unternehmers, der regelmäßig an Streitbeilegungsverfahren der Verbraucherschlichtungsstelle teilnimmt und auf weitere Unterrichtungen verzichtet hat, kann abgesehen werden.

§ 17 Rechtliches Gehör

(1) [1]Die Parteien erhalten rechtliches Gehör und können Tatsachen und Bewertungen vorbringen. [2]Die Verbraucherschlichtungsstelle kann den Parteien eine angemessene Frist zur Stellungnahme setzen. [3]Die Frist beträgt in der Regel drei Wochen und kann auf Antrag verlängert werden.

(2) Der Streitmittler kann die Streitigkeit mit den Parteien mündlich erörtern, wenn diese Möglichkeit in der Verfahrensordnung der Verbraucherschlichtungsstelle vorgesehen ist und die Parteien zustimmen.

§ 18 Mediation

Führt der Streitmittler nach der Verfahrensordnung der Verbraucherschlichtungsstelle eine Mediation durch, so sind die Vorschriften des Mediationsgesetzes mit Ausnahme des § 2 Absatz 1 des Mediationsgesetzes ergänzend anzuwenden.

§ 19 Schlichtungsvorschlag

(1) [1]Hat der Streitmittler nach der Verfahrensordnung den Parteien einen Vorschlag zur Beilegung der Streitigkeit (Schlichtungsvorschlag) zu unterbreiten, so beruht dieser auf der sich aus dem Streitbeilegungsverfahren ergebenden Sachlage. [2]Der Schlichtungsvorschlag soll am geltenden Recht ausgerichtet sein und soll insbesondere die zwingenden Verbraucherschutzgesetze beachten. [3]Der Schlichtungsvorschlag ist mit einer Begründung zu versehen, aus der sich der zugrunde gelegte Sachverhalt und die rechtliche Bewertung des Streitmittlers ergeben.

(2) Die Verbraucherschlichtungsstelle übermittelt den Parteien den Schlichtungsvorschlag in Textform.

(3) [1]Die Verbraucherschlichtungsstelle unterrichtet die Parteien mit der Übermittlung des Schlichtungsvorschlags über die rechtlichen Folgen einer Annahme des Vorschlags und darüber, dass der Vorschlag von dem Ergebnis eines gerichtlichen Verfahrens abweichen kann. [2]Sie weist auf die Möglichkeit hin, den Vorschlag nicht anzunehmen und die Gerichte anzurufen. [3]Die Verbraucherschlichtungsstelle setzt den Parteien eine angemessene Frist zur Annahme des Vorschlags.

(4) Von einer Unterrichtung des Unternehmers nach Absatz 3 ist abzusehen, wenn sich dieser dem Schlichtungsvorschlag bereits vorab unterworfen hat.

§ 20 Verfahrensdauer

(1) [1]Die Verbraucherschlichtungsstelle benachrichtigt die Parteien, sobald sie keine weiteren Unterlagen und Informationen mehr benötigt (Eingang der vollständigen Beschwerdeakte). [2]Der Eingang der vollständigen Beschwerdeakte ist in der Regel anzunehmen, wenn die Parteien nach § 17 Absatz 1 Gelegenheit zur Stellungnahme hatten.

(2) Die Verbraucherschlichtungsstelle übermittelt den Parteien den Schlichtungsvorschlag oder, sofern kein Schlichtungsvorschlag zu unterbreiten ist, den Inhalt der Einigung über die Beilegung der Streitigkeit oder den Hinweis auf die Nichteinigung innerhalb von 90 Tagen nach Eingang der vollständigen Beschwerdeakte.

(3) [1]Die Verbraucherschlichtungsstelle kann die Frist von 90 Tagen bei besonders schwierigen Streitigkeiten oder mit Zustimmung der Parteien verlängern. [2]Sie unterrichtet die Parteien über die Verlängerung der Frist.

§ 21 Abschluss des Verfahrens

(1) [1]Die Verbraucherschlichtungsstelle übermittelt den Parteien das Ergebnis des Streitbeilegungsverfahrens in Textform mit den erforderlichen Erläuterungen. [2]Mit dieser Mitteilung ist das Streitbeilegungsverfahren beendet.

(2) Kommt es nicht zu einer Einigung, ist die Mitteilung nach Absatz 1 als Bescheinigung über einen erfolglosen Einigungsversuch nach § 15 a Absatz 3 Satz 3 des Gesetzes betreffend die Einführung der Zivilprozessordnung in der im Bundesgesetzblatt Teil III, Gliederungsnummer 310-2, veröffentlichten bereinigten Fassung, das zuletzt durch Artikel 3 des Gesetzes vom 5. Dezember 2014 (BGBl. I S. 1962) geändert worden ist, in der jeweils geltenden Fassung zu bezeichnen.

§ 22 Verschwiegenheit

[1]Der Streitmittler und die weiteren in die Durchführung des Streitbeilegungsverfahrens eingebundenen Personen sind zur Verschwiegenheit verpflichtet, soweit durch Rechtsvorschrift nichts anderes geregelt ist. [2]Die Pflicht bezieht sich auf alles, was ihnen in Ausübung ihrer Tätigkeit bekannt geworden ist. [3]§ 4 Satz 3 des Mediationsgesetzes gilt entsprechend.

§ 23 Entgelt

(1) [1]Ist ein Unternehmer an dem Streitbeilegungsverfahren beteiligt, so kann von dem Verbraucher ein Entgelt nur erhoben werden, wenn der Antrag des Verbrauchers unter Berücksichtigung der gesamten Umstände als missbräuchlich anzusehen ist; in diesem Fall beträgt das Entgelt höchstens

30 Euro. [2]In sonstigen Fällen kann die Verbraucherschlichtungsstelle vom Verbraucher ein angemessenes Entgelt verlangen, wenn

1. sie diesen unverzüglich nachdem ihr bekannt wurde, dass an dem Verfahren kein Unternehmer beteiligt ist, auf diese Kosten hingewiesen hat, und
2. der Verbraucher an dem Verfahren weiterhin teilnehmen wollte.

(2) Die Verbraucherschlichtungsstelle kann vom Unternehmer, der zur Teilnahme an dem Streitbeilegungsverfahren bereit ist oder verpflichtet ist, ein angemessenes Entgelt verlangen.

Abschnitt 4 Anerkennung privater Verbraucherschlichtungsstellen

§ 24 Anerkennung

[1]Die zuständige Behörde erkennt auf Antrag eine Einrichtung als Verbraucherschlichtungsstelle an, wenn die Einrichtung die organisatorischen und fachlichen Anforderungen an die Streitbeilegung in Verbrauchersachen nach den Abschnitten 2 und 3 erfüllt, die Einrichtung ihren Sitz im Inland hat, auf Dauer angelegt ist und ihre Finanzierung tragfähig erscheint. [2]Weitergehende Anforderungen an die Einrichtung, die sich aus anderen Rechtsvorschriften ergeben, bleiben unberührt.

§ 25 Antrag auf Anerkennung und Mitteilung von Änderungen

(1) [1]Der Antrag auf Anerkennung als Verbraucherschlichtungsstelle ist zu begründen. [2]Dem Antrag sind beizufügen:

1. die Verfahrensordnung der Einrichtung und
2. die Regeln über die Organisation und die Finanzierung der Einrichtung, einschließlich der Regeln über die Verfahrenskosten.

(2) Die Verbraucherschlichtungsstelle unterrichtet die zuständige Behörde unverzüglich über Änderungen der für die Anerkennung relevanten Umstände und sonstiger im Antrag mitgeteilter Angaben.

(3) [1]Das Ergebnis einer nach § 9 erforderlichen Beteiligung eines Verbraucherverbands oder eines Unternehmerverbands ist der zuständigen Behörde zusammen mit den Angaben nach den Absätzen 1 oder 2 zu übermitteln. [2]Abweichungen von Empfehlungen des beteiligten Verbands sind zu begründen, es sei denn, der Verband hat als Mitglied eines paritätisch besetzten Gremiums an der Entscheidung mitgewirkt.

§ 26 Widerruf der Anerkennung

(1) Erfüllt die Verbraucherschlichtungsstelle die für ihre Anerkennung notwendigen Voraussetzungen nicht mehr oder kommt sie in sonstiger Weise den Anforderungen an eine Verbraucherschlichtungsstelle in erheblichem Umfang nicht nach, so teilt die zuständige Behörde der Verbraucherschlichtungsstelle mit, welche Änderungen zur Aufrechterhaltung der Aner-

kennung erforderlich sind, und fordert sie auf, diese Änderungen innerhalb von drei Monaten durchzuführen.

(2) Die zuständige Behörde widerruft die Anerkennung, wenn die Verbraucherschlichtungsstelle die Änderungen nicht innerhalb von drei Monaten nach Zugang der Aufforderung nach Absatz 1 durchführt.

§ 27 Zuständige Behörde und Verordnungsermächtigung

(1) Zuständige Behörde ist, soweit nicht durch Bundesgesetz etwas anderes bestimmt ist, das Bundesamt für Justiz.

(2) [1]Ist durch Bundesgesetz bestimmt, dass eine andere Behörde als das Bundesamt für Justiz für die Anerkennung einer Einrichtung als Verbraucherschlichtungsstelle zuständig ist, so ist diese andere Behörde im Verhältnis zum Bundesamt für Justiz ausschließlich zuständig. [2]Die Anerkennung richtet sich nach den für die Anerkennung durch diese andere Behörde maßgeblichen Vorschriften, auch wenn die Zuständigkeit der Verbraucherschlichtungsstelle über den Anwendungsbereich der Vorschrift hinausgeht, der die Zuständigkeit dieser anderen Behörde begründet.

Abschnitt 5 Behördliche Verbraucherschlichtungsstellen

§ 28 Behördliche Verbraucherschlichtungsstellen

[1]Für behördliche Verbraucherschlichtungsstellen gelten die §§ 4 bis 7 Absatz 1 und 3 bis 5, die §§ 8, 10 und 11 sowie 13 bis 22 sinngemäß. [2]§ 9 Absatz 1 ist nur anzuwenden, wenn die Verbraucherschlichtungsstelle bei einer Kammer eingerichtet ist. [3]Anforderungen an behördliche Verbraucherschlichtungsstellen, die sich aus anderen Rechtsvorschriften ergeben, bleiben unberührt.

Abschnitt 6 Universalschlichtungsstellen der Länder

§ 29 Universalschlichtungsstelle und Verordnungsermächtigung

(1) Die Länder richten ergänzende Verbraucherschlichtungsstellen ein (Universalschlichtungsstelle des Landes).

(2) [1]Das Land kann von der Einrichtung einer Universalschlichtungsstelle absehen, wenn ein ausreichendes Schlichtungsangebot besteht. [2]Das Schlichtungsangebot ist ausreichend, wenn für jede Streitigkeit nach § 4 Absatz 2 Satz 2 mit einem in diesem Land niedergelassenen Unternehmer eine Verbraucherschlichtungsstelle zur Verfügung steht, deren Verfahren dem Unternehmer zur Teilnahme offensteht.

(3) [1]Die Länder können

1. selbst eine behördliche Universalschlichtungsstelle einrichten,
2. eine geeignete anerkannte Verbraucherschlichtungsstelle mit der Aufgabe der Universalschlichtungsstelle einschließlich der Befugnis, für die

Durchführung des Streitbeilegungsverfahrens Gebühren zu erheben, beleihen oder
3. eine geeignete anerkannte Verbraucherschlichtungsstelle mit der Aufgabe der Universalschlichtungsstelle beauftragen.

[2]Ist eine anerkannte Verbraucherschlichtungsstelle mit der Aufgabe der Universalschlichtungsstelle beauftragt, handelt sie als private Verbraucherschlichtungsstelle nach den Abschnitten 2 und 3. [3]Für ihre Tätigkeit als Universalschlichtungsstelle gelten die besonderen Bestimmungen des § 30.

(4) [1]Die Landesregierungen
1. bestimmen durch Rechtsverordnung die für die Beleihung nach Absatz 3 Satz 1 Nummer 2 und die Beauftragung nach Absatz 3 Satz 1 Nummer 3 sowie die für die Rechts- und Fachaufsicht über die Universalschlichtungsstelle des Landes zuständige Behörde und
2. können durch Rechtsverordnung Regelungen zur Beendigung der Beleihung nach Absatz 3 Satz 1 Nummer 2 oder der Beauftragung nach Absatz 3 Satz 1 Nummer 3 treffen.

[2]Die Landesregierung kann die Ermächtigung nach Satz 1 durch Rechtsverordnung auf eine oberste Landesbehörde übertragen.

§ 30 Zuständigkeit und Verfahren der Universalschlichtungsstelle

(1) Die Universalschlichtungsstelle des Landes lehnt die Durchführung eines Streitbeilegungsverfahrens ab, wenn
1. eine andere Verbraucherschlichtungsstelle zuständig ist,
2. weder der Unternehmer in diesem Land niedergelassen ist noch der Verbraucher in diesem Land seinen Wohnsitz oder gewöhnlichen Aufenthalt hat,
3. es sich um eine Streitigkeit aus einem in § 4 Absatz 2 Satz 2 Nummer 1 genannten Vertrag handelt,
4. der Wert des Streitgegenstands weniger als 10 Euro oder mehr als 5 000 Euro beträgt,
5. der streitige Anspruch nicht zuvor gegenüber dem Unternehmer geltend gemacht worden ist oder
6. der Antrag offensichtlich ohne Aussicht auf Erfolg ist oder mutwillig erscheint, insbesondere weil
   a) der streitige Anspruch bei Antragstellung bereits verjährt war und der Unternehmer sich auf die Verjährung beruft,
   b) die Streitigkeit bereits beigelegt ist,
   c) zu der Streitigkeit ein Antrag auf Prozesskostenhilfe bereits mit der Begründung zurückgewiesen worden ist, dass die beabsichtigte Rechtsverfolgung keine hinreichende Aussicht auf Erfolg bietet oder mutwillig erscheint.

(2) Die Verfahrensordnung der Universalschlichtungsstelle des Landes kann weitere nach § 14 Absatz 2 Satz 1 Nummer 1, 2 und 4 und Satz 2 zulässige Ablehnungsgründe vorsehen.

(3) Die Universalschlichtungsstelle des Landes teilt dem Verbraucher im Fall des Absatzes 1 Nummer 1 mit der Ablehnungsentscheidung eine zuständige Verbraucherschlichtungsstelle mit, an die er sich wenden kann.

(4) [1]Die Universalschlichtungsstelle führt Schlichtungsverfahren durch. [2]Sie kann einen Schlichtungsvorschlag nach Aktenlage unterbreiten, wenn der Unternehmer, der zur Teilnahme am Verfahren der Universalschlichtungsstelle bereit ist oder verpflichtet ist, zu dem Antrag des Verbrauchers keine Stellungnahme abgibt.

(5) [1]Von der Bereitschaft des Unternehmers zur Teilnahme am Streitbeilegungsverfahren ist auszugehen, wenn er gegenüber dem Verbraucher, auf seiner Webseite oder in seinen Allgemeinen Geschäftsbedingungen erklärt hat, an Streitbeilegungsverfahren vor einer Universalschlichtungsstelle teilzunehmen. [2]Von der Bereitschaft des Unternehmers ist auch dann auszugehen, wenn er zwar keine Teilnahmebereitschaft nach Satz 1 erklärt hat, aber die Teilnahme am Verfahren nicht innerhalb von drei Wochen ablehnt, nachdem ihm der Antrag des Verbrauchers von der Universalschlichtungsstelle des Landes übermittelt worden ist. [3]Die Universalschlichtungsstelle muss den Unternehmer zugleich mit der Übermittlung des Antrags auf die in Satz 2 geregelte Rechtsfolge hinweisen und ferner darauf hinweisen, dass für die Durchführung des Streitbeilegungsverfahrens eine Gebühr nach § 31 oder im Fall einer beauftragten Universalschlichtungsstelle ein Entgelt nach § 23 erhoben werden kann.

§ 31 Gebühr

(1) [1]Die Universalschlichtungsstelle des Landes nach § 29 Absatz 3 Satz 1 Nummer 1 und 2 erhebt für die Durchführung des Streitbeilegungsverfahrens vom Unternehmer, der zur Teilnahme an dem Streitbeilegungsverfahren bereit ist oder verpflichtet ist, eine Gebühr, deren Höhe kostendeckend sein soll und die Höhe des Streitwerts berücksichtigt. [2]Die Gebühr beträgt

1. 190 Euro bei Streitwerten bis einschließlich 100 Euro,
2. 250 Euro bei Streitwerten über 100 Euro bis einschließlich 500 Euro,
3. 300 Euro bei Streitwerten über 500 Euro bis einschließlich 2 000 Euro und
4. 380 Euro bei Streitwerten über 2 000 Euro.

(2) [1]Erkennt der Unternehmer den geltend gemachten Anspruch sofort vollständig an, ermäßigt sich die Gebühr auf 75 Euro; die Gebühr entfällt im Fall der Ablehnung der weiteren Durchführung des Streitbeilegungsverfahrens nach § 14 Absatz 5 Satz 2. [2]Die Universalschlichtungsstelle des Landes kann eine niedrigere Gebühr bestimmen oder eine Gebührenbefreiung gewähren, wenn die Erhebung der Gebühr nach Absatz 1 Satz 2 und nach Satz 1 nach den besonderen Umständen des Einzelfalls unbillig erscheint. [3]Die Erhebung der Gebühr erscheint insbesondere dann unbillig, wenn die Universalschlichtungsstelle die Durchführung des Streitbeilegungsverfahrens nach § 30 Absatz 1 Nummer 6 ablehnt, nachdem der Unternehmer sich in der Sache geäußert hat.

(3) [1]Von dem Verbraucher, der die Durchführung eines Streitbeilegungsverfahrens beantragt hat, kann eine Gebühr nur erhoben werden, wenn der Antrag unter Berücksichtigung der gesamten Umstände als missbräuchlich anzusehen ist. [2]In diesem Fall beträgt die Gebühr 30 Euro.

Abschnitt 7 Zentrale Anlaufstelle für Verbraucherschlichtung, Liste der Verbraucherschlichtungsstellen und Berichtspflichten

§ 32 Zentrale Anlaufstelle für Verbraucherschlichtung und Mitteilungspflichten der zuständigen Behörden und Aufsichtsbehörden

(1) Das Bundesamt für Justiz ist zentrale Anlaufstelle für die Europäische Kommission (Zentrale Anlaufstelle für Verbraucherschlichtung).

(2) Die zuständige Behörde teilt der Zentralen Anlaufstelle für Verbraucherschlichtung mit:

1. die Anerkennung sowie den Widerruf und die Rücknahme der Anerkennung einer privaten Verbraucherschlichtungsstelle; eine private Verbraucherschlichtungsstelle nach § 4 Absatz 2 Satz 2 und 3 ist entsprechend auszuweisen;
2. die Angaben, die für die Eintragung der privaten Verbraucherschlichtungsstelle in die Liste nach § 33 Absatz 1 erforderlich sind.

(3) Die für die Aufsicht einer behördlichen Verbraucherschlichtungsstelle zuständige Behörde (Aufsichtsbehörde) teilt der Zentralen Anlaufstelle für Verbraucherschlichtung mit:

1. die Einrichtung und die Auflösung einer behördlichen Verbraucherschlichtungsstelle; eine behördliche Verbraucherschlichtungsstelle nach § 29 Absatz 3 Satz 1 Nummer 1 ist als Universalschlichtungsstelle des Landes auszuweisen;
2. die Angaben, die für die Eintragung der behördlichen Verbraucherschlichtungsstelle in die Liste nach § 33 Absatz 1 erforderlich sind.

(4) Die Beleihung oder Beauftragung einer anerkannten Verbraucherschlichtungsstelle mit der Aufgabe der Universalschlichtung nach § 29 Absatz 3 Satz 1 Nummer 2 oder 3 sowie die Beendigung einer solchen Beauftragung oder Beleihung sind der Zentralen Anlaufstelle für Verbraucherschlichtung durch die nach Maßgabe von § 29 Absatz 4 zuständige Behörde des Landes mitzuteilen.

(5) Änderungen der Angaben nach den Absätzen 2 bis 4 sind der Zentralen Anlaufstelle für Verbraucherschlichtung unverzüglich mitzuteilen.

§ 33 Liste der Verbraucherschlichtungsstellen sowie Zugang zur Liste der Europäischen Kommission und zur Europäischen Plattform zur Online-Streitbeilegung

(1) [1]Die Zentrale Anlaufstelle für Verbraucherschlichtung führt eine Liste der Verbraucherschlichtungsstellen. [2]Diese Liste wird der Europäischen Kommission unter Hinweis auf Artikel 20 Absatz 2 der Richtlinie 2013/11/EU übermittelt und regelmäßig aktualisiert. [3]Die Zentrale Anlaufstelle für Verbraucherschlichtung macht die jeweils aktuelle Fassung der Liste auf ihrer Webseite zugänglich und macht die Liste mit Stand 1. Januar jeden Jahres im Bundesanzeiger bekannt.

(2) [1]Die zuständigen Behörden und die Zentrale Anlaufstelle für Verbraucherschlichtung machen die von der Europäischen Kommission erstellte Liste aller im Europäischen Wirtschaftsraum anerkannten Streitbeilegungsstellen auf ihren Webseiten zugänglich, indem sie einen Link zur Webseite der Europäischen Kommission einstellen. [2]Auf Anfrage stellen sie diese Liste in Textform zur Verfügung.

§ 34 Berichtspflichten und Auskunftspflichten der Verbraucherschlichtungsstelle

(1) [1]Die Verbraucherschlichtungsstelle erstellt jährlich einen Tätigkeitsbericht. [2]Sie veröffentlicht den Tätigkeitsbericht auf ihrer Webseite und übermittelt ihn auf Anfrage in Textform. [3]Für die Übermittlung eines Berichts auf Papier kann sie vom Empfänger Ersatz der dafür notwendigen Auslagen verlangen.

(2) [1]Die Verbraucherschlichtungsstelle erstellt alle zwei Jahre einen Bericht mit einer umfassenden Darstellung und Bewertung ihrer Tätigkeit (Evaluationsbericht). [2]Die private Verbraucherschlichtungsstelle übermittelt den Evaluationsbericht der zuständigen Behörde und die behördliche Verbraucherschlichtungsstelle übermittelt den Evaluationsbericht der Aufsichtsbehörde. [3]Die Universalschlichtungsstelle des Landes übermittelt ihren Bericht der nach Maßgabe von § 29 Absatz 4 zuständigen Behörde und gibt ihn der Zentralen Anlaufstelle für Verbraucherschlichtung zur Kenntnis.

(3) Die Verbraucherschlichtungsstelle berichtet insbesondere über Geschäftspraktiken, die auffällig häufig Anlass für Anträge auf Durchführung von Streitbeilegungsverfahren waren.

(4) Die Verbraucherschlichtungsstelle gibt über Geschäftspraktiken nach Absatz 3 auch außerhalb der Berichte nach Absatz 1 oder Absatz 2 eine aktuelle Auskunft, wenn eine nach § 2 des EG-Verbraucherschutzdurchsetzungsgesetzes vom 21. Dezember 2006 (BGBl. I S. 3367), das zuletzt durch Artikel 2 Absatz 4 des Gesetzes vom 1. April 2015 (BGBl. I S. 434) geändert worden ist, zuständige Behörde sie im Rahmen ihrer Zuständigkeit darum ersucht.

(5) [1]Ist in einem Land keine Universalschlichtungsstelle eingerichtet, hat das Land der Zentralen Anlaufstelle für Verbraucherschlichtung jeweils zum 1. Oktober, frühestens aber zum 1. Oktober 2016, mitzuteilen, durch welche Verbraucherschlichtungsstellen für dieses Land ein ausreichendes Schlichtungsangebot sichergestellt wird. [2]Änderungen sind unverzüglich mitzuteilen.

§ 35 Verbraucherschlichtungsbericht

(1) Die Zentrale Anlaufstelle für Verbraucherschlichtung veröffentlicht zum 9. Juli 2018 und danach alle vier Jahre einen Bericht über die Tätigkeit der Verbraucherschlichtungsstellen im Bundesgebiet (Verbraucherschlichtungsbericht) und übermittelt diesen der Europäischen Kommission.

(2) Für den Verbraucherschlichtungsbericht übermitteln die zuständigen Behörden und die Aufsichtsbehörden sowie die nach Maßgabe von § 29

Absatz 4 zuständigen Behörden der Zentralen Anlaufstelle für Verbraucherschlichtung erstmals zum 31. März 2018 und danach alle zwei Jahre eine Auswertung der ihnen nach § 34 Absatz 2 übermittelten Evaluationsberichte.

Abschnitt 8 Informationspflichten des Unternehmers

Abschnitt 9 Grenzübergreifende Zusammenarbeit

§ 38 Zusammenarbeit mit ausländischen Streitbeilegungsstellen

Die Verbraucherschlichtungsstelle arbeitet mit Streitbeilegungsstellen zusammen, die in Umsetzung der Richtlinie 2013/11/EU in einem anderen Mitgliedstaat der Europäischen Union oder in einem sonstigen Vertragsstaat des Abkommens über den Europäischen Wirtschaftsraum für die außergerichtliche Beilegung vergleichbarer Streitigkeiten zuständig sind.

§ 39 Zusammenarbeit mit der Europäischen Plattform zur Online-Streitbeilegung

Die Verbraucherschlichtungsstelle ist Stelle für alternative Streitbeilegung im Sinne der Verordnung (EU) Nr. 524/2013 des Europäischen Parlaments und des Rates vom 21. Mai 2013 über die Online-Beilegung verbraucherrechtlicher Streitigkeiten und zur Änderung der Verordnung (EG) Nr. 2006/2004 und der Richtlinie 2009/22/EG (ABl. L 165 vom 18. 6. 2013, S. 1).

§ 40 Unterstützung von Verbrauchern bei grenzübergreifenden Streitigkeiten; Kontaktstelle für die Europäische Plattform zur Online-Streitbeilegung

(1) Das Bundesamt für Justiz

1. unterstützt Verbraucher bei der Ermittlung der zuständigen Streitbeilegungsstelle in einem anderen Mitgliedstaat der Europäischen Union oder in einem sonstigen Vertragsstaat des Abkommens über den Europäischen Wirtschaftsraum,
2. erfüllt die Aufgaben der Kontaktstelle für die Europäische Plattform zur Online-Streitbeilegung nach Artikel 7 Absatz 2 der Verordnung (EU) Nr. 524/2013.

(2) [1]Das Bundesamt für Justiz wird ermächtigt, eine juristische Person des Privatrechts, eine rechtsfähige Personengesellschaft oder eine andere geeignete Stelle mit den Aufgaben nach Absatz 1 zu beleihen. [2]Der Beliehene hat die notwendige Gewähr für die ordnungsgemäße Erfüllung der ihm übertragenen Aufgaben zu bieten. [3]Er bietet die notwendige Gewähr, wenn

1. er über die zur Erfüllung der ihm übertragenen Aufgaben notwendige Ausstattung und Organisation verfügt, und
2. die Personen, die seine Geschäftsführung oder Vertretung wahrnehmen, zuverlässig und fachlich geeignet sind.

[4]Der Beliehene untersteht der Rechts- und Fachaufsicht des Bundesamts für Justiz.

(3) Erfüllt der Beliehene die ihm nach Absatz 2 Satz 1 übertragenen Aufgaben nicht sachgerecht, so kann das Bundesamt für Justiz unbeschadet des § 49 des Verwaltungsverfahrensgesetzes die Beleihung ohne Entschädigung beenden.

(4) [1]Der Beliehene kann die Beendigung der Beleihung jederzeit schriftlich verlangen. [2]Dem Begehren ist innerhalb einer angemessenen Frist, die zur Fortführung der Aufgabenerfüllung erforderlich ist, zu entsprechen.

(5) Das Bundesamt für Justiz macht die Beleihung im Bundesanzeiger bekannt.

Abschnitt 10 Schlussvorschriften

§ 41 Bußgeldvorschriften

(1) Ordnungswidrig handelt, wer vorsätzlich oder fahrlässig

1. entgegen § 2 Absatz 2 Satz 1 sich als Verbraucherschlichtungsstelle bezeichnet oder
2. entgegen § 2 Absatz 2 Satz 2 eine Einrichtung als Verbraucherschlichtungsstelle bezeichnet.

(2) Die Ordnungswidrigkeit kann mit einer Geldbuße bis zu fünfzigtausend Euro geahndet werden.

(3) Verwaltungsbehörde im Sinne des § 36 Absatz 1 Nummer 1 des Gesetzes über Ordnungswidrigkeiten ist das Bundesamt für Justiz.

§ 42 Verordnungsermächtigung

(1) Das Bundesministerium der Justiz und für Verbraucherschutz wird ermächtigt, im Einvernehmen mit dem Bundesministerium für Wirtschaft und Energie durch Rechtsverordnung mit Zustimmung des Bundesrates

1. die Anforderungen an Inhalt und Form des Antrags auf Anerkennung als Verbraucherschlichtungsstelle nach § 25 Absatz 1 und an die beizufügenden Unterlagen und Belege näher zu bestimmen,
2. die Angaben zu einer Verbraucherschlichtungsstelle, die die zuständige Behörde nach § 32 Absatz 2 und 5 oder die Aufsichtsbehörde nach § 32 Absatz 3 und 5 der Zentralen Anlaufstelle für Verbraucherschlichtung mitzuteilen hat, näher zu bestimmen,
3. die Inhalte der Informationen, die die Verbraucherschlichtungsstelle auf ihrer Webseite nach § 10 Absatz 1 bereitzustellen hat, näher zu bestimmen und weitere Informationen für die Webseite vorzusehen,
4. Einzelheiten zu Inhalt und Form des Tätigkeitsberichts und des Evaluationsberichts der Verbraucherschlichtungsstelle nach § 34 Absatz 1 und 2, zu Inhalt und Form des Verbraucherschlichtungsberichts der Zentralen Anlaufstelle für Verbraucherschlichtung nach § 35 Absatz 1 und der Auswertungen der zuständigen Behörden und Aufsichtsbehörden nach § 35 Absatz 2 näher zu bestimmen,

5. die Zusammenarbeit der Verbraucherschlichtungsstellen zu regeln
   a) nach § 34 Absatz 4 mit den nach § 2 des EG-Verbraucherschutzdurchsetzungsgesetzes zuständigen Behörden,
   b) nach § 38 mit Streitbeilegungsstellen anderer Mitgliedstaaten der Europäischen Union oder eines sonstigen Vertragsstaats des Abkommens über den Europäischen Wirtschaftsraum.

(2) Das Bundesministerium der Justiz und für Verbraucherschutz wird ermächtigt, durch Rechtsverordnung mit Zustimmung des Bundesrates die Einzelheiten des Verfahrens der Universalschlichtungsstellen nach den §§ 29 und 30 zu regeln.

§ 43 Projektförderung, Forschungsvorhaben, Bericht

(1) Das Bundesministerium der Justiz und für Verbraucherschutz fördert bis zum 31. Dezember 2019 die Arbeit einer ausgewählten Allgemeinen Verbraucherschlichtungsstelle (§ 4 Absatz 2 Satz 2), die bundesweit tätig ist.

(2) [1]Begleitend untersucht das Bundesministerium der Justiz und für Verbraucherschutz in einem wissenschaftlichen Forschungsvorhaben die Funktionsweise dieser Allgemeinen Verbraucherschlichtungsstelle, um Erkenntnisse in Bezug auf Inanspruchnahme, Fallzahlen, Arbeitsweise, Verfahrensdauer, Erfolgsquoten, Kosten und Entgelte zu sammeln und auszuwerten. [2]Das Forschungsvorhaben muss bis zum 31. Dezember 2020 abgeschlossen sein.

(3) Das Bundesministerium der Justiz und für Verbraucherschutz berichtet dem Deutschen Bundestag und dem Bundesrat nach Abschluss des wissenschaftlichen Forschungsvorhabens über die Ergebnisse; ein Zwischenbericht ist bis zum 31. Dezember 2018 vorzulegen.

Verordnung über Informations- und Berichtspflichten nach dem Verbraucherstreitbeilegungsgesetz (Verbraucherstreitbeilegungs-Informationspflichtenverordnung – VSBInfoV)[1]

Vom 28. Februar 2016 (BGBl. I S. 326)
(FNA 302-8/1)

Auf Grund des § 42 Absatz 1 Nummer 1 bis 4 des Verbraucherstreitbeilegungsgesetzes vom 19. Februar 2016 (BGBl. I S. 254) verordnet das Bundesministerium der Justiz und für Verbraucherschutz im Einvernehmen mit dem Bundesministerium für Wirtschaft und Energie:

1 Diese Verordnung dient der Umsetzung der Richtlinie 2013/11/EU des Europäischen Parlaments und des Rates vom 21. Mai 2013 über die alternative Beilegung verbraucherrechtlicher Streitigkeiten und zur Änderung der Verordnung (EG) Nr. 2006/2004 und der Richtlinie 2009/22/EG (Richtlinie über alternative Streitbeilegung in Verbraucherangelegenheiten) (ABl. L 165 vom 18.6.2013, S. 63).

§ 1 Antrag auf Anerkennung als private Verbraucherschlichtungsstelle

Der Antrag einer Einrichtung auf Anerkennung als Verbraucherschlichtungsstelle muss insbesondere folgende Informationen enthalten:

1. den Namen, die Anschrift und die Webseite der Einrichtung sowie die E-Mail-Adresse, Telefonnummer und Telefaxnummer, unter der die Einrichtung erreichbar ist,
2. Angaben zur Organisation und zur Finanzierung der Einrichtung, einschließlich Angaben zur Mitwirkung der Vertreter von Interessenverbänden nach § 9 des Verbraucherstreitbeilegungsgesetzes,
3. die Namen der Streitmittler und ihrer Vertreter, Angaben zur Qualifikation der Streitmittler und ihrer Vertreter, zum Verfahren ihrer Bestellung und zu ihrer Amtsdauer sowie Angaben dazu, von wem und in welcher Weise sie für ihre Tätigkeit als Streitmittler vergütet werden,
4. die durchschnittliche Verfahrensdauer oder, wenn die Einrichtung noch keine Verfahren durchgeführt hat, die erwartete durchschnittliche Verfahrensdauer,
5. Angaben zur Zuständigkeit der Einrichtung, insbesondere
   a) Nennung der Wirtschaftsbereiche, die von der Tätigkeit der Einrichtung erfasst werden,
   b) die Angabe, ob die Einrichtung ihrer Zuständigkeit nach Allgemeine Verbraucherschlichtungsstelle im Sinne des § 4 Absatz 2 Satz 2 oder 3 des Verbraucherstreitbeilegungsgesetzes ist und ob sich ihre Tätigkeit auf in einem oder mehreren Ländern niedergelassene Unternehmer beschränkt,
   c) ob sie auch auf Antrag eines Unternehmers tätig wird und
   d) ob sie ihre Zuständigkeit für die in § 4 Absatz 4 des Verbraucherstreitbeilegungsgesetzes bezeichneten Fälle ausgeschlossen hat,
6. die Voraussetzungen für die Durchführung eines Streitbeilegungsverfahrens, die Ablehnungsgründe nach § 14 Absatz 1 und 2 des Verbraucherstreitbeilegungsgesetzes und die zulässigen Verfahrenssprachen,
7. Angaben zu den Verfahrensregeln, insbesondere dazu, inwieweit das Streitbeilegungsverfahren schriftlich abläuft oder die Verbraucherschlichtungsstelle auch mündliche Erörterungen der Parteien durchführt,
8. Angaben zur Rechtswirkung des Ergebnisses des Streitbeilegungsverfahrens, insbesondere inwieweit das Ergebnis verbindlich ist, und zu den Kosten des Streitbeilegungsverfahrens.

§ 2 Angaben für die Liste der Verbraucherschlichtungsstellen

Für die Liste der Verbraucherschlichtungsstellen nach § 32 Absatz 2 Nummer 2, Absatz 3 Nummer 2 und § 33 Absatz 1 des Verbraucherstreitbeilegungsgesetzes sind die Angaben nach § 1 Nummer 1 und 5 bis 8 zu übermitteln.

§ 3 Webseite der Verbraucherschlichtungsstelle

Die Verbraucherschlichtungsstelle veröffentlicht die folgenden Informationen leicht zugänglich auf ihrer Webseite:

1. Anschriften, Telefonnummern, Telefaxnummern und E-Mail-Adressen, über die die Verbraucherschlichtungsstelle erreichbar ist, sowie Angabe des Trägers der Schlichtungsstelle,
2. den Hinweis auf ihre Eigenschaft als Verbraucherschlichtungsstelle und gegebenenfalls auf die Mitgliedschaft in einem Netzwerk von Verbraucherschlichtungsstellen zur erleichterten Beilegung grenzübergreifender Streitigkeiten,
3. die Namen der Streitmittler und die ihrer Vertreter sowie Angaben zu den Qualifikationen der Streitmittler und ihrer Vertreter, zum Verfahren ihrer Bestellung und zu ihrer Amtsdauer,
4. die Angaben nach § 1 Nummer 4 bis 8,
5. Angaben zum Ablauf des Streitbeilegungsverfahrens und zur Möglichkeit der Beendigung des Verfahrens auf Wunsch der Parteien,
6. Angaben zu den Regelungen und Erwägungen, auf die sich die Verbraucherschlichtungsstelle bei der Beilegung der Streitigkeit stützen kann,
7. Hinweise zur Rechtswirkung des Ergebnisses des Streitbeilegungsverfahrens,
8. die Verknüpfung per Link auf die Webseite der Europäischen Kommission mit der Liste der Verbraucherschlichtungsstellen sowie die Verknüpfung per Link auf die Webseite zu der Europäischen Plattform zur Online-Streitbeilegung.

§ 4 Tätigkeitsbericht der Verbraucherschlichtungsstelle

(1) Der Tätigkeitsbericht der Verbraucherschlichtungsstelle (§ 34 Absatz 1 des Verbraucherstreitbeilegungsgesetzes) muss insbesondere folgende Informationen enthalten:

1. statistische Angaben zu den Anträgen auf Durchführung eines Streitbeilegungsverfahrens, insbesondere
   a) Anzahl der eingegangenen Anträge, untergliedert nach dem Gegenstand, auf den sie sich hauptsächlich beziehen,
   b) Anteil der nach § 14 Absatz 1 und 2 des Verbraucherstreitbeilegungsgesetzes abgelehnten Anträge, untergliedert nach den Ablehnungsgründen,
   c) Anteil der ergebnislos gebliebenen Verfahren (§ 21 Absatz 2 des Verbraucherstreitbeilegungsgesetzes),
   d) durchschnittliche Dauer der Verfahren,
   e) wenn bekannt, Anteil der Fälle, in denen sich die Parteien an das Ergebnis des Verfahrens gehalten haben,
   f) wenn bekannt, Anteil der grenzübergreifenden Streitigkeiten,
2. Angaben zu Problemstellungen, die systematisch bedingt sind oder signifikant häufig auftraten und Anlass für Anträge auf Durchführung eines Streitbeilegungsverfahrens waren,

3. Empfehlungen zur Vermeidung oder zur Beilegung von häufig auftretenden Streitigkeiten zwischen Verbrauchern und Unternehmern, sofern die Verbraucherschlichtungsstelle aufgrund ihrer Tätigkeit hierzu Erkenntnisse hat,
4. Hinweise auf etwaige strukturelle Hindernisse für die Beilegung von Streitigkeiten, wobei diesbezügliche Erkenntnisse zu grenzübergreifenden Streitigkeiten gesondert darzustellen sind,
5. Angaben zur Zusammenarbeit mit anderen Verbraucherschlichtungsstellen in Netzwerken zur Beilegung grenzübergreifender Streitigkeiten.

(2) Der Tätigkeitsbericht ist ab Anerkennung oder Einrichtung der Verbraucherschlichtungsstelle für jedes Kalenderjahr, jedoch erstmals für das Jahr 2016, bis zum 1. Februar des Folgejahres zu veröffentlichen.

§ 5 Evaluationsbericht der Verbraucherschlichtungsstelle

(1) Der Evaluationsbericht der Verbraucherschlichtungsstelle (§ 34 Absatz 2 Satz 1 des Verbraucherstreitbeilegungsgesetzes) muss ergänzend zum Tätigkeitsbericht insbesondere folgende Informationen enthalten:

1. eine Bewertung der Effektivität des von der Verbraucherschlichtungsstelle angebotenen Verfahrens,
2. eine Bewertung der Organisations- und Finanzstruktur der Verbraucherschlichtungsstelle,
3. Angaben zu Schulungen der Streitmittler, ihrer Vertreter und ihrer Mitarbeiter,
4. eine Bewertung der Zusammenarbeit mit Verbraucherschlichtungsstellen in Netzwerken zur Beilegung grenzübergreifender Streitigkeiten.

(2) Der Evaluationsbericht ist erstmals zum 1. Februar 2018 zu übermitteln und danach zum 1. Februar jedes geraden Kalenderjahres ab Anerkennung oder Einrichtung der Verbraucherschlichtungsstelle jeweils für die zwei vorangegangenen Kalenderjahre.

§ 6 Verbraucherschlichtungsbericht und Auswertung der Evaluationsberichte der Verbraucherschlichtungsstellen

(1) Der Verbraucherschlichtungsbericht der Zentralen Anlaufstelle (§ 35 Absatz 1 des Verbraucherstreitbeilegungsgesetzes) enthält insbesondere folgende Informationen:

1. eine Darstellung und Bewertung der Tätigkeit der Verbraucherschlichtungsstellen im Bundesgebiet,
2. statistische Angaben zu etwaigen Hindernissen bei der Behandlung von inländischen und grenzübergreifenden Streitigkeiten durch die Verbraucherschlichtungsstellen sowie Empfehlungen zur Beseitigung dieser Hindernisse,
3. eine Darstellung der Entwicklung der außergerichtlichen Streitbeilegung nach dem Verbraucherstreitbeilegungsgesetz einschließlich etwaiger Verbesserungsvorschläge.

(2) Für den Inhalt der Auswertung der gemäß § 35 Absatz 2 des Verbraucherstreitbeilegungsgesetzes zu erstellenden Evaluationsberichte der Verbraucherschlichtungsstellen gilt Absatz 1 entsprechend.

§ 7 Inkrafttreten

Diese Verordnung tritt am 1. April 2016 in Kraft.

Der Bundesrat hat zugestimmt.

Stichwortverzeichnis

Fette Zahlen bezeichnen die Paragrafen, magere die Randnummern.